地热矿泉水资源勘查手册

卢予北　郭友琴　王现国　编著

黄河水利出版社

内 容 提 要

本书共分7章,内容涉及地热资源、热泵技术与浅层地能、矿泉水资源、地下水资源、地热金属井管腐蚀机理与类型、地热(深部)钻井工程和相关法律法规。本书内容丰富,实用性强,可供从事地热资源、矿泉水资源、地下水资源勘查、评价和施工等相关技术与管理人员阅读参考。

图书在版编目(CIP)数据

地热矿泉水资源勘查手册/卢予北,郭友琴,王现国编著.—郑州:黄河水利出版社,2007.9
ISBN 978-7-80734-272-4

Ⅰ.地… Ⅱ.①卢…②郭…③王… Ⅲ.①地热勘探-技术手册②矿泉-水文地质勘探-技术手册 Ⅳ.P314-62 P641.5-62

中国版本图书馆CIP数据核字(2007)第141338号

组稿编辑:王路平 电话:0371-66022212 E-mail:wlp@yrcp.com

出 版 社:黄河水利出版社

地址:河南省郑州市金水路11号 邮政编码:450003

发行单位:黄河水利出版社

发行部电话:0371-66026940、66020550、66028024、66022620(传真)

E-mail:hhslcbs@126.com

承印单位:黄河水利委员会印刷厂

开本:787 mm×1 092 mm 1/16

印张:26.75

字数:650千字 印数:1—1 800

版次:2007年9月第1版 印次:2007年9月第1次印刷

书号:ISBN 978-7-80734-272-4/P·74 定价:66.00元

前　言

对于从事地热、矿泉水资源和地下水资源勘查的技术人员来说，在具备相关专业知识的同时必须熟悉和掌握相应的规范、标准及国家的法律法规。目前，各类规范和标准较多，就我国各个行业与领域而言主要有国家、行业及企业三种规范(技术要求)和标准。对于地热资源、矿泉水资源、地下水资源勘查评价和钻探工程等特殊行业，我国也相继颁布了相应的规范或标准。但是，这类相关资料很多，工程技术人员很难收集齐全，给工作造成了影响。编著者针对这一问题，结合实际工作和专业特点编著了《地热矿泉水资源勘查手册》。特别在热泵技术、浅层地热资源和地热金属井管腐蚀方面，国内外相关文献较少，编著者根据多年的实际经验和专门的课题研究成果，在手册中编入了这些方面的内容，以便从事地热矿泉水资源研究与开发的同行在工作中参考。该手册的出版一方面解决了相关资料收集困难的问题，另一方面达到了使用方便之目的。同时，对读者拓宽专业领域和知识面有着积极的作用。

本书涉及内容和资料繁多，有些内容来源于报刊、杂志，有些来源于网上和会议资料，谨对资料提供者表示衷心感谢！

手册中难免有不足和错误之处，望同行在谅解的同时给予批评指正！

作　者

2007 年 7 月

目　录

第一章 地热资源

第一节 地热基本概念和知识

一、地热资源与能源

地球本身像一个大锅炉,深部蕴藏着巨大的热能。在地质因素的控制下,这些热能会以热蒸汽、热水、干热岩等形式向地壳的某一范围聚集,如果达到可开发利用的条件,便成了具有开发意义的地热资源和能源。

地热资源按温度可分为高温、中温和低温三类。温度大于 150 ℃的地热以蒸汽形式存在,叫高温地热;90～150 ℃的地热以水和蒸汽的混合物等形式存在,叫中温地热;温度大于 25 ℃、小于 90 ℃的地热以温水(25～40 ℃)、温热水(40～60 ℃)、热水(60～90 ℃)等形式存在,叫低温地热。高温地热一般存在于地质活动性强的全球板块的边界,即火山、地震、岩浆侵入多发地区,著名的冰岛地热田、新西兰地热田、日本地热田,以及我国的西藏羊八井地热田、云南腾冲地热田、台湾大屯地热田都属于高温地热田。中低温地热田广泛分布在板块的内部,我国华北、京津地区的地热田多属于中低温地热田。

地球内部是一个高温高压的世界,是一个巨大的"热库",蕴藏着无比巨大的热能。据估计,全世界地热资源的总量大约为 1.45×10^{26}J,相当于 4.948×10^{15}t 标准煤燃烧时所放出的热量。地热能的总储量为煤炭的 17 000 万倍。可见,地球是一个名副其实的巨大"热库"。

在地壳中,地热的分布可分为三个带,即可变温度带、常温带和增温带。可变温度带由于受太阳辐射的影响,其温度有着昼夜、年份、世纪甚至更长的周期变化,其厚度一般为 15～20 m;常温带的温度变化幅度几乎等于零,其深度一般为 20～30 m;增温带在常温带以下,温度随深度增加而升高,其热量的主要来源是地球内部的热能。

按照地热增温率的差别,我们把陆地上的不同地区划分为"正常地热区"和"异常地热区"。地热增温率接近 3 ℃的地区,称为"正常热区"。远远超过 3 ℃的地区,称为"异常地热区"。在正常地热区,较高温度的热水或蒸汽埋藏在地球的较深处。在异常地热区,由于地热增温率较大,较高温度的热水或蒸汽埋藏在地壳的较浅部,有的甚至出露地表。那些天然出露的地下热水或蒸汽叫做温泉。温泉是当前经济技术条件下最容易利用的一种地热资源。在异常地热区,人们也较易通过钻井等人工方法把地下热水或蒸汽引导到地面上来加以利用。

严格来讲,地热能不是一种"可再生资源",而是一种像石油一样可开采的能源,最终的可回灌将依赖于所采用的技术。将水重新注入到含水层中可以提高再生的性能,因为这使含水层不枯竭。然而在这个问题上没有明确的结论,因为有相当一部分地热点可采用某种方式进行开发，让提取的热量等于自然不断补充的热量。实事求是地讲，任何情况下，即使从技术上来说地热能不是可再生能源，但全球地热资源潜量十分巨大，因此问题不在于资源规模的大小，而在于是否有适合的技术将这些资源经济开发出来。

地热资源的利用，古时候人们就已经将低温地热资源用于浴池和空间供热，近来还应用于温室、热力泵和某些热处理的供热。在商业应用方面，利用干燥的过热蒸汽和高温水发电已有几十年的历史。利用中等温度（100 ℃）水通过双流体发电设备发电，在过去的10年中已取得了明显的进展，该技术现已成熟。地热热泵技术后来也取得了明显进展。由于这些技术的进展，地热资源的开发利用得到较快发展，也使许多国家的经济上可利用的资源的潜力明显增加。从长远观点来看，研究从干燥的岩石中和地热增压资源及岩浆资源中提取有用能的有效方法，可进一步增加地热能的应用潜力。

中国地热资源是比较丰富的，据估算，主要沉积盆地小于2 000 m的深度中储存的地热资源总量约$4.018\,4\times10^{22}$J，相当于$1.371\,1\times10^{12}$t标准煤的发热量。我国目前对地热资源的开发利用与常规能源比较所占的比重是很小的，据权威部门统计，全国开发利用地热水总量为93.67万m^3/d，年利用热量$5.648\,5\times10^{16}$J，约相当于192.74万t标准煤的发热量，此值仅是中国目前能量消耗总量17.24亿t标准煤的0.1%。

二、地热田及其要素

地热田是指在目前技术条件下可以采集的深度内，富含可经济开发和利用的地热流体的地域。它一般包括热储、盖层、热流体通道和热源四大要素，是具有共同的热源，形成统一热储结构，可用地质、物化探方法圈闭的特定范围。

地热流体指温度高于25 ℃的地下热水、地热蒸汽和热气体的总称。

热储结构指热储、盖层、控热断裂及其相互关系。

盖层是指覆盖在热储上部、具有隔水隔热性能、对热储起保温作用的岩层（黏性土层或自封闭层）。

热储是指地热流体相对富集、具有一定渗透性并含载热流体的岩层或岩体破碎带。

三、地热资源评价

地热资源评价是指对地热田内赋存的地热能与地热流体的数量和质量作出估计，并对其在一定技术经济条件下可被开发利用的储量及开发可能造成的影响作出估评。

地热开发环境影响评价的主要内容包括地热流体排放对环境影响的评价、地面沉降评价及其他环境影响方面的评价。

（1）地热流体排放对环境影响的评价：高温地热流体中所含CO_2、H_2S等非凝气体应评价其排放对大气可能造成的污染；废地热流体中所含的一些高浓度有害组分应遵循《中华人民共和国污染防治法》以及一些地方制定的水污染物排放标准，评价其排放对环境的影响。

（2）地面沉降评价：对于浅埋的孔隙热储和岩溶热储，应对其可能产生的地面沉降和岩溶塌陷作出评价。应建立二级以上的水准点，其参照的水准点要设在地热田以外的基岩上。对高温地热田还应进行重力检测。

(3)其他环境影响方面的评价：高温地热田通常还会遇到喷气孔和沸泉逸出的 H_2S 气体造成空气污染，地面天然放热热量过高和热弃水排放也可能造成环境热害等方面问题，对此应在地热勘查工作中有所测定，并参照 TJ36 作出相应的评价。

四、地热田规模分级标准

地热田按地热能(或电能)及能利用储量的计算年限划分为大、中、小型三级(见表 1-1)。

表 1-1　地热田规模分级

规模分级	高温地热田		中、低温地热田	
	电能(MW)	能利用储量计算年限(年)	热能(MW)	能利用储量计算年限(年)
大型	>50	30	>50	100
中型	10～50	30	10～50	100
小型	<10	30	<10	100

五、地热资源的勘查和地球物理学

地热资源勘查一般要开展地质调查、地球物理勘探(简称物探)等工作。在山区、半山区，可以通过开展地质调查，研究地表附近的地质情况，进而可以推断地球深部的情况，了解地热资源的赋存状态。在平原区，因为土壤的覆盖，没有岩石出露，推断地下的地质情况、了解地热资源的情况除了依靠已知钻孔外，就要靠地球物理勘探等方法来进行解释推断了。

地球物理学是 20 世纪中期逐渐发展起来的一门新学科。作为一种高新技术，地球物理方法是基于地下物质的密度、磁性、电性等物理性质存在差异的基础上的，用物理学、地质学知识和物理仪器间接地推断地下物质情况。打个形象一点的比喻，通过地球物理测量仪器，用地球物理方法对地球进行勘查，就像用 B 超、CT、心电图等医学仪器对人的身体进行检查一样，可以分辨出性质不一样的“地球器官”和“地下异常”。只不过，地球物理面对的对象更庞大、更复杂，地球物理解释推断需要更多的地质学知识和复杂的工作罢了。与检查身体的医学方法和医学仪器有很多种一样，地球物理学方法和地球物理仪器也有很多种，包括重力勘探方法、磁法勘探方法、电法勘探方法、震法勘探方法、放射性测量方法、地下测井方法等。每种方法又可以细分为更多的方法。每种方法都有自己的“特长”，能很好解决特定的问题，把很多方法根据需要有机地结合起来，能够比较准确地推断出地下物质情况。

六、地热流体的物理化学性质

目前开发地热能的主要方法是钻井，并由所钻的地热井中引出的地热流体——蒸汽和水而加以利用，因此地热流体的物理和化学性质对地热的利用至关重要。

地热流体不管是蒸汽还是热水一般都含有 CO_2、H_2S 等不凝结气体，其中 CO_2 占 90%。地热流体中还含有数量不等的 NaCl、KCl、$CaCl_2$、H_2SiO_4 等物质。地区不同，含盐量差别很大，以重量计地热水的含盐量在 0.1%～40%之间。

七、温泉成因及作用

温泉就是热的泉水。温泉在地球上分布很广，在我国已发现的温泉就有 2 200 多处。人们把温泉的热能直接用于洗浴、医疗、采暖供热、温室栽培等方面，既经济简便，又不污染环境。

(一)温泉成因

温泉的产生往往和火山与断层有关。火山爆发的时候，地球内部大量熔融的岩浆冲出地面。可是也有不少岩浆并没有冲出地面，而是停留在接近地表一带。这部分留在地面以下的岩浆，把自己的热量慢慢地散到地层里，使周围的地下水变成热水，然后再沿断层或裂隙上升到地表而形成温泉。所以在有过火山活动的地区，很有可能出现温泉。

不过有些地方虽有温泉，可是无论过去还是现在，从来没有发生过火山活动，这些温泉的出现仍是地下岩浆活动的结果。有些岩浆活动没有能够达到冲出地面而形成火山爆发的能力，但它们本身的热量足以使地下水温度升高而变成温泉。还有一些温泉，由于那里存在着很深的断层，使地下水可以进入到地下几公里甚至更深的地方而变成了热水。我们知道，在地球内部，越深温度越高。在几公里深的地方，温度可以达几十摄氏度甚至上百摄氏度，水在这里被加热后再涌出地面，就是温泉了。

温泉的形成一般而言可分为两种：一种是地壳内部的岩浆作用所形成，或为火山喷发所伴随产生，火山活动过的死活山地形区，因地壳板块运动隆起的地表，其地底下还有未冷却的岩浆，均会不断地释放出大量的热能，由于此类热源的热量集中，因此只要附近有孔隙的含水岩层，不仅会受热成为高温的热水，而且大部分会沸腾为蒸汽，多为硫酸盐泉。另一种是受地表水渗透循环作用所形成。也就是说，当雨水降到地表向下渗透，深入到地壳深处的含水层形成地下水(砂岩、砾岩、火山岩这些良好的含水层)。地下水受下方的地热加热成为热水，深部热水多数含有气体，这些气体以二氧化碳为主，当热水温度升高，上面若有致密、不透水的岩层阻挡去路，会使压力愈来愈高，以致热水、蒸汽处于高压状态，一旦有裂缝即窜涌而上。热水上升后愈接近地表压力则逐渐减小，由于压力渐减而使所含气体逐渐膨胀，减轻热水的密度，这些膨胀的蒸汽更有利于热水上升。上升的热水再与下沉较迟受热的冷水因密度不同所产生的压力(静水压力差)反复循环产生对流，在开放性裂隙阻力较小的情况下，循裂隙上升涌出地表，热水即可源源不绝涌升，最终流出地面，形成温泉。在高山深谷地形配合下，谷底地面水可能较高山中地下水位低，因此深谷谷底可能为静水压力差最大之处，而热水上涌也应以自谷底涌出的可能性最大，温泉大多发生在山谷中河床上。一般说来，温泉的形成需具备下列三个条件：

(1)地下必须有热水存在；

(2)必须有静水压力差导致热水上涌；

(3)岩石中必须有深长裂隙供热水通达地面。

台湾处于环太平洋地震带上，位于欧亚和太平洋两大板块之间，即火山活动相当发达的地形之一，因此造就了台湾的三大火山系统：大屯火山系（基隆火山、龟山岛）、东部海岸山脉以及澎湖群岛区，但大多数火山皆为死火山，由于地底深处尚有未冷却的火山岩浆继续流窜，地热也致使台湾的温泉分布及活动相当的活跃，因此火山区域内往往可以发现温泉与喷气孔。火山型温泉的硫化物需遇热才会大量溶解于水中，形成硫酸泉（石膏泉，俗称为硫磺泉）与盐酸泉。另外一种主要系统则是贯穿全岛的中央山脉两侧，此区的温泉数量几乎占全台80%以上，属于变质岩和沉积岩，由于含有丰富的碳酸氢离子，与岩石中的钠、镁、钙、钾矿物质作用而成的碳酸泉，因此多为中性或碱性。

泉口温度显著地高于当地平均气温而又低于（等于）45 ℃的地下水天然露头叫温泉。温泉的最高水温可达70 ℃以上。

（二）温泉的作用

有资料表明，温泉热浴不仅可使肌肉、关节松弛，消除疲劳，还可扩张血管，促进血液循环，加速人体新陈代谢。此外，大多数温泉中都含有丰富的化学物质，对人体健康有一定的帮助。比如，温泉中的碳酸钙对改善体质、恢复体力有相当大的作用；而温泉所含丰富的钙、钾、氡等成分对调整心脑血管疾病，治疗糖尿病、痛风、神经痛、关节炎等均有一定效果；而硫磺泉则可软化角质，含钠元素的碳酸水有漂白、软化肌肤的效果。

（三）泡温泉注意事项

（1）贵在长期坚持。仅靠节假日凭兴趣泡一两次温泉达到养生或美容的目的是不现实的，一定要长期坚持才能有效果。

（2）泡温泉并非人人适用。尽管泡温泉对健康有种种好处，但不是人人都适用。高血压、心脏病患者，在规则服药的前提下，可以泡温泉，但每一次最好不超过20分钟，起身时应谨慎缓慢，以防因血管扩张、血压下降导致头昏眼花而跌倒。温泉所含的硫磺及其他酸碱物质可以消炎杀菌，对一般感染性或寄生性皮肤病很有疗效，但有时也会刺激皮肤使伤口恶化，甚至导致“温泉性皮肤病”，因此对于部分皮肤病患者，不宜泡温泉。对于患有湿疹、异位性皮肤炎等的患者来说，泡在热水中过久，由于加速皮肤水分的蒸发，破坏皮肤保护层，也容易导致症状的加重。

泡温泉看似简单，但也并非人人都懂得怎样科学地泡。泡温泉时，应该尽量合上双眼，以冥想的心情，缓缓地深呼吸数次，才能真正达到释放身心压力的目的。而且，泡温泉不要从水温太烫的池开始，要从水温较温和的池开始浸泡；不要在烫身的池水中每次浸泡时间超过10分钟，要及时让胸部露出水面或离水歇息；不要在过胸的水位每次浸泡时间超过10分钟，要与较温和的池水及时交替浸泡或身体及时露出水面歇息后再浸泡。温泉温度高，浸泡后会有出汗、口干、胸闷等不适感，这是血液循环过快的正常反应。此时调换凉水浸泡或上水静养稍许，并多喝水即可舒缓。

八、酸雨的形成及危害

酸雨一般泛指pH值小于5.6的雨、雪或其他形式的大气降水，是大气受到污染的一种表现。

“酸雨”一词最先是由一位英国化学家于1872年提出的。他在《空气和降雨：化学气候学的开端》一书中首次提出了“酸雨”这一术语，并指出酸雨对植物和材料是有害的，但一直未受到重视。直到20世纪60年代,瑞典土壤学家在欧洲发现了大范围的酸雨现象时,才得以受到世人的关注。目前,酸雨已成为国际社会共同关注的全球性重要环境问题之一。

(一)酸雨的成因

形成酸雨的基本原因主要与煤炭和石油燃烧以及工业生产等释放到大气中的二氧化硫和氮氧化物等污染物有关。二氧化硫和氮氧化物在大气中通过化学反应分别转化成硫酸和硝酸,混入雨水或雪水中,使其酸度增加。同时酸雨的形成还与大气中其他许多碱性物质有关,如飞灰中的氧化钙、土壤中的碳酸钙以及其他碱性物质可与酸发生中和反应。酸雨的酸度实际上是大气中阴阳离子酸碱反应的综合结果,涉及复杂的大气化学和物理过程。有关酸雨的成因迄今研究得还很不透彻。目前国内外许多学者都在进一步作深入探讨。

(二)酸雨的危害

首先是危害人体健康。由于酸雨在降落过程中可以溶解空气中的重金属粒子,使其变成对人体有害的金属盐,特别是对体弱多病、抵抗力较差的人,酸雨可诱发出各种呼吸道疾病。二是破坏生态系统。土壤酸度增加、结构受到破坏,植物的正常生长受到危害,肥沃的土壤甚至变为贫瘠的不毛之地;森林遭受严重毁坏;河流、湖泊发生酸化,影响鱼类生长。如瑞典和挪威南部以及美国东北部的许多湖泊由于酸化而成为无鱼的死湖。三是超级腐蚀剂。酸雨能腐蚀建筑材料、金属构件和油漆等,使大批建筑物包括名胜古迹遭受损害。由此可以看出,酸雨的危害是巨大的。欧洲经济委员会报告书称,因酸雨危害造成的经济损失额相当于全世界每人损失2~10美元。为此有人将酸雨称为“空中死神”。

20世纪以来,全世界的酸雨污染范围日益扩大。原只发生在北美和欧洲工业发达国家的酸雨逐渐向一些发展中国家扩展,如印度、东南亚、中国等。同时酸雨的酸度也在逐渐增加。欧洲大气化学监测网近20年连续监测的结果表明,欧洲雨水的酸度增加了10%,瑞典、丹麦、波兰、德国、加拿大等国的酸雨pH值多为4.0~4.5,美国已有15个州的酸雨pH值在4.8以下。

我国是一个燃煤大国,由于对燃烧排放的二氧化硫的治理尚处于起步阶段,一些地区酸雨污染日趋严重。华中、西南和华南地区已成为堪与北美酸雨区、欧洲酸雨区并列的世界三大酸雨区之一。据统计,我国降水年均pH值低于5.6的城市有44个,占统计城市数的47.8%;75%的南方城市降水年均pH值低于5.6。其中,酸雨尤为严重的有重庆、贵阳等地,降水pH值在4.3左右,对当地的森林、植物等产生很大危害。据报道,重庆南山1 800 hm^2 马尾松林因酸雨死亡了46%。这些地区和城市已被列入国家重点酸雨控制区域。控制酸雨的根本措施是减少二氧化硫和氮氧化物的人为排放量。

第二节 全球地热资源分布

在一定地质条件下的“地热系统”和具有勘探开发价值的“地热田”都有它的发生、发展及衰亡过程,绝对不是只要往深处打钻,到处都可以发现地热。作为地热资源的概念,它也和其他矿产资源一样,有数量和品位的问题。就全球来说,地热资源的分布是不平衡的。明显的地温梯度每公里深度大于 30 ℃的地热异常区，主要分布在板块生长、开裂带和大洋扩张脊及板块碰撞、衰亡、消减带部位。

全球性的地热资源带主要有以下 4 个：

(1)环太平洋地热带：它是世界上最大的太平洋板块与美洲、欧亚、印度板块的碰撞边界。世界许多著名的地热田，如美国的盖塞尔斯、长谷、罗斯福，墨西哥的塞罗、普列托，新西兰的怀腊开，中国台湾的马槽，日本的松川、大岳等均在这一带。

(2)地中海—喜马拉雅地热带：它是欧亚板块与非洲板块和印度板块的碰撞边界。世界第一座地热发电站所在地意大利的拉德瑞罗地热田就位于这个地热带中。中国的西藏羊八井及云南腾冲地热田也在这个地热带中。

(3)大西洋中脊地热带：这是大西洋板块开裂部位。冰岛的克拉弗拉、纳马菲亚尔和亚速尔群岛等一些地热田就位于这个地热带。

(4)红海—亚丁湾—东非裂谷地热带：它包括吉布提、埃塞俄比亚、肯尼亚等国的地热田。

除了在板块边界部位形成地壳高热流区而出现高温地热田外，在板块内部靠近板块边界部位，在一定地质条件下也可能形成相对的高热流区。其热流值大于大陆平均热流值 1.46 热流单位，而达到 1.7～2.0 热流单位。如中国东部的胶东半岛、辽东半岛，华北平原及东南沿海地区等。

我国地热资源丰富，已发现的地热露头点有 3 200 余处，全年天然放热资源量为 1.04×10^{20}J，折合 3.56×10^{9}t 标准煤。然而，我国的地热资源分布极不均匀，温度高、储量大的地热资源主要分布在西藏、云南等偏远地区，在我国经济发达地区，地热资源主要分布于北京、天津、河北、广东、福建、海南、广西等省市。从我国的地热资源情况看，85% 是低于 100 ℃的地热水型热田。因此，决定了我国的地热资源的利用主要以直接利用为主。

第三节　地热资源的开发利用

一、地热资源应用领域

150 ℃以上的高温地热和 90～150 ℃的中温地热，主要用于发电、烘干等工业领域（如西藏的羊八井地热田）；90 ℃以下的低温地热（如北京的地下热矿水），由于其温度适宜、清洁无污、富含多种对人体有益的矿物质而用途十分广泛。低温地热可以在以下方面进行开发：

(1)地热直接供暖。燃煤锅炉的大量使用是空气受到严重污染的重要原因。目前，北京市政府已明确规定在主要城区取消燃煤锅炉，代之以燃油或燃气，以减小大气污染程度。但燃气和燃油前期投入和运行成本都十分昂贵，而地热资源的开发为这个问题的解决提供了一条可行之路。大力提倡与推广地热供暖，将对环保事业做出重要的贡献。

(2)浴疗保健。北京地区的地热水属于中低温热矿水，富含锂、氟、氡、偏硼酸、偏硅酸等多种矿物质，有一定的医疗、保健、养生作用。经常用热矿水进行洗浴，对高血压、冠心病、心脑血管、风湿病、皮肤病等有一定疗效。热矿水入室,无疑会大大提高居民的生活质量。

(3)娱乐、旅游。依托温泉浴疗,可以开发游泳馆、嬉水乐园、康乐中心、会议中心、疗养中心、温泉饭店、温泉度假村、高级宾馆等一系列娱乐旅游项目。

(4)种植、养殖。可以依托地热井,建造温泉温室,种植名优花卉、特种蔬菜(供给大的饭店、宾馆、酒楼之需)等,也可以用来发展旅游农业。

热水养殖可以大大缩短多种水生物的孵化期和生长周期,因此可以依托地热资源发展高产鱼类养殖业等养殖产业。

(5)余热供暖。用于洗浴、娱乐等方面的地热水在使用后,热水温度依然很高,仍含有大量的热能,如果能有效地加以利用,就会带来巨大的经济效益和社会效益。最近,北京市地质勘查技术院与清华同方合作实验成功了环保型地温热泵供暖系统,它可以从热水,甚至冷水中提取热能供暖,使地热能的综合利用率提高到了80%左右,其运行成本低于燃气和燃油。这套系统的实验成功为地热水的余热供暖开辟了广阔的天地。

正因为地热水有如此广泛的用途,所以近年来受到了众多开发商的青睐,成为一个新的经济增长点。为了充分利用资源,创造更多的价值,对地热资源开发应做到一水多用、综合利用。例如,如果条件合适,可以先用热水直接供暖,供暖后的水用于洗浴保健,洗浴保健后的水经处理后用来进行种植、养殖或者余热供暖。

二、中国地热资源开发利用特点

(1)地热资源分布面广。已勘查地热田的分布表明,全国几乎每个省区都有可供开发利用的地热资源分布。

(2)以中低温地热资源为主。据现有738处地热勘查资料统计,中国高温地热田仅2处(西藏羊八井、羊易地热田),其余均为中低温地热田,其中温度在90～150 ℃的中温地热田26处,占地热田勘查总数的3.8%;90 ℃以下的低温地热田708处,占地热田勘查总数的96%。全国已勘查地热田的平均温度约为55.5 ℃,其中平均温度西藏最高,达88.6 ℃;湖南最低,为37.7 ℃。

(3)地热田规模以中小型为主。在已勘查738处的地热田中,大、中型地热田仅55处,占7.5%,但可利用的热能达3 310.91 MW,占勘查地热田可利用热能的76.7%;小型地热田683处,占总数的92.5%,其可利用热能仅1 008.05 MW,占总量的23.3%。

(4)地热水水质以低矿化水为主,适合多种用途。在有水质分析资料的493处地热田中,水矿化度小于1.0 g/L的有327处,占总数的66.3%;大于3.0 g/L的仅有42处,占总数的8.5%。

(5)开发利用较经济的是构造隆起区已出露的中、小型地热田。这些地热田地表有热显示,热储埋藏浅,勘查深度小,一般仅300～500 m,勘探难度和风险小。地下热水有一定补给,水质好,适用范围大。

(6)开发潜力大的是大型沉积盆地地热田。中国东部的华北盆地、松辽盆地,具有很大的地热资源开发利用潜力,但其开发利用条件受到热储层埋藏深度、岩性、地热水补给条件的限制。开采利用40 ℃以上的地热水,开采深度一般都需要1 000 m左右。有的地区地热水开采深度已超过 3 000 m。

中国工程院院士、西藏地勘局总工程师多吉日前透露，据初步考察，青藏铁路沿线丰富的高温地热资源估计拥有 10 万 kW 的发电潜力。青藏高原是我国地热资源最丰富的地区，占我国高温地热资源量的 80%。2004 年我国启动了对青藏铁路沿线高温地热资源考察工作。从目前考察情况来看，青藏铁路沿线，自拉萨—尼木—羊八井—那曲—错纳湖—温泉一带，蕴藏着丰富的高温地热资源，目前已查明的地热显示点有 20 余处，具有一定规模的地热田有 12 处，是西藏地热储量最集中的地带。

地热资源是目前全球倡导的绿色可再生的安全资源，具有技术成熟、利用方便等优势，它不受昼夜和季节变化的限制，不仅可供电、供热，还可以用于旅游、温泉保健、种植养殖等。

三、国外地热开发利用状况

人类很早以前就懂得利用地热能，古罗马人建设了利用地热能的浴池和房屋，在冰岛、土耳其和日本等国的地热地区至今仍保留类似做法。其中冰岛是地热较多的国家，已有 40% 的居民利用地热取暖，其首都雷克雅未克在 20 世纪 40 年代就利用地热实现了暖气天然化，是世界最清洁的城市之一。

地热水本身具有较高的温度，含有多种化学成分、少量的生物活性离子和放射性物质，对人体可起到保健、抗衰老作用，对风湿病、关节炎、心血管病、神经系统疾病、妇科疾病等慢性病有特殊的疗效，具有很高的医疗价值。

利用温泉治疗疾病，很多年前就被人类所认识，有许多温泉被供为“圣水”、“仙水”。世界上许多温泉出露的地区既是疗养区又是旅游区。如日本位于环太平洋火山活动带上，有着丰富的地热资源，他们依据这些优势建起温泉保健所 700 多家，温泉宾馆 1 万多个。匈牙利这个国家虽然人口不多，但是地热开发利用却很发达，建有地热疗养院 200 多家，从而吸引着众多的国外游客或病人。

地热资源的最大利用潜力是发电，世界上最早的地热发电站于 1940 年在意大利塔斯坎尼的拉德雷洛地区建成。在当地，温度为 140～260 ℃ 的蒸汽从地裂缝中喷出，因含有污染的化学物质，涡轮机不能直接应用，便将地热蒸汽引入热交换器，利用其热量加热净水，再将干净的水蒸气引入涡轮机。250 kW 的发电机组开始发电，目前装机容量达到 42 万 kW。

从 20 世纪 60 年代以来，国内外 30 多个国家建立了地热电站，发电量已达 250 多万 kW，美国地热发电规模较大，并且发展速度很快。1960 年加利福尼亚州在盖塞建成第一座地热蒸汽电站，装机容量 1 万 kW。1979 年美国的地热发电量达到 66.3 万 kW，居世界第一位。菲律宾有 12 座活火山，地热资源极为丰富，目前正在积极开发利用。

四、地热能的利用与效益

(1)200～400 ℃ 直接发电及综合利用。

(2)150～200 ℃ 双循环发电、制冷、工业干燥、工业热加工。

(3)100～150 ℃ 双循环发电、供暖、制冷、工业干燥、脱水加工、回收盐类、罐头食品。

(4)50～100 ℃供暖、温室、家庭用热水、工业干燥。

(5)20～50 ℃沐浴、水产养殖、饲养牲畜、土壤加温、脱水加工。

地热井的综合造价不高,正常情况下一口地热井的综合造价和燃煤锅炉价格相当,比燃油气炉少得多,且具有占地面积小、操作简单、运行成本低、无环境污染等优点。

第四节 地热矿水(泉)分类与医疗作用

矿泉不一定都是温泉,温泉也不都是矿泉。矿泉是指泉水中所含的盐类成分、矿化度、气体成分、微量元素以及放射性成分达到或超过规定值的泉水;而温泉是依泉水温度高低来划分和界定的。我国对温泉分类作出规定:25 ℃以下叫“冷泉”;25～33 ℃叫“微泉”;34～37 ℃叫“温泉”;38～42 ℃叫“热泉”;43 ℃以上叫“高热泉”。按其水质的特点共分为12类,即氡泉、碳酸泉、硫化氢泉、铁泉、碘泉、溴泉、砷泉、硅酸泉、重碳酸盐泉、硫酸盐泉、氯化物泉和淡泉。

一、放射性氡泉(镭射泉)

放射性氡泉是指在1 L泉水中,氡气的含量在3贝可(Bq)以上者。

在矿泉疗法中,放射性氡泉占有很重要的地位。人体神经细胞对放射性辐射有亲和力,对放射性辐射非常敏感,所以氡水浴能使神经系统表面兴奋。许多研究证实,在氡水浴中,氡及其分解物辐射的作用能使机体组织发生结构变化,如黏性降低、光谱吸收加强以及pH值变化等。此外,辐射对碳水化合物代谢及脂肪代谢也有一定影响。氡进入人体主要通过三种形式发生医疗作用:①在皮肤上形成放射性活性薄膜,能对机体产生刺激作用;②氡穿透皮肤或黏膜进入人体,进而随血液分布到全身器官组织,起治疗作用;③经呼吸道进入体内,再从呼吸器官途径排出体外,起治疗作用。

氡泉治疗的适应症如下:

(1)浴用疗法适应症:高血压病、冠心病、闭塞性动脉内膜炎、心肌炎、慢性关节炎、亚急性风湿及类风湿性关节炎、外伤性关节炎、慢性脊椎炎、周围神经炎、脊髓神经根炎、坐骨神经痛、各种麻痹、痛风、糖尿病、慢性附件炎、更年期综合征、不孕症、牛皮癣、慢性湿疹、神经性皮炎、过敏性皮炎等。

(2)吸入疗法适应症:配合浴用可以治疗支气管炎、神经痛、偏头痛、末梢神经炎等。

(3)饮用疗法适应症:痛风、尿结石、风湿病、神经痛、胃痉挛、胃及十二指肠溃疡、习惯性便秘、胆石症、消化不良、慢性胆囊炎等。

氡溶于水又不太稳定,易由水中逸出,所以在抽水、加温、分装氡水时应严格其操作规程,制定尽量保持氡气及其分离产物的方法及条件。

二、碳酸泉

碳酸泉是指在1 L泉水中,碳酸气(HCO_3)的含量超过1 g以上。碳酸泉是医疗矿泉中价值很高的一种矿泉。我国目前比较有名的碳酸泉是辽宁省貔口矿泉及黑龙江省五大连池矿泉。前者碳酸气的含量是2.073 g/L,后者含量是1.814 g/L。

碳酸泉对心血管疾病有较显著疗效，对肥胖病以及各种代谢障碍疾病也有良好的效果。碳酸浴时，碳酸气对皮肤知觉神经给予最特殊的刺激，所以浴后即感到温暖、愉快、轻松。碳酸浴能使皮肤血管高度扩张，使循环血量平均增加30%。它还能增加静脉张力，使静脉血向心回流。碳酸浴还能起降低动脉压的作用。这是周围血管扩张、阻力减小所致。饮用碳酸泉水时，由于能刺激胃黏膜使其充血而增强胃的血液循环，有促进胃液中游离盐酸分泌的作用。它还能促进胃肠蠕动，增进通便，有助消化，所以也有增强食欲作用。饮用碳酸泉水又可明显增加肾脏的水分排出，因而还有利尿作用。

碳酸浴因温度越低其疗效越显著（泉温愈高碳酸气逸出愈多），所以治疗时一般采用较低温而后继续降低温度的办法。

碳酸泉疗法的适应症如下：

(1)浴用疗法适应症：Ⅰ～Ⅱ度循环机能不全、Ⅰ～Ⅱ期高血压、轻度冠心病、心肌炎、周围循环障碍、血管痉挛、雷诺氏病、血栓形成后遗症、坐骨神经痛、多发性神经炎、慢性盆腔炎、创伤等。

(2)饮用疗法适应症：慢性胃炎、胃酸减少、慢性便秘、轻度血管硬化等。

(3)吸入疗法适应症：支气管哮喘、过敏性鼻炎。

三、硫化氢泉

硫化氢泉是指在1 L泉水中总硫量（$H_2S + HS + S_2O_3 + S + SO_3$）含量在10 mg以上者。其中硫化氢含量小于50 mg/L为弱硫化氢泉；50～100 mg/L为中浓度硫化氢泉；100～250 mg/L为高浓度硫化氢泉；250 mg/L以上为极高浓度硫化氢泉。硫化氢泉的主要医疗作用是其中所含硫化氢（H_2S）作用所致。

硫化氢浴对皮肤产生刺激，通过接触皮肤上皮形成硫化碱。硫化碱具有皮肤软化和溶解角质作用。此作用可深入皮肤深部，故对慢性皮肤病有良好作用。硫化氢进入皮肤后，刺激皮肤内神经末梢和血管内感受器，促使皮肤产生组胺等物质。这些物质作用于皮肤血管，使皮肤血管明显充血扩张，故在皮肤上出现境界明显的发红，这种发红现象比碳酸浴及其他浴疗皆明显。

在中高浓度硫化氢泉中沐浴时，由于皮肤血管扩张，皮肤血量和循环血量都增加，故对血压有神经调节正常化作用。硫化氢泉浴还对呼吸、神经系统及肾功能产生影响。

硫化氢泉疗法的适应症如下：

(1)浴用疗法适应症：循环机能不全疾病、早期脑血管硬化病、感染性脑膜炎后遗症、植物神经紊乱症、坐骨神经痛、多发性神经炎、慢性风湿性关节炎、亚急性风湿性及类风湿性关节炎、肌纤维组织炎、骨关节病、骨与关节损伤后运动障碍、慢性附件炎、慢性盆腔炎、湿疹、牛皮癣、荨麻疹、神经性皮炎、皮肤瘙痒症、金属中毒、创伤、糖尿病、慢性胃炎、慢性支气管炎等。

(2)饮用疗法适应症：慢性胃炎、习惯性便秘、慢性胆囊炎、胆石症、慢性汞与铅及砷中毒、糖尿病等。

(3)吸入疗法适应症：气管炎、支气管炎、支气管哮喘、肺气肿等。

四、铁泉

铁泉是指在 1 L 泉水中铁离子($Fe^{2+}+Fe^{3+}$)含量在 10 mg 以上者。自然涌出的矿泉一般皆含有 Fe^{2+} 盐,但几乎不含 Fe^{3+} 盐。

铁泉主要饮用及浴用,多以饮用治疗内科疾病,主要是对贫血有良好疗效。

内饮铁泉水恰如临床医师应用铁制剂治疗贫血的道理一样,在治疗贫血时容易吸收又能促进造血机能的主要是 2 价铁(Fe^{2+})。一般天然的铁泉所含铁盐又多是 2 价铁,故将做贫血治疗方法而进行饮用是更合理的。铁泉是极稀薄的溶液,对胃肠黏膜刺激又很微,并无副作用,故它更是治疗贫血的良好药剂。

浴用时铁盐几乎不透过皮肤机体吸收,只有在铁离子状态时方能透过皮肤被机体吸收。铁泉的收敛作用较明显,为此,浴用对皮肤病及妇女生殖器黏膜病颇为有效。

铁泉疗法的适应症如下:

(1)饮用疗法适应症:各种贫血、慢性失血性贫血、寄生虫贫血、萎黄病、病后体质虚弱、慢性妇科疾病、慢性皮肤病等。

(2)浴用疗法适应症:慢性皮肤病、慢性风湿病、慢性贫血、神经官能症、慢性妇科病、下肢溃疡、各类疾病恢复期、营养不良等。

五、碘泉

碘泉是指在 1 L 泉水中碘(I)含量在 5 mg 以上者。

碘是以极微量存在于各矿泉中,碘和溴同样经常出现在高矿化度的特别与油田有关的地下热水中,有时每升水中可达到 10 mg 以上。碘除由皮肤吸收外,还可由呼吸与黏膜吸收,吸收后的碘多存集于甲状腺、脑垂体、肾上腺、卵巢中。碘是生命所必需的物质,缺乏它会导致机体发生严重障碍,碘能明显地激活机体的防御机能,在风湿性关节炎以及淋巴系统中更明显。碘又有促进和吸收作用,在高血压及动脉硬化病中对血管的作用极为明显。碘在各种炎症病灶的积集可显著地促使病变吸收、溶解瘢痕,并能促进组织再生作用。浴后碘又能降低血脂,使脑磷脂明显下降。饮用碘泉亦有促使病变炎症吸收、扩张血管、提高代谢,以及刺激支气管分泌稀释痰液而有祛痰作用。

碘泉疗法的适应症如下:

(1)浴用疗法适应症:动脉硬化、甲状腺机能亢进、风湿性关节疾病、皮肤病。

(2)饮用疗法适应症:月经失调、更年期综合症、高血压、动脉硬化。

六、溴泉

溴泉是指 1 L 泉水中溴(Br)含量超过 25 mg 以上者。

溴也是人体必需的微量元素之一,多出现在血液中及脑垂体前叶。它是构成生命组织重要的物质之一,能抑制中枢神经系统并有镇静作用。

饮用及浴用疗法适应症为:神经官能症、植物神经紊乱症、神经病、失眠症等。

七、砷泉

砷泉是指在 1 L 泉水中砷(As)含量在 0.7 mg 以上者。

砷多共同存在于氯化铁、硫酸盐类以及碳酸泉水中，它多以5价或2价形式存在于泉水中，3价砷生物活性强，意义较大，5价砷的作用慢而小。砷在机体内的作用极重要，砷与有机硫结合的亲和力大，故它多含于富有硫的器官中，如皮肤、肝。它与有机硫（硫基）的亲和力是砷在机体内的作用基础，故其作用表现在代谢方面，为抑制氧化，使总代谢降低，亦阻断了氢的转移，从而使维生素D的活动性减弱，加之3价砷本身对甲状腺又有拮抗作用，所以有人认为砷是甲状腺中毒的解毒剂。

八、硅酸泉

硅酸泉指在1 L泉水中硅酸（H_2SiO_3）含量在50 mg以上者。地下热水中的硅酸主要以偏硅酸和正硅酸的形式出现。

硅酸盐是人体正常生长和骨骼钙化不可缺少的，也是生命不可缺少的元素。浴用时，对皮肤及黏膜有洁净洗涤消退作用；饮用时能缓解动脉硬化，维持动脉弹性，起保护动脉内膜使脂质不能侵入的作用。

硅酸泉疗法的适应症如下：

(1)浴用疗法适应症：湿疹、牛皮癣、荨麻疹、瘙痒症、阴道炎、附件炎等妇女生殖器官黏膜疾病。

(2)饮用疗法适应症：动脉硬化、心血管病。

九、重碳酸盐泉

重碳酸盐泉是指在1 L泉水中总固体成分在1 g以上者。其中阴离子主要是重碳酸离子（HCO_3），阳离子主要是钠、钙、镁，结合时主要形成重碳酸钠、重碳酸钙和重碳酸镁。三者功能有所不同。

（一）重碳酸钠泉

浴用时呈碱性反应，能软化和溶解皮肤的表层，有净化皮肤、脂肪、分泌物的作用。饮用时，主要是重碳酸钠能中和胃液中游离盐酸而使胃的酸度减少，或变碱性，故多用于胃酸过多症者。对膀胱炎、肾盂肾炎引起的尿呈强酸性也有良好的作用。

适应症：浴用疗法同淡泉。饮用疗法适应症是慢性胃炎、胃酸过多症、胃痉挛、胃及十二指肠溃疡、慢性胆囊炎、胆石症、糖尿病、肥胖病等。吸入适用于咽喉炎、气管炎、支气管炎、支气管哮喘等。

（二）重碳酸钙泉

浴用时，钙离子有轻度收敛作用，可干燥皮肤，除去皮脂，对湿润性皮肤病与温性溃疡有效。饮用时，钙离子可通过胃肠黏膜进入血液中，能提高血液的黏血性，减低血管的透过性，有消退炎症作用。钙又有减弱神经系统的兴奋性与亢进肾上腺素作用，故对植物神经系统有调整功能。饮用这种泉水后，病人尿中尿酸溶解性增高，有利于肾、膀胱尿酸结石的治疗。

浴用疗法适应慢性湿疹、牛皮癣、慢性溃疡等；饮用疗法适应慢性胆囊炎、胆石症、胃酸分泌过多、慢性肠炎、痛风、慢性腹泻等；吸入疗法适应气管炎、支气管炎、过敏性病等。

十、硫酸盐泉

硫酸盐泉是指在1 L泉水中总固体成分大于1 g者。其中阴离子主要是硫酸离子(SO_4^{2-}),阳离子主要是钠、钙、镁,结合时主要形成硫酸钠。

(一)硫酸钠泉

饮用时在临床上与泻剂同样有效。由于泻下作用能使食物迅速从肠管通过,减少食物营养吸收及利用率,成为一种脱脂作用,或称饥饿作用,可协同运动疗法、食饵疗法等治疗肥胖病。

浴用疗法适应症基本与弱氯化钠泉同;饮用疗法适应习惯性便秘、肥胖症、慢性胆囊炎、糖尿病、胆石症等。

(二)硫酸钙泉

浴用时,钙的致密作用和硫酸根的加强代谢作用,能改善嘌呤代谢和尿酸的排出,有利于泌尿系统炎症、磷酸盐结石及肾功能改善。饮用时,也有泻下作用,并有明显的利尿作用。它的适应症有肾及膀胱结石、泌尿系统炎症、糖尿病、痛风、慢性肠胃炎、创伤、牛皮癣、慢性湿疹、荨麻疹、瘙痒症、痤疮等。

(三)硫酸镁泉

硫酸镁在临床上用做泻剂是众所周知的。由于其弥散性小又不被肠管吸收,能使肠内永久保持流动状态,对肠管特别是大肠的蠕动起亢进作用,促使排便。饮用硫酸镁泉有促进胆汁排泄作用,对胆囊、胆管起洗涤作用。

硫酸镁泉疗法的适应症:硫酸镁泉以饮用为主,其主要的适应症是习惯性便秘、肥胖病、慢性胆囊炎、胆石症、胆道胆管炎、肠内中毒、荨麻疹等。浴用时同淡泉。

十一、氯化物泉

氯化物泉是指在1 L泉水中总固体成分在1 g以上者。其中阴离子主要是氯离子(Cl^-),阳离子主要是钠、钙、镁,结合时主要形成氯化钠、氯化钙、氯化镁。

氯化物泉中最常见的是氯化钠泉,亦称食盐泉。其中每升泉水中的氯化钠在1~5 g时称弱氯化钠泉,5~15 g称中等氯化钠泉,15 g以上称强氯化钠泉。

浓度较低的氯化钠泉无特殊医疗作用。当泉中氯化钠含量在5 g/L左右,而总固体成分又高时,其渗透压已达生理盐水水平,此时,应用36~38 ℃微温浴疗,对创伤、烧伤、痔核、皮肤病等有良好作用。高浓度氯化钠泉浴用时,浴后感到特别温暖,原因是浴后氯化盐附在体表,防止体内水分蒸发。若氯化钠在泉中含量达10%以上,就应禁止应用。

氯化钠泉疗法的适应症如下:

(1)浴用适应症:湿疹、牛皮癣、神经性皮炎、皮肤瘙痒症、慢性胃炎、胃酸减少症、胃肠弛缓症、慢性胆囊炎、神经痛、神经炎、神经衰弱、妇科慢性附件炎、不孕症、更年期综合症、创伤、痔核、下肢溃疡、外伤后遗症、慢性风湿痛、肌纤维组织炎、骨关节病、糖尿病、肥胖病、静脉炎等。

(2)饮用适应症:慢性胃炎、胃酸减少症、糖尿病、肥胖病、慢性支气管炎、慢性鼻炎、慢性咽炎、喉炎等。

(3)吸入适应症:鼻炎、咽喉炎、气管炎、支气管炎等。

十二、淡泉

淡泉是指在 1 L 泉水中总固体成分不足 1 g,其他少数微量元素、气体成分、放射性成分与化学成分等皆未达到医疗标准,而矿泉温度在 34 ℃以上者而言。

淡泉在医疗上的应用,多以浴用为主,治疗时温度的不同其作用是不相同的,在 34～36 ℃的不感温浴时起镇静作用。而 40～44 ℃高温浴时又增加了兴奋作用,由于皮肤血管扩张,促进血液及淋巴循环,改善皮肤和神经营养,从而促进新陈代谢。淡泉中存在着丰富的无机触媒,所以淡泉的氧化还原能力具有极其重要的意义。这也是它与地表水的主要差别之一。在动植物的实验中,淡泉对植物的萌芽有抑制作用,对其生长却有促进作用。对动物的胚胎发育和生长亦有影响。

40～42 ℃的高温浴对各种慢性风湿性疾病、神经病、神经炎等病有缓解和镇痛作用,但超过此温度的高热浴却往往使病情加重。此外,应用不感温微温浴的镇静作用,进行长时间(1 至数小时)持续浴治疗神经官能症、植物神经紊乱、精神病亦有良好效果。

第五节　中国地热能源利用现状与发展方向

一、中国地热能源利用现状与趋势

地热是一种洁净的可再生能源。它具有热流密度大、容易收集和输送、参数稳定(流量、温度)、使用方便等优点。地热不仅是一种矿产资源,同时也是宝贵的旅游资源和水资源,已成为人们争相开发利用的热点。

我国地热直接利用已位居世界第二,仅次于美国。目前地热资源在供暖、供热、制冷、医疗、洗浴、康乐、水产、温室等方面的开发利用已形成一定规模与相应的产业,取得了较好的经济、社会效益与环境效益。

(一)利用现状

近年来,随着国民经济的迅速发展和人民生活水平的提高,采暖、空调、生活用热的需求越来越大,是一般民用建筑物用能的主要部分。建筑物污染控制和节能已是国民经济的一个重大问题。特别是冬季采暖用的燃煤锅炉的大量使用,给大气环境造成了极大的污染。因此,地热能直接利用,实现采暖、供冷和供生活热水及娱乐保健,建成地热能综合利用建筑物,已是改善城市大气环境、节省能源的一条有效途径,也是这几年来全球地热能利用的一个新的发展方向和趋势。特别是低温地源热泵技术用于制冷、采暖和供热水系统取得了突破性的进展。

地热能的另一种形式主要是地源能,包括地下水、土壤、河水、海水等,地源能的特点是不受地域的限制,参数稳定,其温度与当地的年平均气温相当,不受环境气候的影响,由于地源能的温度具有夏季比气温低、冬季比气温高的特性,因此是用于热泵夏季制冷空调、冬季制热采暖的比较理想的低温位冷热源。

我国20年的改革开放,经济建设的迅速发展,使人们生活水平不断提高,城镇化步伐加快,建筑物用能,包括制冷空调、采暖、生活热水的能耗所占比例越来越大,特别是冬季采暖供热,由于大量使用燃煤、燃油锅炉,由此所造成的环境污染、温室效应、疾病等因素严重影响着人们的生活质量。因此,开发和利用地热资源,用于建筑物的制冷空调、采暖、供热有着十分广阔的市场,对我国调整能源结构、促进经济发展、实现城镇化战略、保证可持续发展等具有重要的意义。

(二)地热能源发展方向

地热能的开发利用已有较长的时间,包括地热发电、地热制冷及热泵技术都比较成熟。今后地热能利用发展的主要问题是解决建筑物的采暖、供热及提供生活热水,以地热能直接利用为主,将中高温地热热水(>55 ℃)用于包括冬季采暖、夏季制冷和全年供生活热水,以及地热干燥、地热种植、地热养殖、娱乐保健等,实现地热能的高效梯级综合利用,使地热能的利用率达到70%~80%;其次,以地源为低温位热源的热泵制冷、采暖、供热水三联供技术的开发将是另一个重要方面。

我国的中低温地热资源的利用在局部地区取得了良好的效果,如北京市和天津市利用地热水进行冬季供暖,为减少化石燃料的使用、改善两市的大气环境产生了良好的效果,另外,在开发温泉旅游、疗养、娱乐等方面这几年也得到了迅速的发展。但与美国、日本、冰岛等国家相比,我国的地热开发利用不论从总量和利用水平上都存在一定的差距。除高温资源用于发电外,大部分中低温地热资源的利用仍停留在简单的、原始的利用方式,特别是许多地热旅游宾馆在利用70~90 ℃的地热水时,往往要靠自然冷却将温度降低到50 ℃以下用于洗浴和理疗,使大量热能白白浪费掉。究其原因,主要是设计规划落后,设备陈旧,设备的年使用率不高。在地热勘探、开采和地热水回灌、防腐、防垢等方面的技术与设备同国外先进国家相比还存在较大的差距。

结合国内地热(源)能开发的特点和国外地热(源)能利用的现状,目前在地热能利用中的前沿领域为以下三个方面:①地热(源)热泵技术;②地热制冷空调技术;③地热能梯级综合利用技术。

地热(源)热泵技术在国外特别是在欧美、日本等先进国家的使用已相当普遍,其突出的节能、环保特性已得到普遍的重视和关注。我国在该领域的发展才刚刚起步,但在近几年,特别是在2002年得到了迅速发展,市场潜力十分巨大。我国在地热(源)热泵技术领域,目前拥有自主知识产权的技术还较少,因此发展拥有我国自主知识产权的地热(源)热泵技术已显得十分迫切,在高效热泵循环系统方面应优先得到支持和发展。

地热制冷空调技术的核心部分是热水型溴化锂吸收式制冷技术。国内外在溴化锂吸收式制冷技术方面的研究都已比较成熟,产品开发大都为蒸汽型和直燃型两种机组。热水型溴化锂两级吸收式制冷机的研制成功使得这项制冷技术有效地与我国中低温地热(70~90 ℃)相结合,成为地热能直接利用一个新的开发领域。

地热能梯级综合利用技术是目前解决地热能的单一利用的有效方法。结合国内外地热能的开发利用情况,可以发现,地热能的利用率较低,过高的地热水排放温度不仅造成了地热资源的浪费,还给环境带来了负面影响。为此,国外一些国家开始提倡"梯级利用",并取得了很好的经济效益,能量综合利用效率达到70%以上。

二、中国地热资源持续发展规划的四大关键点

我国地热资源丰富，地热利用方式多样，但目前其开发利用普遍存在资源利用率低、回灌率严重偏低、开发布局不尽合理等问题。为此，实现地热资源的综合高效利用，应遵循开发与保护并重的原则，制定科学的地热开发资源规划方案，优化地热井布局，以市场为导向，利用新技术走集约化道路，极大地提高地热利用率，以解决地热资源的可持续发展问题。

(一)创建地热资源勘查评价新模式

地热资源的勘查评价是地热资源规划的前提条件。由于地热资源的复杂性、特殊性、不确定性及主观操作的问题，使地热资源勘查投入大、时间长，同时具有较大的风险，可能造成一些地热田和部分地热井废弃。为此，应尊重市场经济规律，将市场需求与地热资源勘查评价工作有机地结合起来，以需求带动勘查，勘查服务需求，形成相互依赖、相互促进的良性循环关系。

(二)依据动态数据规划控制分区，实行总量与强度双控

地热水大量开采引起的热储层水位大幅度下降，会形成水位下降漏斗区，造成地热水资源短缺。而加强地热水的动态监测是保证地热水持续、稳定开发，科学管理和有效保护的基本手段，它具有监控面广、连续性强等特点。在地热资源规划中，应以地热水的动态监测数据为依据，打破行政区域界限，规划资源控制分区，对不同的分区分别进行合理开发保护、深入开发利用、勘探研究，以及地热资源普查和地热资源远景调查等。在各规划分区中，按照地热水动态水位的变化，分别制定其地热水开采强度指标和地热水年开采总量指标，实行动态管理。

(三)推广集约化新技术，提高地热利用率

解决地热资源的可持续发展问题，一个重要途径就是提高地热能利用的集约化水平，极大地提高地热利用率。在富热地区，开发梯级高效利用集约化技术，降低地热尾水排放温度，提高资源利用率，解决环境热污染问题。基本原理为：开采出来的地热水第一梯次是经过换热器换热后供散热器采暖用户采暖，第二梯次是将散热器采暖系统的排水供地板辐射采暖用户采暖。从两梯次之间提取部分排水作为生活热水使用。由第二梯次系统排出的地热水，进入热泵机组进行温度的提升后再供地板辐射采暖用户采暖。梯级高效利用集约化技术可将地热利用率提高到90%以上。在多热源地区，开发多热源耦合供热集约化技术，解决各单一热源负荷量小、经济性差、容易造成资源浪费的矛盾。基本原理为：将流量较小的地热水与流量较大的其他热源(如热电厂的蒸汽冷凝水)热混合后供散热器采暖用户采暖，回水以串联方式再供地板辐射采暖用户采暖。地板辐射采暖系统的回水经热泵机组提温后再供地板辐射采暖用户采暖。蒸汽冷凝水属于纯水，故可与地热水一起回灌到地下，增加地热回灌率。在贫热地区，开发混合水源联动运行空调集约化技术，解决单一水源与工程建设需求不相匹配的矛盾。基本原理为：因地制宜采用地热水、城市中水、湖水等多种水源分别作为同一水源热泵空调系统的冷、热源，从中提取冷量和热量，冬季供暖，夏季制冷，同时还可以供应生活热水等。此外，根据生物对温度的不同需求，将地热水供热系统进行梯级利用工艺设计，使各个暖棚内形成不同的温度效应，实现

生物梯级温度需求与地热梯级利用的耦合。

(四)开发与改造并举,持续优化布局

由于历史原因,一些既有地热井存在布局不合理、地热生产井密度过大等历史遗留问题,要有计划地进行技术改造和结构调整,不断地进行布局优化,以很小的改造费用,换取最大的效益。对于密度过大的地热生产井,要进行分析评价,将其中的一些生产井改造为回灌井、备用井及监测井等,实行采灌平衡。对于热储层容易失水沉降的地热生产井(如热储层为上第三系的地热井),应实行采灌平衡,保持热储层压力,或将其改造为基岩地热生产井。对于布局不合理、不进行回灌的地热井,应根据实际情况,因地制宜地进行改造。

第六节　中国能源问题及战略

一、各种能源对环境的影响

就以燃煤而论,开采时要挖出相当多的废碎石,在我国,矸石约占采煤量的10%,已占地1 300 km^2。矸石中的硫化物缓慢氧化发热,如散热不良或未隔绝空气就会自燃,目前有9%的矸石堆正在自燃,释出二氧化碳、二氧化硫及其他有害物质。为防止矿井中瓦斯积累爆炸,就要排风,排出大量甲烷(瓦斯)及氡。我国人均(直接间接)年耗煤约1 t,所以五口之家所需煤如采自平原就每年塌陷1 m^2。至今在产煤区土建施工时还会遇到不知何年代挖开的小坑道,需要填埋补救。

以上除甲烷与自燃外,其他采掘业也有类似问题,但为产生同等的能量铀的采掘量就小得多,不过其尾矿释氡需作专门处理。

煤矿可能伴生硫、砷、铬、镉、铅、汞、磷、氟、氯、硒、铍、锰、镍及镭、铀、钍等元素与苯并芘之类的有机物。燃烧中进入气灰或渣,有的部分分解。排气中主要是二氧化碳,也有些一氧化碳,燃料中的硫大部分化作二氧化硫,对酸雨作出贡献。还有氮、氧化物,除氧化了燃料中氮化物外还氧化了空气中的氮,炉温愈高,氮氧化物愈多。每吨煤13 kg的烟尘,还有氡也随气体排出。有些场合如炼焦还会排出苯并芘。由于烧去了碳,灰渣中杂质的浓度将增高很多倍,经过煅烧与粉碎,有害物质可能变为更容易进入水或空气的形态。按"老规矩"任意堆放或弃入水体,也增加了环境的负担,以致火电站释出的放射性物质比核电站都多。

缓解的办法,二氧化碳只能靠提高利用效率与节能;其他有害物质在燃烧前可采用洁净煤技术,先去掉无用有害杂质杂物,不把它们输来运去又烧又炼。燃烧中例如用沸腾床加石灰以固定硫,选用适当炉温以减少氮氧化物。家用亦以型煤为宜,燃烧后应设高效气体净化系统并精心保持其效能。我国电站过去气体净化能力较差。灰渣应予合理利用或处置,关键在于按成分与含量区分对待,有的可用做民用建材,有的只限用于特定场合,有的必须专门处置。

采油,尤其是注水采油,也会影响地面升降。所注水可能在地下受到污染,有时甚至有少量放射性物质聚集在采油管道的某些部位。采炼中为了安全,"放天灯"烧掉废气,有的还有浓烟,有一定环境影响。储运中的燃爆与泄漏可引起严重的环境污染,几次海上漏油事故不仅污染海滩还危及海洋生物。油罐车损坏,油流入下水道引起多处火警的事也发生过。燃烧中产生的二氧化物比煤略少,氮氧化物与煤相似。二氧化硫为主要排放物,特别是高硫油。

我国车用油中石油占一半多(世界为40%),汽油约1/4。在内燃机中,压缩汽油空气混合气阶段如果气体提前燃爆,就将妨碍飞轮顺转,引起震爆(噎),通常在油中掺入少量剧毒的乙基铅来提高抗噎性能,称为加铅汽油。汽车排气除前述燃气产物外还有铅污染。近代炼油技术已能产出足够的无铅汽油。同时还要严格限制排气中的有害气体。目前我国尚未推行无铅汽油。

天然气除燃烧产物外,还有使用与传输中甲烷的损失与泄漏。其中还有一些氡随之进入室内。

生物质燃料原属再生能源,金属元素很少,但在较差的炉灶中燃烧,易产生一氧化碳、烟及有机化合物。如果烟囱排烟能力差或处于严寒地带室内换气不良,室内有害物质可达很高浓度,发展中国家农舍中远高于世界卫生组织标准,而发达国家居室中有害物质浓度就低得多。使用沼气不仅方便,而且可制造农家肥,比较有利。

各种能源中电力是控制方便易于传输的。用燃料或核能经热机发电,热效率是有限的,总有相当于发电量的1倍到2倍多的热能要就地耗散,可用冷却塔或传给水体。冬季可能利用余热,夏季就会成为热污染。水体的温升应严格限制以防发生有害生态影响。输电效率高,但也要防止使人受到过强的电磁场,电晕放电产生离子也会有不良效应。配送电用的电力电容器含多氯联苯,包裹蒸汽管道用的石棉,退役不用时如不妥善处置也会造成严重污染。

让水力能源白白流失是很可惜的,水力发电效率高,产生的少量热能影响很少。但为较充分地利用发电容量,就得建水库,就得考查其寿命与安全。尽管筑坝是成熟的技术,但也发生过若干次惨重的溃坝或溢水事故。如果上游水土保持不佳,水库被淤积,不能发挥应有效益的亏我们也吃过。我们受过盲目围湖造田带来的生态灾害,而改林地、耕地、草地为湖,也须认真分析其生态后果,尽管淡水中可达相当高的初级生物生产力,但水力水库恐难以达到,养鱼也需投饲。如果生产力低于原有陆地,则相当于排放二氧化碳。经济得失也要算账,是否影响鱼类洄游繁殖,对某些寄生虫疫区增减,对航运的影响,均有待分析。回答这些问题恐比计算发出的电量要难得多。

太阳能热水器、太阳灶等低级利用,作为节约生活燃料的辅助手段是很有效的。集热热机发电,主要技术是成熟的,除需排出余热与占地面积较大外,未见重要环境问题。太阳能电池制造中会有一些有害物质,使用时似无特殊困难。在人造地球卫星上业已成功使用。在地面上主要是造价与寿命的问题及储能设备配套。目前初级生物生产力只占到达地面太阳能的1‰。高级农业林业仅达全年日照的1%上下。哪怕太阳能发电的效率仅百分之几,也将比燃烧生物质(或用乙醇)再发电效率高出10倍,沙漠、荒滩、野岛均要利用,应予重视,加速开发。

帆船早已利用了风力。在风力条件好的地区风力提水,也是节省燃料的补充能源。风力发电也很有前途。联入供电网或配以储能装置可降低风力不稳的影响。此类设备应有小风能发电、大风吹不坏的自控能力。

地热利用中,温泉水中会溶有石中的有害物质,特别是高温温泉流出后,随温度与成分的变化,可能集聚在水流或系统的某些部位。氡是其中一项,有的温泉浴室确实氡浓度偏高。地热发电目前效率不高,而且特殊地点才适用,它也会带出地下有害物质,如循环注水当可缓减此弊。

未来我国温室气体排放预计将从 2000 年全球总量的 12.7% 增加到 2020 年的 16.7%。此外,与能源利用相关的空气污染还包括二氧化碳、二氧化硫、氮氧化物及粉尘等,导致我国有 1/3 以上的国土受到了酸雨的威胁。近年来,我国许多城市空气质量每况愈下,部分归咎于小型工业锅炉及炉灶中煤的直接燃烧,另一重要原因是车辆的高速增长。

二、能源问题与战略

我国能源供应紧张的状况才刚刚开始。按照经济高增长情景设计,2020 年我国的能源需求将达到 31 亿 t 标准煤,居世界第二位。形象地说,在未来的 20 年,中国要增加 26 座兖州煤矿、6 个大庆油田、8 个西气东输工程、4 个左右的三峡水电站的装机容量、20 个大亚湾核电站和 400 个大型火电站。为了配套,还需要大规模扩建电网、油气管路、煤炭运力等基础设施。

我国未来能源战略敲定六大方针:节能优先、效率为本,煤为基础、多元发展,立足国内、开拓国外,统筹城乡、合理布局,依靠科技、创新体制,保护环境、保障安全。

附件 1　地热资源地质勘查规范

(GB 11615—89)

1989-08-29 发布,1990-06-01 实施,国家技术监督局发布

1　主题内容与适用范围

本规范规定了地热田地质勘查研究程度、勘查类型与勘探工程控制、勘查工作技术及质量要求地热储量分类、分级、计算和评价,地热流体与环境影响评价,以及地热资源勘查资料整理和报告编写等基本要求。

本规范适用于地热资源的地质勘查,作为地热资源地质勘查设计书编制、各项勘查工作布置、勘查报告编写和审批的主要依据。

2　引用标准

GB 3838　地面水环境质量标准
GB 5084　农田灌溉水质标准
GB 5749　生活饮用水卫生标准
GB 8537　饮用天然矿泉水
GB J4　工业"三废"排放试行标准
GB J8　放射性防护规定
DZ 40　地热资源评价方法
TJ 35　渔业水质标准
TJ 36　工业企业设计卫生标准

3　总则

3.1　本规范所指地热资源是在我国当前技术经济条件下,地壳内可供开发利用的地热能、地热流体及其有用组分。地质勘查的目的在于查明地热田的地质条件、热储特征、地热资源的质量和数量,并对其开采技术经济条件做出评价,为合理开发利用提供依据。

3.2　地热资源按温度分为高温、中温、低温三类(见表 1);按地热田规模分为大、中、小型三级(见表 2)。

表 1　地热资源温度分级

温度分级		温度 t 界限(℃)	主 要 用 途
高温地热资源		$t \geqslant 150$	发电、烘干
中温地热资源		$90 \leqslant t < 150$	工业利用、烘干、发电
低温地热资源	热水	$60 \leqslant t < 90$	采暖、工艺流程
	温热水	$40 \leqslant t < 60$	医疗、洗浴、温室
	温水	$25 \leqslant t < 40$	农业灌溉、养殖、土壤加温

注:表中温度是指主要热储代表性温度。

表 2 地热田规模分级

规模分级	高温地热田		中、低温地热田	
	电能(MW)	能利用储量计算年限(年)	热能(MW)	能利用储量计算年限(年)
大 型	>50	30	>50	100
中 型	10～50	30	10～50	100
小 型	<10	30	<10	100

3.3 地热资源勘查工作分为普查、详查、勘探三个阶段。勘探阶段之后,为地热田开发地质工作。

3.4 地热田勘查工作一般应遵循以下原则:

3.4.1 按规定的勘查阶段循序渐进,对地热地质条件简单或现有资料较多的小型地热田的勘查,可根据实际情况简化或合并上述勘查阶段。

3.4.2 在勘查程序上必须严格遵循在充分搜集利用已有资料的基础上,先进行航卫片解译、地面地质、地球化学、地球物理等项工作,然后再上钻探的原则。没有上述工作的综合研究成果,不得盲目布置钻探工作。

3.4.3 勘查工作内容和投入的工作量应根据勘查阶段、勘探类型和工作区地热地质复杂程度等因素综合考虑确定。应选择经济有效的勘查技术方法、手段和合理的设计施工方案,达到工作阶段的要求。

3.4.4 由详查阶段转入勘探阶段,一般应与使用部门对口,应具有使用单位的委托书或与使用单位签订的承包合同书或省、市、自治区厅(局)级以上(含厅局级)主管部门下达的项目任务书。

3.4.5 各阶段的勘查工作,必须按本规范要求编写勘查设计书,经主管部门审定后严格组织实施。设计书的主要内容应包括目的、任务、地理概况、研究程度、区域地质、地热地质条件、工作布置及工作量、地热流体的动态观测、储量计算与评价方法、人员组成、设备、工作计划、钻探施工设计、经济预算、预期成果和提交报告时间等。

3.4.6 各勘查阶段工作结束后,应编写阶段报告,按规定报有关主管部门审查。供建设使用的勘探报告,经主管部门审查后,报国家或省(区、市)矿产储量审批机构审批。未提交上一阶段报告和未经技术经济论证的认可,不得转入下一阶段工作。

4 地热田地质勘查研究程度要求

4.1 地质勘查研究内容

4.1.1 地热田地质

a. 研究地热田的地层、构造、岩浆(火山)活动及地热显示等特点,以阐明控制地热田的地质条件,确定热储、盖层、导水和控热构造。

b. 对于受断裂控制的地热田,要着重研究断裂的形态、规模、产状、组合配套关系等特点,阐明断裂系统与地热的关系。

c. 对于层控的地热田,应详细划分地层,确定地层时代,区分储层和盖层。着重研究热储结构、热储的岩性、厚度及其分布范围,以及热储的孔隙、裂隙或岩溶发育情况等影响地热流体储存、运移、富集的地质因素。

d. 对地热田的外围有关地区应进行必要的地质调查和地球物理、地球化学工作。探索地热田的形成、地热流体的补给来源和循环途径。

4.1.2　地温场

查明地热田内的地温及地温梯度的空间变化，圈定地热异常范围，计算热流密度，推算热储温度，并对地热异常的成因、热储结构特征、控热构造及可能存在的热源做出合理的分析推断。

4.1.3　热储

查明热储分布面积、岩性与厚度变化、埋深及边界条件，查明热储结构、各热储间的关系及热储内的渗透性能，地热流体的温度、压力、产量及其变化规律，测定热储的孔隙率、渗透系数、传导系数、给水度（弹性释水系数）和压缩系数等，为储量计算提供依据。

4.1.4　地热流体

一般应测定地热流体的化学成分、同位素组成、有用组分以及有害成分等。分析地热流体与大气降水、地表水和常温地下水的关系，查明地热流体的来源及其补给、储集、运移、排泄条件；对高温地热田还应查明地热流体的相态、地热井排放的汽水比例、蒸汽干度、不凝气体成分，为地热资源开发利用与环境影响评价提供依据。

4.2　不同勘查阶段研究程度要求

4.2.1　普查阶段

a. 主要是寻找地热异常区或对已发现的地热异常区开展地热地质普查。

b. 初步查明地热田及其外围的地层、构造、岩浆（火山）活动情况，研究它们与地热显示、地热异常的关系，推断地热田的热储、盖层、导水和控热构造。

c. 初步查明地热田的地表热显示特征，测定地热流体的天然排放量及其化学成分，估算地热田的热储温度和地热田的天然热流量，初步圈定地热异常的范围，提出热储概念模型。

d. 探求 D+E 级储量，估价地热田开发利用前景。提交普查报告，为是否须进行详查工作提供依据。

4.2.2　详查阶段

a. 在初步查明地热田的地球化学场、地球物理场及热储边界条件的基础上，对地热田是否具有开发价值以及近期内能否被开发利用进行详查工作。

b. 基本查明地热田及其外围的地层、构造、岩浆活动情况，初步查明地热田内的断裂及其产状、各地层的孔隙、节理裂隙、岩溶及水热蚀变发育情况，划分热储、盖层、导水与控热构造。

c. 基本查明地热田内地温及地温梯度和空间变化，进一步圈定地热异常的范围，计算热储温度，分析推断地热异常的成因。

d. 基本查明热储的岩性、厚度、埋深及其边界条件，各热储内地热流体的温度、压力、产量及其变化关系，热储的孔隙率及渗透性能，圈定地热流体富集地段。

e. 基本查明热储中地热流体的相态、地热井排放的汽水比例、地热流体的化学成分、有用组分和有害成分以及地热流体的补给、运移、排泄条件。建立热储理论参数模型。

f. 探求 C+D 级储量，提交详查报告，为地热田开发总体规划和是否转入勘探阶段提供依据。

4.2.3　勘探阶段

a. 一般应在经过详查工作证实具有开发价值的基础上进行，主要是对地热田开发经济效益高的地热流体富集地段进行勘探。

b. 详细查明地热田内的地层、构造、岩浆（火山）活动和水热蚀变等特点。基本查明热储、导水、控热构造的空间展布及其组合关系。

c. 详细查明地热流体特征，包括地热流体在热储中的相态、温度、地热井排放时的汽水比例、蒸汽干度、流体化学成分和同位素组成。阐明地热流体中不同用途的有用组分和有害成分，地热流体的来源、补给、径流排泄条件，以及地热流体运移过程中可能出现的相变和与冷水混合过程。

d. 详细查明地热田内的地温、地温梯度和有关物性参数的空间分布及其变化规律。详细圈定地热流体的富集地段。

e. 详细查明地热田的热储结构，各热储的分布面积、厚度、产状、埋深及边界条件，各热储内地热流体的温度、压力、产量的变化规律及各热储的相互关系。实测各项储量计算参数，建立热储参数模型。探求B+C级储量，提出合理开发方案并作出环境影响评价，提交勘探报告，为地热田开发利用提供依据。

地热田开发地质工作中，应加强系统的动态观测工作，利用长期观测和开采过程中的实际资料，进行热储工程研究，计算A级储量，进行回灌试验和开发利用中有关(如地面沉降、结垢等)问题的研究，建立地热田的开发管理模型。

5　地热田勘查类型与勘探工程控制

5.1　地热田勘查类型

根据我国已知地热田特征，按地热田的温度、热储形态、规模和构造复杂程度，将地热田勘查类型划分为两类六型(见表3)。

表3　地热田勘查类型

类型		主要特征
高温地热田(Ⅰ)	Ⅰ-1	热储呈层状，岩性和厚度变化不大或呈规则变化，构造条件一般比较简单
	Ⅰ-2	热储呈带状，受断裂构造控制，地质构造条件比较复杂
	Ⅰ-3	地热田兼有层状热储和带状热储特征，彼此存在成生关系，地质构造条件复杂
中低温地热田(Ⅱ)	Ⅱ-1	热储呈层状，分布面积广，岩性、厚度稳定或呈规则变化，构造条件一般比较简单
	Ⅱ-2	热储呈带状，受断裂构造控制，地热田规模较小，地面多有温、热泉出露
	Ⅱ-3	地热田兼有层状热储和带状热储特征，彼此存在成生关系，地质构造条件比较复杂

5.2　钻探工程布置原则

5.2.1　地热资源勘探应充分发挥航卫片解译、地面测绘、物化探工作在地热勘查中的作用，对研究程度较高的地区，则必须充分利用已有资料，综合分析研究地热田的地层、构造、地热异常的范围、地热田的边界，争取尽量减少钻探工作量，提高勘探效益。

5.2.2　钻探工程布置应区别不同地热田勘查类型和规模，以能控制热储分布，取得有代表性的储量计算参数并查明地热田的开采条件和边界条件，满足相应阶段的要求为原则。

5.2.3　在部署钻探工程时，必须统筹兼顾，重点突出，在探明可供开采的主要热储的同时，兼顾其他热储，查明各热储间的相互关系。

5.2.4　地热田的钻探深度应根据其勘查类型和当前开采技术经济条件及社会需要来确定，一般钻探深度不宜过深，深埋层状热储一般控制深度在2 000 m以内，浅埋带状热储控制深度在1 000 m以内。

5.2.5　在地热田勘查工作中，钻井的设计除高温裂隙型热储外，应实行以探为主，探采结合，按有关规定或协议交付使用。在勘探区内施工的生产井，也应做到以采为主，采探结合，充分发挥其在地热勘探中的作用。

5.3　钻探工程控制

根据我国目前地热资源勘查和开发的实践经验，地热田钻探工程可按具体条件参照表4执行。

表 4　地热田钻探工程控制

勘查类型	勘查阶段		
	普　查	详　查	勘　探
	钻探井数量(个/热田)		
Ⅰ-1	0～2	5～10	7～15
Ⅰ-2	0～2	5～7	10～15
Ⅰ-3	0～2	7～10	7～15
Ⅱ-1	0～2	5～7	7～10
Ⅱ-2	0～2	3～5	5～7
Ⅱ-3	0～2	3～7	5～10

注:同一类型中地热田面积大、构造条件复杂、具有多层热储者应取高值。地热田面积小、构造条件比较简单者取低值。

6　勘查工作技术及质量要求

6.1　航卫片解译

6.1.1　航卫片主要判断下列地热地质问题:

a. 地貌、地层、地质构造基本轮廓及地热区隐伏构造;

b. 地面泉点、泉群和地热溢出带,地面地热显示位置及地表水体位置范围;

c. 地面水热蚀变带的分布范围。

6.1.2　遥感图像解译应先于地质测量工作,卫星图像和航空像片两者结合使用,必要时可进行航空红外测量。遥感图像解译应结合地面地质、物探资料进行。

6.1.3　卫片宜用不同时间、不同波段的影像进行综合解译。注意卫片质量,收集不同地质体的光谱特征,建立地质、地热地质直接和间接解译标志。视工作要求和条件许可,用计算机图像处理,提高解译水平和效果。

6.1.4　宜用大比例尺航片。用目视和航空立体镜解译,还可用立体测图仪成图。

6.1.5　航卫片解译,应提交相应比例尺的解译图及文字说明。

6.2　地质测量

6.2.1　地质测量在充分利用航卫片解译和区域地质调查资料的基础上进行,其主要任务是:

a. 实地验证航卫片解译的疑难点,提高航卫片解译质量。

b. 查明地热田的地层时代、岩性特征、地质构造、岩浆活动,阐明地热田形成的地质条件。

c. 查明地表地热显示的类型、分布和规模,阐述地热异常与地质构造的关系。

6.2.2　地质测量范围应包括可能的补给区和排泄区。图件比例尺应根据勘查类型和地质构造复杂程度,参照表 5 选定。

表 5　地质测量比例尺

勘查类型	区域性图件	地热田图件
层状热储	1/10 万～1/2.5 万	1/5 万～1/2.5 万
带状热储	1/2.5 万～1/1 万	1/1 万～1/5 000

6.3　地球化学调查

6.3.1　在地热资源勘查各阶段中都应进行地球化学调查，并尽量采用多种地球化学地面调查方法，确定地热异常分布范围。

6.3.2　采取具有代表性的地热流体(泉、井)、常温地下水、地表水、大气降水等样品进行化验分析，对比分析它们与地热流体的关系。地热流体分析样品采集方法按本规范附录B(参考件)要求采取。

6.3.3　进行温标计算，推断深部热储温度。

6.3.4　测定稳定同位素和放射性同位素，推断地热流体的成因与年龄。

6.3.5　计算地热流体中的Cl/B、Cl/F、Cl/SiO_2等组分的比率，对比分析地热流体和冷水间的关系及其变化趋势，并进行水、岩均衡计算。

6.3.6　对地表岩石和勘探井岩心中的水热蚀变矿物进行取样鉴定，分析推断地热活动特征及其发展历史。

6.3.7　地球化学调查比例尺应与地质测量比例尺一致。

6.4　地球物理调查

6.4.1　地球物理调查是地热资源勘查工作中的重要组成部分，一般应在普查阶段进行，详查阶段要在普查的基础上，对有希望的地区进行补充工作，主要查明以下问题：

a. 圈定地热异常范围和热储体的空间分布；

b. 确定地热田的基底起伏及隐伏断裂的空间展布；

c. 圈定隐伏火成岩体和岩浆房位置；

d. 圈定地热蚀变带。

6.4.2　根据地热田的地质条件和被探测体的物性特征选用物探方法(见表6)。一般利用地温勘探圈定地热异常区；利用重力法确定地热田基底起伏(凸起和凹陷)及断裂构造的空间展布；利用磁法确定水热蚀变带位置和隐伏火成岩体的分布、厚度及其与断裂带的关系；利用电法、α卡、210P_0法圈定热异常和确定热储体的范围及深度；利用人工地震法较准确地测定断裂位置、产状和热储结构；利用磁大地电流法确定高温地热田的岩浆房及热储位置和规模；利用微地震法测定活动断裂带。

表6　各勘查阶段不同类型地热田物探方法

勘查类型	勘查阶段		
	普查	详查	勘探
Ⅰ-1	1/10万～1/20万重磁面积测量，1/10万电测深面积测量，1/10万浅层测温面积测量	1/5万重磁面积测量，1/5万电测深面积测量	详细电测深面积测量，钻孔测温及各种测井，人工地震(反射波法)
Ⅰ-2 Ⅰ-3	1/10万～1/20万重磁面积测量，MT路线测量，1/10万浅孔地温测量	1/5万重磁面积测量，MT面积测量(至少3条控制剖面)	人工反射地震，MT详细工作，地热流测量，微震网观测综合测井
Ⅱ-1	1/10万～1/20万重磁面积测量	1/5万重磁测量	1/1万重磁测量
Ⅱ-2 Ⅱ-3	1/10万电测深面积测量，1/10万浅层测温，1/10万～1/20万重磁面积测量	1/5万重磁测量，1/5万电测深面积测量，α卡面积测量	1/1万电测深，人工地震(反射波法)，电剖面测量，α卡剖面测量，综合测井

6.4.3　地球物理调查比例尺应与地面测绘比例尺一致。对获得的物探资料，应结合地热地质条件、地热流体特征进行分析，提出综合解译成果，作为勘探井的布置依据。

6.5　钻探工作

6.5.1　勘探井的设计、施工以及勘探井内各种测试应满足查明地热地质条件，取得有代表性的计算参数和评价地热资源的需要。

6.5.2　地热田内存在多个热储时，应分别查明热储的压力、水位、温度、流量和地热流体质量。勘探井穿透不同热储时应做好下套管固井或止水工作，防止破坏热储的自然特征。

6.5.3　除专门设计的定向井外，勘探井应保持垂直，在 100 m 深度内其井斜不应大于 1°。

6.5.4　勘探井口径应满足取样测井及完井后安装抽水试验设备要求，探采结合井还应满足生产井设计抽水量及止水填料的要求。第四纪松散地层勘探井应保证滤水管外围有 100 mm 的填充厚度。基岩勘探井口径应能满足水泥固井及可能下入滤水管的要求。地质勘探井及观测井终井口径一般不小于 91 mm。

6.5.5　每一热田应有 1～2 个勘探井要求全部取心，探采结合井可间断取心，但必须做好岩屑录井。岩心采取与岩屑录井应满足划分地层、确定破碎带、储层岩性、厚度等要求。松散地层和断层破碎带采取率不应小于 40%，完整基岩不低于 60%。对中、高温地热勘探井要特别注意采取水热蚀变岩心或岩屑。

6.5.6　勘探井在钻进过程中和完井后必须进行地球物理测井，测井项目取决于地质需要，一般井段做井径、井斜、电阻率、自然电位、自然伽玛、井温和井底温度等项目。完井后除做上述项目外，还应进行稳态井温测量。对高温地热田和中低温大型地热田还应做密度、声波、中子和流量测井。

6.5.7　钻进过程中的简易观测要求：

a. 目的层井段，必须经常对泥浆槽液面及泥浆池中的泥浆量的变化进行观察，注意有否漏失，漏失量及速度，漏失前后泥浆性能的变化。

b. 详细记录钻进的涌水、井喷、漏水、涌砂、逸气、掉块、塌孔、缩径等现象的起止时间、井深、层位及采取的处理措施等。对井涌或井喷还应详细观察记录涌、喷量及高度，连续或间断的涌喷规律，涌喷前后的泥浆性能变化等。

c. 系统测定井口泥浆的温度变化，在钻入热储目的层段时应加密观测并做好记录。

d. 钻进过程中对蹩、跳钻、放空等情况应认真记录起止时间、井深、层位、蹩跳程度、钻时情况，做好地质方面的分析判断。

6.6　完井试验

6.6.1　勘探井和探采结合井都应进行完井试验，测定地热资源评价必需的计算参数。完井试验是指低温井的抽水、涌水试验和中、高温井的放喷试验。它们又都分为单井、多井和群井试验三类。

6.6.2　抽水试验要求：

a. 单井抽水试验一般做三个落程，稳定延续时间 8～12 h，用以确定流量与水位降低的关系，概略地取得含水层渗透系数、给水度或弹性释水系数、压力传导系数。试验期间应尽量采用井下压力计测量水位的变化。直接从孔口测量水位时，应同时测量孔内水温，以换算为相同密度的水位。

b. 多井抽水试验是指带有观测井的主井抽水试验，一般做一个落程，稳定延续时间 24～72 h，求得较为准确的计算参数。在详查阶段每一地热田进行 1～3 组试验。

c. 群井抽水试验是指在影响半径范围内，两个或两个以上钻井中同时进行并有观测井的抽水试验。在勘探阶段可结合开采方案进行 1～2 组试验，一般做一个落程，抽水延续时间不少于 7 昼夜，以确定水位下降与总开采量的关系和合理开采方案。

6.6.3　放喷试验要求：

a. 中、高温地热井的单井放喷试验可先应用端压法（经验方法）估测单井的热潜力。但精确的测定必须在井口进行汽水分离，分别测定不同压力下的汽水流量和温度，并测定分离蒸汽中的不凝结气体含量,确定单井的热焓和热流体产量,并绘制井口压力、产量压力与温度、流量和时间的关系曲线。试验延续时间不少于15昼夜。

b. 中、高温地热田勘探阶段,需结合试验性生产进行群井放喷试验,即用多个生产井同时放喷,并可在外围设立一定的观测井,以分别测定上述内容。试验延续时间不少于1个月。以求得各生产井在干扰状况下的产量及地热田总的生产量,进而为准确地判断热储潜力和补给源提供依据。

6.6.4 非稳定流抽水试验,抽水井涌水量应保持常量,其变化幅度不大于3%。抽水、涌水、放喷试验中,均应观测水位(压力)温度的变化,温度观测读数应准确到0.5 ℃,并换算成相同密度的水位(压力)值。试验结束后观测其恢复水位(压力)。水位(压力)的变化宜用井下压力计观测,直接测量水位时应同时测量孔内水温,以便换算和比较。

6.7 地热流体、土、岩实验分析

6.7.1 在地热勘查工作中,应系统采取水、气、岩土等样品进行分析鉴定,以获得热储的有关参数。

按以下要求采取样品:

地热流体全分析:各勘查阶段的勘探井和代表性泉点全部取样。

气体分析:凡有逸出气体的井、泉均需采集气体样品。

微量元素、放射性元素、毒物分析:普查阶段各取1~3个,详查阶段各取3~5个,勘探阶段各取5~7个。

稳定同位素:详查阶段可取1~2个,勘探阶段可取1~3个。

放射同位素:详查阶段可取3~5个,勘探阶段可取5~7个。

岩、土分析样:按实际需要采取。

6.7.2 地热流体化学成分应进行全分析(主要阴阳离子和F、Br、I、SiO_2、B、H_2S等)微量元素(Li、Sr、Cu、Zn等),放射性元素(U、Ra、Rh)及总α、总β放射性的分析,对温泉和浅埋热储应视情况增加污染指标的分析,如酚、氰等,还要根据不同的利用目的增加其他分析项目。

6.7.3 同位素分析一般测定稳定同位素(^{18}O、^{34}S、^{2}H)和放射性同位素(^{3}H、^{14}C),以研究地下水热水的成因、年龄、补给来源等。

6.7.4 气体成分分析应尽量包括H_2S、CO_2、O_2、N_2、CO、NH_4、CH_4、Ar、He等项目,以评价地热流体质量。

6.7.5 岩、土分析鉴定应依据地热田实际情况有选择地进行。

a. 对热储及代表性盖层的岩心或岩石,一般可测定其物理、水理性质,项目包括密度、比热、导热率、渗透率、孔隙度等。

b. 与热储密切有关的岩心或岩石可进行同位素年龄、古地磁、微体古生物、化石、孢粉、重矿物、岩石化学等测定和鉴定,以确定其地层时代和岩性。

c. 应用岩石薄片鉴定水热蚀变矿物并研究其演化过程,如发现矿物包体则可进行包体测温。

d. 应用岩石中铀、钍、钾放射性含量,研究形成区域性热异常的产热率背景。

6.8 动态监测工作

6.8.1 在勘查工作中,应及早建立地热流体动态监测网,以掌握地热流体的天然动态和开采动态变化规律。对已开发的地热田应在已有观测点网的基础上继续进行监测,以了解开采降落漏斗范围及其发展趋势,为研究地热田水位(压力)下降、地面沉降或地面塌陷等环境地质问题提供基础资料。

6.8.2 观测井的布设应以能控制地热储量动态为目的。普查阶段每个地热田建立控制性监测点1~2个;详查阶段每一热储建立1~2个;勘探阶段每一热储设立2~3个。监测点尽量应用已有井、泉。

6.8.3 监测内容包括水位或压力、流量、温度及热流体化学成分。监测频率可根据不同动态类型而定。水位(压力)、温度、流量监测,一般每月2~3次。水质监测,一般每年1~2次。

6.8.4 动态监测资料应及时进行分析,编制年鉴或存入数据库,为地热田的合理开采提供信息。

6.9　回灌试验

6.9.1　为保持热储的生产压力，延长地热田寿命，防止地面沉降和地热流体随地排放造成的环境污染，可进行回灌试验。

6.9.2　通过试验选定合适的回灌位置、深度、压力及回灌量等参数，对地热田是否或如何进行生产回灌提供依据。

7　地热储量分类、分级、计算和评价

7.1　地热储量分类、分级与级别条件

7.1.1　根据我国目前开采技术经济条件的可行性，并考虑远景发展的需要，将地热储量分为两类：

a. 能利用储量：热储埋深小于 2 000 m，便于开采，经济效益好，在开采期间不发生严重的环境地质问题，符合资源合理开发利用的储量。

b. 暂难利用储量：热储埋深大于 2 000 m，开采技术条件较困难，经济条件不合理，暂不宜开采利用，而将来有可能开采的储量。

7.1.2　按地热田勘查研究程度，将地热储量分为五级（A、B、C、D、E）。

A 级：系地热田进行开发管理依据的储量。其条件是：

a. 准确查明地热田边界条件和热储特征；

b. 储量计算所利用参数均为开采验证了的；

c. 掌握了 3 年以上开采动态监测资料。

B 级：系地热田开发设计作依据的储量，也是地热勘探中所探求的高级储量。其条件是：

a. 详细控制了地热田边界和热储特征；

b. 通过试验取全取准储量计算所需的参数；

c. 掌握了 2 年以上的动态监测资料。

C 级：为地热田开发利用进行可行性研究或立项所依据的储量。对于类型复杂难以计算 B 级储量的地热田，C 级储量可作为边探边采的依据。其条件是：

a. 基本控制了地热田边界和热储特征；

b. 通过试验获得了储量计算的主要参数；

c. 掌握了 1 年以上的动态监测资料。

D 级：经普查评价，证实具有开发利用前景的地热资源，是根据地热地质调查、物化探资料或稀疏勘探工程控制所求得的储量，作为地热田开发远景规划和进一步部署勘探工程的依据。其条件是：

a. 大致控制了地热田范围和热储的空间分布；

b. 取得了少量的储量计算所需参数。

E 级：根据区域地热地质条件和地热流体的天然露头（或已有的井孔）等资料进行估算的储量，作为制定地热田勘查设计远景规划的依据。

7.2　储量计算

7.2.1　储量计算原则

a. 地热田储量计算一般包括地热能与地热流体的可开采量计算，如地热流体中含有达到工业提取指标的有用组分，也应评价其可开采量。

b. 储量计算应建立在地热田的综合分析研究基础上，根据形成地热田的热源、地热地质条件和地热流体特征，建立计算模型，选择符合实际的计算参数和正确的计算方法。勘查过程中要不断完善计算模型，注意取全取准计算参数，提高计算精度，满足相应阶段的勘查要求。

c. 在分别计算地热田热储的固体与流体体积中储存的地热能与地热流体储存总量、天然补给量的

基础上,计算其可开采量。勘探阶段,应结合地热田开发方案、服务年限和利用方向,分别计算地热能、地热流体及有用组分的可开采量。

d. 地表有地热流体排放、地热显示强烈的地热田,可计算地热能与地热流体的天然排放量,作为其天然补给量的下限。

e. 储量计算应满足综合评价的要求。

7.2.2 确定计算参数的要求

7.2.2.1 热储面积和厚度的确定:普查阶段可根据地面测绘、物化探资料分析推定;详查与勘探阶段应结合岩心、岩屑录井、简易水文观测、地球物理测井以及水热蚀变等资料确定。一般应符合下列要求:

a. 热储盖层的平均地温梯度不少于 3 ℃/100 m 或 1 000 m 深度以浅获得的地热流体温度不低于 40 ℃;

b. 储层具有一定的渗透率(不小于 0.05 μm^2)。

7.2.2.2 热储温度的确定:一般根据钻孔实测温度,按算术平均或加权平均温度计算。

7.2.2.3 热储地热能采收率的确定:应根据热储的岩性、有效孔隙度、热储温度及开采回灌技术条件合理确定。松散孔隙热储,其孔隙度大于 20% 时,采收率可取 25%;岩溶裂隙热储采收率可取 15%~20%;固结砂岩、花岗岩、火成岩等裂隙热储,其采收率可取 5%~10%。

7.2.2.4 岩石密度、比热、热导率和孔隙度等物性参数:在普查阶段,可按经验值确定;详查、勘探阶段应采取试样,实验室测定或野外实测确定。

7.2.2.5 地热流体计算参数的确定:

a. 导水系数(T)、渗透率(K)、压力传导系数(a)、给水度(μ)、储水系数(μ_e)及越流系数 K'/M' 等计算参数,在普查阶段可根据单孔试验,详查阶段主要根据多孔试验,勘探阶段主要通过群孔流量试验资料计算确定。

b. 当地热田具有较长系列的动态监测资料时,应通过动态资料反求有关计算参数。

7.2.3 储量计算方法要求

7.2.3.1 应在建立地热田模型的基础上,选择相应的计算方法进行计算。完整的地热田模型应能反映地热田的热源和地热流体的补给、运移、相态变化及混合过程。

7.2.3.2 详查和勘探阶段应选择两种以上的方法计算地热能及地热流体的可开采量。

储量具体计算方法及其要求,可参照地质矿产部标准 DZ 40 执行。

7.3 储量评价

一般应按综合利用的原则,按可能的利用方向对地热能与地热流体的可开采量进行评价。要求:

a. 普查与详查阶段,根据天然补给量或天然排放量,论证可开采量的保证程度。

b. 勘探阶段应根据技术经济条件对不同计算方案进行对比、论证,确定合理的开采方案,并根据确定的开采方案,预测地热田的地温场、渗流场的变化趋势,论证可开采量的保证程度。

c. 对计算依据的原始数据、地热田模型、计算方法、计算参数及计算结果的准确性、合理性、可靠性作出评价。

8 地热流体质量与环境影响评价

8.1 地热流体质量评价要求

8.1.1 地热流体的质量主要指的是地热流体化学成分及其能量的品位。地热流体的质量评价,应在查明地热流体的物理性质、化学成分及其变化规律的基础上,根据所选用的开采方案,确定其用途,结合地热流体开发利用指标以我国现行的有关评价标准进行综合评价。

8.1.2 地热流体水质评价

a. 医疗热矿水评价,参照附录 C(参考件)对其是否属于医疗矿水作出评价。

b. 饮用热矿水评价,符合饮料矿水标准,可作为天然饮料矿水开发的低温地下热水,其水质标准依据 GB 8537 进行评价。

c. 饮用热水评价,有的地热区只产热水,没有凉水,为解决当地人、畜饮水,应根据 GB 5749 结合当地实际情况,对地下热水是否符合饮用作出评价。

d. 农业灌溉用水评价,低温地下热水可作为农业灌溉用水。由于地下热水中通常含有较高浓度的氯化物及氟、硼等,其是否适用于农业灌溉,需对照 GB 5084 进行评价。

e. 渔业用水评价,低温地下热水仍可适用于鱼类的养育越冬及孵化等,并可适用于高密度工厂化养殖尼罗罗非鱼等喜温的热带鱼种,其水质标准应按照 TJ 35 进行评价。

f. 工业用水评价。根据热流体的质量特性结合不同工业对水质的要求作出评价。

8.1.3　地热流体中有用矿物组分评价

对于高浓度的地热流体,可以从中提取锂、碘、溴、硼等成分,还可生产食盐、芒硝等,达到工业利用价值者,参照附录 D(参考件)予以评价。

8.1.4 地热流体开发利用温度评价

根据地热流体的不同用途,按(表 1)温度指标进行评价。

8.1.5　地热腐蚀评价

应对地热流体中由于 Cl^-、SO_4^{2-}、CO_3^{2-}、H_2S^- 等的存在导致对金属和碳钢的腐蚀性作出评价。

地热流体对地热管线和设施的腐蚀影响,一般应通过试验(最基本的试验是挂片试验)作出评价,确定不同材料的腐蚀率。

8.1.6　地热结垢评价

对地热流体中所含二氧化硅、钙和铁等组分产生结垢的可能性作出评价,并通过试验评述结垢程度。对结垢较严重的地热流体还应做防垢试验,提出较为经济合理的解决办法。

8.2　地热开发环境影响评价要求

8.2.1　地热流体排放对环境影响的评价

a. 高温地热流体中所含 CO_2、H_2S 等非凝气体应评价其排放对大气可能造成的污染;

b. 废地热流体中所含的一些高浓度有害组分应遵循《中华人民共和国水污染防治法》、GB 3838、GBJ 8、GBJ 4 及一些地方制定的水污染物排放标准,评价其排放对环境的影响。

8.2.2　地面沉降评价

对于浅埋的孔隙热储和岩溶热储,应对其可能产生的地面沉降和岩溶塌陷作出评价。应建立二级以上的水准点,其参照的水准点要设在地热田以外的基岩上。对高温地热田还应进行重力检测。

8.2.3　其他环境影响方面的评价

高温地热田通常还会遇到喷气孔和沸泉逸出的 H_2S 气体造成空气污染,地面天然放热热量过高和热弃水排放也可能造成环境热害等方面问题,对此应在地热勘查工作中有所测定,并参照 TJ 36 作出相应的评价。

9　地热田开发技术经济评价

参照《矿产勘查各阶段矿床经济技术评价的暂行规定》并结合地热田的特点进行。

10　资料整理与报告编写要求

10.1　资料整理要求

10.1.1　对所有勘查资料进行系统的、综合的整理与分析研究,特别是要加强多年资料的分析整理,综合研究各种资料间的内在联系,及时编制各种图表。对原始资料应分类整理、编目、造册、存档备查。

10.1.2 必须十分重视资料的准确性和代表性。各项工作告一段落后，应及时提交相应的报告。报告的形式可根据具体情况确定，一般可分为专题报告和勘查阶段报告两种。综合勘探的深井也应编写单井报告书。

10.2 编写报告要求

10.2.1 地热资源勘查工作结束后应编写正式勘查报告。要求在野外勘查工作结束后6个月内提交，并按有关规定上报审批。

10.2.2 编写报告前，必须对所有原始资料和图表进行全面的审查、校对、分析、研究。编写的地热田勘查报告，必须充分利用所获得的资料，科学、客观地反映地热田的地热地质特征，地热资源的数量、质量及开采技术经济条件。报告面向生产，内容应重点突出、论据充足、结论明确、文字图件简明易懂，文、图、表一致，并互相配合补充。

10.2.3 勘查报告类别必须与勘查阶段一致。分为地热资源普查、地热资源详查、地热资源勘探和地热田开发研究报告四种。各阶段的勘查报告，要充分反映该阶段的研究程度，满足相应阶段的地热开发利用要求。

10.2.4 文字报告内容一般包括10.2.4.1～10.2.4.10的内容，不同阶段的报告可有所取舍或侧重。

10.2.4.1 序言

10.2.4.2 勘查工作质量评述

10.2.4.3 地理概况

10.2.4.4 区域地质条件

10.2.4.5 地热田地热地质条件：

a. 地热田水文地质特征；

b. 地热田地球物理特征；

c. 地热田地球化学特征。

10.2.4.6 储量评价：

a. 热储模型；

b. 计算参数的选择；

c. 计算结果与评价。

10.2.4.7 地热流体质量评价

10.2.4.8 合理开发利用方案与环境保护

10.2.4.9 地热田开发技术经济评价

10.2.4.10 结论：概括地热田的形成条件、所属类型、热源、控热构造、热储特征，说明地热资源的可采储量、开发方案、效益及环境影响，存在主要的问题，提出进一步勘查工作意见。

10.3 附图、附表与附件要求

10.3.1 附图要求

编图使用的资料要准确可靠，控制性的数据应在图面或图外列表表示。图面要清晰、简明、实用。图面负担不要过重。可以根据勘查阶段、工作目的分别编制下述图件：

a. 实际材料图；

b. 地热田区域地质图；

c. 地热田地质图；

d. 地热流体化学图；

e. 地热田地温分布图；

f. 地热田水文地质图；

g. 热储模型与储量计算图；

h. 地热田动态曲线图；

i. 钻井综合柱状图；

j. 地热显示形迹图。

10.3.2　附表要求

勘查过程中收集的原始测试数据，计算过程的中间及最终结果，都应系统整理，列表成册。对与报告内容有关的，应作为报告附表，一般包括：

a. 勘探井温度测量成果汇总表；

b. 地热流体、岩土化学成分（含同位素）及物理性质分析成果汇总表；

c. 勘探井试验（含回灌）综合成果表；

d. 岩矿鉴定成果表；

e. 动态监测成果表；

f. 参数计算及其校正结果表。

10.3.3　附件要求

凡与最终报告有密切关系而报告本身又未作详细论述的物化探报告、各种专题试验研究报告及地热地质、开发利用照片等，应作为报告附件提交。

附录 A

地球化学温标计算方法

（参考件）

对温泉和地热井都可以利用地球化学温标来估算热储温度，预测地热田潜力。

各种地球化学温标建立的基础是：地热流体与矿物在一定温度条件下达到化学平衡，在随后地热流体温度降低时，这个"记忆"仍予保持。

选用各种化学成分、气体成分和同位素组成而建立的地热温标类型很多，各种温标都有自己的适用条件，应根据地热田的具体条件，选用适当的温标。在此仅介绍近年来国际上新创立的钾镁与钾钠地热温标，其他温标计算方法参照 DZ 40。

A1　**钾镁地热温标**

它代表不太深处热水贮集层中的热动力平衡条件，尤其适用于中低温地热田。

其计算式为：

$$t = \frac{4\,418}{13.98 - \lg(C_1^2/C_2)} - 237.15 \quad (A1)$$

式中　t——热储温度，℃；

C_1——水中钾的浓度，mg/L；

C_2——水中镁的浓度，mg/L。

A2　**钾钠地热温标**

根据水岩平衡和热动力方程推导的用以计算深部温度的一种温标。

$$t = \frac{1\,390}{1.75 - \lg(C_1/C_3)} - 237.15 \quad (A2)$$

式中　C_3——水中钠的浓度，mg/L。

附录 B

地热流体分析样品的采集与保存方法

（参考件）

正确的样品采集与保存方法是保障地热流体分析质量具有真实性和代表性的必要前提。针对地热流体不同于一般地下水的特殊性质和特殊要求，特制定本采集与保存方法。

B1　采集点的选定及野外测试

泉水应优先选择温度最高者采样，并避免在静滞的水池中采集，应尽量选择在靠近主泉口、集中冒气泡处或泉的主流带、流动但又不湍急的水中采样。低温喷泉或自流井的采样，应使用清洁器具将主流导出一部分采集。低温热水钻孔的采样应在抽水经过一段时间后，即至少相当于抽出井筒贮水体积2～3倍的水量后才予采集。

中、高温地热井最理想的是在井下定深取样。定深取样器是密封的，取样器提出地面后需冷却到环境温度再打开，并当即测定样品的 pH 值、温度、电导率和总碱度。自喷井的采样若没有定深取样器，应使用井口汽水分离器，分别测定汽和水的流量，记录分离温度和压力，并分别采集热水和蒸汽冷凝水样品，硫化氢要在现场测定，以获得原始地热流体的真实成分。

每一采样点都应现场测定水温、pH 值，描述水的外观物理性质。泉口有大量气体冒出者，应现场测定碱度或二氧化碳和重碳酸根含量。条件许可时还应现场测定 Eh 值、电导率、氨与硫化氢的含量。

B2　不同分析项目的采样要求

B2.1　原样水样

原样指水样采集后不添加任何保护剂。这类水样可采集在硬质细口磨口玻璃瓶（下称玻璃瓶）或没有添加剂的本色聚乙烯塑料瓶或桶（下称塑料桶）中，采样体积 1 500～2 000 mL。可以将瓶置于水面以下灌装或用塑料或橡胶管引流接至瓶中。瓶口要留出 10 mL 左右的空间，然后将瓶盖密封。测定水中二氧化硅和硼的原样水样必须用塑料瓶采集，体积 200 mL。

原样水样供测定水中的所有阴离子、绝大部分阳离子、硬度、碱度、固形物、消耗氧、pH 值及物理性质。

B2.2　酸化水样

B2.2.1　盐酸酸化水样

a. 以两个容积分别为 1 500 mL 和 500 mL 的塑料桶采集水样后，在采样现场分别往水样中加入 5 mL和 3 mL(1+1)盐酸，摇匀、密封。分别供测定水中铀、镭及微量元素之用。

b. 总 α、总 β 测定：用 2 000～5 000 mL 塑料桶采样（视矿化度高低决定取样量），每升水样中加入(1+1)盐酸 4 mL。

B2.2.2　硝酸酸化水样

用塑料瓶采样 500 mL，加(1+1)硝酸，使含酸 0.2%～0.5%，pH 值≤2 为宜，供测定金属离子及微量元素之用。对温度较高的热水，作钙、镁的样品，以此酸化处理样品为佳。

B2.3　碱化水样

用 500 mL 玻璃瓶，在水样中加入 2 g 固体氢氧化钠，摇匀，使 pH 值＞11 并尽量在低温条件下保存，于 24 h 内送检，供测定酚、氰之用。

B2.4　稀释水样

中、高温地热井或显示点测定二氧化硅的水样为防止高浓度二氧化硅的聚合或沉淀，宜在野外现场将水样用无硅蒸馏水作 1:10 稀释处理，采样体积 50～100 mL，塑料瓶口密封。

B2.5　浓缩萃取水样

中、高温地热流体铝的分析样品宜野外萃取。萃取方法：取 400 mL 过滤后的水样置入 500 mL 的梨形分液漏斗中加 5 mL、20%浓度的盐酸羟胺（$NH_2OH-HCl$）溶液，使溶液中的 Fe^{3+} 变为 Fe^{2+}，以避免对萃取的干扰。加 15 mL、1%浓度的邻菲罗啉（$Cl_{12}H_8N_2-H_2O$）溶液，如果水中有 Fe^{2+} 则溶液变成红色（邻菲罗啉亚铁），摇匀静置 30 min。加 5 mL、1% 8－羧基喹啉（C_9H_7NO），测溶液的 pH 值，滴加（1+1）NH_4OH 调整溶液的 pH 值，使由酸性到碱性，并使 pH 值处于 8～8.5 之间，这时铝的氰合物最稳定。滴入的 NH_4OH 可以先浓后稀，如滴入过量，则再滴盐酸将 pH 值调节好。再加 20 mL 甲基异丁基甲酮（$C_6H_{12}O$），振摇萃取 1 min，静置，使其充分分离后，排去下层溶液，将表层甲基异丁基甲酮溶液装入干燥小瓶密封，代表浓缩了 20 倍的铝测定样品。

B2.6　现场固定水样

B2.6.1　测定硫化氢（总硫）的水样，用 50 mL 玻璃瓶，在水样中加入 10 mL、20%醋酸锌溶液和 1 mL、1 mol/L氢氧化钠，摇匀、密封。对硫化氢含量较低的地热流体可适当加大取样量，减少醋酸锌溶液加入量。

B2.6.2　测定汞水样，可用 100 mL 玻璃瓶或塑料瓶，加入体积含量 1%硝酸和 0.01%重铬酸钾，摇匀、密封。

B2.7　氡气水样

用预先抽成真空的专用玻璃扩散器，采样时将扩散器置于水下（至少将水平进口管置水下），打开水平进口的弹簧夹，至水被吸入 100 mL 刻度处时，关闭弹簧夹，记录取样月、日、时、分。如果没有专用扩散器，可采用 500 mL 玻璃瓶装满（不留空隙）密封，同时记下采样的月、日、时、分，立即送实验室测定。

B2.8　气体样品

B2.8.1　逸出气体试样的采取均利用排水集气法。根据设备条件，有两种方法：

集气管取样法：取样装置如图 B1(a)所示。取样前，将连在集气管上的漏斗 1 沉入水中，直至水面升到弹簧夹 5 以上，关闭弹簧夹 5，然后将事先注入下口瓶 3 中的水注入集气管 2 中，待集气管被水充满后，关闭弹簧夹 6、7，并注意切勿使管中留有气泡，然后将下口瓶 3 灌满水（注意勿使空气经下口瓶进入集气管中），将下口瓶垂直放在水中或低于集气管的地方，再将漏斗 1 移至逸出气体的气泡出露处，打开弹簧夹 5、7，这时气泡即沿漏斗进入集气管中。当集气管中水被排尽后，关闭弹簧夹 5、7，再从水中取出全套装置。

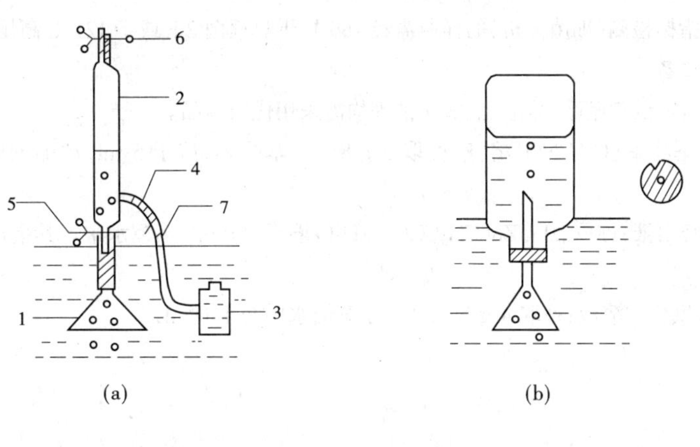

1—漏斗；2—集气管；3—下口瓶；4—橡皮管；5、6、7—弹簧夹

图 B1　逸出气体取样装置

普通玻璃瓶取样法：取样装置如图 B1(b)所示。由玻璃瓶(容积 100～300 mL)及漏斗组成，漏斗上配有适当的橡皮塞，其中心部分有一孔，可插入漏斗，边缘则带有一缺口作为排水口。

取样前，先在水面下使玻璃瓶被水充满，然后倒转玻璃瓶，使瓶口朝下，并检查瓶中是否留有气泡，然后将带塞漏斗在水面下插入玻璃瓶中(注意漏斗中也不应留有气泡)。将装置移至气泡出露处，待瓶中水被排尽后，在水面下取出漏斗，同时用瓶塞塞好玻璃瓶，再将玻璃瓶自水中取出，并立即用蜡密封瓶口，将瓶子倒放在木箱中运往实验室。应注意玻璃瓶中一定要留有少量水，以保证瓶中气体不致逸出或空气进入瓶中，最好是在封瓶前，使瓶中气压高于大气压力，以避免空气进入瓶中。

B2.8.2　水中溶解气体的采集专用容器见图 B2。在 500 mL 玻璃瓶的橡皮器中有三根紫铜管，一根插入瓶底 1，一根齐于瓶塞 2，一根下接一个球胆 3。瓶塞外部之管均接胶管并有螺旋夹。取样时打开橡皮管 1、2 的螺旋夹使水由管 1 导入瓶中，空气由管 2 导出，待溢流几分钟后关闭螺旋夹，将各接口用蜡密封。尽快送实验室，对溶解气体进行分离和测定。

B2.9　卫生指标

水样要用经灭菌处理的 500 mL 广口磨口玻璃瓶采取，采样时不需用水样洗瓶，严防污染。采样后瓶内应略留有一定空间，及时密封，低温保存，并及时送往卫生防疫站检测。

B2.10　同位素水样

测定水中放射性同位素氚的水样用 1 000 mL 玻璃瓶为佳，取满水样，不留空隙，密封。测定水中稳定同位素氘和氧－18 的水样，用 50～100 mL 玻璃瓶或塑料瓶取满水样，尽量在水面以下加盖密封，不留空隙。

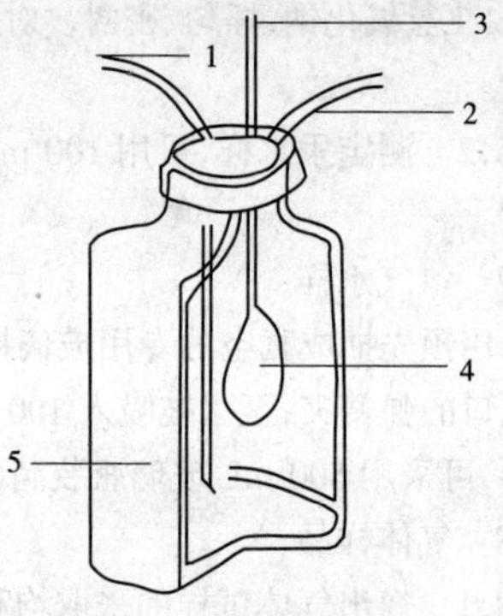

1、2、3—真空橡皮管；
4—球胆；5—玻璃瓶

图 B2　水中溶解气体的采集专用容器

B3　采样容器洗涤要求

B3.1　新启用的玻璃瓶或塑料瓶必须先用 10％硝酸溶液浸泡一昼夜后，再分别选用不同的洗涤方法进行清洗。

B3.2　玻璃瓶采样前先用 10％盐酸洗涤后再用自来水冲洗。

B3.3　塑料瓶采样前先用 10％盐酸或硝酸洗涤，也可用氢氧化钠或碳酸钠洗涤后，再用自来水冲洗。

B3.4　洗净的取样容器(细菌分析样瓶除外)在现场取样时要先用待取水样洗涤 2～3 次。

B3.5　用于卫生指标检测(细菌分析)的样瓶需经 160 ℃干热灭菌 2 h 或于 121 ℃高压蒸汽灭菌15 min。

B4　添加药剂的准备

B4.1　各种采样所需试剂硝酸、盐酸、氢氧化钠等均需采用优级纯品。

B4.2　1％8－羟基喹啉(C_9H_7NO)溶液：称取 2 g 8－羟基喹啉，溶于 5 mL 冰醋酸中，用蒸馏水稀至 200 mL。

B4.3　20％醋酸锌溶液：称取 20 g $Zn(CH_3COO)_2 2H_2O$ 溶于 100 mL 蒸馏水中。其余百分浓度的配制方法类似于此。

B4.4　1 mmol 氢氧化钠溶液：称取 4 g NaOH 溶于蒸馏水中至 100 mL。

附录 C

医疗热矿水水质标准

（热矿水温度 25 ℃）

（单位:mg/L）

成 分	有医疗价值浓度	矿 水 浓 度	命名矿水浓度	矿 水 名 称
二氧化碳	250	250	1 000	碳酸水
总硫化氢	1	1	2	硫化氢水
氟	1	2	2	氟水
溴	5	5	25	溴水
碘	1	1	5	碘水
锶	10	10	10	锶水
锂	1	1	5	锂水
铁	10	10	10	铁水
钡	5	5	5	钡水
锰	1	1	—	—
偏硼酸	1.2	5	50	硼水
偏硅酸	25	25	50	硅水
偏砷酸	1	1	1	砷水
偏磷酸	5	5	—	—
镭(g/L)	10^{-11}	10^{-11}	$>10^{-11}$	镭水
氡(Bq/L)	37	47.14	129.5	氡水

注:本表根据以下标准及文件制定：

a.1981 年全国疗养学术会议修订的医疗矿泉水分类标准；

b. 地矿部水文地质工程地质研究所编写的《地下热水普查勘探方法》(地质出版社)，并参照苏联、日本等有关标准；

c. 卫生部文件[73]卫军管第 29 号《关于北京站热水井水质分析和疗效观察工作总结报告》。

附录 D

热矿水矿物原料提取工业指标

（参考件）

（单位：mg/L）

类型	碘(I)	溴(Br)	铯(Cs)	锂(Li)	铷(Rb)	锗(Ge)
工业指标	>20	>50	>80	>25	>200	>5

附录 E

地热资源地质勘查规范名词、术语

E1 **地热资源** geothermal resource

指在可以预见的未来时间内能够为人类经济开发和利用的地球内部热能资源。包括地热流体及其有用组分。

E2 **地热储量** geothermal reserves

指经过勘查工作，在一定程度上已经查明的地热资源。可分为能利用地热储量和暂难利用地热储量。

能利用地热储量：当前技术经济条件下能够经济开发和利用的地热储量。一般指热储埋深小于2 000 m的地热储量。

暂难利用地热储量：由于开采技术较困难或开采经济效益较差，当前尚难开发利用的地热储量。一般指热储埋深大于2 000 m的地热储量。

E3 **热储** thermal resevoir

指地热流体相对富集、具有一定渗透性并含载热流体的岩层或岩体破碎带。

E4 **盖层** caprock

覆盖在热储上部，具有隔水隔热性能，对热储起保温作用的岩层（黏性土层或自封闭层）。

E5 **热储结构** reservoir structure

指热储、盖层、控热断裂及其相互关系。

E6 **地热流体** geothermal fluid

温度高于25 ℃的地下热水、地热蒸汽和热气体的总称。

E7 **地热田** geothermal field

指在目前技术经济条件下可以采集的深度内，富含可经济开发和利用的地热能及地热流体的地域。它一般包括热储、盖层、热流体通道和热源四大要素，是具有共同的热源，形成统一热储结构，可用地质、物化探方法圈闭的特定范围。

E8 **地热资源评价** geothermal resources assessment

指对地热田内赋存的地热能与地热流体的数量和质量做出估计，并对其在一定技术经济条件下可被开发利用的储量及开发可能造成的影响做出估评。

E9 **热储模型** reservoir model

是通过计算模拟得到验证的热储形态、参数变化及其边界条件。包括有关剖面、图件及计算机程序。

按研究程度不同可分：

a. 概念模型 conceptual model

属定性模型。其形态和特征根据测试或物化探资料，按经验或一般理论推断确定。一般用于地热田的普查阶段。

b. 理论参数模型 theoretical parametic model

属半定量模型。其形态特征有勘探工程(钻探、物探)控制，部分参数从试验资料求得，部分参数根据经验或理论值确定。一般用于地热田的详查阶段。

c. 参数模型 parametic model

属定量模型。热储的形态特征、边界条件基本查明，通过试验求得各计算参数并掌握参数的分布变化规律。用于地热田勘探阶段。

d. 开发管理模型 developmental mangement model

是能够反映人类活动影响(开发)及要求的参数模型，即能够输入人为控制或调节因素进行开采方案比较或进行开采影响预测的一套图件及计算机程序。

E10 **热储工程** reservoir engineering

指对热储物理性质、地热流体物理化学性质、流体运移规律等的专门测试和研究，以达最经济、最有效地开发地热资源的一套工艺技术。

E11 **地球化学温标** geochemical geothermometer

指在水岩平衡条件下，地热流体中与平衡温度存在依从关系的化学组分浓度或浓度比值，以及利用这些化学组分浓度或浓度比值，推算热储温度或深部温度的方法。

E12 **水热蚀变** hydrothermal alteration

一般指高、中温地热流体与介质相互作用，造成围岩矿物成分形态发生变化，产生新矿物或在裂隙、孔隙中发生的化学沉淀。

E13 **地热田开发地质** develpment geology of geothermal field

指地热田开发中的地热地质工作，结合地热田开采，进行地热田水、热均衡，热储工程及开采中有关问题的研究，建立地热田开发管理模型。

附加说明：

本规范由全国矿产储量委员会提出。

本规范由国家矿产储量管理局、地矿部地质环境管理司组织编写。

本规范由北京市储委办公室(主编单位)、北京市水文地质公司、地科院水文所、西藏(地矿局)地热地质大队、天津市(地矿局)地质一队、云南省(地矿局)第一水文地质队、福建省(地矿局)水文地质二队、安徽省(地质局)第二水文队、湖北省(地矿局)武汉水文地质大队、地科院情报所等单位组成的编制组负责起草。

本规范主要起草人杨毓桐、陈培钧、郑克琰、谢长芳、郑灼华、王立新、杜宝金、朱培秋。

本规范中有关普查、详查阶段内容由地矿部负责解释，有关勘探阶段内容由国家储量管理局负责解释。

附件 2　地热资源评价方法

(DZ 40—85)

1985-10-10 发布,1986-05-01 实施　中华人民共和国地质矿产部发布

地热资源是地质矿产资源之一,为加强地热资源的开发利用研究,特制定本标准。本标准可作为国家、省、市、自治区制定长远规划的依据;也可作为本系统进行地热田普查和初步勘探的设计依据。

1　名词、术语

1.1　地热资源

指在当前的技术经济条件下可以开发利用的地下岩石和水中的热能,也包括在未来条件下具有潜在价值的热能。

根据研究程度,地热资源还可进一步划分为远景地热资源、推测地热资源及已查明地热资源(见图 1)。

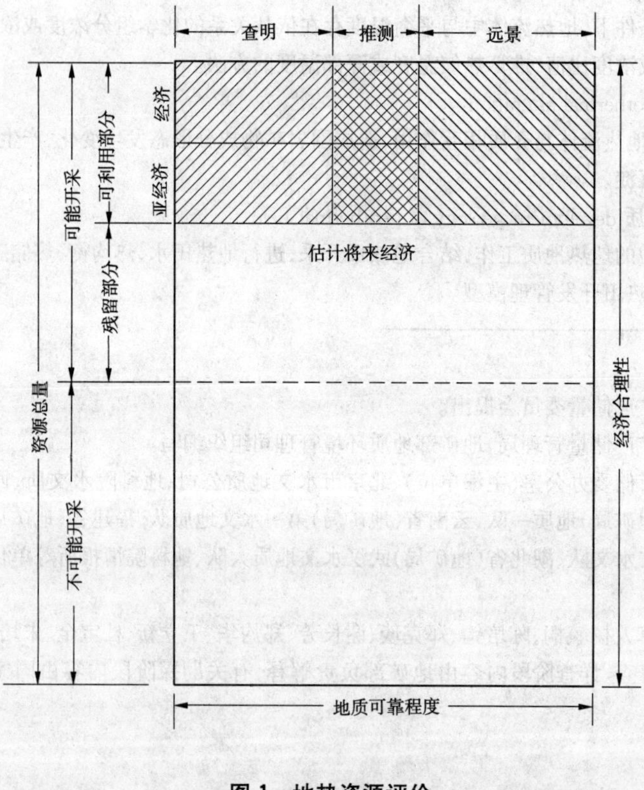

图 1　地热资源评价

1.1.1　远景地热资源

指在小比例尺(相当于1∶100万或1∶50万)区域调查的基础上,根据某些地热现象,如温泉、浅层地温等物探资料,并基于一般的地热地质条件和理论,推测其存在的地热资源。

远景地热资源可作为进行中等比例尺调查和制定规划的依据。

1.1.2　推测地热资源

指在中比例尺(相当于1∶20万或1∶10万)区域调查的基础上,相应开展了地热地质、地热地球化学和地温调查,重、磁、电或地震等物探及钻探工作,得出的地热资源。

推测地热资源可作为规划大比例尺地热调查,编制地热普查、初步勘探设计的依据。

1.1.3　已查明地热资源

又称已确认地热资源,指在大比例尺(相当于1∶5万等)调查的基础上,相应开展了地热地质、地热地球化学、地温调查,重、磁、电或地震等物探工作,经钻探验证,地质构造和热储边界清楚。同时,经过长时间单井、多井抽水试验或放喷试验以后,计算出的地热资源。

1.2　地热储量

指已查明地热资源的一部分,即在当前条件下可以用地质学方法圈闭而又能经济、合理、合法地开采的有用能源。

1.3　热储

指含有能被开发利用的热流体的岩石和岩层。

热储还可分为孔隙热储和裂隙热储。砂层、砂卵砾石层,以及胶结较差的砂岩、砾岩和部分碳酸盐岩等属孔隙热储。火成岩、变质岩、部分碳酸盐岩和致密砂岩、砾岩属裂隙热储。在进行地热资源评价时,对于孔隙和裂隙二者兼有的热储,如砂岩、砾岩和碳酸盐岩等按孔隙热储考虑。

1.4　地热田

指在一定范围内,具有盖层、热储、热流体通道和热源的地质体。其热能可供开发并具有社会经济效益。

1.5　有效利用地热资源量

被开发出来的地热能(即从井口得到的热量)只有一部分被利用,将被利用的部分称为有效利用资源量。由式(1)表示:

$$\eta = \frac{Q_z}{Q_{wh}} \tag{1}$$

式中　η——有效利用率;

Q_z——有效利用资源量,kcal;

Q_{wh}——可采地热资源量(从井口得到的资源量),kcal。

有效利用率和利用目的及技术水平有关。

2　进行地热资源评价的某些规定

2.1　深度

就总的趋势而言,一个地区的温度随着深度增加而增加。从经济和技术条件考虑,钻进愈深技术愈复杂,钻井(孔)的成本愈高。为此,将2 000 m以浅定为经济型地热资源,2 000～3 000 m定为亚经济型地热资源。

2.2　温度

热储温度划分如表1所示。

表 1　热储温度划分

温度	类型
<20 ℃	冷水
20～40 ℃	低温
40～60 ℃	中低温
60 ℃～当地沸点	中温
≥当地沸点	高温

2.3　**评价热储的规定**

凡具有下述两条件者才能被当做可利用的热储加以评价：

a. 深度 1 000 m 以浅的温度大于 40 ℃。

b. 单井出水量大于 20 m^3/h，当无水量资料时，其导水系数必须大于 1 D·m。

2.4　**地热田的规模**

地热田分为大、中、小三种类型。其划分方法是将有效利用资源量折算成发电量，然后按发电量的大小进行划分(见表 2)。同时规定用于高温发电的地热田服务年限应大于 30 年，用于综合利用的中低温地热田，其服务年限应大于 100 年。

表 2　地热田规模划分

地热田规模	发电量 (10^4kW)	热量 (10^4kcal/h)	煤量 (10^4t/a)
大型地热田	>5	>4 300	>15
中型地热田	1～5	860～4 300	3～15
小型地热田	<1	<860	<3

注：工程上 1 kWh 电相当于 860 kcal 热量、0.5 kg 煤。

3　符号、代号

本方法常用量和单位名称代号、符号是根据《中华人民共和国法定计量单位》有关内容，并结合地热开发的具体需要编制的(见表 3)。凡未列入的量和单位，仍应按国家标准的规定执行。

4　地热资源量评价

地热资源类型不同，其计算方法也不相同。目前我国已发现的地热资源类型大致有沉积盆地型、断裂(裂隙)型和近期岩浆活动型三种类型。

4.1　**热储法**

4.1.1　计算

热储法的地热资源量按式(2)计算：

$$Q_R = \frac{V_{地下}}{V_{地上}} Ad(t_r - t_j) \tag{2}$$

表 3 地热资源常用量代号和单位名称符号对照表

序号	量		代号	原用单位	新单位		附注
	名称			名称与符号	名称	符号	
1	长度	长度	$L(L)$	公里	千米(公里)	km	
		宽度	b	米(公尺)	米	m	
		高度	h				
		厚度	$\delta(d.t)$	厘米	厘米	cm	
		半径	r,R	毫米	毫米	mm	
		直径	d,D				
		距离	s	微米	微米	μm	
2	面积		$A\ (S)$	平方公里	平方公里	km^2	
				平方米	平方米	m^2	
				平方厘米	平方厘米	cm^2	
				平方毫米	平方毫米	mm^2	
3	体积	体积(容积)	V	立方米	立方米	m^3	
				升	升	l,L	
				毫升	毫升	ml	
		气体体积	V_n	立方米	立方米	m^3	
4	时 间		$t(T)$	日(天)	日(天)	d	
	周期		T	时	(小)时	h	
	周期		T	分	分	min	
	时间常数		$t(T)$	秒	秒	s	
5	速 度		v,u,w	公里/小时	公里每小时	km/h	
				米/秒	米每秒	m/s	
6	质量(重量)		m	亿吨	亿吨	10^8t	
				万吨	万吨	10^4t	
				吨	吨	t	
				公斤	千克(公斤)	kg	
				克	克	g	
				毫克	毫克	mg	
7	质量流量(重量流量)		q_m	吨/昼夜	吨每日	t/d	
				吨/小时	吨每小时	t/h	
				公斤/秒	千克每秒	kg/s	
8	流量(体积流量)		q_v	米^3/昼夜	立方米每日	m^3/d	
				米^3/秒	立方米每秒	m^3/s	
				升^3/秒	升每秒	l/s, L/s	
9	密度(容重)		ρ	吨/米^3	吨每立方米	t/m^3	
				公斤/米^3	千克每立方米	kg/m^3	
				克/厘米^3	克每立方厘米	g/cm^3	

续表 3

序号	量 名称		量 代号	原用单位 名称与符号	新单位 名称	新单位 符号	附注
10	力	力	F	吨	兆牛	MN	$F=ma=\frac{d(mV)}{dt}$
				吨力	千牛	kN	$W=mg$
		重力	W (p,G)	公斤	牛顿	N	$1\ N=1\ kg \cdot m/s^2$
				公斤力			$1\ N \approx 0.1\ kgf$
11	压力(压强)		p	吨/米^2	帕(斯卡)	Pa	$1\ kgf/cm^2=9.8\times10^4\ Pa$
				吨力/米^2			$1\ mmH_2O=9.806\ 65\ Pa$
	正应力		σ	公斤/厘米^2	帕(斯卡)	Pa	$1\ Pa=1\ N/m^2$
	切应力(剪应力)		τ	公斤力/厘米^2	帕(斯卡)	Pa	$1\ kgf/cm^2=98\ 066.5\ Pa$
				标准大气压			$1\ atm=101\ 325\ Pa$
12	渗透率		k	米/昼夜	米/日(天)	m/d	
			k_d	达西	平方厘米	cm^2	
				毫达西	平方毫米	mm^2	
13	黏度		$\eta(\mu)$	泊	帕(斯卡)秒	Pa·s	1泊=0.1帕秒(Pa·s)
				厘泊			
14	功		$W(A)$	千克力米	兆焦	MJ	1 kg·m=9.806 65 J
					千焦	kJ	
	能量		$E(W)$	瓦(特)小时(W·h)	焦(耳)	J	1 W·h=3.6 kJ
15	热力学温度		$T(\theta)$	开氏度	开(尔文)	K	
	摄氏温度		$t(\theta)$	摄氏度	摄氏度	℃	
16	热、热量		Q	千卡(大卡)	兆焦	MJ	1 cal=4.186 8 J
					千焦	kJ	
				卡(cal)	焦(耳)	J	
17	热导率(导热系数)		$\lambda(k)$	卡/(厘米·秒·℃)	瓦(特)每米开(尔文)	W/(m·K)	1 cal/(cm·s·℃)=
				卡/(米·秒·℃)		W/(m·℃)	$4.186\ 8\times10^2$ W/(m·K)
18	传热系数(总)		K,k	卡/(厘米^2·秒·℃)	瓦(特)每平方米开(尔文)	W/(m^2·K)	1 cal/(cm^2·s·℃)=
	传热系数			大卡/(米^2·秒·℃)		W/(m^2·℃)	$4.186\ 8\times10^4$ W/(m^2·K)
19	热容		C	卡/℃	焦(耳)每开(尔文)	J/K	
					焦(耳)每摄氏度	J/℃	
20	比热容		c	卡/(克·℃)	焦(耳)每千克开(尔文)	J/(kg·K)	1 kcal/(kg·s·℃)=
				大卡/(公斤·℃)	焦(耳)每千克摄氏度	J/(kg·℃)	$4.186\ 8\times10^3$ J/(kg·K)
						kJ/(kg·K)	

续表 3

序号	量		原用单位	新单位		附注
	名称	代号	名称与符号	名称	符号	
21	有功功率	P		兆瓦	MW	
			千瓦	千瓦	kW	
			瓦	瓦(特)	W	
			微微瓦	皮瓦	pW	
22	电能(量)	W	千瓦小时(度)	兆焦	MJ	1 kWh=3.6 MJ
				千焦	kJ	
				焦(耳)	J	
				千瓦小时	kWh	
23	质量浓度	P_B	毫克/升	千克每立方米	kg/m^3	
				毫克每立方米	mg/m^3	
				千克每升	kg/L	
				毫克每升	mg/L	

式中 Q_R——地热资源量，kcal；

A——热储量面积，m^2；

d——热储厚度，m；

t_r——热储温度，℃；

t_j——基准温度(即当地地下恒温层温度或年平均气温)，℃；

$\frac{V_{地下}}{V_{地上}}$——热储岩石和水的平均热容量，kcal/(m^3·℃)，由式(3)求出：

$$\frac{V_{地下}}{V_{地上}} = P_c \cdot C_c(1-\varphi) + P_w C_w \varphi \tag{3}$$

式中 P_c、P_w——岩石和水的密度，kg/m^3；

C_c、C_w——岩石及水的比热容，kcal/(kg·℃)；

φ——岩石的孔隙度(%)。

将式(3)代入式(2)即得式(4)：

$$Q_R = Ad[P_c C_c(1-\varphi) + P_w C_w \varphi](t_r - t_j) \tag{4}$$

热储法不但适用于非火山型地热资源量的计算，而且适用于与近期火山活动有关的地热资源量计算。不仅适用孔隙型热储，而且也适用于裂隙型热储。凡条件具备的地方，一律采用这种方法。

4.1.2 回收率

用热储法计算出的资源量不可能全部被开采出来，只能开采出一部分，二者的比值称为回收率。用式(5)表示：

$$R_E = \frac{Q_{wh}}{Q_R} \tag{5}$$

式中 R_E——回收率；

Q_{wh}——开采出的热量，即从井口得到的热量；

Q_R——埋藏在地下热储中的地热资源量。

回收率的大小取决于热储的岩性、孔隙及裂隙发育情况，是否采取回灌措施及回灌井布置是否科学合理等。在进行地热资源评价时，对回收率作如下规定：对大型沉积盆地的新生代砂岩，当孔隙度大于20%时，热储回收率定为0.25；碳酸盐岩裂隙热储定为0.15；中生代砂岩和花岗岩等火成岩类热储则根据裂隙发育情况定为0.05~0.1。

4.1.3　参数确定

4.1.3.1　岩石比热、密度

热储岩石的比热、密度由试验获得，但在初期工作阶段缺少试验数据时，可参照表4、表5。

表4　岩石比热等一览表

项目	花岗岩	石灰岩	砂岩	钙质砂（含水率43%）	干石英砂（中－细粒）	石英砂（含水率8.3%）	砂黏（含水率15%）	空气（一个大气压）	冰	水（平均）
比热(cal/(g·℃))	0.19	0.22	0.21	0.53	0.19	0.24	0.33	0.24	0.49	1
密度(g/cm³)	2.70	2.70	2.60	1.67	1.65	1.75	1.78	0.001 29	0.92	1
热导率(10^{-3}cal/(cm·s·℃))	6.50	4.80	6.20	1.70	0.63	1.40	2.20	0.055	5.30	1.43

4.1.3.2　孔隙度(裂隙率)

对于孔隙热储层，孔隙度可以通过实验室试验求出，也可以用测井方法求得。对于裂隙热储层，可以通过实验室试验、测井和抽水试验及比拟法求得。

表5　饱和蒸气表

温度(℃)	压力(mbar(100 Pa))	密度(g/cm³)		热焓(cal/g)	
		液体	气体	液体	气体
0	6.11	0.999 78	$4.847\,2\times10^{-6}$	−0.010	597.49
20	23.37	0.998 28	$1.729\,0\times10^{-5}$	20.030	606.23
25	31.67	0.997 12	$2.304\,1\times10^{-5}$	25.023	608.41
30	42.43	0.995 17	$3.036\,8\times10^{-5}$	30.014	610.57
35	56.24	0.994 09	$3.961\,2\times10^{-5}$	35.005	612.73
40	73.78	0.992 25	$5.116\,1\times10^{-5}$	39.995	614.88
45	95.86	0.990 23	$6.546\,1\times10^{-5}$	44.987	617.01
50	123.40	0.998 03	$8.301\,7\times10^{-5}$	49.980	619.13
55	157.46	0.985 67	$1.044\,0\times10^{-4}$	54.975	612.23
60	199.26	0.983 15	$1.302\,3\times10^{-4}$	59.972	623.32
65	250.16	0.980 40	$1.612\,3\times10^{-4}$	64.972	625.38
70	311.69	0.977 66	$1.981\,7\times10^{-4}$	69.975	627.43
75	385.56	0.974 20	$2.418\,9\times10^{-4}$	74.982	629.45
80	473.67	0.971 64	$2.933\,3\times10^{-4}$	79.993	631.45
85	578.09	0.968 44	$3.535\,0\times10^{-4}$	85.009	633.42
90	701.13	0.965 12	$4.235\,0\times10^{-4}$	90.031	635.36
95	845.28	0.961 66	$5.044\,8\times10^{-4}$	95.058	637.27

续表 5

温度(℃)	压力(mbar(100 Pa))	密度(g/cm^3)		热焓(cal/g)	
		液体	气体	液体	气体
100	1 013.30	0.958 12	$5.977\,3\times10^{-4}$	100.092	639.15
110	1 432.70	0.950 67	$8.264\,9\times10^{-4}$	110.183	642.81
120	1 985.50	0.942 84	$1.121\,7\times10^{-3}$	120.311	646.31
130	2 701.30	0.934 56	$1.496\,7\times10^{-3}$	130.483	649.64
140	3 613.80	0.925 87	$1.966\,6\times10^{-3}$	140.705	652.78
150	4 760.00	0.916 78	$3.548\,1\times10^{-3}$	150.986	655.72
160	6 180.60	0.907 26	$3.259\,9\times10^{-3}$	161.334	658.43
170	7 920.20	0.897 30	$4.122\,8\times10^{-3}$	171.758	660.90
180	10 026.0	0.886 90	$5.159\,9\times10^{-3}$	182.267	663.10
190	12 552.0	0.876 04	$6.397\,3\times10^{-3}$	192.872	665.01
200	15 548.0	0.864 09	$7.864\,1\times10^{-3}$	203.585	666.60

在完整井中进行稳定流抽水试验,热储的裂隙率和流体的流量有式(6)关系:

$$\varphi = \frac{1}{577.9}\sqrt[3]{\frac{K_c \mu B \ln R/r}{H}} \tag{6}$$

式中　φ——裂隙率(%);

B——液体的容积系数;

μ——液体的黏度,cP(1 cP=1 mPa·s);

H——热储层的有效厚度,m;

R——试验井的影响半径,m;

r——试验井的半径,m;

K_c——产量指数;

577.9——换算系数。

a. 容积系数 B 是指液体在地下热储中的体积 $V_{地下}$ 与在地面体积 $V_{地上}$ 之比,即式(7)所示:

$$B = \frac{V_{地下}}{V_{地上}} \tag{7}$$

液体在储层条件下的体积通常总大于它在地面脱气后的体积,其 B 值大于 1。容积系数也可用热储条件下液体的比容与地面条件下的比容的比值来表示。图 2 表示压力与热储中流体的容积系数之间的关系曲线。

b. 液体的黏度 μ 和液体的温度有关,温度愈高黏度越小,黏度变化会导致流速的成倍变化(见表 6)。

表 6　水温和黏度关系

水温(℃)	0	20	40	60	80	100
黏度(cP 或 mPa·s)	1.792	1.005	0.656	0.469	0.357	0.234

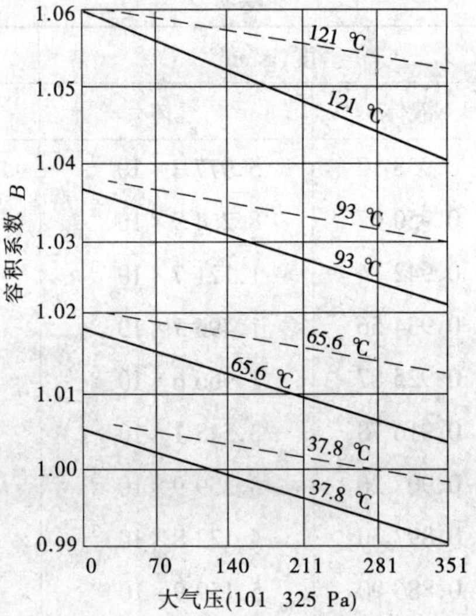

图 2　容积系数与压力关系图

c. 产量指数 K_c 由式(8)表示：

$$K_c = \frac{Q}{\Delta P} \tag{8}$$

式中　Q——流量，m^3/d；

ΔP——动水位和静水位的压力差值，用大气压表示，bar(101 325 Pa)。

4.1.3.3　热储面积的确定

圈定热储面积一般多采用综合分析方法，即利用地质(包括钻井地质)、地球物理和地球化学资料进行综合分析。地球物理方法包括测温、红外线、重力、磁法、地震、电法等，测温、红外线、视电阻率法等大致能反映出地热田面积的大小。重力、磁法、地震是间接方法，利用它们在查明地质条件的基础上，配合测温、钻井等资料进行综合分析，往往能得到比较好的效果。此外，利用磁法资料计算居里点，了解深部高温热储的分布往往也能得到较好的结果。在地热显示区域热储浅埋区，利用热流体的标性化学成分，如汞、砷、氯、二氧化硅及水热蚀变带等作为圈定热储面积的依据。

a. 根据浅层地温梯度圈定热储面积

在热储埋藏很浅(几米至几十米)的热异常区，以及有特殊热源的热异常区，一般进行浅部测温。从这种深度得到的地温(t)包括三种因素，由式(9)所示：

$$t = t_a + t_n + t_p \tag{9}$$

式中　t_a——由特殊热源引起的地温，℃；

t_n——正常地温，℃；

t_p——因气温的日变化、年变化而引起地温发生周期性变化，℃。

其中 t_a 及 t_n 是稳定的，t_p 随时间变化而发生周期性变化，同时在一定的深度也发生变化。气温的日变化大致影响到地下 0.5 m，年变化的影响深度大致为 10～20 m。为消除 t_p 的影响。应通过观测求出地温变化的年平均值来消除周期性变化。此外由于地形、植被、朝阳或背阴等因素的影响，测定的误差达 2～3 ℃。因此，在进行浅部地温梯度计算时应进行校正。例如，欲求 0.75 m 深处的地温梯度，则设 1 m 深的地温为 t_1，0.5 m 深的地温为 $t_{0.5}$，0.75 m 的地温梯度 $\Delta t/\Delta h_{0.75}$ 由式(10)表示：

$$\Delta t/\Delta h_{0.75} = \frac{t_1 - t_{0.5}}{50} \tag{10}$$

通过地温梯度图圈出热异常范围并根据地质情况，把有可能获得经济效益的地温梯度下限作为计算热储面积的边界。

b. 利用深层地温梯度圈定热储面积

深层测温工作多在隐伏地热区特别是沉积盆地型地热资源地区进行。所计算的地温梯度必须是恒温层以下的。一般基底以上的盖层的地温梯度能较准确地反映热储的分布情况。如果用地温梯度圈定热储边界时，应以在1 000 m以浅地温不得小于40 ℃时的地温梯度($\Delta t/\Delta h$)为下限，即式(11)所示：

$$\Delta t/\Delta h = \frac{40 - t_0}{1\,000 - h} \tag{11}$$

式中　t_0——恒温层温度或年平均气温，℃；

h——恒温层深度，m。

恒温层温度和年平均气温变化因地而异，在确定地温梯度的下限值时，应根据当地的实际情况考虑。

4.1.3.4　热储厚度的确定

确定热储厚度的方法大致可以分为钻探和综合分析两种方法。

a. 钻探法

除少数钻孔为取参数需全部取心外，多采用钻探录井和地球物理测井确定热储厚度。

钻探录井包括钻时录井、岩心录井和岩屑录井等。

地球物理测井配合录井资料可以确定岩性、岩层厚度、热流体流量、压力及孔隙度等。在确定孔隙热储厚度时，利用自然电位及顶(底)部梯度曲线进行划分，如能利用微电极测井资料确定热储厚度，其效果更好。对于裂隙热储厚度的划分可采用电阻率、自然伽玛、中子伽玛、声波和井径等。

b. 综合分析法

在资料不充分或钻孔(井)不足以控制热储的情况下，利用已有的地质、物探及地球化学资料进行综合分析来确定热储厚度。

对于有温泉出露的热显示且有基岩出露的地区，如果热储属于沉积岩类(碳酸盐岩、砂岩等)，可以根据地层、岩性、地质构造、地温和钻孔资料进行综合分析确定。如果热储属于花岗岩等火成岩，除了研究地质构造和地温外，还需一定数量的钻孔控制才能确定。

对于水热活动比较强烈的地区，除了研究地质条件外，应利用电测探等物探资料进行综合分析来确定热储厚度。

对于沉积盆地型地热田，如果热储属孔隙型，可以利用钻孔资料算出砂厚比，即热储厚度和相应的地层厚度的百分比，然后通过地震资料得到的地层厚度进行计算即可。

4.1.3.5　热储温度的确定

a. 直接测量法

当有钻孔(井)揭露或穿透热储时，可用热敏电阻等井温仪进行测量。计算时采用顶、底板温度的平均值。

b. 地温梯度推算法

当工作区内揭露热储的井(孔)很少或仅有浅层地温资料时，应根据地质情况，利用热储上部的地温梯度按式(12)推算热储温度：

$$t = (d - h)\frac{\Delta t}{\Delta h} + t_0 \tag{12}$$

式中　t——热储温度，℃；

d——热储埋藏深度，m；

h——常温层埋藏深度，m；

$\frac{\Delta t}{\Delta h}$——地温梯度,℃/m;

t_0——常温层温度或当地年平均气温，℃。

c. 地球化学温标计算法(见附表 H)

4.1.3.6 渗透系数与渗透率

水文地质学把岩石本身可以通过流体的能力称为渗透系数(用 K 表示)。地热、石油等则称为渗透率(用 K_d 表示)。水文地质学是以常温水为研究对象,其物理性质(容重、黏度)变化很小,可以忽略不计。而对地热水等流体则不可忽视。

根据达西定律,通过多孔介质的流量 Q 与渗透系数 K、水头损失 h 及垂直于流向的断面积 A 成正比,与水流经的长度 l 成反比,即式(13)所示:

$$Q = K\frac{h}{l}A \tag{13}$$

渗透率的物理意义是流体在孔隙介质中渗透时,当量的孔道截面积大小。通常把通过渗透面积 A 为 1 cm^2、长度 Δl 为 1 cm 的岩样,压差 ΔP 为 1 atm(101 325 Pa),液体黏度 μ 为 1 cP(1 mPa·s),流量 Q 为 1 cm^2/s 的渗透能力作为多孔介质的渗透率,即式(14)所示:

$$K_d = \frac{Q\mu\Delta l}{A\Delta P} \tag{14}$$

渗透率的单位为 cm^2,称为达西。在实际应用中,多采用毫达西,即千分之一达西。

渗透系数的量纲为(长度/时间),渗透率的量纲为(长度)^2。两者的关系如式(15)所示:

$$K_d = \frac{\rho g}{\mu}K \tag{15}$$

式中 ρ——液体密度;

g——重力加速度;

μ——液体的黏度。

黏度 μ 和密度 ρ 可以通过查表得出,由此可以算出 K_d 或 K(见表 7)。

表 7 不同水温情况下渗透率为 1 达西时与渗透系数换算

水温(℃)	10	20	30	40	50	60	70	80	90
渗透系数 K(m/d)	0.64	0.79	1.01	1.22	1.50	1.79	2.04	2.46	2.69

渗透率可以通过实验室试验及抽水试验取得。

4.2 自然放热量推算法

在天然状态下,地球内部的热通过热传导、对流并以温泉、喷气孔等形式释放的热量称为自然放热量。用从地表测量获得的放热量来推算地下储藏的热量,是假定地下热量与自然放热量有成正比的倍数关系,一般从几倍到 1 000 倍。这种方法比较粗略,但在进行地热资源规划时,仍不失为一种较好的方法。本标准规定用 10 倍。

4.2.1 计算

自然放热量推算法的地热资源量按式(16)计算:

$$Q_z = Q_d + Q_k + Q_h + Q_g + Q_p \tag{16}$$

式中 Q_z——计算区的总放热量;

Q_d——从热传导求出的放热量;

Q_k——从喷气孔求出的放热量;

Q_h——从河流求出的放热量(应扣除温泉水流入河中的流量);

Q_g——从温泉求出的放热量；

Q_p——从冒气地面求出的放热量。

该式的量纲为 kcal/s。式(16)比较完善地表达了一个地热区所要测量的内容,但一个地热区不一定都具有式(16)所表达的内容,因此应有几项就测量几项。

4.2.2 放热量调查

放热量调查的内容和方法比较多,如对温泉、温泉河、热水塘、冒气地面和喷气孔等有不同的测量方法。此外,可以通过测温和岩石的热导率计算热流量;利用红外线温度测量地表温度计算热异常区的放热量;利用降雪测定放热量等。关于常见的温泉和河流的放热量调查方法如下。

4.2.2.1 温泉放热量调查

温泉放热量按式(17)计算:

$$Q = q_v c\rho(t_1 - t_0) \tag{17}$$

式中 Q——温泉的放热量,kcal/s;

q_v——温泉的流量,L/s;

c——温泉水的比热,kcal/(kg·℃);

ρ——温泉水的密度,kg/L;

t_1——温泉水的温度,℃

t_0——非热异常区恒温层温度,℃。

因为 $c\rho \approx 1$,所以有式(18):

$$Q = q_v(t_1 - t_0) \tag{18}$$

测定温泉流量的方法有容积法、流速法和喷出高度法。当温泉从垂直地面的管口流出(见图 3)时,用喷出高度法按式(19)计算流量:

$$q_v = 0.042\,3CD^2\sqrt{H} \tag{19}$$

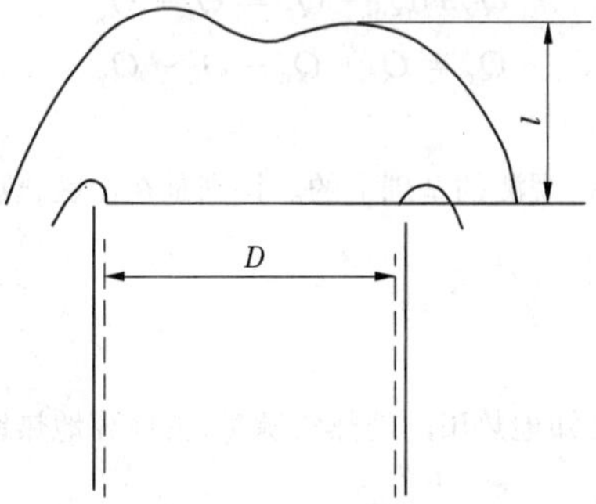

图 3 根据垂直喷出高度求流量示意图

式中 q_v——温泉流量,L/s;

C——系数,0.8 或 0.9;

D——管子内径,cm;

H——泉水喷出高度,cm;

0.042 3——换算系数。

4.2.2.2 河流放热量调查

当温泉从河底涌出,不能直接测放热量时,可在温泉出露点的上游和下游布置测线,分别测出河流上、下游的流量与水温,二者的放热量差就是温泉的放热量。按式(20)计算:

$$Q = p_2 c_2 q_{v2} t_2 - p_1 c_1 q_{v1} t_1 - p_0 c_0 (q_{v2} - q_{v1}) t_0 \tag{20}$$

式中　Q——河流放热量,kcal/s;

p_1、p_2、p_0——上、下游及附近恒温层水的密度,kg/L;

c_1、c_2、c_0——上、下游及附近恒温层水的比热,kcal/(kg·℃);

q_{v1}、q_{v2}——上、下游水流量,L/s;

t_1、t_2——上、下游水温,℃;

t_0——附近恒温层水温。

一般说来 $p_ic_i \approx 1$,则有式(21):

$$Q = q_{v2}t_2 - q_{v1}t_1 - (q_{v2} - q_{v1})t_0 \tag{21}$$

4.3 水热均衡法

这一方法主要通过一汇水区(热水盆地或山间盆地)内的水、热均衡计算,能够了解地下深部水、热储存量和汇水区外水热补给情况。这种方法对山区裂隙水、山间盆地比较适用。

4.3.1 水均衡法

在一个汇水区内,水的收入量有:降水量 q_{vs};深部的热水量及地下水补给量 q_{vr}。

汇水区的水支出量有:温泉水量 q_{vq};河水流出量 q_{vh};实际蒸发量 q_{vz}。

有式(22)的关系:

$$q_{vs} + q_{vr} = q_{vg} + q_{vh} + q_{vz}$$

即

$$q_{vr} = q_{vg} + q_{vh} + q_{vz} - q_{vs} \tag{22}$$

上式各项的量纲均为 m^3/a。

4.3.2 热均衡法

汇水区内的热收入量有:阳光照射量 Q_y;大地热流量 Q_d;热异常区热储存量 Q_r。

汇水区内的热支出量有:向大气散发的热量 Q_f;温泉等热显示点的放热量 Q_s。

有式(23)的关系:

$$Q_y + Q_d + Q_r = Q_f + Q_q$$

即

$$Q_r = Q_f + Q_q - Q_d - Q_y \tag{23}$$

上式各项的量纲均为 kcal/a。

水热均衡法是建立在长期动态观测的基础上的。特别是在山区,热储厚度、分布及有关参数都不清楚的情况下都可以使用。

4.4 其他方法

4.4.1 类比法

类比法又称比拟法,即利用已知地热田的地热资源量,去推算地热地质条件相似的地热田的地热资源量。

4.4.2 水文地质学计算法

水文地质学计算法如静储量、动储量、弹性储量等都可用来进行地热资源评价,但其计算结果应换算成热量。该方法未考虑热储岩石的热量,计算结果显著偏小。

5 地热流体化学成分分析结果评价

地热流体包括水、汽两部分,使用目的不同,其评价要求也不一样,如用做饮用水,应按照饮用水标准评价;如用于工业,应按工业用水标准评价。本标准仅提出矿水评价标准和有害成分的排放标准。

5.1 医疗矿水标准

医疗矿水标准见表 8。

表 8　医疗矿水标准　(单位:mg/L)

成分	Rn	CO_2	总 S	$Fe^{2+}+Fe^{3+}$	I^-	Br^-	H_4SiO_3	总 As	H^+
含量		500	2	10	5	25	50	0.7	1
成分	Al^{3+}	Cu^{2+}	Mn^{2+}	F^-	Li^+	Sr^{2+}	Ba^{2+}	Ra	总固形物
含量	100	1	10	2	1	10	5	1×10^{-8}	1 000

注:温度大于 20 ℃。

5.2　**地热水有害成分排放标准**

根据中华人民共和国国家标准《工业三废排放标准》规定,按照水源的不同用途,对工业废水的排放有不同的要求。对饮用水源及风景游览区的水质要严禁污染;对农业和渔业用水要保证植物的生长条件,动植物体内的有害残毒不得超过食用标准;对工业水源,不得影响生产用水的要求。上述规定适用于对地热水的评价(见表 9)。

表 9　地热水有害成分最高允许排放浓度

有害物质名称	汞及无机化合物(按 Hg 计)	镉及无机化合物(按 Cd 计)	六价铬化合物(按 Cr 计)	砷及无机化合物(按 As 计)	铅及无机化合物(按 Pb 计)	pH 值	硫化物	铜及其化合物(按 Cu 计)	氟的无机化合物(按 F 计)
最高允许排放浓度	0.05 mg/L	0.1 mg/L	0.5 mg/L	0.5 mg/L	1.0 mg/L	6～9	1 mg/L	1.0 mg/L	10 mg/L

6　地热资源评价报告提纲

6.1　**前言**

目的任务、自然地理及交通条件、研究程度。

6.2　**区域地质特征**

地层、地质构造、岩浆活动情况、地质发展简史、地热地质特征(包括蚀变带、温泉等热显示)。

6.3　**地球物理特征**

地温场分布情况、超温场与地质构造、地层岩性和盖层的关系及形成条件。

6.4　**地球化学特征**

区域水化学条件及热储水化学特征,水化学温标及热储温度计算。同位素水化学及解释。以利用为目的的水质评述。

6.5　**地热资源评价**

资源类型、热储分布及特征,参数的确定,如厚度、孔隙度、渗透率、比重、比热和热导率等。资源计算方法、评价和建议。

6.6　**开发利用**

经济效益及开发利用前景。

6.7　**附图**

6.7.1　地质构造图(平原区应附基底地质构造图)。

6.7.2　地温分布图及地温梯度图。

6.7.3 水化学图。

6.7.4 热储分布及等厚度图。

6.7.5 地热资源评价图(2 000 m 以浅、2 000～3 000 m)。

6.7.6 地热资源模数图。

6.8 **附表**

6.8.1 井(孔)、温泉等统计表(温度、梯度、水流量、水位、放热量等)。

6.8.2 热储物性一览表(岩石名称、密度、比热、孔隙度、渗透率、热导率等)。

6.8.3 水质分析成果表。

6.8.4 地热资源计算结果一览表。

附加说明：

本标准由地质矿产部水文地质工程地质公司提出并归口。

本标准由地质矿产部水文地质工程地质公司、北京市水文地质工程地质公司负责起草。

本标准主要起草人谢长芳、郑克棪、马大乐、白铁珊、李心庚、张道富。

附件 3　天津市地热利用工程设计标准(试行)

第一章　总　则

1.0.1　为了使地热利用工程的制图、设计、施工做到统一标准化,制定本标准。

1.0.2　本标准适用于新建、扩建或改建的地热利用工程的设计。

1.0.3　地热利用工程中的设计、施工除执行本标准的规定外,还应执行国家现行的有关法规和标准。

第二章　地热利用工程标准图例

第一节　通用设备标准图例及说明

通用设备标准图例及说明应按照《给水排水制图标准》(GB/T 50106—2001)和《供热工程制图标准》(CJJ/T 78—97)中的规定执行。

第二节　非标设备图例及说明

2.2.1　地热井系统中设备的系统图和平面图的图例应符合表 2.1 的规定。

表 2.1　地热井系统中设备的系统图和平面图图例

井口装置	除砂器
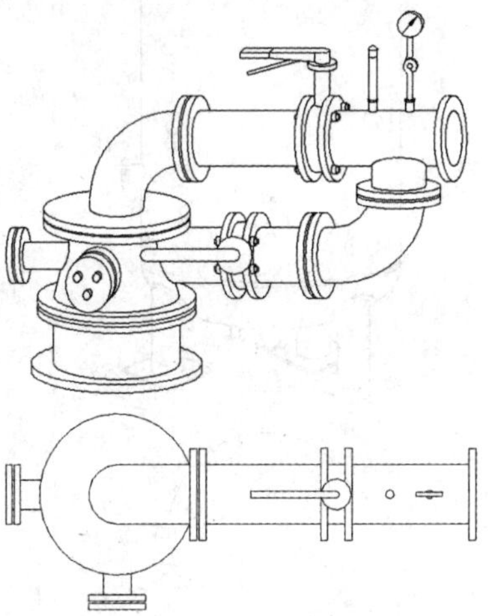	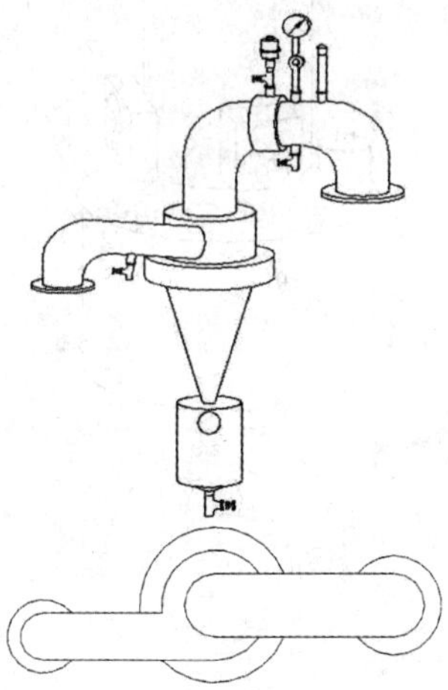

2.2.2　地热利用系统中部分供暖设备的系统图图例应符合表 2.2 中的规定。

表 2.2 供暖系统图和平面图图例

板式换热器	热泵机组
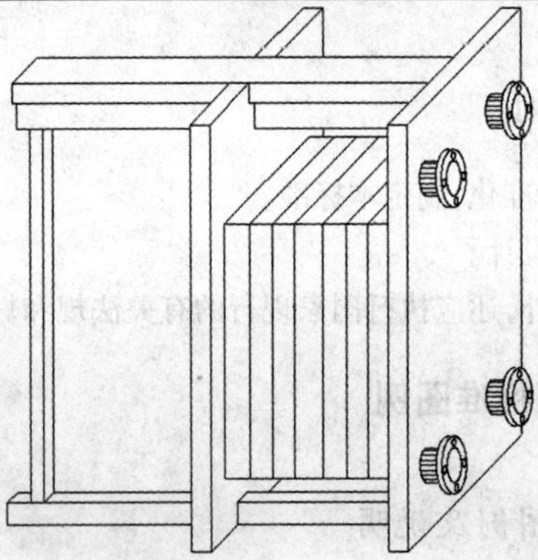	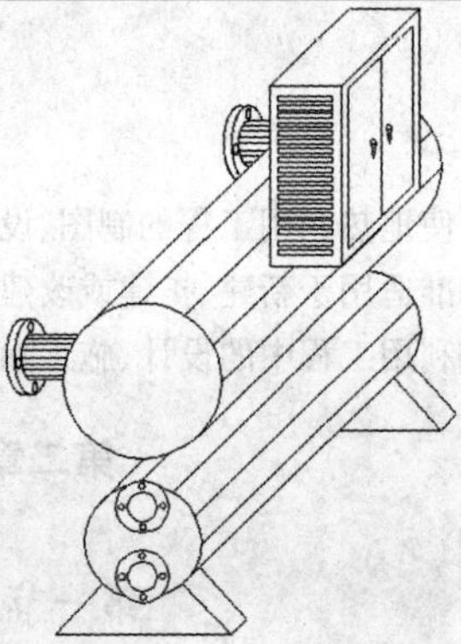

2.2.3 地热利用系统中部分水处理设备的系统图和平面图的图例应符合表 2.3 中的规定。

表 2.3 水处理系统图和平面图的图例

强制热风曝气塔	除铁装置
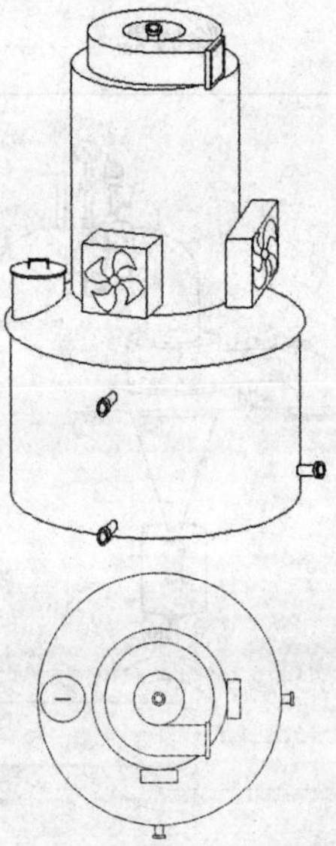	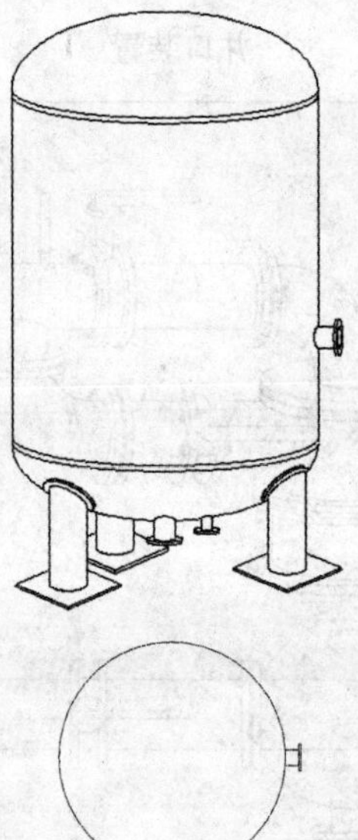

2.2.4 地热利用系统中应用的不同类型水泵的系统图和平面图图例应符合表 2.4 中的规定。

表 2.4　不同类型水泵的系统图和平面图图例

水泵		
设备名称	图　例	
	系统图	平面图
单级立式离心泵	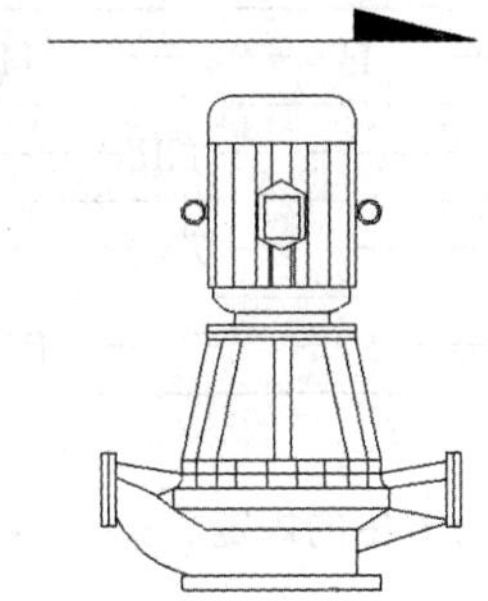	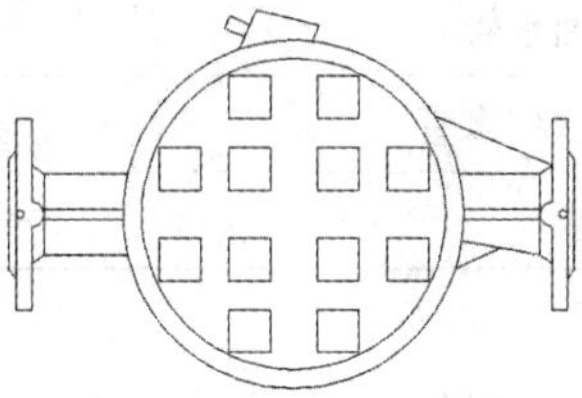
潜水排污泵	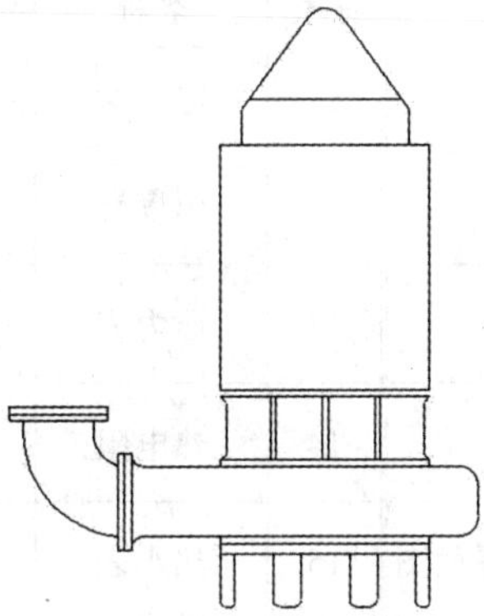	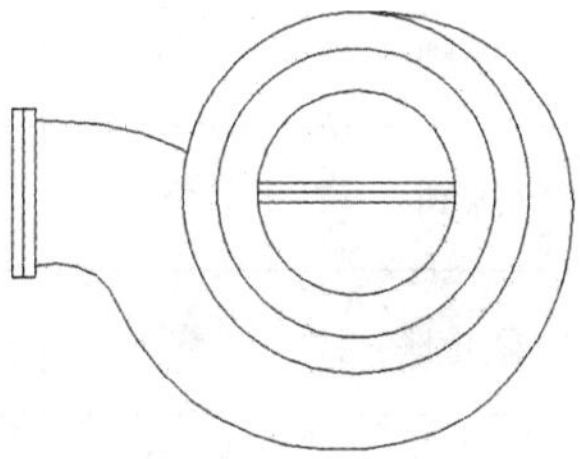
卧式单级泵	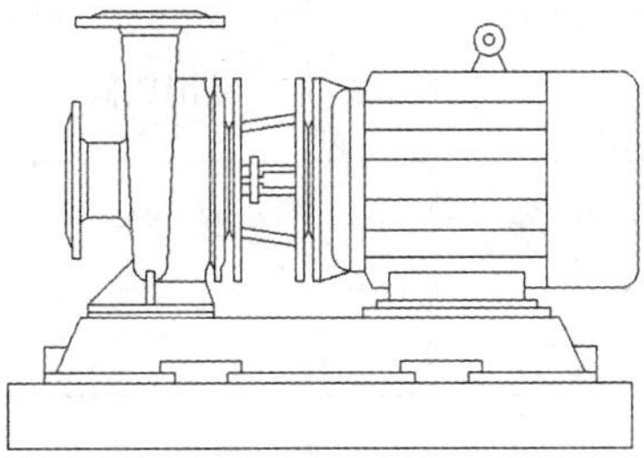	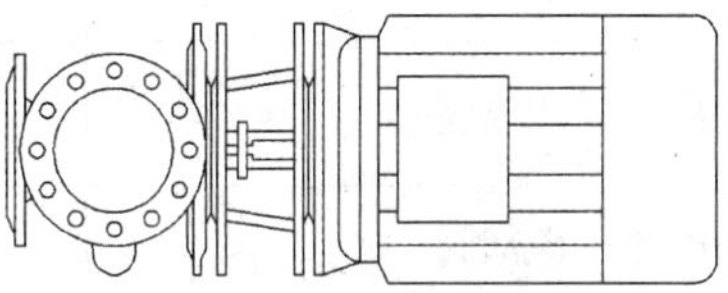

第三节　地热利用系统中通用管道、阀门、直读仪表等标准图例及说明

2.3.1　地热利用系统中的管道类别应以汉语拼音字母表示,并符合表 2.5 中的规定。

表 2.5 管道类别

管道名称	图例
生活给水管	——J——J——J——
生活热水给水管	——RJ——RJ——
生活热水回水管	——RH——RH——
采暖供水管	——H——H——H——
采暖回水管	——HR——HR——
直接饮用水管	——ZY——ZY——
排水管	——P——P——P——

2.3.2 地热利用系统中阀门、直读仪表的图例应符合表 2.6 中的规定。

表 2.6 阀门、直读仪表的图例

序号	名称	图 例	备注	序号	名称	图例	备注
1	通用阀			11	电磁阀		
2	蝶阀			12	温度计		
3	球阀			13	压力表		
4	截止阀			14	热电阻		
5	止回阀		用于系统图和平面图	15	热水表		
6	止回阀		用于工艺流程图	16	冷水表		
7	同心异径管			17	安全阀		
8	软接头			18	定温排放阀		
9	减压阀		左侧为高压端	19	穿墙套管		
10	电动阀						

第三章 地热井口标准化

第一节 地热井泵房设计要求

3.1.1 地上式井泵房的设计要求：

一、泵房内设排水沟,收集地面管道、设备渗漏,冲洗地面和检修时的排水。沟盖板为带眼盖板;沟内设排水地漏,排水能力按具体工况确定(重力排水)。

泵房内设一压力排水管,排水能力大于地热井出水量。压力排水口预留管高出地面 100 mm。

二、井泵房内设防爆照明灯具,适当设置通风采光窗。

三、为方便井泵提升,应在泵房顶设电动葫芦,要求泵房内梁下净高不小于 7.2 m。若不设电动葫芦,屋顶开 2 m×2 m 的提升孔,采用三角架或汽车吊提升井泵,要求泵房内梁下净高不小于 3.0 m。吊装孔可做成活动盖板,注意做好屋面防水。

3.1.2 地下式、半地下式井泵房的设计要求:

一、井泵房为地下或半地下式建筑,井泵房屋顶设井泵检修提升孔、进出人孔、进气孔及排气孔,并做防水。

二、进气孔管道高出室外地面 300 mm;排气孔管道高出地面 500 mm。进气孔、排气孔管道室外部分均设防雨、防尘帽。室外进气、排气管道附近应设置警示标志,避免绊倒行人。

三、当地热井为自流井或者地热水水温超过 45 ℃时,为保证安装及检修人员的安全,井泵房应设置逃生通道。

四、井泵房内设防爆照明灯具或防水插座。

五、井泵房内的压力排水管应直接引至泵房外的排水系统。

六、根据工程实际需要在井泵房适当位置预埋穿墙防水套管,以便于各种进出管道、电缆的引入。

七、井泵房内设排水集水坑,集水坑内设置潜水排污泵,并应有不间断动力电源供应;污水泵的启闭应设置自动控制装置即水位控制器。

八、地下式、半地下式井泵房净高不小于 3.0 m。

九、地下式井泵房不宜建在其他建筑物之下,自流井严禁设置为地下式井泵房。

第二节 井口装置安装说明

3.2.1 订购井口装置前应备的资料:

一、地热井纵剖面图;

二、地热井井管公称直径、护套管公称直径;

三、若是自流井应提供闭井压力;

四、供热系统设计要求供水量及扬程;

五、抽水试验 $S-Q$ 曲线、静水位;

六、抽水试验时的井口热工参数(压力、流量、温度)等技术资料。

3.2.2 成套的井口装置必须正确安装、使用,才能充分发挥其作用,井口装置的安装应符合下列要求:施工安装时,钢筋混凝土基础部分按照施工图纸分步骤施工。在施工过程中,按照要求先将基础铸铁构件与混凝土基础浇铸在一起,基础铸铁构件应保持处于水平位置,水平倾角不能超过 0.20°。待满足混凝土养护要求后,在填料涵中嵌入填料盘根。当地热水温度超过 100 ℃时,应采用高温石墨盘根。嵌入填料盘根后安装填料压盖,并用紧固螺钉使其均匀受力下滑,压紧盘根。有条件时应使用扭力搬手,使各个紧固螺钉受力一致并达到设计要求所规定的单个紧固螺钉受力的数值。这样才能保证井管伸缩的自由度及无泄漏现象发生。这部分是井口装置安装好坏的关键,用户必须给予高度的重视。上述工序完成后即可安装井口装置的上半部分及水泵,然后再安装井口装置的配管及监测仪表。开机试车后安装调整工作即告完毕。

第三节 地热井提水设备

地热井提水设备选型原则及提水设备要求:地热井主要提水设备为井用耐热潜水电泵。选型原则是根据地热水的水质、水量、水温、动水位、静水位、井口出水压力要求等确定。其中水质决定泵的材质；其他几种参数则决定泵的参数。

第四节　井口除砂设备

井口除砂设备选型原则：当地热水中含砂量超过万分之一时，必须采取除砂措施方可保证正常供热。除砂设备必须符合国家工业产品生产许可标准。

第五节　回灌系统地面净化工艺

为保证地热回灌的顺利进行，在地热水注入回灌井之前，应建立一套循环处理系统，提高回灌率、维护回灌井的长年有效运行。

3.5.1　粗过滤器

一、作用：过滤管道及系统残留的相对直径较大的颗粒，以减轻精过滤器的工作负担，减少反冲洗次数，提高滤料的使用寿命，降低运行成本。

二、使用要求：

1. 在运行过程中，过滤器两端应安装监测器，通过监测，可根据压力的变化辨别过滤器工作的状态，并决定清洗滤料的时间，以保证过滤效果。

2. 选择滤料材料要考虑耐温和耐压，宜优先选用石英砂滤料，按单层石英砂滤料级配填充滤料，并应定期补充滤料。

3.5.2　精过滤器

一、作用：有效防止回灌时的物理堵塞，并可有效地拦截或吸附一部分微生物及细菌。

二、使用要求：

1. 需要进行第二级过滤工艺要求的场合。

2. 在实际进行回灌操作时，需密切观察过滤器两端压力值的变化，一旦压差过大，表明地热水在罐体流动过程中阻力增加，有微小颗粒滞留在滤料上，使得滤料的缝隙变小，过滤能力减小，此时需要更换滤料或者进行反冲洗，以保证过滤罐的工作质量。

3.5.3　排气罐

一、作用：排气罐应安装在加压泵、回灌井口之前，用以在回灌前排出尾水中的不凝气体，以防止压力发生变化生成气泡，产生气堵。

二、使用要求：

1. 应根据气样分析报告中气体所含成分的多少确定是否安装排气罐和该设备的规模、容量。

2. 在安装排气罐时应注意两点，一是在罐体顶部要设置自动排气阀，当气体浓度聚集到一定程度时，应及时将挥发气体释放到罐体外，降低罐体内的压力，保证安全。二是注意当地热水中含气体容量较高时，要采用连接排气风道方式将已释放出的气体排出设备间，以防止中毒和引发火灾。

3.5.4　加压泵

加压泵是为了防止由于回灌井口压力过高（回灌水位上升较快）而回灌困难，在不具备重力回灌条件时，采用加压回灌方案。回灌压力、流量要经过回灌试验求得。

3.5.5　反冲洗

应确保有反冲洗水的水源，当反冲洗水源不能满足过滤器的反冲洗水量时，应设置储水装置，保证过滤器的反冲洗要求。须设置反冲洗污水的压力排水系统。

反冲强度控制在 12～15 $L/(s \cdot m^2)$，过滤装置两端的压力差值达到 50～60 kPa 时，须进行反冲洗。

第六节　地热井口监测仪器仪表

由于地热水质本身特点，在安装和组件中应按要求施工，以保证测试数据的准确性和测试仪器仪表的使用寿命。

3.6.1 电磁流量计的安装方法

一、按图纸安装在主管道位置上,旋转倾斜角小于20°。

二、流量计受现场条件限制,不能按图纸安装时,按照产品说明书明示的其他安装方式安装,但必须安装在地热井口处所有分水管及设备之前。

三、流量计安装要严格按照管道中水流方向与箭头标识方向一致。

四、流量计主体与显示部分的信号连接严格按照说明书所示连接。

五、流量计主体配置变送器,输出直流电流信号,信号应为4~20 mA。

六、正确选择流量计测试量程,兼顾冬夏季开采量的变化。

七、流量计应配有出厂标定证书(仪表常数)。

3.6.2 温度传感器的安装方法

一、温度传感器主体部分按图纸安装在主管道位置上;配套附件中应包括管道螺栓盲堵,一旦探头需要拆卸及维修,应及时封堵。

二、温度传感器主体探头部位,应处于管道中心线以下。

三、探头部位应采用聚四氟护套,并根据地热水温度,选择合适的测温量程和精度。

四、温度传感器主体配戴变送器,输出直流电流信号,信号应为4~20 mA。

3.6.3 压力传感器的安装方法

一、压力传感器应按图纸安装在主管道位置上;配套附件中应包括管道螺栓盲堵,一旦探头需要拆卸维修,应及时封堵。

二、压力传感器根据测试压力范围,选择合适的量程和精度。

三、压力传感器输主体配置变送器,输出直流电流信号,信号应为4~20 mA。

四、凡具备安装标准井口管路总成的地热井口,应按照标准图进行施工或改造。

3.6.4 水位监测仪的安装方法

一、测试探头随潜水电泵一并安装,将其固定在与潜水电泵连接处第二根扬水管自下而上1 m处。探头采用卡箍固定,内衬胶皮护套,固定时用力不宜过大,信号线保护套须逐节泵管捆绑固定,直至井口出线法兰处。

二、安装时探头底部测孔不得被任何物体遮挡或堵塞,不得破坏探头与通气管导线之间的密封,不得磕碰测试探头。

三、井口基座上安装出线法兰,出线后保证出线口密闭,防止空气泄漏加速井、泵管腐蚀,并方便拆装。

3.6.5 下位机安装的安装方法

一、需安装在方便监测、维护及环境较好的位置。

二、采用支架固定机箱,如现场条件较差或防雨措施较差,机箱上部安装遮水挡板。

三、安装机箱支架时应保证两支架水平,高低位置适合人员观测及维修。

3.6.6 电源要求

一、220 V交流电源,电源容量大于500 VA,有接地端。

二、在下位机附近安装电源箱,内置不少于3个两孔插座和3个三孔插座,断电保护装置及下位机接线端子若干(视测试数据的数量而定)。

3.6.7 信号传输线安装要求

一、信号传输线可采用普通信号线或屏蔽信号线,需用不同颜色信号线区分不同传感器的接地线及信号线。

二、在机房电气控制柜中,安装的电流互感器用于测量潜水泵电动机变频后的电流,电流互感器的副边不得有开路。

三、各路信号线(水位测试、压力、温度及流量等)无论分线还是集中走线,要全部进入线桥(PVC管或PVC线槽),或地下走线,直至下位机电源机箱入口端,不得走明线。

3.6.8　通讯方式的安装要求

现场应安装有固定电话或网络接口,并接至下位机安装位置,以便用于连接网络通讯。

第四章　地热利用系统标准化

第一节　典型地热利用系统工艺热力站

4.1.1　典型地热利用系统工艺热力站土建要求的总说明。

一、设备间、电控间及监控室要求具有良好的进、排风措施;门窗考虑隔音措施。必须预留大型设备吊装孔或垭口,具体尺寸根据最大设备外形尺寸确定。

二、压力排水管直接接至室外的扩容井,扩容井与附近排水井相连,扩容井尺寸根据最大压力排水量确定,从扩容井到附近排水检查井间的排水管径必须足够大,以满足排出水量要求。

三、设备间照明由土建设计单位统一考虑,具体要求如下:井泵房及供热站设备间照度大于100 lx,电控间、监控室、办公室照度大于200 lx。

四、设计中与建筑相关的土建基础、预留孔等均由土建专业按照工艺提供的土建条件图进行设计。

五、通风、排烟及隔断等的设计均由土建专业负责。

六、设备间梁下净高为最高设备高度加1 m,也可根据最高设备布置情况局部加高。

七、根据不同地区冬季的气候条件,在寒冷地区站房冬季要求采暖。

4.1.2　典型地热利用系统工艺热力站给水、排水设计要求说明。

一、给水:地热利用系统工艺热力站内的给水部分主要用于采暖季循环水系统初次充水;运行时期系统补水;当地热水温度较高时,在夏季供应生活热水时需要混入部分自来水。自来水引入量根据各种实际情况按最高时用水量选择管径。

二、排水:供热站排水分重力排水和压力排水。重力排水为设备溢流、管道渗漏、设备检修等排水的收集排放。具体要求如下:设备间设排水沟及排水地漏。压力排水为未得到充分利用和未回灌的地热尾水、除铁设备反冲洗排水,这些排水具有一定温度,排放时注意避免造成环境的热污染,排放前需要采取一定的降温措施;另外由于排水具有压力,直接进入重力排水系统会产生溢流、冲刷排水系统等问题,需要设置适当容积的扩容井,从扩容井靠重力流进排水系统。

第二节　典型地热利用系统的电控部分

4.2.1　典型地热利用系统工艺热力站的供电保障原则、电控间电气设备设计要求。

供热站房电源由甲方根据工艺设计提供的总容量及相关要求负责引入电控间指定位置。电控柜的布置和电缆敷设应按照国家相关规范执行。

4.2.2　典型地热利用系统自动化仪器仪表安装的技术要求。

自动化仪器仪表的安装及线路的敷设等均应按现行国家标准《自动化仪表工程施工及验收规范》(GB 50093—2002)的相关规定执行。

4.2.3　典型地热利用系统计算机监控的基本要求和说明;计算机监控间的土建要求说明;计算机监控设备平面布置要求说明。

为满足地热利用系统的自动化控制要求,采用上位工控机+可编程序控制器+现场仪器仪表+被控设备相结合的方式对系统中各种水泵、变频装置及系统运行的相关电动阀门等进行动态实时监控。

计算机监控间的设计应按现行国家标准《电子计算机机房设计规范》(GB 50174—93)的相关规定执行。

第三节 地热利用系统中设备制造执行标准

4.3.1 压力设备均按《钢制焊接压力容器技术条件》(JB 741—80)及国家劳动总局颁布的《压力容器安全监察规程》进行制定、试验、验收。

4.3.2 焊接均采用 E4301(GB 5117—1995),焊条焊接均按《钢制压力容器焊接规程》(JB/T 4709—2000)执行。

4.3.3 对接焊缝均应做局部射线探伤检查均按《钢熔化焊对接接头射线照相和质量分析》(GB 3523—87)执行。

4.3.4 水处理设备均按《水处理设备技术条件》(JB 2932)制造验收。

4.3.5 无缝钢管均按《输送流体用碳钢与低合金钢无缝钢管》(GB/T 8163—1999)中规定执行。

4.3.6 设备的油漆、包装运输,按《压力容器涂敷与运输包装》(JB/T 4711—2003)的规定执行。

第四节 地热利用系统工程中劳动组织与定员

建立供热站企业劳动组织与定员表,应根据供热站规模、供热面积等因素确定各工种的人数以及供热站管理人员的人数。

例如某工程供热站劳动组织定员见表 4.1。

表 4.1 某工程供热站劳动组织定员

工作名称	每班人次	班次	人数
井口、换热站	1	3	3
技术员	1	1	1
电工	1	1	1
维修	2	2	4
合计			9

第五节 地热利用系统工程设计的基本流程

4.5.1 地热井口系统。

地热井与供热站的相对位置,地热水输送管道材料、管径、管道敷设等情况,井泵控制是否放在井泵房,除砂器布置情况等。

4.5.2 地热采暖系统。

根据地热水的腐蚀性情况,确定供暖系统工艺流程,按工艺流程确定站房各个设备的平面布置,力求工艺管道布置顺畅,设备间距符合设计规范要求。

确定工艺流程的关键,根据地热水的水质情况、氯离子和硫酸根离子含量、地热水温度等综合因素确定供暖系统是地热间接供暖还是直接供暖,如采用间接供暖,换热器的材质是采用钛板换热器,还是采用不锈钢换热器等问题需要论述清楚,这些问题将影响工程的设备投资费用。

4.5.3 地热恒压供水系统。

根据甲方水质检验报告中铁离子含量是否超过国家规范所允许的数值,确定地热水处理工艺流程,并根据前面热水量计算数值确定水处理设备的容量,按水处理工艺流程确定各个设备的平面布置,力求工艺管道布置合理。

4.5.4　调峰系统确定。

依据项目当地燃料供应情况、原有热源设备具备情况,综合考虑设置调峰系统,如果项目设计不同的调峰方式,须分别进行设备选型、调峰设备平面布置,注意如果采用燃油、燃气锅炉作为调峰,尚需符合燃油、燃气锅炉房防火设计规范要求。

4.5.5　地热供热站房与室内、室外管网设计的关系。

根据甲方提供的室内采暖设计和室外采暖管网设计资料,帮助甲方分析室内采暖设计和施工是否与地热供热站房相适应,还存在哪些问题需要解决。

4.5.6　热源优化组合与综合利用模式。

第五章　地热利用工程设计、安装资质

建议地热利用设计资质要求:市政公用行业(给水、排水、热力)主导工艺乙级及以上资质。

建议地热利用安装资质要求:机电设备安装工程专业承包三级及以上资质。

第二章　热泵技术与浅层地能

第一节　热泵技术

一、地源热泵和水源热泵区别

地源热泵指所有使用大地作为冷热源的热泵，包括土壤热泵（即地耦合热泵）、地下水热泵、地表水热泵（包括江河湖海的水）等，这是为区别水环热泵而说的。水源热泵则是总称，包括所有以水作为冷热源的热泵，当然也包括土壤热泵和水环热泵，这是为区别空气源热泵（风冷热泵）而说的。

所以，以大分类来说，水源热泵包括地源热泵和水环热泵还有一些特殊的利用低位热水能量的热泵（比如利用工业废水或发电厂冷却循环水梯级利用等）。

总之，简单地说地源热泵泛指土壤源热泵和地表水、地下水、海水、污水源热泵。但现在人们习惯上把土壤源热泵叫地源热泵，把地表水、地下水、海水、污水源热泵叫水源热泵。

二、地源热泵概念及应用范围

地源热泵冷热水机组夏天利用低温地下水作为冷却水制取 7 ℃冷冻水制冷，能获得 6 以上能效比，与一般风冷热泵空调机组制冷能效比 2.5 左右相比效率提高 1 倍，与用冷却塔水源的中央空调冷水机组制冷能效比 3.5 左右相比效率提高 50%，是最省电的中央空调冷水机组。冬天利用温暖地下水作为热源制取 45～50 ℃热水供暖能获得 5 以上能效比，克服了一般空调冬天不能供暖或者效率太低的缺陷，是不烧煤的运行费用最低的节能环保热水锅炉。广泛适用于别墅、宾馆、工厂、学校、商场、医院、办公等各种场所，冷暖空调一步到位，同时提供生活热水一机三用功能。代替热水锅炉使用，具有占地小、无噪声等优点，是无人值守、自动运行，不烧煤、不冒烟的节能环保锅炉。

三、地源热泵工作原理

地源热泵冷热水机组与一般风冷、水冷空调工作原理基本一样，都是能量转移的机器。风冷热泵空调和用冷却塔水源的冷水机组都是与室外空气进行热交换，夏季室外环境温度不高时对外散热容易制冷效果较好，室外环境温度很高时对外散热困难制冷效率降低，室内越是需要冷量时制冷效果反而越差。冬季环境温度较高时室外空气中有热可取制热效果较好，环境温度降到 5 ℃以下时制热效果很差，环境温度降到 0 ℃以下时室外空气中没有热量可取机组难以运行，室内越是需要热量时制热效果反而越差。地源热泵利用土壤、地下水四季恒温特点，夏季作为冷源，冬季作为热源，换热水源温度相对稳定，制冷供暖效果不受天气影响，只为搬运天然能量耗用很少电能。如图 2-1 所示。

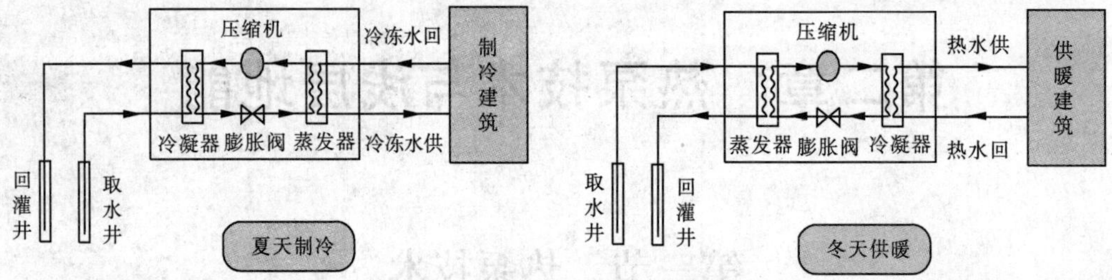

图 2-1　地源热泵工作原理示意图

四、运行费用比较

传统采暖、制冷与地源热泵运行费用比较见表 2-1 和表 2-2。

表 2-1　采暖费用比较(10 000 kcal 热量能源成本)

采暖方式	地源热泵	燃煤锅炉	燃气锅炉	燃油锅炉	电热锅炉
能源种类	电能	煤炭	天然气	柴油	电能
单位	kWh	kg	m^3	kg	kWh
热值(kcal)	860	5 000	8 600	10 300	860
效率(%)	500	60	90	90	90
单价(元)	0.60	0.60	2.50	4.20	0.60
成本(元)	1.39	2.00	3.22	4.53	7.75
费用比较	1	1.43	2.32	3.25	5.57

表 2-2　制冷费用比较(10 000 W 冷量能源成本)

空调机组	自然冷能空调	地源热泵空调	水冷空调	风冷空调
换热方式	地下水直接制冷	打井或者埋管	冷却塔水冷	空气冷却
工况	单冷	冷暖	单冷	单冷
Cop 能效比	20	6	3.8	2.5
耗电量(kWh)	0.5	1.66	2.63	4
单价(元/kWh)	0.6	0.6	0.6	0.6
电费比较(元)	0.30	1.00	1.58	2.40

五、地下工程比较

采用打井取水还水方式优点在于占地少、投资省,井水在地下沙层中对流换热效率高,能在地下更大范围内贮存和吸收能量,利于水温稳定,保持土壤热平衡,机组能效高。缺点在于施工受水源地质条件限制,井水需要进行水质处理,需要经常清洗保养井水换热器。

采用埋管方式优点在于闭路循环用水,不浪费、不污染地下水源,施工不受地质条件和国家政策限制，无需清洗井水换热器，利于机组长期稳定运行。缺点在于埋管施工占地多、造价高。图 2-2 为两种方式地源热泵系统图。

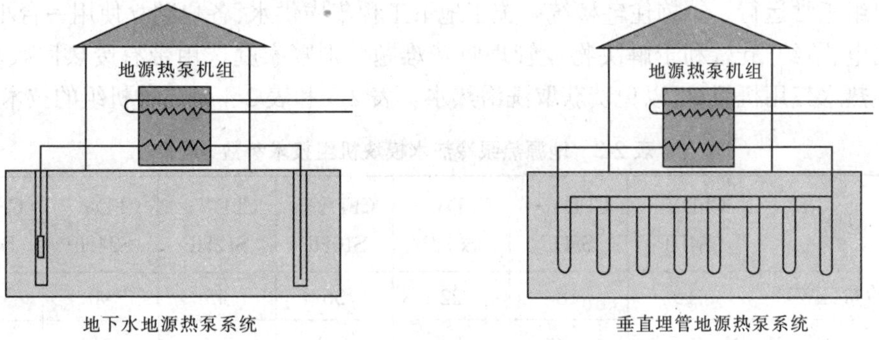

图 2-2　两种方式地源热泵系统图

六、技术优势

地源热泵空调具有耗电省、费用低、节能环保、冷暖两用等突出优点，欧美国家已经推广使用几十年了，为了保护地下水资源一般都是打孔埋管利用管壁对地传递热能，施工费用高，地下埋管工程甚至超过地上系统工程造价，因为节能环保效益明显，还是得到非常广泛的运用。近年来我国地源热泵发展也很快，为了降低工程造价，多数工程都在打井抽取地下水，取水容易回灌难，很多厂家没有解决好井水回灌难题，只抽水不回灌浪费地下水资源，且只抽不灌地下水总有一天要抽干，没水抽了机组也就开不成了。

实践证明，必须实行真空负压取水才能在浅层土壤中取到足够水量；必须采用气水分离技术才能实行封闭式加压回灌；必须使用气水分离除砂器把井水中的气体和泥沙分离出来，保证井水从取出来到回灌地下过程中不与空气接触，没有氧化反应，才能杜绝氧化物、微生物、无机物阻塞回灌井；必须实行一抽多灌才能做到长久轻松回灌。

在地质条件具备打井取水还水的地方可以采用打井方式获取地下水，确保能够在长久轻松回灌的前提下优先考虑打井方式取水还水，用户应当主动报告地下水管理部门对取水井和回灌井安装水表监测回灌状态，真正做到取自哪一层回到哪一层，不浪费、不污染地下水源，一定能够得到政府部门的大力支持。在地质条件不具备打井取水还水和打井费用较高的地方应当考虑埋管施工。埋管施工没有任何风险，不受水量大小、水质好差、地质条件和国家政策限制。

七、主机选型

选用地源热泵涡旋模块机组不受工程大小限制，1 000 m^2 以下工程只需一个模块机即可满足工程需要，几千平方米的工程可以选用几个模块机并联运行，子模块受主模块控制器集中控制，按照回水温度变化自动增减压缩机运行台数，能够始终处于最佳节能状态。打井取水还水受单井出水量限制，垂直埋管也受系统规模限制，10 000 m^2 以上大工程尽量分设几个主机房独立设计施工地下工程，也可每层或每户使用一台小主机集中供水。只有特大工程才需选用大型螺杆机组。

没有三相电源的别墅家庭可以订货生产 220 V/50 Hz 电源的小型机组,别墅家庭最好选用两台压缩机的机组,室内空调开得少的时候自动停掉一台压缩机,利于节约用电,利于机组正常运行。一栋住宅楼统一施工地下工程集中供水,各户独立使用一台小机组,按需用电、节约归己,利于解决物业管理收费难题。别墅家庭选用带有废热回收功能的冷、暖、热水三用机组,可以免费获取洗浴热水。表 2-3 和表 2-4 是二种机组的技术参数。

表 2-3 地源热泵冷热水模块机组技术参数

型号		CFDY－S4HP	CFDY－S5HP	CFDY－S6HP	CFDY－S10HP	CFDY－S12HP	CFDY－S24HP	CFDY－S48HP
制冷量(kW)		15	18	22	36	45	90	180
制冷输入功率(kW)		2.5	3.0	3.6	6.0	7.5	15	30
制热量(kW)		16	20	24	40	50	100	200
制热输入功率(kW)		3.7	4.6	5.6	9.3	11.2	22.5	45
额定功率(kW)		3	3.7	4.5	7.5	9	18	36
压缩机台数		2	2	2	2	2	2	4
冷媒充注量(kg)		1.5×2	1.6×2	2×2	3×2	4×2	8×2	8×4
压缩机品牌		日立、三洋、大金、谷轮						
制冷剂类型		R22、R407C、R410A						
换热器类型		不锈钢板式换热器						
自动保护		高压、低压、高温、低温、断水、过载、防冻、缺相、相序						
电源		220 V/50 Hz、60 Hz			380 V/50 Hz、60 Hz			
运行控制方式		可编程序控制器全自动运行						
冷热水	出水温度(℃)	7/45						
冷热水	回水温度(℃)	12/40						
冷热水	流量(m^3/h)	2.75	3.5	4.128	6.88	8.6	17.2	34.4
冷热水	管径(mm)	DN32	DN32	DN32	DN40	DN50	DN65	DN90
井水	流量(m^3/h)	2～2.5	2.5～3	3～4	5～6	6～8	12～16	24～32
井水	管径(mm)	DN32	DN32	DN32	DN40	DN50	DN65	DN90
井水	水温(℃)	10～25	10～25	10～25	10～25	10～25	10～25	10～25
相组重量(kg)		148	168	200	248	260	360	720
长×宽×高(cm)		88×68×67	88×68×67	88×68×67	110×68×110	110×68×110	110×100×120	200×120×120
适用面积(m^2)		100～160	120～200	120～240	200～240	250～50	500～1 000	1 000～2 000

测试工况:制冷时井水进水 18 ℃,出水 25 ℃;冷冻水进水 12 ℃,出水 7 ℃。制热时井水进水 15 ℃,出水 9 ℃;热水进水 40 ℃,出水 45 ℃。

表 2-4 地源热泵螺杆冷热水机组技术参数

型号		CFDY－120PL	CFDY－140PL	CFDY－160PL	CFDY－180PL	CFDY－200PL	CFDY－220PL	CFDY－240PL
制冷量(kW)		432	504	576	648	720	792	864
制冷功率(kW)		72	84	96	108	120	132	144
制热量(kW)		480	560	640	720	800	880	960
制热功率(kW)		96	112	128	144	160	176	192
额定功率(kW)		90	105	120	135	150	165	180
压缩机台数		1	1	1	1	1	1	1
压缩机类型		半封闭螺杆压缩机						
换热器类型		U形管壳管换热器						
冷媒类型		R22						
自动保护		高压、低压、高温、低温、断水、过载、防冻、缺相、相序						
电源		380 V/50 Hz						
控制方式		可编程序控制器全自动运行						
负荷调节		100%、75%、50%、25%、0						
冷热水	出水温度(℃)	7/45						
	回水温度(℃)	12/40						
	流量(m^3/h)	75	88	100	112	125	136	150
	管径(mm)	115	125	135	140	150	155	165
井水	流量(m^3/h)	48	55	62	70	78	85	95
	管径(mm)	115	125	135	140	150	155	165
机组重量(kg)		2 500	2 800	3 200	3 600	4 000	4 150	4 250

测试工况：制冷时冷却水进水 18 ℃，出水 26 ℃；冷水进水 12 ℃，出水 7 ℃。制热时冷却水进水 18 ℃，出水 10 ℃；热水进水 40 ℃，出水 45 ℃。

八、市场前景

地源热泵空调夏天利用低温井水制取 7 ℃冷冻水制冷，冬天利用温暖井水制取 45～50 ℃热水供暖，是冷暖一步到位的高档中央空调。地面以上工程造价与其他中央空调基本一样，只是多了地下工程造价，但可节省冷却塔和锅炉房投资，总体造价并没增加。夏季制冷可比一般空调节省 50%电能，冬季供暖比用燃煤锅炉节省 40%费用，性价比很高。

国家提倡建设节约型社会，国家强制建筑节能，不节能的房子不让开工，不节能的房子不许销售，房产开发推广地源热泵空调势在必行。美国总统布什在自己的农庄带头安装地源热泵，英国王宫带头安装地源热泵，我国也在要求政府大楼带头安装地源热泵，全民推广使用地源热泵的高潮正在到来。

九、《地源热泵系统工程技术规范》(GB 50366—2005)解析

实施可持续发展能源战略已成为新时期我国能源发展的基本方针,可再生能源在建筑中的应用是建筑节能工作的重要组成部分。2006 年 1 月 1 日《可再生能源法》正式实施,地源热泵系统作为可再生能源应用的主要途径之一,同时也是最利于与太阳能供热系统相结合的系统形式,近年来在国内得到了日益广泛的应用。地源热泵系统利用浅层地热能资源进行供热与空调,具有良好的节能与环境效益,但由于缺乏相应规范的约束,地源热泵系统的推广呈现出很大盲目性,许多项目在没有对当地资源状况进行充分评估的条件下就匆匆上马,造成了地源热泵系统工作不正常。为规范地源热泵系统的设计、施工及验收,确保地源热泵系统安全可靠的运行,更好地发挥其节能效益,由中国建筑科学研究院主编,会同 13 个单位共同编制了《地源热泵系统工程技术规范》(以下简称《规范》)。该规范现已颁布,并于 2006 年 1 月 1 日起实施。

由于地源热泵系统的特殊性,其设计方法是其关键与难点,也是业内人士普遍关注的问题,同时也是国外热点课题,在新颁布的《规范》中首次对其设计方法提出了具体要求。

(一)《规范》的适用范围及地源热泵系统的定义

1.《规范》的适用范围

《规范》适用于以岩土体、地下水、地表水为低温热源,以水或添加防冻剂的水溶液为传热介质,采用蒸汽压缩热泵技术进行供热、空调或加热生活热水的系统工程的设计、施工及验收。它包括以下两方面的含义:

(1)"以水或添加防冻剂的水溶液为传热介质",意指不适用于直接膨胀热泵系统,即直接将蒸发器或冷凝器埋入地下的一种热泵系统。该系统目前在北美地区别墅或小型商用建筑中应用,它的优点是成孔直径小,效率高,也可避免使用防冻剂;但制冷剂泄漏危险性较大,仅适于小规模应用。

(2)"采用蒸气压缩热泵技术进行……",意指不包括吸收式热泵。

2.地源热泵系统的定义

地源热泵系统根据地热能交换系统形式的不同,分为地埋管地源热泵系统(简称地埋管系统)、地下水地源热泵系统(简称地下水系统)和地表水地源热泵系统(简称地表水系统)。其中地埋管地源热泵系统也称地耦合系统(closed - loopground - coupledheatpump system)或土壤源地源热泵系统,考虑实际应用中人们的称呼习惯,同时便于理解,《规范》定义为地埋管地源热泵系统。地表水系统中的地表水是一个广义的概念,包括河流、湖泊、海水、中水或达到国家排放标准的污水、废水等。只要是以岩土体、地下水或地表水为低温热源,由水源热泵机组、地热能交换系统、建筑物内系统组成的供热空调系统,统称为地源热泵系统。

(二)地源热泵系统的设计特点

1.地源热泵系统受低位热源条件的制约

对地埋管系统,除了要有足够的埋管区域,还要有比较适合的岩土体特性。坚硬的岩土体将增加施工难度及初投资,而松软岩土体的地质变形对地埋管换热器也会产生不利影响。为此,工程勘察完成后,应对地埋管换热系统实施的可行性及经济性进行评估。

对地下水系统，首先要有持续水源的保证，同时还要具备可靠的回灌能力。《规范》中强制规定"地下水换热系统应根据水文地质勘察资料进行设计，并必须采取可靠回灌措施，确保置换冷量或热量后的地下水全部回灌到同一含水层，不得对地下水资源造成浪费及污染。系统投入运行后，应对抽水量、回灌量及其水质进行监测"。

对地表水系统，设计前应对地表水系统运行对水环境的影响进行评估；地表水换热系统设计方案应根据水面用途，地表水深度、面积、水质、水位、水温情况综合确定。

2. 地源热泵系统受低位热源的影响很大

低位热源的不定因素非常多，不同的地区、不同的气象条件，甚至同一地区不同区域，低位热源也会有很大差异，这些因素都会对地源热泵系统设计带来影响。如地埋管系统，岩土体热物性对地埋管换热器的换热效果有很大影响，单位管长换热能力差别可达 3 倍或更多。

3. 设计相对复杂

低位热源换热系统是地源热泵系统特有的内容，也是地源热泵系统设计的关键和难点。地下换热过程是一个复杂的非稳态过程，影响因素众多，计算过程复杂，通常需要借助专用软件才能实现。

地源热泵系统设计应考虑低位热源长期运行的稳定性。方案设计时应对若干年后岩土体的温度变化，地下水水量、温度的变化，地表水体温度的变化进行预测，根据预测结果确定应采用的系统方案。

地源热泵系统与常规系统相比，增加了低位热源换热部分的投资，且投资比例较高，为了提高地源热泵系统的综合效益，或由于受客观条件限制，低位热源不能满足供热或供冷要求时，通常采用混合式地源热泵系统，即采用辅助冷热源与地源热泵系统相结合的方式。确定辅助冷热源的过程，也就是方案优化的过程，无形中提高了方案设计的难度。

(三)地源热泵系统设计要点

1. 地埋管系统

由于地埋管系统通过埋管换热方式将浅层地热能资源加以利用，避免了对地下水资源的依赖，近年来得到了越来越广泛的应用。但地埋管系统的设计方法一直没有明确规定，通常设计院将地埋管换热设计交给专业工程公司完成。除少数有一定技术实力的公司引进了国外软件，可作一些分析外，通常专业公司只是根据设计负荷，按经验估算确定埋管数量及埋深，对动态负荷的影响缺乏分析，对长期运行效果没有预测，造成地埋管区域岩土体温度持续升高或降低，从而影响地埋管换热器的换热性能，降低地埋管换热系统的运行效率。

因此，保证地埋管系统长期稳定运行是地埋管换热系统设计的首要问题，在保证需求的条件下，地埋管换热系统设计应尽可能降低初投资及运行费用。

1)负荷计算

地埋管系统是否能够可靠运行取决于埋管区域岩土体温度是否能长期稳定。

以一栋总建筑面积为 2 100 m^2 的小型办公建筑为例，选取 4 个具有代表性的地区：北京、上海、沈阳和齐齐哈尔，利用 TRNSYS 模拟地源热泵系统连续运行 5 年后，地埋管换热器出口即水源热泵机组进口的传热介质温度波动情况，见表 2-5、表 2-6。

表 2-5 地埋管换热器出口传热介质夏季最高温度变化 （单位:℃）

地区	吸、释热量比例	第 1 年	第 2 年	第 3 年	第 4 年	第 5 年
北京	1:2.36	33.10	34.25	35.21	35.86	36.40
上海	1:5.0	36.17	38.31	39.89	41.18	42.15
沈阳	1:1.28	27.99	28.11	28.19	28.19	28.18
齐齐哈尔	1:0.67	27.88	26.57	25.66	25.01	24.52

注:表中数据引自中国建筑科学研究院研究报告《地埋管地源热泵系统优化设计分析》。

表 2-6 地埋管换热器出口传热介质冬季最低温度变化 （单位:℃）

地区	吸、释热量比例	第 1 年	第 2 年	第 3 年	第 4 年	第 5 年
北京	1:2.36	5.51	6.77	7.63	8.24	8.72
上海	1: 5.0	5.69	7.81	9.33	10.47	11.28
沈阳	1:1.28	6.05	6.10	6.17	6.19	6.24
齐齐哈尔	1:0.67	3.87	2.31	1.46	0.86	0.38

注:表中数据引自中国建筑科学研究院研究报告《地埋管地源热泵系统优化设计分析》。

由表 2-5、表 2-6 可见,由于吸、释热量不平衡,造成岩土体温度的持续升高或降低,导致进入水源热泵机组的传热介质温度变化很大,该温度的提高或降低,都会带来水源热泵机组性能系数的降低,不仅影响地源热泵系统的供冷供热效果,也降低了地源热泵系统的整体节能性。为此《规范》明确规定,“地埋管换热系统设计应进行全年动态负荷计算,最小计算周期宜为 1 年。计算周期内,地源热泵系统总释热量宜与其总吸热量相平衡”。

2)地埋管换热器设计

地埋管换热器设计是地埋管系统设计特有的内容和核心。由于地埋管换热器换热效果不仅受岩土体导热性能及地下水流动情况等地质条件的影响,同时建筑物全年动态负荷、岩土体温度的变化、地埋管管材、地埋管形式及传热介质特性等因素都会影响地埋管换热器的换热效果。

地埋管换热器有两种主要形式,即竖直地埋管换热器(以下简称竖直埋管)和水平地埋管换热器(以下简称水平埋管)。由于水平埋管占地面积较大,目前应用以竖直埋管居多。

3)岩土体热物性的确定

岩土体热物性的确定是竖直埋管设计的关键。《规范》中规定“地埋管换热器设计计算宜根据现场实测岩土体及回填料热物性参数进行”。岩土体热物性可以通过现场测试,以扰动－响应方式获得,即在拟埋管区域安装同规格、同深度的竖直埋管,通过水环路,将一定热量(扰动)加给竖直埋管,记录热响应数据。通过对这些数据的分析,获得测试区域岩土体的导热系数、扩散系数及温度。分析方法主要有 3 种,即线源理论、柱源理论及数值算法。实际应用中,如有可能,应尽量采用两种以上的方法同时分析,以提高分析的可靠性。

岩土体热物性测试装置如图 2-3 所示。岩土体热物性测试要求测试时间为 36～48 h,

供热量应为 50～80 W/m,流量应满足供回水温差 11～22 ℃的需要,被测竖直埋管安装完成后,根据导热系数不同,需要 3～5 d 的等待期,此外对测量精度等也有具体要求。

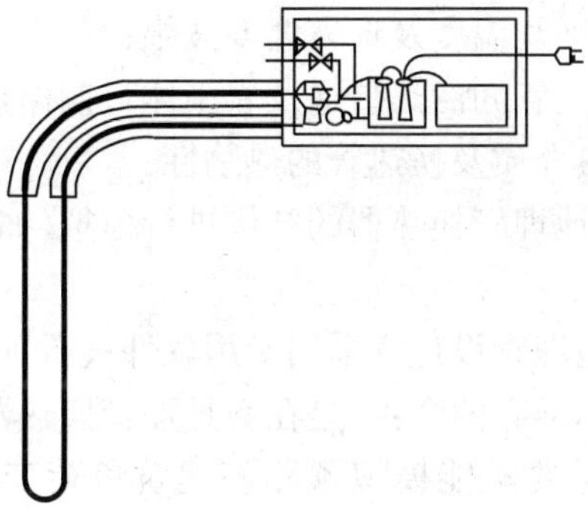

图 2-3　岩土体热物性测试装置

目前测试设备有两种,一种是小型便携式,另一种是大型车载系统,后者可以提供较大能量加热系统,最新设备还可以提供冷冻水测试冬季运行工况,具有更好的精度及可靠性。

4)竖直埋管地下传热计算

地下传热模型基本是建立在线源理论或柱源理论基础上。1954 年 Ingersoll 和 Zobel 提出将柱源传热方程作为计算埋管换热器的合适方法,1985 年 Kavanaugh 考虑 U 形排列和逐时热流变化对该方法进行了改进。

实际工程设计中很少使用这种乏味的计算,20 世纪 80 年代人们更倾向于根据经验进行设计。80 年代末,瑞典开发出一套计算结果可靠且使用简单的软件,其数值模型采用的是 Eskilson(1987)提出的方法,该方法结合解析与数值模拟技术,确定钻孔周围的温度分布,在一定初始及边界条件下,对同一土质内单一钻孔建立瞬时有限差分方程,进行二维数值计算获得单孔周围的温度分布。通过对单孔温度场的附加,得到整个埋管区域相应的温度情况。为便于计算,将埋管区域的温度响应转换成一系列无因次温度响应系数,这些系数被称为 g－functions。通过 g－functions 可以计算一个时间步长的阶梯热输入引起的埋管温度的变化,有了 g－functions,任意释热源或吸热源影响都可转化成一系列阶梯热脉冲进行计算。1999 年 Yavuzturk 和 Spitler 对 Eskilson 的 g－functions 进行了改进,使该方法适用于短时间热脉冲。

1984 年 Kavanaugh 使用圆柱形源项处理,利用稳态方法和有效热阻方法近似模拟逐时吸热与释热变化过程。《规范》中附录 B 采用类似方法,给出了竖直地埋管换热器的设计计算方法,供设计选用。

水平埋管由于占地问题,大多城市住宅或公建均很难采用。由于应用较少,国内外对其换热机理研究也很少,目前主要是根据经验数值进行估算。2003 年 ASHRAE 手册给出了一些推荐数据,供设计选用。主流地埋管设计软件基本上均包括水平埋管的计算。

5)设计软件

通常地埋管设计计算是由软件完成的。一方面是因为地下换热过程的复杂性,为尽可能节约埋管费用,需要对埋管数量作准确计算;另一方面地埋管设计需要预测随建筑负荷的变化埋管换热器逐时热响应情况及岩土体长期温度变换情况。加拿大国家标准(CAN/CSA－C448.1)中对地埋管系统设计软件明确提出了以下要求：

(1)能计算或输入建筑物全年动态负荷；

(2)能计算当地岩土体平均温度及地表温度波幅；

(3)能模拟岩土体与换热管间的热传递及岩土体长期储热效果；

(4)能计算岩土体、传热介质及换热管的热物性；

(5)能对所设计系统的地埋管换热器的结构进行模拟(如钻孔直径、换热器类型、灌浆情况等)。

为此,《规范》中规定“地埋管设计宜采用专用软件进行”。

判断软件复杂程度的标准有两个:一是在满足埋管换热器设计要求的前提下,用户输入最少,计算时间最短;二是要求能模拟预测随建筑负荷变化,埋管换热器逐时热响应情况。

目前,在国际上比较认可的有建立在 g－functions 算法基础上瑞典隆德 Lund 大学开发的 EED 程序,美国威斯康星 Wisconsin－Madison 大学 SolarEnergy 实验室(SEL)开发的 TRNSYS 程序,美国俄克拉荷马州 Oklahoma 大学开发的 GLHEPRO 程序。此外还有加拿大 NRC 开发的 GS2000,以及建立在利用稳态方法和有效热阻方法近似模拟基础上的软件 GchpCalc 等。

2.地下水系统

地下水系统是目前地源热泵系统应用最广的一种形式,据不完全统计,目前国内地下水项目已近 300 个。对于较大系统,地下水系统的投资远低于地埋管系统,这也是该系统得以广泛应用的主要原因。

(1)热源井设计必须保证持续出水量需求及长期可靠回灌。不得对地下水资源造成浪费和污染,是地下水系统应用的前提。地下水属于一种地质资源,如无可靠的回灌,不仅造成水资源的浪费,同时地下水大量开采还会引起地面沉降、地裂缝、地面塌陷等地质问题。在国内的实际使用过程中,由于地质及成井工艺的问题,回灌堵塞问题时有发生。堵塞原因与热源井设计及施工工艺密切相关,为此《规范》明确要求“热源井的设计单位应具有水文地质勘察资质”;设计时热源井井口应严格封闭并采取减少空气侵入的措施也是保障可靠回灌的必要措施。

(2)水质处理。水质处理是地下水系统的另一关键。地下水水质复杂,有害成分有铁、锰、钙、镁、二氧化碳、溶解氧、氯离子、酸碱度等。为保证系统正常运行,通常根据地下水的水质不同,采用相应的处理措施,主要包括除砂、除铁等。为了保证水源热泵机组的正常运行,《规范》要求“地下水换热系统应根据水源水质条件采用直接或间接系统”。

(3)地下水流量控制。抽水泵功耗过高是目前地下水系统运行存在的普遍问题。在对国内部分地下水系统的调查时发现,大多数地下水系统没有调节措施,长期定流量运行,只有少数系统采用了台数控制。据相关资料介绍,在不良的设计中,井水泵的功耗可以占总能耗的 25%或更多,使系统整体性能系数降低。

根据负荷需求调节地下水流量,具有很大节能潜力。《规范》中也建议“水系统宜采用变流量设计”。常用抽水泵控制方法有设置双限温度的双位控制、变速控制和多井调节控制。在设计时应根据抽水井数、系统形式和初投资综合选用适合的控制方式。

北京市海淀区对水源热泵回灌下游水质跟踪检测3年多,未发现有污染和异常。欧洲、北美等地已使用20~30年。只要严格控制凿井深度在浅表地层,严格禁止深入饮用水层以避免对饮用水的层间交叉污染,同时在设计、施工上严格把关,真正做到可靠回灌,地下水系统不会对地下水资源造成浪费和污染。

3.地表水系统

地表水系统分开式和闭式两种,开式系统类似于地下水系统,闭式系统类似于地埋管系统。但是地表水体的热特性与地下水或地埋管系统有很大不同。

与地埋管系统相比,地表水系统的优势是没有钻孔或挖掘费用,投资相对低;缺点是设在公共水体中的换热管有被损害的危险,而且如果水体小或浅,水体温度随空气温度变化较大。

(1)设计前应评估系统运行对水环境的影响。预测地表水系统长期运行对水体温度的影响,避免对水体生态环境产生影响。确定换热盘管敷设位置及方式时,应考虑对行船等水面用途的影响。

(2)掌握地表水的水温动态变化规律是闭式系统设计的前提。地表水体的热传导主要有三种形式,一是太阳辐射热;二是与周围空气间的对流换热;三是与岩土体间的热传导。由于很难获得水体温度的实测数据,通常水体温度是根据室外空气温度,通过软件模拟计算获得。

(3)与地埋管系统一样,闭式地表水系统设计也是借助软件进行。

(4)利用TRNSYS建立地表水换热模型,模拟冬夏吸释热量不平衡时水体温度的变化。对地表水体进行10年运行期的换热模拟发现每年的温度变化基本一致。说明地表水体与外界环境换热量相对较大,一般可以消除冬夏吸释热量不平衡对水体温度的影响。

(5)与地下水系统相类似,地表水系统同样面临水质处理的问题。就海水源系统来说,该问题更加突出。我国滨临渤海、黄海、东海、南海,有着很长的海岸线,海水作为热容量最大的水体,理应成为地表水系统的首选低位热源。但海水对设备的腐蚀性成为海水源热泵发展的一个瓶颈。为此《规范》中特别对海水源系统作了如下规定:“当地表水体为海水时,与海水接触的所有设备、部件及管道应具有防腐、防生物附着的能力;与海水连通的所有设备、部件及管道应具有过滤、清理的功能。”

4.建筑物内系统

(1)选用适宜地源热泵系统的水源热泵机组。国家现行标准《水源热泵机组》(GB/T 19409)中,对不同地源热泵系统,相应水源热泵机组正常工作的冷(热)源温度范围也是不同的,如表2-7所示,设计时应正确选用。

表2-7 水源热泵机组正常工作的冷(热)源温度范围 (单位:℃)

系统形式	正常工作的冷(热)源温度范围	
水环热泵系统	20~40(制冷)	15~30(制热)
地下水热泵系统	10~25(制冷)	10~25(制热)
地埋管热泵系统	10~40(制冷)	-5~25(制热)

(2)水源热泵机组及末端设备应按实际运行参数选型。不同地区岩土体、地下水或地表水水温差别较大,设计时应按实际水温参数进行设备选型。进入机组温度不同,机组COP相差很大;末端设备选择时应适合水源热泵机组供、回水温度的特点,保证地源热泵系统的应用效果,提高系统节能率。

(四)地源热泵系统优化

1.辅助冷热源优化配置

带辅助冷热源的混合式系统,由于它可有效减少埋管数量或地下(表)水流量或地表水换热盘管的数量,同时也是保障地埋管系统吸释热量平衡的主要手段,已成为地源热泵系统应用的主要形式。《规范》中规定"在技术经济合理时,可采用辅助热源或冷却源与地埋管换热器并用的调峰形式"。

对混合式系统的优化模拟分析,即以生命周期内费用最低为目标,对混合式系统运行能耗及投资情况进行模拟计算分析,优化配置辅助加热及散热设备,也是目前国际上广泛研究与分析的热点。

与地源热泵系统设计相关的软件有两大类,一类是埋管换热器设计软件;另一类是能够提供方案优化分析、模拟系统能耗及经济分析的软件。许多软件均具备双重功能,如TRNSYS、GS2000等。

2.优化确定地下水流量

地下水系统设计时应以提高系统综合性能系数为目标,考虑抽水泵与水源热泵机组能耗间的平衡,确定地下水的取水量。地下水流量增加,水源热泵机组性能系数提高,但抽水泵能耗明显增加;相反地下水流量较少,水源热泵机组性能系数较低,但抽水泵能耗明显减少,因此地下水系统设计应在两者之间寻找平衡点,同时考虑部分负荷下两者的综合性能,计算不同工况下系统的综合性能系数,优化确定地下水流量。该项工作对有效降低地下水系统运行费用至关重要。

3.节能控制策略

地源热泵系统宜采用变水量设计。针对典型建筑模型,利用TRNSYS建立地下水能耗模拟模型,对定流量运行能耗进行模拟,模拟结果如表2-8所示。

表 2-8 定流量运行能耗模拟结果

月份	小时数(h)	热泵制冷电耗(kWh)	热泵采暖电耗(kWh)	水泵电耗(kWh)	合计耗电量(kWh)
1	744	0	13 657	4 613	18 270
2	1 416	0	10 332	4 166	14 498
3	2 160	0	5 280	4 613	9 893
4	2 880	0	0	0	0
5	3 624	2 393	0	1 922	4 315
6	4 344	3 308	0	1 860	5 168
7	5 088	3 602	0	1 922	5 524
8	5 832	3 398	0	1 922	5 320
9	6 552	1 926	0	1 860	3 786

续表 2-8

月份	小时数(h)	热泵制冷电耗(kWh)	热泵采暖电耗(kWh)	水泵电耗(kWh)	合计耗电量(kWh)
10	7 296	0	0	0	0
11	8 016	0	6 667	4 464	11 131
12	8 760	0	12 416	4 613	17 029
总计	8 760	14 627	48 352	31 955	94 934
百分比(%)		15	51	34	100

注:表中数据引自中国建筑科学研究院研究报告《地下(表)水地源热泵系统优化模拟分析》。

由表 2-8 可见,水泵电耗占全年总耗电量的 34%。如果水泵流量根据负荷需求进行变频控制,理论模拟结果为:大部分月份的节约电量都在一半以上,尤其是负荷较小的月份;所有水泵电耗由总电耗的 34%降为 19%。可见采取变流量措施具有明显节能效益。

地埋管系统应根据负荷变化,配合变流量措施,采用分区轮换间歇运行的方式,使岩土体温度得到有效恢复,提高系统换热效率。

第二节　浅层地能(热)的开发与利用

一、浅层地能(热)

浅层地能(热)指在太阳能照射和地心热产生的大地热流的综合作用下,存在于地壳下近表层数百米内的恒温带中的土壤、砂岩和地下水里的低温地热能。

浅层地能(热)不是传统概念的深层地热,是地热可再生能源家族中的新成员,它不属于地心热的范畴,是太阳能的另一种表现形式,广泛地存在于大地表层中。它既可恢复又可再生,是取之不尽用之不竭的低温能源。以往,这种低温能源因品位不高(通常温度小于 25 ℃)往往被人们所忽视。随着制冷技术及设备的进步和完善,成熟的热泵技术使浅层地能(热)的采集、提升和利用成为现实。

随着社会的进步、物质生活水平的提高,人们对居住环境和质量的要求也随之提高。人们对居住环境的供暖、制冷和生活热水的需求也更加迫切。我国建筑用能占全社会能源需求的比例,已由原来的 1/6 增长为 1/4,其中,建筑物冬季供暖、夏季制冷、生活热水的能耗需求占有相当大的比例。以往,这种能源主要来自于矿物质燃料(煤、油、气)的燃烧。1 000 多摄氏度的高温烟气加热 70～80 ℃的低温水实现供暖(冷)的低温要求,排烟的温度竟达 200 ℃以上,这不仅仅是能源利用的浪费和不合理,且严重地污染周围的环境,加大了政府环境治理的难度。热泵系统采集浅层低温地能(热),并略加以提升后,满足供暖(冷)的需求,同时实现供暖(冷)区域的零污染排放。这不仅利用了大自然的低品位可再生能源,大幅度节约高品位传统的建筑用能,同时真正实现供暖(冷)而无污染的绿色居住环境。在某种意义上讲,这是暖通行业能源利用的一场革命、变革。国内外专家认为:采集大自然低温可再生能源特别是浅层地能(热)是 21 世纪取代传统供暖(冷)方式最为现实和最有前途的技术措施。

浅层低温地能广泛存在于大地近表层的恒温带中，其温度水平略高于当地年平均气候温度，在不同地域、不同气候条件下，恒温带中的温度变化不大，相对稳定，所谓低温就是它低于传统地热温泉温度的下限(25 ℃)。地球南北、春夏秋冬它的温度水平一般在10～25 ℃范围内。

除大量存在的浅层低温地能外，大自然还赋予给我们其他的可利用的低温能源，如地表水(江、河、湖、海)、空气等。当然，它们的温度变化较大，往往受地域和季节气候的影响。城市污水、工业废水及电厂冷却循环水也是可以利用的低温能源，应加以关注和利用。

总之，浅层地能(热)作为一种远有前景、近有实效的新能源，是一种可持续开发的能源，它的开发和利用在建筑供暖(冷)行业中具有举足轻重的作用。它拓展了地热能可采集的范围，实现了传统地热能的梯级利用，它的开发利用将引起国内外建筑供暖制冷行业用能的重大变革，应引起人们的高度重视。

二、浅层地能(热)与传统地热能开发利用的比较

浅层地能(热)和传统深层地热能都是蕴藏在我们地球地壳之下，笼统地讲，可以说都是地热能，但各有其特点，人们开发利用它们的手段也各不相同，见表2-9。

表2-9 浅层地能(热)与深层地热能的比较

项目		浅层地能(热)	传统深层地热能
相同点	1.蕴藏条件	地下土壤、岩石中	地下土壤、岩石中
	2.资源性质	可更新资源	可更新资源
	3.介质	土壤、砂石、地下水	地下水
	4.作用	节能、环保、释放温室气体小	
	5.开发利用要求	钻井、回灌	钻井、回灌
不同点	1.能量来源	太阳能为主、地心热为辅	地心岩浆热
	2.温度分布	10～25 ℃(一般小于25 ℃)	90～150 ℃(一般大于70 ℃)
	3.蕴藏深度	几米～几十米～几百米	一般在1 000 m以上(小于5 000 m)
	4.存在地质条件	不限，地下水、土壤、砂石、岩石皆可	三条件，缺一不可： 1.提供大量的天然热源； 2.有一个完好的导热差的盖层； 3.有含水渗透层可储存地热流体
	5.利用方式	间接换热	直接利用
	6.钻井	浅井(一般100 m以内)	深井(一般3 000 m左右)
	7.风险	低	高
	8.回灌	易	难
	9.可再生速率	快	慢
	10.对地下水影响	少	多
	11.实际开发费	低	高

从周边的的温泉、火山，人们可以意识到地球内部是一个火热的世界，地球内部蕴藏的巨大的天然热能就是地热能。目前国际上所指的地热资源是仅以地壳浅层 5 km 以内储存的天然热量 1.42×10^{24} kJ 为依据(这里统计量不包括浅层地能(热)的能量)，它大约是世界上油气资源所能提供能量的 5 万倍。

国际上按照地热资源的温度不同，通常把热储温度大于 150 ℃者称为高温地热能，小于 150 ℃而大于 90 ℃者称为中温地热能，小于 90 ℃者称为低温地热资源。地热温泉的下限温度定为 25 ℃，也就是说，传统地热能把 25 ℃以下温度的低温热能不列为其中。这样 25 ℃作为浅层地能与传统地能的分界线。小于 25 ℃的土壤砂岩地下水的热能属浅层地能(热)范畴。

我国地质学家对深层地热能作出了估计：

第一类地热资源(温泉水热区)。全国水热区天然放热量达 530 万 t 标准煤。其中 2 200处温泉年释放热能 1.0×10^{17} J，相当于 354 万 t 标准煤热量。水热区可采热量可达 0.5 亿 t 标准煤值。

第二类地热资源是沉积盆地型的地热资源。全国 10 大中型盆地 2 000 m 深度内总热水量约为 $6.285\times10^{13}\mathrm{m}^3$，热能为 7.36×10^{21} J，折合 2 500 亿 t 标准煤。在现有的技术条件下可以经济开采的热水量为 $4.9\times10^{11}\mathrm{m}^3$，折合 18.5 亿 t 标准煤，目前经济开采量不到 1%。

第三类地热资源是干热岩、地压地热资源(地下 1 600 m 以下)，我国尚未开展研究，一口深井(数千米)钻探费用将近 1 000 万美元，美国 1970 年投巨资数亿美元开发，估算全美干热岩体中总能量可达 1×10^{25} J，相当于 1.7×10^{15} 桶石油的耗量，它为全美已查明的石油储量的 6 万倍，估计钻探可及深度 6 km 内，全美干热岩体中至少有 5×10^{23} J 能量可利用，即相当于全美年能耗的 6 000 倍。正因为如此，欧共体投 3 亿美元支持德、法、英开展第三类地热资源的研究。

目前，我国地热井约 800 眼，年开采热水量约 1.5 亿 m^3，地热总装机容量 2 282 MW，年采热约为 10 531 GWh，居全球 58 个地热直接利用国家中的首位，其次是冰岛(装机 1 167 MW，年产量 7 482 GWh)，虽然我国地热资源有限，与煤可探明储量数千亿吨相比，地热能比重不大，但远有前景，近有实效，意义重大，对局部地区甚至可以起到举足轻重的作用，地热能的应用仍在各种可再生能源中独占鳌头。

热泵技术的成熟，为低温热能的利用创造了条件，它可以从大自然广泛存在的(以往常被人们忽视的)形形色色形式的低温资源吸取能量，并加以提升达到使用的程度。它很符合于建筑供暖(冷)和人们使用的生活热水的要求程度(冬季室温 20 ℃左右，夏季 27 ℃左右，生活热水 45 ℃左右就可以了)。这是浅层地能(热)开发利用的重要方面。传统的深层地热直接利用后(供暖、洗浴、养殖……)，回灌水的温度偏高，一般达到 40 ℃左右，大大影响了地热能利用的经济性，不仅浪费，同时这么高的温度非同层回灌排入地下也破坏了地下水文地质环境。开发利用浅层地能(热)的热泵技术，作为深层地热利用的补充，为它开辟了一条回灌水温度梯级利用的新途径。既提高了其经济性，又防止了对地下环境的破坏(例如，天津市华馨小区地热供暖系统采用热泵梯级利用，尾水最低排放温度达 10 ℃，利用温差 80 ℃，充分地利用了地热资源，利用率由 50%多提高到 70%以上，增加供暖面积 5.5 万 m^2)。

三、浅层地能(热)的能量资源

宇宙是在 100 亿～150 亿年前一次大碰撞中产生的。据科学测算,地球已形成 45 亿年了,地球表面凝结成地壳也有 40 亿年的历史。无数高度压缩的太空物质和内部放射性物质的衰变热加热了这个环绕太阳运动的岩团(地球),熔化了的铁、镍往地球中心下沉,轻的物质上浮,最终形成了地壳、地幔和地核。

太阳比地球大 100 万倍,相距 1.5 亿 km,地球围绕太阳运转时,所吸收的太阳能只占太阳能总输出量的 20 亿分之一,尽管如此,专家估算,一年内地球受太阳的辐射量平均为 7.03×10^{24} J,这相当于 250 万亿 t 标准煤热量。浅层地能(热)具有的能量是太阳能和大地热流综合作用的结果。但是主要来源是太阳能。太阳能发射至地球表面的能量是来自地球内部能量的 5 000 倍(见图 2-4)。太阳直射地球辐射量中有 47% 直达地球,大气层吸收 19% 和散射 34%。加上大气层反辐射给地球的份额,地球获太阳能辐射份额可达 60%。

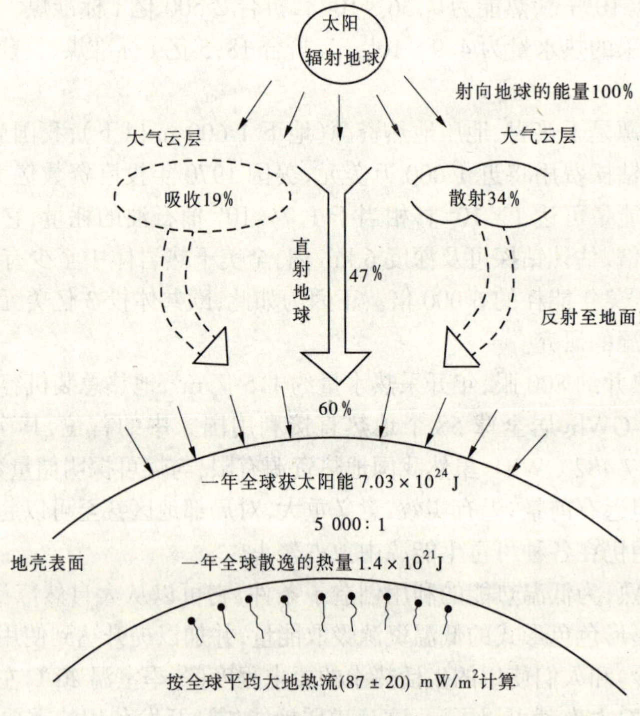

图 2-4　太阳辐射与大地热流

地心热年复一年的不停顿地从地壳表面上散失,地质专家在全球范围内监视其大地热流值。1990 年以来,我国大地热流测点已达到 681 个,全国热流加权平均值为 70.8 mW/m^2,大地热流散逸至空间的能量一年全球可达 1.4×10^{21} J,此值相当于 20 世纪 70 年代以来煤、油、气总消费年量的 3～4 倍以上,或者说,每年流出地球表面的热能约为 4.4×10^{13} W,相当于全球电能消耗(10^{12} W)的 44 倍。尽管如此,它仍然比太阳射至地球表面能量小 5 000 倍。可见,浅层地能(热)的能量来源主要是太阳能。

如此巨大的热量释放靠地球内热来维持,它的能量主要来源于地心放射性元素衰变所释放的能量,地壳及上地幔顶部酸性岩层中放射性元素含量多,地球内部不同深度上的热源估计为:0～100 km 占 50%,100～200 km 占 25%,200～300 km 占 15%,300～400 km 占 8%,<400 km 占 2%。

浅层地能(热)的能量主要来源于太阳能,这是因为太阳发射至地球表面的能量是来自地球内部能量的 5 000 倍以上,它相当于全球煤、石油、天然气总耗量的近 2 万倍(7.03×10^{24} J/a)。地下土壤和岩石是很差的热导体,一个 100 m 厚的熔岩流要花 300 年才能从1 000 ℃冷却到地表温度;一块厚 400 km 的岩层板,热从一面传到另一面要用 50 亿年,比地球存在的时间还长,也就是说,45 亿岁的地球仅靠导热来冷却,400 km 深度以下的热量就会至今尚未到达地表。原来还存在有对流传热和辐射传热,才使地幔顶部原来熔化的岩浆凝固成岩石圈(它在大陆下面厚 100～150 km,海洋下面厚 60～70 km),它的存在既可抵御外空陨石物质袭击,又阻隔内部能量的外泄,使地核反映在相对封闭的体系中,地心热传至地表经过地幔 2 885 km 厚的岩石层,需要 350 亿年以上。浅层地能(热)就存在于在太阳能和地心热的综合作用下所形成的地下浅层数百米以内的恒温带中。

地质学家测定地温梯度表明,在近地表面的恒温带以下,深度每增加 1 km,由于地心热的作用,地下温度增加为 25～30 ℃/km(全球平均值),可见恒温带以下的热能就不属于浅层地能了。正像人们从温泉、火山意识到深层地热能一样,从生活中的菜窖、空调、冰库等地下建筑人们可以意识到地下恒温带中的冬暖夏凉。恒温带的深度究竟有多深,各地域却有所不同。据地质专家测量,地表温度的变化可以热波的形式向地下发送。其振幅随深度衰减,昼夜温差的变化只能进入地下 1 m 左右,季节温度变化进入地下 15 m 左右就衰竭了。也就是说,地下 15 m 左右以下至数百米范围内皆属恒温带,一般超过地下 1 000 m 后,发现受地心热的影响,有温升。浅层地能(热)的资源目前尚无数据,缺乏这方面的研究。据美国专家 LunaB. leopold 等的计算,地下 800 m 以内水体积达 4.17×10^6 km^3,其含水量大约是世界江、湖、水库和陆地咸水总量的 17.5 倍,而 800 m 以下仍然存在同等数量的地下水源。

我国地下饮水区一般在 400 m 深左右,浅层地能采集地下水与土壤换热,在不影响饮水井区域,一般按 400 m 深度计算,若按地下水均匀分布计算,这样全球地下水在 400 m 以内就有 2.085×10^6 km^3,相当于世界江、河、湖、水库及陆地咸水总量的 8.75 倍。该地下水总量如果全部被开发,利用温差为 5 ℃时,可为全球提供 1.2×10^{16} kW 的供热功率,这相当于 1995 年全国火电装机容量 210 GW 的 5 700 万倍,当然,全部地下水量不可能全部被利用,一般多数冲积含水层的给水度只有 10%～20%,最大 30%,那么实际可被利用的水资源最大也只有 6.3×10^5 km^3(或 6.3×10^{14} m^3),即使如此,提供的能量可达 3.1×10^{15} kW,相当于目前我国发电装机容量 3 亿 kW 的 1 000 万倍。但是这仅仅是浅层地能(热)中的一部分,不包括土壤的低温能量,仅存在的地下水蕴藏的能量见表 2-10。

一般土壤中,固相率为 50%,气相率为 15%～25%,液相率为 25%～35%(即 1/4～1/3),而砂石岩石中孔隙率是地下水埋藏之处。其中球形立方体排列孔隙率最大约

47.64%，而球作四面体排列时的孔隙率最小约 26.18%，自然界均匀颗粒普遍排列为上二者之间，相当于 37%左右，也就是说，土壤砂岩石中固体比例在 63%，地下 1/3 是孔隙，2/3 是固体。孔隙水的给水度不大于 30%时，供水量为 10%。

表 2-10 浅层地能(热)的能量

埋深	可利用的地下水量 (m^3)	能量(kW) 3 亿 kW 的倍数	土壤砂岩石 (m^3)	能量(kJ) 标准煤(亿 t)
400 m 以内	6.26×10^{14}	3.6×10^{15} 1 200 万倍	1.29×10^{17}	18.8×10^{20} 6.5×10^{5}
300 m 以内	4.68×10^{14}	2.7×10^{15} 900 万倍	0.96×10^{17}	14.1×10^{20} 4.9×10^{5}
200 m 以内	3.12×10^{14}	1.8×10^{15} 600 万倍	0.64×10^{17}	9.4×10^{20} 3.2×10^{5}
100 m 以内	1.56×10^{14}	0.9×10^{15} 300 万倍	0.32×10^{17}	4.7×10^{20} 1.6×10^{5}

注：按大地平均密度 2 800 kg/m^3；土岩热容 0.2～0.25 Btu/16·℉估算(取 0.25 Btu/16·℉)。

地球表面大陆占 29.2%，海洋占 70.8%，地表面积 510 064 472 km^2。地下深 400 m 以内其土壤砂石固体份额约 1.29×10^{17} m^3，地下 100 m 深以内土壤砂石是固体份额约 0.32×10^{17} m^3。可见，这么大恒温体积内蕴藏的低温能量，相当于几十万亿吨标准煤的热量(见表 2-10)。

表 2-10 中给出的地下水和土壤砂岩中能量是在国内外学者提供有限的数据基础上推算出来的，虽然不够精确，但从能量级上可以看出可再生的浅层地能(热)储量巨大，是取之不尽、用之不竭的可持续发展的能源。

四、浅层地能(热)的温度水平

地球是一个巨大的能源热库，地球内部是一个火热的世界。

宇宙是在 100 亿～150 亿年前的一次大碰撞中产生的，宇宙的膨胀和复稀逐渐形成星系、太阳和地球，地球大约在 46 亿年前形成，地球从地表到地心可分为三部分：地壳、地幔、地核。地壳是地球最外的表层，其厚度不一。海洋下地壳厚 3～15 km，平均 8～10 km，大陆地壳厚 20～65 km，平均 40 km，见图 2-5。上地幔是固体岩石圈，其下部是软流圈，此处的温度 1 000 ℃左右。组成地壳的岩石和上地幔的固体岩石圈既有效地防止了地球内部热量向太空散失，又很好保护了我们免遭地下高温烫伤。地壳表面 5 km(占地壳厚度的 1/8)以内是目前国际上公认的深层地热能的开发区域。

地球内部的热能向地球表面传递的方式有三种：热传导、热对流和热辐射。大量热流数据表明：海洋与大陆的热流值几乎相等。据推算，地壳散失热流总计每年$(0.95\sim1.4)\times10^{21}$ J，此值与地壳内放射性元素衰变产生的热量相平衡。

浅层地下相对恒温层示意图如图 2-6 所示，一般在地下 15 m 开始至数百米之间，存

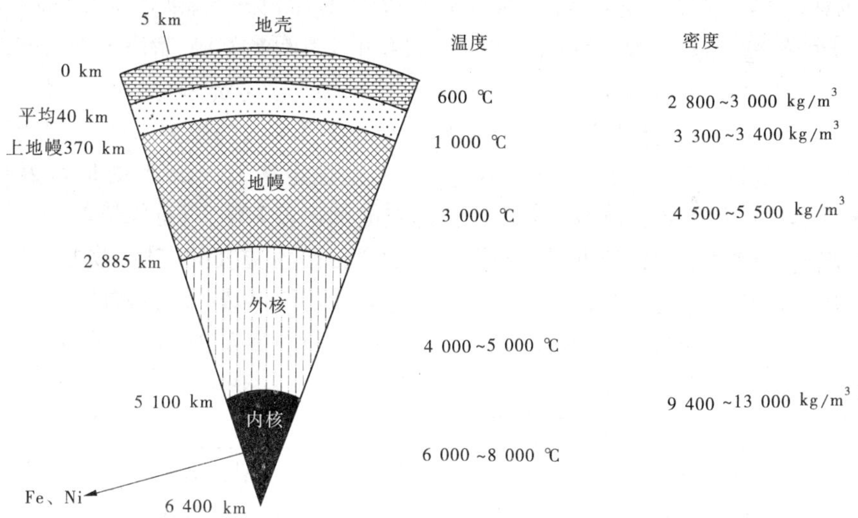

图 2-5　大地的温度

在相对恒温带，我国恒温带温度水平在25 ℃以下。一般略高于当地的年平均气温。

地下表层(3 km以内)温度分三层：

(1)外热层(变温层)。主要受太阳能影响，其温度随季节、昼夜而变化，一般在0.5～1.5 m深，年变化影响深度达－20 m。

(2)常温层(相对恒温层)。受太阳能和大地热流的综合作用，地球内热与上层变温带的影响达到平衡，温度基本不变。该层地温与当年平均气温大致相当，四季基本恒温(<25 ℃)：北方，15 ℃ ± 5 ℃；南方 20 ℃ ± 5 ℃。全国各地恒温带温差一般7～8 ℃，深度在数百米以内。

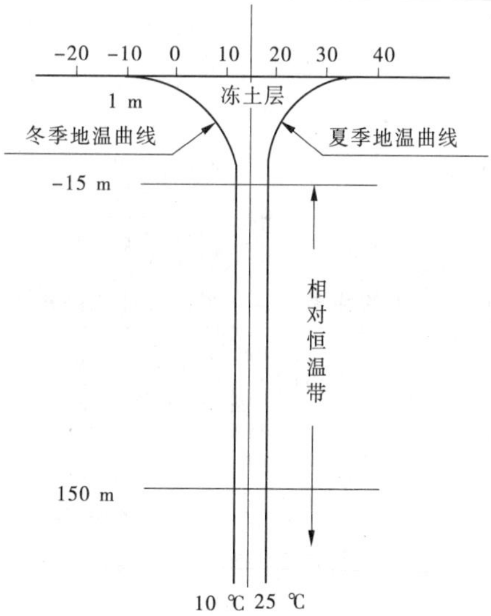

图 2-6　大地浅层相对恒温带

(3)增温层。近地表恒温带(数百米)以下，深度每增加1 km，地温增值的温度梯度全球平均值为25～30 ℃/km。但到一定深度后，增温速度变缓。该层地温主要受地心放射性元素衰变产生的聚核反应热(即地心热)的影响。地壳下5 km内储存的天然热量称地热能，此处的地温可达100～200 ℃。在上地幔(370 km)固体岩石圈内温度已达1 000 ℃左右。

五、浅层地能(热)的开发利用

自然界地表水(江、河、湖、海)及空气等也都广泛地蕴藏这种低温可再生的能量。同样是可以利用的新能源，但是，它们受地域和四季气候的影响很大，地表水冬季在0 ℃以下结冰,而夏季高达 30~40 ℃,空气冬季可达 -20 ℃以下,夏季可高达 40 ℃以上。这种温度变化幅度很大的低温热能在利用时必须在技术和设备上采用特殊措施,解决冬季防冻、夏季效率过低等问题,以提高运行的安全性和经济性。它们不属于浅层地能(热)的范畴。

如前所述,浅层低温地能(热),存在于地下几米至数百米内的恒温带中,其温度相对稳定,地域与气候的影响不大,不同地域、不同季节基本恒定在 10~25 ℃之间。因此,不同地方和冬季、夏季,利用此相对恒定温度的低温热能都比较方便,具有优势。

浅层低温地能(热)在建筑物供暖(冷)提供日常生活热水方面的应用,改变了传统靠矿物质燃料燃烧供暖(冷)的能源结构,它是 21 世纪取代传统供暖(冷)方式的最有竞争力的措施,是暖通行业建筑供暖(冷)能源的革命。表 2-11 和图 2-7 给出传统供暖(冷)方式与浅层地能供暖(冷)方式的比较。

表 2-11　两种供暖方式的比较

序号	项目	传统供暖(冷)方式	浅层地能供暖(冷)方式
1	能源	燃煤或燃油,或燃用天然气	浅层低温地热能、少量电
2	供暖设备	锅炉铸铁(钢)散热器	热泵风机盘管
3	加热过程特点	1 000 多摄氏度燃烧产物加热 70~80 ℃低温水	地下 10 多摄氏度低温用热泵提升至 50~60 ℃
4	能源效率	低(60%~90%)	高(COP = 2 ~ 4),节能 50% ~ 75%
5	环境	污染严重(烟尘、CO、SO_2、NO_X、CO_2)	使用区域零污染
6	制冷设备	另设分体空调或制冷机组、冷却塔	供暖制冷热泵一体化设备
7	建筑辅助设施	大锅炉房、烟囱、煤场、灰场或地下油库、天然气泄露、防煤气	小机房(供暖面积的 0.5% ~ 1%),打浅水井(一般<100 m)
8	投资	(供暖、供冷)总投资为 100%	供暖(冷)总投资为前者的 80%
9	采暖运行费用	电采暖 40~50 元/(m^2·季),燃油或燃气 30~40 元/(m^2·季),燃煤 20~30 元/(m^2·季)	供暖运行费 20~30 元/(m^2·季)
10	制冷期耗水量	冷却塔耗水 120 t/万 m^2	无水损耗

一直延续到今天的传统的建筑供暖(冷)方式,它的最大缺点有以下 4 个方面:①使用矿物质燃料资源有限;②能源利用不合理:燃用矿物质燃料(煤、油、气)等燃烧 1 000 ℃烟气加热低温水 70~80 ℃,而排烟温度竟达 200 ℃左右,效率极低,能源浪费极大;③燃烧产物污染严重,不仅产生大量温室气体 CO_2,同样,烟尘、CO、SO_2、NO_X 皆须后期治理;④设备功能单一,锅炉只供暖,制冷须另设制冷机组(如分体空调、电压缩式冷水机组或热力吸收式制冷机),另加投资。

而新型浅层地能供暖方式全面克服了上述四方面缺欠并具有以下优点:①使用可再生能:若用地下水换热,每 100 m^3/h 利用 5 ℃温差,可获取 580 kW 低温热源,只消耗约

150 kW 的电绝热压缩，提升这部分热量，可实现 700 多千瓦的供热量，这就相当于传统 1 t/h锅炉的供热量，在京津地区可供 1 万 m^2 的建筑供暖。②能源利用高，比传统方式节能 50%～75%。③真正实现了供暖(冷)建筑使用区域的零排放、零污染。④一套设备，既可冬季供暖，又可夏季制冷，并提供日常生活热水，节约总体投资。

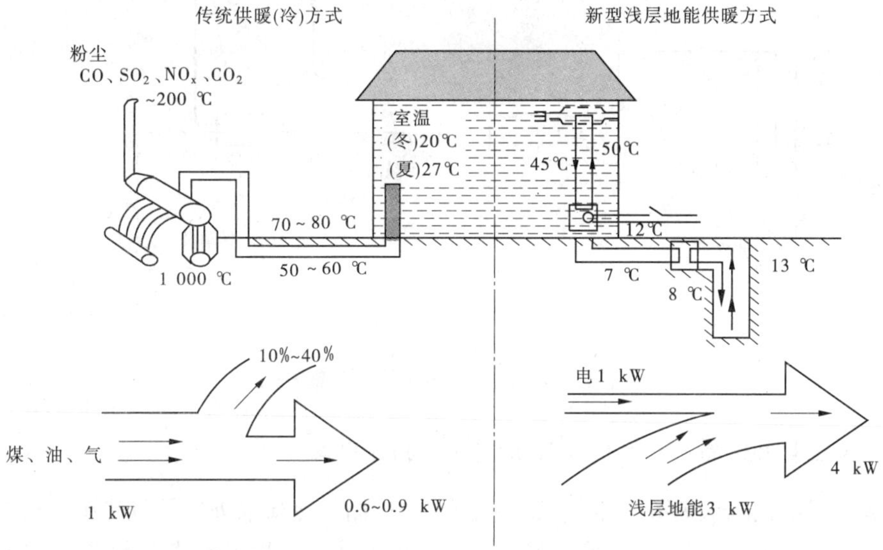

图 2-7　供暖方式的对比

总之，国内外建筑传统供暖(冷)的能源结构必须改变，浅层地能(热)将是取代它的最有力的措施，必将引起 21 世纪传统供暖(冷)方式的重大变革。

六、国内外浅层地能(热)的采集方式

(1)国内外浅层地下水传统的能量采集方式——双井抽灌，如图 2-8 所示。一个井抽水，另一个井回灌。若不同的地质条件回灌困难时，采用双井或多井回灌。也有一些单位，为了方便回灌挖大口井作为沉淀井，将泥砂过滤沉淀后回灌，更有些使用单位假回灌，把换热后的水直接排入市政下水道里。

传统双井抽灌的优点在于抽水井的水温在热泵运行周期内基本保持稳定，可使热泵机组接近在额定负荷下运行。但是，双井或多井抽灌不仅仅钻井数量增多，其缺点主要是地下水回灌较困难。易地回灌改变地下水的分布，容易产生移砂淤井的现象(特别是钻孔成井工艺较差的施工，地下水含砂量超标时，一个采暖期数十万吨水循环，带走泥砂可达数吨以上)。

为克服地下水回灌难的缺点，国内恒有源科技公司自主研制了“单井抽灌”技术。该浅层地能(热)采集技术已广泛应用于各种类型的建筑供暖(冷)三联供工程中，全国已达 200 多万 m^2，取得了良好的效果。

(2)国外浅层土壤低温热量采集方式有很多实例，做了很多方面的试验和研究。采集方式主要有三种形式：水平埋管(直管、螺旋管)；垂直埋管(U 形管、螺旋盘管、套管)；基桩埋管(与建筑物基桩做成一个整体)。以上在工程应用中，多以垂直埋管为主要方式。

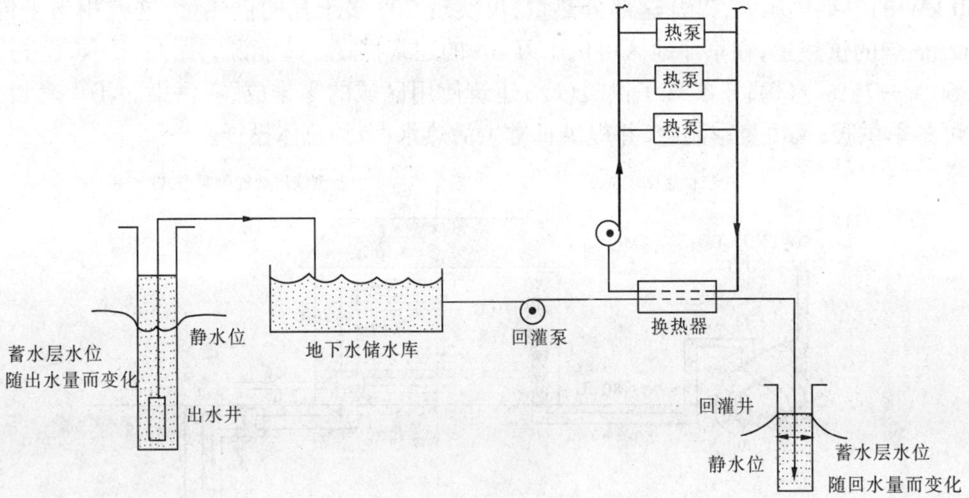

图 2-8　浅层地下水传统能量采集方式

七、浅层地能(热)开发利用中值得注意的问题

地表水(江、河、湖、海等)、空气、城市污水、电厂循环冷却水等低品位热源都很方便被采集,供热泵提升后为建筑物供暖(冷)。地表水低温能量的采集虽然很方便,但受气候的影响,温度变化很大,特别是北方寒冷地区,水温和气温很低,能量采集必须考虑结冰防冻问题,同时由于温度过低,热泵系统的能效比(COP 值)降低并同时影响其额定热输出功率。

浅层地能(热)(地下水和土壤)的能量采集虽然不如前者来的方便,但是其低温能量相对很稳定,温度水平略高于当地气候的年平均温度,春夏秋冬基本恒定,只要能量采集的工艺手段恰当合理,热泵系统的能量平衡是相对稳定的。

浅层地能(热)开发利用应注意如下一些问题。

(一)浅层低温地能(热)是建筑物供暖(冷)能源的最佳选择

浅层地能(热)一般温度相对恒定(<25 ℃),经过热泵提升至建筑物供暖需要的温度(一般 50～60 ℃),热泵系统能效比很高(一般 COP 可达 3～5),这种能量地下储量巨大,且可恢复再生,夏季制冷时将热量排入地下,冬季供暖时在地下取热,再将冷量排入地下,循环利用。对于无地下水流的水文地质条件它可平衡地下温度场。浅层地能(热)热泵系统可用于建筑物供暖(冷),也可以用于工业生产所需要的冷热源。浅层地能(热)在开发利用中重点应放在建筑物的供暖(冷)方面。

在工业发达的国家中,建筑物是能源消耗的大用户。随着经济的发展,人们生活品质的提高和对舒适生活环境的追求,建筑物的能源消耗比例也逐渐加大。以 20 世纪 80 年代美国为例,建筑物(包括住宅和商业楼)消耗的能量占总耗能量的 33.6%。其中用于采暖达 53.3%(相当于总耗能量的 17.9%),热水耗能量 12%(相当于总能耗的 4%),空调耗能量 7.4%(相当于总能耗的 2.5%),制冷 6.5%(相当于总能耗的 2.2%),其他 20.8%(相当于总能耗的 7%),也就是说,建筑中约有 80%的耗能量(相当于总耗能的 26.6%)

用于采暖、空调和生活热水供应。90 年代瑞典建筑物的能耗已占全国总能耗的 45%。因此，建筑物选用合理的供热系统，对节省能耗意义重大。

浅层地能(热)的热泵供暖(冷)系统，不仅能源利用是高效的(一般用 1 kW 的电，采集 3 kW 浅层地能，为建筑物提供 4 kW 的热功率)，而且，在整个供暖(冷)过程中，无任何气态、液态和固态排放物，实现使用区域的零污染。这种可再生的低温地热能广泛应用于建筑供暖(冷)领域，确实是一项重大的能源变革。

(二)保护地下水资源，采用单井抽灌技术

浅层地能(热)(地下水、土壤)虽然储量巨大，四季可再生，但对于具体的地域不同的水文地质条件，其开发利用还是要有选择的，什么场合适合于浅层地下水低温能量的采集，什么场合适合于土壤低温能量的采集，采集的规模多大，用何种方式，开发利用不能过度，否则不仅影响经济性、安全性，还会造成地下水文地质条件的破坏。

地下水资源的利用——低品位热采集技术使用和限制的条件可考虑如下几点：

(1)我国地下水四季温度不同地区一般为 6～24 ℃，基本保持恒温(见表 2-12)。采用电动压缩式热泵，利用地下水的低品位热源，对建筑物供暖(冷)是十分有价值的，如 100 t/h水利用 5 ℃温差，经热泵技术提升后供暖，可提供约 700 kW 的热量，这相当于 1 t/h锅炉的供热量，一个采暖季可替代标准煤 325 t(或 206 t 轻柴油，或 25 万 m^3 天然气)。这是我国解决冬季供暖、夏季制冷的重要节能环保措施，政策上应积极给予支持。

表 2-12　各主要地区温度工况

地区	地下水温度(℃)	年平均温度(℃)	供暖计算温度(℃)	空调计算温度(℃)	年最低温度(℃)	年最高温度(℃)	冻土深度(cm)
海拉尔	6～8	−2.1	−34	1.97	−48.5	36.7	242
哈尔滨	8～10	3.6	−26	23.4	−38.1	36.4	205
长春	10～12	4.9	−23	24.2	−36.5	38.0	169
沈阳	12～16	7.9	−19	25.4	−30.6	38.3	148
北京	14～20	11.4	−9	26.4	−20.4	40.6	85
上海	16～22	15.7	−2	28.2	−10.1	38.9	8
广州	18～24	21.8	7	27.7	0	38.7	0

(2)采集地下水低品位热时，要求做到：只用其热，不消耗水，用后必须回灌地下。除非有较大需水用户进行二次利用外(需特批)。

(3)地下水采集井深度应避开地下生活饮用水区(一般在 400 m 以下)。在地下水有条件的地区应尽可能采用地下百米以内的浅层地下水，作为低品位热能的采集区。

(4)回灌水尽可能就近回灌。在不影响热动力工况下，应积极推广“单井抽灌”技术。不具备“单井抽灌”条件的可采用双井，一抽一灌，且回灌井应设置在抽水井的上游区，井位间距离一般应在 10～20 m。

(5)地下水采集井、回灌井的井位应远离城市区域供水站，且应设置在其下游区，间距应大于 100 m。

(6)回灌井深度不宜接近地下生活饮水区,一般与抽水井深度相当(同层回灌)。

(7)回灌水必须受监控(具体办法另定),严防被污染,杜绝水资源的浪费和污染,有效合理地利用地下水资源。

(8)采用地下水源热泵时,水源的选择条件应为:水量充足,水温适当,水质良好,供水稳定,易于回灌。具体应考虑:①地下水取水深度多在 100 m 以内;②各含水层厚度一般应大于 5 m;③冬季地下水温应不低于 10 ℃;④地下水含沙量应不大于 1/200 000;⑤回灌水严格控制其水质,基本与抽水水质保持不变,一般水中氧化钙含量应低于 200 mg/L,总矿化度应小于 3 g/L,氯离子含量应小于 100 mg/L;硫酸根含量应小于 200 mg/L,铁离子含量应小于 1 mg/L;硫化氢含量应小于 0.5 mg/L。

(9)目前,虽然还没有回灌水水质的国家标准,但回灌水至少应等于原地下水水质,以保证回灌后不会引起区域性地下水水质污染。因此,应遵守以下条款:①地下水应在封闭系统中输送;②热泵空调系统中与地下水接触的部件应采用耐腐蚀材料制造;③取水管路上和回灌水管路上应装有水表和采集水样用的旋塞阀;④定期对地下水进行化验,并将化验结果报送有关部门备案;⑤如发现地下井水异常,特别是水中出现化学物质或其他无关物质时,应及时与有关部门联系,并采取措施。

(10)地下水回灌的方法有三种,即真空回灌、重力(自流)回灌和压力回灌。

①真空回灌。真空回灌是利用颇低的静水位(低于地面 10 m)形成真空进行回灌,含水层渗透性要良好。由于回灌时,对井的滤水层冲击力不强,所以很适用于老井。采用真空回灌,对于颗粒含水层,回灌量一般为取水量的 1/3～1/2;对于粗颗粒含水层,回灌量可达取水量的 1/2～2/3。

②重力回灌。依靠自然重力进行回灌也适用于低水位和渗透性良好的含水层,此法的优点是系统简单。对于砂卵石含水层,此法的优点是系统简单。对于砂卵石含水层,其回灌量一般为取水量的 50%;对于渗透性好的砾石层来说,回灌量可达取水量的 75%～90%。

③压力回灌。压力回灌用于高水位和低渗透性的含水层,其缺点是回灌时对井的滤水层和含水砂层的冲击力强。

(11)为了预防井管堵塞,及时清除堵塞含水层和井管的杂质,在进行回灌以后,经常开泵,排除回灌井水中的堵塞物,即进行回扬。回灌井的回扬次数和回扬持续时间,主要取决于含水层颗粒大小和渗透性。在岩溶裂隙含水层中的回灌井,长期不回扬,回灌能力仍能维持不变;在松散粗大颗粒含水层中的回灌井,每周回扬 1～2 次;在中、细颗粒含水层中的回灌井,回扬间隔应进一步缩短;而对于细颗粒含水层中的回灌井来说,经常回扬尤为重要。

(12)尽可能加大使用温差,减少地下水用量,并降低输送动力。

(三)与高舒适度低能耗建筑配用,合理的运行设置至关重要

浅层地能(热)开发利用于建筑供暖(冷)是建筑供暖(冷)能源上的革命,但为使其高效安全经济运行,降低初始投资,提高使用寿命期的投资回报率,使其为社会认可,使用者易接受。这项技术在推广使用的同时必须与建筑节能技术相结合,在节能建筑上的应用会产生更大的效益。

目前我国能耗消耗总量每年达 13 亿 t 标准煤，已占世界第二位，其中城市建筑能耗占 1/5～1/4，但是，我国建筑单位面积能耗仍是气候相近的发达国家的 3～5 倍，建筑能耗大是十分严重的。目前欧洲低能耗建筑执行的标准（建筑热指标）为 15～25 W/m²。我国 1996 年 7 月 1 日施行的"民用建筑节能设计规范"规定采暖热指标为 20～22.7 W/m²。高舒适度建筑是指建筑物室内自由温度冬季约 16 ℃、夏季约 27 ℃。如图 2-9 所示。

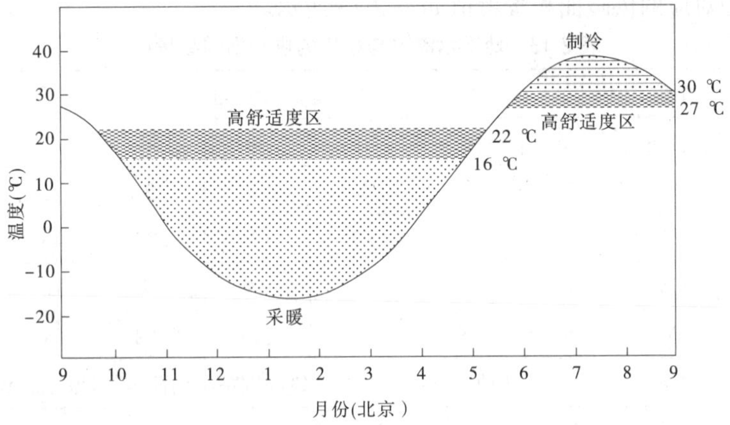

图 2-9　高舒适度室温

建筑物室内自由温度冬夏控制在一定范围内即可，不必将冬季室内控制温度设定过高，夏季设置过低，这样冬季可大幅度节约供暖能源，夏季减少用电峰值的同时，又防止了因室内外温差过大而感冒。家庭生活的点滴习惯背后，隐藏着惊人的电力消耗。就拿夏季空调来说，居民家用空调能耗在城市夏季用电中的比重一般达到 15% 左右，以北京为例，全市空调普及率为 70%，居民空调装机容量约占全市最大供电负荷的 17%。空调的设置温度不宜过低，最高设定为 27～28 ℃。冬季、夏季室内温度每调低、调高 1～2 ℃，其功率消耗将下降 5%～10%。全国 13 亿人口，平均每人每天节约 1 kWh 电，一年下来就会少烧 2 亿多吨原煤。对节能建筑，浅层地能（热）热泵供暖（冷）合理的运行是十分重要的，这不仅仅是节约能源，还使浅层地能采集产生更大效益，降低成本，更有竞争力。

实现高舒适度低能耗建筑的具体措施如下：

(1)墙体、屋面围护结构的保温，使传热系数降至 0.2～0.3 W/(m²·K)；

(2)有效遮阳措施；

(3)优良窗性能（合理的采光面积，良好的密闭性）；

(4)采用 LOW—E 玻璃；

(5)匹配的采暖空调系统（如浅层地能热泵系统）；

(6)网层隐蔽节水型排水系统等。

（四）浅层地能（热）的采集规模设计应与建筑物供暖（冷）面积（冷热负荷）相匹配

我们知道，土壤、砂石、岩石及地下水的导热能力很差（$\lambda_{黄土}=1.41$，$\lambda_{砂岩}=2.0$，$\lambda_{回填砂}=2.2$，$\lambda_{PEX}=0.5$，$\lambda_{水}=0.6$，$\lambda_{混凝土}=0.75\sim0.8$，$\lambda_{金属}=2.2\sim420$，$\lambda_{铜}=386$

W/(m·℃),如果不考虑如下因素:①地下水渗流的影响;②地下土壤对流和辐射的传热;③地下水文地质的特殊构成的影响。仅考虑热传导的话,地下低温能量的传送是很慢的,也就是说,地下具有一定储热、储冷能力,热泵夏季供冷时把热量送入地下,冬季利用可储存的热量提升后为建筑物供暖,而把冷量送入地下储存起来。当然,如果考虑上述三个因素后,地下储能在冬夏都有流失。

另一方面,打井取地下水的低温能量和打竖孔用埋管取土壤砂石的低温能量,对一个单元体来说,两者的能量采集是有差别的。前者取决于地下水量和水温,一般打一口井可采集的热量和对应的供暖面积参考值如表 2-13 所示。

表 2-13　地下水流量与相应的供暖面积参考值

项目	单位	参考值						
流量	m^3/h	2.6	8	15	30	50	75	100
温差	℃	5	5	5	5	5	5	5
采集热量	kW	15	46	87	175	290	435	580
装机功率	kW	4	12	22	44	72	109	145
制热量	kW	19	58	109	219	362	544	725
供暖热指标	W/m^2	按地区气候条件和建筑物围护结构而定,可取 100 W/m^2						
可供暖面积	m^2	190	580	1 090	2 190	3 620	5 440	7 250

地下含水层渗透系数 K(m/d)和井的出水量有密切关系,在不同的地下水文地质条件下,渗透系数各不相同,一般 $K>10$ 称强透水性;$K=1\sim10$ 称透水性;$K=0.01\sim1$ 称半透水性;$K=0.01\sim0.001$ 称弱透水性;$K<0.001$ 为不透水性。一般从浅层地能(热)采集角度,我们希望地下水的渗透系数 $K>5$,处于富水区,每小时每米降深可提供 3.6 m^3 以上的水量,当 $K=10$ 时,可提供地下水量达 18 $m^3/(h·m)$。按 5 m 降深取水,出水量可达每小时 90 m^3。

工程设计中,取水井离需供暖的建筑物不宜过远,一般超过 10 m 即可。根据供暖面积和制热负荷及冬季地下水温状况确定打井的数量,通常每口井的出水量(对于富水区)在 60～200 m^3/h 范围供选用。对于万平方米建筑供暖一般打 1～2 口井即可,对于大型建筑群供暖,需要打多口井,项目设计中可以采用两种方案,视具体情况而定。

(1)多井联网,集中机房,楼群统一供暖;

(2)单井与建筑直联,分散机房,单元分散供暖。

打多井时,井间布置应垂直地下水渗流方向,井间距至少应保持 10 m 以上。

浅层地能,土壤取热所采集的能量比有地下水的地方差的很多,一般钻一个 100 m 以内的孔仅靠土壤岩石的换热可采集的热功率为 2.5～3.5 kW。土壤竖孔单元体内储存的低温能量有限,在地下深 100 m,井的影响区按国外数据 6 m 直径计算,该圆柱体积储存的可采集的(5 ℃温差)低温热量为 4 100 万 kJ(相当于 1.4 t 标准煤),若每个竖孔的热采集功率为 3 kW,储存地下这部分的热量可维持 158 天,即满足一般北方城市 4 个多月的采暖需求。若井的影响区按国内某些院校的数据 3 m 直径计算,该体积内储存的可采集

(5 ℃温差)的低温热量为 1 034 万 kJ(相当于 354 kg 标准煤),同样每个单元竖孔热采集功率为 3 kW 时,它仅能维持 40 天的供暖需求,看来竖孔间距 3 m 偏小,至少 5 m 以上的间距才能基本满足需要。以上是简单的估算,有待试验进一步验证。

(五)浅层地能(热)的能量采集是热泵供暖系统的关键

在工程配套设计施工中不仅要从能量的稳定、合理的采集考虑,还要特别注意环境效益,不污染地下水,不破坏地下地质结构,保护地下水资源,具体考虑如下:

(1)热泵供暖系统用地下水采集其浅层地能(热)时,应遵循如下原则:①积极支持浅层地能(热)可再生能源的采集开发和利用;②打井深度限制在地表浅层 400 m 以内,远离 400 m 以下的国家二级水质区域,保护生活饮水区,根据具体的水文地质条件确定打井深度,一般在 100 m 以内(地下水受污染层);③只用其热,不耗其水,用热后必须全部回灌,并监控回灌的实施;④对于一抽一灌、一抽多灌的双井和多井要严格审批,限制打井数量;⑤井间距和井与建筑物的相对位置要合理;⑥井位要远离城市供水站;⑦能打少井不打多井,地下水不可过度开采;⑧系统采用大温差小流量,以降低动力消耗等。

(2)积极推广单井抽灌技术,水系统封闭回路运行,回灌水质对地下水未构成污染,平衡地下水位,防止移砂、抽空和淤塞。

(3)无论何种方式回灌水的水质、水温必须监控,回灌水水质至少应与原采集地下水的水质相当,并定期化验。

(4)浅层土壤低温热量采集,竖孔深度、数量、孔间距应根据具体地域、土壤结构、所需负荷大小来确定:①一般每个竖孔(<100 m)低温土壤热采集量为 2.5~3.5 kW,孔间距以保持 5 m 以上为宜;②土壤埋管采用 U 形高密度 PEX 管,地下应无接头,若采用钢制套管式换热器,要考虑防腐;③竖孔孔径不宜过大(用 U 形管换热器一般 Φ150 即可,若用套管式换热器,孔径一般小于 400 mm);④竖孔土壤埋管周围回填料应按一定比例粒径特殊制作,以强化与土壤接触边界层换热的能力,可以做到导热系数比土壤大 1 倍左右;⑤考虑投资成本和占地面积、土壤取热的热泵供暖系统更适合于小型建筑面积,一般以 1 000 m^2 以下为宜。

附件 1　地源热泵系统工程技术规范

（GB 50366—2005）

中华人民共和国国家标准　施行日期:2006 年 1 月 1 日

1　总则

1.0.1　为使地源热泵系统工程设计、施工及验收做到技术先进、经济合理、安全适用,保证工程质量,制定本规范。

1.0.2　本规范适用于以岩土体、地下水、地表水为低温热源,以水或添加防冻剂的水溶液为传热介质,采用蒸汽压缩热泵技术进行供热、空调或加热生活热水的系统工程的设计、施工及验收。

1.0.3　地源热泵系统工程设计、施工及验收除应符合本规范外,尚应符合国家现行有关标准的规定。

2　术语

2.0.1　地源热泵系统 ground - source heat pump system

以岩土体、地下水或地表水为低温热源,由水源热泵机组、地热能交换系统、建筑物内系统组成的供热空调系统。根据地热能交换系统形式的不同,地源热泵系统分为地埋管地源热泵系统、地下水地源热泵系统和地表水地源热泵系统。

2.0.2　水源热泵机组 water - source heat pump unit

以水或添加防冻剂的水溶液为低温热源的热泵。通常有水/水热泵、水/空气热泵等形式。

2.0.3　地热能交换系统 geothermal exchange system

将浅层地热能资源加以利用的热交换系统。

2.0.4　浅层地热能资源 shallow geothermal resources

蕴藏在浅层岩土体、地下水或地表水中的热能资源。

2.0.5　传热介质 heat - transfer fluid

地源热泵系统中,通过换热管与岩土体、地下水或地表水进行热交换的一种液体。一般为水或添加防冻剂的水溶液。

2.0.6　地埋管换热系统 ground heat exchanger system

传热介质通过竖直或水平地埋管换热器与岩土体进行热交换的地热能交换系统,又称土壤热交换系统。

2.0.7　地埋管换热器 ground heat exchanger

供传热介质与岩土体换热用的,由埋于地下的密闭循环管组构成的换热器,又称土壤热交换器。根据管路埋置方式不同,分为水平地埋管换热器和竖直地埋管换热器。

2.0.8　水平地埋管换热器 horizontal ground heat exchanger

换热管路埋置在水平管沟内的地埋管换热器,又称水平土壤热交换器。

2.0.9　竖直地埋管换热器 vertical ground heat exchanger

换热管路埋置在竖直钻孔内的地埋管换热器,又称竖直土壤热交换器。

2.0.10　地下水换热系统 ground water system

与地下水进行热交换的地热能交换系统，分为直接地下水换热系统和间接地下水换热系统。

2.0.11 直接地下水换热系统 direct closed - loop groundwater system

由抽水井取出的地下水，经处理后直接流经水源热泵机组热交换后返回地下同一含水层的地下水换热系统。

2.0.12 间接地下水换热系统 indirect closed - loop groundwater system

由抽水井取出的地下水经中间换热器热交换后返回地下同一含水层的地下水换热系统。

2.0.13 地表水换热系统 surface water system

与地表水进行热交换的地热能交换系统，分为开式地表水换热系统和闭式地表水换热系统。

2.0.14 开式地表水换热系统 open - loop surface water system

地表水在循环泵的驱动下，经处理直接流经水源热泵机组或通过中间换热器进行热交换的系统。

2.0.15 闭式地表水换热系统 closed - loop surface water system

将封闭的换热盘管按照特定的排列方法放入具有一定深度的地表水体中，传热介质通过换热管管壁与地表水进行热交换的系统。

2.0.16 环路集管 circuit header

连接各并联环路的集合管，通常用来保证各并联环路流量相等。

2.0.17 含水层 aquifer

导水的饱和岩土层。

2.0.18 井身结构 well structure

构成钻孔柱状剖面技术要素的总称，包括钻孔结构、井壁管、过滤管、沉淀管、管外滤料及止水封井段的位置等。

2.0.19 抽水井 production well

用于从地下水含水层中取水的井。

2.0.20 回灌井 injection well

用于向含水层灌注回水的井。

2.0.21 热源井 heat source well

用于从地下含水层中取水或向含水层灌注回水的井，是抽水井和回灌井的统称。

2.0.22 抽水试验 pumping test

一种在井中进行计时计量抽取地下水，并测量水位变化的过程，目的是了解含水层富水性，并获取水文地质参数。

2.0.23 回灌试验 injection test

一种向井中连续注水，使井内保持一定水位，或计量注水、记录水位变化来测定含水层渗透性、注水量和水文地质参数的试验。

2.0.24 岩土体 rock - soil body

岩石和松散沉积物的集合体，如砂岩、砂砾石、土壤等。

3 工程勘查

3.1 一般规定

3.1.1 地源热泵系统方案设计前，应进行工程场地状况调查，并应对浅层地热能资源进行勘查。

3.1.2 对已具备水文地质资料或附近有水井的地区，应通过调查获取水文地质资料。

3.1.3 工程勘查应由具有勘查资质的专业队伍承担。工程勘查完成后，应编写工程勘查报告，并对资源可利用情况提出建议。

3.1.4　工程场地状况调查应包括下列内容：

(1)场地规划面积、形状及坡度；

(2)场地内已有建筑物的占地面积及其分布；

(3)场地内树木植被、池塘、排水沟及架空输电线、电信电缆的分布；

(4)场地内已有的、计划修建的地下管线和地下构筑物的分布及其埋深；

(5)场地内已有水井的位置。

3.2　地埋管换热系统勘查

3.2.1　地埋管地源热泵系统方案设计前，应对工程场区内岩土体地质条件进行勘查。

3.2.2　地埋管换热系统勘查应包括下列内容：

(1)岩土层的结构；

(2)岩土体热物性；

(3)岩土体温度；

(4)地下水静水位、水温、水质及分布；

(5)地下水径流方向、速度；

(6)冻土层厚度。

3.3　地下水换热系统勘查

3.3.1　地下水地源热泵系统方案设计前，应根据地源热泵系统对水量、水温和水质的要求，对工程场区的水文地质条件进行勘查。

3.3.2　地下水换热系统勘查应包括下列内容：

(1)地下水类型；

(2)含水层岩性、分布、埋深及厚度；

(3)含水层的富水性和渗透性；

(4)地下水径流方向、速度和水力坡度；

(5)地下水水温及其分布；

(6)地下水水质；

(7)地下水水位动态变化。

3.3.3　地下水换热系统勘查应进行水文地质试验。试验应包括下列内容：

(1)抽水试验；

(2)回灌试验；

(3)测量出水水温；

(4)取分层水样并化验分析分层水质；

(5)水流方向试验；

(6)渗透系数计算。

3.3.4　当地下水换热系统的勘查结果符合地源热泵系统要求时，应采用成井技术将水文地质勘探孔完善成热源井加以利用。成井过程应由水文地质专业人员监理。

3.4　地表水换热系统勘查

3.4.1　地表水地源热泵系统方案设计前，应对工程场区地表水源的水文状况进行勘查。

3.4.2　地表水换热系统勘查应包括下列内容：

(1)地表水水源性质、水面用途、深度、面积及其分布；

(2)不同深度的地表水水温、水位动态变化；

(3)地表水流速和流量动态变化；

(4)地表水水质及其动态变化；

(5)地表水利用现状；

(6)地表水取水和回水的适宜地点及路线。

4　地埋管换热系统

4.1　一般规定

4.1.1　地埋管换热系统设计前,应根据工程勘查结果评估地埋管地热系统实施的可能性及经济性。

4.1.2　地埋管换热系统施工时,严禁损坏既有地下管线及构筑物。

4.1.3　地埋管换热器安装完成后,应在埋管区域做出标志或标明管线的定位带,并应采用2个现场的永久目标进行定位。

4.2　地埋管管材与传热介质

4.2.1　地埋管及管件应符合设计要求,且应具有质量检验报告和生产厂的合格证。

4.2.2　地埋管管材及管件应符合下列规定：

(1)地埋管应采用化学稳定性好、耐腐蚀、导热系数大、流动阻力小的塑料管材及管件,宜采用聚乙烯管(PE80或PE100)或聚丁烯管(PB),不宜采用聚氯乙烯(PVC)管。管件与管材应为相同材料。

(2)地埋管质量应符合国家现行标准中的各项规定。管材的公称压力及使用温度应满足设计要求,且管材的公称压力应小于1.0 MPa。地埋管外径及壁厚可按本规范附录A的规定选用。

4.2.3　传热介质应以水为首选,也可选用符合下列要求的其他介质：

(1)安全,腐蚀性弱,与地埋管管材无化学反应；

(2)较低的冰点；

(3)良好的传热特性,较低的摩擦阻力；

(4)易于购买、运输和储藏。

4.2.4　在有可能冻结的地区,传热介质应添加防冻剂。防冻剂的类型、浓度及有效期应在充注阀处注明。

4.2.5　添加防冻剂后的传热介质的冰点宜比设计最低运行水温低3～5℃。选择防冻剂时,应同时考虑防冻剂对管道与管件的腐蚀性,防冻剂的安全性、经济性及其对换热的影响。

4.3　地埋管换热系统设计

4.3.1　地埋管换热系统设计前应明确待埋管区域内各种地下管线的种类、位置及深度,预留未来地下管线所需的埋管空间及埋管区域进出重型设备的车道位置。

4.3.2　地埋管换热系统设计应进行全年动态负荷计算,最小计算周期宜为1年。计算周期内,地源热泵系统总释热量宜与其总吸热量相平衡。

4.3.3　地埋管换热器换热量应满足地源热泵系统最大吸热量或释热量的要求。在技术经济合理时,可采用辅助热源或冷却源与地埋管换热器并用的调峰形式。

4.3.4　地埋管换热器应根据可使用地面面积、工程勘查结果及挖掘成本等因素确定埋管方式。

4.3.5　地埋管换热器设计计算宜根据现场实测岩土体及回填料热物性参数,采用专用软件进行。竖直地埋管换热器的设计也可按本规范附录B的方法进行计算。

4.3.6　地埋管换热器设计计算时,环路集管不应包括在地埋管换热器长度内。

4.3.7　水平地埋管换热器可不设坡度。最上层埋管顶部应在冻土层以下0.4 m,且距地面不宜小于0.8 m。

4.3.8　竖直地埋管换热器埋管深度宜大于20 m,钻孔孔径不宜小于0.11 m,钻孔间距应满足换热需要,间距宜为3～6 m。水平连接管的深度应在冻土层以下0.6 m,且距地面不宜小于1.5 m。

4.3.9　地埋管换热器管内流体应保持紊流流态,水平环路集管坡度宜为0.002。

4.3.10　地埋管环路两端应分别与供、回水环路集管相连接,且宜同程布置。每对供、回水环路集管连接的地埋管环路数宜相等。供、回水环路集管的间距不应小于0.6 m。

4.3.11　地埋管换热器安装位置应远离水井及室外排水设施，并宜靠近机房或以机房为中心设置。

4.3.12　地埋管换热系统应设自动充液及泄漏报警系统。需要防冻的地区，应设防冻保护装置。

4.3.13　地埋管换热系统应根据地质特征确定回填料配方，回填料的导热系数不应低于钻孔外或沟槽外岩土体的导热系数。

4.3.14　地埋管换热系统设计时应根据实际选用的传热介质的水力特性进行水力计算。

4.3.15　地埋管换热系统宜采用变流量设计。

4.3.16　地埋管换热系统设计时应考虑地埋管换热器的承压能力，若建筑物内系统压力超过地埋管换热器的承压能力，应设中间换热器将地埋管换热器与建筑物内系统分开。

4.3.17　地埋管换热系统宜设置反冲洗系统，冲洗流量宜为工作流量的2倍。

4.4　地埋管换热系统施工

4.4.1　地埋管换热系统施工前应具备埋管区域的工程勘查资料、设计文件和施工图纸，并完成施工组织设计。

4.4.2　地埋管换热系统施工前应了解埋管场地内已有地下管线、其他地下构筑物的功能及其准确位置，并应进行地面清理，铲除地面杂草、杂物，平整地面。

4.4.3　地埋管换热系统施工过程中，应严格检查并做好管材保护工作。

4.4.4　管道连接应符合下列规定：

(1)埋地管道应采用热熔或电熔连接。聚乙烯管道连接应符合国家现行标准《埋地聚乙烯给水管道工程技术规程》(CJJ 101)的有关规定；

(2)竖直地埋管换热器的U形弯管接头，宜选用定型的U形弯头成品件，不宜采用直管道煨制弯头；

(3)竖直地埋管换热器U形管的组对长度应能满足插入钻孔后与环路集管连接的要求，组对好的U形管的两开口端部应及时密封。

4.4.5　水平地埋管换热器铺设前，沟槽底部应先铺设相当于管径厚度的细砂。水平地埋管换热器安装时，应防止石块等重物撞击管身。管道不应有折断、扭结等问题，转弯处应光滑，且应采取固定措施。

4.4.6　水平地埋管换热器回填料应细小、松散、均匀，且不应含石块及土块。回填压实过程应均匀，回填料应与管道接触紧密，且不得损伤管道。

4.4.7　竖直地埋管换热器U形管安装应在钻孔钻好且孔壁固化后立即进行。当钻孔孔壁不牢固或者存在孔洞、洞穴等导致成孔困难时，应设护壁套管。下管过程中，U形管内宜充满水，并宜采取措施使U形管两支管处于分开状态。

4.4.8　竖直地埋管换热器U形管安装完毕后，应立即灌浆回填封孔。当埋管深度超过40 m时，灌浆回填应在周围临近钻孔均钻凿完毕后进行。

4.4.9　竖直地埋管换热器灌浆回填料宜采用膨润土和细砂(或水泥)的混合浆或专用灌浆材料。当地埋管换热器设在密实或坚硬的岩土体中时，宜采用水泥基料灌浆回填。

4.4.10　地埋管换热器安装前后均应对管道进行冲洗。

4.4.11　当室外环境温度低于0 ℃时，不宜进行地埋管换热器的施工。

4.5　地埋管换热系统的检验与验收

4.5.1　地埋管换热系统安装过程中，应进行现场检验，并应提供检验报告。检验内容应符合下列规定：

(1)管材、管件等材料应符合国家现行标准的规定；

(2)钻孔、水平埋管的位置和深度，地埋管的直径、壁厚及长度均应符合设计要求；

(3)回填料及其配比应符合设计要求；

(4)水压试验应合格；

(5)各环路流量应平衡,且应满足设计要求;

(6)防冻剂和防腐剂的特性及浓度应符合设计要求;

(7)循环水流量及进出水温差均应符合设计要求。

4.5.2 水压试验应符合下列规定:

(1)试验压力:当工作压力小于等于1.0 MPa时,应为工作压力的1.5倍,且不应小于0.6 MPa;当工作压力大于1.0 MPa时,应为工作压力加0.5 MPa。

(2)水压试验步骤:

1)竖直地埋管换热器插入钻孔前,应做第一次水压试验。在试验压力下,稳压至少15 min,稳压后压力降不应大于3%,且无泄漏现象;将其密封后,在有压状态下插入钻孔,完成灌浆之后保压1 h。水平地埋管换热器放入沟槽前,应做第一次水压试验。在试验压力下,稳压至少15 min,稳压后压力降不应大于3%,且无泄漏现象。

2)竖直或水平地埋管换热器与环路集管装配完成后,回填前应进行第二次水压试验。在试验压力下,稳压至少30 min,稳压后压力降不应大于3%,且无泄漏现象。

3)环路集管与机房分集水器连接完成后,回填前应进行第三次水压试验。在试验压力下,稳压至少2 h,且无泄漏现象。

4)地埋管换热系统全部安装完毕,且冲洗、排气及回填完成后,应进行第四次水压试验。在试验压力下,稳压至少12 h,稳压后压力降不应大于3%。

(3)水压试验宜采用手动泵缓慢升压,升压过程中应随时观察与检查,不得有渗漏;不得以气压试验代替水压试验。

4.5.3 回填过程的检验应与安装地埋管换热器同步进行。

5 地下水换热系统

5.1 一般规定

5.1.1 地下水换热系统应根据水文地质勘查资料进行设计。必须采取可靠回灌措施,确保置换冷量或热量后的地下水全部回灌到同一含水层,并不得对地下水资源造成浪费及污染。系统投入运行后,应对抽水量、回灌量及其水质进行定期检测。

5.1.2 地下水的持续出水量应满足地源热泵系统最大吸热量或释热量的要求。

5.1.3 地下水供水管、回灌管不得与市政管道连接。

5.2 地下水换热系统设计

5.2.1 热源井的设计单位应具有水文地质勘查资质。

5.2.2 热源井设计应符合现行国家标准《供水管井技术规范》(GB 50296)的相关规定,并应包括下列内容:

(1)热源井抽水量和回灌量、水温和水质;

(2)热源井数量、井位分布及取水层位;

(3)井管配置及管材选用,抽灌设备选择;

(4)井身结构、填砾位置、滤料规格及止水材料;

(5)抽水试验和回灌试验要求及措施;

(6)井口装置及附属设施。

5.2.3 热源井设计时应采取减少空气侵入的措施。

5.2.4 抽水井与回灌井宜能相互转换,其间应设排气装置。抽水管和回灌管上均应设置水样采集口及监测口。

5.2.5 热源井数目应满足持续出水量和完全回灌的需求。

5.2.6 热源井位的设置应避开有污染的地面或地层。热源井井口应严格封闭,井内装置应使用对地下水无污染的材料。

5.2.7 热源井井口处应设检查井。井口之上若有构筑物,应留有检修用的足够高度或在构筑物上留有检修口。

5.2.8 地下水换热系统应根据水源水质条件采用直接或间接系统;水系统宜采用变流量设计;地下水供水管道宜保温。

5.3 地下水换热系统施工

5.3.1 热源井的施工队伍应具有相应的施工资质。

5.3.2 地下水换热系统施工前应具备热源井及其周围区域的工程勘查资料、设计文件和施工图纸,并完成施工组织设计。

5.3.3 热源井施工过程中应同时绘制地层钻孔柱状剖面图。

5.3.4 热源井施工应符合现行国家标准《供水管井技术规范》(GB 50296)的规定。

5.3.5 热源井在成井后应及时洗井。洗井结束后应进行抽水试验和回灌试验。

5.3.6 抽水试验应稳定延续 12 h,出水量不应小于设计出水量,降深不应大于 5 m;回灌试验应稳定延续 36 h 以上,回灌量应大于设计回灌量。

5.4 地下水换热系统检验与验收

5.4.1 热源井应单独进行验收,且应符合现行国家标准《供水管井技术规范》(GB 50296)及《供水水文地质钻探与凿井操作规程》(CJJ 13)的规定。

5.4.2 热源井持续出水量和回灌量应稳定,并应满足设计要求。持续出水量和回灌量应符合本规范第 5.3.6 条的规定。

5.4.3 抽水试验结束前应采集水样,进行水质测定和含砂量测定。经处理后的水质应满足系统设备的使用要求。

5.4.4 地下水换热系统验收后,施工单位应提交热源井成井报告。报告应包括管井综合柱状图,洗井、抽水和回灌试验、水质检验及验收资料。

5.4.5 输水管网设计、施工及验收应符合现行国家标准《室外给水设计规范》(GB 50013)及《给水排水管道工程施工及验收规范》(GB 50268)的规定。

6 地表水换热系统

6.1 一般规定

6.1.1 地表水换热系统设计前,应对地表水地源热泵系统运行对水环境的影响进行评估。

6.1.2 地表水换热系统设计方案应根据水面用途,地表水深度、面积,地表水水质、水位、水温情况综合确定。

6.1.3 地表水换热盘管的换热量应满足地源热泵系统最大吸热量或释热量要求。

6.2 地表水换热系统设计

6.2.1 开式地表水换热系统取水口应远离回水口,并宜位于回水口上游。取水口应设置污物过滤装置。

6.2.2 闭式地表水换热系统宜为同程系统。每个环路集管内的换热环路数宜相同,且宜并联连接;环路集管布置应与水体形状相适应,供、回水管应分开布置。

6.2.3 地表水换热盘管应牢固安装在水体底部,地表水的最低水位与换热盘管距离不应小于 1.5 m。换热盘管设置处水体的静压应在换热盘管的承压范围内。

6.2.4 地表水换热系统可采用开式或闭式两种形式,水系统宜采用变流量设计。

6.2.5 地表水换热盘管管材与传热介质应符合本规范第 4.2 节的规定。

6.2.6　当地表水体为海水时,与海水接触的所有设备、部件及管道应具有防腐、防生物附着的能力;与海水连通的所有设备、部件及管道应具有过滤、清理的功能。

6.3　地表水换热系统施工

6.3.1　地表水换热系统施工前应具备地表水换热系统勘查资料、设计文件和施工图纸,并完成施工组织设计。

6.3.2　地表水换热盘管管材及管件应符合设计要求,且具有质量检验报告和生产厂的合格证。换热盘管宜按照标准长度由厂家做成所需的预制件,且不应有扭曲。

6.3.3　地表水换热盘管固定在水体底部时,换热盘管下应安装衬垫物。

6.3.4　供、回水管进入地表水源处应设明显标志。

6.3.5　地表水换热系统安装过程中应进行水压试验。水压试验应符合本规范第 6.4.2 条的规定。地表水换热系统安装前后应对管道进行冲洗。

6.4　地表水换热系统检验与验收

6.4.1　地表水换热系统安装过程中,应进行现场检验,并应提供检验报告,检验内容应符合下列规定:

(1)管材、管件等材料应具有产品合格证和性能检验报告;

(2)换热盘管的长度、布置方式及管沟设置应符合设计要求;

(3)水压试验应合格;

(4)各环路流量应平衡,且应满足设计要求;

(5)防冻剂和防腐剂的特性及浓度应符合设计要求;

(6)循环水流量及进出水温差应符合设计要求。

6.4.2　水压试验应符合下列规定:

(1)闭式地表水换热系统水压试验应符合以下规定:

1)试验压力:当工作压力小于等于 1.0 MPa 时,应为工作压力的 15 倍,且不应小于 0.6 MPa;当工作压力大于 1.0 MPa 时,应为工作压力加 0.5 MPa。

2)水压试验步骤:换热盘管组装完成后,应做第一次水压试验,在试验压力下,稳压至少 15 min,稳压后压力降不应大于 3%,且无泄漏现象;换热盘管与环路集管装配完成后,应进行第二次水压试验,在试验压力下,稳压至少 30 min,稳压后压力降不应大于 3%,且无泄漏现象;环路集管与机房分集水器连接完成后,应进行第三次水压试验,在试验压力下,稳压至少 12 h,稳压后压力降不应大于 3%。

(2)开式地表水换热系统水压试验应符合现行国家标准《通风与空调工程施工质量验收规范》(GB 50243)的相关规定。

7　建筑物内系统

7.1　建筑物内系统设计

7.1.1　建筑物内系统的设计应符合现行国家标准《采暖通风与空气调节设计规范》(GB 50019)的规定。其中,涉及生活热水或其他热水供应部分,应符合现行国家标准《建筑给水排水设计规范》(GB 50015)的规定。

7.1.2　水源热泵机组性能应符合现行国家标准《水源热泵机组》(GB/T 19409)的相关规定,且应满足地源热泵系统运行参数的要求。

7.1.3　水源热泵机组应具备能量调节功能,且其蒸发器出口应设防冻保护装置。

7.1.4　水源热泵机组及末端设备应按实际运行参数选型。

7.1.5　建筑物内系统应根据建筑的特点及使用功能确定水源热泵机组的设置方式及末端空调系统形式。

7.1.6　在水源热泵机组外进行冷、热转换的地源热泵系统应在水系统上设冬、夏季节的功能转换阀门,并在转换阀门上作出明显标识。地下水或地表水直接流经水源热泵机组的系统应在水系统上预留机组清洗用旁通管。

7.1.7 地源热泵系统在具备供热、供冷功能的同时,宜优先采用地源热泵系统提供(或预热)生活热水,不足部分由其他方式解决。水源热泵系统提供生活热水时,应采用换热设备间接供给。

7.1.8 建筑物内系统设计时,应通过技术经济比较后,增设辅助热源、蓄热(冷)装置或其他节能设施。

7.2 建筑物内系统施工、检验与验收

7.2.1 水源热泵机组、附属设备、管道、管件及阀门的型号、规格、性能及技术参数等应符合设计要求,并具备产品合格证书、产品性能检验报告及产品说明书等文件。

7.2.2 水源热泵机组及建筑物内系统安装应符合现行国家标准《制冷设备、空气分离设备安装工程施工及验收规范》(GB 50274)及《通风与空调工程施工质量验收规范》(GB 50243)的规定。

8 整体运转、调试与验收

8.0.1 地源热泵系统交付使用前,应进行整体运转、调试与验收。

8.0.2 地源热泵系统整体运转与调试应符合下列规定:

(1)整体运转与调试前应制定整体运转与调试方案,并报送专业监理工程师审核批准;

(2)水源热泵机组试运转前应进行水系统及风系统平衡调试,确定系统循环总流量、各分支流量及各末端设备流量均达到设计要求;

(3)水力平衡调试完成后,应进行水源热泵机组的试运转,并填写运转记录,运行数据应达到设备技术要求;

(4)水源热泵机组试运转正常后,应进行连续 24 h 的系统试运转,并填写运转记录;

(5)地源热泵系统调试应分冬、夏两季进行,且调试结果应达到设计要求。调试完成后应编写调试报告及运行操作规程,并提交甲方确认后存档。

8.0.3 地源热泵系统整体验收前,应进行冬、夏两季运行测试,并对地源热泵系统的实测性能作出评价。

8.0.4 地源热泵系统整体运转、调试与验收除应符合本规范规定外,还应符合现行国家标准《通风与空调工程施工质量验收规范》(GB 50243)和《制冷设备、空气分离设备安装工程施工及验收规范》(GB 50274)的相关规定。

附录 A

地埋管外径及壁厚

A.0.1 聚乙烯(PE)管外径及公称壁厚应符合表 A.0.1 的规定。

表 A.0.1 聚乙烯(PE)管外径及公称壁厚 (单位:mm)

公称外径	平均外径		公称壁厚/材料等级		
			公称压力		
	最小	最大	1.0 MPa	1.25 MPa	1.6 MPa
20	20.0	20.3	—	—	—
25	25.0	25.3	—	$2.3^{+0.5}$ /PE80	—
32	32.0	32.3	—	$3.0^{+0.5}$ /PE80	$3.0^{+0.5}$ /PE100

续表 A.0.1

公称外径	平均外径		公称壁厚/材料等级		
			公称压力		
	最小	最大	1.0 MPa	1.25 MPa	1.6 MPa
40	40.0	40.4	—	$3.7^{+0.6}$/PE80	$3.7^{+0.6}$/PE100
50	50.0	50.5	—	$4.6^{+0.7}$/PE80	$4.6^{+0.7}$/PE100
63	63.0	63.6	$4.7^{+0.8}$/PE80	$4.7^{+0.8}$/PE100	$5.8^{+0.9}$/PE100
75	75.0	75.7	$4.5^{+0.7}$/PE100	$5.6^{+0.9}$/PE100	$6.8^{+1.1}$/PE100
90	90.0	90.9	$5.4^{+0.9}$/PE100	$6.7^{+1.1}$/PE100	$8.2^{+1.3}$/PE100
110	110.0	111.0	$6.6^{+1.1}$/PE100	$8.1^{+1.3}$/PE100	$10.0^{+1.5}$/PE100
125	125.0	126.2	$7.4^{+1.2}$/PE100	$9.2^{+1.4}$/PE100	$11.4^{+1.8}$/PE100
140	140.0	141.3	$8.3^{+1.3}$/PE100	$10.3^{+1.6}$/PE100	$12.7^{+2.0}$/PE100
160	160.0	161.5	$9.5^{+1.5}$/PE100	$11.8^{+1.8}$/PE100	$14.6^{+2.2}$/PE100
180	180.0	181.7	$1.7^{+1.7}$/PE100	$13.3^{+2.0}$/PE100	$16.4^{+3.2}$/PE100
200	200.0	201.8	$11.9^{+1.8}$/PE100	$14.7^{+2.3}$/PE100	$18.2^{+3.6}$/PE100
225	225.0	227.1	$13.4^{+2.1}$/PE100	$16.6^{+3.3}$/PE100	$20.5^{+4.0}$/PE100
250	250.0	252.3	$14.8^{+2.3}$/PE100	$18.4^{+3.6}$/PE100	$22.7^{+4.5}$/PE100
280	280.0	282.6	$16.6^{+3.3}$/PE100	$20.6^{+4.1}$/PE100	$25.4^{+5.0}$/PE100
315	315.0	317.9	$18.7^{+3.7}$/PE100	$23.2^{+4.6}$/PE100	$28.6^{+5.7}$/PE100
355	355.0	358.2	$21.1^{+4.2}$/PE100	$26.1^{+5.2}$/PE100	$32.2^{+6.4}$/PE100
400	400.0	403.6	$23.7^{+4.7}$/PE100	$29.4^{+5.8}$/PE100	$36.3^{+7.2}$/PE100

A.0.2　聚丁烯(PB)管外径及公称壁厚应符合表 A.0.2 的规定。

表 A.0.2　聚丁烯(PB)管外径及公称壁厚　(单位:mm)

公称外径	平均外径		公称壁厚
	最小	最大	
20	20.0	20.3	$1.9^{+0.1}$
25	25.0	25.3	$2.3^{+0.4}$
32	32.0	32.3	$2.9^{+0.4}$
40	40.0	40.4	$3.7^{+0.5}$
50	49.9	50.5	$4.6^{+0.6}$
63	63.0	63.6	$5.8^{+0.7}$
75	75.0	75.7	$6.8^{+0.8}$
90	90.0	90.9	$8.2^{+1.0}$
110	110.0	111.0	$10.0^{+1.1}$
125	125.0	126.2	$11.4^{+1.3}$
140	140.0	141.3	$12.7^{+1.4}$
160	160.0	161.5	$14.6^{+1.6}$

附录 B

竖直地埋管换热器的设计计算

B.0.1 竖直地埋管换热器的热阻计算宜符合下列要求：

(1)传热介质与U形管内壁的对流换热热阻可按下式计算：

$$R_f = \frac{1}{\pi d_i K} \quad (B.0.1-1)$$

(2)U形管的管壁热阻可按下列公式计算：

$$R_{pe} = \frac{1}{2\pi\lambda_p}\ln\frac{d_e}{d_e-(d_0-d_i)} \quad (B.0.1-2)$$

$$d_e = \sqrt{nd_0} \quad (B.0.1-3)$$

式中 R_{pe}——U形管的管壁热阻，m·K/W；

λ_p——U形管导热系数，W/(m·K)；

d_0——U形管的外径，m；

d_e——U形管的当量直径，m；

对单U形管，$n=2$；对双U形管，$n=4$。

(3)钻孔灌浆回填材料的热阻可按下式计算：

$$R_b = \frac{1}{2\pi\lambda_b}\ln\left(\frac{d_b}{d_e}\right) \quad (B.0.1-4)$$

(4)地层热阻，即从孔壁到无穷远处的热阻可按下列公式计算：

对于单个钻孔

$$R_s = \frac{1}{2\pi\lambda_\delta}I\left(\frac{r_b}{2\sqrt{\alpha\tau}}\right)$$

$$I(u) = \frac{1}{2}\int_u^\infty \frac{e^{-s}}{s}ds$$

对于多个钻孔

$$R_s = \frac{1}{2\pi\lambda_\delta}\left[I\left(\frac{r_b}{2\sqrt{\alpha\tau}}\right) + \sum_{i=2}^{N} I\left(\frac{x_i}{2\sqrt{\alpha\tau}}\right)\right]$$

式中 R_s——地层热阻，m·K/W；

I——指数积分公式，可按公式(B.0.1－6)；

λ_δ——岩土体的平均导热系数，W/(m·K)；

α——岩土体的热扩散率，m^2/s；

r_b——钻孔的半径，m；

τ——运行时间，s；

x_i——第 i 个钻孔与所计算钻孔之间的距离，m。

(5)短期连续脉冲负荷引起的附加热阻可按下式计算：

$$R_{sp} = \frac{1}{2\pi\lambda}I\left(\frac{r_b}{2\sqrt{\alpha\tau_p}}\right) \quad (B.0.1-8)$$

式中 R_{sp}——短期连续脉冲负荷引起的附加热阻，m·K/W；

τ_p——短期脉冲负荷连续运行的时间，例如 8 h。

B.0.2 竖直地埋管换热器钻孔的长度计算宜符合下列要求：

(1)制冷工况下,竖直地埋管换热器钻孔的长度可按下列公式计算:

$$L_c = \frac{1\,000Q_c[R_f + R_{pe} + R_b + R_s \times F_c + R_{sp} \times (1 - F_c)]}{(t_{\max} - t_{\infty})}\left(\frac{EEP + 1}{EEP}\right) \quad (B.0.2-1)$$

$$F_c = T_{c1}/T_{c2} \quad (B.0.2-2)$$

式中 L_c——制冷工况下,竖直地埋管换热器所需钻孔的总长度,m;

Q_c——水源热泵机组的额定冷负荷,kW;

EER——水源热泵机组的制冷性能系数;

$t_{\max}$——制冷工况下,地埋管换热器中传热介质的设计平均温度,通常取 37 ℃;

t_{∞}——埋管区域岩土体的初始温度,℃;

F_c——制冷运行份额;

T_{c1}——一个制冷季中水源热泵机组的运行小时数,当运行时间取一个月时,T_{c1}为最热月份水源热泵机组的运行小时数;

T_{c2}——一个制冷季中的小时数,当运行时间取一个月时,T_{c2}为最热月份的小时数。

(2)供热工况下,竖直地埋管换热器钻孔的长度可按下列公式计算:

$$L_h = \frac{1\,000Q_h[R_f + R_{pe} + R_b + R_s \times F_c + R_{sp} \times (1 - F_h)]}{(t_{\infty} - t_{\min})}\left(\frac{COP - 1}{COP}\right) \quad (B.0.2-3)$$

$$F_h = T_{h1}/T_{h2} \quad (B.0.2-4)$$

式中 L_h——供热工况下,竖直地埋管换热器所需钻孔的总长度,m;

Q_h——水源热泵机组的额定热负荷,kW;

COP——水源热泵机组的供热性能系数;

$t_{\min}$——供热工况下,地埋管换热器中传热介质的设计平均温度,通常取 -2~5 ℃;

F_h——供热运行份额;

T_{h1}——一个供热季中水源热泵机组的运行小时数,当运行时间取一个月时,T_{h1}为最冷月份水源热泵机组的运行小时数;

T_{h2}——一个供热季中的小时数;当运行时间取一个月时,T_{h2}为最冷月份的小时数。

本规范用词说明:

(1)为便于在执行本规范条文时区别对待,对要求严格程度不同的用词说明如下:

表示很严格,非这样做不可的:正面词采用“必须”,反面词采用“严禁”;

表示严格,在正常情况下均应这样做的:正面词采用“应”,反面词采用“不应”或“不得”;

表示允许稍有选择,在条件许可时首先应这样做的:正面词采用“宜”,反面词采用“不宜”;

表示有选择,在一定条件下可以这样做的,采用“可”。

(2)条文中指明应按其他有关标准执行的写法为:“应符合……的规定”或“应按……执行”。

附件2　地源热泵系统工程技术规范条文说明

1　总则

1.0.1　制定本规范的宗旨。地源热泵系统可利用浅层地热能资源进行供热与空调，具有良好的节能与环境效益，近年来在国内得到了日益广泛的应用。但由于缺乏相应规范的约束，地源热泵系统的推广呈现出很大的盲目性。许多项目在没有对当地资源状况进行充分评估的条件下，就匆匆上马，造成了地源热泵系统工作不正常，影响了地源热泵系统的进一步推广与应用。为了规范地源热泵系统的设计、施工及验收，确保地源热泵系统安全可靠地运行，以及更好地发挥其节能效益，特制定本规范。本规范侧重于地热能交换系统部分的规定，对建筑物内系统仅作简要规定。

1.0.2　规定了本规范的适用范围。地表水包括河流、湖泊、海水、中水或达到国家排放标准的污水、废水等。

1.0.3　本规范为地源热泵系统工程的专业性全国通用技术规范，根据国家主管部门有关编制和修订工程建设标准、规范等的统一规定，为了精简规范内容，凡其他全国性标准、规范等已有明确规定的内容，除确有必要者以外，本规范均不再另设条文。本条文的目的是强调在执行本规范的同时，还应注意贯彻执行相关标准、规范等的有关规定。

2　术语

2.0.1　地源热泵系统通常还被称为地热热泵系统(geothermal heat pump system)、地能系统(earth energy system)、地源系统(ground - source system)等，后来，由 ASHRAE 统一为标准术语即地源热泵系统(ground - source heat pump system)。其中地埋管地源热泵系统，也称地祸合系统(closed-loop groud coupled heat pump system)或土壤源地源热泵系统。考虑实际应用中人们的称呼习惯，同时便于理解，本规范定义为地埋管地源热泵系统。

2.0.2　本规范中抽水井和回灌井均用做地源热泵系统的低温热源，故将抽水井和回灌井统称为热源井。

3　工程勘察

3.1　一般规定

3.1.1　工程场地状况及浅层地热能资源条件是能否应用地源热泵系统的基础。地源热泵系统方案设计前，应根据调查及勘查情况，选择采用地埋管、地下水或地表水地源热泵系统。浅层地热能资源勘查包括地埋管换热系统勘查、地下水换热系统勘查及地表水换热系统勘查。

3.1.2　在工程场区内或附近有水井的地区，可调查收集已有工程勘查及水井资料。调查区域半径宜大于拟定换热区 100～200 m。调查以收集资料为主，除观察地形地貌外，应调查已有水井的位置、类型、结构、深度、地层剖面、出水量、水位、水温及水质情况，还应了解水井的用途、开采方式、年用水量及水位变化情况等。

3.1.4　工程场地可利用面积应满足修建地表水抽水构筑物(地表水换热系统)或修建地下水抽水井和回灌井(地下水换热系统)或埋设水平或竖直地埋管换热器(地埋管换热系统)的需要。同时应满足置放和操作施工机具及埋设室外管网的需要。

3.2　地埋管换热系统勘查

3.2.1　岩土体地质条件勘查可参照《岩土工程勘查规范》(GB 50021)及《供水水文地质勘查规范》

(GB 50027)进行。

3.2.2　采用水平地埋管换热器时,地埋管换热系统勘查采用槽探、坑探或研探进行。槽探是为了了解构造线和破碎带宽度、地层和岩性界限及其延伸方向等在地表挖掘探槽的工程勘查技术。探槽应根据场地形状确定,探槽的深度一般超过埋管深度 1 m。采用竖直地埋管换热器时,地埋管换热系统勘查采用钻探进行。钻探方案应根据场地大小确定,勘探孔深度应比钻孔至少深 5 m。

岩土体热物性指岩土体的热物性参数,包括岩土体导热系数、密度及比热等。若埋管区域已具有权威部门认可的热物性参数,可直接采用已有数据,否则应进行岩土体导热系数、密度及比热等热物性测定。测定方法可采用实验室法或现场测定法。

(1)实验室法:对勘探孔不同深度的岩土体样品进行测定,并以其深度加权平均,计算该勘探孔的岩土体热物性参数;对探槽不同水平长度的岩土体样品进行测定,并以其长度加权平均,计算该探槽的岩土体热物性参数。

(2)现场测试法:现场测试岩土体应在测试埋管状况稳定后进行。根据埋管深度或长度,测试一般应在测试埋管安装完毕 72 h 后进行。对两个勘探孔(槽)及两个以上勘探孔(槽)的测试,其测试结果取算术平均值。

3.3　地下水换热系统勘查

3.3.1　水文地质条件勘查可参照《供水水文地质勘查规范》(GB 50027)、《供水管井技术规范》(GB 50296)进行。通过勘查,查明拟建热源井地段的水文地质条件,即一个地区地下水的分布、埋藏,地下水的补给、径流、排泄条件,以及水质和水量等特征。对地下水资源作出可靠评价,提出地下水合理利用方案,并预测地下水的动态及其对环境的影响,为热源井设计提供依据。

3.3.3　渗透系数指单位时间内通过单位断面的流量(m/d),一般用来衡量地下水在含水层中径流的快慢。

3.3.4　水文地质勘探孔即为查明水文地质条件、地层结构,获取所需的水文地质资料,按水文地质钻探要求施工的钻孔。

3.4　地表水换热系统勘查

3.4.2　地表水水温、水位及流量勘查应包括近 20 年最高和最低水温、水位及最大和最小水量;地表水水质勘查应包括引起腐蚀与结垢的主要化学成分和地表水源中含有的水生物、细菌类、固体含量及盐碱量等。

4　地埋管换热系统

4.1　一般规定

4.1.1　岩土体的特性对地埋管换热器施工进度和初投资有很大影响。坚硬的岩土体将增加施工难度及初投资,而松软岩土体的地质变形对地埋管换热器也会产生不利影响。为此,工程勘查完成后,应对地埋管换热系统实施的可行性及经济性进行评估。

4.1.2　管沟开挖施工中遇有管道、电缆、地下构筑物或文物古迹时,应予以保护,并及时与有关部门联系协同处理。

4.1.3　埋管区域不应以树木、灌木、花园等作为标识。

4.2　地埋管管材与传热介质

4.2.2　聚乙烯管应符合《给水用聚乙烯(PE)管材》(GB/T 13663)的要求。聚丁烯管应符合《冷热水用聚丁烯(PB)管道系统》(GB/T 19473.2)的要求。

4.2.3　传热介质的安全性包括毒性、易燃性及腐蚀性;良好的传热特性和较低的摩擦阻力是指传热介质具有较大的导热系数和较低的黏度。可采用的其他传热介质包括氯化钠溶液、氯化钙溶液、乙二醇溶液、丙醇溶液、丙二醇溶液、甲醇溶液、乙醇溶液、醋酸钾溶液及碳酸钾溶液等。

4.2.4 可选择防冻剂包括：

(1)盐类：氯化钙和氯化钠；

(2)乙二醇：乙烯基乙二醇和丙烯基乙二醇；

(3)酒精：甲醇、异丙基、乙醛；

(4)钾盐溶液：醋酸钾和碳酸钾。

4.2.5 添加防冻剂后的传热介质的冰点宜比设计最低使用水温低 3～5 ℃，是为了防止出现结冰现象。

地埋管换热系统的金属部件应与防冻剂兼容。这些金属部件包括循环泵及其法兰、金属管道、传感部件等与防冻剂接触的所有金属部件。

4.3 地埋管换热系统设计

4.3.2 全年冷、热负荷平衡失调，将导致地埋管区域岩土体温度持续升高或降低，从而影响地埋管换热器的换热性能，降低地埋管换热系统的运行效率。因此，地埋管换热系统设计应考虑全年冷热负荷的影响。

4.3.3 地源热泵系统最大释热量与建筑设计冷负荷相对应。包括各空调分区内水源热泵机组释放到循环水中的热量(空调负荷和机组压缩机耗功)、循环水在输送过程中得到的热量、水泵释放到循环水中的热量。将上述三项热量相加就可得到供冷工况下释放到循环水的总热量。即：

$$最大释热量 = \sum[空调分区冷负荷 \times (1 + 1/EER)] + \sum 输送过程得热量 + \sum 水泵释放热量$$

地源热泵系统最大吸热量与建筑设计热负荷相对应。包括各空调分区内热泵机组从循环水中的吸热量(空调热负荷并扣除机组压缩机耗功)、循环水在输送过程中失去的热量并扣除水泵释放到循环水中的热量。将上述前二项热量相加并扣除第三项就可得到供热工况下循环水的总吸热量。即：

$$最大吸热量 = \sum[空调分区热负荷 \times (1 - 1/COP)] + \sum 输送过程失热量 - \sum 水泵释放热量$$

最大吸热量和最大释热量相差不大的工程，应分别计算供热与供冷工况下地埋管换热器的长度，取其大者，确定地埋管换热器；当两者相差较大时，宜通过技术经济比较，采用辅助散热(增加冷却塔)或辅助供热的方式来解决，一方面经济性较好，同时，也可避免因吸热与释热不平衡引起岩土体温度的降低或升高。

4.3.4 地埋管换热器有水平和竖直两种埋管方式。当可利用地表面积较大，浅层岩土体的温度及热物性受气候、雨水、埋设深度影响较小时，宜采用水平地埋管换热器；否则，宜采用竖直地埋管换热器。图 1为常见的水平地埋管换热器形式，图 2 为新近开发的水平地埋管换热器形式，图 3 为竖直地埋管换热器形式。在没有合适的室外用地时，竖直地埋管换热器还可以利用建筑物的混凝土基桩埋设，即将 U 形管捆扎在基桩的钢筋网架上，然后浇灌混凝土，使 U 形管固定在基桩内。

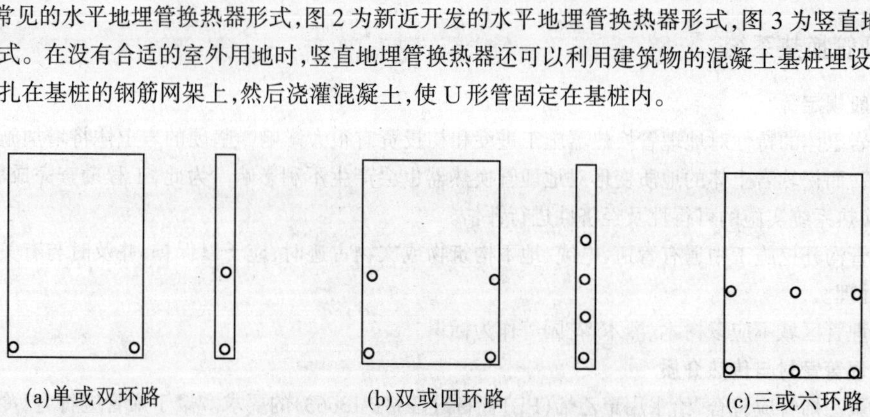

(a)单或双环路　　(b)双或四环路　　(c)三或六环路

图 1 几种常见的水平地埋管换热器形式

4.3.5 地埋管换热器设计计算是地源热泵系统设计所特有的内容，由于地埋管换热器换热效果受岩土体热物性及地下水流动情况等地质条件影响非常大，使得不同地区，甚至同一地区不同区域岩土体的换

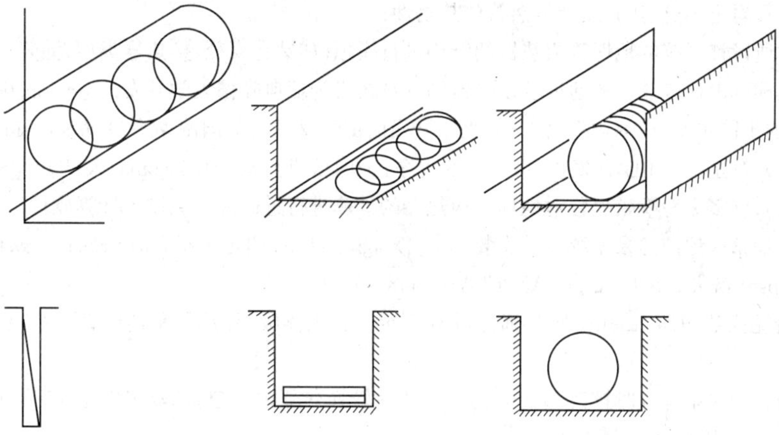

(a)垂直排圈式　(b)水平排圈式　(c)水平螺旋式

图 2　几种新近开发的水平地埋管换热器形式

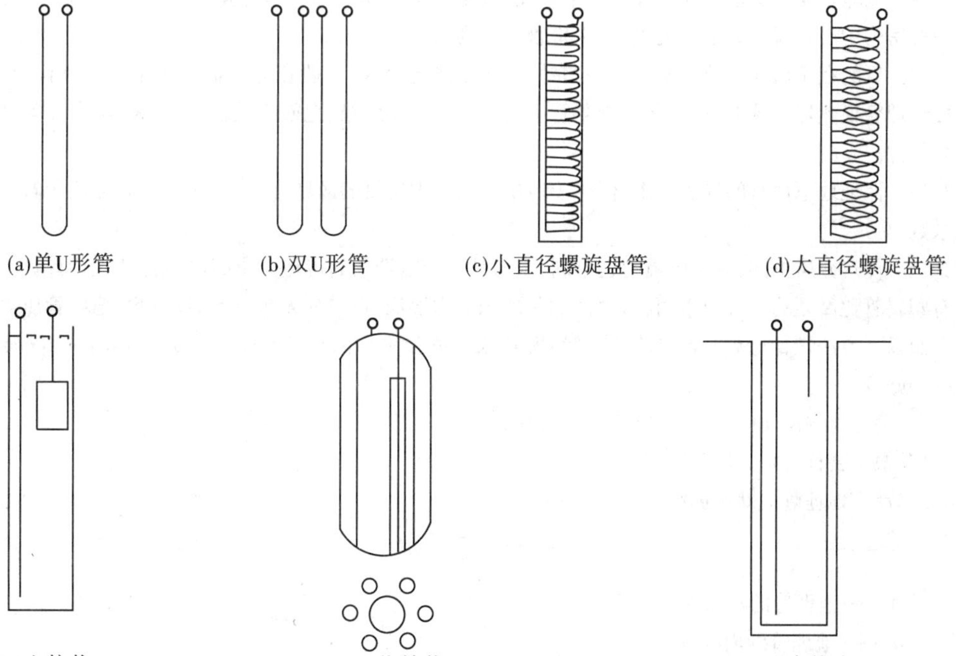

(a)单U形管　(b)双U形管　(c)小直径螺旋盘管　(d)大直径螺旋盘管

(e)立柱状　(f)蜘蛛状　(g)套管式

图 3　竖直地埋管换热器形式

热特性差别都很大。为保证地埋管换热器设计符合实际,满足使用要求,通常设计前需要对现场岩土体热物性进行测定,并根据实测数据进行计算。此外建筑物全年动态负荷、岩土体温度的变化、地埋管及传热介质特性等因素都会影响地埋管换热器的换热效果。因此,考虑地埋管换热器设计计算的特殊性及复杂性,宜采用专用软件进行计算。该软件应具有以下功能:

(1)能计算或输入建筑物全年动态负荷;

(2)能计算当地岩土体平均温度及地表温度波幅;

(3)能模拟岩土体与换热管间的热传递及岩土体长期储热效果;

(4)能计算岩土体、传热介质及换热管的热物性;

(5)能对所设计系统的地埋管换热器的结构进行模拟(如钻孔直径、换热器类型、灌浆情况等)。

目前,在国际上比较认可的地埋管换热器的计算核心为瑞典隆德大学开发的 g - functions 算法。根据程序界面的不同主要有:瑞典隆德 Lund 大学开发的 EED 程序;美国威斯康星 Wisconsin - Madison 大学 Solar Energy 实验室(SEL)开发的 TRNSYS 程序;美国俄克拉马州(klahoma)大学开发的 GLHEPRO 程序。在国内,许多大专院校也曾对地埋管换热器的计算进行过研究并编制了计算软件。

4.3.6 引自加拿大地源热泵系统设计安装标准《Design and Installation of Earth Energy Systems for Commercial and Institutional Buildings》(CAN/CSA - C448.1)。

4.3.8 为避免换热短路,钻孔间距应通过计算确定。岩土体吸、释热量平衡时,宜取小值;反之,宜取大值。

4.3.9 目的为确保系统及时排气和加强换热。地埋管换热器内管道推荐流速:双 U 形埋管不宜小于 0.4 m/s,单 U 形埋管不宜小于 0.6 m/s。

4.3.10 利于水力平衡及降低压力损失。供、回水环路集管的间距不小于 0.6 m,是为了减少供回水管间的热传递。

4.3.11 地埋管换热器远离水井及室外排水设施,是为了减少水井及室外排水设施的影响。靠近机房或以机房为中心设置是为了缩短供、回水集管的长度。

4.3.12 目的在于增加系统的安全性、可靠性。便于系统充液,一般在分水器或集水器上预留充液管。连接地埋管换热器系统的室内送、回液联管上要安装闭式膨胀箱、充放液设施、压力表、温度计等基本仪器与部件。

4.3.13 保证地下埋管的导热效果,但对于地质情况多为岩石的区域,回填料导热系数可低于岩土体导热系数。

4.3.14 传热介质不同,其摩擦阻力也不同,水力计算应按选用的传热介质的水力特性进行计算。国内已有塑料管比摩阻均是针对水而言,对添加防冻剂的水溶液,目前尚无相应数据,为此,地埋管压力损失可参照以下方法进行计算。该方法引自《地源热泵工程技术指南》(Ground - source heat pump engineering manual)。

(1)确定管内流体的流量、公称直径和流体特性。

(2)根据公称直径,确定地埋管的内径。

(3)计算地埋管的断面面积 A:

$$A = \frac{\pi}{4} \times d_j^2 \tag{1}$$

式中 A——地埋管的断面面积,m^2;

d_j——地埋管的内径,m。

(4)计算管内流体的流速 V:

$$V = \frac{G}{3\,600 \times A} \tag{2}$$

式中 V——管内流体的流速,m/s;

G——管内流体的流量,m^3/h。

(5)计算管内流体雷诺数 Re,Re 应该大于 2 300,以确保紊流:

$$Re = \frac{\rho V d_j}{\mu} \tag{3}$$

式中 Re——管内流体的雷诺数;

ρ——管内流体的密度,kg/m^3;

μ——管内流体的动力黏度，$N \cdot s/m^2$。

(6)计算管段的沿程阻力 P_y：

$$P_d = 0.158 \times \rho^{0.75} \times \mu^{0.25} \times d_j^{1.25} \times V^{1.75} \tag{4}$$

$$P_y = P_d \times L \tag{5}$$

式中　P_y——计算管内的沿程阻力，Pa；

P_d——计算管段单位管长的沿程阻力，Pa/m；

L——计算管段的长度，m。

(7)计算管段的局部阻力 P_j：

$$P_j = P_d \times L_j \tag{6}$$

式中　P_j——计算管段的局部阻力，Pa；

L_j——计算管段管件的当量长度，m。

管件的当量长度可按表1计算。

表1　管件的当量长度

管径		90° 标准型	90° 长半径型	45° 标准型	180° 标准型	旁流 三通	直流 三通	直流三通 后缩小1/4	直流三通 后缩小1/2
3/8″	DN10	0.4	0.3	0.2	0.7	0.8	0.3	0.4	0.4
1/2″	DN12	0.5	0.3	0.2	0.8	0.9	0.3	0.4	0.5
3/4″	DN20	0.5	0.4	0.3	1.0	1.2	0.4	0.6	0.6
1″	DN25	0.8	0.5	0.4	1.3	1.5	0.5	0.7	0.8
5/4″	DN32	1.0	0.7	0.5	1.7	2.1	0.7	0.9	1.0
3/2″	DN40	1.2	0.8	0.6	1.9	2.4	0.8	1.1	1.2
2″	DN50	1.5	1.0	0.8	2.5	3.1	1.0	1.4	1.5
5/2″	DN63	1.8	1.3	1.0	3.1	3.7	1.3	1.7	1.8
3″	DN75	2.3	1.5	1.2	3.7	4.6	1.5	2.1	2.3
7/2″	DN90	2.7	1.8	1.4	4.6	5.5	1.8	2.4	2.7
4″	DN110	3.1	2.0	1.6	5.2	6.4	2.0	2.7	3.1
5″	DN125	4.0	2.5	2.0	6.4	7.6	2.5	3.7	4.0
6″	DN160	4.9	3.1	2.4	7.6	9.2	3.1	4.3	4.9
8″	DN200	6.1	4.0	3.1	10.1	12.2	4.0	5.5	6.1

(8)计算管段的总阻力 P_z：

$$P_z = P_y + P_j \tag{7}$$

式中　P_z——计算管段的总阻力，Pa。

4.3.15　地埋管换热系统根据建筑负荷变化进行流量调节，可以节省运行电耗。

4.3.17　目的在于防止地埋管换热系统堵塞。

4.4　地埋管换热系统施工

4.4.3　地埋管的质量对地埋管换热系统至关重要。进入现场的地埋管及管件应逐件进行外观检查，破损和不合格产品严禁使用。不得采用出厂已久的管材，宜采用刚制造出的管材。聚乙烯管应符合《给水用聚乙烯(PE)管材》(GB/T 13663)的要求；聚丁烯管应符合《冷热水用聚丁烯(PB)管道系统》(GB/T 19473.2)的要求。

地埋管运抵工地后，应用空气试压进行检漏试验。地埋管及管件存放时，不得在阳光下暴晒。搬运和运输时，应小心轻放，采用柔韧性好的皮带、吊带或吊绳进行装卸，不应抛摔和沿地拖曳。

4.4.6 回填料应采用网孔不大于 15 mm×15 mm 的筛进行过筛，保证回填料不含有尖利的岩石块和其他碎石。为保证回填均匀且回填料与管道紧密接触，回填应在管道两侧同步进行，同一沟槽中有双排或多排管道时，管道之间的回填压实应与管道和槽壁之间的回填压实对称进行。各压实面的高差不宜超过 30 cm。管腋部采用人工回填，确保塞严、捣实。分层管道回填时，应重点做好每一管道层上方 15 cm 范围内的回填。管道两侧和管顶以上 50 cm 范围内，应采用轻夯夯实，严禁压实机具直接作用在管道上，使管道受损。

4.4.7 护壁套管为下入钻孔中用以保护钻孔孔壁的套管。钻孔前，护壁套管应预先组装好，施钻完毕应尽快将套管放入钻孔中，并立即用水充满套管，以防孔内积水使套管脱离孔底上浮，达不到预定埋设深度。

下管时，可采用每隔 2～4 m 设一弹簧卡(或固定支卡)的方式将 U 形管两支管分开，以提高换热效果。

4.4.8 U 形管安装完毕后，应立即灌浆回填封孔，隔离含水层。灌浆即使用泥浆泵通过灌浆管将混合浆灌入钻孔中的过程。泥浆泵的泵压足以使孔底的泥浆上返至地表，当上返泥浆密度与灌注材料的密度相等时，认为灌浆过程结束。灌浆时，应保证灌浆的连续性，根据机械灌浆的速度将灌浆管逐渐抽出，使灌浆液自下而上灌注封孔，确保钻孔灌浆密实，无空腔，否则会降低传热效果，影响工程质量。

当埋管深度超过 40 m 时，灌浆回填宜在周围邻近钻孔均钻凿完毕后进行，目的在于一旦孔斜将相邻的 U 形管钻伤，便于更换。

4.4.9 灌浆回填料一般为膨润土和细砂(或水泥)的混合浆或其他专用灌浆材料。膨润土的比例宜占 4%～6%。钻孔时取出的泥砂浆凝固后如收缩很小时，也可用做灌浆材料。如果地埋管换热器设在非常密实或坚硬的岩土体或岩石情况下，宜采用水泥基料灌浆，以防止孔隙水因冻结膨胀损坏膨润土灌浆材料而导致管道被挤压。

4.4.10 系统冲洗是保证地埋管换热系统可靠运行的必需步骤，在地埋管换热器安装前、地埋管换热器与环路集管装配完成后及地埋管换热系统全部安装完成后均应对管道系统进行冲洗。

4.4.11 室外环境温度低于 0 ℃时，塑料地埋管物理力学性能将有所降低，容易造成地埋管的损害，故当室外环境温度低于 0 ℃时，尽量避免地埋管换热器的施工。

4.5 地埋管换热系统的检验与验收

4.5.2 地埋管换热系统多采用聚乙烯(PE)管。聚乙烯(PE)管是一种热塑性材料，管材本身具有受压发生蠕变和应力松弛的特性，与钢管不同。因此，对聚乙烯(PE)管水压试验期间压力降值的理解应更全面些，充分考虑到压力下降并不一定意味着管道有泄漏。

(1)国内现有规范对水压试验的规定。

《通风与空调工程施工质量验收规范》(GB 50243)中规定：冷热水、冷却水系统的试验压力，当工作压力小于等于 1.0 MPa 时，为 1.5 倍工作压力，但最低不小于 0.6 MPa；当工作压力大于 1.0 MPa 时，为工作压力加 0.5 MPa。系统试压：在各分区管道与系统主、干管全部连通后，对整个系统的管道进行系统的试压。试验压力以最低点的压力为准，但最低点的压力不得超过管道与组成件的承受压力。压力试验升至试验压力后，稳压 10 min，压力下降不得大于 0.02 MPa，再将系统压力降至工作压力，外观检查无渗漏为合格。各类耐压塑料管的强度试验压力为 1.5 倍工作压力，严密性工作压力为 1.15 倍的设计工作压力。

《建筑给水排水及采暖工程施工质量验收规范》(GB 50242)中规定：低温热水地板辐射采暖系统，试验压力为工作压力的 1.5 倍，但不小于 0.6 MPa。检验方法：在试验压力下稳压 1 h，压力降不大于 0.05 MPa且不渗不漏。采暖系统，使用塑料管及复合管的热水采暖系统，应以系统顶点工作压力加 0.2 MPa 做水压试验，同时在系统顶点的试验压力不小于 0.4 MPa。检验方法：使用塑料管的采暖系统应在试验压力下 1 h 内压力降不大于 0.05 MPa，然后降压至工作压力的 1.15 倍，稳压 3 h，压力降不大于 0.03 MPa，同时各连接处不渗、不漏。

《建筑给水聚乙烯类管道工程技术规程》(CJJ/T 98)中规定：试验压力应为管道系统设计工作压力的 1.5 倍，但不得小于 0.6 MPa。水压试验应按下列步骤进行：将试压管段各配水点封堵，缓慢注水，同时将管内空气排出；管道充满水后，进行水密封性检查；对系统加压，应缓慢升压，升压时间不应小于 10 min；升压至规定的试验压力后，停止加压，稳压 1 h，压力降不得超过 0.05 MPa；在工作压力的 1.15 倍状态下稳压 2 h，压力降不得超过 0.03 MPa，同时检查各连接处，不得渗漏。

《埋地聚乙烯给水管道工程技术规程》(CJJ 101)中规定：试验压力，水压试验静水压力不应小于管道工作压力的 1.5 倍，且试验压力不应低于 0.8 MPa，不得以气压试验代替水压试验。管道水压试验应分预试验阶段与主试验阶段两个阶段进行。

预试验阶段，应按如下步骤，并符合下列规定：

步骤 1：将试压管道内的水压降至大气压，并持续 60 min。期间应确保空气不进入管道。

步骤 2：缓慢将管道内水压升至试验压力并稳压 30 min，期间如有压力下降可注水补压，但不得高于试验压力。检查管道接口、配件等处有无渗漏现象。当有渗漏现象时应中止试压，并查明原因采取相应措施后重新组织试压。

步骤 3：停止注水补压并稳定 60 min。当 60 min 后压力下降不超过试验压力的 70%时，则预试验阶段的工作结束。当 60 min 后压力下降到低于试验压力的 70%时，应停止试压，并应查明原因采取相应措施后再组织试压。

主试验阶段，应按如下步骤，并符合下列规定：

步骤 1：在预试验阶段结束后，迅速将管道泄水降压，降压量为试验压力的 10%～15%。

期间应准确计量降压所泄出的水量，为 ΔV_{max}(L)：

$$\Delta V_{max} = 1.2V\Delta P[1/E_w + d_i/(e_n E_p)] \tag{8}$$

式中　V——试压管段总容积，L；

ΔP——降压量，MPa；

E_w——水的体积模量，不同水温时 E_w 值可按表 2 采用；

E_p——管材弹性模量，MPa，与水温及试压时间有关；

d_i——管材内径，m；

e_n——管材公称壁厚，m。

当 ΔV 大于 ΔV_{max} 时，应停止试压。泄压后应排除管内过量空气，再从预试验阶段的“步骤 2”开始重新试验。

表 2　不同水温时 E_w 值

温度(℃)	体积模量(MPa)	温度(℃)	体积模量(MPa)
5	2 080	20	2 170
10	2 110	25	2 210
15	2 140	30	2 230

步骤2:每隔3 min记录一次管道剩余压力,应记录30 min。当30 min内管道剩余压力有上升趋势时,则水压试验结果合格。

步骤3:30 min内管道剩余压力无上升趋势时,则应再持续观察60 min。当整个90 min内压力下降不超过0.02 MPa时,则水压试验结果合格。

步骤4:当主试验阶段上述两条均不能满足时,则水压试验结果不合格。应查明原因并采取相应措施后再组织试压。

(2)国外地埋管换热系统水压试验标准及方法。

加拿大地源热泵系统设计安装标准《Design andinstallation of earth energy systems for commercial and institutional buildings》(CAN/CSA-C448.1)(简称加拿大标准)中水压试验方法如下。

试压分四个阶段:①竖直地埋管换热器插入钻孔前,应充水进行水压试验后再封堵。试验压力大于等于690 kPa,稳压15 min,没有明显压力降低或泄漏。该压力应保持到回填后1 h。②竖直或水平地埋管换热器与环路集管装配完成后,回填前应进行水压试验。③各环路集管与机房分集水器连接完成后,回填前应充水进行水压试验。试验压力应大于等于690 kPa,且系统最低点压力应小于管材破裂压力。试压持续至少2 h,期间应无泄漏现象。④地埋管换热系统全部安装完毕,且冲洗、排气完成并回填后应充水进行水压试验。试验压力应大于等于690 kPa,且系统最低点压力应小于管材破裂压力。试压持续至少12 h,期间压力降没有明显变化(应不大于3%)。

分别进行③、④两阶段水压试验的目的是为了保证水压试验结果的正确性。因为系统进行第③阶段试压时,地埋管环路可能会发生膨胀现象,一段时间后将导致压力有所下降,容易造成系统有泄漏的假象,故需要进行第④阶段水压试验。

美国地埋管地源热泵系统设计与安装标准《Closed-Loop/Geothermal Heat Pump Systems-Design and Installation Standards)》(1997)(简称美国标准)中水压试验方法如下:①所有地埋管安装前均应做压力试验,地埋管换热器所有部件回填前均应做压力试验。②压力试验应为水压试验,试验压力至少为管材设计压力的1.5倍或系统运行压力的3倍。③试验时间30 min,期间应无泄漏现象。

(3)国内地埋管换热系统应用时间不长,在水压试验方法上缺乏试验与实践数据。《埋地聚乙烯给水管道工程技术规程》(CJJ 101)适用于埋地聚乙烯给水管道工程,但其水压试验方法与地埋管换热系统工程应用实践有较大差距,也不宜直接采用。加拿大标准与美国标准相比,前者步骤清晰,与目前地埋管换热系统工程应用实践相一致,故本规范水压试验方法是建立在加拿大标准基础上,在试验压力上考虑了与国内相关标准的一致性。

4.5.3 回填过程的检验内容包括回填料配比、混合程序、灌浆及封孔的检验。

5 地下水换热系统

5.1 一般规定

5.1.1 可靠回灌措施是指将地下水通过回灌井全部送回原来的取水层的措施,要求从哪层取水必须再灌回哪层,且回灌井要具有持续回灌能力。同层回灌可避免污染含水层和维持同一含水层储量,保护地热能资源。热源井只能用于置换地下冷量或热量,不得用于取水等其他用途。抽水、回灌过程中应采取密闭等措施,不得对地下水造成污染。

5.1.2 地源热泵系统最大吸热量或释热量按本规范第4.3.3条条文说明的规定计算。

5.1.3 地下水供水管不得与市政管道连接是为了避免污染市政供水和使用自来水取热;地下水回灌管不得与市政管道连接,是为了避免回灌水排入地下水,保护水资源不被浪费。

5.2 地下水换热系统设计

5.2.3 氧气会与水井内存在的低价铁离子反应形成铁的氧化物,也能产生气体化合物,引起回灌井阻塞,为此,热源井设计时应采取有效措施消除空气侵入现象。

5.2.4　抽水井与回灌井相互转换以利于开采、洗井、岩土体和含水层的热平衡。抽水井具有长时间抽水和回灌的双重功能，要求不出砂又保持通畅。抽水井与回灌井间设排气装置，可避免将空气带入含水层。

5.2.5　一般为了保证回灌效果，抽水井与回灌井比例不小于1∶2。

5.2.6　为了避免污染地下水。

5.2.8　从保障地下水安全回灌及水源热泵机组正常运行的角度，地下水尽可能不直接进入水源热泵机组。直接进入水源热泵机组的地下水水质应满足以下要求(引自《采暖通风与空气调节设计规范》(GB 50019)第7.3.3条条文说明)：含砂量小于1/200 000，pH值为6.5～8.5，CaO小于200 mg/L，矿化度小于3 g/L，Cl^-小于100 mg/L，SO_4^{2-}小于200 mg/L，Fe^{2+}小于1 mg/L，H_2S小于0.5 mg/L。

当水质达不到要求时，应进行水处理。经过处理后仍达不到规定时，应在地下水与水源热泵机组之间加设中间换热器。对于腐蚀性及硬度高的水源，应设置抗腐蚀的不锈钢换热器或钛板换热器。在使用海水时，建议在进入换热器前增加氯气处理装置以防止藻类在换热器内部滋生。

当水温不能满足水源热泵机组使用要求时，可通过混水或设置中间换热器进行调节，以满足机组对温度的要求。变流量系统设计可降低地下水换热系统的运行费用，且进入地源热泵系统的地下水水量越少，对地下水环境的影响也越小。

5.3　地下水换热系统施工

5.3.2　热源井及其周围区域的工程勘查资料包括施工场区内地下水换热系统勘查资料及其他专业的管线布置图等。

5.4　地下水换热系统检验与验收

5.4.3　水质要求符合本规范第5.2.8条条文说明的规定。

6　地表水换热系统

6.1　一般规定

6.1.1　目的是减小对地表水体及其水生态环境和行船等的影响。

6.1.2　地表水体应具有一定的深度和面积，具体大小应根据当地气象条件、水体流速、建筑负荷等因素综合确定。

6.1.3　地源热泵系统最大吸热量或释热量按本规范第4.3.3条条文说明的规定计算。

6.2　地表水换热系统设计

6.2.1　取水口应远离回水口，目的是避免热交换短路。

6.2.2　有利于水力平衡。

6.2.3　为了防止风浪、结冰及船舶可能对其造成的损害，要求地表水的最低水位与换热盘管距离不应小于1.5 m。最低水位指近20年每年最低水位的平均值。

6.2.4　地表水换热系统采用开式系统时，从保障水源热泵机组正常运行的角度，地表水尽可能不直接进入水源热泵机组。直接进入水源热泵机组的地表水水质应符合本规范第5.2.8条条文说明的规定。水系统采用变流量设计有利于降低输送能耗。

6.3　地表水换热系统施工

6.3.2　换热盘管任何扭曲部分均应切除，未受损部分熔接后须经压力测试合格后才可使用。换热盘管存放时，不得在阳光下暴晒。

6.3.3　换热盘管一般固定在排架上，并在下部安装衬垫物，衬垫物可采用轮胎等。

7　建筑物内系统

7.1　建筑物内系统设计

7.1.2　水源热泵机组应符合《水源热泵机组》(GB/T 19409)的要求。

水源热泵机组正常工作的冷（热）源温度范围（引自《水源热泵机组》（GB/T 19409））：

水环热泵系统	10～40 ℃（制冷）	15～30 ℃（制热）
地下水热泵系统	10～25 ℃（制冷）	10～25 ℃（制热）
地埋管热泵系统	10～40 ℃（制冷）	−5～25 ℃（制热）

7.1.3　当水温达到设定温度时，水源热泵机组应能减载或停机。用于供热时，水源热泵机组应保证足够的流量以防止机组出口端结冰。

7.1.4　不同地区岩土体、地下水或地表水水温差别较大，设计时应按实际水温参数进行设备选型。末端设备选择时应适合水源热泵机组供、回水温度的特点，保证地源热泵系统的应用效果，提高系统节能率。

7.1.5　根据水源热泵机组的设置方式不同，分为集中、水环和分体热泵系统。水环热泵系统是小型水/空气热泵的一种应用方式，即用水环路将小型水/空气热泵机组并联在一起，构成以回收建筑物内部余热为主要特征的热泵供热、供冷的系统。水环热泵系统机组的进风温度不应低于 10 ℃或高于 32.2 ℃，当进风温度低于 10 ℃时，应进行预热处理。对于冬季间歇使用的建筑物，宜采用分体热泵系统，以防止停止使用时设备冻损。末端空调系统可采用风机盘管系统、冷暖顶/地板辐射系统或全空气系统。

7.1.6　夏季运行时，空调水进入机组蒸发器，冷源水进入机组冷凝器。冬季运行时，空调水进入机组冷凝器，热源水进入机组蒸发器。冬、夏季节的功能转换阀门应性能可靠，严密不漏。

7.1.7　当采用地源热泵系统提供（或预热）生活热水较其他方式提供生活热水经济性更好时，宜优先采用地源热泵提供生活热水，不足部分由辅助热源解决。生活热水的制备可以采用水路加热的方式或制冷剂环路加热两种方式。

7.1.8　为达到节能目的，可采用水侧或风侧节能器，且根据实际情况设置蓄能水箱。对于平均水温低于 10 ℃的地区，由于供热量大，地埋管换热器出水温度较低，为节省热量，此时宜在水侧或风侧设置热回收装置对排热进行回收；或根据室外气象条件及系统特点采用过渡季增大新风量等节能措施。

8　整体运转、调试与验收

8.0.2　地源热泵系统试运转需测定与调整的主要内容包括：

（1）系统的压力、温度、流量等各项技术数据应符合有关技术文件的规定。

（2）系统连续运行应达到正常平稳；水泵的压力和水泵电机的电流不应出现大幅波动。

（3）各种自动计量检测元件和执行机构的工作应正常，满足建筑设备自动化系统对被测定参数进行监测和控制的要求。

（4）控制和检测设备应能与系统的检测元件和执行机构正常沟通，系统的状态参数应能正确显示，设备连锁、自动调节、自动保护应能正确动作。

调试报告应包括调试前的准备记录、水力平衡、机组及系统试运转的全部测试数据。

8.0.3　地源热泵系统的冬、夏两季运行测试包括室内空气参数及系统运行能耗的测定。系统运行能耗包括所有水源热泵机组、水泵和末端设备的能耗。

附录 A

地埋管外径及壁厚

A.0.1　表中数值引自《给水用聚乙烯（PE）管材》（GB/T 13663）。

A.0.2　表中数值引自《冷热水用聚丁烯（PB）管道系统》（GB/T 19473.2）。

附录 B

竖直地埋管换热器的设计计算

为了便于工程计算,几种典型土壤、岩石及回填料的热物性可参考表 3 确定。表 3 引自《2003 ASHRAE HANDBOOK HVAC Applications》中 Geothermal Energy 一章。

表 3 几种典型土壤、岩石及回填料的热物性

项目		导热系数 $\lambda_{\%}$ (W/(m·K))	扩散率 α ($10^{-6}m^2/s$)	密度 ρ (kg/m^3)
土壤	致密黏土(含水量 15%)	1.4~1.9	0.49~0.71	1 925
	致密黏土(含水量 5%)	1.0~1.4	0.54~0.71	1 925
	、致密黏土(含水量 15%)	0.7~1.0	0.54~0.64	1 285
	致密黏土(含水量 5%)	0.5~0.9	0.65	1 285
	致密砂土(含水量 15%)	2.8~3.8	0.97~1.27	1 925
	致密砂土(含水量 5%)	2.1~2.3	1.10~1.62	1 925
	致密砂土(含水量 15%)	1.0~2.1	0.54~1.08	1 285
	致密砂土(含水量 5%)	0.9~1.9	0.64~1.39	1 285
岩石	花岗岩	2.3~3.7	0.97~1.51	2 650
	石灰石	2.4~3.8	0.97~1.51	2 400~2 800
	砂岩	2.1~3.5	0.75~1.27	2 570~2 730
	湿页岩	1.4~2.4	0.75~0.97	—
	干页岩	1.0~2.1	0.64~0.86	—
回填料	膨润土(含有 20%~30%的固体)	0.73~0.75	—	—
	含有 20%膨润土、80% SiO_2 砂子的混合物	1.47~1.64	—	—
	含有 15%膨润土、85% SiO_2 砂子的混合物	1.00~1.10	—	—
	含有 10%膨润土、90% SiO_2 砂子的混合物	2.08~2.42	—	—
	含有 30%膨润土、70% SiO_2 砂子的混合物	2.08~2.42	—	—

第三章 矿泉水资源

第一节 矿泉水基本概念

矿泉水亦称“矿水”。它是指从地下深处涌出或由人工开采出且未受污染的，来自深部循环、具有某些特殊理化特性，并因而有益于人体健康、可供饮用或医疗用的地下水。饮用矿泉水以天然含有适量浓度的某种特定成分的矿物盐、微量元素或二氧化碳气体为特征，可供直接饮用，也可用做配制饮料的水基。医疗矿泉水则是指含有一定浓度的某种特定成分的溶解态矿物质、气体或放射性元素，或者水温达到界限温度，而可用于医疗目的。

我国饮用天然矿泉水定义为：饮用天然矿泉水是一种矿产资源，是来自地下深处的天然露头或经人工揭露的深层地下水。

饮用天然矿泉水应在保证原水卫生安全的条件下采集和罐装。在不改变饮用天然矿泉水的特征和主要成分条件下，除允许曝气、倾析、过滤和除去或加入二氧化碳外，不得进行其他任何处理。

国家标准中规定了某些元素和组分的限量指标、污染物指标和微生物指标。

第二节 矿泉水疗法

矿泉水疗法，在西方不仅有专有名词，而且有专门的学科和保健、治疗特殊方法。

由于矿泉水本身含有丰富的矿物质和人体所必需的微量元素，对人体内在平衡有特殊的调节作用。这些成分在普通的食品、水、饮料等人体食物、饮品链中往往又十分缺乏，因此矿泉水对于人体健康来说有着特殊的作用。

无论人的内分泌系统还是免疫系统等，往往都需要一些特定微量元素。某种微量元素的缺乏，往往就会引起内分泌系统的失调而引发某些疾病。某种微量元素可能还是人们所不知的人体免疫系统所需要的微量元素。这些微量元素的缺乏，将直接导致免疫系统的疾病。我们知道，人体免疫系统是人体生命和健康的忠诚卫士。如果免疫系统出了问题，其后果是十分可怕的。

对于因为缺乏某种微量元素而引起的疾病或不适——内分泌系统、人体免疫系统等，矿泉水就是保健品甚至是特殊的治疗药品了。

因此，在经济发达的国家，就有了矿泉疗养地——所有的食物、饮品、保健等，都围绕矿泉“水链”展开。自然，其高收费也只能为有钱人服务，不是平常人所能够承受的。矿泉疗养地某种程度上也成为西方社会一种身份和社会地位的象征。

第三节　矿泉水的营养与保健

水是构成一切生物体的基本成分。不论是动物或是植物，均赖以维持最基本的生命活动。所以，水是生命之源泉，水也是人类最必需的营养素之一。人的体重 50%～70%是水分。含水量随年龄、性别、肌肉发达程度及体脂多少而异。体内的水分主要与蛋白质、脂类或碳水化物相结合，形成胶体状态。人体总水量中约 50%是细胞内液，其余 50%为细胞外液，包括细胞间液、血浆，维持着身体内环境水和电解质的平衡。

人可数十天无食，不可数天无水。身体缺水最先的感觉便是口渴，它是体内需水的信号，通过饮水即可补充所需水分。人类通过长期生活实践，逐渐发现喝了某种水源的水除了能解渴外，还能促进身体健康，减少某些疾病的发生，甚至可以延年益寿；用某种泉水浴身或浸泡四肢还可医治某些皮肤病，或安神镇静，也使一些慢性病加速康复。古今中外，人们最为神化的水源便是天然矿泉水。远在古罗马时代，欧洲一些地方的矿泉水就被人们奉为“圣水”，用以医治疾病。我国利用矿泉水治病的历史源远流长，已有 3 000 年历史。古代文献郦道元《水经注》中有“鲁山皇女汤，饮之愈百病”，《醴泉铭》有“醴泉出京师，饮之痼疾皆愈”的记载。这表明，中国人在很早以前就已经懂得饮用矿泉水，不但可强身壮体，治疗多种疾病，而且对于某些难治的顽疾，也有一定效果。根据有关记载，在浙江绍兴柯岩风景区，有一个自然出露的矿泉水源，相传已有 600 余年历史，民间称之为“天医菩萨圣水”。逢年过节，方圆百里的人群蜂拥而至，叩拜“天医菩萨”恩赐圣水，祈祷水到病除。自古以来，人们总是把矿泉水的防病治病作用蒙上了一层神秘、迷信的色彩，广为流传。但这毕竟缺乏科学依据，甚至被人利用为愚弄人群的工具。现代科学分析和营养流行病学调查发现，长期饮用矿泉水的居民，某些疾病和肿瘤的发病率与患病率明显低于饮用其他水源水的当地人群，而且生长发育指标增长，平均寿命延长。水质化学分析也表明，矿泉水除了无污染外，其所含丰富的矿物质与微量元素也有别于其他水源。这就是矿泉水具有营养与保健作用的主要因素，也正是其他纯净水、蒸馏水等所望尘莫及的。

天然矿泉水的水体来源于大自然降水。经过数十年乃至数百年的地下长距离渗入、循环和运移，与地层裂隙的岩石硅酸盐和矿物元素等进行一系列物理、化学作用，溶滤了大量有用的矿物质与微量元素。所以，一般矿泉水的年龄总有数十年之久。由于矿泉水在地下深循环，交替迟缓，有良好的封闭条件，不受外界污染影响，保证了水质卫生、清澈纯净。世界各地的矿泉水水源地地质及水文地质条件不同，矿泉水赋存条件及形成机理各异，水化学特征种类繁多，各国制定的标准中，其营养和有益成分的界限指标也有不同。

我国饮用天然矿泉水国家标准规定：饮用天然矿泉水是从地下深处自然涌出的或经人工揭露的未受污染的地下矿泉水；含有一定量的矿物盐、微量元素和二氧化碳气体；在通常情况下，其化学成分、流量、水温等动态在天然波动范围内相对稳定。还确定了达到矿泉水标准的界限指标，如锂、锶、锌、溴化物、碘化物、偏硅酸、硒、游离二氧化碳及溶解性总固体。其中必须有一项(或一项以上)指标符合上述成分，即可称为天然矿泉水。“国家标准还规定了某些元素和化学化合物，放射性物质的限量指标和卫生学指标，以保证饮用者的安全。根据矿泉水的水质成分，一般来说，在界线指标内，所含有益元素，对于偶尔饮用者起不到实质性的生理或药理效应。但如长期饮用矿泉水,对人体确有较明显的营养保健作用。以我国天然矿泉水含量达标较多的偏硅酸、锂、锶为例,这些元素具有与钙、镁相似的生物学作用,能促进骨骼和牙齿的生长发育,有利于骨骼钙化,防治骨质疏松;还能预防高血压,保护心脏,降低心脑血管的患病率和死亡率。因此,偏硅酸含量高低,是世界各国评价矿泉水质量最常用、最重要的界限指标之一。矿泉水中的锂和溴能调节中枢神经系统活动,具有安定情绪和镇静作用。长期饮用矿泉水还能补充膳食中钙、镁、锌、硒、碘等营养元素的不足,对于增强机体免疫功能,延缓衰老,预防肿瘤,防治高血压、痛风与风湿性疾病也有着良好作用。此外,绝大多数矿泉水属微碱性,适合于人体内环境的生理特点,有利于维持正常的渗透压和酸碱平衡,促进新陈代谢,加速疲劳恢复。

天然矿泉水是宝贵的矿产资源,其开发除受市场因素影响外,还受水量限制。为此,国内外科学家进行了艰苦卓绝的研究,利用高科技手段,对自然水进行综合处理,使之与天然矿泉水一样,有着丰富的营养内涵,可发挥同样的保健作用。相信这类健康水的研制成功并推向市场,必将逐渐拨正目前我国饮水的误区,并将取得良好的社会效益与经济效益,也将使我国饮水文化提高到一个新的水平。

第四节　饮用天然矿泉水中微量元素及其作用

20 世纪 70 年代以来,随着现代工业的飞速发展,全球性环境污染日趋加重。在工业发达的国家和地区,大气、土壤、植被、地表水和地下水均遭到不同程度的污染,严重地影响了人们的生活和生产活动,危害人体健康。许多国家和地区的城镇供水水质已超出饮用水标准,人们急切渴望饮用优质地下水。而天然矿泉水属深循环优质水源,富含多种对人体健康有益的微量元素,其有害成分、微生物含量较低。因此,长期饮用天然矿泉水,能促进人体发育,防止一些慢性疾病的发生。实践证明,在一些地方病(大骨节、甲状腺肿、氟斑牙等)流行的多发地区,长期饮用矿泉水,可防病抗衰,具有很高的医疗保健作用。

众所周知,人体是由多种元素组成的。其中碳、氢、氧、氮、钙、磷、钾、钠、氯和硫等占人体总重量的 99.95%,微量元素共有 41 种,它们只占人体总重量的 0.05%。经医学研究证实,铁、铜、锌、钴、锰、铬、碘、硒、镍、氟、锂、钡、锶等十几种微量元素是人体正常生理活动的必需元素,它们在人体内的丰度虽然很低,但又必不可少。大多数必需微量元素与氨基酸、蛋白质结合成各种酶、激素或维生素 B12 和细胞色素的重要组成。这些物质在人体内产生许多独特的生理功能和生化效应。①协助运送普通元素,例如铁是血红蛋白的重要组成部分,它能将氧运送到全身每个细胞中去。②是酶的活性不可缺少的因子,亦是酶的激活剂,例如锌离子能激活肠磷酶及肝、肾过氧化氢酶,是胰岛素合成的必需组分,锰离子能起到激活精氨酸酶、磷酸酶、羧酶及胆碱脂酶等作用。③参与激素,促使激素发挥调节人体生理功能的重要作用。④能影响核酸代谢。

现将饮用天然矿泉水中有益元素的医疗保健作用简介如下:

(1)锌:锌是人体必需的微量元素,能增强食欲,促进生长发育,具有重要的生理功能,如增强创伤组织的再生能力、加速组织愈合、壮阳等作用。有重要的营养价值。此外,锌能保护心肌免遭异丙肾素导致的心肌损害;锌与利尿剂合用能增强降压作用,有利于控制冠心病的发生。人体缺锌,将引起锌酸活力减退而产生营养不良,嗅觉、味觉丧失,视力下降,贫血、肝脾肿大、生殖器官发育不全等。同时,还可引起心血管疾病。

(2)铜:铜是人体必需的微量元素之一,具有造血、影响铁代谢、强壮骨骼、软化血管、增强防御机能等功能。铜在人体内(尤其是心脏中)主要以含铜蛋白酶和血浆细胞素存在,影响造血过程,促进铁的吸收和利用,加速细胞成熟。人体缺铜将引起心脏增大,血管变弱,心肌变性和肥厚,以及主动脉弹性组织变性,导致动脉病变,引起胆固醇增高,导致冠心病发生等。

(3)铁:铁是人体血液中运输和交换氧所必需的成分。铁参与血红蛋白、细胞色素及各种酶的合成,激发辅酶A等多种酶的活性,能促进造血、能量代谢、生长发育,并具有杀菌的功能。人体缺铁或利用不良时,将导致发生贫血、免疫功能障碍和新陈代谢紊乱等。

(4)锰:锰在人体内参与精氨酸酶等多种酶的合成作用,激活核米酶合成核酸,参与造血过程,并在胚胎的早期发挥作用,具有促生长发育、强壮骨骼、防治心血管病的功能。它可促进维生素B1积蓄,提高蛋白质代谢率。人体缺锰时,会发生骨骼畸形和不育症,导致贫血、动脉硬化及癌肿。

(5)锶:锶是人体必需的微量元素,但含量甚少,它是人体骨骼及牙齿的正常组成成分。锶与心血管的功能及构造有关,锶在人体内有强壮骨骼、防治心血管疾病之功效,可以根据锶的聚集程度观察骨折愈合情况。人体缺乏锶,将会阻碍新陈代谢、产生牙齿和骨骼发育不正常等症状。

(6)钴:钴是人体内维生素的主要组成成分,具有治疗恶性贫血和刺激造血、改善锌的活性、促进生长发育,以及预防冠心病、心肌炎、贫血、动脉硬化和白内障等作用,还可延年益寿等。人体缺钴时,可导致恶性贫血、神经系统产生广泛性神经脱鞘髓,同时也可出现舌及口腔炎症。

(7)钼:钼是人体黄嘌呤氧化酶、醛氧化酶等的重要成分。参与细胞内电子的传递,影响肿瘤的发生,具有防癌、抗癌的作用。人体钼缺乏时,阻止人体亚硝酸还原成氧,使亚硝酸在体内富集,将会导致癌症的发生。

(8)铬:铬可使胰岛素的活性增加,防治粥样动脉硬化,促使人体生长发育。同时,还可防治糖尿病、胆固醇增高,导致心血管疾病的发生。

(9)硒:硒的生理功能与维生素E、胱氨酸的作用相似,它是谷胱甘肽过氧化酶的必需成分;硒对高血压、心肌梗塞、肾脏损害具有重要的保护作用;硒是心肌健康的必需物质,有改善线粒体的功能,对高血压、胃肠病有治疗作用。硒对预防克山病、心脏病、衰老、免疫力降低等有较好效果。人体缺乏硒时,则增加人体对癌肿的易感性,导致癌症的发生,促使人体心、肝、肾、肌肉等多种组织产生病变,易患心肌病。

(10)碘:碘是人体不可缺少的元素,它具有治疗甲状腺肿及各种心脏疾病之功效。人体缺乏碘则导致甲状腺肿大、发育停滞、痴呆等。

(11)硅酸:硅酸对人体主动脉硬化具有软化作用,对心脏病、高血压、动脉硬化、神经功能紊乱、胃病及胃溃疡等均有一定的医疗保健作用。可强壮骨骼、促进生长发育,对消化道系统和心血管系统疾病、关节炎及神经系统紊乱等可起到防治作用,并具有防癌抗衰老的功能。人体缺乏硅酸时,将导致心血管疾病的发生。

(12)钙:钙是组成人体骨骼的必需元素,对青少年的生长发育起着主要控制作用。钙的含量影响水的硬度,硬度与心血管发病率呈现相关关系,常饮含钙水可增强心肌活力。

(13)镁:镁是人体营养的必需物质,是一种催化剂,促使人体中各种酶的形成,具有强心镇静的作用。据国内外一些文献报道,缺镁可导致食道癌的发生。

(14)钠:钠是人体中不可缺少的成分,血液中主要的缓冲剂是碳酸氢钠。而钠离子是其中的主要组成部分,同时又是一种兴奋剂,当人体过度疲劳和流汗过量时,补充适量的钠会很快调节细胞平衡。

(15)氡:氡是一种弱放射性物质,它放射出的射线能量很低,对人体一般不产生危害。人体内尿酸受氡的影响易于溶解排除,故对痛风有明显治疗效果。氡能促进人体新陈代谢,具有活跃酶系统、促进细胞的再生和激活结缔组织的功能,并有良好的脱敏作用,对风湿、类风湿病有良好的治疗功效。由于氡是亲脂性气体,进入肌体后很快和饱和脂肪的神经鞘结合,有良好的镇痛作用,所以对神经系统疾病有良好的治疗功能。适量饮、浴含氡矿泉水,除对上述疾病有医疗作用外,还可解除动脉痉挛,对高血压有缓解作用。由于氡对心血管能起到调节作用,所以对动脉硬化、冠心病有较好疗效。

第四节 国际矿泉水标准

1981 年欧洲地区有一个完整的矿泉水标准,1993 年国际食品法典委员会(简称 CAC)在欧洲地区标准基础上提出修改意见,并打算讨论通过变成世界性统一的矿泉水标准,现在还在讨论过程中。将其中某些元素和组分限量指标与我国标准比较见表 3-1。

表 3-1 某些元素和组分限量指标比较 (单位:mg/L)

元素	中国 GB 8537—1995	欧洲地区 108—1981	CAC1993 年会议 附录 1
锌	5.0	5	—
铜	1.0	1	—
钡	0.70	1.0	0.7
镉	0.010	0.01	0.003
铬(Cr^{6+})	0.050	0.05	0.05(以总 Cr 计)
铅	0.010	0.05	0.01
汞	0.001	0.01	—
硒	0.050	0.01	—
砷	0.050	0.05	0.01(以总 As 计)
锰	—	2	0.5
硫化物	—	0.05	—
锑	—	—	0.005
镍	—	—	0.02

附件 1　天然矿泉水地质勘探规范

（GB/T 13727—92）

1992－10－07 发布，1993－04－01 实施，国家技术监督局发布

1　主题内容与适用范围

1.1　本规范规定了天然矿泉水（医疗、饮用矿泉水，下同）的勘探程度、勘探质量、储量计算、水源地保护、开发技术经济评价及报告编制的基本要求。

1.2　本规范适用于医疗、饮用矿泉水地质勘探，是天然矿泉水地质勘探设计书编制、工作布置、报告编写与审批的主要依据，也可供天然矿泉水地质普查、详查工作参考。

2　引用标准

GB 5749　生活饮用水卫生标准

GB 8537　饮用天然矿泉水

GB 8538.1～8538.63　饮用天然矿泉水检验方法

GB 11615　地热资源地质勘查规范

3　总则

3.1　本规范所指天然矿泉水，包括饮用矿泉水和医疗矿泉水。它是在特定地质条件下形成的一种宝贵的液态矿产资源，以水中所含适宜医疗或饮用的气体成分、微量元素和其他盐类成分而区别于普通地下水资源。

3.2　天然矿泉水地质勘探工作，按矿泉水资源勘查工作精度要求的不同，分为普查、详查和勘探三个阶段，勘探阶段之后为开采阶段。普查阶段为详查工作提供依据；详查阶段为勘探及建设立项提供依据；勘探阶段为水源地建设可行性研究和设计提供依据。

3.3　水文地质条件简单、需水量明显小于允许开采量，直接利用单井（泉）的矿泉水勘查，可不分阶段，依据矿泉水水源地建设需要，直接进行勘探阶段工作。水文地质条件复杂的埋藏型矿泉水勘查，宜分阶段遵循地质勘查工作程序进行。

3.4　天然矿泉水勘探是在已确定立项开发的矿泉水水源地进行工作，应详细查明矿泉水形成的地质－水文地质条件，确定矿泉水生产井位置及卫生保护区边界，取得不少于一年的水质、水量、水位、水温连续观测资料，在动态观测或生产性抽水资料基础上计算评价矿泉水允许开采量，其精度一般应满足 B 级要求，提出技术经济最佳开采方案，并对可能提供二期开发的远景区作出初步论证和评价。

3.5　已开发的矿泉水水源地，应着重水质、水位（水量）、水温的系统监测与综合分析研究，划定矿泉水卫生保护区，建立经济合理的开采管理模型，核算矿泉水允许开采量，为矿泉水开发管理或扩大开采提供依据。

4　勘探研究程度要求

4.1　地质工作

4.1.1　从地层、地质构造活动、地表及岩心观察到的近代地下流体引起的蚀变、沉淀析出物，研究其与

水源地在空间位置上的联系。

4.1.2 从岩石化学成分、矿物成分研究其与矿泉水组分间可能存在的联系。

4.1.3 研究构造断裂－裂隙系统、基岩风化裂隙系统在平面和深部的延伸、分布，以及其对水源地富水性的影响。

4.2 水文地质工作

4.2.1 研究矿泉水系统形成的区域水文地质条件，内容包括：

a. 矿泉水补给范围的确定；

b. 含水层、隔水层的划分，每层在平面和垂向的分布、组合特征；

c. 矿泉水出水段部位(指矿泉水在基岩中上升流动的主要构造断裂带位置)的确定，必要时辅以物探(电法、重力、磁法、地温测量、射气测量等)确定矿泉水的含水层位；

d. 区域内矿泉水、地下水和地表水的分布关系、水质特征和成因联系；

e. 区域内可能的污染源及卫生保护区的评价和圈定，侧重研究通过矿泉水的补给区可能引起的污染问题；

f. 采矿、隧道开挖、水利工程活动对矿泉水水质、水量可能产生的影响；

g. 对可能提供第二期开发的水源地远景区，在不投入专门工作量的前提下，进行预测和初步评价。

4.2.2 水源地调查：要求对水源地汇水范围进行比例尺 1:25 000～1:5 000 的综合水文地质测绘，必要时辅以钻探和坑探工作。查明矿泉水出露地的水文地质结构和卫生保护条件，并对可能的污染源、必需的卫生保护区作出评价。

4.2.3 水动力学试验：对适于井采的矿泉水水源地，应进行钻孔抽水试验，计算矿泉水含水岩层的渗透性等参数，确定井(孔)涌水量并研究长期开采后出现越流补给影响矿泉水水质的可能性。

4.2.4 矿泉水动态观测：对泉(孔)及其周围地表水体，应布置动态观测点，观测矿泉水的水质、水量、水位、水温动态，确定其在枯、丰、平水期的动态特征，研究各类水体与矿泉水之间的联系。

4.2.5 水文地热工作：对水温大于 34 ℃的医疗矿泉水水源地，可参考 GB 11615 有关要求编制等温线图，进行温度测井，计算地温梯度，确定温度异常，用水化学温标估算储层温度和热矿泉水循环深度。

4.3 矿泉水水质研究

4.3.1 研究矿泉水常量化学组分、微量元素组分及其变化；查明矿泉水化学成分与流量、温度变化的关系；对锶含量在 0.2～0.4 mg/L、偏硅酸含量在 25～30 mg/L，且温度低于 20 ℃的饮用矿泉水，还须应用同位素方法测定矿泉水年龄。

4.3.2 对碳酸泉和医疗矿泉水，应测定水中溶解气体和逸出气体的组分与数量，研究水源地的原生态环境(氧化作用、还原作用、变质作用)及气体的成因。

4.3.3 测定矿泉水的限量组分、污染组分、有机物组分和微生物含量，查明与其水文地质条件之间的关系。

4.3.4 测定放射性元素及其含量，查明其与水文地质条件之间的关系。

4.4 矿泉水开发技术条件的研究

4.4.1 利用钻井开采时应在查明含水层结构的条件下，提出合理的井孔结构、成井工艺、井口及含水层顶底板水质卫生防护措施；查明相邻地段已有开采井群对矿泉水开采的影响。

4.4.2 直接从泉口引用矿泉水的情况下，应着重查明泉口的卫生保护条件及取水条件、浅层地下水对矿泉水系统的污染范围或地段。

4.4.3 设立水源井专门档案，内容包括有关地层、井身结构、钻进、固井、洗井、修井等技术资料记录，以及有关开采量、水化学和卫生学等定期监测分析结果。

5 勘探控制程度

5.1 勘探类型(见表1)

表1

类型		主要特征
天然出露型矿泉水	Ⅰ-1	含水层呈层状,以孔隙为主,矿泉水以泉水形式天然出露
	Ⅰ-2	含水层呈带状,以构造裂隙为主,矿泉水具承压性,以井或泉形式出露
埋藏型矿泉水	Ⅱ-1	含水层呈层状,埋藏于地下深处或隐伏于覆盖层下部,分布面较大,水量较大,可形成"矿水田",以人工或钻探(单井或群井)方法取水
	Ⅱ-2	含水层呈带状,以构造裂隙为主,矿泉水沿主要断裂构造分布,主要以钻井(多以单井)方法取水

5.2 矿泉水勘探规模分级(见表2)

表2

矿泉水规模	饮用矿泉水		医疗矿泉水	
	碳酸水	其他类型水	碳酸水	其他类型水
小型	<50	<100	<250	<500
中型	50~500	100~1 000	250~1 500	500~5 000
大型	>500	>1 000	>2 500	>5 000

注:表中数字为允许开采量,以 m^3/d 计。

5.3 矿泉水勘探宜在开发与保护条件好的泉水露头和已开发水源地的基础上进行。在井、泉水量已满足初期建厂水量要求的条件下,一般不布置钻探工程。

5.4 钻探工程应根据不同勘探类型、勘查阶段和勘查区的地质－水文研究程度确定,其最低钻探工程量见表3。

表3

勘探类型	普查阶段钻探井数量(个)	详查阶段钻井数量(个)	勘探阶段钻井数量(个)
Ⅰ-1	0	0	0~1
Ⅰ-2	0	0~1	1~2
Ⅱ-1	0~2	1~3	2~5
Ⅱ-2	0~1	1~2	1~3

注:小型水源地钻井数量取小数,大型水源地取大数;勘探阶段的钻井数量含普查、详查阶段的钻井数量。

6　勘探工作质量要求

6.1　地质－水文地质调查

6.1.1　地质水文调查范围应包括矿泉水的补给区或卫生保护区，调查地质地形底图比例尺不小于1∶10 000。

6.1.2　地质－水文地质调查，应详细查明：

a. 水源地的地层时代、岩性特征、地质构造、岩浆活动及矿泉水形成的地质条件；

b. 矿泉水的赋存条件、含水层岩性和富水性、分布范围、埋藏深度及水源地卫生保护条件；

c. 矿泉水的水化学特征和微生物指标；

d. 矿泉水运动状态和动态特征；

e. 矿泉水允许开采量及其保证程度。

6.2　地球物理调查

6.2.1　对埋藏型矿泉水，可针对主要含矿泉水的断裂构造或含水层进行地球物理调查，确定断裂构造的宽度、产状、含水层的埋藏深度与分布等。

6.2.2　地球物理调查比例尺应与地质－水文地质调查比例尺一致，对所获资料，应结合地质水文地质条件进行分析，提出综合解释成果，作为矿泉水勘探与布置开采水源井的依据。

6.3　水文地质钻探与试验

6.3.1　水文地质钻探

6.3.1.1　钻孔口径：松散层中的勘探孔，口径不小于 175 mm；基岩中的勘探孔最小终孔口径不应小于 110 mm；勘探开采井，以能下入取水设备为原则。

6.3.1.2　钻孔深度：应以矿泉水含水层埋深为依据，覆盖层中宜建立完整井，以穿过含水层 10～20 m 为宜；基岩中穿过主要富水段，延深深度应不小于 10 m。

6.3.1.3　对含矿泉水的层位或地段的顶底板必须严格止水。

6.3.1.4　必须采用清水钻进。严格禁止采用化学物质堵漏。

6.3.1.5　详细进行钻孔地质编录，应特别注意对裂隙发育程度、裂隙面性质、构造破碎带发育程度的观测和记录。

6.3.1.6　详细记录钻进中的涌水、漏水、逸气等现象的起止时间、井深、层位。

6.3.1.7　对埋藏型矿泉水，应进行综合物探测井，准确确定含水层层位、深度及其物性参数。

6.3.2　钻孔抽水试验

6.3.2.1　对只适于单井开采的地区，应进行单井抽水试验；适于群井开采的地区，则应依据具体情况进行多孔或带观测孔的试验。

6.3.2.2　抽水试验地段，应以矿泉水含水层为目的层，当有多个含水层时，宜选择富水性最好、水质最佳的井段作为抽水试验段；当含水层水量小而又不易分层或分段时，可作为一个试验段进行混合抽水。

6.3.2.3　抽水试验应进行 3 次降深，确定涌水量与降深的关系和回归方程曲线，计算试验井(孔)在保证水质达标成分稳定条件下的出水能力。各次降深间距不小于 1 m。

6.3.2.4　抽水试验的延续时间，在水量丰富的地区，当抽水水位和水量易稳定时，稳定延续时间可选用 24 h；在水源补给条件较差而水位和水量又不易稳定时，稳定延续时间可选用 48 h 或更多；群孔抽水试验，应结合开采方案进行，抽水稳定延续时间不少于 96 h。

6.3.2.5　抽水试验过程中，应连续多次采取水样，测定水中达标成分的含量变化。

6.4　样品测试

6.4.1　水样

6.4.1.1 饮用矿泉水检验项目见 GB 8537 中 4.1～4.5 条;医疗矿泉水检验项目见本规范附录 B。
6.4.1.2 样品采集和保存见 GB 8538.2。
6.4.1.3 检验方法见 GB 8538.3～8538.63。
6.4.2 气样
6.4.2.1 凡有逸出气体的井、泉均应采集气体样品。
6.4.2.2 分析项目包括 H_2S、O_2、CO_2、CO、N_2、NH_3、CH_4 及 Rn 射气。
6.4.2.3 样品采集和保存见 GB 8538.2。
6.4.3 同位素样
6.4.3.1 按研究矿泉水的成因、年龄、补给来源等实际需要采集样品。
6.4.3.2 分析项目按实际需要和水质情况确定,包括稳定同位素(^{18}O、^{34}S、^{2}H)和放射性同位素(^{3}H、^{14}C)。

6.5 动态观测

6.5.1 应及早建立泉(井)动态监测点(网),掌握矿泉水天然动态,对已开发的泉(井)应在已有观测点(网)的基础上继续进行监测,了解开采动态变化规律。
6.5.2 观测内容和要求:水位(压力)、流量、温度可每月观测 2～3 次,连续观测一个水文年以上。
6.5.3 应及时分析和整理观测资料,编制年鉴或存入数据库,绘制动态变化综合曲线图。

7 水质评价要求

7.1 依据丰水期和枯水期的水质分析结果进行评价。对于饮用矿泉水按 GB 8537 规定的各项指标进行评价;对于医疗矿泉水按附录 B"医疗矿泉水水质标准"所规定的各项指标评价。凡是达到矿泉水标准的界限指标值,必须有国家级计量认证的两个以上测试单位的对应分析或外检数据。
7.2 矿泉水命名:饮用矿泉水化学成分达到 GB 8537 规定指标者可参加成分命名;医疗矿泉水化学成分达到附录 B 规定的特殊含量者可参加命名。矿泉水中的阴、阳离子大于 25%mmol 者可参加水化学类型命名。
7.3 矿泉水兼作生活饮用水者必须按 GB 5749 评价。

8 储量计算要求

8.1 储量计算一般原则

8.1.1 矿泉水储量计算,一般只计算允许开采量。
8.1.2 储量计算应根据矿泉水形成的地质－水文地质条件、水动力特征及水质类型,选择合理的计算方法和各项参数,建立数学模型,提高计算精度。
8.1.3 矿泉水允许开采量依据勘查研究程度可分为 A、B、C、D 四级,其单位以 m^3/d 表示。
8.1.3.1 A 级允许开采量:系水源地经多年开发验证了的水量,为水源地开发管理的依据。其条件是:

a. 准确查明了水源地的边界及含水层特征;

b. 准确查明了矿泉水物理化学特征;

c. 允许开采量计算所需参数均已为开采验证;

d. 已掌握 3 年以上的动态监测资料,按 GB 8537 水化学测试项目要求,每年取得丰、枯水期完整的水化学资料;

e. 已准确划定矿泉水水源地卫生保护区。

8.1.3.2 B 级允许开采量:系水源地开发设计依据的储量。其条件是:

a. 详细控制了水源地的边界和含水层特征;

b. 详细查明了矿泉水的物理化学特征;

c. 通过试验取得了允许开采量计算所需参数；

d. 泉水应掌握1年以上的连续动态监测资料，水源井应具有枯水期的抽水试验资料；

e. 已查明矿泉水开发条件及水源卫生防护条件。

8.1.3.3　C级允许开采量：系水源地开发利用进行可行性研究和水源地勘探立项所依据的储量；需水量明显小于允许开采量的条件下，也可作为开发设计的依据。其条件是：

a. 基本控制了水源地边界和含水层特征；

b. 基本查明了矿泉水的物理化学特征；

c. 通过试验已获得储量计算的主要参数；

d. 已掌握泉水丰、枯水期的动态监测资料，水源井应具有按降深及抽水试验时间要求的正式抽水试验资料。

8.1.3.4　D级允许开采量：系根据地质－水文地质调查、物化探或经验参数所求得的储量，作为矿泉水开发远景规划及进一步部署勘查工作的依据。其条件是：

a. 大致控制了水源地范围和含水层的分布及其特征；

b. 大致查明了矿泉水的物理化学特征；

c. 通过调查访问，大致了解矿泉水的动态变化；

d. 取得泉水流量偶测值，水源井简易抽水试验资料。

8.1.4　对应碳酸类型矿泉水的储量计算，在勘探阶段必须考虑伴生气体(游离 CO_2)的流量。

8.1.5　储量计算应以水质稳定为前提并满足综合评价的要求。

8.2　储量计算参数要求

8.2.1　含水层体积的确定

a. 含水层的分布面积：由水源地的水文地质图上圈定，一般依据含水岩层的分布范围确定；

b. 含水层厚度：由水源地控制性钻孔揭露的地层柱状图上确定。

8.2.2　含水层特性参数：包括导水系数 T、压力传导系数 α、给水系数 μ、释水系数 μ_θ、越流系数 K/M 等，依据钻孔抽水试验资料选用相应的计算公式计算确定。

8.3　允许开采量计算与评价

8.3.1　允许开采量计算

8.3.1.1　对应泉水，可依据泉水动态连续观测资料，按泉水流量衰减方程或频率分析推算允许开采量。

8.3.1.2　对于单井开采，可利用抽水试验资料，绘制 $Q=f(s)$ 曲线(含指数、对数、幂函数等类型)，依据曲线类型确定水流方程，用内插法计算允许开采量，或依据钻孔的水位、水量长期观测资料，用相关分析方法计算允许开采量。

8.3.1.3　对于群井开采，可根据水源地的水文地质边界条件，确定水文地质模型和计算模型，用解析法或数值法预测允许开采量。

8.3.1.4　对于消耗型矿泉水，可计算探明区可利用的矿泉水储存量，按开采规模、开采年限计算允许开采量。

8.3.2　允许开采量评价

8.3.2.1　对计算依据的原始数据、计算方法、计算选用的参数，以及计算结果的准确性、合理性、可靠性等作出评定。

8.3.2.2　根据矿泉水的利用方向、开采技术经济条件确定在保证水质稳定条件下的允许开采量，预测水源地开采动态的趋势，论证矿泉水允许开采量的保证程度及其级别。

8.3.2.3　指出矿泉水开采后的环境地质及资源保护等问题，提出相应的措施及要求。

9　矿泉水水源地保护

9.1　矿泉水水源地，尤其是天然出露型矿泉水水源地应严格划分卫生保护区。保护区的划分应结合水源地的地质－水文地质条件，特别是含水层的天然防护能力、矿泉水的类型，以及水源地的卫生、经济等情况，因地制宜、合理地确定。卫生保护区划分为Ⅰ、Ⅱ、Ⅲ级。

9.2　各级卫生保护区的卫生保护措施

9.2.1　Ⅰ级保护区(开采区)

9.2.1.1　范围包括矿泉水取水点、引水及取水建筑物所在地区。

9.2.1.2　保护区边界距取水点最少为10～15 m。对天然出露型矿泉水及处于卫生保护性能较差的地质－水文地质条件时，范围可适当扩大。

9.2.1.3　范围内严禁无关的工作人员居住或逗留；禁止兴建与矿泉水引水无关的建筑物；消除一切可能导致矿泉水污染的因素及妨碍取水建筑物运行的活动。

9.2.2　Ⅱ级保护区(内保护区)

9.2.2.1　范围包括水源地的周围地区，即地表水及潜水向矿泉水取水点流动的径流地区。

9.2.2.2　在矿泉水与潜水具有水力联系且流速很小的情况下，Ⅱ级保护区界离开引水工程的上游最短距离不小于100 m；产于岩溶含水层的矿泉水，Ⅱ级保护区界距离不小于300 m。当有条件确定矿泉水流速时，可考虑以50 d的自净化范围界限作为确定Ⅱ级保护区的依据。亦可用计算方法确定Ⅱ级保护区的范围。

9.2.2.3　范围内，禁止设置可导致矿泉水水质、水量、水温改变的引水工程；禁止进行可能引起含水层污染的人类生活及经济、工程活动。

9.2.3　Ⅲ级保护区(外保护区)

9.2.3.1　范围包括矿泉水资源补给和形成的整个地区。

9.2.3.2　在此地区内只允许对水源地卫生情况没有危害的经济、工程活动。

10　矿泉水开发技术经济评价

10.1　技术经济评价的原则

10.1.1　矿泉水开发技术经济评价，是在地质－水文地质研究及矿泉水允许开采量评价的基础上，对一定时期内矿泉水开发经济效益或医疗作用的预估。

10.1.2　保证满足矿泉水开发经营者对水质、水温、水量的要求。

10.1.3　尽可能获得包括勘探工作在内的矿泉水开发的最大社会效益和经济效益，并妥善处理经济效益、资源效益和环境效益之间的关系。

10.2　技术经济评价的要求

10.2.1　根据B级或B+C级矿泉水允许开采量，提出矿泉水厂的生产规模及引水工程建设的要求。

10.2.2　确定消除影响矿泉水开发不利因素的对策。

10.2.3　在综合分析的基础上，预估矿泉水开发的经济效益和社会效益。

11　资料整理与报告编制

11.1　资料整理要求

11.1.1　应在认真的综合分析基础上，找出客观地质－水文地质条件与矿泉水生成的内在联系及其规律性，以文字及图表等形式予以科学的表达。

11.1.2　资料整理工作，应做到有的放矢。基础资料及原始数据要及时核实，达到准确可靠，图表编绘力求简明清晰，说明问题。

11.2　报告编写要求

11.2.1　根据勘探工作任务的需要，提交勘探报告。勘探报告应在勘探工作结束后3～6个月内提交审查。

11.2.2　勘探报告应满足水源地建设设计的基本要求。

11.2.3　报告名称应为：××省××县(市)××矿泉水水源地勘探报告。其中矿泉水水源地应以地名命名。

11.2.4　报告编写内容要求可参考附录A。

附录A

报告编写提纲及附图、附表与附件要求

A1　报告编写提纲

a. 序言；

b. 矿泉水形成的自然地理条件；

c. 矿泉水水源地的地质－水文地质条件；

d. 矿泉水水文地球化学特征及水质评价；

e. 矿泉水允许开采量评价；

f. 矿泉水水源地卫生保护区的建立与划分；

g. 勘探工作质量评述；

h. 矿泉水开发技术经济条件评价；

i. 结论。

A2　附图、附表与附件要求

A2.1　主要附图

a. 实际材料图；

b. 矿泉水区域地质图(1∶50 000～1∶200 000)；

c. 矿泉水水源地综合水文地质图(1∶5 000～1∶25 000)；

d. 矿泉水水源地保护条件图(图上应反映矿泉水的出露条件，各级保护区的界限、范围，现有污染因素及水化学背景等)；

e. 矿泉水动态曲线图；

f. 水文地质勘探剖面图；

g. 钻孔剖面及生产井结构图；

h. 物探成果图。

A2.2　主要附表

a. 井(孔)抽水试验成果表；

b. 水质全分析成果表；

c. 微生物检验成果表；

d. 岩矿鉴定成果表；

e. 岩土化学分析成果表；

f. 有关资料汇总表(如多年降水资料等)；

g. 地下水动态观测年表。

A2.3　附件

对报告中涉及而又不能详尽讨论的专门问题，以专项报告作为附件，如矿泉水水源地卫生保护区的水文地质条件论证报告、水质及卫生保护方面的专项报告等。对单井(泉)小型水源地报告的附图、附表可适当简化。

附录B

医疗矿泉水水质标准

(参考件)

(单位:mg/L)

成分	有医疗价值浓度	矿水浓度	命名矿水浓度	矿水名称
二氧化碳	250	250	1 000	碳酸水
总硫化氢	1	1	2	硫化氢水
氟	1	2	2	氟水
溴	5	5	25	溴水
碘	1	1	5	碘水
锶	10	10	10	锶水
铁	10	10	10	铁水
锂	1	1	5	锂水
钡	5	5	5	钡水
锰	1	1	—	—
偏硼酸	1.2	5	50	硼水
偏硅酸	25	25	25	硅水
偏砷酸	1	1	1	砷水
偏磷酸	5	5	—	—
镭(g/L)	10^{-11}	10^{-11}	10^{-11}	镭水
氡(Bq/L)	37	47.14	129.5	氡水
温度	≥34°C	矿化度	<1 000	淡温水

注:本表根据以下标准及文件制定:

a.1981年全国疗养学术会议修订的医疗矿泉水分类标准;

b.地矿部水文地质工程地质研究所编写的《地下热水普查勘探方法》(地质出版社),并参照苏联、日本等有关标准;

c.卫生部文件[73]卫军管第29号《关于北京热水井水质分析和疗效观察工作总结报告》。

附加说明:

本规范由全国矿产储量委员会提出。

本规范由国家矿产储量管理局归口管理。

本规范由中国地质科学院水文地质工程地质研究所负责起草。

本规范主要起草人:安可士、任福弘、姚足金、郑灼华。

附件 2　饮用天然矿泉水标准

（GB 8537—1995）

代替 GB 8537—87

1995－08－17 发布，1996－08－01 实施，国家技术监督局发布

1　主题内容与适用范围

本标准规定了饮用天然矿泉水的水源及产品的技术要求、检验规则和标志、包装；运输、贮存要求。

本标准适用于饮用天然矿泉水的水源水及其灌装产品。

2　引用标准

GB 7718　食品标签通用标准

GB/T 8538　饮用天然矿泉水检验方法

3　术语和定义

3.1　**饮用天然矿泉水** drinking natural mineral water

从地下深处自然涌出的或经人工揭露的、未受污染的地下矿水；含有一定量的矿物盐、微量元素或二氧化碳气体；在通常情况下，其化学成分、流量、水温等动态在天然波动范围内相对稳定。

4　技术要求

4.1　**水源评价**

4.1.1　水源地

4.1.1.1　须进行区域地质调查（比例尺 1:50 000～1:2 500 000）和水源地综合地质－水文地质调查（比例尺 1:5 000～1:25 000）。

4.1.1.2　要有矿泉水生产井（孔）结构柱状图（比例尺 1:200～1:1 000）或泉点实测地质剖面图（比例尺 1:10 000）。

4.1.1.3　必须有一个水文年以上的水温、水量、水位（压力）的动态监测资料。水温小于 25 ℃的水源，每半月观测一次；水温等于或大于 25 ℃的水源，每月观测一次。

4.1.1.4　抽吸矿泉水时，其水温、水量、水位应保持稳定，水位不可出现不可逆下降。水温变化范围不超过 ±1 ℃。

4.1.1.5　经丰、平、枯水期（采样间隔为 4 个月）的水质检验，其主要组分（溶解性总固体、K^+、Na^+、Ca^{2+}、Mg^{2+}、HCO_3^-、SO_4^{2-}、Cl^-）的变化范围不应超过 20%，所有水质检测结果，其特征性界限指标（实测值）均需符合表 2 要求。

4.1.1.6　以枯水期的水量作为水源的允许开采量，每日允许开采量应大于 50 t。

4.1.1.7　水源开发后，必须进行水质、水温、水量、水位的长期监测。

4.1.1.8　水源评价报告资料应符合附录 A（参考件）要求。

4.1.2　水源卫生防护

4.1.2.1　水源地必须设立卫生防护区，在防护区界设置固定标志。

4.1.2.2　卫生防护区须符合下述要求,并有卫生防护区图(比例尺 1:5 000～1:10 000)。

4.1.2.2.1　第一区为严格保护区。在泉(井)外围半径 15 m 的范围内,无关人员不得入内。不得放置与取水设备无关的其他物品。

4.1.2.2.2　第二区为限制区。在矿泉水水源、生产区外围不小于 30 m 范围内,不得设置居住区和工厂、厕所、水坑,不得堆放垃圾、废渣或铺设污水管道,严禁使用农药、化肥,并不得有破坏水源地水文地质条件的活动。

4.1.2.2.3　第三区为监察区。其范围应根据水源的补给与分布而定,使水源免受污染。

4.2　**水质**

4.2.1　感官要求

感官应符合表 1 的规定。

表 1

项目		要求
色度(度)	⩽	15,并不得呈现其他异色
浑浊度(NTU)	⩽	5
臭和味		具有本矿泉水的特征性口味,不得有异臭、异味
肉眼可见物		允许有极少量的天然矿物盐沉淀,但不得有其他异物

4.2.2　理化要求

4.2.2.1　界限指标

必须有一项(或一项以上)指标符合表 2 的规定。

表 2

项目		指标
锂(mg/L)	⩾	0.20
锶(mg/L)	⩾	0.20(含量在 0.20～0.40 mg/L 范围时,水温必须在 25 ℃以上)
锌(mg/L)	⩾	0.20
溴化物(mg/L)	⩾	1.0
碘化物(mg/L)	⩾	0.20
偏硅酸(mg/L)	⩾	25.0(含量在 25.0～30.0 mg/L 范围时,水温必须在 25 ℃以上)
硒(mg/L)	⩾	0.010
游离二氧化碳(mg/L)	⩾	250
溶解性总固体(mg/L)	⩾	1 000

4.2.2.2　限量指标

各项限量指标均必须符合表 3 的规定。

表3

项目		指标	项目		指标
锂(mg/L)	<	5.0	汞(mg/L)	<	0.001 0
锶(mg/L)	<	5.0	银(mg/L)	<	0.050
碘化物(mg/L)	<	0.50	硼(以 H_3BO_3 计,mg/L)	<	30.0
锌(mg/L)	<	5.0	硒(mg/L)	<	0.050
铜(mg/L)	<	1.0	砷(mg/L)	<	0.050
钡(mg/L)	<	0.70	氟化物(以 F^- 计,mg/L)	<	2.00
镉(mg/L)	<	0.010	耗氧量(以 O_2 计,mg/L)	<	3.0
铬(Cr^{6+})(mg/L)	<	0.050	硝酸盐(以 NO_3^- 计,mg/L)	<	45.0
铅(mg/L)	<	0.010	^{226}镭放射性(Bq/L)	<	1.10

4.2.2.3 污染物指标

各项污染物指标均必须符合表4的规定。

表4

项目		指标
挥发性酚(以苯酚计,mg/L)	<	0.002
氰化物(以 CN^- 计,mg/L)	<	0.010
亚硝酸盐(以 NO_2^- 计,mg/L)	<	0.005 0
总β放射性(Bq/L)	<	1.50

4.2.2.4 微生物指标

各项微生物指标均必须符合表5的规定。

表5

项目		指标	
		水源水	罐装产品
菌落总数(CFU/mL)	<	5	50
大肠菌群(个/100 mL)		0	

4.3 **其他要求**

4.3.1 在保证原水卫生安全的条件下开采和灌装。在不改变饮用天然矿泉水的特性和主要成分条件下,允许曝气、倾析、过滤和除去或加入二氧化碳。

4.3.2 禁止用容器将原水运至异地进行灌装。

4.3.3　灌装产品净含量的允许公差为：600 mL 以下（含 600 mL），± 3.0%；600 ~ 1 500 mL（含 1 500 mL），± 2.0%；1 500 mL 以上，± 1.5%。

5　检验方法

按 GB/T 8538 检验，按本标准附录 B(参考件)填写矿泉水水质检验报告。

6　检验规则

6.1　组批

同一班次、同一品种、同一台灌装机灌装的产品为一批。

6.2　抽样

6.2.1　按表 6 取样本，样品总量不足 6.0 L 时，应适当按比例加取，并将 1/3 样品原封不动地进行封存保留 3 个月备查。

表 6

批量范围箱(个)[1]	样本数量[2]箱(个)	合格判定数 A_e	不合格判定数 R_e
<1 200	5	0	1
1 201~35 000	8	1	2
≥35 001	13	2	3

注：1)“箱”指运输包装的纸箱；“个”指销售包装净含量大于 10 L 的瓶或罐。

2)“样本数量”指从运输包装的每箱中抽取 1 个销售包装(瓶或罐)。

6.2.2　感官、微生物、包装和净含量按表 6 抽样检查。其他项目充分混匀后分析。

6.3　检验

6.3.1　出厂检验

6.3.1.1　产品出厂前，生产厂的质量检验部门按本标准规定逐批进行检验，检验合格并签发质量证明书的产品方可出厂。

6.3.1.2　出厂检验项目包括感官、微生物、包装和净含量。包装检查按 7.2 条进行。

6.3.2　型式检验

6.3.2.1　每年至少进行一次。有下列情况之一者，亦须进行：

a. 更换设备或长期停产再恢复生产时；

b. 出厂检验结果与上次型式检验有较大差异时；

c. 特征性界限指标有较大波动时；

d. 国家质量监督机构进行抽查时。

6.3.2.2　型式检验项目为感官要求和理化要求中全部指标。

6.4　判定

6.4.1　出厂检验

a. 微生物指标如有一项不符合要求，即判该批产品为不合格。

b. 感官、包装和净含量按表 6 判定。

6.4.2　型式检验

a. 微生物、感官、包装和净含量的判定同出厂检验。

b. 其他指标逐项判定。如有一项以上(含一项)不合格，应重新自同批产品中抽取 2 倍量样品进行复验，以复验结果为准。若仍有一项不合格，则判该批产品为不合格。

7　标志、包装、运输、贮存

7.1　标志

7.1.1　产品标签上必须标明矿泉水水源地的名称及通过国家(或省)级鉴定认可的批准号。

7.1.2　产品标签上必须按 GB 7718 的有关规定,标注产品名称、净含量、制造者(或经销者)的名称和地址、生产日期、保质期和标准号。产品名称与净含量须排在同一展示面。

7.1.3　产品标签上必须标明特征性界限指标、pH 值、溶解性总固体物、主要阳离子(K^+、Na^+、Ca^{2+}、Mg^{2+})、阴离子(HCO_3^-、SO_4^{2-}、Cl^-)的含量范围,同时标明含或者不含二氧化碳,是天然存在的还是人工加入的。

7.1.4　包装箱上除应标明产品名称、制造者(或经销者)的名称和地址外,还须标出单位包装的净含量和总数量。

7.2　包装

7.2.1　包装必须封装严密。

7.2.2　灌装产品,包装物体必须端正,体外清洁,标签封贴紧密。

7.2.3　包装箱必须牢固,与所装内容物尺寸要匹配,胶封,捆扎结实。

7.3　运输

7.3.1　运输工具必须清洁、卫生。产品不得与有毒、有害、有腐蚀性、易挥发或有异味的物品混装运输。

7.3.2　搬运时应轻拿轻放,严禁扔摔、撞击、挤压。

7.3.3　运输过程中不得暴晒、雨淋、受潮。

7.4　贮存

7.4.1　产品不得与有毒、有害、有腐蚀性、易挥发或有异味的物品同库贮存。

7.4.2　产品应贮存在阴凉、干燥、通风的库房中;严禁露天堆放、日晒、雨淋或靠近热源;包装箱底部必须垫有 100 mm 以上的材料。

7.5　在 0 ℃以下运输与贮存时,必须有防冻措施。

7.6　产品的保质期不少于 1 年;企业可根据自身的技术水平标明不少于 1 年的具体保质期。

附录 A

饮用天然矿泉水水源评价报告资料要求

A1.1　水源地位置、坐标、交通状况和自然地理条件,附交通位置图。

A1.2　区域地质特征,附地质特征图。

A1.3　矿泉水赋存地质 - 水文地质条件,附综合水文地质图和水源地全景照片。

A1.4　水源动态特征,附动态监测数据和图表。

A1.5　水质评价,附水质检验报告。

A1.6　允许开采量论证,附枯水期抽水试验图表。

附录 B

饮用天然矿泉水水质检验报告

泉点名称　　采样日期　　泉点编号　　送样日期

采样地点　　检验日期　　水温　　报告日期

离子		ρ(B) (mg/L)	c(1/z$B^{x\pm}$) (mmol/L)	x(1/z$B^{z\pm}$) (%)	项目	ρ(B) (mg/L)	项目	ρ(B) (mg/L)
阳离子	Na^+				可溶性总固体		银	
	K^+				偏硅酸		钡	
	Ca^{2+}				游离二氧化碳		铬	
	Mg^{2+}				锂		铅	
	NH_4^+				锶		钴	
	$Fe^{2+}+Fe^{3+}$				溴化物		钒	
	总计				碘化物		钼	
阴离子	HCO_3^-				锌		锰	
	CO_3^{2-}				硒		镍	
	Cl^-				铜		铝	
	SO_4^{2-}				汞		挥发性酚	
	F^-				镉		亚硝酸盐	
	NO_3^-				砷		氰化物	
	总计				硼酸		耗氧量	

外观：

色度：

浑浊度：

嗅和味：

pH 值：

总硬度(以 $CaCO_3$ 计)________mg/L

总碱度(以 $CaCO_3$ 计)________mg/L

总酸度(以 $CaCO_3$ 计)________mg/L

^{226}Ra________Bq/L

总 β________Bq/mL

菌落总数________CFU/mL

大肠菌群________个/100 mL

备注：

分析单位盖章　　　　审核人签字　　　　分析者签字

附加说明：

本标准由中华人民共和国卫生部、地质矿产部、轻工总会提出。

本标准由中国预防医学科学院环境卫生监测所、中国食品发酵工业研究所、地质矿产部地质环境管理司归口。

本标准由中国食品发酵工业研究所、地质矿产部水文地质研究所、中国预防医学科学院环境卫生监测所负责起草。

本标准主要起草人：杜钟、徐方、安可士、谢长芳、许延聪、田西静。

附件 3　饮用天然矿泉水标准(GB 8537—1995)的说明

一、总　则

1　为发展饮用天然矿泉水(以下简称矿泉水)事业,由中华人民共和国卫生部、原地质矿产部、轻工总会制定了《饮用天然矿泉水》国家标准(GB 8537—1995)(以下简称国标)。

2　国标规定了饮用天然矿泉水的技术要求,适用于所有矿泉水及其灌装产品。

3　当其他规程、规范、标准内容中出现与本标准内容中的规定不一致时,以本标准为准。

4　矿泉水是矿产资源,受《中华人民共和国矿产资源法》调整,作为食品受《中华人民共和国食品卫生法》、《中华人民共和国产品质量法》、《中华人民共和国标准化法》等法律调整。

5　根据国务院"三定"方案,有关政府主管部门对矿泉水开发管理的职责分工为:

5.1　地质矿产行政主管部门负责矿泉水资源勘查评价管理,对水源地地质环境、资源开发和保护实行监督管理。

5.2　卫生行政主管部门负责对矿泉水水源地环境卫生防护、矿泉水水源水质及产品实施卫生监督。

5.3　轻工主管部门负责矿泉水行业管理,对产品实施质量监督。

二、矿泉水的认可与批准

6　矿泉水必须经国家或省(自治区、直辖市)饮用天然矿泉水技术评审组认可、政府主管部门批准,方可开发。

7　国家饮用天然矿泉水技术评审组由卫生、轻工和地矿主管部门派员组成。挂靠单位为国土资源部地质环境司,负责办理批准发证工作。下设办公室负责日常管理工作。

8　国家饮用天然矿泉水技术评审组负责跨省销售和出口矿泉水的技术鉴定。

9　凡报请国家矿泉水技术评审组的矿泉水,必须提交饮用天然矿泉水开发评价报告16份,省级鉴定证书和省级矿泉水技术评审委员会(组)或挂靠单位的公函。没有成立矿泉水机构的省(自治区、直辖市),必须提交省地质矿产局(厅)地质环境管理处推荐函。

10　省(自治区、直辖市)矿泉水技术评审鉴定机构由省政府批准,或由同级地矿、卫生、轻工等主管部门派员联合组成,挂靠单位为省地质矿产局(厅)地质环境管理处。

11　省级矿泉水技术评审机构对所审查的矿泉水,除审查报告外,还应派专家对矿泉水水源地的地质环境、卫生环境、生产条件等情况进行现场考察。国家矿泉水技术评审组必要时派专家进行现场调查。

三、矿泉水开发评价要求

12　凡申请开发评价矿泉水的单位和个人,必须根据国标第四款的要求开展调查研究,提交包括附录A全部内容的矿泉水水源评价报告。以供国家和省(自治区、直辖市)饮用天然矿泉水技术评审机构审查鉴定。

13　矿泉水水源评价报告对下述规定必须予以详细说明:

13.1　在查明水源地水文地质条件的基础上,说明矿泉水是否与地表水体、其他含水层有水力联系,开发后是否会受到影响,是否有潜在污染的可能性。

13.2　矿泉水的允许开采量是在水质、水温、水位、水量稳定的前提下确定。允许开采量的确定,除利用抽水试验结果外,还必须用动态资料予以说明。水质主要成分含量变化范围不应超过20%,以下限为准。

14 水质检验。

14.1 进行矿泉水水质检验的单位，必须是经政府主管部门批准，持有省、部级计量认证部门颁发的计量认可和实验室认证单位。

14.2 在一个水文年的水质全分析，要由不同部门（地矿、卫生、轻工）的至少两个单位为主要检验单位。

14.3 水质检验必须按国标附录 B 规定的项目进行检验。除放射性和微生物检验报告可作为单独附件外，其他项目必须按附录 B 的格式进行填写。检验报告必须盖有检验单位公章和有化验人员签字。

14.4 国标中大肠菌群指标规定个/100 mL 为"0"，系指不得检出。微生物检验必须由县（不含县）、直辖市区（含区）以上的卫生防疫站检验。

14.5 凡报送国家饮用天然矿泉水技术评审组审查鉴定的矿泉水水源评价报告，除省（自治区、直辖市）级检验单位检验外，必要时取样（在 1 年内）送国家矿泉水技术评审组指定的单位进行水质复检。抽检和仲裁分析送国土资源部水文地质工程地质研究所、中国预防医学科学院环境卫生监测所、中国食品发酵工业研究所、国家食品质量监督检验中心。

15 出现下述情况之一的矿泉水不予评审。

15.1 未按国标附录 A 规定提交的矿泉水水源评价报告。

15.2 矿泉水点（井、泉）无地理位置及坐标。

15.3 矿泉水的补给、径流、排泄等水文地质条件叙述不清楚。

15.4 矿泉水未附正式水文地质图或比例尺不符合要求的。

15.5 矿泉水可开采量每昼夜不足 50 t 或水源地水位持续下降且难以恢复的。

15.6 水质检验报告不符合国标附录 B 的要求。矿泉水水样编号、采样地点和泉（井）点编号混乱；采样、收样和分析日期填写不全；检验单位公章不清晰；检验人员未签字者。

15.7 动态资料观测项目不全，数据不准。

15.8 引用其他标准、宣传疗效、保健作用或与其他矿泉水对比。

15.9 报告中有矿泉水开发经济预测分析内容的。

15.10 在城市、乡镇、厂矿等居民集中区，难以建立卫生防护区的矿泉点。

四、矿泉水开发管理

16 凡在 1996 年 8 月 1 日以前鉴定并建厂投产的矿泉水厂，按老标准（GB 8537—87）要求检验水源。

17 矿泉水生产单位或个人在建厂的同时，必须建立卫生防护区，并设固定的区界标志。卫生防护区须经地矿、卫生、轻工主管部门指派专家现场踏勘确认后，方可实施。

18 每年至少进行一次水质全分析，将水质检验结果报送国家、省（自治区、直辖市）矿泉水技术审定机构备案。

19 矿泉水开发与生产时，出现下列情况鉴定证书无效：

19.1 不按矿泉水鉴定证书指定的地点异地开发。

19.2 鉴定通过之日起，3 年内未进行水质复检和建厂者。

19.3 建厂之日起，拒绝建立卫生防护区和进行长期动态监测。

19.4 水量、水质检验结果与技术评审时水量、水质结果不符。

第四章　地下水资源

第一节　地下水资源知识

一、地下水

广泛埋藏于地表以下的各种状态的水，统称为地下水。大气降水是地下水的主要来源。

地下水是以各种形式埋藏在地壳岩石中的水。地下水按其存在的形式，可分为气态水、吸着水、薄膜水、毛细管水、重力水和固态水等。按水质、水温及其特点，可分为矿化水、高矿化水、热水等。

根据埋藏条件可把地下水分为包气带水、潜水和承压水。

包气带水指潜水面以上包气带中的水，这里有吸着水、薄膜水、毛管水、气态水和暂时存在的重力水。包气带中局部隔水层之上季节性地存在的水称上层滞水。

上层滞水是由于局部的隔水作用，使下渗的大气降水停留在浅层的岩石裂缝或沉积层中所形成的蓄水体。

潜水是埋藏于地表以下第一个稳定隔水层上的地下水，通常所见到的地下水多半是潜水。当潜水流出地面时就形成泉。

潜水是指存在于地表以下第一个稳定隔水层上面、具有自由水面的重力水。它主要由降水和地表水入渗补给。

承压水是充满于上下两个隔水层之间的含水层中的水。它承受压力，当上覆的隔水层被凿穿时，水能从钻孔上升或喷出。

自流水是埋藏较深的、流动于两个隔水层之间的地下水。这种地下水往往具有较大的水压力，特别是当上下两个隔水层呈倾斜状时，隔层中的水体要承受更大的水压力。当井或钻孔穿过上层顶板时，强大的压力就会使水体喷涌而出，形成自流水。

按含水空隙的类型，地下水又被分为孔隙水、裂隙水和岩溶水。孔隙水是存在于岩土孔隙中的地下水，如松散的砂层、砾石层和砂岩层中的地下水。裂隙水是存在于坚硬岩石和某些黏土层裂隙中的水。岩溶水又称喀斯特水，指存在于可溶岩石(如石灰岩、白云岩等)的洞隙中的地下水。

地下水是一个庞大的家庭。据估算，全世界的地下水总量多达1.5亿km^3，几乎占地球总水量的1/10，比整个大西洋的水量还要多！

地下水与人类的关系十分密切，井水和泉水是我们日常使用最多的地下水。不过，地下水也会造成一些危害，如地下水过多，会引起铁路、公路塌陷，淹没矿区坑道，形成沼泽地等。同时，需要注意的是，地下水有一个总体平衡问题，不能盲目和过度开发，否则容易形成地下空洞、地层下陷等问题。

赋存在地下岩土空隙中的水。含水岩土分为两个带，上部是包气带，即非饱和带，在这里，除水以外，还有气体。下部为饱水带，即饱和带。饱水带岩土中的空隙充满水。狭义的地下水是指饱水带中的水。地下水可开发利用，作为居民生活用水、工业用水和农田灌溉用水的水源。地下水具有给水量稳定、污染少的优点。含有特殊化学成分或水温较高的地下水，还可用做医疗、热源、饮料和提取有用元素的原料。在矿坑和隧道掘进中，可能发生大量涌水，给工程造成危害。在地下水位较浅的平原、盆地中，潜水蒸发可能引起土壤盐渍化；在地下水位高、土壤长期过湿、地表滞水地段，可能产生沼泽化，给农作物造成危害。

地下水中分布最广的是钾、钠、镁、钙、氯、硫酸根和碳酸氢根 7 种离子。地下水中各种离子、分子和化合物的总量称总矿化度，总矿化度小于 1 g/L 的，称淡水；1～3 g/L 的，称微水；3～10 g/L 的，称咸水；10～50 g/L 的，称盐水；大于 50 g/L 的，称卤水。地下水中钙、镁、铁、锰、锶、铝等溶解盐类的含量称硬度，含量高的硬度大，反之硬度小。

绝大多数地下水的运动属层流运动。在宽大的空隙中，如水流速度高，则易呈紊流运动。地下水主要有降水入渗、灌溉水入渗、地表水入渗补给和越流补给及人工补给。在一定条件下，还有侧向补给。地下水的排泄主要有泉、潜水蒸发、向地表水体排泄、越流排泄和人工排泄。泉是地下水天然排泄的主要方式。

二、地下水资源

地下水资源是一个地区或一个含水层中，具有一定利用价值的地下水数量。它不同于一般矿产资源，主要特点是具有流动性与可恢复性。因此，在评价时必须查明地下水的补给、径流、排泄条件和预测它在开采过程中可能发生的变化。地下水资源按天然资源（天然补给量）、储存资源（储存量）和开采资源（可开采量）进行评价。对于埋藏深、循环交替极缓慢的深层水一般只计算其储存量。

三、地下水的主要化学成分

地下水中最常见的成分有三种阴离子（重碳酸根、硫酸根、氯根）和三种阳离子（钙、镁、钠离子），按上述主要离子进行分类时，一般以摩尔分数大于 25% 的阴离子和阳离子参加命名，例如 $HCO_3-SO_4-Ca-Mg$ 型水（其中 Ca 的摩尔分数大于 Mg，余类推）。特殊气体（如 CO_2、H_2S、Rn 等）和特殊离子（如 Fe、Ra 等）的含量达到一定数量时，也在分类和命名中加以反映。

四、地质环境

地质环境是由生物圈、大气圈、水圈和岩石圈组成的体系，它是地球演化的产物，是一个特殊的自然环境系统。

地质环境是有空间概念的。它的上限是岩石圈的表面，其下限结构取决于人类社会的科学技术发展水平，以及进入岩石圈内部的工业活动深度。

五、环境地质

“环境地质”一词最早出现于20世纪60年代末70年代初一些西方工业发达国家的文献中。那时这些工业发达国家已感到环境问题的迫切性，开始把滑坡、泥石流、地面沉降、城市地质等问题研究列为环境地质研究的范畴。1982年再版的Michael Allaly主编的《环境辞典》中，将环境地质一词定义为：应用地质数据和原理，解决人类占有或活动造成的问题(如矿物的采取、腐败物容器的建造、地表侵蚀等的地质评价)。环境地质在我国出现和使用较晚，但也是随着一系列严重的环境问题(如环境污染、地质灾害等)对生产、生活的影响愈来愈突出而提出的。

应当指出的是，地质环境与环境地质有完全不同的含义和性质，两者不能互相通用，混淆不分。与地质环境的区别在于，环境地质是研究人类技术—经济活动与地质环境相互作用、影响的学科，是以地质环境为研究对象的科学。地质环境是有空间概念的，而环境地质没有空间概念。

六、水文地质

水文地质指自然界中地下水的各种变化和运动的现象。水文地质学是研究地下水的科学。它主要是研究地下水的分布和形成规律、地下水的物理性质和化学成分、地下水资源及其合理利用、地下水对工程建设和矿山开采的不利影响及其防治等。随着科学的发展和生产建设的需要，水文地质学又分为区域水文地质学、地下水动力学、水文地球化学、供水水文地质学、矿床水文地质学、土壤改良水文地质学等分支学科。近年来，水文地质学与地热、地震、环境地质等方面的研究相互渗透，又形成了若干新领域。

七、地下水污染

地下水污染是由于人为因素造成地下水质恶化的现象。地下水污染的原因主要有：工业废水向地下直接排放，受污染的地表水侵入到地下含水层中，人畜粪便或因过量使用农药而受污染的水渗入地下等。污染的结果是使地下水中的有害成分如酚、铬、汞、砷、放射性物质、细菌、有机物等的含量增高。污染的地下水对人体健康和工农业生产都有危害。必须采取措施，加强环境保护，做好“三废”的处理工作，保护地下水资源。

八、地下水位降落漏斗

地下水位降落漏斗是指在井、孔抽水时形成的漏斗状水位下降区。降落漏斗以抽水井为中心，距水井愈近，水位下降愈大，水面坡度愈陡；距水井愈远，水位下降愈小，水面坡度愈缓。对于被井、孔开采的承压含水层，在井孔附近会形成虚拟的承压水头降落漏斗。

九、华北平原

华北平原是中国第二大平原。位于黄河下游。西起太行山脉和豫西山地，东到黄海、渤海和山东丘陵，北起燕山山脉，西南到桐柏山和大别山，东南至苏、皖北部，与长江中下游平原相连。延展在北京市、天津市、河北省、山东省、河南省、安徽省和江苏省等7省

(市)的境域。面积约 30 万 km^2。主要由黄河、淮河、海河、滦河冲积而成,故又称黄淮海平原。黄河下游天然地横贯中部,分南北两部分:南面为黄淮平原,北面为海河平原。近百年来,黄河在这里填海造陆面积 2 300 km^2。平原还不断地向海洋延伸,最迅速的是黄河三角洲地区,平均每年 2～3 km。地势低平,大部分海拔 50 m 以下,东部沿海平原海拔 10 m 以下。自西向东微斜。主要属于新生代的巨大坳陷,沉积厚度 1 500～5 000 m。平原多低洼地、湖沼。集中分布在黄河冲积扇北面保定与天津大沽之间。冲积扇东缘与山东丘陵接触处,排水不畅,地下水位高,易受洪水内涝威胁,形成盐碱地。1949 年后进行了改造治理。属暖温带大陆性气候,四季变化明显。南部淮河流域处于向亚热带过渡地区,其气温和降水量都比北部高。平原年均温 8～15 ℃,冬季寒冷干燥,最冷月(1 月)均温 0～6 ℃,夏季高温多雨最热月(7 月)均温 28 ℃,年均降水量为 600～800 mm;无霜期 6～8个月;日照充分,大部分全年平均日照时数 2 300～2 800 h,农作物大多为两年三熟,南部一年两熟。土层深厚,土质肥沃。主要粮食作物有小麦、水稻、玉米、高粱、谷子和甘薯等,经济作物主要有棉花、花生、芝麻、大豆和烟草等。矿产资源丰富,有煤、石油、铁矿等,有中国著名的大港油田和胜利油田。东部渤海、黄海沿岸,地面平坦,宜晒海盐,有著名的长芦盐区和苏北盐区,以及重要的盐碱工业基地。华北平原是中国古代文化的摇篮,有许多古老城市,如北京(蓟)、邯郸、开封、商丘、淮阳等。

华北平原人均水资源量仅为 335 m^3/a,不足全国的 1/6。地表水时空分布不均,地下水已成为华北平原经济社会可持续发展的重要支柱。目前,北京、石家庄、邢台、邯郸、保定、衡水、廊坊、唐山等城市的地下水开采量已占总供水量的 70%以上。

调查表明,华北平原地下水天然资源为 227.4 亿 m^3/a。浅层地下水可开采资源 168.3 亿 m^3/a,深层地下水可采资源 24.2 亿 m^3/a。

2000 年华北平原地下水开采量为 212.0 亿 m^3。其中,浅层地下水开采量为 178.4 亿 m^3,占总开采量的 84.2%。深层地下水开采量为 33.6 亿 m^3,占总开采量的 15.8%。

华北平原浅层地下水开发利用程度总体上为 106%,深层地下水为 139%。由于开采布局不合理,深层地下水头持续下降,全区深层地下水头低于海平面的范围已达到 76 732 km^2,占平原区总面积的 55%。

为保障南水北调工程通水以前京津冀主要城市的供水安全,在调查评价的基础上,圈定了 23 处应急供水地下水源地,应急供水潜力为 10 亿 m^3/a。

第二节　中国地下水资源与开发战略*

水既是重要的自然资源,又是重要的自然环境要素,是可持续发展的基础与条件,是环境问题与发展问题的核心。21 世纪可持续发展的水资源战略问题是一个关系人类前途和命运的重大问题。水资源的极端重要性已成为国际社会的共识。

党中央、国务院对我国水资源问题非常重视,要求全党从战略高度认识水资源问题。江泽民同志指出,“当今水资源为世界各国所关注,我国的水资源大为短缺,我们过去的认

* 资料来源:新一轮全国地下水资源评价成果。

识很不够,必须引起全党十分重视。人无远虑,必有近忧”。“水是人类生存的生命线,是经济发展和社会进步的生命线,是实现可持续发展的重要物质基础”。

地下水是水资源的重要组成部分,在保障我国城乡居民生活用水、支持社会经济发展、维持生态平衡等方面具有十分重要的作用。尤其是在地表水资源相对缺乏的我国北方干旱、半干旱地区,地下水具有不可替代的作用。科学地认识和掌握我国地下水资源的时空分布及其变化规律,是实施我国水资源可持续利用战略的基础。

20世纪80年代初,原地质矿产部组织开展了第一轮全国地下水资源评价工作,于1984年底提出了评价成果,即全国地下水天然资源量每年为8 717亿 m^3,可开采资源量每年为2 940亿 m^3。自第一次评价工作距今近20年来,由于受气候变化、人类工程经济活动及地下水开采量急剧增长等因素的影响,区域水循环条件已发生了改变,导致地下水资源无论在数量、质量和区域分布上都发生了较大的变化,第一次评价成果已不能反映当前地下水资源的实际状况。为此,国土资源部在2000～2002年期间,组织开展了新一轮全国地下水资源评价工作,对全国地下水资源进行了重新计算和评价,提出了评价成果。

新一轮全国地下水资源评价工作是由国土资源部地质环境司统一组织,中国地质环境监测院和中国地质科学院具体组织实施,中国地质科学院水文地质环境地质研究所为技术负责单位,各省(区、市)国土资源厅(局)及地质环境监测总站(中心)等有关单位共同参加完成的。其成果包括《中国地下水资源》总报告和分省报告、《中国地下水资源与水环境图集》和“中国地下水资源数据库系统”。

一、全国地下水资源概况

(一)地下水资源量

根据新一轮地下水资源评价成果,全国地下淡水天然资源多年平均为8 837亿 m^3,约占全国水资源总量的1/3,其中山区为6 561亿 m^3,平原为2 276亿 m^3;地下淡水可开采资源多年平均为3 527亿 m^3,其中山区为1 966亿 m^3,平原为1 561亿 m^3。另外,全国地下微咸水天然资源(矿化度1～3 g/L)多年平均为276.72亿 m^3,半咸水天然资源(矿化度3～5 g/L)多年平均为121.51亿 m^3(见表4-1)。

表4-1 各省(区、市)地下水资源量 (单位:亿 m^3/a)

省(区、市)	天然补给资源量				可开采资源量
	<1 g/L	1～3 g/L	3～5 g/L	小计	<1 g/L
北　京	33.76			33.76	26.33
天　津			5.44	5.45	2.84
河　北	131.60	31.98	6.68	170.26	99.54
山　西	87.32	4.08		91.40	53.78
内蒙古	263.52	24.95	4.04	292.51	140.17
辽　宁	164.91			164.91	91.76
吉　林	123.00	7.53		130.53	86.09

续表 4-1

省(区、市)	天然补给资源量				可开采资源量
	<1 g/L	1～3 g/L	3～5 g/L	小计	<1 g/L
黑龙江	310.89	3.96		314.85	211.45
上　海	8.38	4.30	0.26	12.94	1.14
江　苏	117.84	15.11	51.92	184.87	80.68
浙　江	113.92			113.92	46.78
安　徽	216.25			216.25	135.21
福　建	306.88	0.39	0.52	307.79	33.51
江　西	230.48			230.48	73.37
山　东	139.95	66.24	10.19	216.38	114.31
河　南	158.27	4.87	1.44	164.58	155.89
湖　北	410.57			410.57	165.21
湖　南	461.67			461.67	146.00
广　东	694.78	5.72		700.50	284.94
广　西	754.64			754.64	273.38
海　南	158.19			158.19	60.45
重　庆	143.86			143.86	40.79
四　川	545.98			545.98	174.94
贵　州	437.71			437.71	132.59
云　南	747.31	0.99	4.14	752.44	190.35
西　藏	795.83	62.56	25.76	884.15	202.04
陕　西	158.16	10.99	1.51	170.66	55.86
甘　肃	108.47	16.75	7.57	132.79	42.34

续表 4-1

省(区、市)	天然补给资源量				可开采资源量
	<1 g/L	1~3 g/L	3~5 g/L	小计	<1 g/L
青　海	265.82			265.82	98.29
宁　夏	17.15	10.75	2.63	30.53	13.44
新　疆	629.55			629.55	234.87
台　湾	90.57			90.57	56.86
香　港	3.75	0.10		3.85	2.55
澳　门	0.06			0.06	0.03
全　国	8 836.48	276.72	121.51	9 234.72	3 527.78

(二)区域地下水质量状况

按照《地下水质量标准》(GB/T 14848—93)进行区域评价。在全国地下水资源中,按分布面积统计,有63%的地下水资源可供直接饮用,17%需经适当处理后方可饮用,12%为不宜饮用但可作为工农业供水水源,约8%的地下水资源不能直接利用,需经专门处理后才能利用。南方大部分地区地下水可供直接饮用,如江西、福建、广西、广东、海南、贵州、重庆等省(区、市),可饮用地下水分布面积占各省地下水分布面积的90%以上,但一部分平原地区的浅层地下水污染比较严重。北方地区的丘陵山区及山前平原地区水质较好,中部平原区较差,滨海地区水质最差。

各省(区、市)不同程度地存在着与饮用水水质有关的地方病区。我国北方丘陵山区分布着与克山病、大骨节病、氟中毒、甲状腺肿等地方病有关的高氟水、高砷水、低碘水和高铁锰水等。全国约有7 000万人仍在饮用不符合饮用水水质标准的地下水。

(三)地下水资源分布概况

地下水的形成和分布,受地质、气候、水文等自然因素的控制。我国地下水资源的分布存在明显的地区差异,自西向东的昆仑山—秦岭—淮河一线,既是我国自然地理景观的重要分界线,也是我国区域水文地质条件和地下水区域分布存在明显差异的分界线,此线以南地下水资源丰富,以北地下水资源相对缺乏。

1.不同地区地下水资源数量

地下水资源南方比北方丰富。南方地区地下淡水天然资源每年为6 094亿 m^3,占全国地下淡水天然资源的69%,可开采资源量每年为1 991亿 m^3,占全国地下水可开采资源量的56%。北方地区地下淡水天然资源每年为2 743亿 m^3,占全国地下淡水天然资源的31%,可开采资源量每年为1 536亿 m^3,占全国地下水可开采资源量的44%。

山区地下水资源多于平原区。平原区地下水天然资源量每年为2 567亿 m^3,可开采资源量每年为 1 561 亿 m^3。山区地下水天然资源量每年为 6 668 亿 m^3，可开采资源量(主要分布于山间盆地和河谷平原)每年为 1 966 亿 m^3(见表 4-2、表 4-3)。

表 4-2　地下水天然资源量分布　(单位:亿 m^3/a)

分布地区	全　国	北　方	南　方
平　原	2 566.81	1 648.90	917.91
山　区	6 667.91	1 334.25	5 333.66
合　计	9 234.72	2 983.15	6 251.57

表 4-3　地下水(淡水)可开采资源量分布　(单位:亿 m^3/a)

分布地区	全　国	北　方	南　方
平　原	1 561.19	1 089.84	471.35
山　区	1 966.59	446.47	1 520.12
合　计	3 527.78	1 536.31	1 991.47

根据我国地下水资源的形成和分布的特点，将全国分为 26 个地下水资源区。从各区的地下水资源分布来看，以珠江流域和雷琼地区最为丰富，其地下水天然资源补给模数(每年每平方千米补给量)分别达 32.2 万 m^3 和 41.5 万 m^3；长江流域平均补给模数为 14.8 万 m^3，其中洞庭湖流域达 23.1 万 m^3；华北平原补给模数在 5 万 m^3 左右；西北地区最小不足 5 万 m^3(见表 4-4)。

2. 不同类型地下水资源数量

地下水赋存于不同的含水层之中，根据含水层介质性质和赋存状态地下水可分为孔隙水、岩溶水和裂隙水三种类型。

(1)孔隙水：主要分布于平原、河谷平原和山间盆地的松散沉积地层中。孔隙水在开发利用上占主要的地位。孔隙水的天然资源量每年为 2 810 亿 m^3，可开采资源量每年为 1 686 亿 m^3。

(2)岩溶水：赋存于不同埋藏深度的碳酸盐岩层的溶洞、溶隙裂隙中。岩溶水的天然资源量每年为 2 116 亿 m^3，可开采资源量每年为 870 亿 m^3。

(3)裂隙水：主要蕴藏于丘陵山区的基岩风化裂隙或构造裂隙中。裂隙水的天然资源量每年为 4 308 亿 m^3，可开采资源量每年为 971 亿 m^3(见图 4-1、图 4-2)。

表 4-4 不同地区地下淡水资源数量

资源区		天然补给资源量		可开采资源量	
		资源量（亿 m^3/a）	模数（万 m^3/(km^2·a)）	资源量（亿 m^3/a）	模数（万 m^3/(km^2·a)）
黑松流域		520.51	5.86	328.34	3.66
辽河流域		246.47	8.63	154.74	10.91
黄淮海地区		635.33	11.46	512.1	10.18
黄河流域	黄河下游	40.45	16.22	40.53	16.21
黄河流域	黄土高原	130.54	5.42	93.75	6.40
黄河流域	鄂尔多斯高原及银川平原	72.85	5.61	39.58	3.14
黄河流域	黄河上游	141.44	6.25	43.78	2.09
黄河流域	小计	385.28	6.11	217.64	4.30
内陆地区	内蒙古北部高原	40.08	1.64	17.21	1.67
内陆地区	河西走廊及北山地区	63.23	2.04	32.06	1.17
内陆地区	柴达木盆地	60.99	2.96	30.98	1.71
内陆地区	准噶尔盆地	296.17	7.24	90.45	4.87
内陆地区	塔里木盆地	333.39	3.17	144.42	3.02
内陆地区	藏北高原	105.20	2.70		
内陆地区	小计	899.06	3.45	315.12	2.58
长江流域	长江下游	180.82	16.31	98.14	8.86
长江流域	长江中游	494.86	17.31	185.82	6.78
长江流域	四川盆地	389.19	19.64	153.69	7.76
长江流域	金沙江流域	592.44	8.61	142.1	3.01
长江流域	鄱阳湖水系	213.00	13.38	68.54	4.41
长江流域	洞庭湖水系	590.14	23.12	177.17	6.94
长江流域	乌江流域	185.96	20.96	62.86	7.08
长江流域	小计	2 646.41	14.82	888.32	5.72
珠江流域	珠江、韩江流域	561.81	38.20	200.86	22.28
珠江流域	西江流域	985.16	29.60	316.18	10.11
珠江流域	小计	1 546.97	32.24	517.04	12.83
闽浙丘陵地区		385.78	18.97	67.97	5.72
台湾地区		90.56	25.16	56.86	15.79
雷琼地区		372.33	41.53	194.06	21.65
怒江、澜沧江流域		621.22	15.28	158.65	4.41
雅江流域		527.01	13.67	157.47	4.08
全国合计		8 836.48	10.61	3 527.78	5.70

注：黄淮海地区已包括黄河下游区。

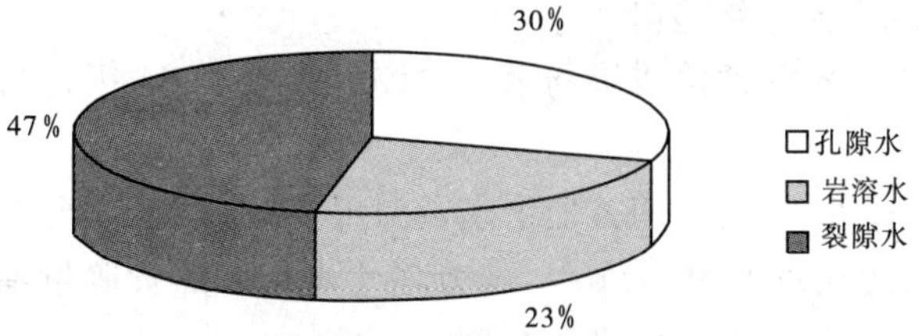

图 4-1　不同类型地下水天然资源

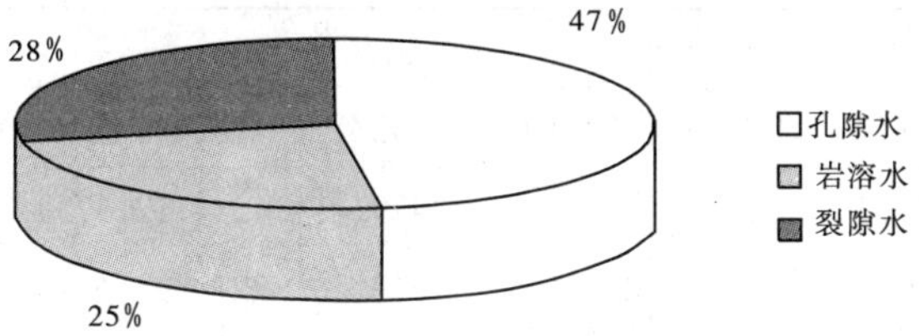

图 4-2　不同类型地下水可开采资源

3. 地下水资源空间分布特征

地下水在空间分布上具有多层性。与大气降水和地表水直接交替循环并埋藏较浅的地下水,通称浅层地下水,包括潜水和浅层承压水;地质历史时期形成和赋存下来的、埋藏较深的、与现代大气降水和地表水交替循环较缓慢的地下水,称为深层地下水或深层承压水。地下水空间分布的多层性,为地下水资源的分层开采和合理配置提供了条件。

4. 我国主要平原和盆地的地下水资源分布情况

我国各大平原和盆地是地下水资源的富集区。其中松辽平原、三江平原、黄淮海平原、河西走廊、准噶尔盆地、塔里木盆地、柴达木盆地、四川盆地等平原、盆地的地下水天然资源量每年达 2 045 亿 m^3,占全国地下水天然资源量的 22%,地下淡水可开采资源量每年为 1 082 亿 m^3,占全国地下水可开采资源量的 31%(见表 4-5)。

表 4-5　主要平原和盆地的地下水资源数量　(单位:亿 m^3/a)

平原、盆地	天然资源量	可开采资源量
松辽平原	276.69	224.68
三江平原	81.60	68.72
黄淮海平原	546.04	343.59
河西走廊	61.16	25.72
准噶尔盆地	296.17	90.45
塔里木盆地	333.39	144.43
柴达木盆地	60.99	30.98
四川盆地	389.19	153.69
合　计	2 045.23	1 082.26

(四)我国地下水资源变化趋势

新一轮全国地下水资源评价成果与第一次评价成果(1984 年)比较,地下淡水资源有如下变化趋势:

(1)北方地下水资源量减少,南方地下水资源量增加。北方多年平均天然资源量减少 122 亿 m^3,可开采资源量减少 56 亿 m^3。南方多年平均天然资源量增加 242 亿 m^3,可开采资源量增加 643 亿 m^3(见表 4-6、表 4-7、图 4-3、图 4-4)。

表 4-6　地下淡水天然资源量变化统计　(单位:亿 m^3/a)

分布地区	全国			北方			南方		
	1984 年	2002 年	增减量	1984 年	2002 年	增减量	1984 年	2002 年	增减量
平原	2 503.90	2 275.57	−228.33	1 773.53	1 429.41	−344.12	730.37	846.16	115.79
山区	6 212.93	6 560.91	347.98	1 091.57	1 313.26	221.69	5 121.36	5 247.65	126.29
合计	8 716.83	8 836.48	119.65	2 865.10	2 742.67	−122.43	5 851.73	6 093.81	242.08

表 4-7　地下淡水可开采资源量变化统计　(单位:亿 m^3/a)

分布地区	全国			北方			南方		
	1984 年	2002 年	增减量	1984 年	2002 年	增减量	1984 年	2002 年	增减量
平原	1 870.65	1 561.20	−309.45	1 371.86	1 089.84	−282.02	498.79	471.36	−27.43
山区	1 069.84	1 966.58	896.74	220.84	446.46	225.62	849.00	1 520.13	671.13
合计	2 940.49	3 527.78	587.29	1 592.70	1 536.30	−56.40	1 347.79	1 991.49	643.70

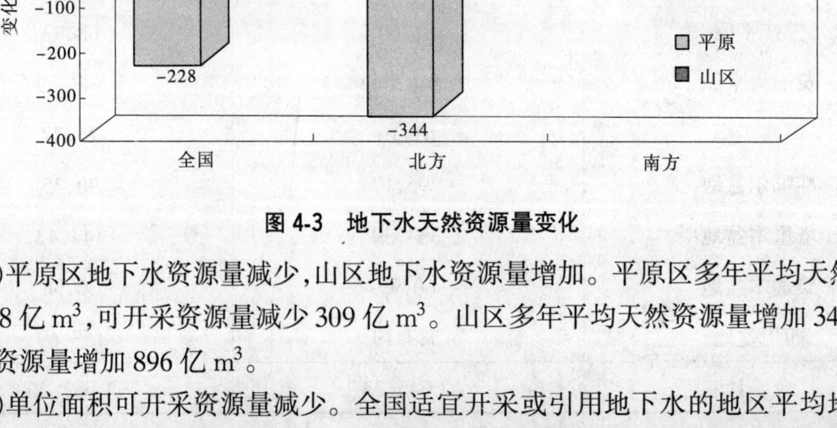

图 4-3　地下水天然资源量变化

(2)平原区地下水资源量减少,山区地下水资源量增加。平原区多年平均天然资源量减少 228 亿 m^3,可开采资源量减少 309 亿 m^3。山区多年平均天然资源量增加 348 亿 m^3,可开采资源量增加 896 亿 m^3。

(3)单位面积可开采资源量减少。全国适宜开采或引用地下水的地区平均地下水开

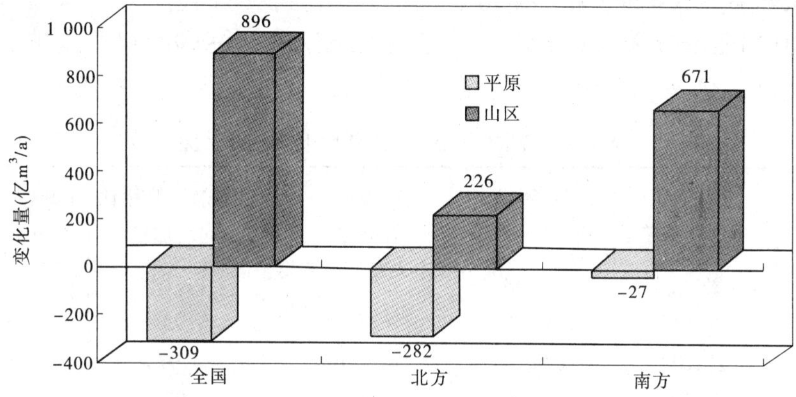

图 4-4　地下水可开采资源量变化

采模数(每年每平方千米可开采地下水资源量)已由15万m^3减少到 6 万 m^3,其中南方平原区为 17.8 万 m^3,山区为 6.4 万 m^3;北方平原区为 6.6 万 m^3,山区不足 2.5 万 m^3。

(五)地下水资源发生变化的主要原因

(1)区域降水量发生变化。据 44 年系列降水量资料统计分析,总体上华北地区、辽宁、吉林、广西北部、四川中部、贵州、云南东部、陕西、甘肃、宁夏等地区的降水量呈减少趋势,其他地区呈增加趋势。降水量的变化,使地下水天然补给资源和可开采资源发生相应的变化。

(2)人类工程活动使地下水补给量减少。如北方平原地区,由于山区修建多级水库,层层拦截地表径流,使下游河道断流,河流对地下水的入渗补给量大幅度减少。另外,农业灌溉配套工程的日益完善和灌溉定额的逐步降低,也减少了灌溉水对地下水的回渗补给。

(3)部分地区水文地质参数发生变化。北方一部分平原地区,随着地下水的开采利用,由于地下水位下降引起了包气带厚度和结构的变化,使包气带入渗系数变小,而导致地下水补给量减少。

(4)地下水可开采资源的评价面积增大,地下淡水可开采资源评价面积增加了近 430 万 km^2。

(5)评价精度明显提高。新一轮评价成果充分利用了近 20 年来的地下水资源勘查、评价、研究等方面取得的新成果和新资料。主要包括:1995 年完成的以 1∶20 万比例尺为主的全国区域水文地质普查成果,700 多个县(市)的区域水文地质调查、130 多万 km^2 面积的农田供水水文地质勘查、数千个城镇和工矿供水水源地勘查及 50 年来的地下水长期动态监测资料等。

二、地下水资源开发利用状况

(一)地下水开采量呈持续增长趋势

新中国成立以来,全国地下水开采量一直持续增长。地下水年开采量,20 世纪 70 年代平均每年为 572 亿 m^3,80 年代增加到 748 亿 m^3,1999 年达到 1 116 亿 m^3。其中北方地区地下水开采量占全国开采量的76%。在80年代到90年代期间,开采量增长较快的省份是河南(43亿m^3)、湖南(24亿m^3)、辽宁(21亿m^3)。1999年开采量排在前三位的省份是河北(149亿m^3)、河南(129亿m^3)、山东(123亿m^3)(见表4-8、图4-5)。

表4-8 各省(市、区)不同年代地下水开采量 (单位:亿m^3/a)

省(市、区)	70年代 年均开采量	80年代 年均开采量	1999年 开采量	80年代较70年代 年均增加量	1999年较80年代 年均增加量
北京	25.62	27.33	27.15	1.71	-0.18
天津	7.14	8.09	6.33	0.95	-1.76
河北	114.03	139.00	149.46	24.97	10.46
山西	26.28	30.30	41.99	4.02	11.69
内蒙古			59.87		
辽宁	26.75	46.88	68.69	20.13	21.81
吉林	9.35	13.00	29.92	3.65	16.92
黑龙江	28.09	58.21	65.00	30.12	6.79
上海	0.78	1.12	1.04	0.34	-0.08
江苏	1.95	6.55	18.34	4.60	11.79
浙江	0.90	4.09	6.08	3.19	1.99
安徽	9.20	10.71	18.48	1.51	7.77
福建	3.79	5.59	6.07	1.80	0.47
江西	5.24	8.28	12.51	3.04	4.23
山东	90.14	102.70	122.99	12.56	20.29
河南	77.30	87.00	129.72	9.70	42.72
湖北	0.51	9.23	13.97	8.72	4.74
湖南		1.84	25.87	1.84	24.03
广东			22.00		
广西	2.26	10.24	13.04	7.98	2.80
海南	2.90		4.92		
重庆	1.20	3.52	8.57	2.32	5.05
四川	17.29	20.83	28.16	3.54	7.32
贵州	22.23	26.68	33.33	4.45	6.65
云南		0.67	6.28	0.67	5.61
西藏			1.66		
陕西	26.45	23.68	34.19	-2.77	10.51
甘肃	18.18	20.06	26.22	1.88	6.16
青海	0.95	2.63	5.40	1.68	2.77
宁夏	2.21	4.56	5.55	2.35	0.99
新疆	15.00	37.50	51.35	22.50	13.85
台湾	36.31	38.01	71.39	1.70	33.38
全国	572.05	748.30	1 115.54	176.25	367.24

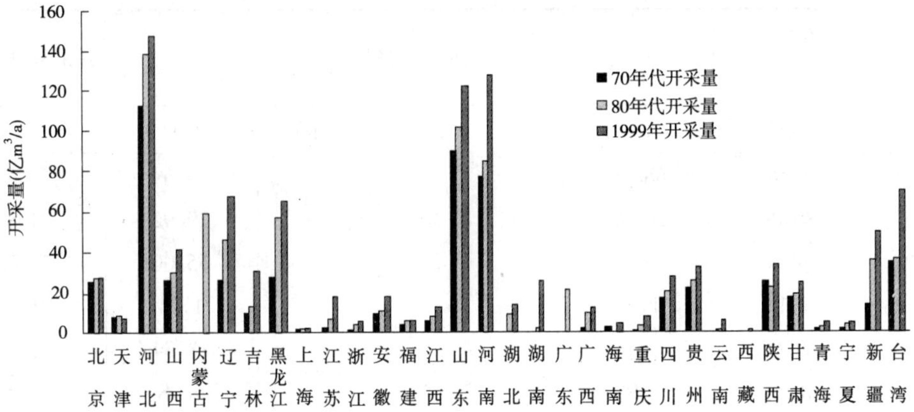

图 4-5　不同年代各省(市、区)地下水开采量变化

(二)地下水开采程度地区差异较大

总体上北方开采程度高于南方(见图 4-6)。北方除青海省外,开采程度均超过 20%,其中天津市、河北省和北京市开采程度超过 100%,开采程度超过或接近 70%的有山东、河南、山西、辽宁。南方地下水开采程度除上海超过 90%,贵州、江苏、重庆超过 20%外,其他省(市、区)均小于 20%,我国的台湾省超采 25.6%(见表 4-9)。

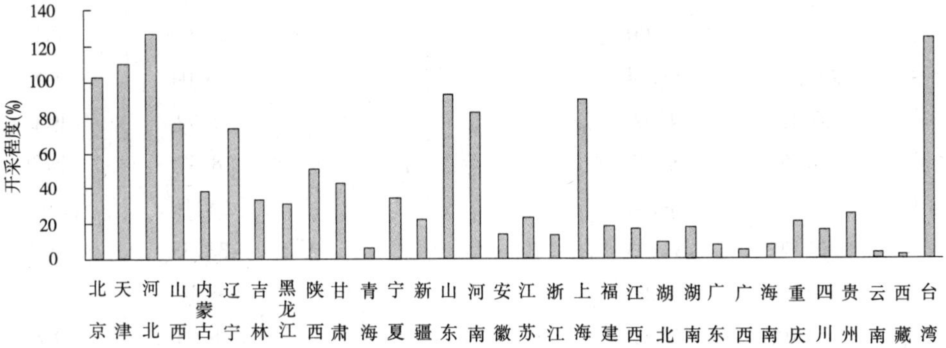

图 4-6　各省(市、区)地下水开采程度

表 4-9　地下水年开采程度　(单位:亿 m³/a)

省(市、区)	可开采资源量	现状开采量				开采程度(%)
	<1 g/L	<1 g/L	1~3 g/L	3~5 g/L	小计	<1 g/L
北　京	26.33	27.15			27.15	103.1
天　津	5.70*	6.33			6.33	111.1
河　北	99.54	127.50	21.51	0.45	149.46	128.1
山　西	53.78	41.99			41.99	78.1
内蒙古	140.17	54.67	4.14	1.06	59.87	39.0

续表 4-9

省(市、区)	可开采资源量	现状开采量				开采程度(%)
	<1 g/L	<1 g/L	1~3 g/L	3~5 g/L	小计	<1 g/L
辽　宁	91.76	68.69			68.69	74.9
吉　林	86.09	29.92			29.92	34.8
黑龙江	211.45	65.00			65.00	30.7
上　海	1.14	1.04			1.04	91.2
江　苏	80.68	18.34			18.34	22.7
浙　江	46.78	5.96	0.12		6.08	12.7
安　徽	135.21	18.48			18.48	13.7
福　建	33.51	6.07			6.07	18.1
江　西	73.37	12.51			12.51	17.1
山　东	114.31	107.30	15.69		122.99	93.9
河　南	155.89	129.72			129.72	83.2
湖　北	165.21	13.97			13.97	8.5
湖　南	146.00	25.87			25.87	17.7
广　东	284.94	22.00			22.00	7.7
广　西	273.38	13.04			13.04	4.8
海　南	60.45	4.92			4.92	8.1
重　庆	40.79	8.57			8.57	21.0
四　川	174.94	28.16			28.16	16.1
贵　州	132.59	33.33			33.33	25.1
云　南	190.35	6.28			6.28	3.3
西　藏	202.04	1.66			1.66	0.8
陕　西	55.86	28.76	5.43		34.19	51.5
甘　肃	42.34	18.21	8.01		26.22	43.0
青　海	98.29	5.40			5.40	5.5
宁　夏	13.44	4.76	0.79		5.55	35.4
新　疆	234.87	51.35			51.35	21.9
台　湾	56.86	71.39			71.39	125.6
香　港	2.55					
澳　门	0.03					
全　国	3 524.94	1 058.34	55.69	1.51	1 115.54	30.0

注： *包含微咸水 2.86 亿 m^3/a。

(三)地下水供水比例与用水结构发生变化

近20年来,地下水占实际供水量的比例一直呈增长趋势,已从1980年的14.0%增长到2000年的19.8%。从用水结构来看,我国农业灌溉用地下水占地下水总用水量的比重最高(见图4-7),但目前呈递减趋势,从80年代的88%逐步下降到1999年的62%;工业和生活用地下水的比重明显上升,80年代工业和生活用地下水的比重为12.0%,到1999年工业用地下水的比重为18%,生活用地下水的比重为20%(见表4-10)。随着工业化进程的加快和城镇化水平的提高,这种趋势仍将持续下去。

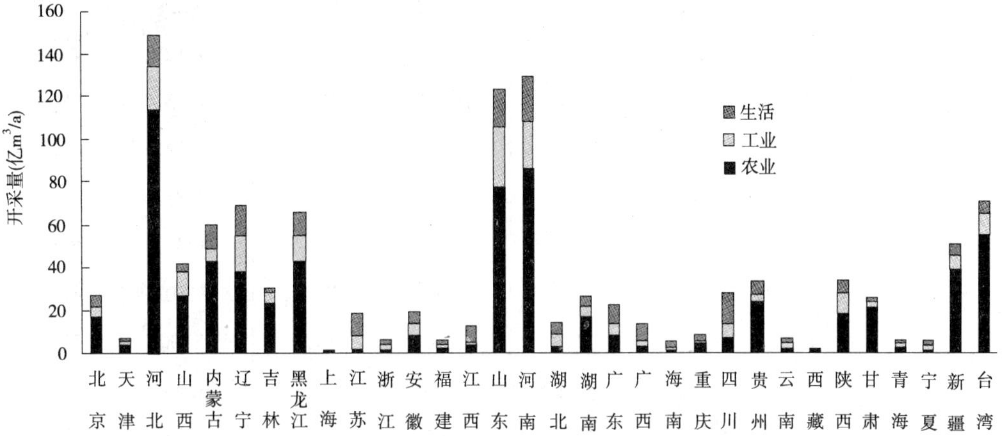

图4-7　各省(市、区)不同行业地下水开采量

表4-10　不同行业地下水用水量及用水比重　(单位:亿 m^3/a)

省(市、区)	总开采量	工业		农业		生活	
		开采量	比例(%)	开采量	比例(%)	开采量	比例(%)
北　京	27.15	4.55	16.8	16.41	60.4	6.19	22.8
天　津	6.33	1.38	21.8	3.45	54.5	1.50	23.7
河　北	149.46	20.41	13.7	114.52	76.6	14.53	9.7
山　西	41.99	11.88	28.3	25.73	61.3	4.38	10.4
内蒙古	59.87	6.11	10.2	42.14	70.4	11.62	19.4
辽　宁	68.69	16.68	24.3	37.62	54.8	14.39	20.9
吉　林	29.92	4.90	16.4	22.94	76.7	2.08	7.0
黑龙江	65.00	12.21	18.8	42.45	65.3	10.34	15.9
上　海	1.04	0.31	29.8			0.73	70.2
江　苏	18.34	6.61	36.0	0.48	2.6	11.25	61.3
浙　江	6.08	2.10	34.5	1.08	17.8	2.90	47.7
安　徽	18.48	6.30	34.1	6.99	37.8	5.19	28.1

续表 4-10

省(市、区)	总开采量	工业		农业		生活	
		开采量	比例(%)	开采量	比例(%)	开采量	比例(%)
福　建	6.07	1.42	23.4	1.62	26.7	3.03	49.9
江　西	12.51	0.88	7.0	3.50	28.0	8.13	65.0
山　东	122.99	27.06	22.0	77.85	63.3	18.08	14.7
河　南	129.72	21.66	16.7	85.82	66.2	22.24	17.1
湖　北	13.97	5.21	37.3	2.64	18.9	6.12	43.8
湖　南	25.87	4.66	18.0	16.46	63.6	4.75	18.4
广　东	22.00	5.45	24.8	7.31	33.2	9.24	42.0
广　西	13.04	3.03	23.2	2.16	16.6	7.85	60.2
海　南	4.92	0.78	15.9	0.75	15.2	3.39	68.9
重　庆	8.57	0.65	7.6	4.32	50.4	3.60	42.0
四　川	28.16	6.47	23.0	6.69	23.8	15.00	53.3
贵　州	33.33	3.07	9.2	23.60	70.8	6.66	20.0
云　南	6.28	2.07	33.0	1.63	26.0	2.58	41.1
西　藏	1.66	0.18	10.8	0.76	45.8	0.72	43.4
陕　西	34.19	9.22	27.0	18.16	53.1	6.81	19.9
甘　肃	26.22	2.96	11.3	21.03	80.2	2.23	8.5
青　海	5.40	1.05	19.4	2.77	51.3	1.58	29.3
宁　夏	5.55	1.96	35.3	1.13	20.4	2.46	44.3
新　疆	51.35	6.41	12.5	39.32	76.6	5.62	10.9
台　湾	71.39	9.77	13.7	55.43	77.6	6.19	8.7
全　国	1 115.54	207.45	18.6	686.72	61.6	221.36	19.8

全国有400多个城市开采利用地下水。在城市用水总量中,地下水占30%。北方城市以开采地下水为主,华北、西北城市利用地下水比例分别高达72%和66%。

(四)地下水资源开采潜力评估

地下水开采潜力是指在现状开采条件下可以扩大开采的地下水资源。全国总体评价,地下淡水开采潜力约有70%。南方潜力较大,达86%;北方潜力较小,不足45%。由于各地区地下水开采不平衡,有许多地区在同一区域内存在着整体有潜力而部分地区无潜力或处于超采的矛盾。

三、面临的主要问题

当前，在地下水资源的开发利用中，存在如下几方面的问题。

（一）地下水资源紧缺和水资源浪费并存

近 20 年来，全国用水量急剧增长，地下水开采量平均以每年 25 亿 m^3 的速度增加。目前，北方已有相当一部分地区地下水处于超采状态，其中河北省整体超采，北京、天津、呼和浩特、沈阳、哈尔滨、济南、太原、郑州等一些大中城市地下水已超采或严重超采。目前，全国 600 多座城市中有一半左右不同程度地存在缺水问题，全国还有数千万人需解决饮用水问题。同时，水资源浪费问题仍相当突出。目前，我国的万元工业产值耗水量一般是发达国家的 10～20 倍；每千克粮食的耗水量是发达国家的 2～3 倍。

（二）地下水环境污染严重

由于工业和生活污水排放量增加，以及受农业大量使用农药化肥的影响，我国地下水污染问题日益突出。地下水污染严重地区主要分布在城镇周围、排污河道两侧、地表污染水体分布区及引污农灌区等。地下水环境污染呈现出由点向面、由城市向农村扩展的趋势。全国约有一半城市市区地下水污染比较严重，由污染造成的缺水城市和地区日益增多。

（三）不合理开采地下水诱发地面沉降、海水入侵等环境地质问题

我国北方部分地区因不合理开采地下水，出现地下水位持续下降，形成区域地下水位降落漏斗。据初步统计，全国已形成区域地下水降落漏斗 100 多个，面积达 15 万 km^2。华北平原深层地下水已形成了跨冀、京、津、鲁的区域地下水降落漏斗，有近 7 万 km^2 面积的地下水位低于海平面。区域地下水位下降还使平原或盆地湿地萎缩或消失、地表植被破坏，导致生态环境退化。

全国有 40 多座城市由于不合理开采地下水而发生了地面沉降，其中沉降中心累计最大沉降量超过 2 m 的有上海、天津、太原、天津塘沽，个别点最大沉降量已达 3.1 m。在河北平原、西安、大同、苏锡常等地区，过量开采地下水还导致了地裂缝，对城市基础设施构成严重威胁。

沿海地区的大连、秦皇岛、沧州、青岛、北海、海南新英湾等城市和地区地下水水位的下降，引起海水入侵，导致地下水水质恶化，其中山东半岛、辽东半岛海水入侵较严重。

农村成井质量普遍偏低，布局不合理，造成区域地下水资源开采不平衡，上下含水层、咸淡含水层混合，资源利用率下降。

四、地下水资源合理开发利用战略

地下水参与自然界的水文循环，与地表水、大气降水之间相互联系，相互转化，组成统一的整体。地下水隐伏埋藏于地下岩层中，具有相对独立的储存空间和渗流系统，它的形成、分布和运移主要受地质和水文地质条件控制。因此，地下水的开发利用必须遵循地下水资源本身所具有的客观规律，需要在查明含水层系统的地质结构、介质分布，地下水的补给、径流和排泄条件的基础上，科学合理地确定地下水的开采地段、开采层位、开采布局和开采量。

地下水具有分布广、储存量大、调蓄能力强、水质水量相对稳定、保证程度高，供水投资少、见效快的特点。从供水的角度看，地下水是缺水山区、水质型缺水地区、城镇地区饮用水的重要水源，更是荒漠地区生态用水最可依靠的就地水资源。充分发挥地下水的优势，把有限的地下水纳入合理开发、经济利用和科学管理的轨道，是今后的战略重点。

正确认识地下水资源的这种客观规律和作用，对于正确制定我国水资源战略和治水方针，调整水利工程部署，具有十分重要的意义。坚持"人与自然和谐共存"的发展方针和以水资源的可持续利用支持社会经济可持续发展的战略思想，充分发挥地下水的优势，把有限的地下水纳入合理开发、经济利用和科学管理的轨道，实现地下水资源的可持续利用，是重要的战略任务。为此，应调整地下水开发利用思路，实施以地下水资源的可持续利用支持我国经济社会可持续发展的战略。

一是按地下水资源赋存和分布规律，实施区域地下水资源开发与保护战略；

二是加强地下水人工调蓄工程建设，从以地表调蓄为主向地表、地下联合调蓄转变；

三是加强地下水水源地储备，从无序应急供水向有序应急供水转变；

四是为改善缺水地区群众生产生活用水条件，实施扶贫找水工程；

五是建立地下水资源保护带，有效防止地下水污染。

地下水的开发利用应遵循以下基本原则：

(1)采补平衡，持续利用。根据地下水补给和储存条件，按照采补平衡的原则，调整优化地下水开采布局和用水结构。超采区压缩开采量，有资源潜力的地区扩大开采量，基本做到采补平衡，实现地下水资源的可持续利用。

(2)浅层为主、深层适度，咸淡结合。我国大部分地区以开发浅层地下水为主。在深层地下水资源丰富、开发利用后又不产生较大环境地质问题的地区，可有计划地适度开发深层水资源。在地下咸水分布区，可应用抽咸补淡、淡咸混合等技术，合理利用咸水资源。

(3)合理调控，以丰补欠。充分利用含水层分布广、储存空间大、调控能力强的特点和优势，合理调控地下水位，增加地下储水空间，提高降水的有效入渗量，减少蒸发、蒸腾损失，有效利用土壤水。

(4)保护水质，优质优用。采取有效措施，保护地下水源，严格控制和预防地下水污染。按照优先满足人民生活用水需求，兼顾工业、农业和生态环境用水的序次和原则，合理开发利用地下水。

(5)联合调蓄，统筹兼顾。坚持地表水、地下水，上、下游水资源统筹兼顾的原则。水资源调蓄要实行从以地表调蓄为主向地表、地下联合调蓄的战略转变，充分发挥地表水库和地下水库各自的优势，取长补短，优势互补，综合开发利用水资源。按照不同地区的水文地质条件，调整优化地下水开发布局和用水结构。

(6)综合规划，科学管理。根据地下水资源时空分布特点，结合国民经济区域发展布局和生态环境建设需要，综合规划地下水的开发利用与保护战略，建立科学的管理制度和技术保障体系。

第三节　《国际饮用水水质标准汇编》简介

饮用水的安全性对人体健康至关重要。世界有很多不同的饮用水水质标准,而最具有代表性和权威性的是世界卫生组织(WHO)水质准则,它是世界各国制定本国饮用水水质标准的基础和依据。另外,比较有影响的还有欧共体饮水指令(ECDirective)和美国安全饮用水法案(Safe Drinking Water Act)。WHO 于 1992 年 9 月在日内瓦举行会议,讨论修改 1984 年版水质准则,经过 35 个国家 200 多位专家的讨论,提出了《饮用水水质指南第 2 版》(Guidelines for Drinking Water Quality,2nd Ed),已于 1993 年颁布实施。该版包括了与健康有关的水质指标 135 项,其中微生物学指标 2 项,化学物质指标 131 项(无机物 36 项,有机物 31 项,农药 6 项,消毒剂及其副产物 28 项),放射性 2 项,有些指标暂未提出指导值,有指导值的指标共 98 项,135 项指标中由于感官可能引发消费者不满的指标 31 项。这次修订中的主要指导思想为:

(1)控制微生物的污染是极端重要的。消毒副产物对健康有潜在的危险性,但较之消毒不完善对健康的风险要小得多。

(2)符合水质准则指导值的饮用水就是安全的饮用水(Safe Water)。

(3)短时间水质指标检测值超过指导值并不意味着此种饮用水不适宜饮用。

(4)在制定化学物质指导值时,既要考虑直接饮用部分,也要考虑沐浴或淋浴时皮肤接触或易挥发性物质通过呼吸摄入部分。

欧共体制定的饮用水水质标准称为 EC 饮用水指令(Drinking Water Directive)。80/778/EEC指令列出了 66 项水质参数,分成微生物、有毒物质、过量的有害物质、理化参数及感官参数和饮用软化水的最低浓度指标。其中,对多数参数给出了两种不同的标准值,即指导值(guidelines)和最大允许浓度(maximum acceptable concentration)。该标准是欧洲各国制定本国国家标准的重要参考。1995 年,欧共体对用水指令 80/778/EEC 进行了修正。指标参数由 66 项减少至 48 项(瓶装水为 50 项),包括 15 项新增参数。新指令更加强调指标值的科学性、与 WHO 指导标准的一致性,增加了透明度,提出应以用户水龙头处的水样满足水质标准为准。部分参数的指标值调整如下:

(1)铅:指标值从 50 μg/L 降至 10 μg/L,并要求在 15 年内更换含铅配水管;

(2)农药:单项农药和总农药值维持不变(0.1 μg/L 和 0.5 μg/L),但个别种类农药的指标值更加严格(0.03 μg/L);

(3)铜:指标值从 3 mg/L 降至 2 mg/L;

(4)新标准增加了新的参数,如三卤甲烷类、三氯乙烯、四氯乙烯、溴仿和丙烯酰胺等。

指令 98/83/EC 规定,新标准于 1998 年 12 月 25 日起实施,并要求欧共体成员国要在 2000 年 12 月 25 日前将新指令纳入本国国家标准,2003 年 12 月 25 日前确保饮用水水质达到标准的规定,除了溴仿(10 年)、铅(15 年)和三卤甲烷类(10 年)外。

美国联邦环境保护局(USEPA)于 1986 年颁布了《安全饮用水法案修正案》,规定了实施饮用水水质规则的计划,制定了《国家饮用水基本规则》和《二级饮用水规则》(National Primary and Secondary Drinking Water Regulations)。该规则即为现行美国饮用水水质标准，对饮用水中的污染物规定了最大污染物浓度（MCL）和最大污染物浓度目标值（MCLG）。《国家饮用水基本规则》是强制性标准，公共供水系统必须满足该标准的要求。《国家二级饮用水规则》是非强制性的指导标准，主要是会引起皮肤或感官问题的参数。

除上述三种水质标准外，其他国家均以上述三种标准为基础，制定本国的国家标准，如日本和南非参考了 WHO/EEC/EPA 三种标准，欧共体国家参考 EEC 标准，香港以 WHO 为标准。在制定本国的国家标准过程中，各国根据实际情况作了相应的调整。

我国现行饮用水水质标准是 1985 年颁布实施的 GB 5749—85。该标准与国外的饮用水标准相比，主要差别在于微生物学指标项目少、指标低，缺少有机物和消毒副产物指标。1992 年版 WHO 标准中增加的主要是与健康有关的有机化合物指标和农药、消毒副产物等。国家建设部组织中国城镇供水协会于 1992 年编制了《城市供水行业 2000 年技术进步发展规划》，其中对 2000 年的水质目标进行了规划。对日处理水量百万吨以上的第一类水，规划中制定了 89 项指标，其中包括每年 2 次毒理学 Ames 试验。规划水质目标对一、二类水提出一部分比国家水质标准更高的要求，作为 2000 年的努力方向，对供水企业的技术进步和供水水质的提高起到了推动作用。最近，由中国预防医学科学院环境卫生监测所主编，北京市、辽宁省和四川省卫生防疫站和北京市自来水公司、深圳市自来水公司、上海市自来水公司等主要单位参加的《生活饮用水卫生标准》报批稿已经制定完成。与 GB 5749—85 相比，增加了铝和粪型大肠菌两个指标，铁、硝酸盐和总大肠菌群三个指标的指标值有所改变，总检测指标增加至 37 项。标准中还对水源水中的有害物质规定了最高容许浓度，共 62 项。

加拿大现行饮用水水质标准为第 6 版加拿大饮用水水质指导（Guidelines for Canadian Drinking Water Quality）。该标准中包括微生物学指标、理化指标和放射性指标，共 139 项，其中最有特点的是该标准中规定的放射性指标有 29 项之多。上述指标值是基于危险管理概念制定的，并包括以下几个严格的步骤：确认、评价、定值、核准和标准的颁布与公布。在此过程中，很重要的一步是由加拿大卫生部（Health Canada）对人体由饮用水中吸收某种物质对人体所造成的健康危险进行科学的评估，并推荐出适合的指标值。

法国现行饮用水水质标准为 1989 年制定。该标准主要参照欧共体 80/778/EEC 标准制定。大部分指标值采用的是 EEC 标准的最大允许浓度值，并增加了农药和氧化副产物等项目。标准中微生物学指标较 EEC 多 7 项，分别为耐热大肠菌、粪型链球菌、亚硫酸盐还原梭菌、沙门氏菌、致病葡萄球菌、粪型噬菌体、肠道病毒，这 7 项指标并不包含在 EEC 最新饮水指令中。

日本厚生省于 1992 年 12 月 21 日公布了新修订的生活饮用水水质标准（厚生省令第 69 号），并于 1993 年 12 月 1 日正式施行。新标准包括 46 项基本水质指标，其中前 29 项是与人体健康有关的指标，以保证饮用水的安全性和可靠性；后 17 项是生活饮用水所必须具有的性状指标，以满足人们对饮用水感官上的要求及给水设施管理上的要求。此外，还包括 13 项水质项目和 26 项水质监视项目。水质项目是作为水质管理的目标而设定的，以求饮用水舒适爽口；水质监视项目是为进一步保证生活饮用水的远期安全可靠性而制定的。

美国各州根据美国环保局制定的饮用水水质标准，多数也制定有本州的水质标准。

如加利福尼亚州，其饮用水水质标准中，一级饮用水水质指标共85项（包括铜和铅），二级饮用水水质指标16项，此外还制定执行标准31项，未颁布指标值而需要监测的项目有50项之多。

德国现行饮用水水质标准共43项。该标准包含在饮用水及食品企业用水条例中。该条例对在饮用水处理中可以使用的药剂也作了明确的规定，包括允许投加浓度、处理后的极限值等。此外，对各种指标的检验范围与频率也有明确的规定。

中国台湾省规定有自己的饮用水水质标准，它并没有采用WHO、EEC和EPA的水质标准。根据所了解到的资料，其最近修订为1998年，共有指标54项，其中大肠杆菌标准值很高，为6 CFU/mL或6 MPN/100 mL。台北市也有自己的饮用水水质标准（Taipei-Drinking Water Regulations），共有42项，比台湾省标准少农药指标9项和钡、锑、镍。

另外，还收集到英国Wessex Water公司饮用水水质和德国法兰克地区（WFW）饮用水水质年报。Wessex Water公司是英国较大的供水公司，服务面积约7 500 km^2，共有104座水厂和10 800 km长的供水管网，服务人口1 200万人。每天供水量为43万m^3。Wessex Water以欧共体标准和英国国家标准为标准，附录中数据是以英国标准计算的。德国法兰克地区位于巴伐利亚州东南部，法兰克经济区供水协会服务人口约为126万人，服务面积3 410 km^2，约为整个巴伐利亚州的5%，最高年供水量2 400万m^3。由此，也可以分析对比我国饮用水水质与国外饮用水水质的差异。

第四节　水质评价标准

水质评价标准见表4-11～表4-17。

表4-11　pH值

名称	pH值	名称	pH值
中性水	6.5～8.9	强酸性水	5.0以下
弱酸性水	5.0～6.5	强碱性水	10.0以上
弱碱性水	8.0～10.0		

表4-12　硬度

$CaCO_3$(mg/L)	德国度	名称
0～75	0～4.20	极软水
75～150	4.20～8.40	软水
150～300	8.40～16.80	微硬水
300～450	16.80～25.20	硬水
>450	>25.20	极硬水

表 4-13 温度

水温(℃)	名称	水温(℃)	名称
0～4	极冷水	37～42	热水
4～20	冷水	42～100	极热水
20～37	温水	100 以上	沸腾水

表 4-14 颜色

水的颜色	所含成分和杂质
翠绿色	硫化氢
浅蓝色	氧化亚铁
黄褐色	氧化铁
浅青色	游离硫
暗红色	锰化合物
暗黄色	腐殖质
悬浮物	决定于其颜色和含量

表 4-15 总矿化度

总矿化度(g/L)	名称	总矿化度(g/L)	名称
<1	淡水	10～50	盐水
1～3	微咸水	>50	卤水
3～10	咸水		

表 4-16 味道

盐类名称	味道	能尝到味道的大致浓度(mg/L)	
		勉强尝到	明显尝到
NaCl	咸	165	495
KCl		420	525
Na_2SO_4	涩咸	150	49.5
$NaHCO_3$		205	425
$FeSO_4$		1.6	4.8
$CaCl_2$	苦	470	480
$MgCl_2$		135	140
$MgSO_4$		250	425
$CaSO_4$		70	550

表 4-17　大肠杆菌

大肠杆菌值	大肠杆菌指数	评价
＞100	10	健康水
10～100	100～10	相当健康水
⩾1	1 000	可疑水
⩾0.01	100 000	不健康水

附件 1　地下水质量标准

（GB/T 14848—93）

1993－12－30 批准　1994－10－01 实施

1　引言

为保护和合理开发地下水资源，防止和控制地下水污染，保障人民身体健康，促进经济建设，特制订本标准。

本标准是地下水勘查评价、开发利用和监督管理的依据。

2　主题内容与适用范围

2.1　本标准规定了地下水的质量分类，地下水质量监测、评价方法和地下水质量保护。

2.2　本标准适用于一般地下水，不适用于地下热水、矿水、盐卤水。

3　引用标准

GB 5750　生活饮用水标准检验方法

4　地下水质量分类及质量分类指标

4.1　地下水质量分类

依据我国地下水水质现状、人体健康基准值及地下水质量保护目标，并参照了生活饮用水、工业、农业用水水质最高要求，将地下水质量划分为 5 类(表 1)。

Ⅰ类：主要反映地下水化学组分的天然低背景含量。适用于各种用途。

Ⅱ类：主要反映地下水化学组分的天然背景含量。适用于各种用途。

Ⅲ类：以人体健康基准值为依据。主要适用于集中式生活饮用水水源及工、农业用水。

Ⅳ类：以农业和工业用水要求为依据。除适用于农业和部分工业用水外，适当处理后可作生活饮用水。

Ⅴ类：不宜饮用，其他用水可根据使用目的选用。

表 1　地下水质量分类指标

序号	项目	Ⅰ类	Ⅱ类	Ⅲ类	Ⅳ类	Ⅴ类
1	色(度)	≤5	≤5	≤15	≤25	>25
2	嗅和味	无	无	无	无	有
3	浑浊度(度)	≤3	≤3	≤3	≤10	>10
4	肉眼可见物	无	无	无	无	有
5	pH		6.5～8.5		5.5～6.5 8.5～9	<5.5，>9
6	总硬度(以 $CaCO_3$ 计)(mg/L)	≤150	≤300	≤450	≤550	>550

续表 1

序号	项目	Ⅰ类	Ⅱ类	Ⅲ类	Ⅳ类	Ⅴ类
7	溶解性总固体(mg/L)	≤300	≤500	≤1 000	≤2 000	>2 000
8	硫酸盐(mg/L)	≤50	≤150	≤250	≤350	>350
9	氯化物(mg/L)	≤50	≤150	≤250	≤350	>350
10	铁(Fe)(mg/L)	≤0.1	≤0.2	≤0.3	≤1.5	>1.5
11	锰(Mn)(mg/L)	≤0.05	≤0.05	≤0.1	≤1.0	>1.0
12	铜(Cu)(mg/L)	≤0.01	≤0.05	≤1.0	≤1.5	>1.5
13	锌(Zn)(mg/L)	≤0.05	≤0.5	≤1.0	≤5.0	>5.0
14	钼(Mo)(mg/L)	≤0.001	≤0.01	≤0.1	≤0.5	>0.5
15	钴(Co)(mg/L)	≤0.005	≤0.05	≤0.05	≤1.0	>1.0
16	挥发性酚类(以苯酚计)(mg/L)	≤0.001	≤0.001	≤0.002	≤0.01	>0.01
17	阴离子合成洗涤剂(mg/L)	不得检出	≤0.1	≤0.3	≤0.3	>0.3
18	高锰酸盐指数(mg/L)	≤1.0	≤2.0	≤3.0	≤10	>10
19	硝酸盐(以 N 计)(mg/L)	≤2.0	≤5.0	≤20	≤30	>30
20	亚硝酸盐(以 N 计)(mg/L)	≤0.001	≤0.01	≤0.02	≤0.1	>0.1
21	氨氮(NH_4)(mg/L)	≤0.02	≤0.02	≤0.2	≤0.5	>0.5
22	氟化物(mg/L)	≤1.0	≤1.0	≤1.0	≤2.0	>2.0
23	碘化物(mg/L)	≤0.1	≤0.1	≤0.2	≤1.0	>1.0
24	氰化物(mg/L)	≤0.001	≤0.01	≤0.05	≤0.1	>0.1
25	汞(Hg)(mg/L)	≤0.000 05	≤0.000 5	≤0.001	≤0.001	>0.001
26	砷(As)(mg/L)	≤0.005	≤0.01	≤0.05	≤0.05	>0.05
27	硒(Se)(mg/L)	≤0.01	≤0.01	≤0.01	≤0.1	>0.1
28	镉(Cd)(mg/L)	≤0.000 1	≤0.001	≤0.01	≤0.01	>0.01
29	铬(六价)(Cr^{6+})(mg/L)	≤0.005	≤0.01	≤0.05	≤0.1	>0.1
30	铅(Pb)(mg/L)	≤0.005	≤0.01	≤0.05	≤0.1	>0.1
31	铍(Be)(mg/L)	≤0.000 02	≤0.000 1	≤0.000 2	≤0.001	>0.001
32	钡(Ba)(mg/L)	≤0.01	≤0.1	≤1.0	≤4.0	>4.0

续表 1

序号	项目	Ⅰ类	Ⅱ类	Ⅲ类	Ⅳ类	Ⅴ类
33	镍(Ni)(mg/L)	≤0.005	≤0.05	≤0.05	≤0.1	>0.1
34	滴滴滴(μg/L)	不得检出	≤0.005	≤1.0	≤1.0	>1.0
35	六六六(μg/L)	≤0.005	≤0.05	≤5.0	≤5.0	>5.0
36	总大肠菌群(个/L)	≤3.0	≤3.0	≤3.0	≤100	>100
37	细菌总数(个/mL)	≤100	≤100	≤100	≤1 000	>1 000
38	总α放射性(Bq/L)	≤0.1	≤0.1	≤0.1	>0.1	>0.1
39	总β放射性(Bq/L)	≤0.1	≤1.0	≤1.0	>1.0	>1.0

根据地下水各指标含量特征，分为5类，它是地下水质量评价的基础。以地下水为水源的各类专门用水，在地下水质量分类管理基础上，可按有关专门用水标准进行管理。

5　地下水水质监测

5.1　各地区应对地下水水质进行定期检测。检验方法按国家标准《生活饮用水标准检验方法》(GB 5750)执行。

5.2　各地地下水监测部门，应在不同质量类别的地下水域设立监测点进行水质监测，监测频率不得少于每年2次(丰、枯水期)。

5.3　监测项目为：pH、氨氮、硝酸盐、亚硝酸盐、挥发性酚类、氰化物、砷、汞、铬(六价)、总硬度、铅、氟、镉、铁、锰、溶解性总固体、高锰酸盐指数、硫酸盐、氯化物、大肠菌群，以及反映本地区主要水质问题的其他项目。

6　地下水质量评价

6.1　地下水质量评价以地下水水质调查分析资料或水质监测资料为基础，可分为单项组分评价和综合评价两种。

6.2　地下水质量单项组分评价，按本标准所列分类指标，划分为5类，代号与类别代号相同，不同类别标准值相同时，从优不从劣。

例：挥发性酚类Ⅰ、Ⅱ类标准值均为0.001 mg/L，若水质分析结果为0.001 mg/L时，应定为Ⅰ类，不定为Ⅱ类。

6.3　地下水质量综合评价，采用加附注的评分法。具体要求与步骤如下：

6.3.1　参加评分的项目，应不少于本标准规定的监测项目，但不包括细菌学指标。

6.3.2　首先进行各单项组分评价，划分组分所属质量类别。

6.3.3　对各类别按下列规定(表2)分别确定单项组分评价分值 F_i。

表 2

类别	Ⅰ	Ⅱ	Ⅲ	Ⅳ	Ⅴ
F_i	0	1	3	6	10

6.3.4　根据 F 值，按以下规定（表 3）划分地下水质量级别，再将细菌学指标评价类别注在级别定名之后。如“优良（Ⅱ类）”、“较好（Ⅲ类）”。

表 3

级别	优良	良好	较好	较差	极差
F	＜0.80	0.80～2.50	2.50～4.25	4.25～7.20	＞7.20

6.4　使用两次以上的水质分析资料进行评价时，可分别进行地下水质量评价，也可根据具体情况，使用全年平均值和多年平均值或分别使用多年的枯水期、丰水期平均值进行评价。

6.5　在进行地下水质量评价时，除采用本方法外，也可采用其他评价方法进行对比。

7　地下水质量保护

7.1　为防止地下水污染和过量开采、人工回灌等引起的地下水质量恶化，保护地下水水源，必须按《中华人民共和国水污染污染防治法》和《中华人民共和国水法》有关规定执行。

7.2　利用污水灌溉、污水排放、有害废弃物（城市垃圾、工业废渣、核废料等）的堆放和地下处置，必须经过环境地质可行性论证及环境影响评价，征得环境保护部门批准后方能施行。

附件2　生活饮用水卫生标准

(GB 5749—2006)

发布时间:2006-12-29　实施时间:2007-07-01

前　言

本标准全文强制。

本标准自实施之日起代替《生活饮用水卫生标准》(GB 5749—85)。

本标准与GB 5749—85相比主要变化如下:

——水质指标由GB5749—85的35项增加至106项,增加了71项;修订了8项。其中:

——微生物指标由2项增至6项,增加了大肠埃希氏菌、耐热大肠菌群、贾第鞭毛虫和隐孢子虫;修订了总大肠菌群。

饮用水消毒剂由1项增至4项,增加了一氯胺、臭氧、二氧化氯。

毒理指标中无机化合物由10项增至21项,增加了溴酸盐、亚氯酸盐、氯酸盐、锑、钡、铍、硼、钼、镍、铊、氯化氰;并修订了砷、镉、铅、硝酸盐;毒理指标中有机化合物由5项增至53项,增加了甲醛、三卤甲烷、二氯甲烷、1,2-二氯乙烷、1,1,1-三氯乙烷、三溴甲烷、一氯二溴甲烷、二氯一溴甲烷、环氧氯丙烷、氯乙烯、1,1-二氯乙烯、1,2-二氯乙烯、三氯乙烯、四氯乙烯、六氯丁二烯、二氯乙酸、三氯乙酸、三氯乙醛、苯、甲苯、二甲苯、乙苯、苯乙烯、2,4,6-三氯酚、氯苯、1,2-二氯苯、1,4-二氯苯、三氯苯、邻苯二甲酸二(2-乙基己基)酯、丙烯酰胺、微囊藻毒素-LR、灭草松、百菌清、溴氰菊酯、乐果、2,4-滴、七氯、六氯苯、林丹、马拉硫磷、对硫磷、甲基对硫磷、五氯酚、莠去津、呋喃丹、毒死蜱、敌敌畏、草甘膦;修订了四氯化碳;

感官性状和一般理化指标由15项增至20项,增加了耗氧量、氨氮、硫化物、钠、铝;修订了浑浊度。

放射性指标中修订了总α放射性。

——删除了水源选择和水源卫生防护两部分内容。

——简化了供水部门的水质检测规定,部分内容列入《生活饮用水集中式供水单位卫生规范》。

——增加了附录A。

——增加了参考文献。

本标准的附录A为资料性附录。

为准备水质净化和水质检验条件,贾第鞭毛虫、隐孢子虫、三卤甲烷、微囊藻毒素-LR等4项指标延至2008年7月1日起执行。

本标准由中华人民共和国卫生部提出并归口。

本标准负责起草单位:中国疾病预防控制中心环境与健康相关产品安全所。

本标准参加起草单位:广东省卫生监督所、浙江省卫生监督所、江苏省疾病预防控制中心、北京市疾病预防控制中心、上海市疾病预防控制中心、中国城镇供水排水协会、中国水利水电科学研究院、国家环境保护总局环境标准研究所。

本标准主要起草人:金银龙、鄂学礼、陈昌杰、陈西平、张岚、陈亚妍、蔡祖根、甘日华、申屠杭、郭常义、魏建荣、宁瑞珠、刘文朝、胡林林。

本标准参加起草人:蔡诗文、林少彬、刘凡、姚孝元、陆坤明、陈国光、周怀东、李延平。本标准于1985年8月首次发布,本次为第一次修订。

1　范围

本标准规定了生活饮用水水质卫生要求、生活饮用水水源水质卫生要求、集中式供水单位卫生要求、二次供水卫生要求、涉及生活饮用水卫生安全产品卫生要求、水质监测和水质检验方法。

本标准适用于城乡各类集中式供水的生活饮用水，也适用于分散式供水的生活饮用水。

2　规范性引用文件

下列文件中的条款通过本标准的引用而成为本标准的条款。凡是标注日期的引用文件，其随后所有的修改(不包括勘误内容)或修订版均不适用于本标准，然而，鼓励根据本标准达成协议的各方研究是否可使用这些文件的最新版本。凡是不注明日期的引用文件，其最新版本适用于本标准。

GB 3838　地表水环境质量标准

GB/T 5750　生活饮用水标准检验方法

GB/T 14848　地下水质量标准

GB 17051　二次供水设施卫生规范

GB/T 17218　饮用水化学处理剂卫生安全性评价

GB/T 17219　生活饮用水输配水设备及防护材料的安全性评价标准

CJ/T 206　城市供水水质标准

SL 308　村镇供水单位资质标准

卫生部　生活饮用水集中式供水单位卫生规范

3　术语和定义

下列术语和定义适用于本标准。

3.1　**生活饮用水**　drinking water

供人生活的饮水和生活用水。

3.2　**供水方式**　type of water supply

3.2.1　集中式供水　central water supply

自水源集中取水，通过输配水管网送到用户或者公共取水点的供水方式，包括自建设施供水。为用户提供日常饮用水的供水站和为公共场所、居民社区提供的分质供水也属于集中式供水。

3.2.2　二次供水　secondary water supply

集中式供水在入户之前经再度储存、加压和消毒或深度处理，通过管道或容器输送给用户的供水方式。

3.2.3　农村小型集中式供水　small central water supply for rural areas

日供水在 1 000 m^3 以下(或供水人口在 1 万人以下)的农村集中式供水。

3.2.4　分散式供水　non - central water supply

用户直接从水源取水，未经任何设施或仅有简易设施的供水方式。

3.3　**常规指标**　regular indices

能反映生活饮用水水质基本状况的水质指标。

3.4　**非常规指标**　non - regular indices

根据地区、时间或特殊情况需要的生活饮用水水质指标。

4　生活饮用水水质卫生要求

4.1　生活饮用水水质应符合下列基本要求，保证用户饮用安全。

4.1.1 生活饮用水中不得含有病原微生物。

4.1.2 生活饮用水中化学物质不得危害人体健康。

4.1.3 生活饮用水中放射性物质不得危害人体健康。

4.1.4 生活饮用水的感官性状良好。

4.1.5 生活饮用水应经消毒处理。

4.1.6 生活饮用水水质应符合表1和表3卫生要求。集中式供水出厂水中消毒剂限值、出厂水和管网末梢水中消毒剂余量均应符合表2要求。

4.1.7 农村小型集中式供水和分散式供水的水质因条件限制，部分指标可暂按照表4执行，其余指标仍按表1、表2和表3执行。

4.1.8 当发生影响水质的突发性公共事件时，经市级以上人民政府批准，感官性状和一般化学指标可适当放宽。

4.1.9 当饮用水中含有附录A表A.1所列指标时，可参考此表限值评价。

表1 水质常规指标及限值

指 标	限 值
1. 微生物指标①	
总大肠菌群(MPN/100 mL或CFU/100 mL)	不得检出
耐热大肠菌群(MPN/100 mL或CFU/100 mL)	不得检出
大肠埃希氏菌(MPN/100 mL或CFU/100 mL)	不得检出
菌落总数(CFU/mL)	100
2. 毒理指标	
砷(mg/L)	0.01
镉(mg/L)	0.005
铬(六价，mg/L)	0.05
铅(mg/L)	0.01
汞(mg/L)	0.001
硒(mg/L)	0.01
氰化物(mg/L)	0.05
氟化物(mg/L)	1.0
硝酸盐(以N计，mg/L)	10 地下水源限制时为20
三氯甲烷(mg/L)	0.06
四氯化碳(mg/L)	0.002
溴酸盐(使用臭氧时，mg/L)	0.01
甲醛(使用臭氧时，mg/L)	0.9
亚氯酸盐(使用二氧化氯消毒时，mg/L)	0.7

续表 1

指　标	限　值
氯酸盐(使用复合二氧化氯消毒时,mg/L)	0.7
3.感官性状和一般化学指标	
色度(铂钴色度单位)	15
浑浊度(NTU－散射浊度单位)	1 水源与净水技术条件限制时为 3
嗅和味	无异臭、异味
肉眼可见物	无
pH(pH 单位)	不小于 6.5 且不大于 8.5
铝(mg/L)	0.2
铁(mg/L)	0.3
锰(mg/L)	0.1
铜(mg/L)	1.0
锌(mg/L)	1.0
氯化物(mg/L)	250
硫酸盐(mg/L)	250
溶解性总固体(mg/L)	1 000
总硬度(以 $CaCO_3$ 计,mg/L)	450
耗氧量(COD_{Mn}法,以 O_2 计,mg/L)	3 水源限制,原水耗氧量>6 mg/L 时为 5
挥发酚类(以苯酚计,mg/L)	0.002
阴离子合成洗涤剂(mg/L)	0.3
4.放射性指标②指导值	
总 α 放射性(Bq/L)	0.5
总 β 放射性(Bq/L)	1

注:①MPN 表示最可能数;CFU 表示菌落形成单位。当水样检出总大肠菌群时,应进一步检验大肠埃希氏菌或耐热大肠菌群;水样未检出总大肠菌群,不必检验大肠埃希氏菌或耐热大肠菌群。

②放射性指标超过指导值,应进行核素分析和评价,判定能否饮用。

表 2　饮用水中消毒剂常规指标及要求

消毒剂名称	与水接触时间	出厂水中限值	出厂水中余量	管网末梢水中余量
氯气及游离氯制剂(游离氯,mg/L)	至少 30 min	4	≥0.3	≥0.05
一氯胺(总氯,mg/L)	至少 120 min	3	≥0.5	≥0.05
臭氧(O_3,mg/L)	至少 12 min	0.3		0.02 如加氯, 总氯≥0.05
二氧化氯(ClO_2,mg/L)	至少 30 min	0.8	≥0.1	≥0.02

表 3　水质非常规指标及限值

指　标	限　值
1. 微生物指标	
贾第鞭毛虫(个/10 L)	<1
隐孢子虫(个/10 L)	<1
2. 毒理指标	
锑(mg/L)	0.005
钡(mg/L)	0.7
铍(mg/L)	0.002
硼(mg/L)	0.5
钼(mg/L)	0.07
镍(mg/L)	0.02
银(mg/L)	0.05
铊(mg/L)	0.000 1
氯化氰(以 CN 计,mg/L)	0.07
一氯二溴甲烷(mg/L)	0.1
二氯一溴甲烷(mg/L)	0.06
二氯乙酸(mg/L)	0.05
1,2-二氯乙烷(mg/L)	0.03
二氯甲烷(mg/L)	0.02
三卤甲烷(三氯甲烷、一氯二溴甲烷、二氯一溴甲烷、三溴甲烷的总和)	该类化合物中各种化合物的实测浓度与其各自限值的比值之和不超过 1
1,1,1-三氯乙烷(mg/L)	2
三氯乙酸(mg/L)	0.1

续表 3

指　标	限　值
三氯乙醛(mg/L)	0.01
2,4,6－三氯酚(mg/L)	0.2
三溴甲烷(mg/L)	0.1
七氯(mg/L)	0.000 4
马拉硫磷(mg/L)	0.25
五氯酚(mg/L)	0.009
六六六(总量,mg/L)	0.005
六氯苯(mg/L)	0.001
乐果(mg/L)	0.08
对硫磷(mg/L)	0.003
灭草松(mg/L)	0.3
甲基对硫磷(mg/L)	0.02
百菌清(mg/L)	0.01
呋喃丹(mg/L)	0.007
林丹(mg/L)	0.002
毒死蜱(mg/L)	0.03
草甘膦(mg/L)	0.7
敌敌畏(mg/L)	0.001
莠去津(mg/L)	0.002
溴氰菊酯(mg/L)	0.02
2,4－滴(mg/L)	0.03
滴滴涕(mg/L)	0.001
乙苯(mg/L)	0.3
二甲苯(mg/L)	0.5
1,1 二氯乙烯(mg/L)	0.03
1,2 二氯乙烯(mg/L)	0.05
1,2 二氯苯(mg/L)	1
1,4 二氯苯(mg/L)	0.3
三氯乙烯(mg/L)	0.07
三氯苯(总量,mg/L)	0.02
六氯丁二烯(mg/L)	0.000 6

续表 3

指　标	限　值
丙烯酰胺(mg/L)	0.000 5
四氯乙烯(mg/L)	0.04
甲苯(mg/L)	0.7
邻苯二甲酸二(2－乙基己基)酯(mg/L)	0.008
环氧氯丙烷(mg/L)	0.000 4
苯(mg/L)	0.01
苯乙烯(mg/L)	0.02
苯并(a)芘(mg/L)	0.000 01
氯乙烯(mg/L)	0.005
氯苯(mg/L)	0.3
微囊藻毒素－LR(mg/L)	0.001
3.感官性状和一般化学指标	
氨氮(以 N 计,mg/L)	0.5
硫化物(mg/L)	0.02
钠(mg/L)	200

表 4　农村小型集中式供水和分散式供水部分水质指标及限值

指标	限值
1.微生物指标	
菌落总数(CFU/mL)	500
2.毒理指标	
砷(mg/L)	0.05
氟化物(mg/L)	1.2
硝酸盐(以 N 计,mg/L)	20
3.感官性状和一般化学指标	
色度(铂钴色度单位)	20
浑浊度(NTU－散射浊度单位)	3 水源与净水技术条件限制时为 5
pH(pH 单位)	不小于 6.5 且不大于 9.5
溶解性总固体(mg/L)	1 500
总硬度(以 $CaCO_3$ 计,mg/L)	550

续表 4

指标	限值
耗氧量(以 COD_{Mn}法,以 O_2 计,mg/L)	5
铁(mg/L)	0.5
锰(mg/L)	0.3
氯化物(mg/L)	300
硫酸盐(mg/L)	300

5　生活饮用水水源水质卫生要求

5.1　采用地表水为生活饮用水水源时应符合 GB 3838 要求。
5.2　采用地下水为生活饮用水水源时应符合 GB/T 14848 要求。

6　集中式供水单位卫生要求

6.1　集中式供水单位的卫生要求应按照卫生部《生活饮用水集中式供水单位卫生规范》执行。

7　二次供水卫生要求

二次供水的设施和处理要求应按照 GB 17051 执行。

8　涉及生活饮用水卫生安全产品卫生要求

8.1　处理生活饮用水采用的絮凝、助凝、消毒、氧化、吸附、pH 调节、防锈、阻垢等化学处理剂不应污染生活饮用水,应符合 GB/T 17218 要求。
8.2　生活饮用水的输配水设备、防护材料和水处理材料不应污染生活饮用水,应符合 GB/T 17219 要求。

9　水质监测

9.1　供水单位的水质检测

供水单位的水质检测应符合以下要求。
9.1.1　供水单位的水质非常规指标选择由当地县级以上供水行政主管部门和卫生行政部门协商确定。
9.1.2　城市集中式供水单位水质检测的采样点选择、检验项目和频率、合格率计算按照 CJ/T 206 执行。
9.1.3　村镇集中式供水单位水质检测的采样点选择、检验项目和频率、合格率计算按照 SL 308 执行。
9.1.4　供水单位水质检测结果应定期报送当地卫生行政部门,报送水质检测结果的内容和办法由当地供水行政主管部门和卫生行政部门商定。
9.1.5　当饮用水水质发生异常时应及时报告当地供水行政主管部门和卫生行政部门。

9.2　卫生监督的水质监测

卫生监督的水质监测应符合以下要求。
9.2.1　各级卫生行政部门应根据实际需要定期对各类供水单位的供水水质进行卫生监督、监测。
9.2.2　当发生影响水质的突发性公共事件时,由县级以上卫生行政部门根据需要确定饮用水监督、监测方案。

9.2.3　卫生监督的水质监测范围、项目、频率由当地市级以上卫生行政部门确定。

10　水质检验方法

生活饮用水水质检验应按照 GB/T 5750 执行。

附录 A

表 A1　生活饮用水水质参考指标及限值

指　标	限　值
肠球菌(CFU/100 mL)	0
产气荚膜梭状芽孢杆菌(CFU/100 mL)	0
二(2－乙基己基)己二酸酯(mg/L)	0.4
二溴乙烯(mg/L)	0.000 05
二噁英(2,3,7,8－TCDD,mg/L)	0.000 000 03
土臭素(二甲基萘烷醇,mg/L)	0.000 01
五氯丙烷(mg/L)	0.03
双酚 A(mg/L)	0.01
丙烯腈(mg/L)	0.1
丙烯酸(mg/L)	0.5
丙烯醛(mg/L)	0.1
四乙基铅(mg/L)	0.000 1
戊二醛(mg/L)	0.07
甲基异莰醇－2(mg/L)	0.000 01
石油类(总量,mg/L)	0.3
石棉(>10 μm,万/L)	700
亚硝酸盐(mg/L)	1
多环芳烃(总量,mg/L)	0.002
多氯联苯(总量,mg/L)	0.000 5

续表 A1

指　标	限　值
邻苯二甲酸二乙酯(mg/L)	0.3
邻苯二甲酸二丁酯(mg/L)	0.003
环烷酸(mg/L)	1.0
苯甲醚(mg/L)	0.05
总有机碳(TOC,mg/L)	5
萘酚－β(mg/L)	0.4
黄原酸丁酯(mg/L)	0.001
氯化乙基汞(mg/L)	0.000 1
硝基苯(mg/L)	0.017
镭 226 和镭 228(pCi/L)	5
氡(pCi/L)	300

参 考 文 献

[1] World Health Organization. Guidelines for Drinking－water Quality, third edition. Geneva,2004,1.
[2] EU's Drinking Water Standards. Council Directive 98/83/EC on the quality of water intended for human consumption. Adopted by the Council, 1998(3).
[3] US EPA. Drinking Water Standards and Health Advisories, Winter 2004.
[4] 俄罗斯国家饮用水卫生标准, 2002 年 1 月实施.
[5] 日本饮用水水质基准(水道法に基づく水质基准に关する省令),2004 年 4 月起实施.

附件3　生活饮用水卫生标准

（GB 5749—85）

1985年8月16日发布，1986年10月1日实施

1　总则

1.1　为贯彻“预防为主”的方针，向居民供应符合卫生要求的生活饮用水，保障人民的身体健康，特制订本标准。

1.2　本标准由供水单位和规划设计等有关单位负责执行。各级卫生防疫站、环境卫生监测站负责监督和检查执行情况。

在新建、扩建、改建集中式给水时，供水单位的主管部门必须会同卫生、环境保护、规划、城建和水利等单位共同研究用水规划，确定水源选择、水源防护和工程设计方案，认真审查、设计，做好竣工验收，经卫生防疫站同意后，方可投入使用。

分散式给水的水源选择、水质鉴定、卫生防护和经常管理，由供水所在地的乡、镇政府委派当地有关单位研究决定。

各级公安、规划、卫生、环境保护等单位必须协同供水单位，按标准规定的防护地带要求，做好水源保护工作，防止污染。

1.3　本标准适用于城乡供生活饮用的集中式给水（包括各单位自备的生活饮用水）和分散式给水。

2　水质标准和卫生要求

2.1　生活饮用水水质，不应超过表1所规定的限量。

2.2　集中式给水，除应根据需要具备必要的净化处理设备外，不论其水源是地面水或地下水，均应有消毒设施。取地下水直接供入管网的一次配水井，必要时还应有除砂、防浑浊设施。

有关蓄水、配水和输水等设备必须严密，且不得与排水设施直接相连，防止倒虹吸。

用水单位自建的各类贮水设备要加以防护，定期清洗和消毒，防止污染。

2.3　凡与水接触的给水设备所用原材料及净水剂，均不得污染水质。新材料和净水剂均需经过省、市、自治区卫生厅(局)审批，并报卫生部备案。

2.4　各单位自备的生活饮用水供水系统，严禁与城、镇供水系统连接；否则，责任由连接管道的用水单位承担。

2.5　集中式给水单位，应不断加强对取水、净化、蓄水、配水和输水等设备的管理，建立行之有效的放水、清洗、消毒和检修等制度及操作规程，以保证供水质量。新设备、新管网投产前或旧设备、旧管网修复后，必须严格进行冲洗、消毒，经检验浑浊度、细菌、肉眼可见物等指标合格后方可正式通水。

2.6　直接从事供水工作的人员，必须建立健康档案，定期进行体检，每年不少于一次。如发现有传染病患者或健康带菌者，应立即调理工作岗位。

2.7　分散式给水应加强卫生管理，建立必要的卫生制度，采取切实可行的措施，做好经常维护和管理工作。

3　水源选择

3.1　新建水厂的水源选择，应根据城乡远、近期规划，历年来的水质、水文和水文地质资料，取水点及附

近地区的卫生状况,同时考虑到地方病等因素,从卫生、经济、技术、水资源等多方面进行综合评价,选择水质良好、水量充沛、便于防护的水源。宜优先选用地下水,取水点应设在城镇和工矿企业的上游。

3.2　作为生活饮用水水源的水质,应符合下列要求。

3.2.1　若只经过加氯消毒即供作生活饮用水的水源水,总大肠菌群平均每升不超过 1 000 个,经过净化处理及加氯消毒后工作生活饮用的水源水,总大肠菌群平均每升不得超过 10 000 个。

3.2.2　水源水的感官性状和一般化学指标经净化处理后,应符合本标准 2.1 条的规定。分散式给水水源的水质,应尽量符合本标准 2.1 条的规定。

表 1　生活饮用水水质标准

项　目		标　准
感官性状和一般化学指标	色	色度不超过 15 度并不得呈现其他异色
	浑浊度	不超过 3 度,特殊情况不超过 5 度
	嗅和味	不得有异臭、异味
	肉眼可见	不得含有
	pH	6.5~8.5
	总硬度(以碳酸钙计)	450 mg/L
	铁	0.3 mg/L
	锰	0.1 mg/L
	铜	1.0 mg/L
	锌	1.0 mg/L
	挥发酚类(以苯酚计)	0.002 mg/L
	阴离子合成洗涤剂	0.3 mg/L
	硫酸盐	250 mg/L
	氯化物	250 mg/L
	溶解性总固体	1 000 mg/L
毒理学指标	氟化物	1.0 mg/L
	氰化物	0.05 mg/L
	砷	0.05 mg/L
	硒	0.01 mg/L
	汞	0.001 mg/L
	镉	0.01 mg/L
	铬(六价)	0.05 mg/L
	铅	0.05 mg/L
	银	0.05 mg/L
	硝酸盐(以氮计)	20 mg/L
	氯仿*	60 mg/L
	四氯化碳*	3 mg/L
	苯并(a)芘*	0.01 mg/L
	滴滴涕*	1 mg/L
	六六六*	5 mg/L

续表 1

项目		标准
细菌学指标	细菌总数	100 个/mL
	总大肠菌群	3 个/L
	游离余氟	在与水接触 30 min 后应不低于 0.3 mg/L。集中式给水除出厂水应符合上述要求外，管网末梢水不应低于 0.05 mg/L
放射性指标	总 α 放射性	0.1 Bq/L
	总 β 放射性	1 Bq/L

3.2.3　水源水的毒理学和放射性指标，必须符合本标准 2.1 条的规定。

3.2.4　在高氟区或地方性甲状腺肿地区，应分别选用含氟、含碘量适宜的水源水；否则应根据需要，采取预防措施。

3.2.5　水源水中如含有本标准 2.1 条中未列入的有害物质时，按《工业企业设计卫生标准》(TJ 36—79)有关的要求执行。

3.3　若遇有不得不选用超过上述某项指标的水作为生活饮用水水源时，应取得省、市、自治区卫生厅(局)的同意，并应以不影响健康为原则，根据其超过程度，与有关部门共同研究，采用适当的处理方法，在限定的期间使处理后的水质符合本标准的要求。

4　水源卫生防护

4.1　生活饮用水的水源，必须设置卫生防护地带。

4.2　集中式给水水源卫生防护地带的规定如下。

4.2.1　地面水

4.2.1.1　取水点周围半径 100 m 的水域内，严禁捕捞、停靠船只、游泳和从事可能污染水源的任何活动，并由供水单位设置明显的范围标志和严禁事项的告示牌。

4.2.1.2　取水点上游 1 000 m 至下游 100 m 的水域，不得排入工业废水和生活污水，其沿岸防护范围内不得堆放废渣，不得设立有害化学物品仓库、堆栈或装卸垃圾、粪便和有毒物品的码头，不得使用工业废水或生活污水灌溉及施用持久性或剧毒的农药，不得从事放牧等有可能污染该段水域水质的活动。供生活饮用的水库和湖泊，应根据不同情况的需要，将取水点周围部分水域或整个水域及其沿岸划为卫生防护地带，并按上述要求执行。受潮汐影响的河流取水点上下游及其沿岸防护范围，由供水单位会同卫生防疫站、环境卫生监测站根据具体情况研究确定。

4.2.1.3　以河流为给水水源的集中式给水，由供水单位会同卫生、环境保护等部门，根据实际需要，可把取水点上游 1 000 m 以外的一定范围河段划为水源保护区，严格控制上游污染物排放量。排放污水时应符合《工业企业设计卫生标准》(TJ 36—79)和《地面水环境质量标准》(GB 3838—83)的有关要求，以保证取水点的水质符合饮用水水源水质要求。

4.2.1.4　水厂生产区的范围应明确划定并设立明显标志，在生产区外围不小于 10 m 范围内不得设置生活居住区和修建禽畜饲养场、渗水厕所、渗水坑，不得堆放垃圾、粪便、废渣或铺设污水渠道，应保持良好的卫生状况和绿化。

单独设立的泵站、沉淀池和清水池的外围不小于 10 m 的区域内，其卫生要求与水厂生产区相同。

4.2.2　地下水

4.2.2.1　取水构筑物的防护范围，应根据水文地质条件、取水构筑物的形式和附近地区的卫生状况进行确定，其防护措施与地面水的水厂生产区要求相同。

4.2.2.2　在单井或井群的影响半径范围内，不得使用工业废水或生活污水灌溉和施用持久性或剧毒的农药，不得修建渗水厕所、渗水坑，堆放废渣或铺设污水渠道，并不得从事破坏深层土层的活动。如取水层在水井影响半径内不露出地面或取水层与地面水没有互相补充关系时，可根据具体情况设置较小的防护范围，取水构筑物的防护范围、影响半径的范围，以及岩溶地区地下水的水源卫生防护，应由供水部门同规划设计、水文地质、卫生、环境保护等部门研究确定。

4.2.2.3　在水厂生产区的范围内，应按地面水水厂生产区的要求执行。

4.3　分散式给水水源的卫生防护地带，以地面水为水源时参照本标准 4.2.1.1 和 4.2.1.2 的规定；以地下水为水源时，水井周围 30 m 的范围内，不得设置渗水厕所、渗水坑、粪坑、垃圾堆和废渣堆等污染源，并建立卫生检查制度。

4.4　集中式给水水源卫生防护地带的范围和具体规定，由供水单位提出，并与卫生、环境保护、公安等部门提出改造规划，报当地人民政府批准后，责成有关单位限期完成。分散式给水水源的卫生防护要求由当地卫生防疫站、环境卫生监测站提出，由使用单位执行。

4.5　为保护地下水源，人工回灌的水质原则上应符合本标准 2.1 条的规定。工业废水和生活污水不得排入渗坑或渗井。

5　水质检验

5.1　水质的检验方法，应按《生活饮用水标准检验法》(GB 750—85)执行，并由卫生防疫站、环境卫生监测站负责进行分析质量监督和评价。

5.2　城镇的集中式给水单位，必须建立水质检验室，负责检验水源水、净化构筑物出水、出厂水和管网水的水质。有自备给水的大、中型企业，应配备专(兼)职人员，负责本单位的水质检验工作。其他单位的自备给水，应由其主管部门责成有关单位或报请上级指定有关单位负责本行业、本系统的水质检验。分散式给水及农村集中式给水的水质，应由当地卫生防疫站、环境卫生监测站根据需要进行检验。

5.3　检验生活饮用水的水质，应在水源、出厂水和居民经常用水点采样。

5.3.1　城镇的集中式给水的水质检验采样点数，一般应按供水人口每 2 万人设一个点计算。供水人口超过 100 万人时，按上述比例计算出的采样点数可酌量减少；人口在 20 万人以下时，应酌量增加。在全部采样点中应有一定的点数，选在水源、出厂水、水质易受污染的地点、管网末梢和管网系统陈旧部分等。每一采样点，每月采样检验应不少于两次，有条件时可适当增加次数，检验项目在一般情况下，细菌学指标和感官性状指标列为必检项目，其他指标可根据当地水质情况和需要选定。采样点和检验项目，应由供水单位与当地卫生防疫站、环境卫生监测站共同研究确定。对水源水、出厂水和部分有代表性的管网末梢水，每月进行一次全分析。自备给水和农村集中式给水水质检验的采样点数、采样次数与检验项目，可根据具体情况参照上述要求确定。以上水质检验的结果，应定期报送当地卫生防疫站、环境卫生监测站审查、存档。

5.3.2　分散式给水水质的检验次数和项目，可根据需要决定。

5.3.3　卫生防疫站、环境卫生监测站应对水源水、出厂水和居民经常用水进行定期监测。

5.4　选择水源时的水质鉴定，应检验本标准 2.1 条生活饮用水水质标准规定的指标和该水源可能受某种成分污染的有关项目。

附录

本标准用词说明(补充件)

1　对本标准条文执行严格程度的用词,采用以下写法。

1.1　表示很严格,非这样做不可的用词:

正面词一般采用“必须”,反面词一般采用“严禁”。

1.2　表示严格,在正常情况下均应这样做的用词:

正面词一般采用“应”,反面词一般采用“不应”或“不得”。

1.3　表示允许稍有选择,在条件许可时,首先应这样做的用词。

正面词一般采用“宜”或“一般”,反面词一般采用“不宜”。

附加说明:

本标准由中华人民共和国卫生部提出。

本标准由《生活饮用水卫生标准》修订组负责起草。

本标准主要起草人王子石、秦钰惠、政乃彤、潘长庆、张明。

本标准由中华人民共和国卫生部负责管理,一般技术性问题由中国预防医学科学院环境卫生监测所负责解释。

自本标准实施之日起,《生活饮用水卫生标准(试行)》(TJ 20—76)作废。

附件 4　工业锅炉水质标准

（GB 1576—2001）

代替 GB 1576—1996

国家质量技术监督局 2001－01－10 批准，2001－10－01 实施

一、范围

本标准规定了工业锅炉运行时的水质要求。

本标准适用于额定出口蒸汽压力小于等于 2.5 MPa、以水为介质的固定式蒸汽锅炉和汽水两用锅炉，也适用于以水为介质的固定式承压热水锅炉和常压热水锅炉。

二、水质标准

1. 蒸汽锅炉和汽水两用锅炉的给水一般应采用锅外化学水处理，水质应符合表 1 规定。

表 1

项　目		给　水			锅　水		
额定蒸汽压力(MPa)		≤1.0	>1.0 ≤1.6	>1.6 ≤2.5	≤1.0	>1.0 ≤1.6	>1.6 ≤2.5
悬浮物(mg/L)		≤5	≤5	≤5			
总硬度(mmol/L)[1]		≤0.03	≤0.03	≤0.03			
总碱度(mmol/L)[2]	无过热器				6～26	6～24	6～16
	有过热器					≤14	≤12
pH(25 ℃)		≥7	≥7	≥7	10～12	10～12	10～12
溶解氧(mg/L)[3]		≤0.1	≤0.1	≤0.05			
溶解固形物(mg/L)[4]	无过热器				<4 000	<3 500	<3 000
	有过热器					<3 000	<2 500
SO_3^{2-}(mg/L)[4]						10～30	10～30
PO_4^{3-}(mg/L)						10～30	10～30
相对碱度 (游离 NaOH/溶解固形物)[5]						<0.2	<0.2
含油量(mg/L)		≤2	≤2	≤2			
含铁量(mg/L)[6]		≤0.3	≤0.3	≤0.3			

说明：1）硬度 mmol/L 的基本单元为 c（1/2Ca^{2+}、1/2Mg^{2+}），下同。

2）碱度 mmoL/L 的基本单元为 c（OH^-、1/2CO_3^{2-}、HCO^{3-}），下同。

对蒸汽品质要求不高，且不带过热器的锅炉，使用单位在报当地锅炉压力容器安全监察机构同意后，碱度指标上限值可适当放宽。

3）当锅炉额定蒸发量大于等于 6 t/h 时应除氧，额定蒸发量小于 6 t/h 的锅炉如发现局部腐蚀时，给水应采取除氧措施，对于供汽轮机用汽的锅炉给水含氧量应小于等于 0.05 mg/L。

4）如测定溶解固形物有困难时，可采用测定电导率或氯离子（Cl^-）的方法来间接控制，但溶解固形物与电导率或与氯离子（Cl^-）的比值关系应根据试验确定，并应定期复试和修正此比值关系。

5）全焊接结构锅炉相对碱度可不控制。

6）仅限燃油、燃气锅炉。

2.额定蒸发量小于等于 2 t/h，且额定蒸汽压力小于等于 1.0 MPa 的蒸汽锅炉和汽水两用锅炉（如对汽、水品质无特殊要求）也可采用锅内加药处理。但必须对锅炉的结垢、腐蚀和水质加强监督，认真做好加药、排污和清洗工作，其水质应符合表 2 规定。

表 2

项　目	给水	锅炉水
悬浮物（mg/L）	≤20	
总硬度（mmol/L）	≤4	
总碱度（mmol/L）		8～26
pH（25 ℃）	≥7	10～12
溶解固形物（mg/L）		＜5 000

3.承压热水锅炉给水应进行锅外水处理，对于额定功率小于等于 4.2 MW 非管架式承压的热水锅炉和常压热水锅炉，可采用锅内加药处理，但必须对锅炉的结垢、腐蚀和水质加强监督，认真做好加药工作，其水质应符合表 3 的规定。

表 3

项目	锅内加药处理		锅外化学处理	
	给　水	锅　水	给　水	锅　水
悬浮物（mg/L）	≤20		≤5	
总硬度（mmol/L）	≤6		≤0.6	
pH（25 ℃）1)	≥7	10～12	≥7	
溶解氧（mg/L）2)			≤0.1	
含油量（mg/L）	≤2		≤2	

说明：1）通过补加药剂使锅水 pH 值控制在 10～12。

2）额定功率大于等于 4.2 MW 的承压热水锅炉给水应除氧，额定功率小于 4.2 MW 的承压热水锅炉和常压热水锅炉给水应尽量除氧。

4.直流（贯流）锅炉给水应采用锅外化学水处理，其水质按表 1 中额定蒸汽压力为大于 1.6 MPa、小于等于 2.5 MPa 的标准执行。

5.余热锅炉及电热锅炉的水质指标应符合同类型、同参数锅炉的要求。

6.水质检验方法应按附录 A（标准的附录）执行。

附件 5　渔业水质标准

(GB 11607—89)

国家环境保护局 1989-08-12 批准,1990-03-01 实施

为贯彻执行中华人民共和国《环境保护法》、《水污染防治法》和《海洋环境保护法》、《渔业法》,防止和控制渔业水域水质污染,保证鱼、贝、藻类正常生长、繁殖和水产品的质量,特制订本标准。

1　主题内容与适用范围

本标准适用鱼虾类的产卵场、索饵、越冬场、洄游通道和水产增养殖区等海水、淡水的渔业水域。

2　引用标准

GB 5750	生活饮用水标准检验法		
GB 6920	水质	pH 值的测定	玻璃电极法
GB 7467	水质	六价铬的测定	二碳酰二肼分光光度法
GB 7468	水质	总汞测定	冷原子吸收分光光度法
GB 7469	水质	总汞测定	高锰酸钾-过硫酸钾消除法双硫腙分光光度法
GB 7470	水质	铅的测定	双硫腙分光光度法
GB 7471	水质	镉的测定	双硫腙分光光度法
GB 7472	水质	锌的测定	双硫腙分光光度法
GB 7474	水质	铜的测定	二乙基二硫代氨基甲酸钠分光光度法
GB 7475	水质	铜、锌、铅、镉的测定	原子吸收分光光度法
GB 7479	水质	铵的测定	纳氏试剂比色法
GB 7481	水质	氨的测定	水杨酸分光光度法
GB 7482	水质	氟化物的测定	茜素磺酸锆目视比色法
GB 7484	水质	氟化物的测定	离子选择电极法
GB 7485	水质	总砷的测定	二乙基二硫代氨基甲酸银分光光度法
GB 7486	水质	氰化物的测定	第一部分:总氰化物的测定
GB 7488	水质	五日生化需氧量(BOD_5)	稀释与接种法
GB 7489	水质	溶解氧的测定	碘量法

GB 7490	水质	挥发酚的测定	蒸馏后 4－氨基安替比林分光光度法
GB 7492	水质	六六六、滴滴涕的测定	气相色谱法
GB 8972	水质	五氯酚的测定	气相色谱法
GB 9803	水质	五氯酚钠的测定	藏红 T 分光光度法
GB 11891	水质	凯氏氮的测定	
GB 11901	水质	悬浮物的测定	重量法
GB 11910	水质	镍的测定	丁二铜肟分光光度法
GB 11911	水质	铁、锰的测定	火焰原子吸收分光光度法
GB 11912	水质	镍的测定	火焰原子吸收分光光度法

3 渔业水质要求

3.1 渔业水域的水质，应符合渔业水质标准（见表 1）。

表 1 渔业水质标准（单位：mg/L）

序号	项 目	标准值
1	色、嗅、味	不得使鱼、虾、贝、藻类带有异色、异臭、异味
2	漂浮物质	水面不得出现明显油膜或浮沫
3	悬浮物质	人为增加量不得超过 10，且悬浮物质沉积于底部后，不得对鱼虾贝类产生有害的影响
4	pH 值	淡水 6.5～8.5，海水 7.0～8.5
5	溶解氧	连续 24 h 中，16 h 以上必须大于 5，其余任何时候不得低于 3
6	生化需氧量（5 天、20 ℃）	对于鲑科鱼类栖息水域冰封期其余任何时候不得低于 4 不超过 5，冰封期不超过 3
7	总大肠菌群	不超过 5 000 个/L（贝类养殖水质不超过 500 个/L）
8	汞	≤0.000 5
9	镉	≤0.005
10	铅	≤0.05
11	铬	≤0.1
12	铜	≤0.01
13	锌	≤0.1
14	镍	≤0.05
15	砷	≤0.05
16	氰化物	≤0.005

续表 1

序号	项　目	标准值
17	硫化物	≤0.2
18	氟化物(以 F^- 计)	≤1
19	非离子氨	≤0.02
20	凯氏氮	≤0.05
21	挥发性酚	≤0.005
22	黄磷	≤0.001
23	石油类	≤0.05
24	丙烯腈	≤0.5
25	丙烯醛	≤0.02
26	六六六(丙体)	≤0.002
27	滴滴涕	≤0.001
28	马拉硫磷	≤0.005
29	五氯酚钠	≤0.01
30	乐果	≤0.1
31	甲胺磷	≤1
32	甲基对硫磷	≤0.000 5
33	呋喃丹	≤0.01

附件6　农田灌溉水质标准

（GB 5084—92）

代替 GB 5084—85

国家环境保护局 1982－01－04 批准，1982－10－01 实施

为贯彻执行《中华人民共和国环境保护法》，防止土壤、地下水和农产品污染，保障人体健康，维护生态平衡，促进经济发展，特制定本标准。

1　主题内容与适用范围

1.1　主题内容

本标准规定了农田灌溉水质要求、标准的实施和采样监测方法。

1.2　适用范围

本标准适用于全国以地面水、地下水和处理后的城市污水水质相近的工业废水作水源的农田灌溉用水。

本标准不适用医药、生物制品、化学试剂、农药、石油炼制、焦化和有机化工处理后的废水进行灌溉。

2　引用标准

GB 8978　污水综合排放标准

GB 3838　地面水环境质量标准

CJ 18　污水排入城市下水道水质标准

GJ 25.1　生活杂用水水质标准

3　标准分类

本标准根据农作物的需求状况，将灌溉水质按灌溉作物分为三类：

3.1　一类：水作，如水稻，灌水量 800 m^3/(亩·a)。

3.2　二类：旱作，如小麦、玉米、棉花等，灌溉水量 300 m^3/(亩·a)。

3.3　三类：蔬菜，如大白菜、韭菜、洋葱、卷心菜等，蔬菜品种不同，灌水量差异很大，一般为 200～500 m^3/(亩·a)。

4　标准值

农田灌溉水质要求，必须符合表1的规定。

4.1　在以下地区，全盐量水质标准可以适当放宽。

4.1.1　具有一定的水利灌排工程设施，能保证一定的排水和地下水径流条件的地区。

4.1.2　有一定淡水资源能满足冲洗土体中盐分的地区。

4.2　当本标准不能满足当地环境保护需要时，省、自治区、直辖市人民政府可以补充本标准中未规定的项目，作为地方补充标准，并报国务院环境保护行政主管部门备案。

表1 农田灌溉水质标准 （单位:mg/L）

序号	项 目	水 作	旱 作	蔬 菜
1	生化需氧量(BOD_5) ≤	80	150	80
2	化学需氧量(COD_{Cr}) ≤	200	300	150
3	悬浮物 ≤	150	200	100
4	阴离子表面活性剂 ≤	5.0	8.0	5.0
5	凯氏氮 ≤	12	30	30
6	总磷(以P计) ≤	5.0	10	10
7	水温(℃) ≤	35		
8	pH值 ≤	5.5~8.5		
9	全盐量 ≤	1 000(非盐碱土地区),2 000(盐碱土地区),有条件的地区可以适当放宽		
10	氯化物 ≤	250		
11	硫化物 ≤	1.0		
12	总汞 ≤	0.001		
13	总镉 ≤	0.005		
14	总砷 ≤	0.05	0.1	0.05
15	铬(六价) ≤	0.1		
16	总铅 ≤	0.1		
17	总铜 ≤	1.0		
18	总锌 ≤	2.0		
19	总硒 ≤	0.02		
20	氟化物 ≤	2.0(高氟区)3.0(一般地区)		
21	氰化物 ≤	0.5		
22	石油类 ≤	5.0	10	1.0
23	挥发酚 ≤	1.0		
24	苯 ≤	2.5		
25	三氯乙醚 ≤	1.0	0.5	0.5
26	丙烯醛 ≤	0.5		
27	硼 ≤	1.0(对硼敏感作物,如马铃薯、笋瓜、韭菜、洋葱、柑橘等) 2.0(对硼耐受性较强的作物,如小麦、玉米、青椒、小白菜、葱等) 3.0(对硼耐受性强的作物,如水稻、萝卜、油菜、甘兰等)		
28	粪大肠菌群数(个/L) ≤	10 000		
29	蛔虫卵数(个/L) ≤	2		

5 标准的实施与管理

5.1 本标准由各级农业部门负责实施与管理，环保部门负责监督。

5.2 严格按照本标准所规定的水质及农作物灌溉定额进行灌溉。

5.3 向农田灌溉渠道排放处理后的工业废水和城市污水，应保证其下游最近灌溉取水点的水质符合本标准。

5.4 严禁使用污水浇灌生食的蔬菜和瓜果。

6 水质监测

6.1 当地农业部门负责对污灌区水质、土壤和农产品进行定期监测与评价。

6.2 为了保障农业用水安全，在污水灌溉区灌溉期间，采样点应选在灌溉进水口上。化学需氧量(COD)、氧化物、三氯乙醛的标准数值为一次测定的最高值，其他各项标准数值均指灌溉期多次测定的平均值。

6.3 本标准各项目的检测分析方法见表 2。

表 2 农田灌溉水质标准选配分析方法

序号	项目	测定方法	检测范围(mg/L)	注释	分析方法来源
1	生化需氧量(BOD_5)	稀释与接种法	3 以上		GB 7488
2	化学需氧量(COD_{Cr})	重铬酸盐法	10～800		GB 11914
3	悬浮物	滤膜法	5 以上	视干扰情况具体选用	GB 10911
4	阴离子表面活性剂(LAS)	亚甲基蓝分光光度法	0.05～2.0	本法测得为亚甲基盐活性物质(MBAS)，结果以 LAS 计	GB 7494
5	凯氏氮	浓硫酸－硫酸钾－硫酸铜消解－蒸馏－纳氏比色法	0.05～2.0	前处理后用纳氏比色法，测得为氨氮和有机氮之和	纳氏比色法采用 GB 7479
6	总磷(以 P 计)	钼蓝比色法	0.025～0.6	结果为未过滤水样经消化处理后，测得为溶解的和悬浮的总和	
7	水温				
8	pH 值	玻璃电极法			GB 6920
9	全盐量	重量法			
10	氯化物	硝酸银容量法	10 以上	结果以 Cl^- 计	GB 5750
		硝酸汞容量法	可测至 10 以上		
11	硫化物	预处理后用对氨基二甲基苯胺光度法	0.02～0.8	结果以 S^{2-} 计	
		预处理后用碘量法	≥1		

续表 2

序号	项目	测定方法	检测范围(mg/L)	注释	分析方法来源
12	总汞	冷原子吸收光度法	检出下限 0.000 1	包括无机或有机结合的可溶和悬浮的全部汞	GB 7468
		高锰酸钾－过硫酸钾消解法			
		高锰酸钾－过硫酸钾消解－双硫腙比色法	0.002～0.04		GB 7469
13	总镉	原子吸收分光光度法(螯合萃取法)	0.001～0.5	经酸消解处理后，测得水样中的总和镉量	GB 7475
		双硫腙分光光度法	0.001～0.05		GB 7471
14	总砷	二乙基二硫代氨基甲酸银分光光度法	0.007～0.5	测得为单体形态、无机或有机物中元素砷的总量	GB 7485
15	铬(六价)	二苯碳酰二肼分光光度法	0.004～1.0		GB 7467
16	总铅	原子吸收分光光度法		经酸消解处理后，测得水样中的总铅量	GB 7475
		直接法	0.2～10		
		螯合萃取法	0.01～0.2		
		双硫腙分光光度法	0.01～0.30		GB 7470
17	总铜	原子吸收分光光度法		未过滤的样品经消解后测得的总铜量，包括溶解的和悬浮的	
		直接法	0.05～5		
		螯合萃取法	0.001～0.05		
		二乙基二硫代氨基甲酸钠(铜试剂)分光光度法	检出下限 0.003 (3 cm 比色皿) 0.02～0.07 (1 cm 比色皿)		GB 7475
18	总锌	双硫腙分光光度法	0.005～0.05	经消化处理后测得的水样中总锌量	GB 7472
		原子吸收分光光度法	0.05～1		GB 7475
19	总硒	二氨基联苯胺比色法	检出下限 0.01		GB 5750
		荧光分光光度法	检出下限 0.001		
20	氟化物	氟试剂比色法	0.05～1.8	结果以 F^- 计	GB 7482
		茜素磺酸锆目视比色法	0.05～2.5		
		离子选择性电极法	0.05～50		GB 7484

续表 2

序号	项目	测定方法	检测范围(mg/L)	注释	分析方法来源
21	氰化物	异烟酸－吡啶啉酮比色法	0.004～0.25		GB 7486
		吡啶－巴比妥	0.002～0.45	络合氰化物,不包括钴氰铬合物	
22	石油类	紫外分光光度法	0.05～50		同序号 1,2,3
23	挥发酚	蒸馏后 4－氨基安替比林分光光度法(氯仿萃取法)	0.002～6		GB 7490
24	苯	气相色谱法	0.005～0.1		GB 11937
		二硫化碳萃取气相色谱法	0.05～12		
25	三氯乙醛	气相色谱法	最低检出值为 $3\times10^{-5}\mu g$	适用于农药、化工厂污水测定	同序号 1,2,3
		哔唑啉酮光度法	0.02～5.6 μg/mL	适用于测定城市混合污水	
26	丙烯醛	气相色谱法	最小检出浓度 0.1		GB 11934
27	硼	姜黄素比色法	0.02～1.0	结果以 B 计	注中 a,b,c
		甲亚胺－H 酸光度法	0.03～5.0		
28	粪大肠菌群	多管发酵法		适用于各种水样	GB 5750
		滤膜法			
29	蛔虫卵	吐温－80 柠檬酸缓冲液离心沉淀集卵法			注中 d

注:分析方法来源中,未列出国标的,暂时采用下列方法,待国家标准方法发布后,执行国家标准。

a. 水和废水标准检验方法(第 15 版),中国建筑工业出版社,1985 年;

b. 环境污染标准分析方法手册,中国环境科学出版社,1987 年;

c. 水和废水监测分析方法(第 3 版),中国环境科学出版社,1989 年;

d. 卫生防疫检验,上海科技出版社,1964 年。

本标准由国家环境保护局负责解释。

附件 7　城市环境水文地质工作规范

(DZ 55—87)

中华人民共和国地质矿产部部标准

1　总则

1.1　城市环境水文地质工作是城市规划决策中不可忽视的一项重要工作。它是专门研究在自然和人为活动影响下地下水水质与水量的变化,研究各种环境水文地质问题及其与人类生活生产活动的相互关系。进而提出控制和消除地下水的有害作用及合理开发与保护地下水资源的对策、措施,使其有利于人类的生活和生产的发展。

1.2　城市环境水文地质工作应在以往水文地质工作的基础上进行,是城市水文地质工作的继续和发展。开展城市环境水文地质工作必须充分收集和利用已有资料。如果水文地质基础资料不能满足需要,则应补充必要的水文地质工作。

1.3　城市环境水文地质工作的主要目的

1.3.1　合理开发利用和保护地下水资源;防治由于不合理开采地下水、工业"三废"、生活污染物排放及其他人为活动而导致的环境水文地质问题。

1.3.2　为城市建设和工农业发展规划提供环境水文地质依据。

1.3.3　为环境水文地质基础理论研究和发展提供实验场所与实践资料。

1.4　城市环境水文地质工作的基本任务

1.4.1　查明城市水文地质条件,包括天然环境水文地质条件和人为环境水文地质条件。

1.4.2　查明已发生和可能发生的区域性水位下降或上升、水资源衰竭、水质污染与恶化、海水入侵、地面沉降、塌陷等环境水文地质问题,分析研究其成因。

1.4.3　进行城市地下水环境评价和预测研究,提出环境水文地质问题防治对策或措施方案。

1.4.4　对城市地下水资源开发利用进行监督。

1.5　城市环境水文地质工作是一项综合性很强的工作,应与环保、城建、卫生、水利、农业、气象等部门密切配合,相互协作。

1.6　本规范主要适用于中等以上城市和大中型工矿基地开展的环境水文地质工作;对小城市和乡镇及地质市场开展的环境水文地质工作可参照使用。

2　术语

2.1　天然环境水文地质条件

指地质、构造、第四纪地质、地貌、水文地质、地球化学等对人类开发利用地下水活动有影响的自然条件。

2.2　人为环境水文地质条件

对改变地下水的水量、水质和天然环境水文地质条件有影响的人类活动及其有关现象。包括地下水资源开发利用,"三废"排放,地表水、土壤、大气等污染状况,工农业生产及城市建设发展等。

2.3　地下水资源衰竭

过量开采地下水导致地下水位区域下降及含水层疏干现象。

2.4 水质简分析项目

包括CO_3^-、SO_4^{2-}、Cl^-、Ca^{2+}、Mg^{2+}、pH值、总硬度等。K^+、Na^+由计算求得。在需要时还作NO_3^-、NO_2^-、NH_4^+和Fe^{2+}的测定。

2.5 地下水环境背景值(或污染起始值)

指未受人类活动影响情况下,地下水中各种化学组分(或指标)的天然含量。但是,目前地球上几乎找不到未受人类活动影响的地方。因此,求得的背景值实际上是污染相对较轻情况下的各种化学组分含量。

2.6 对照值

在无法求得背景值的情况下,可用相对未污染或污染轻微的时间或临近地区的水质实测值进行统计。作为对照值,评价污染状况。

2.7 警告性预测

在以往技术经济条件下,按照已发生的环境水文地质问题或根据已有城市规划的有关技术经济指标(如需水量、排污量等),对环境水文地质问题的发展趋势进行预测。它主要说明在不考虑环境水文地质条件承受能力的情况下,环境水文地质问题可能发展的趋势。

2.8 目标导向性预测

考虑到科学技术进步的可能和社会发展的需要,指出了一定的环境目标,在这些环境目标的指导下,对某些环境水文地质条件所需的改善程度进行预测,或者在考虑环境水文地质条件承受能力而采取一些防治措施的情况下,对环境水文地质问题的发展趋势进行的预测。

2.9 地下水水质问题

由于地下水中某些化学组分的含量过高、过低或微生物组分的存在,而对人体健康或某些经济活动产生不良影响的地下水环境问题。按其形成原因可分为两类:受天然、地球化学因素控制的称天然水质不良问题;由人类活动造成的称地下水污染问题。

3 设计书的编制

3.1 城市环境水文地质工作设计必须以上级有关部门下达的任务和地区的实际需要为依据。设计编写前应充分收集已有资料,并进行必要的现场踏勘和分析研究工作。设计的编制要遵照城市总体规划,合理使用各种手段和方法,讲究实效,注意经济和社会效益等原则进行。

3.2 设计书分总体设计书和单项设计书。总体设计书是整个项目的工作方案,项目工作时间一般以不超过3年为宜。在总体设计指导下可编制年度实施计划(或年度设计)。对专业性强、工作量大、费用大、周期较长的专项工作,要单独立项编制单项设计书。

3.3 总体设计书的内容通常包括目的、任务、工作区研究程度、自然地理、环境水文地质条件、存在的主环境水文地质问题、工作布置和依据、工作量和工作方法、设备材料计划、经济预算、组织编制、工作期限与进度、预期成果等。

总体设计书应附必要的图件,如工作区位置图、水文地质图(附剖面)、工作区研究程度图、地下水开发利用现状图、环境水文地质图及工程布置图等。

单项设计书可根据专项性质和要求,参照上述内容编制。

3.4 凡属国家控制的一、二类项目的设计书,应先由省(市、区)地矿局初审报部,由部有关司局组织审查报部批准;凡部控项目的设计书应由省(市、区)地矿局组织审查,报部批准;凡省(市、区)和局控项目的设计书应由省(市、区)地矿局组织审查批准,报部备案。

4 环境水文地质调查

4.1 环境水文地质调查是环境水文地质工作的基础,包括对已有资料的收集和野外调查。环境水文地质调查工作的主要内容是：了解城市的一般概况，查明城市环境水文地质条件和环境水文地质问题。

4.2　城市环境情况调查。主要收集下列资料：

a.城市的发展和变迁；

b.工农业生产现状与发展规划；

c.城市建设规模及其布局调整；

d.现有人口、密度和控制指标；

e.城市供水状况及其历史沿革，生活与工农业用水的供需平衡概况；

f.地下水开发利用的历史沿革和现状；

g.土地利用状况等。

4.3　环境水文地质条件调查。

4.3.1　天然环境水文地质条件，主要应调查收集下列资料：

a.气候、水文、土壤和植被状况；

b.地层岩性、地质构造和地貌特征及主要矿产；

c.包气带岩性、厚度与结构；

d.含水岩层的岩性、结构、厚度和富水性；

e.隔水岩层的岩性、厚度、结构；

f.地下水水位、水质和水温特征；

g.地下水类型、补给、径流和排泄条件；

h.地下水环境背景值(污染起始值)或对照值，其确定的主要方法有：充分收集历史的水文地质资料法确定，利用已有的区域地下水环境背景值资料，在邻区选择环境水文地质条件相似、地下水污染较轻地段作为对照区，取样统计确定。

4.3.2　人为环境水文地质条件调查

4.3.2.1　地下水开发利用状况调查，应了解主要开采层的层次、开采量、开采强度，开采井的密度、深度，施工结构质量更替情况，开采过程中水质、水量、水位的变化。

4.3.2.2　地下水污染源调查。

a.工业污染源调查。应查明工业污染源的位置；由废水、废气、废渣中排出的主要污染物及其浓度；年排放量；排放方式；排放途径和去向；处理及综合利用状况。

b.生活污染源调查。应了解生活污水和医疗卫生废水的排放量、排放方式、排放途径、去向与处理程度；生活垃圾、粪便的排放、储存、处理利用状况；露天厕所分布状况。

c.农业污染源调查。应了解郊区化肥、农药和农家肥施用量及其历年的变化；较大的牲畜场分布、规模与发展状况；污灌区位置、范围，污灌量、灌溉方式、污水的主要成分和作物种类。

4.3.2.3　大气、地表水和土壤污染状况调查，应调查大气、地表水与土壤中的主要污染物及其污染程度、范围与演变过程、污染原因和途径。

4.3.2.4　与地下水有关的其他人类工程活动调查。应收集调查改变天然地质结构的各种地下工程，改变环境化学条件的矿产开发等工程活动及其对环境生态的影响等有关资料。

4.4　主要环境水文地质问题调查

4.4.1　地下水水质问题调查

4.4.1.1　天然的不良水质调查。在收集资料和调查中应查明：

a.地下水中主要物质成分及含量的时空分布；

b.过高或过低物质成分含量程度和范围；

c.形成原因；

d.对环境和生态(包括人体健康)的影响。

4.4.1.2 地下水污染调查。应查明地下水中的主要污染物及其分布特征，污染程度和污染范围、污染原因、污染类型及其对环境和生态的影响。

4.4.2 地下水资源衰减状况调查

4.4.2.1 地下水位降落漏斗调查

a. 在开采地下水历史比较长、机井密度比较大的城市，每 1～2 年要统测一次丰、枯水期水位，了解集中开采区地下水位降落漏斗的规模和发展趋势；

b. 查明漏斗中心的水位、漏斗面积和形状；

c. 查明水位下降漏斗形成的原因，计算各年和多年累计的开采量；

d. 了解下降幅度和下降速度。

4.4.2.2 地下水开采量衰减调查

a. 在机井开采量调查的基础上，应对集中开采区的代表性机井，每 1 年进行一次丰、枯水期开采量调查，了解开采量衰减情况；

b. 分析研究机井密度、水位下降幅度与机井开采量变化关系；

c. 查明地下水开采量衰减程度和原因；

d. 了解地下水开采量衰减趋势。

4.4.2.3 含水层疏干状况调查。应查明：

a. 被疏干含水层的位置、疏干形状和面积；

b. 被疏干含水层的类型、岩性和厚度；

c. 疏干量；

d. 疏干原因和发展趋势。

4.4.3 地面沉降与地面塌陷调查。应查明：

a. 沉降和塌陷的位置、范围及面积；

b. 沉降量和塌陷量；

c. 沉降区和塌陷区的环境水文地质条件；

d. 沉降和塌陷原因及发展趋势。

4.4.4 其他环境水文地质问题调查。应查明：

a. 开采深层热水和热矿泉利用对环境与生态的影响程度、范围、原因和途径；

b. 海水入侵的原因、程度、范围、途径及其对环境和生态的影响；

c. 黄土湿陷的形成原因、程度、范围、途径及其对环境和生态的影响。

4.5 环境水文地质调查方法与基本要求

4.5.1 环境水文地质调查中的水质采样点，平均每 $1 \sim 5\ km^2$ 一个。一般调查点（包括地质、地貌、水文地质和环境水文地质调查点）数量应为水质采样点的 3 倍左右。

4.5.2 重要环境水文地质调查点和采样点应有照片附在调查卡片中。

4.5.3 地下水化验项目应包括常量元素、微量元素、特殊成分和细菌分析。其中，必测项目有：简分析项目；三氮、酚、氰、汞、铬、砷和化学耗氧量等。

4.5.4 在环境水文地质调查中，应尽量在现场测定 pH、Eh、DO、电导率和水温等不稳定项目。

4.5.5 采样和化验方法按地矿部有关规定执行。

4.5.6 在环境水文地质调查、采样和化验过程中必须有质量控制措施。

5 环境水文地质勘探与试验

5.1 环境水文地质勘探与试验是环境水文地质工作的重要组成部分，是在环境水文地质调查的基础上,针对某些需要进一步查明的环境水文地质问题而进行的。

5.2 环境水文地质勘探

5.2.1 环境水文地质勘探的任务

5.2.1.1 查明环境水文地质条件在垂直方向上的分布特征与规律。

5.2.1.2 查明地下水污染、地面沉降、塌陷等环境水文地质问题,在垂直方向上的分布特征与规律。

5.2.1.3 施工专门监测井和有关试验井。

5.2.2 环境水文地质勘探的方法

根据当地的环境水文地质条件和不同的环境水文地质问题的性质可分别采用钻探、物探、坑探,并可同时采用水土化学分析及室内外测试。

5.3 环境水文地质试验

5.3.1 环境水文地质试验的任务

5.3.1.1 有关地下水污染问题中,污染物的分布范围,运移、扩散规律,土体对污染物质的吸附、解吸等作用的强度和有关参数的研究。

5.3.1.2 了解天然状态和人为活动影响下地下水均衡条件、均衡要素,测定各均衡要素的参数,配合地下水动态观测和开采调查进行地下水均衡计算。

5.3.1.3 查明其他环境水文地质问题的形成机制,并取得有关参数。

5.3.2 环境水文地质试验项目举例

5.3.2.1 室内土柱试验:某种或多种污染物在土体中的存在形式,以及污染物在经土体渗透过程中在物理化学、生物化学等作用下净化与迁移规律。

试验应在选定的土体样品(原状或扰状)试验地段采取有代表性的进行土柱淋溶试验,通过对于滤出水水质的测试,分析试验过程中有机物的降解、无机物的迁移累积等引起地下水水质变化的环境化学效应的机理。试验又可分为单因子试验和多因子试验两种。

单因子试验采用专门配制的淋滤液对所取代表性土体或专门的土体(如垃圾等)进行淋溶,包括离子置换、吸附、沉淀、溶解、盐效应、有机污染物降解等地下水水质污染机理试验。

多因子试验是利用评价区的土壤和各种水源分别进行淋溶试验,直接观测各种因素对地下水水质组分形成的影响。

定位观测:在有条件的情况下,可在现场同时设定位观测点,室内应在不同时期定时取样,观测土壤和地下水污染物所发生的环境化学作用。

5.3.2.2 弥散试验:研究污染物在地下水中运移时其浓度的变化规律,并通过试验获得进行地下水环境质量定量评价的弥散参数。

试验采用示踪剂进行。试验方法可依据各地具体的地质与水文地质条件、污染源的分布,以及污染源同地下水的相互关系而定,一般有污染物的天然状态法、附加水头法、连续注入法、脉冲注入法等。试验场地应选择在对地质、水文地质条件有足够了解的代表性地区,其基本水文地质参数齐全,观测孔布设一般可采用以试验孔为中心的十字形剖面,孔距可根据水文地质条件、含水层岩性等考虑,采用 5 m 或 10 m,也可采用以试验孔为中心的同心圆布设方法,在一定半径的圆周上,布置若干观测孔。同心圆的半径可采用 3 m、5 m 或 8 m 不等,而在卵砾石含水层中的半径还要大些,一般以 7 m、15 m、30 m 为宜。在试验过程中定时、定深在试验孔和观测孔中采取水样,进行水的化学分析,试验结束时,可采取土样,进行土的化学分析,也可在室内测定弥散参数。

5.3.2.3 潜水水量垂直均衡试验:该试验的主要目的是为获得本地区潜水水均衡计算中有关均衡要素,以便配合其他水文地质资料,进行地下水水均衡计算。

通过试验,可以获取降水垂直渗入补给系数、潜水蒸发系数、灌溉水回渗补给系数,以及不同岩层的给水度等资料。此外,还可研究入渗水在包气带中的运移和分布规律。

试验方法：

a. 地中渗透仪法：迄今为止，地中渗透仪法是研究潜水水量垂向均衡最精确的一种常用方法。一般可分为非称重型、称重型两类。属前者的有无潜水位排水式、固定潜水位排水－补偿式、恒定地表水位排水－补偿式、排水式特殊地中渗透仪等四种；属后者的有机械称重式、电子称重式、液压负载式和浮子式四种。目前，我国使用的几乎全部属于固定潜水位排水－补偿式地中渗透仪。

设计、安装和使用地中渗透仪时应根据工作精度要求选择并处理好地中渗透仪的面积、缓冲区面积、土样的选择和安装、仪器内外的作物种植与管理等关键性技术问题。精度要求较高的地中渗透仪面积不应小于 4 m^2，缓冲区直径不应小于 400 m。特别要注意的是，地中渗透仪及其保护区内不能有任何建筑物出露地表。

b. 零通量面法：适用于我国松散堆积平原中的绝大部分地区。基本原理是：根据不同时刻的包气带水势剖面，确定包气带水既不向上运移，又不向下运移的零通量点（面），以及不同深度处土壤水分的运动方向，结合不同时刻、不同深度包气带水分含量的变化值观测资料，最终计算出各时间段内通过包气带补给潜水的入渗补给量和通过地表的蒸发蒸腾量。零通量面缺失（或水势观测资料缺失）时期，可根据气象资料估算出该时间段的蒸发蒸腾量，再结合降雨量、包气带土体水分变化量等资料估算出入渗补给地下水量。该方法所使用的基本仪器为负压计和中子水分仪。

5.3.2.4　流速试验（连通试验）：一般是在地下水的水平运动为主的裂隙、岩溶含水层中进行，可选择有代表性的或已经污染需进行预测的地段，按照地下水流向布设试验井，上游设试验孔 1 个，下游设观测孔 1～3 个，试验孔和观测孔的距离可根据当地的地下水径流条件确定，一般可考虑 10～30 m，试剂可用染色剂、示踪剂或食盐等，投放试剂前应取得天然状态下水位、水温、水质及对照值；投入试剂及定时取样观测，直至观测到最大值为止，计算出地下水流速和其他有关参数。

5.3.2.5　地下含水层储能试验：地下含水层储能，可以调节地下水流量，储存地表水，恢复超采含水层的能力，扩大地下水源，又能抬高地下水位，有利于控制地面沉降；还可以借回灌水建立地下水幕，拦阻污水，防止海水入侵或阻拦地下水源外流；也可以调节地下水温，储藏冷、热源。在咸水或水质恶化地区，借助人工回灌淡水，具有改善水质等效能。

在地下含水层储能试验过程中可以开展地下水温度场的水温变化规律及含水层储能的效率、储能含水层水动力场的研究及储能含水层水质场的变化规律等研究。

储能试验场的选择要根据工作区的地质、水文地质条件，以及研究的课题而定，但场地必须具有代表性。试验场的观测设施和采灌工程一般由储能井、观测井、专门测温井、土层分层观测标和孔隙水压力观测井、地面水准点等组成，工程布置可采用十字形或米字形剖面。中心点为储能井，周围按不同距离布置观测井。

通过储能现场试验，可以获得地下水动力参数的导水系数、贮水系数、渗透系数、导压系数、补给系数、给水度、黏滞系数，以及常规的水文地质参数；可以获得地下水温度场参数的温度增温率、常温层深度、含水层及隔水层比热、热容量、导热系数；可以获得地下水质场参数的水温及地下水物理特性、化学成分、电导率、氧化还原电位、总含盐量等。

6　环境水文地质监测

6.1　环境水文地质监测是通过对地下水水位、水量、水温、水质的长期监测查明地下动态变化的重要手段，是进行城市环境水文地质质量评价、解决地下水合理开发科学管理的基础工作。

6.2　地下水监测网的布设

应以最小量监测点控制较大的面积，获得大量典型动态资料。具体布设应考虑：

6.2.1　控制不同的水文地质单元。

6.2.2　控制不同的含水层(组),特别是易污染层,监测重点是主要供水目的层及已污染的含水层。

6.2.3　控制地下水水位下降漏斗区、地面沉降区,以及控制其他专门环境水文地质问题等。

6.3　地下水监测点的选择

必须是具有代表性的单孔或孔组,其基本水文地质资料齐全,取水结构清楚,并可以保持监测时间的连续性。

作为水质监测的点应该是常年使用的生产井或泉。

6.4　地下水监测点分类

可分为区域性监测点和专门性监测点两类。

区域性监测点又可分为控制性监测点和辅助性监测点。

6.4.1　控制性监测点一般是在供水勘探过程中选留下来作为长期监测的钻孔和专门施工的监测孔。它主要构成不同水文地质单元和不同含水层组地下水动态特征的基本监测线。

6.4.2　辅助性监测点属于面上均匀分布的点,一般选择机井、民井即可。

6.4.3　专门性监测点是指为某种或某些专门目的,如为了解某一环境水文地质问题而布置的监测点,包括监测地下水位下降漏斗、监测地面沉降、监测海水入侵、监测某一污染源对地下水污染的影响等的监测点。

6.5　监测点的密度可根据工作比例尺、环境水文地质条件及环境水文地质问题的复杂程度而定。一般1:2.5万、1:5万、1:10万监测点的数量可考虑1 km^2 0.1～1个,控制性监测点数量占监测点总数的百分比一般不应低于20%。

6.6　地下水监测要求

6.6.1　水位监测频率

6.6.1.1　根据水动态变化幅度和监测点分类确定地下水位的监测频率。控制性监测点每5天监测一次(其中20%的点应安装自计水位计),监测日期一般要求为逢五逢十日。辅助性监测点可每10天或每月监测一次。在南方岩溶地区的监测频率:控制点每3天一次,雨季还要加密至每天监测二次。

6.6.1.2　每1年要统测一次丰、枯水期的水位。

6.6.2　水质监测频率

6.6.2.1　一般每年采样两次,即在地下水的枯水期与丰水期各采一次。根据具体情况,采样次数可适当增加,在已了解水质变化规律的情况下也可1～2年采样一次。

6.6.2.2　每3年进行一次监测点水质普查,具体要求按环境水文地质调查有关条款实行。

6.7　水质监测项目,控制性监测点除简分析项目外还包括铁、锰、铜、锌、硝酸盐、亚硝酸盐、氨氮、化学耗氧量、生物耗氧量、氟化物、硒、砷、汞、镉、总铬、铬、氰化物、挥发酚、细菌及大肠菌群等。辅助性监测点根据调查区具体情况而定。

7　地下水环境评价及对策研究

7.1　地下水环境评价及对策研究,是在环境水文地质调查、勘探、试验及监测工作的基础上,必须进行的综合研究工作。地下水环境评价包括地下水水质评价(地下水环境质量评价)、地下水污染评价、环境水文地质条件评价、其他环境水文地质问题评价、环境水文地质问题形成与发展原因的分析评价、环境水文地质问题的发展趋势预测。

7.2　地下水水质评价(地下水环境质量评价)

7.2.1　地下水水质评价,是以一定的使用目的为前提,对地下水水质的优劣进行系统综合评价。

7.2.2　评价标准:以各种水质标准为评价标准,诸如城市供水,一般应以我国现行的《生活饮用水卫生标准》(GB 5749—5)为标准,部分指标也可同时使用(当地)地方供水水质标准或国内外有关标准。对于其他目的用水,可依相应标准评价。

7.2.3 评价方法:以浓度法为主,也可同时选用水质指数法或模糊数学法。

7.2.3.1 浓度法:以检测分析的最低检出线和评价标准,将各指标的含量划分为未检出(低于最低检出线)、检出(高于最低检出线)和超标(高于评价标准),按下述公式计算监测点的检出率和超标率,并用以编制含量分区图。

$$检出率(\%)=\frac{检出的监测点数量}{监测点总数}\times 100\%$$

$$超标率(\%)=\frac{超标的监测点数量}{监测点总数}\times 100\%$$

计算检出面积和超标面积。一般理化性质指标不计算检出率与检出面积。

7.2.3.2 水质指数法

a.单项指标的水质指数:

对于标准只规定含量上限的指标,计算公式为

$$I=\frac{C}{C_0}$$

式中 I——单项指标的水质指数;

C——该指标的实测含量;

C_0——该指标的水质标准。

对于标准规定为区间值的指标,计算公式为

$$I=\frac{|C-\overline{C_0}|}{C_{0\max}-C_0}$$

式中 $\overline{C_0}$——水质标准区间的中值;

$C_{0\max}$——水质标准区间的上限值;

其他符号意义同前。

评价时,以 $I\leqslant 1$ 为水质合格,$I>1$ 为水质不合格(超标),且 I 值越大水质越差,并可按 I 值大小进行水质分级。

b.多项指标的水质指数(综合水质指数):

为了较全面地反映地下水水质状况,根据多项指标的含量实测值选用有关公式计算。

7.2.3.3 模糊数学法:目前尚处摸索阶段,可参考有关文献进行。

7.3 地下水污染状况评价

7.3.1 地下水污染是指由人类活动引起的地下水水质恶化现象。

7.3.2 地下水污染评价是对地下水污染程度的时空特征与变化规律进行的系统论述。它可以为制定保护地下水资源的措施提供科学依据。

7.3.3 地下水污染评价的标准是地下水环境背景值(污染起始值)或对照值。

7.3.3.1 背景值的求得,应进行专门研究,或根据一定数量符合相应条件的监测资料的统计分析进行计算。

7.3.3.2 对照值的确定方法,可采用历史水质法、对照区采样法等。

7.3.3.3 背景值、对照值可以是含量平均值加 2 倍标准偏差,也可以是含量区间。

7.3.3.4 评价方法:以浓度法为主,也可同时选用污染指数法或模糊数学法。

a.浓度法:据 7.3.3 条所列标准,求得监测井的超背景值(或超对照值)的百分率及超背景值(或超对照值)面积。百分率的计算公式同 7.2.3.1 条所列的超标值计算公式。

b.污染指数法:

(a)单项指标的污染指数。对于背景值(或对照值)为含量平均值的计算公式为:

$$P = \frac{C}{S}$$

式中　P——污染指数;

C——该项污染物的实测含量;

S——背景值(污染起始值)或对照值。

对于背景值(或对照值)为含量区间的计算公式为

$$P = \frac{|C - \overline{S}|}{S_{max} - \overline{S}}$$

式中　$\overline{S}$——背景值或对照值区间的中值;

S_{max}——背景值或对照值区间的最大值;

其他符号意义同前。

评价时,以 $P \leqslant 1$ 为未污染,$P > 1$ 为污染,且 P 值越大,污染越重,并可按 P 值进行地下水污染分级。

(b)多项指标的综合污染指数:为较全面地评价地下水污染状况,根据多种污染物的含量实测值,选用有关公式计算。

c.模糊数学法(同 7.2.3.3 条)。

7.4　其他环境水文地质问题的评价

7.4.1　地下水资源衰减问题的评价。评价时,应叙述地下水降落漏斗的面积、漏斗中心水位的下降幅度、下降速度及其与地下水开采量时空分布的关系、单井出水量的变化、含水层疏干面积等指标,阐明地下水降落漏斗的形成发展过程与趋势。

7.4.2　地面沉降的评价。在评价时,应叙述沉降面积、沉降漏斗的沉降量(累计沉降量、年沉降量)、沉降速度等指标及其与地下水开采漏斗、开采(包括回灌)量时空分布变化的关系,地面沉降的危害,阐明地面沉降的形成、发展过程与变化趋势。在新构造活动影响的地区,应进行说明。

7.4.3　地面塌陷的评价。评价时,应叙述塌陷发生的历史过程、密度、规模、分布及其与人类工程活动(如采矿、地下水开采等)时空变化的关系,并结合地质构造、岩溶发育特征等,阐明地面塌陷发生发展的规律及造成的危害。

7.5　环境水文地质条件评价

7.5.1　说明不同环境水文地质条件下,环境水质问题产生与防治的难易程度,对环境水文地质条件进行总体性评价。

7.5.2　环境水文地质条件评价,应针对当地可能或已经发生的某一种地下水环境问题进行单项评价,也可以针对各种问题进行综合评价。

7.5.3　环境水文地质条件评价,应根据环境水文地质问题产生的主要原因,综合研究与评价环境水文地质条件。

7.5.4　环境水文地质条件评价的结果,应对城市规划与环境水文地质问题的防治具有实际指导意义。

7.5.5　评价结果宜采用环境水文地质分区的形式,也可采用数学模型。在分区中,应指出各级分区的主要环境水文地质特征;有关环境地质问题的现状与发展趋势或发生时的可能特征;防治环境水文地质问题的主要对策等(发展趋势预测见 7.7 条)。

7.6　环境水文地质问题形成与发展原因的分析评价

7.6.1　为防治环境水文地质问题的发生与发展,必须针对其原因提出对策,采取措施。因此,环境水文地质问题的形成与发展原因的分析评价是城市环境水文地质评价工作中的重要内容。

7.6.2　地下水水质问题的原因分析,必须阐明其物质来源,迁移、富集的过程、机理和途径。

7.6.3 其他环境水文地质问题的原因分析。

7.7 环境水文地质问题发展趋势预测

7.7.1 预测种类包括警告预测和目标导向性预测。

7.7.2 预测方法:根据具体情况可选用下列一些方法。

7.7.2.1 确定性模型:主要有地下水运动的水动力模型;地下水污染弥散方程;由地下水运动的水动力模型推导出的地下水污染数学模型。

7.7.2.2 相关模型:主要有回归模型;趋势外推模型(如增长率外推法、作图法、分解法);类比法等。

7.7.3 重大工程建设的地下水环境影响评价,宜另列专题进行研究。

8 资料整编与工作成果

8.1 在环境水文地质调查、监测、勘探与试验工作中取得的资料,是城市环境水文地质工作最宝贵的原始资料,必须认真编录整理。编录、整理与归档的要求,应参照"科学技术研究档案(管理暂行规定及部地质档案质量验收办法)"执行。

8.2 在环境水文地质调查、监测、勘探与试验工作的基础上,经过资料的综合整理与分析,应提出工作成果。

8.3 编制工作成果前,必须对全部实际资料进行全面的质量检查,对有关数据进行校核,确认无误方可提供计算、制图或编写文字报告书等成果使用。

8.4 工作成果应如实反映环境水文地质工作的实际情况,要求结论明确,依据充分、准确,论述简明,文、图、表密切配合,力求通俗、实用、易懂。

8.5 工作成果包括年度工作报告、综合研究报告和专题研究报告等。有条件时还可提交图系或图集等。提交成果的种类可在编写设计时根据具体情况而定。

8.6 各种成果应由文字报告与所附图件组成。

8.6.1 综合研究报告书的主要内容有:

a.前言;

b.环境水文地质条件;

c.环境水文地质问题及其原因分析;

d.地下水环境评价与对策研究;

e.结论。

文字一般应控制在3万～5万字以内。

所附图件的种类主要有:

(a)环境水文地质条件图;

(b)环境水文地质问题现状图;

(c)环境水文地质评价图;

(d)环境水文地质问题预测图;

(e)环境水文地质分区与对策图。

8.6.2 年度工作报告、专题研究报告,应依据工作任务要求与专题内容,参照7.6.1条所列适当调整报告与附图的内容和数量,文字报告书一般应控制在1万～2万字以内。

8.7 报告的审批:综合报告,须经省总站(队)初审。由省地矿局组织审查、批准,按地矿部《全国地质资料汇交》规定汇交;年度工作报告或专题研究报告,一般须由总站(队)审查批准,对于列入各级科研计划的课题,应按计划所列的审查验收规定执行。

8.8 为了补充说明成果报告的某些工作方法或研究方法,以及对某些问题进行深入探讨,可编写有关的专题总结和论文,作为成果报告的附件,以利于及时总结城市环境水文地质工作的经验,把工作实践提高到理性认识上来,推动环境水文地质学科理论与工作方法的不断发展。

附加说明:

本规范由地质矿产部水文地质工程地质司提出。

本规范由地质矿产部水文司环境地质处、地质矿产部环境水文地质总站,以及上海、吉林、山东地矿局和环境水文地质总站负责起草。

附件 8　城镇及工矿供水水文地质勘查规范

(DZ 44—86)

中华人民共和国地质矿产部批准,1986－08－23 发布,1987－01－01 实施

1　总则

1.1　水资源是人类赖以生存和发展的基本勘查和评价地下水资源是制定国民经济发展规划及重点工程建设前期工作的重要组成部分,是地下水资源合理开发利用的首要环节。

1.2　本规范适用于城镇、工矿企业和其他集中供水水源地的水文地质勘查。

1.3　供水水文地质勘查的目的在于查明勘查区地下水的赋存规律、地下水资源、地下水开发利用条件,为水源地的选择和地下水资源合理开发与保护提供依据。勘查重点是:圈定富水地段,选择供水水源地;评价地下水的可开采量和水质;研究与相邻水源地的关系;论证地下水合理的开采方案,预测水源地开采后可能产生的环境地质问题及其防治措施。

1.4　水源地供水规模分级标准:

特大型水源地:可开采量大于 15 万 m^3/d;

大型水源地:可开采量 5 万～15 万 m^3/d;

中型水源地:可开采量 1 万～5 万 m^3/d;

小型水源地:可开采量小于 1 万 m^3/d。

小型水源地供水规模下限可根据各地具体条件制定。

1.5　供水水文地质勘查是在区域水文地质普查的基础上进行的。勘查工作分为前期论证、初步勘查、详细勘查和开采四个阶段。其勘查精度应满足相应给水设计阶段的要求。

前期论证阶段:在搜集与分析已有水文地质资料和调查地下水开发利用现状的基础上,概略计算地下水资源,进行供需平衡分析,圈定具有供水前景的富水地段;必要时,对具有供水前景的富水地段进行水文地质调查和勘探;初步查明其水文地质条件。提供的地下水资源应满足 D 级级别的要求,为城镇和经济区的规划、大型建设项目总体设计(预可行性研究)及厂址选择提供水源依据。

初步勘查阶段:为特定的供水目的,对富水地段进行比较,选择供水水源地。要求基本查明区域水文地质条件,初步评价地下水资源,对兴建集中供水水源地的可能性作出评价,确定布置水源地的有利地段及详细勘查工作的内容和方法。提供的地下水资源应满足 C 级级别的要求,为建设项目的初步设计(可行性研究)提供地下水源依据。

详细勘查阶段:在初步勘查工作的基础上选定的或根据已有资料论证适宜兴建供水水源地的地段,并已列入国家计划或有对口单位需要时,应进行详细勘查工作。要求在详细查明水文地质条件的基础上,主要通过钻探、试验等手段,对地下水开采技术条件、长期开采的保证程度作出可靠的评价,建立并初步论证地下水渗流的解析模型或数值模型,预测开采期间地下水资源的变化趋势、开采后对邻近已建水源地的影响,以及可能产生的环境地质问题,为设计项目编制水源地的技术设计提供依据。提供的地下水资源应满足 B 级级别要求。

开采阶段:对中型以上水源地,在开采过程中,验证地下水资源,查明扩大水源的可能性;针对出现的水量减少、水质恶化及不良工程地质现象等问题,进行专门调查研究,必要时辅以勘探、试验等手段;继续完善地下水动态监测系统,利用开采过程中地下水动态资料及补充勘探、试验资料,计算地下水 A 级资源,提出调整地下水开发方案及水资源保护措施;在条件具备时,建立地下水管理模型及数据库。

对一个开发建设地区的供水水源进行宏观规划时，一般应进行前期论证工作，但对某一具体建设项目，可以不进行本阶段的工作。小型水源地及水文地质条件简单、研究程度较高、水源地已基本确定的中型以上水源地，其初步勘查和详细勘查可合并进行。为扩建水源地所进行的补充水文地质勘查工作，应达到详细勘查阶段的精度要求。

1.6　供水水文地质勘查工作一般采用遥感、水文地质测绘、物探、钻探、水文地质试验、地下水动态观测，以及水、土及岩石的分析鉴定等综合手段。根据不同水源地类型、不同勘查阶段、不同条件，因地制宜地、有所侧重地选用勘查方法。尽量利用系统工程和先进技术，以提高勘查精度，减少工作量。

1.7　供水水文地质勘查工作，应充分搜集地质、水文地质、物探、遥感、气象、水文及区域地下水资源评价成果等资料。在利用已有资料的基础上，根据水源地水文地质类型、水文地质条件复杂程度、水源地规模、勘查阶段等因素，合理确定水文地质勘查内容和工作量。小型水源地或承包项目，可根据当地情况按合同灵活掌握，不受本规范约束。

1.8　设计书的编制

1.8.1　勘查工作开始前，应首先编制勘查设计书，作为勘查工作的依据。设计书的主要内容包括目的、任务，自然、经济地理概况，水文地质研究程度，地质、水文地质条件及初步分区，各项工作的布置及工作量，勘查技术方法，地下水资源评价方法，机具设备，人员组成，经济预算，工作计划，预期成果等。

1.8.2　编制设计书前，首先应综合分析现有的水文地质资料，现有资料不足时，应进行现场踏勘。

1.8.3　设计书应经过广泛讨论修订，对设计书的主要内容应征求设计单位和建设单位的意见。凡由主管部门下达的勘查任务，应呈报主管部门批准执行，在执行中如发现设计不妥之处，应及时进行修改和调整，如变更较大，需经原审批单位批准。

1.8.4　勘查设计书中应附勘查任务书。

2　供水水文地质勘查精度要求

2.1　水源地水文地质类型划分

2.1.1　根据主要含水层的类型、特征及埋藏分布情况，将水源地水文地质类型划分为4类13型(见表1)。

2.1.2　根据地下水类别、含水层结构，地下水补、径、排条件及水质特征，按照对地下水勘查的难易程度，将水源地划分为3类9型(见表2)。

2.2　各类型水源地应查明的专门水文地质问题

2.2.1　各类型水源地，除查明一般水文地质条件外，还应根据各自的特点，有针对性地查明相应的专门水文地质问题。

2.2.2　山间河谷及傍河型一般应查明的专门水文地质问题：

a.河谷与河谷阶地的类型、分布范围，古河道的分布范围，河流水文特征；

b.山区地下水对河谷地下水的补给作用；

c.地下水与河水在不同的河谷地段和不同时期的相互补排关系；

d.河水补给地下水途径、补给带宽度、河床沉积物结构，多泥沙河流尽可能确定淤积系数。

2.2.3　冲洪积扇型一般应查明的专门水文地质问题：

a.山前冲洪积扇和掩埋冲洪积扇的沉积结构、分布范围及水文地质条件；

b.山区与平原的接触关系、山前断裂与坳陷对冲洪积扇的形成作用，调查本流域范围内的山区水文地质条件及山区河流与地下水对平原地下水的补给特征；

c.地下水溢出带分布范围、溢流量。

表 1　水源地水文地质类型

类　型		分布地区
孔隙水类水源地	山间河谷型	狭长山间河谷地区
	傍河型	具有常水头河流的傍河冲积平原地区
	冲洪积扇型	山前冲积、洪积倾斜平原及山间盆地冲积、洪积扇地区
	冲积、湖积平原型	山前冲积、洪积倾斜平原至滨海平原之间的宽阔平原及大型盆地的中部地区
	滨海平原型	滨海平原地区
	河口三角洲型	河流入海口及内陆湖口三角洲地区
岩溶水类水源地	裸露岩溶型	碳酸盐岩类大片或块段出露地区
	隐伏岩溶型	岩溶地层大部分被其他地层覆盖地区
裂隙水类水源地	红层孔隙裂隙型	主要指三叠纪以后的、以红色为主夹有杂色薄层的泥岩、砂岩、砾岩分布区
	碎屑岩裂隙型	指侏罗纪以前的以砂岩、页岩为主的地层分布区
	玄武岩裂隙孔洞型	主要指新生代玄武岩分布区
	块状岩石孔隙裂隙型	主要指火成岩、片麻岩、混合岩分布区的风化带、接触带、断裂带
混合类型		两种或两种以上水源地类型分布区

注：考虑到有些水源地类型资料不多，如黄土型、沙漠型、冻土型等，暂不列入本表。

表 2　水源地勘查难易程度分类

类型		水文地质特征
孔隙水类	简单型	浅埋的单层或双层含水层，岩性、厚度比较稳定或有规律的变化，补给条件较好，水质简单
	中等型	双层或多层含水层，岩性、厚度不很稳定，补给条件与水质比较复杂
	复杂型	埋藏较深的多层含水层，岩性及厚度变化较大，补给条件不易搞清，水质复杂或咸、淡水相间，开采后易与咸水层或海水发生水力联系
岩溶水类	简单型	地质构造简单，可溶岩裸露或半裸露，岩溶发育比较均匀，地下水补给边界条件简单
	中等型	地质构造比较复杂，可溶岩埋藏较浅(一般小于 50 m)，岩溶发育不均匀，地下水补给边界条件较复杂
	复杂型	地质构造复杂，可溶岩埋藏较深，岩溶发育极不均匀，地下水补给边界条件复杂

续表 2

类型		水文地质特征
裂隙水类	简单型	含水层比较稳定，补给条件及水质较好，埋藏条件比较简单，一般多为浅层层间承压水或强烈风化带潜水
	中等型	含水层不稳定，地质构造、补给条件及水质较为复杂，一般为深埋的断续分布的多层层间承压水或断裂带脉状水
	复杂型	地质构造复杂，含水层(带)分布极不均匀，一般为构造裂隙水或断裂带脉状水

2.2.4　冲积、湖积平原型一般应查明的专门水文地质问题：

a.不同成因类型、不同河系堆积物的沉积关系、岩相特点及水文地质特征，确定古河道、古湖泊的分布范围；

b.咸水体的空间分布范围及咸水体与淡水体的接触关系；

c.第四纪陆相与海相堆积物的接触形式。

2.2.5　滨海平原及河口三角洲型一般应查明的专门水文地质问题：

a.海岸性质、海滨变迁、海水入侵范围及潮汐对地下水动态的影响，确定地下水、河水与海水之间的水力联系和补排关系；

b.三角洲的面积、河流冲积层和海相沉积层的空间分布位置，尽可能查明三角洲的形成时代和变迁情况；

c.咸、淡水层的空间分布范围，天然或开采条件下的补、排转化关系。

2.2.6　裸露岩溶型一般应查明的专门水文地质问题：

a.查明可溶岩与非可溶岩的界线及分布范围，圈定地下河补给区，大致确定地下水分水岭的位置及其变动情况；

b.地下河的分布及其大致轨迹；

c.地下河天窗、溶洞深潭、季节性溢洪湖、落水洞、洼地、干谷、地下河出口，以及地表水消失和再现等岩溶地质现象；

d.基本查明岩溶管道、洞穴、溶孔的发育规律及充填情况，查明岩溶发育程度及垂直分带；

e.调查地质构造、地层岩性、地形地貌、河流水文等因素与岩溶发育的关系，查明有利于岩溶水形成的地层层位、褶皱部位和断裂带等富水地段；

f.调查岩溶大泉的形成条件及主要控制因素，确定岩溶大泉的泉域范围、泉流量及泉水下游的地下水排泄量；

g.选择典型地段分别在旱季、雨季和洪峰期进行连通试验。查明地下河连通情况和地下水的流向、流速、流量，以及岩溶水在各通道之间、岩溶水与地表水之间的相互转化条件和补给关系；

h.对大型洞穴应进行专门调查与测量。

2.2.7　隐伏岩溶型一般应查明的专门水文地质问题：

a.盖层类型(松散层或碎屑岩类盖层或双重盖层)、分布及厚度，盖层的含水层与下伏岩溶含水层之间的关系，以及岩溶水的水力特征；

b.岩溶发育的主要层位、深度及其发育特征，着重研究地质构造与岩溶发育的关系，确定主要岩溶洞穴通道的大体空间分布位置、充填情况、岩溶水的富集规律与边界条件；

c.当隐伏岩溶区相邻的补给区或排泄区为裸露岩溶时，应利用邻区水文地质资料，综合分析补给与排泄条件，作为该区岩溶水资源评价的依据；

d.岩溶矿区，应充分收集矿区水文地质资料，研究供、排结合的可能性。

2.2.8 红层孔隙裂隙型一般应查明的专门水文地质问题：

a.红层中的溶蚀孔洞发育规律，以及砂岩、砾岩岩层的分布、厚度和富水性；

b.浅层孔隙裂隙潜水富集部位；

c.褶皱、断裂及裂隙对地下水富集规律的控制作用。

2.2.9 碎屑岩裂隙型一般应查明的专门水文地质问题：

a.软硬相间地层组合情况及其中硬脆性岩层的厚度及裂隙发育程度，确定其局部富水地段，查明单一硬脆性岩层的断裂构造富水带；

b.可溶岩夹层的分布、溶蚀程度，确定其富水性；

c.不整合面和沉积间断面上出露的泉及其裂隙富水带。

2.2.10 玄武岩裂隙孔洞型一般应查明的专门水文地质问题：

a.各期玄武岩顶气孔带、底气孔带、原生柱状裂隙、大型孔洞的发育特征和空间分布规律，以及含水性能、各喷发间断期的沉积物特征及分布规律；

b.玄武岩裂隙、孔洞发育层与凝灰岩等隔水层接触带的富水情况。

2.2.11 块状岩石孔隙裂隙型一般应查明的专门水文地质问题：

a.风化壳的性质、深度、分布规律和含水性能，确定具有一定汇水面积的富水地段；

b.岩浆岩围岩接触蚀变带的类型、宽度、破碎情况和裂隙发育程度及其富水情况；

c.脉岩的岩性、产状、规模、穿插关系、透水性，以及脉岩迎水面裂隙带和脉岩与断裂相交部位的富水程度；

d.断裂带与节理密集带的产状、规模、充填及富水情况。

2.3 供水水文地质勘查实物工作量的确定及主要勘查方法

2.3.1 供水水文地质勘查工作区范围，中型以上水源地可参照表3执行，小型水源地可根据供水目的和需水量而定。

表3 中型以上水源地勘查工作区范围

勘查阶段	比例尺	测绘范围	勘探范围
前期论证阶段	1:20万～1:5万	根据城市、经济区或建设项目总体规划方案或设想，结合水文地质条件确定，应尽量包括完整的自然单元	
初步勘查阶段	1:5万～1:2.5万	前期论证阶段中确定的若干个富水地段所在的完整水文地质单元。平原地区可根据具体水文地质条件确定	主要在富水地段。必要时，在相邻水文地质单元布置少量勘探孔，以查明边界条件
详细勘查阶段	1:2.5万～1:1万		初步勘查阶段选定的水源地，宜大于预计地下水开采漏斗影响范围

2.3.2　水文地质测绘的技术定额应根据勘查阶段、目的、任务、水文地质条件复杂程度和研究程度合理安排,不能平均使用,以解决水文地质问题为前提,满足相应勘查阶段的精度要求为准则,不能单纯追求工作量。表4规定可供编写设计使用。

2.3.3　地面物探工作一般在初步勘查阶段进行,详细勘查阶段只做些补充工作。工作量可参照相同比例尺的物探规程、规范执行。

2.3.4　水文地质钻探工作量可按表5规定执行。当进行试验性开采抽水试验时,还应适当增加抽水试验孔的钻探工作量。

2.3.5　抽水试验工作量可按表6规定执行。

2.3.6　水文地质测绘水样分析工作量按表4规定执行。勘探钻孔水样分析工作量及分析项目按3.6.1.2要求执行。

2.3.7　岩(土)样分析工作量,对松散层地区的取心孔应取粒度分析样(取样间距见第3章)。每个中型以上水源地尽量选取1~2个钻孔采取孢粉、微体古生物、古地磁等分析样品。

对基岩地区,每个中型以上水源地应选1~2个钻孔采取岩石镜下鉴定样品;可溶岩应同时采取岩石化学分析样品。

表6　抽水试验工作量

<table>
<tr><th>勘查阶段</th><th colspan="2">试验类别</th><th>孔隙水</th><th>岩溶水</th><th>裂隙水</th></tr>
<tr><td rowspan="4">初步勘查阶段</td><td rowspan="2">单孔抽水</td><td>抽水钻孔占控制性勘探孔(不包括观测孔)数的百分比(%)</td><td>>60</td><td colspan="2">凡具有供水价值和对参数计算有意义的钻孔均应抽水</td></tr>
<tr><td>稳定时间(h)</td><td colspan="3">8~24</td></tr>
<tr><td rowspan="2">多孔抽水</td><td>抽水孔组数</td><td colspan="3">每个有供水价值的参数区至少1组</td></tr>
<tr><td>最短延续时间(d)</td><td>7</td><td colspan="2">10</td></tr>
<tr><td rowspan="6">详细勘查阶段</td><td rowspan="3">群孔干扰抽水</td><td>抽水孔组数</td><td colspan="2">1</td><td></td></tr>
<tr><td>总抽水量占提交可开采量的百分比(%)</td><td>>30</td><td>>50</td><td></td></tr>
<tr><td>最短延续时间(d)</td><td>10</td><td>15</td><td></td></tr>
<tr><td rowspan="3">试验性开采抽水</td><td>抽水孔组数</td><td colspan="2">1*</td><td>1</td></tr>
<tr><td>总出水量</td><td colspan="3">接近需水量</td></tr>
<tr><td>最短延续时间(d)</td><td colspan="3">30(枯水期进行)</td></tr>
</table>

注:* 凡作了群孔干扰抽水试验的水源地,可不作试验性开采抽水试验。

2.3.8　地下水动态观测范围应大于勘探区范围。观测孔密度可按表7规定执行。表中观测尽量利用已有钻孔或其他水点,必要时可布置专门地下水动态观测孔。

2.3.9　不同勘查阶段的勘查方法及工作内容可参照表8执行。

表 4　水文地质测绘主要技术定额

（单位：个/km^2）

项目	比例尺	孔隙水				岩溶水		裂隙水				混合类型
		山间河谷及傍河型	冲洪积扇型	冲积、湖积平原型	滨海平原型	裸露岩溶型	隐伏岩溶型	红层孔隙裂隙型	碎屑岩裂隙型	玄武岩裂隙孔洞型	块状岩石孔隙裂隙型	
水文地质点	1:5万	0.3～0.5	0.4～0.7		0.3～0.5	0.5～1.5	全部岩溶井、孔、泉点	0.3～0.5		0.2～0.3	0.3～0.5	按上覆层所属类考虑，必要时还应适当增加工作量
	1:2.5万	1.0～1.5	1.5～2.0		1.0～1.5	1.0～2.0		1.0～2.0		0.8～1.5	1.0～2.0	
	1:1万	3.0～5.0	5.0～7.0		3.0～5.0	2.0～4.0		2.0～3.0		1.0～3.0	2.0～3.0	
水分析点	1:5万	0.2～0.3	0.1～0.3	0.2～0.5	0.3～0.6	0.1～0.5	0.5～1.0	0.3～0.4		0.1～0.2	0.1～0.2	
	1:2.5万	0.4～0.6	0.2～0.5	0.5～0.8	0.6～1.0	全部岩溶地下水点及部分地表水水点		0.6～0.8		0.2～0.4	0.2～0.4	
	1:1万	1.0～1.5	0.5～1.0	1.0～1.5	1.5～2.0			1.5～2.0		0.5～1.0	0.5～1.0	

注：①平原区水文地质点应尽量选择揭露主要含水层的井(孔)。

②1:20万水文地质测绘定额，可参照《区域水文地质普查规范》有关规定执行。

表 5　水文地质钻探工作量一览表

（单位：孔/km^2）

勘查阶段	孔隙水						岩溶水			裂隙水				混合类型
	山间河谷型	傍河型	冲洪积扇型	冲积、湖积平原型	滨海平原型	河口三角洲型	裸露岩溶型	隐伏岩溶型		红层孔隙裂隙型	碎屑岩裂隙型	玄武岩裂隙孔洞型	块状岩石孔隙裂隙型	
								岩溶发育均匀	岩溶发育不均匀					
初步勘查阶段	0.2～0.5	0.1～0.3	0.02～0.30	0.04～0.20	0.1～0.4	0.1～0.3	0.1～0.4	0.1～0.5	0.3～1.0	0.3～0.5	0.5～2.0	0.3～0.5	0.5～2.0	按工作量大的类型考虑，必要时可适当增加工作量
详细勘查阶段	0.3～2.0	0.3～0.5	0.1～0.5	0.1～0.6	0.3～0.8	0.2～0.5	0.4～1.5	0.2～1.0	0.5～1.0	0.5～1.0	1.0～3.0	0.5～1.0	1.0～3.0	

注：表中工作量为控制性勘探孔，不包括观测孔。

表 7　地下水动态观测孔密度　（单位：个/km^2）

勘查阶段	孔隙水	岩溶水		裂　隙　水
		裸露岩溶型	隐伏岩溶型	
初步勘查阶段	0.50～0.30	0.05～0.20	0.03～0.10	0.05～0.20
详细勘查阶段	0.3～0.5	0.2～0.4	0.1～0.3	0.2～0.4
开采阶段	0.2～0.4	0.1～0.3	0.1～0.4	0.1～0.3

表 8　不同勘查阶段的勘查方法及工作内容

勘查阶段	遥感	测绘	物探	钻探	水文地质试验	动态观测
前期论证阶段	搜集卫星图像、航空相片等遥感图像，进行室内水文地质解译，编制水文地质解译图	充分利用已有1:20万、1:10万水文地质普查和其他地质、水文地质资料，有目的、有重点地进行地面踏勘。对有供水前景的地段，根据需要做少量水文地质调查	搜集、分析、整理地面物探和测井资料	若地区研究程度不能满足规划要求，可布置少量勘探孔	若计算参数不能满足规划要求，可做少量水试验	搜集地下水动态和水文气象资料，利用已有井、孔、泉和地表水测流点进行动态观测
初步勘查阶段	进行图像处理、野外验证，制作相片镶嵌图，编制详细水文地质解译图	全面进行水文地质测绘。若无相同比例尺的地质底图，应进行综合性地质、水文地质测绘	勘探区开展与测绘同比例尺的地面物探工作，全面开展地球物理测井，定量解译物探资料	布置控制性勘孔、多孔抽水试验孔及观测孔	单孔抽水试验和多孔抽水试验	建立控制性地下水长期观测孔和井、泉、地表水测流点
详细勘查阶段		根据需要对水源区进行补充水文地质测绘	少量补充性物探工作	布置群孔干扰抽水试验孔或试验性开采抽水孔及观测孔	进行群孔干扰抽水试验或试验性开采抽水试验，根据需要补充单孔及多孔抽水试验	在初步勘查基础上健全地下水观测网点

续表 8

勘查阶段	遥感	测绘	物探	钻探	水文地质试验	动态观测
开采阶段		专门性水文地质调查	专门性地面物探和测井工作	专门性钻探	试验性开采抽水试验和其他专门性试验研究，如模拟试验、建立水源地管理模型，井型、结构等开采技术研究，人工回灌试验、地下水污染机理研究，以及水源地其他环境地质问题研究等	继续地下水和地表水的长观工作，建立地下水动态预报模型，并建立与专门性试验有关的观测工作

3 供水水文地质勘查技术要求

3.1 遥感图像解译

3.1.1 遥感图像解译主要适用于前期论证阶段和初步勘查阶段。解译工作应先于水文地质测绘，并贯穿其整个过程，以提供编写设计、布置水文地质观测路线的依据，达到减少水文地质测绘工作量、提高工作精度的目的。

3.1.2 一般使用的遥感图像为卫星图像和航空相片，必要时，在卫星图像和航空相片解译的基础上提出课题，进行红外扫描或其他专门遥感飞行，获得相应的遥感图像。

3.1.3 遥感图像解译的基本要求：

3.1.3.1 进行相片质量鉴定。在搜集和分析已有资料（包括不同地质体的光谱特征资料）和野外踏勘调查的基础上，建立地质、水文地质直接和间接解译标志。

3.1.3.2 应选用不同时间、不同波段、不同比例尺卫星图像进行水文地质对比解译。图像比例尺可根据卫星图像质量放大到1∶50万～1∶25万。

3.1.3.3 使用的航空相片比例尺，尽量接近水文地质测绘比例尺，一般不宜小于1∶5万。

3.1.3.4 为发挥卫星图像视域范围大、反映构造轮廓清楚的客观效果和航空相片局部细节详细的长处，卫星图像和航空相片最好结合使用。但在进行区域地质、水文地质解译时，卫星图像也可单独使用。

3.1.3.5 遥感图像解译一般采用目视解译和航空立体镜的光学机械解译，尽可能采用假彩色合成为主的电子光学解译和计算机图像处理，以提高解译水平和效果。

3.1.3.6 遥感图像解译，应结合已有的地面地质、物探、钻探等资料进行。

3.1.3.7 单张相片及镶嵌图的解译结果，可采用徒手或仪器转绘到与测绘比例尺相应的地形底图上，统一编绘成解译成果图。

3.1.4 遥感图像主要解译下列内容：

a. 划分主要地貌单元，判定地貌形态、成因类型及地貌形态与地质构造、地层岩性、地下水分布的关

系;

b. 地质构造基本轮廓、新构造形迹、裸露及隐伏的线性构造位置;

c. 各种岩溶形态和成因类型;

d. 解译各种水文地质现象,判定泉点、泉群、地下水溢出带和地表水渗失带位置,圈定地表水体的范围,分析水系发育特征;

e. 古河道、浅层淡水的分布范围;

f. 分析地下水补给、径流、排泄等区域水文地质条件。

3.1.5　遥感图像室内解译成果的野外验证

3.1.5.1　野外验证一般包括下列内容:

a. 直接和间接解译标志;

b. 外推解译成果;

c. 解译新增加的及隐伏的地质、水文地质问题。

3.1.5.2　验证方法:

a. 通过路线踏勘或水文地质测绘对新增或外推的地质、水文地质解译成果进行验证,以期达到减少测绘工作量的目的;

b. 通过勘探对隐伏的地质、水文地质问题进行验证,必要时可专门布置少量的物探、钻探工作。

3.1.6　通过遥感图像解译,应提交与测绘比例尺相同的遥感图像水文地质解译图及文字说明。根据需要,可分别编制地貌、地质构造解译图、相片镶嵌图和典型相片图等。

3.1.7　通过遥感图像解译,能够解决或基本能够解决水文地质问题的地区,可不作或少作水文地质测绘工作,以减少野外工作量。

3.2　水文地质测绘

3.2.1　水文地质测绘的底图应采用大于或等于测绘比例尺的地形地质图,如只有上述比例尺的地形图而无地质图时,应进行综合性地质、水文地质测绘。

3.2.2　水文地质测绘的观测路线,宜垂直岩层(岩体)和构造线走向;或顺河谷、沟谷、地貌形态变化显著和地下水露头较多的方向布置;为追索含水层或地质构造,可沿含水层和构造线走向布置。水文地质点应布置在地质、水文地质有意义的地点,不应平均布置。

3.2.3　水文地质测绘主要调查内容:

a. 地貌形态、成因类型及各地貌单元的界线和相互关系,查明地层、构造、含水层的分布,地下水富集等与地貌形态的关系;

b. 地层岩性、成因类型、时代、层序及接触关系,查明地层岩性与地下水富集的关系;

c. 褶皱、断裂、裂隙等地质构造的形态、成因类型、产状及规模,查明褶皱构造的富水部位及向斜盆地、单斜构造可能形成自流水的地质条件,判定断层带和裂隙密集带的含水性、导水性、富水地段的位置及其与地下水活动的关系,确定新构造的发育特点与老构造的成生关系及其富水性;

d. 含水层性质、地下水的基本类型、各含水层(组)或含水带的埋藏和分布的一般规律;

e. 区域地下水补给、径流、排泄等水文地质条件;

f. 泉的出露条件、成因类型和补给来源,测定泉水流量、物理性质和化学成分,搜集或访问泉水动态资料,确定主要泉的泉域范围;

g. 钻孔和水井的类型、深度、结构和地层剖面,测定井孔的水位、水量、水的物理性质及化学成分,选择有代表性的水井进行简易抽水试验;

h. 初步查明区内地下水化学特征及其形成条件;

i. 初步查明地下水的污染范围、污染程度与污染途径;

j. 测定地表水体的规模、水位、流量、流速、水质和水温,查明地表水和地下水的补排关系;

k. 调查地下水、地表水开采利用情况，搜集水文气象资料，综合分析区域水文地质条件。

3.3　水文地质物探

3.3.1　地面物探

3.3.1.1　基本要求：

a. 地面物探的目的是圈定含水层空间分布及富水区，提高供水水文地质勘查质量，指导勘探钻孔的布置，提高钻探效果和减少钻探工作量；

b. 凡只有地球物理前提，且可以消除人工物理场干扰的地区，均应进行地面物探工作，根据测区水文地质条件、被探测体的地球物理特性等因素选择物探方法；

c. 地面物探工作，一般在水文地质测绘基础上，于钻探工程设计之前进行，以指导勘探钻孔的合理布置。

3.3.1.2　地面物探主要探明下列内容：

a. 含水层(带)的分布范围、厚度、埋深、富水性，圈定地下水富水地段；

b. 埋藏冲洪积扇的分布范围和埋藏深度，上覆冲洪积扇储水结构的边界条件、底板形态；

c. 古河道的形态、规模、掩埋深度及富水条件；

d. 咸水分布范围、厚度，以及咸水区内淡水透镜体的分布；

e. 岩溶发育的分布位置、发育程度及其深度，寻找隐伏的岩溶管道、洞穴和地下河；

f. 覆盖层厚度、隐伏断裂带、接触带和沉积间断面的空间分布位置及其富水的可能性。

3.3.1.3　不同类型水源地可按表 9 选用物探方法。

表 9　不同类型水源地地面物探方法

<table>
<tr><th colspan="2">类型</th><th>地球物理勘探方法</th></tr>
<tr><td colspan="2">孔隙水</td><td>电测深、浅层地震</td></tr>
<tr><td colspan="2">岩溶水</td><td>电阻率、浅层地震、重力测量、频率测深、甚低频或声频大地电场、放射性找水方法、连通试验(同位素示踪、食盐示踪、地质炸弹)</td></tr>
<tr><td rowspan="2">裂隙水</td><td>沉积岩</td><td>各种电剖面、浅层地震、频率测深、声频大地电场、放射性找水方法</td></tr>
<tr><td>火成岩</td><td>各种电剖面、浅层地震、频率测深、磁法、放射性找水方法、甚低频及声频大地电场</td></tr>
</table>

3.3.1.4　地面物探可单独提交报告。附各种物探平面图、剖面图、物探解释推断的水文地质平面图、剖面图。

3.3.2　地球物理测井

3.3.2.1　地球物理测井的目的是弥补岩心采取率的不足，在钻孔中取得更多的地质、水文地质资料，减少取心孔数，指导成井。

3.3.2.2　勘探钻孔一般均应进行地球物理测井。结合测区水文地质条件，选择有效的测井方法和最佳技术条件。每个钻孔至少测量 3 种参数曲线。

3.3.2.3　地球物理测井主要探测下列内容：

a. 钻孔地质剖面、断裂带、裂隙带、岩溶发育带的位置及厚度；

b. 含水层(带)的位置及厚度；

c. 咸、淡水的分界面；

d. 抽水试验孔的涌水量与含水层地下水有效进水深度的关系；

e. 测量钻孔孔径、孔斜、井液，寻找井内事故位置；

f. 尽可能测定含水层的岩性、密度、孔隙度、渗透系数及地下水的矿化度、流速、流向、流量等。

3.3.2.4　不同地质类型的钻孔宜按表 10 选择地球物理测井方法。

表 10　不同地质类型钻孔地球物理测井方法

类型	应测项目	选测项目
松散层	电阻率、自然电位、自然伽马	井斜、抽水孔井中地下水流速、流量、井径、井温、伽马伽马
基岩	电阻率、自然电位、自然伽马、井中流体测量	超声成像、井径、井斜、声速、伽马伽马、井液电阻率、井温、钻孔电磁波

3.3.2.5　地球物理测井工作结束后，应按地球物理测井规范要求提交测井综合曲线图，地质、水文地质解译成果及文字总结。

3.4　水文地质钻探

3.4.1　钻孔布置应符合下列规定：

a. 勘探钻孔一般在水文地质测绘和地面物探工作的基础上布置；

b. 钻探工作量应在充分利用已有的物探、钻探和机井等资料的基础上合理分配；

c. 应结合水文地质计算方法布孔，注意边界条件的确定；

d. 根据“以探为主、探采结合”的原则，应考虑未来生产井的格局和长期观测孔的需要布孔，做到一孔多用。

不同水文地质类型勘探钻孔一般应按表 11 的原则布置。

表 11　勘探钻孔布置原则

类型		一般原则	特殊要求
孔隙水	山间河谷及傍河型	1. 垂直或平行地下水流向及主要含水地质体布置勘探线。 2. 结合水文地质计算方法布置	主要勘探线应垂直河谷，其辅助勘探线可平行河谷
	冲洪积扇型		主要勘探线应沿着扇轴线方向布置，辅助勘探线在富水地段垂直扇轴方向布置
	冲积、湖积平原型		勘探线可垂直古河道布置
	滨海平原及河口三角洲型		在沿海咸水分布区，主要勘探线宜垂直海岸线布置
岩溶水	裸露岩溶型	1. 控制储水构造及边界条件。 2. 富水性较均匀的含水层，勘探线一般应垂直主要构造线或沿地层和水文地质条件变化最大的方向布孔。 3. 地下水分布不均匀的地区，勘探孔宜布置在下列富水地段：	根据岩溶地貌、岩溶发育规律布孔
	隐伏岩溶型		根据物探资料，在隐伏断裂交叉部位和隐伏岩溶天窗区或物探异常点布孔

续表 11

<table>
<tr><th colspan="2">类型</th><th>一般原则</th><th>特殊要求</th></tr>
<tr><td rowspan="8">裂隙水</td><td>红层孔隙裂隙型</td><td rowspan="8">a.背斜的倾没端和向斜轴部构造变动显著的地段;b.地层走向剧变部位;c.断裂破碎带和裂隙密集带;d.沉积岩与火成岩脉或侵入体的接触带;e.可溶岩与其他岩层的接触带;f.地下水集中排泄带;g.岩溶发育部位;h.地貌上有利于地下水富集地段</td><td rowspan="4">钙质砂岩、砾岩及风化层厚度较大的汇水区均匀布孔</td></tr>
<tr><td>碎屑岩裂隙型</td></tr>
<tr><td>玄武岩裂隙孔洞型</td></tr>
<tr><td>块状岩石孔隙裂隙型</td></tr>
<tr><td>碎屑岩裂隙型</td><td>1.重点在硬脆性岩层、灰岩夹层、沉积间断面分布位置上布孔。
2.富集层间裂隙水的自流盆地和自流斜地,一般应垂直构造线布孔</td></tr>
<tr><td>玄武岩裂隙孔洞型</td><td>布置于玄武岩管道洞穴、气室洞穴及裂隙发育地段</td></tr>
<tr><td>块状岩石孔隙裂隙型</td><td>1.布置在具有一定供水意义的风化带和风化裂隙发育地段。
2.布置于中厚层变质岩构造裂隙发育带</td></tr>
<tr></tr>
<tr><td colspan="2">混合类型</td><td colspan="2">主要勘探线应控制对水源地起主导作用的水文地质类型,辅助勘探线可结合次要水文地质类型布置</td></tr>
</table>

3.4.2　勘探钻孔原则上都应采取岩心。当通过地球物理测井,满足了 3.3.2.3 之 a、b 要求,基本掌握了含水层变化规律的地区,取心扎数可适当减少。

3.4.3　勘探钻孔深度,一般要求揭穿供水目的层(带)。松散地层地区,应有部分控制性深孔或打到基岩的钻孔。

3.4.4　勘探钻孔及抽水试验孔井管宜选用钢管或铸铁管,各种观测孔井管可选用塑料管或玻璃钢管。

3.4.5　滤水管应满足下列技术要求:

a.抽水试验孔滤水管孔隙率一般不小于 20%;

b.滤水管缠丝间距和填砾规格应符合表 12 规定;

c.抽水孔滤水管的口径,在松散含水层中应不小于 200 mm,破碎基岩含水层应不小于 150 mm,观测孔滤水管口径一般不小于 89 mm;

d.抽水孔滤水管的下端应有管底封闭的沉淀管,其长度可根据孔深确定,一般为 2～8 m。

3.4.6　滤水管安装完毕后应及时洗井。根据地层岩性、钻孔结构、孔管材料和设备情况可灵活选用机械的或化学的洗井方法,以满足洗井质量检验标准为准则。

表 12　缠丝间距和填砾规格

含水层分类	滤水管缠丝间距(mm)	围填砾料直径(mm)
粉细砂	0.75～1.00	1.00～2.00
细中砂	1.00～1.50	2.00～4.00
中粗砂	1.00～2.00	2.00～6.00
砂砾卵石	2.00～3.00	6.00～10.00

3.4.7　洗井质量检验标准：

a.洗井后通过两次简易抽水试验对比验证，单孔涌水量增大不超过 5%，动水位升降不超过水位下降值的 1%；

b.断续大强度洗井，井水不出现混浊现象；

c.采用活塞洗井法洗井后，井内沉砂不上升或基本不上升；

d.与相同条件的生产井比较，单位涌水量应基本一致。

3.4.8　钻孔质量要求：

a.钻孔孔径：抽水试验孔应尽量与设计开采井孔径一致，松散地层钻孔应保证滤水管外有 75～100 mm 的填砾厚度。地质孔、观测孔，在松散地层中，应确保下入 89 mm 的滤水管，基岩钻孔口径一般不少于 91 mm；

b.孔斜：每 100 m 间距内不超过 20°，随着钻孔的加深可以递增计算；

c.冲洗液：一般要求使用清水钻进，但可以根据地层稳定程度和水源条件，合理选择清水或泥浆作为钻进冲洗液；

d.钻孔止水(或封孔)：分层抽水试验钻孔，或穿过工业矿体的钻孔均应按设计要求和技术要求进行止水或封孔；

e.岩心采取率：黏性土、完整基岩平均不低于 70%(每层不低于 60%)，砂性土、风化或破碎基岩平均不低于 40%(每层不低于 30%)；

f.岩心取样：采取的岩心试样应只有代表性，能反映取心层的岩石特征，采取的试验样品必须满足试验要求；

g.钻进过程中，应连续地进行简易水文地质观测，并及时作好观测记录；

h.勘探钻孔(包括观测孔)均应测量孔口坐标和高程。

3.4.9　钻进过程中应及时进行地质编录，钻孔竣工后及时提交钻孔地质柱状图、水文地质观测及岩心记录表、测井曲线、岩心揭片、素描或照片、采样及分析结果等地质资料，并编制钻孔综合成果图。

3.5　抽水试验

3.5.1　基本要求

3.5.1.1　抽水试验主要分为单孔抽水、多孔抽水、群孔干扰抽水和试验性开采抽水。

a.单孔抽水试验：仅在一个试验孔中抽水，用以确定涌水量与水位降深的关系，概略取得含水层渗透系数。

b.多孔抽水试验：在一个主孔内抽水，在其周围设置若干个观测孔观测地下水位。通过多孔抽水试验可以求得较为确切的水文地质参数和含水层不同方向的渗透性能及边界条件等。

c.群孔干扰抽水试验：在影响半径范围内，两个或两个以上钻孔中同时进行的抽水试验。通过干扰抽水试验确定水位下降与总涌水量的关系，从而预测一定降深下的开采量或一定开采定额下的水位降深值，同时为确定合理的布井方案提供依据。

d.试验性开采抽水试验:是模拟未来开采方案而进行的抽水试验。一般在地下水天然补给量不很充沛或补给量不易查清,或者勘查工作量有限而又缺乏地下水长期观测资料的水源地,为充分暴露水文地质问题,宜进行试验性开采抽水试验,并用钻孔实际出水量作为评价地下水可开采量的依据。

3.5.1.2 单孔抽水试验采用稳定流抽水试验方法,多孔抽水、群孔干扰抽水和试验性开采抽水试验一般采用非稳定流抽水试验方法。在特殊条件下也可采用变流量(阶梯流量或连续降低抽水流量)抽水试验方法。

3.5.1.3 抽水试验孔宜采用完整井(巨厚含水层可采用非完整井)。

3.5.1.4 观测孔深应尽量与抽水孔一致。

3.5.1.5 抽水试验前,应做好下列准备工作;

a.除单孔抽水试验外,均应编制抽水试验设计任务书;

b.测量抽水孔及观测孔深度,如发现沉淀管内有沉砂应清洗干净;

c.做一次最大降深的试验性抽水,作为选择和分配抽水试验水位降深值的依据;

d.在正式抽水前数日对所有的抽水孔和观测孔及其附近有关水点进行水位统测,编制抽水试验前初始水位等水位线图,如果地下水位日变化很大时,还应取得典型地段抽水前的日水位动态曲线。

3.5.1.6 为防止抽出水的回渗,在预计抽水影响范围内的排水沟必须采取防渗措施。当表层有 3 m 以上的黏土或亚黏土时,一般可直接挖沟排水。

3.5.1.7 需要对多层含水层地下水进行分层评价时,应分层进行抽水试验,或用井中流速、流量仪解决分层抽水问题。

3.5.2 抽水试验孔布置要求

3.5.2.1 抽水孔的布置应符合下列要求:

a.对勘查区水文地质条件具有控制意义的典型地段,应布置单孔抽水试验孔,根据单孔抽水试验资料计算的水文地质参数编制参数分区图;

b.多孔抽水试验孔组,一般参照导水系数分区图,并结合水文地质条件布置,每个有供水意义的参数区至少布置一组,其抽水试验资料所求参数可作为该区计算参数(不用平均参数);

c.群孔干扰抽水试验和试验性开采抽水试验应在拟建水源地范围内,选择有代表性的典型地段,并结合开采生产井布置。

3.5.2.2 观测孔的布置应符合下列要求:

a.为了计算水文地质参数,在抽水孔的一侧宜垂直地下水的流向布置 2～3 个观测孔。

b.为了测定含水层不同方向的非均质性或确定抽水影响半径,可以根据含水层的不同情况,以抽水孔为中心布置 1～4 条观测线。如有两条观测线,一条垂直地下水流向,另一条宜平行地下水流向。

c.群孔干扰抽水试验和试验性开采抽水试验应在抽水孔组中心布置一个观测孔。为查明相邻已采水源地的影响,应在连接两个开采中心方向布置观测孔。为确定水位下降漏斗形态和补给(或隔水)边界,应在边界和外围一带布设一定数量的观测孔。

d.多孔抽水孔组的第一个观测孔应尽量避开三维流的影响,相邻两观测孔的水位下降值相差不小于 0.1 m,最远观测孔的下降值不宜小于 0.2 m,各观测孔应在对数数轴上呈均匀分布。

e.在半承压水含水层进行抽水试验时,宜在观测孔附近覆盖层(半透水层或弱含水层)中布置副观测孔。

f.试验性开采抽水试验,水位下降漏斗范围内的重要建筑物附近宜增设工程地质观测点。

3.5.3 稳定流抽水试验要求

3.5.3.1 稳定流抽水试验一般进行 3 次水位降深,最大降深值应尽抽水设备能力确定。

3.5.3.2 水位降深顺序,基岩含水层一般宜先大后小,松散含水层宜按先小后大逐次进行。

3.5.3.3 在稳定延续时间内,涌水量和动水位与时间关系曲线在一定范围内波动,而且没有持续上升或下降的趋势[注]。当水位降深小于 10 m，用压风机抽水时，抽水孔水位波动值不得超过 10～20 cm；用离心泵、深井泵等抽水时，水位波动值不超过 5 cm。一般不应超过平均水位降深值的 1%，涌水量波动值不能超过平均流量的 3%。

注：①当有观测孔时，应以最远观测孔的动水位判定。

②应考虑自然水位影响。

③在滨海地区应考虑潮汐对动水位的影响。

3.5.3.4　观测频率及精度要求：

a. 水位观测时间一般在抽水开始后第 1、3、5、10、20、30、45、60、75、90 分钟进行观测，以后每隔 30 分钟观测一次，稳定后可延至 1 小时观测一次。水位读数应准确到厘米。

b. 涌水量观测应与水位观测同步进行。当采用堰箱或孔板流量计时，读数应准确到毫米。

注：为保证测量精度要求，可根据流量大小，选用不同规格的堰箱。当流量小于 10 L/s 时，堰箱断面面积应大于 0.25 m^2（即 0.5 m×0.5 m）；流量为 10～50 L/s 时，堰箱断面面积应大于 1 m^2（即 1 m×1 m）；流量为 50～100 L/s 时，堰箱断面面积应大于 2 m^2（即 1 m×2 m）。

c. 水温、气温宜 2～4 小时观测一次，读数应准确到 0.5 ℃，观测时间应与水位观测时间相对应。

3.5.3.5　停泵后应立即观测恢复水位，观测时间间隔与抽水试验要求基本相同。若连续 3 小时水位不变，或水位呈单向变化，连续 4 小时内每小时水位变化不超过 1 cm，或者水位升降与自然水位变化相一致时，即可停止观测。

3.5.3.6　试验结束后应测量孔深，确定过滤器掩埋部分长度。淤砂部位应在过滤器有效长度以下；否则，试验应重新进行。

3.5.4　非稳定流抽水试验要求

3.5.4.1　钻孔涌水量应保持常量，其变化幅度不大于 3%。

3.5.4.2　抽水延续时间除满足表 6 的要求外，还可结合最远观测孔水位下降与时间关系曲线[S（或 Δh^2）$-\lg t$]来确定。

a. 当 S（或 Δh^2）$-\lg t$ 曲线至拐点后出现平缓段，并可以推出最大水位降深时，抽水方可结束。

注：在承压含水层中抽水，采用 $S-\lg t$ 曲线，在潜水含水层中抽水采用 $\Delta h^2-\lg t$ 曲线。Δh^2 是指潜水含水层在自然情况下的厚度 H 和抽水试验时的厚度 h 的平方差，即 $\Delta h^2=H^2-h^2$。

b. 当 S（或 Δh^2）$-\lg t$ 曲线没有拐点或出现几个拐点时，则延续时间宜根据试验的目的确定。

3.5.4.3　观测频率及精度应符合下列要求：

a. 水位观测宜按第 0.5、1、1.5、2、2.5、3、3.5、4、5、6、7、8、10、12、15、20、25、30、40、50、60、75、90、105、120 分钟进行观测，以后每隔 30 分钟观测一次，其余观测项目及精度要求可参照稳定流抽水试验要求进行；

b. 抽水孔与观测孔水位必须同步观测；

c. 抽水结束后，或试验期间因故中断抽水时，应观测恢复水位，观测频率应与抽水时一致，水位应恢复到接近抽水前的静止水位。

3.5.4.4　群孔干扰抽水试验除按非稳定流抽水要求进行外，还应满足下列要求：

a. 干扰孔之间的距离，应保证一孔抽水，使另一孔产生一定的水位削减；

b. 水位降深次数应根据设计目的而定，一般应尽抽水设备能力做一次最大降深；

c. 各干扰孔过滤器的规格和安装深度应尽量相同；

d. 各抽水孔抽水起、止时间应该相同；

e. 试验过程中，宜同时对泉和可能受影响的地表水点进行水位、流量、水温的观测。

3.5.4.5　试验性开采抽水试验，除按群孔干扰抽水要求进行外，还应满足下列要求：

a. 抽水试验一般在枯水期进行；

b. 抽水钻孔总涌水量尽量接近设计需水量；

c. 水位下降漏斗中心水位稳定时间不宜少于 1 个月；

d. 若水位不能达到稳定，应及时调节总涌水量，使其达到稳定。

3.5.5 资料整理要求

3.5.5.1 试验期间，对原始资料和表格应及时进行整理。试验结束后，单孔抽水试验应提交抽水试验综合成果表，其内容包括水位和流量过程曲线、水位和流量关系曲线、水位和时间（单对数及双对数）关系曲线、恢复水位与时间关系曲线、抽水成果、水质化验成果、水文地质计算成果、施工技术柱状图、钻孔平面位置图等，并利用单孔抽水试验资料编绘导水系数分区图。多孔抽水试验尚应提交抽水试验地下水水位下降漏斗平面图、剖面图。群孔干扰抽水试验和试验性开采抽水试验还应提交抽水孔和观测孔平面位置图（以水文地质图为底图）、勘查区初始水位等水位线图、水位下降漏斗发展趋势图（编制等水位线图系列）、水位下降漏斗剖面图、水位恢复后的等水位线图、观测孔的 $S-t$ 和 $S-\lg t$ 曲线[注]、各抽水孔单孔流量和孔组总流量过程曲线等。

注：①要消除区域水位下降值。

②在基岩地区要消除固体潮的影响。

③傍河抽水要消除河水位变化对抽水孔水位变化的影响。

3.5.5.2 多孔抽水试验、群孔干扰抽水试验和试验性开采抽水试验均应编写试验小结，其内容包括试验目的、要求、方法、获得的主要成果及其质量评述和结论。

3.6 水、土、岩分析实验

3.6.1 水质分析

3.6.1.1 水质分析的主要任务：

a. 划分地下水化学类型，研究区域水文地球化学特征及其垂直和水平分带规律；

b. 测定地下水化学成分、物理性质和大肠杆菌及细菌总数，为生活用水和各种专门性工业用水水质评价提供依据；

c. 查明污染区地下水污染物质成分和含量、污染源、污染途径、污染范围、污染深度、污染程度、危害情况及污染发展趋势等，为拟定水源保护措施提供依据；

d. 研究地方病与地下水水质的关系。

3.6.1.2 采样范围：

a. 一般水文地质点（泉、井、孔）应采取简分析样，取样个数可按表 4 执行；

b. 各含水层的代表性水文地质点，以及所有抽水孔（井）应按抽水层次取全分析样，全分析样个数不少于简分析样总数的 20%；

c. 在拟建水源地范围内，各主要含水层的重点抽水孔应取细菌分析样；

d. 根据水文地质环境和设计部门对水质的要求，采取相应的微量元素和特种成分分析样。

3.6.1.3 特殊地段水质分析应符合下列要求：

a. 工厂、城镇、农灌区及其下游地下水已受污染或可能受到污染的地区，应分析与工厂排污和使用农药、化肥有关的有毒物质及组分，同时对有机污染的综合指标进行分析，并在同一孔中定时取样分析，以了解污染发展趋势；

b. 地方病分布区，除分析常规项目外，应增加可能与地方病有关的特殊项目和微量元素的分析，在矿区附近应分析与矿产有关的金属、稀有金属和其他有害元素；

c. 在滨海及其他水质复杂的地区，为查明因地下水开采可能引起的水质恶化，在抽水过程中应定时测定氯离子的变化。

3.6.1.4 样品采取及分析精度应按地质矿产部科技司编的《水样的采取、保存与送检规程》执行。

3.6.2 钻孔中实验土样的采取

3.6.2.1　颗粒分析样的采取，当无特殊要求时，含水层中一般每 2～3 m 取一个，含水层厚度小于 2 m 应取一个；非含水层可以仅在典型剖面上的钻孔中采取，一般每 3～5 m 取一个，厚度小于 3 m 者应取一个。地层厚度很大时可以适当少取。

3.6.2.2　在新生代沉积厚度大的地区，尽可能选择 1～2 个具有代表性的勘探孔系统采取孢粉、微体古生物及古地磁分析样品，进行分析鉴定，为确定地层时代及水文地质分层提供依据。

3.6.2.3　当需要用实验室法测定潜水含水层的给水度时，应尽量采取不扰动的原状样。

3.6.3　同位素分析

3.6.3.1　凡有条件利用同位素技术的地区，都应创造条件开展同位素分析工作。

3.6.3.2　同位素分析的目的：

a.查明地下水的成因、补给源、径流途径、形成条件，示踪地下水运动轨迹；

b.测定地下水年龄及地下水温度；

c.确定水中溶解物质的起源，示踪地下水中化学成分的运移。

3.6.3.3　一般只测定水中的同位素，必要时可测定土中的同位素。

3.6.3.4　同位素分析成果应与地质、水文地球化学资料综合利用，深入解决水文地质问题(地下径流形成规律，降水、地表水与地下水的转化关系，含水层(带)间的补排关系，咸水向淡水入侵等)。

3.6.4　岩石实验及化学分析

3.6.4.1　应选择代表性钻孔取样进行裂(孔)隙率的测定。

3.6.4.2　对碳酸盐类岩石，可选择典型层位，取样测定岩溶率和 CaO、MgO 的含量比，为分析岩溶发育规律提供参考资料。

3.6.4.3　必要时取磨片镜下鉴定样，鉴定岩石的矿物成分、结构，确定岩石名称。

3.7　地下水动态观测

3.7.1　地下水动态观测工作基本要求

3.7.1.1　初步勘查阶段，建立控制性观测点，观测持续时间应满一个水文年，对于小型水源地或设计开采量远远小于补给量的水源地可缩短到半年(含枯水期)，初步掌握地下水动态规律。

3.7.1.2　详细勘查阶段，健全地下水动态观测点、网。在多含水层地段，应分层(段)观测。观测持续时间一般不少于一个水文年，用以查明地下水动态年内变化规律，确定地下水动态类型及影响因素，计算水均衡参数，进行地下水动态趋势预报。

3.7.1.3　开采阶段，应在详细勘查阶段观测点、网的基础上，根据地下水开采管理模型和因开采而出现的水文地质问题，调整观测点、网，查明地下水动态年际变化规律，开采降落漏斗范围及发展趋势。为扩大水源地和研究水源地区域水位下降、水质污染和恶化、地面沉降、地面塌陷、海水入侵等环境水文地质、工程地质问题，提供基础资料。

3.7.2　观测点线的布置要求

3.7.2.1　地下水动态观测点，应尽量利用已有的勘探钻孔、水井和泉。被利用的观测点应有完整的水文地质资料。

3.7.2.2　观测点、网应结合水文地质参数分区布置，每个参数区均应设立观测点。

3.7.2.3　地下水补给边界处要控制一定数量的观测孔。

3.7.2.4　为查明两个水源地的相互影响，应在连接两个开采漏斗中心线方向上布置观测线，在开采漏斗内应适当加大观测点密度。

3.7.2.5　在多层含水层分布地区，应布置分层观测孔组。

3.7.2.6　为查明污染源对水源地地下水水质的影响，观测孔应沿污染源至水源地的方向布置，并使观测线贯穿水源地各个卫生防护带。

3.7.2.7　为查明地下水与地表水之间的补排关系，应垂直地表水体的岸边布置观测线，并对地表水水位、流量、水温、水质进行分段观测。

3.7.2.8 为查明咸水与淡水分界面动态特征，应垂直咸水与淡水的分界面布置观测线。

3.7.2.9 基岩地区应在主要构造富水带、岩溶大泉、地下河出口处及地下水与地表水相互转化处布置观测点。

3.7.3 地下水动态观测项目包括水位、水温、水质、涌水量四方面内容：

3.7.3.1 地下水水位观测，一般每5天观测一次，丰水期或水位急剧变化期可增加观测频率。

对于大面积开采地下水的地区，为了解枯、丰水期区域水位的变化，应增设临时统测点、网，同时还应选择典型观测孔，用自记水位计连续观测。

3.7.3.2 地下水水温观测，一般要求选择控制性观测点，与地下水水位同时观测。

3.7.3.3 地下水水量观测，一般应逐旬对地下水天然露头(泉、地下河出口等)及自流井进行流量观测，雨季加密观测。每年对生产井开采量至少进行一次系统调查和测量。

3.7.3.4 地下水水质观测，一般在枯、丰水期分别采样，观测水质的季节性变化。地下水受污染的地区，可增加采样次数和分析项目。

3.7.4 为查明地下水动态与当地水文、气象因素的相互关系，应系统搜集测绘范围内多年的水文、气象资料。在水文、气象资料不能满足地下水均衡计算的地区，应对水文、气象做短期观测工作。

3.7.5 地下水动态观测资料整理要求：

a.地下水动态观测各项实际资料，必须及时整理，认真审查，编录地下水动态观测资料统计表；

b.编制地下水动态观测实际材料图，绘制地下水水位、水温、水质动态单项历时曲线及综合历时曲线，必要时应绘制地下水动态与开采量、气象、水文等关系曲线图。

4 地下水资源评价

4.1 地下水水量计算与评价

4.1.1 地下水水量计算与评价的基本要求

4.1.1.1 所评价的地下水水量是指人类可资利用的地下水水量。根据需要，结合地区的水文地质条件，分别计算地下水的补给量、储存量和可开采量。

补给量是指单位时间内流入含水层的地下水总量，其中包括天然补给量、开采补给增量和人工补给量等。

储存量是指储存于含水层内的重力水体积，其中包括容积储存量、弹性储存量和弱含水层的释水量。

可开采量是指在一定的技术经济条件下，采用合理开采方案和合理开采动态，在整个开采期间不明显袭夺已有水源地、不发生危害性的环境地质问题的前提下，允许开采的水量，其中包括开采时可夺取的天然补给量或排泄量、开采补给增量、可利用的储存量和人工补给量。

4.1.1.2 地下水水量计算与评价应符合下列规定：

a.考虑地表水和地下水具有相互转化的关系，将二者作为统一体进行综合评价；

b.地下水资源评价是一个研究过程，应贯穿于勘查工作的始终，勘查工作初期阶段，即应对地下水资源进行概略或预测性的评价和论证，并通过勘查资料的累积，不断修改或深化历次的评价和论证，以期获得较为切合实际的结论；

c.地下水水量计算，一般只计算补给量和可开采量；在补给量难以计算的地区，可计算排泄量，在储存量较大、补给量较小的干旱地区，或有深潭和地下湖分布的裸露岩溶地区，或开采深层地下水地区，还应计算储存量，在宜建地下调蓄水库的地区，还应计算地下调蓄库容量；

d.地下水可开采量一般不宜大于地下水补给量；

e.凡具备水均衡计算条件的地区,均应进行地下水均衡计算;

f.应根据需水量、勘查阶段和地区水文地质条件,选择两种以上的方法进行地下水水量计算,经过分析对比得出比较符合实际的结论。

4.1.2　水文地质参数计算要求

4.1.2.1　水文地质参数计算,必须在全面分析地区水文地质条件的基础上,合理地选用计算公式。

4.1.2.2　利用抽水试验资料计算水文地质参数,可根据任务的需要相应地计算含水层的渗透系数 K、导水系数 T、压力传导系数 α、给水度 μ、储水系数 μ_e 及半透水层的越流系数 $\frac{K'}{M'}$、博尔顿的延迟指数 $\frac{1}{a}$、有延迟给水的无压含水层的疏干因数 β 等。参数计算应符合下列要求:

a.利用单孔稳定流抽水试验资料进行计算时,应消除井损的影响;

b.利用非稳定流抽水资料计算水文地质参数时,应根据水文地质条件,分析 $S-\lg t$ 曲线类型(如泰斯 C.V.Theis 型、汉土什 M.S.Hantush 型、纽曼 S.P.Neumen 型、博尔顿 S.N.Boulton 型等),根据不同曲线类型,选择相应公式进行计算(利用公式直接计算或利用配线法、直线法、拐点法、水位恢复法等图解法计算)。

4.1.2.3　给水度 μ、降水入渗系数 α、灌溉回归系数 β、渠道渗漏系数 ω 等均衡计算参数,可利用野外试验或室内实验资料求得。

4.1.2.4　当具有较长系列的地下水动态资料时,应通过动态资料反求水文地质参数。

4.1.3　地下水水量计算方法

4.1.3.1　地下水补给量的计算方法:

在前期论证阶段和初步勘查阶段一般主要计算天然补给量和人工补给量,必要时还应计算相应开采条件下的补给量;详细勘查阶段应计算设计开采条件下的补给量。

4.1.3.1.1　天然补给量计算方法:

a.地下水流入量使用断面法按线性渗透定律分段计算。

b.大气降水入渗量一般可选用降水入渗系数法计算;在潜水分布区,地下水径流条件差并以垂直入渗补给为主时,可利用地下水动态资料计算;在径流条件好时,可用均衡法或有限差分法计算。

c.地表水入渗补给量中,河渠入渗补给量可根据河渠的上、下游断面的流量差或有关河渠渗漏公式计算;其他地表水入渗量可选用均衡法计算。

d.含水层越流补给量,根据开采含水层水位同上、下相邻的含水层水位差,按线性渗透定律公式计算。

e.地下水天然补给量可按以上各项补给量之和计算,也可以用地下水排泄量与储存量的变化量之代数和计算。

f.当地下水排泄量是河水流量的主要组成部分时,地下水补给量可采用水文分割法计算,计算时应考虑时间的迟后效应。

4.1.3.1.2　人工补给量计算:

a.灌溉水入渗补给量,一般应选用灌溉回归系数法计算,也可根据灌入量减去排放量、蒸发量及其他消耗量计算;

b.其他人工补给量,可根据补给方式,选择相应的计算方法。

4.1.3.1.3　开采条件下补给量的计算,除按天然补给量和人工补给量的计算方法外,还应满足下列要求:

a.地下水流入量应采用稳定开采降落漏斗的水力坡度计算;

b.越流量、地表水和降水的入渗量及人工补给量,应根据开采含水层的设计水位降深计算;

c.利用各单项补给量之和计算总补给量时,应对各单项补给量进行具体分析,以避免在数量上有重复的项目相加；

d. 地下水补给量计算时，应结合地下水动态及多年水文、气象资料综合分析，计算地下水多年平均补给量及特征年份（丰、平、枯）地下水补给量。

4.1.3.2 地下水储存量的计算方法：

地下水储存量应分别计算容积储存量和弹性储存量。容积储存量的计算深度应与设计开采动水位深度一致；弹性储存量计算深度应与承压含水层顶板深度一致。储存量计算范围应不小于预测开采漏斗影响范围。

4.1.3.3 地下水可开采量的计算方法：

a. 地下水可开采量应根据经济技术水平，结合开采方案和设施，在环境地质预测的基础上计算；

b. 各类型水源地不同勘查阶段的可开采量宜参照表 13 方法计算；

表 13 可开采量主要计算方法

勘查阶段	孔隙水				岩溶水	裂隙水
	山间河谷及傍河型	冲洪积扇型	冲积、湖积平原型	滨海平原及河口三角洲型		
前期论证阶段	1. 水文地质比拟法。 2. 水均衡法。 3. 水文分析法。 4. 根据单孔抽水试验计算				1. 泉、地下河枯季测流法。 2. 均衡法。 3. 地下水径流模数法。 4. 水文分析法	1. 水文分析法。 2. 水文地质比拟法。 3. 水均衡法
初步勘查阶段	1. 干扰井群法。 2. 补偿疏干法。 3. 地下水断面流量法。 4. 水文分析法。 5. 傍河水源地选用岸边渗入公式和有限差分法	1. 干扰井群法。 2. 水均衡法。 3. 试验推断法。 4. 降落漏斗法。 5. 数值法	1. 非稳定流干扰井群法。 2. 开采强度法。 3. 降落漏斗法。 4. 数值法		1. 泉、地下河动态分析法。 2. 水均衡法。 3. 水文分析法。 4. 干扰井群法	1. 非稳定流干扰井群法。 2. 水均衡法。 3. 水文分析法
详细勘查阶段	1. 数值法或电模拟法。 2. 截潜流工程实抽法。 3. 水文分析法	1. 数值法或电模拟法。 2. 水均衡法。 3. 干扰井群法。 4. 降落漏斗法。 5. 小型水源地允许采用试验推断法	1. 数值法或电模拟法。 2. 非稳定流干扰井群抽水法。 3. 降落漏斗法。 4. 小型水源地允许采用开采强度法	1. 数值法或电模拟法。 2. 试验性开采抽水法	1. 数值法或电模拟法。 2. 试验性开采抽水法。 3. 水文分析法。 4. 以矿坑实际排水量的多年观测资料计算	
开采阶段	数理统计模型、数值模型、电模拟模型等					

c.当水源地具有长期的开采动态资料时,还应选用有关相关分析法和开采抽水法计算可开采量。

4.1.4　地下水水量评价

4.1.4.1　地下水水量评价,一般只评价可开采量,其评价内容主要包括:

a.前期论证阶段和初步勘查阶段,一般根据地下水的补给量,论证可开采量的保证程度,当补给量难以查明时,可根据排泄量来论证可开采量的保证程度;

b.详细勘查阶段,应根据技术经济条件对不同计算方案进行对比、论证,确定最合理的开采方案,并根据设计开采量及设计水位降深,预测开采下降漏斗的形状、发展趋势及开采条件下补给、消耗发生的变化,论证设计开采量的保证程度;

c.在已建水源地附近勘查新水源地时,应根据设计开采量,计算对已建水源地开采动态的影响,论证新水源地可开采量和开采方案的合理性;

d.评价水源地投产后,有可能引起的水质恶化、地面沉降或塌陷、海水入侵、工程建筑破坏及对生态平衡的影响等环境地质问题。

4.1.4.2　根据地质和水文地质条件研究程度、地下水动态观测资料的可靠程度及观测时间的长短、计算所引用的原始数据和参数的精度、计算方法和公式的合理性、地下水补给量的保证程度等,将地下水资源评价精度划分为A、B、C、D四级(见表14)。不同勘查阶段应提交相应评价精度的地下水资源勘查报告。

表14　地下水资源评价精度分级

级别	勘查阶段	水文地质研究程度	应用范围
D(C_1)	前期论证阶段 1:20万~1:5万	初步查明含水层数目、特征、分布规律和水质类型,地下水补、径、排条件及动态规律,初步圈定出有利开采地段。水文地质参数主要根据已有的抽水试验资料求得,资料不足时可补做少量的单孔抽水试验或选用经验数值。可用比拟法、水文分析法、均衡法等概略计算和评价地下水资源	为城市或经济区规划、大型建设项目的总体设计(预可行性研究)提供水源依据
C(B)	初步勘查阶段 1:5万~1:2.5万	基本查明含水层特征,地下水补、径、排条件及地下水化学特征,掌握不少于半年的地下水动态观测资料。水文地质参数主要根据多孔抽水试验或地下水动态资料确定。建立初步的数学模型,利用解析法、水文分析法、均衡法等系统地计算地下水资源,初步评价地下水可开采量,并对兴建新水源地的可能性做出评价	选择水源地,为给水初步设计(可行性研究)提供依据

续表 14

级别	勘查阶段	水文地质研究程度	应用范围
B(A_2)	详细勘查阶段 1:2.5万～1:1万	在查明含水层特征及水文地质条件的基础上,对地下水开采技术条件进行了详细勘查研究,掌握一年以上系统的地下水动态资料,进行群孔干扰抽水试验或试验性开采抽水试验,建立和完善数学模型,利用数值法、电模拟法、开采抽水法或解析法等对可开采量进行计算和评价,预测开采期内水质、水量的变化趋势	为建设水源地提供技术设计和施工设计依据
A(A_1)	开采阶段 1:2.5万～1:1万	对地下水开采动态、开采方案及开采过程中存在的环境地质问题,进行专门的调查研究及3年以上的实际开采动态观测工作。 根据多年开采动态及各项专题研究资料,对地下水资源进行系统的多年均衡计算和评价,对所建立的数学模型进一步检验和论证,并尽量建立初步的随机模型和管理模型。研究地下水开采方案的合理性,论证保证程度,提出扩大水源开采、人工补给、防止水源枯竭及水质恶化等水资源保护问题	为调整开采方案,改造及扩建水源地提供设计依据,同时为科学管理提供依据

注:(A_1)、(A_2)、(B)、(C_1)为原五级地下水资源评价精度分级级别。

4.2　地下水水质评价

4.2.1　地下水水质评价,应在查明地下水的物理性质、化学成分、卫生条件和变化规律的基础上,以我国现行的水质评价标准作为水质评价的基本准则,结合供水目的、水文地质条件和地区性水质标准,因地制宜地分别对生活用水和工业用水水质进行评价。

4.2.2　地下水水质评价一般要求:

4.2.2.1　生活用水必须从对人体健康需要出发,按《生活饮用水卫生标准》(TJ 20—76)结合环境水文地质条件,分区、分组(或段)进行评价。

4.2.2.2　工业用水水质评价应按生产或设计单位提出的水质要求,结合各个工业系统现行水质标准进行评价。

4.2.3　特殊地区地下水水质评价应分别满足下列要求:

4.2.3.1　在地下水受到污染的地区,应着重对与污染有关的化学组分进行评价,预测污染趋势,提出改善水质和防止水质继续污染的措施。

4.2.3.2　在克山病、克汀病、大骨节病、甲状腺肿大、氟骨症等地方病区,应测定与病因可能有关的微量元素,与医务部门配合分析地方病与水质的关系,根据当地环保、卫生等部门的水质要求提出改水防病意见。

4.2.3.3　在滨海地区及水质复杂地区,应根据在开采条件下可能引起的水质变化,分区、分层(组)进行评价。

4.2.4　评价地下水水质时,应根据勘查区地下水的形成条件、水文地球化学特征、盐分富集规律,评价开采过程中水质可能发生的变化,提出卫生防护措施,防止水质恶化。

5　地下水资源保护

5.1　勘查期间地下水资源保护

5.1.1　为保护地下水水源，勘查期间应开展下列与地下水资源保护有关的环境地质工作：

a.调查污染源，查明地下水污染现状，进行水源地地下水环境质量评价；

b.当主要富水地段或拟建水源地地下水有可能遭受污染，或者已出现不同程度的污染时，应结合地下水动态观测点、网，同时进行地下水污染项目的监测，必要时还应布置专门观测点、网，监测地下水中污染物质的动态变化，分析其发展趋势；

c.为防止人为的地下水污染，应对穿过咸水层或已被污染的含水层的勘探孔、试验孔做防止水隔离工作；

d.预测开采条件下有可能造成地面沉降、地裂或塌陷的地区，必要时应进行工程地质调查和专门性试验，查明开采漏斗影响范围内表层土(岩石)的工程地质条件，为防治不良工程地质现象的产生提供依据；

e.当设计的地下水开采量接近或大于地下水的补给量时，或由于开采地下水可能产生危害性环境地质问题的地区，应对地下水人工补给的可能性进行调查研究，并提出人工补给地下水的初步方案。

5.1.2　在进行水源地方案对比、选择水源地时，在没有采取治理和防护措施之前，下列地区不宜设置水源地或扩大水源开采：

a.地下水开采量已接近或大于补给量；

b.由于原生或次生的污染原因，地下水水质不能满足供水要求，或在短期内将可能受到严重污染；

c.已经产生或将可能产生危害性的环境地质问题。

5.1.3　水源地应尽量选择在污染源上游地区。

5.1.4　设计的地下水开采量和开采动水位，应以能预防水源枯竭、水质恶化、地面沉降与塌陷等不良现象的发生，并能维持自然的生态平衡为原则。

5.2　开采期间地下水资源保护

5.2.1　为防止人为原因造成地下水的污染，开辟新水源地时，应同时与有关部门商定设置卫生防护带，勘查单位只执行监督作用。卫生防护带分一般防护带和重点防护带。

卫生防护带的范围，应考虑含水层分布的边界条件及埋藏条件(包气带或覆盖层的岩性和厚度，地下水位埋深和变幅)、地下水的流速和流向、地下水与地表水的水力联系、开采降落漏斗影响范围、地下水补给区的卫生状况等因素确定。

5.2.2　为防止地表污染物质和相邻含水层劣质水入侵，应对开采井进行分层止水和表层止水。

5.2.3　开采量接近或大于补给量的水源地，应控制或减少地下水开采量，保持地下水均衡开采。

5.2.4　利用勘查期间建立的地下水动态长期观测网和开采期间建立的专门性动态监测系统，对开采过程中的地下水动态、水位降落漏斗及可能出现的环境地质问题进行监测，并及时预报其发展趋势，为调整开采方案、防止和治理危害性的环境地质问题提供依据。

5.2.5　中型以上水源地，一般应建立地下水资源管理模型。

5.2.6　对开采期间出现的水质污染或恶化、咸水或海水入侵、地面沉降、地裂或塌陷、生态平衡遭受破坏等问题，应进行专门调查或勘探、试验，并采取相应措施，及时防治，控制其发展。

5.2.7　对过量开采地下水的水源地，有条件时，应采取人工补给地下水的措施。补给水源的水质应符合相应的供水水质标准。

6　资料综合整理与报告编制

6.1　各项实际资料，必须及时认真地进行系统编录、整理、检查、验收，达到资料准确、系统和完整，为编写水源地水文地质勘查报告做好准备。

6.2　水源地水文地质勘查报告是勘查成果的系统总结，是制定水源地规划、设计的主要依据，要求内容齐全、重点突出、论据充分、结论准确、简明扼要，一般应包括文字报告、附图、附表三部分。

6.3　文字报告一般包括序言、自然地理概况、地质概况、水文地质条件、地下水资源、地下水水质、地下水开采技术条件、结论等主要章节。

a.序言：概要阐明勘查的目的、任务，委托单位，勘查期限，工作区范围、位置、交通、工农业发展及水利化现状，水文地质研究程度(主要工作成果及科学结论)，勘查方法，工作经过，投入的主要工作量，所取得的主要地质成果及质量评述；

b.地下水形成的自然条件：概述区域自然地理条件及区域地质特征(包括地形、地貌、水文、气象、地层、构造等)；

c.水文地质条件：简述区域水文地质特征，地下水的补给、径流和排泄条件，阐明勘查区内各含水层的分布和岩性，孔隙、裂隙或岩溶发育程度、导水性、富水性，以及各主要含水层之间的水力联系，地下水动态等；

d.地下水水量计算与评价：主要阐明地下水资源计算的原则与方法，参数确定的主要依据，地下水补给量、储存量及可开采量的计算成果，并依据地下水开采利用现状、地下水动态、多年水文气象资料的综合分析，论证地下水可开采量的保证程度；

e.地下水水质评价：阐明各含水层地下水化学类型、矿化度、有害成分含量、细菌含量及水质的变化，应着重对水质不良地段有害成分的形成原因、物质来源、变化趋势作详细论述，并按需水部门的要求进行供水水质评价，提出水质卫生防护意见或建议；

f.地下水开采技术条件：从地下水开采的经济技术合理性，论证拟建水源地开采方案(开采井的布置、井深、井结构、抽水降深及提水设备的建议等)，阐明水源地投产后地下水动态的可能变化趋势；

g.结论：阐明勘查区主要水文地质规律、地下水可开采量、勘查质量评价、存在问题，提出地下水资源保护及合理开发利用等下一步工作建议。

以上文字报告提纲，是以详细勘查阶段为模式提出的，其他勘查阶段的报告，可根据勘查重点编写。前期论证阶段和初步勘查阶段可以省略地下水开采技术条件一章，开采阶段主要提交专题性报告，可以不受本提纲约束。

6.4　主要图件包括：

a.实际材料图；

b.地质图或地质地貌图：一般在山区编地质图，丘陵、平原区编地质地貌图，必要时可单独编制隐伏的基岩地质图；

c.水文地质图(包含水文地质剖面图)：前期论证阶段和初步勘查阶段一般编制区域水文地质图或勘查区综合水文地质图，详细勘查阶段编制各种专门性水文地质图；

d.地下水水化学图或地下水水质图，在地下水污染地区，还应编制污染水文地质图；

e.平原区和具有统一地下水水位的基岩地区，编制地下水等水位线及埋深图；

f.前期论证阶段，还应编制地下水资源分区图或地下水资源分布图；

g.主要井(孔)、泉等地下水动态观测点，应绘制水位或流量动态曲线；

h.钻孔综合柱状图及抽水试验成果图。

6.5　主要附表包括：

a.主要水文、气象台站历年水文、气象观测资料汇总表；

b.水文地质钻探和抽水试验成果统计表；

c.井(泉)水文地质调查资料统计表；

d.岩(土)分析成果统计表；

e.水质分析成果统计表；

f.地下水、地表水动态观测资料统计表；

g.地下水开采量统计表；

h.与地下水资源计算有关的各种曲线图、表资料。

6.6　中型以上水源地一般还应有下列专项勘查附件：

a.遥感图像解译总结及相应图件；

b.物探报告及相应图件；

c.大型抽水试验总结及相应图件。

注：物探成果若在供水报告中单列一章叙述，可只提交主要图件。

以上附图、附表、附件要求适用于水文地质条件较复杂的中型以上水源地的水文地质勘查。对于水文地质条件较简单的地区，可根据实际情况适当简化。在提交报告时，对有关理论、工作方法、经验方面的问题，可作专题报告或专题总结提交。

附加说明：

本标准由地质矿产部水文地质工程地质司和全国矿产储量委员会提出。

本标准由地质矿产部水文地质工程地质司、地质矿产部水文地质工程地质技术方法研究队负责起草。

本标准主要起草人乐美煜、邓九如、吕洪瑞、程坤生。

第五章　地热金属井管腐蚀机理与类型

金属被腐蚀而造成的损失是惊人的,每年因腐蚀而报废的金属材料和设备,约相当于当年金属产量的1/3。据最新统计表明,由于金属腐蚀问题每年对国民经济造成的损失占总产值的2%～4%,对于石油和化工行业高达6%,这些还不包括地下金属井管的腐蚀。据美国国际标准局(NBS)调查,1975年美国因腐蚀所造成的损失竟高达700亿美元。地热井腐蚀与结垢主要包括地下金属井管和地面设备,地面供热水设备的防腐和除垢可以通过常规的水处理方法进行,而地下金属井管的防腐除垢则难度较大。

我国的地热井管一般均选择普通无缝钢管、螺旋钢管和石油套管(J55或N80钢级),地下金属井管腐蚀不仅会造成直接的经济损失,而且还会产生潜在的危害和环境问题。

第一节　腐蚀定义及金属腐蚀速度的表示方法

一、腐蚀的基本概念和定义

腐蚀(corrosion)这个术语起源于拉丁文“Corrdre”,意为“损坏”、“腐烂”。20世纪50年代前腐蚀的定义只局限于金属的腐蚀。它是指金属在周围介质(最常见的是液体和气体)作用下,由于化学变化、电化学变化或物理溶解而产生的破坏。随着非金属材料(特别是合成材料)的迅速发展,它的破坏才引起人们的重视。从50年代以后,腐蚀的定义扩大到所有材料,定义为:“由于材料和它所处的环境发生反应而使材料与材料的性质发生恶化的现象”,腐蚀对材料影响表现为色泽改变和结构性能的改变。

二、腐蚀速度的表示方法

腐蚀速度又称为腐蚀速率或腐蚀率。文献中有各种表示腐蚀速度的方法和单位。旧的文献中广泛使用mpy(密耳/年)作为腐蚀速度的单位,其中的mil(密耳)是千分之一英寸(inch),y则代表year(年),故mpy的物理意义是:如果金属表面各处的腐蚀是均匀的,则金属表面每年的腐蚀深度将是多少mil。

目前,一般均采用SI制(国际单位制),SI制采用mm/a(毫米/年)或μm/a(微米/年)作为腐蚀速度的单位。它的物理意义是:如果金属表面各处的腐蚀是均匀的,则金属表面每年的腐蚀深度将是多少mm(毫米)或μm(微米)。

换算关系:　　$1\ \text{mpy} = 0.025\ \text{mm/a} = 25\ \mu\text{m/a}$

金属遭受腐蚀后,其质量、厚度、机械性能、组织结构、电极过程都会发生变化,这些物理性能和力学性能的变化率可用来表示金属的腐蚀程度。在均匀腐蚀的情况下通常采用质量指标、深度指标和电流指标来表示。

(一)质量指标

这种指标就是把金属因腐蚀而发生的质量变化,换算成相当于单位金属表面积与单位时间内的质量变化的数值。所谓质量变化,在失重时是指腐蚀前的质量与消除腐蚀产物后质量之间的差值;在增重时系指腐蚀后带有腐蚀产物时的质量与腐蚀前的质量之差,可根据腐蚀产物容易去除或完全牢固地附着在试件表面的情况来选取失重或增重表示法。

$$v = \Delta W / S \cdot t$$

式中　v——表示金属的腐蚀速度,$g/(m^2 \cdot h)$;

ΔW——腐蚀前后金属质量的变化,g;

S——金属的表面积,m^2;

t——腐蚀进行的时间,h。

(二)金属腐蚀速度的深度指标

此指标表示单位时间内金属的厚度因腐蚀而减少的量。在衡量不同密度的各种金属的腐蚀程度时,有以下换算关系:

$$v_L = v \times 8.76 / \rho$$

式中　v_L——腐蚀的深度指标,mm/a;

ρ——被腐蚀金属的密度,g/cm^3,碳钢 7.85 g/cm^3。

(三)金属腐蚀速度的电流指标

以金属电化学腐蚀过程中阳极电流密度的大小来衡量金属电化学腐蚀速度。可通过法拉第定律把电流指标和质量指标联系起来,两者关系为:

$$i_a = v \cdot n \times 26.8 \times 10^{-4} / A$$

式中　i_a——腐蚀的阳极电流密度,A/cm^2;

v——金属的腐蚀速度,$g/(m^2 \cdot h)$;

n——阳极反应中化合价的变化值;

A——参加阳极反应的金属原子量,g。

第二节　地热井金属井管腐蚀机理

一、金属腐蚀的基本原理

金属的腐蚀是指金属在周围介质(大气、土壤和地下水)作用下,由于化学变化、电化学变化或物理溶解作用而产生的破坏。它包括金属材料和环境介质两者在内的一个具有反应作用的体系。从热力学观点看,绝大多数金属都具有与周围介质发生作用而转入氧化(离子)状态的倾向。因此,金属发生腐蚀是一种到处可见的自然现象。

自然界中多数金属通常是以矿石形式存在的,即以金属化合物的形式存在。如铁在自然界中多为赤铁矿,其主要成分是 Fe_2O_3,而铁的腐蚀产物——铁锈,其主要成分也是 Fe_2O_3。可见,铁的腐蚀过程就是金属铁恢复到它的自然存在状态(矿石)的过程。但若要从矿石中冶炼金属，则需要提供一定的能量（热能或电能）才可完成这种转变。所以金属状态的铁和矿石中的铁存在着能量上的差异，即金属铁比它的化合物具有更高的自由能。所以，金属铁具有放出能量而回到热力学上更稳定的自然状态——氧化物、硫化物、碳酸盐及其他化合物的倾向。显而易见，能量上的差异是产生腐蚀反应的推动力，而放出能量的过程便是腐蚀过程。伴随着腐蚀过程的进行，将导致腐蚀体系自由能的减少，故它是一个自发过程。

从热力学的观点看，金属腐蚀破坏是因为金属材料处于不稳定状态，它有与周围环境介质发生作用转变成金属离子的倾向。地下金属井管腐蚀、结垢与破坏影响因素较多，并且其腐蚀过程复杂。但是，从宏观上来看，可把井管破坏的基本特征分为全面腐蚀和局部腐蚀两大类。

对于地热井，其腐蚀主要类型主要是电化学腐蚀，并且其危害也最大。

二、金属的电化学腐蚀

金属与电解质溶液作用所发生的腐蚀，是由于金属表面发生原电池作用而引起的，这一类腐蚀称电化学腐蚀，如电偶腐蚀、缝隙腐蚀、生物腐蚀等均属电化学腐蚀。其中活泼的部位称为阳极，腐蚀学上把它称为阳极区；而不活泼的部位则称为阴极，腐蚀学上把它称为阴极区。当金属井管表面粗糙、杂质含量高、水中溶解氧浓度差等问题存在时，在水介质中的金属井管都会形成许多腐蚀电池。电极电位小者成负极，容易失去电子遭受腐蚀；电极电位大者成正极，正极区不遭受腐蚀。在一般中性水中，其腐蚀机理为电化学的氧化还原反应，其电极反应式为：

阳极区　$Fe \rightarrow Fe^{2+} + 2e$

阴极区　$\frac{1}{2}O_2 + H_2O + 2e \rightarrow 2OH^-$

当亚铁离子和氢氧根离子在水中相遇时，则生成 $Fe(OH)_2$ 沉淀：

$$Fe^{2+} + 2OH^- \rightarrow Fe(OH)_2$$

图 5-1 为金属井管（碳钢）在含氧中性水中的腐蚀机理示意图。

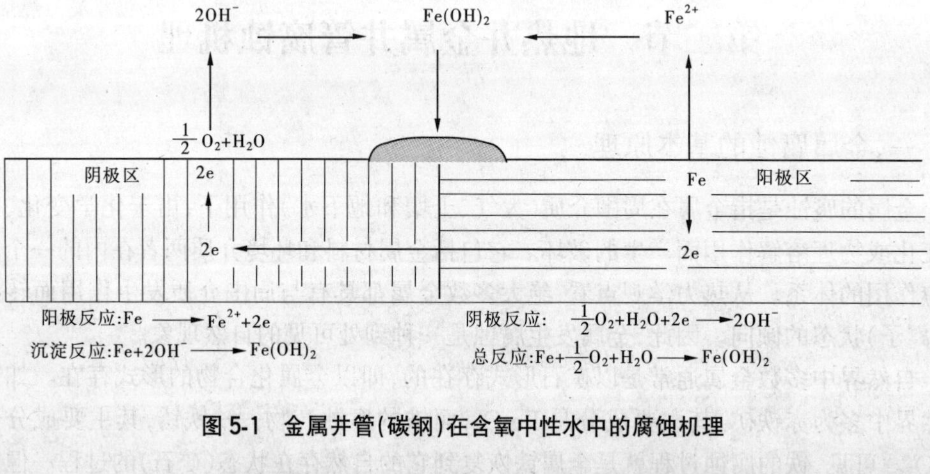

图 5-1　金属井管（碳钢）在含氧中性水中的腐蚀机理

若水中的溶解氧比较充足,则 $Fe(OH)_2$ 会进一步氧化,生成黄色的锈 FeOOH 或 $Fe_2O_3 \cdot H_2O$,而不是 $Fe(OH)_3$;若水中的氧不足,则 $Fe(OH)_2$ 进一步氧化成为绿色的水合四氧化三铁或黑色的无水四氧化三铁。

第三节　影响金属井管腐蚀的主要因素

金属腐蚀是金属与周围环境作用而引起的破坏。影响金属腐蚀行为的因素很多,它既与金属自身的因素有关,又与腐蚀环境密切相关。特别是地下金属井管,其腐蚀过程和影响因素更为复杂。

一、金属井管材料的影响

(一)金属的化学稳定性

金属耐腐蚀性的好坏,首先与其本性有关。各种金属的热力学稳定性可近似地用其标准电位来评定。电位越正,金属的稳定性越高,金属越耐腐蚀;反之,金属离子化倾向越高,金属就越易腐蚀。但是也有一些金属如 Al 等,虽然活性大,由于其表面易生成保护膜,所以具有良好的耐腐蚀性。

图 5-2 为部分金属和合金的电偶序(即标准电极电位)。金属的电极电位和其耐腐蚀性只是在一定程度上近似地反映其对应关系,并不存在严格的规律。

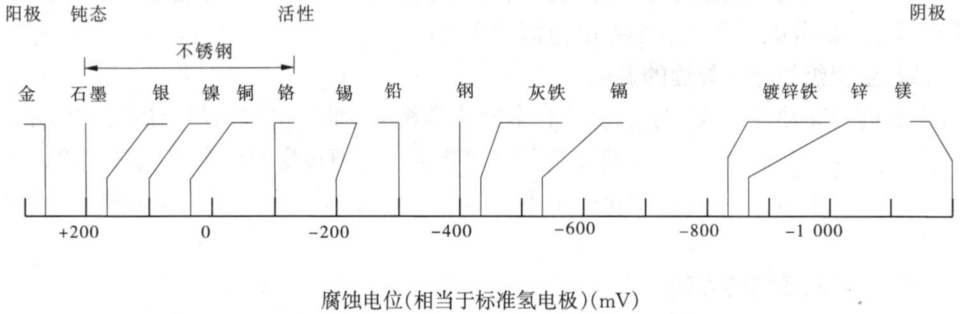

图 5-2　部分金属和合金的电偶序(标准电极电位)

从图 5-2 中可以看出,不同的金属其标准电极电位值不同,在河南几乎所有的地热或中深井工程中使用的金属井管材料为 20 号钢,即含碳(C)量在 0.17%~0.24%;有些 200~300 m 的供水井采用的井管为铸铁,其含碳(C)量大于 2.06%;部分 300~600 m 的中深井采用球墨铸铁管,其含碳(C)量在 3.8%~4.0%。另外,所有的井管材料中还含有 Mn、S、P、N、Si 等杂质。图 5-2 中从左到右金属的活泼性依次增强,其中,石墨(C)、钢、灰铁、镀锌铁都是钻井工程中常用的材料,并且其电极电位相差较大,从而组成了许多腐蚀原电池。

(二)金属成分的影响

由于纯金属的各种性能不能满足工业要求,因此在实际应用中多采用它们的合金(如改善钢材的质量、强度、可加工性等)。合金又分单相合金和多相合金。

(1)单相合金:单相固溶体合金,由于组织均一,具有较高的化学稳定性,因而耐腐蚀性就较高,如图 5-2 中的左部分的不锈钢。

单相合金的腐蚀速度与稳定的贵金属组分的加入量有一特殊的规律叫"n/8"(原子分数)定律,也就是当贵金属(化学稳定性较高的金属)组分的含量占合金的 12.5%、25%、50%等时,合金的耐腐蚀性才突然提高。

(2)两相或多相合金:由于各相的化学稳定性不同,在与电解质溶液接触时,在合金表面上形成许多腐蚀微电池,所以比单相合金溶液更容易遭受腐蚀。但也有耐腐蚀性很高的多相合金,如硅铸铁、硅铅合金等。

合金的腐蚀速度与以下三点有关:当合金各组分存在较大电位差时,合金就易腐蚀;当合金中阳极以夹杂物形式存在且面积较小时,阳极首先溶解,使合金成为单相,对腐蚀不产生明显的影响;若合金中阴极以夹杂物形式存在,阳极作为合金的基底将遭受腐蚀,且阴极夹杂物分散性越大,腐蚀就越强烈。

(三)金属表面状态的影响

腐蚀过程主要在金属与介质之间的界面上进行,所以因腐蚀造成的破坏一般先从金属表面开始,然后伴随着腐蚀的进一步发展,腐蚀破坏将扩展到金属材料内部,并使金属性质和组成发生改变。金属表面状态对腐蚀过程的进行有显著的影响。一般在金属的表面上具有钝化膜,故金属的腐蚀过程与这一保护层的化学成分、组织结构等密切相关。

表面光滑的金属材料表面易极化,形成保护膜。而加工粗糙不光滑的金属表面容易腐蚀,如金属的擦伤、缝隙等部位都是天然的腐蚀源。粗糙的表面易凝聚水滴,造成大气腐蚀,而深洼部分则易造成氧浓差电池而遭受腐蚀。

(四)金相组织与热处理的影响

金属的耐腐蚀性能取决于金属及合金的化学组分,而金相组织与金属的化学组合密切相关。当合金的成分一定时,随加热和冷却能进行物理转变的合金,其金相组织就与热处理有密切关系,它将随温度变化产生不同的金相组织,而后者的变化又影响了金属的耐腐蚀性。

(五)变形及应力的影响

金属在加工过程中变形,产生很大的内应力,其中拉应力能引起金属晶格扭曲而降低金属电位,使金属腐蚀过程加速,而压应力则可降低腐蚀破裂的倾向。在钻井工程中,所有的金属井管在下管过程中均受到较大的拉应力和焊接应力,其中在井管的上部拉应力最大。

二、环境的影响

地下金属井管所处的腐蚀环境主要有大气(地下水位裸露在空气中的井管部分,一般在 0~100 m 之间)、土壤和地下水,其中土壤和地下水环境是金属井管腐蚀的主要介质。

(一)介质酸碱性对腐蚀的影响

介质的 pH 值变化对腐蚀速度的影响是多方面的。因为氢离子是有效的阴极去极剂,所以当 pH 值变小时,将有利于腐蚀的进行。另外,pH 值的变化对金属表面膜的溶解及保护膜的生成均有影响,因而也将影响到金属的腐蚀速度。河南区域内的地热(中深)

井的水，一般 pH 值均大于 7，故在实际中的影响不大。但是，对于一些化工厂和需要酸处理的厂矿企业，由于酸的渗漏致使土壤或地下水遭受污染时，将会产生此类型的腐蚀。

介质酸碱性对腐蚀速度的影响有以下三类：

(1)标准电极电位较正，稳定性高的金属，腐蚀速度较小，pH 值的影响也小，如图 5-3(a)所示。

(2)两性金属如锌、铝、铅等，表面膜在酸性和碱性溶液中均可溶，只有在中性溶液中才具有较小的腐蚀速度，如图 5-3(b)所示。

(3)一般金属如铁、镁等，其保护膜只溶于酸而不溶于碱，如图 5-3(c)所示。

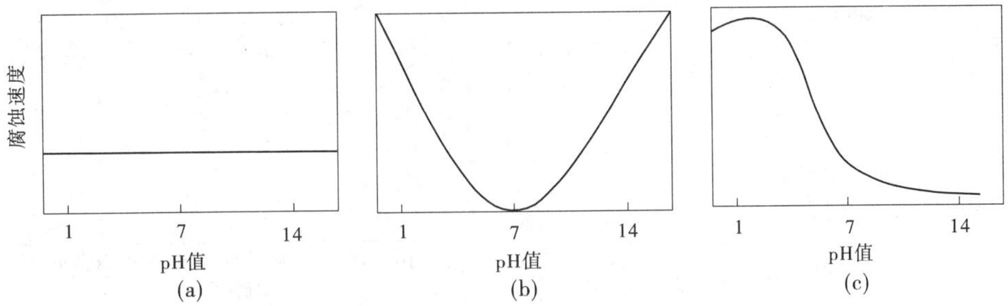

图 5-3　介质 pH 值对金属腐蚀速度的影响

(二)介质的成分及浓度的影响

不同成分和浓度的介质，对金属腐蚀有不同的影响。在非氧化性酸中(如盐酸)，金属随介质浓度的增加，腐蚀速度加大。而在氧化性酸中，当浓度增加到一定数值时，表面即生成钝化膜，腐蚀就出现一个峰值，即使再增加浓度，腐蚀速度也不会增大。如碳钢、不锈钢等在浓度为 50%左右的硫酸中腐蚀最为严重，当硫酸浓度增加到 60%以上时，腐蚀反而急剧下降。

在稀碱液中，铁能生成不易溶解的氢氧化物，使腐蚀速度减小，但当碱液的浓度增加时，则会使其溶解，铁的腐蚀速度就会增大。

不同盐类溶液的性质对腐蚀也有较大的影响。非氧化性酸性盐类能引起金属的强烈腐蚀。中性及碱性盐类对金属的腐蚀主要是氧的去极化作用，腐蚀性要比前者小。氧化性盐类有钝化作用，如果浓度得当，可作为缓蚀剂。

(1)地下水中的阴离子：金属井管的腐蚀速度与水中的阴离子的种类有密切关系。地下水中不同的阴离子在增加金属腐蚀方面具有以下顺序：

$$NO_3^- < CH_3COO^- < SO_4^{2-} < Cl^- < ClO_4^-$$

温度较低的水环境情况下，Cl^- 等活性离子能破坏碳钢，增加其腐蚀反应的阳极过程速度，引起金属井管的局部腐蚀。

(2)硬度：地下水中的钙镁离子浓度总和称水的硬度。钙镁离子浓度过高时，则会与水中的碳酸根、磷酸根或硅酸根作用生成碳酸钙和硅酸镁垢，引起垢下腐蚀。

(3)溶解气体：在地下水中存在着氧、二氧化碳、硫化氢、二氧化硫等可溶解气体，它们对金属井管的腐蚀起着一定的作用。其中，氧在中性水中对金属的腐蚀起着重要的作用。二氧化碳在地下水中生成碳酸或碳酸氢盐，使水中的 pH 值下降，水的酸性增加，将有助于氢的析出和金属表面膜的溶解破坏，没有氧存在时，溶解状态的二氧化碳会导致钢的腐蚀，在地热矿泉水井中含有大量的二氧化碳。在地热或医疗矿泉水井中存在较高浓度的硫化氢、二氧化硫，这两种溶解性气体同样对钢有着很强烈的腐蚀作用。图 5-4 为溶解氧与腐蚀速度的关系曲线，从图中可以看出，同样浓度的溶解氧在温度较高条件下腐蚀速度比普通冷水高。

实际中，有些情况下，腐蚀速度与温度的关系较为复杂，随温度的增加，氧分子溶解度减小，氧浓度下降，腐蚀速度也下降。如图 5-5 所示。

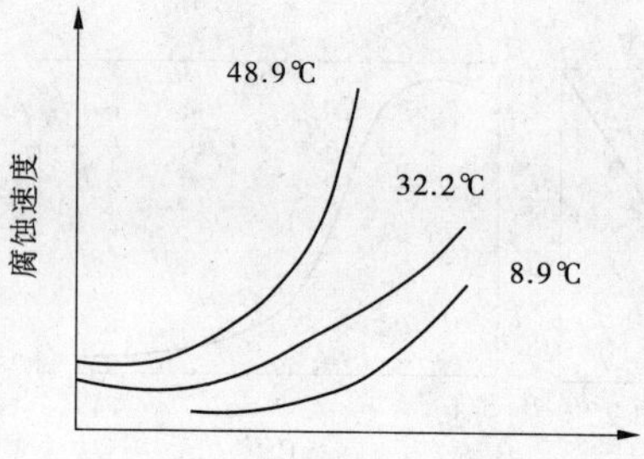

图 5-4　腐蚀速度与氧、水温度的关系

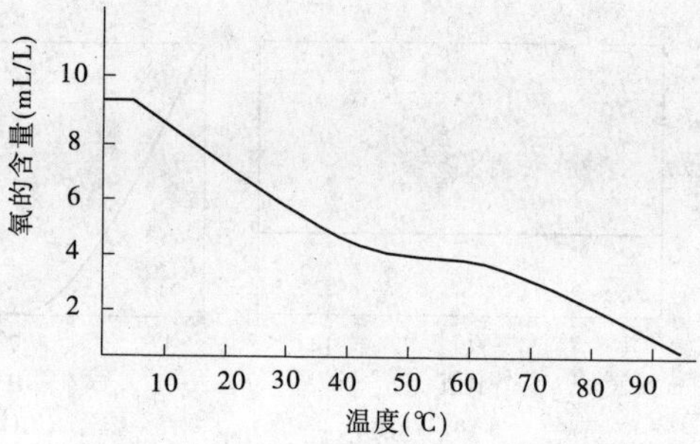

图 5-5　氧在水中溶解氧与温度的关系

（三）井内悬浮固体的影响

在所有的地热（中深）井中都不同程度存在着由泥土、砂粒、尘埃、腐蚀产物（垢）、微生物黏泥等不溶性物质组成的悬浮物。当水井流速较低或不经常使用的时候，这些悬浮物容易在井壁管上或缝隙处、变径处、滤水管等部位生成松散的沉积物，从而引起垢下腐蚀。当抽水速度过高或强力开采时，则容易引起磨损腐蚀。

（四）井内流速的影响

在地热井中，金属井管腐蚀主要是耗氧腐蚀。因此，在流速低的情况下，金属的腐蚀速度随水的流速增加而增加。这是因为水的流速增加，水携带到金属表面的溶解氧的含量也随之增加。当水流速足够高时，足量的氧到达金属表面，使金属部分或全部钝化，此时金属的腐蚀速度将下降。若水流速继续增大，水对金属表面上的钝化膜的冲击腐蚀将使金属的腐蚀速度重新增大。

（五）井内地下水温度的影响

一般情况下，金属的腐蚀速度随温度的增加而增加。

（六）土壤中微生物对腐蚀的影响

土壤中细菌作用而引起的腐蚀称为生物腐蚀。一般来说，腐蚀金属井管的微生物有6 种类型，其中关系密切且往往伴生在一起的是铁细菌和硫酸盐还原菌 2 种类型。铁细菌数量随着地下深度增加稍微有所下降，而硫酸盐还原菌数量却明显增加。2 种细菌在1～4月份含量都较低，而 6～9 月份含量最高。其繁殖受地下温度影响，在常温范围内细菌数增加，低温或高温时减少。

在一些缺氧的土壤中有细菌参加腐蚀过程，细菌腐蚀是由于硫酸盐还原菌的作用引起的。硫酸盐还原菌生长在土壤中，是一种厌氧菌，它参加电极反应，将可溶的硫酸盐转化为硫化氢,并和铁作用生成硫化亚铁。这种细菌生长在潮湿并缺氧的土壤中,当土壤的pH值在5~9之间,温度在25~30 ℃时最有利于细菌的生长和繁殖。硫酸盐还原菌的腐蚀通常有以下3种特征:腐蚀坑充满黑色的腐蚀产物,用盐酸处理时释放出硫化氢;腐蚀产物下面的金属表面往往是发亮的;腐蚀坑表面外形是圆形,其横断面是圆锥形,在坑内呈同心环状。

实际中,金属井管表面由于2种细菌对微电池起着阴阳极的去极化作用而加速井管的电化学腐蚀,这种电化学腐蚀的持续进行,使腐蚀产物体积不断增大,在井管表面鼓起包来,这就是我们常见的"锈瘤"。在水井中一般在静水位和动水位之间或附近最常见,其深度在0~300 m之间最为严重,而在水温40 ℃以上时几乎没有这些现象。

(七)井内电偶对腐蚀的影响

不同的金属材料和合金与腐蚀介质接触时将产生电偶效应,电位较负的金属在电偶中成为阳极,被强烈腐蚀。电偶腐蚀的动力是两种金属间的电位差,差值越大,阳极腐蚀就越严重。

对于电偶腐蚀还应特别注意距离效应和面积效应。在电偶中,当阳极面积较大时,腐蚀并不显著,如面积过小,阳极的电流密度过大,就易发生严重的孔蚀。再者就是距离效应。电偶效应引起的加速腐蚀,一般在连接处最大,距离越远,腐蚀越小,距离的影响还取决于介质的导电率。图5-6、图5-7为电偶腐蚀试验。

图5-6　30 d的腐蚀试验情况

图5-7　120 d时结垢物堵塞情况

从图5-6和图5-7中可以看出,当两种不同材料在同一水介质中,首先在普通钢管表面形成一层约1 mm的腐蚀产物,而镀锌桥式滤水管表面几乎未遭受腐蚀。但是,当试验时间达到120 d时普通钢管的腐蚀速度相对减缓,而镀锌桥式滤水管腐蚀速度相对加快,并产生大量的结垢物(锈瘤)堵塞其缝隙。

第四节　地热井腐蚀的主要类型

根据试验、野外实际检测和目前的工程技术现状,一般情况下,地热井腐蚀的主要类型有均匀腐蚀、电偶腐蚀、缝隙腐蚀、磨损腐蚀、应力腐蚀、溶解氧浓差腐蚀和生物腐蚀等。这几种腐蚀同时存在，在井内起到了联合腐蚀的作用，并多以局部腐蚀和穿孔的形式出现。

一、均匀腐蚀

均匀腐蚀又称全面腐蚀或普遍腐蚀。其特点是腐蚀过程在金属的全部暴露表面上均匀地进行，在腐蚀过程中，金属逐渐变薄最后破坏。对于普通管材而言，均匀腐蚀主要发生在较低的pH值环境中。另外，用酸洗井、附近有化工厂或金属处理车间时，由于长期的酸渗漏或酸污染，也可产生均匀腐蚀。有些地区的土壤中，由于缺少碱金属、碱土金属而大量吸附 H^+，使pH值小于5。其酸性的来源主要有以下几方面：

(1)雨水中的碳酸；

(2)微生物和植物根部的代谢产物；

(3)有机物分解过程中产生的有机酸；

(4)硫化亚铁氧化生成的硫酸；

(5)化肥的分解。

一旦土壤遭受酸性污染，吸附在黏土和腐殖质上的碱性金属离子与 H^+ 替换而引起土壤中这些金属离子的缺乏，从而使土壤呈酸性。该种类型的腐蚀一般发生在浅部井段，一般在0～150 m之间。

二、电偶腐蚀

电偶腐蚀又称双金属腐蚀或接触腐蚀。当两种不同金属在同一介质水中时，两种金属之间通常存在着电位差，从而驱使电子流动，形成一个或多个腐蚀电池。金属井管中含有不同的金相或杂质、普通钢管与镀锌滤水管(或铸铁管)在同一井内时，则很容易发生电偶腐蚀，并且腐蚀与结垢速度极快。图5-8是20号无缝钢管和镀锌桥式滤水管的腐蚀试验，图中分别为60 d和90 d时的腐蚀情况。从图中可以看出，在腐蚀的初期，20号无缝钢管表面腐蚀较为严重，镀锌管出现了轻微腐蚀(见图5-8(a))；当试验时间达到90 d以上时，镀锌管腐蚀严重，并出现缝隙堵塞，而无缝管则腐蚀减慢(见图5-8(b))。

目前，河南几乎所有的水井都是采用这种滤水管和钢管进行成井，所以该种类型的腐蚀在郑州地热(中深)井中较为普遍。

另外，许多单位在选择抽水设备时，都选择价格昂贵的进口不锈钢潜水泵和泵管，这样也会导致电偶腐蚀。如河南省广播电台局家属区800 m地热井、黄委会家属区600 m矿泉井、郑州市烟草局家属区600 m矿泉井等，其井管都是20号无缝钢管，而水泵和泵管均为丹麦产的不锈钢产品。结果在分别使用3个月、12个月和15个月时出现了水泵电动机烧毁(泵体上包裹2～5 mm带方向性的黑色污泥)和井内出现大量的灰黑色漂浮物，并且水量都不同程度地减小。通过观察和分析可以断定是一种典型的电偶腐蚀。

该类型的腐蚀一般发生在普通井管和镀锌桥式滤水管连接处或镀锌管缝隙处；当井内采用不锈钢抽水设备时，此类型的腐蚀在下泵位置附近。

(a)　　(b)

图 5-8　不同材料在同一地热水介质中腐蚀情况

三、缝隙腐蚀

缝隙腐蚀又称垢下腐蚀、沉积腐蚀等。在地下金属井管中，当存在缝隙或其他隐蔽区域时，常会发生强烈的局部腐蚀。这种腐蚀常和孔穴、搭接缝、表面沉积物、金属腐蚀物等缝隙内积存少量的静止水有关。产生缝隙腐蚀的沉积物有泥沙、尘埃、腐蚀产物、水垢、微生物黏泥和其他固体。沉积物的作用是屏蔽，在其下面形成缝隙，为水不流动创造条件。这种腐蚀常发生在最下部的滤水管缝隙处、井管的搭焊处和变径位置。

四、磨损腐蚀

磨损腐蚀又称冲击腐蚀、冲刷腐蚀(Erosion - corrosion)或磨蚀。磨损腐蚀是由于腐蚀性流体和金属表面间的相对运动引起的加速破坏与腐蚀，是机械性冲刷和电化学腐蚀交互作用的结果。当液流中含有固相颗粒时即构成所谓的液/固双相流冲刷腐蚀。多数地热(中深)井中都含有泥沙颗粒，当抽水时，在地下水上返时即产生磨损腐蚀。由于所有的地热(中深)井内都不同程度地含有泥沙或其他固体物，所以该类型的腐蚀也是最常见的。该类型腐蚀主要发生在滤水管位置，另外，水泵的下入位置和法兰式泵管处也容易引起磨损腐蚀。

冲刷腐蚀是一个很复杂的过程，影响因素众多，主要有材料、环境和流体力学三个方面。其中，流速、流态对冲刷腐蚀具有十分重要的影响。在流态发生变化的部位(如突然扩充、收缩、凸台、凹槽等)会造成管材过早失效。对于水井来说，变径部位最容易产生此类型的腐蚀。

另外，井内颗粒性质对液/固双相冲刷也有很大影响。一般条件下，颗粒硬度越高，冲刷腐蚀越严重。颗粒浓度越大，冲刷腐蚀速度的绝对值越大，但不是直线上升，高浓度条件下颗粒间的相互影响所引起的“屏蔽效应”使其冲刷作用降低。颗粒半径越大，冲刷腐蚀速度越大。图 5-9 是冲刷腐蚀破坏金属表面的示意图。

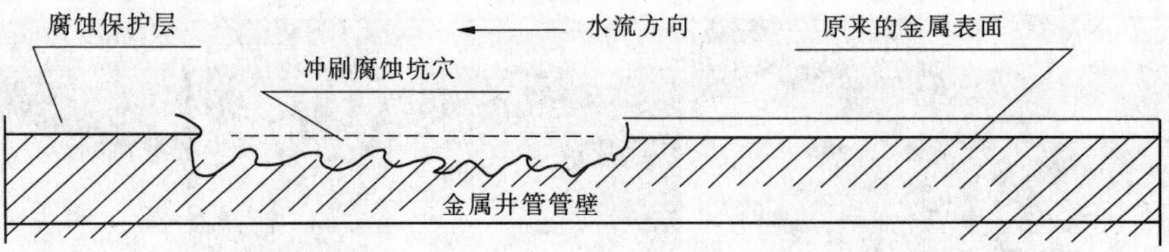

图 5-9 冲刷腐蚀破坏金属表面的示意图

五、应力腐蚀

应力腐蚀破裂是在拉应力和特定腐蚀介质的共同作用下而引起的金属破坏。应力腐蚀的特点是:大部分表面实际未遭受破坏,只是在应力集中的部位产生局部破坏,有的是有一部分细裂纹穿透金属内部。应力腐蚀重要的变量是温度、水质成分、应力等。在井内由于井管同时产生巨大的拉应力和焊接应力。所以,多数的应力腐蚀出现在井管与井管的焊接部位,图 5-10 是井管在焊接处同时受焊接应力和拉应力作用下产生的应力腐蚀破裂。此种类型的腐蚀一般发生在井管的上部和井管间的焊接处。

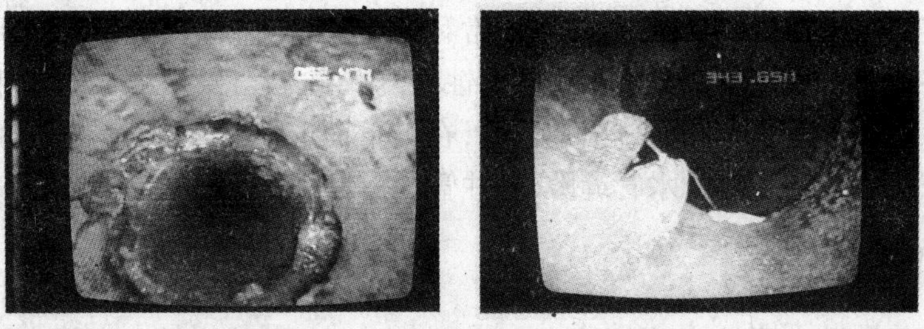

图 5-10 井管的应力腐蚀破坏

六、溶解氧浓差腐蚀

金属井管在地下水中,由于上下井段内的溶解氧浓度不同,其电极电位也不同,这样就构成了浓差腐蚀电池。实际中,井内静水位和动水位之间及水泵泵头处氧的浓度较大,井的深部位置浓度最小。其电极反应式为:

$$O_2 + 2H_2O + 4e = 4OH^-$$

$$\psi = \psi^0 + 0.014\ 775\lg([O_2]/[OH^-]^4)$$

从上式可以看出,$[O_2]$愈大,相应的电极电位 ψ 的代数值也愈大,为正极;电极电位 ψ 小者为负极而遭受腐蚀。

七、微生物腐蚀

微生物腐蚀是一种电化学腐蚀,所不同的是介质中因腐蚀微生物的繁衍和新陈代谢而改变了与其相接触的材料界面的某些理化性质。微生物腐蚀所造成的经济损失是惊人的,Iverson 在 1972 年就估算美国的油井所发生腐蚀的 77% 以上是由于硫酸盐还原菌(Sulfate - reducing bacteria,简称 SRB)所引起的,1985 年估算美国因微生物腐蚀所造成的经济损失达160亿～170亿美元。英国Booth估算，埋地金属腐蚀至少有50%是来自微生物腐蚀。所以，微生物腐蚀类型在地热(中深)井中也是最为常见和重要的。

自然界中影响金属腐蚀的微生物种类繁多，其生活在海水、淡水和土壤中。美国腐蚀工程学会(NACE)将影响金属腐蚀的细菌分为4类，不同的菌类产生不同的腐蚀机理，地热井腐蚀主要为硫酸盐还原菌和铁细菌腐蚀。

(一)硫酸盐还原菌引起的厌氧腐蚀

SRB是微生物中对金属腐蚀影响最大的细菌。目前，国际上普遍公认的SRB腐蚀原因是由于其活动通过氢化酶由金属表面去氢的作用，反应式如下：

阳极反应：

$$4Fe \longrightarrow 4Fe^{2+} + 8e^-$$

水的电离：

$$8H_2O \longrightarrow 8H^+ + 8OH^-$$

阴极反应：

$$8H^+ + 8e \longrightarrow 8H$$

阴极去极化：

$$SO_4{}^{2-} + 8H \longrightarrow S^{2-} + 4H_2O$$

腐蚀产物：

$$Fe^{2+} + S^{2-} \longrightarrow FeS\downarrow (\text{黑色})$$

$$3Fe^{2+} + 6OH^- \longrightarrow 3Fe(OH)_2$$

总反应：

$$4Fe + SO_4{}^{2-} + 4H_2O \longrightarrow 3Fe(OH)_2 + FeS + 8OH^-$$

这种理论被认为是经典的去极化理论，由SRB活动产生的硫化氢、硫化亚铁和细菌氢化酶保证了阴极反应所需要的氢，也决定了阴极去极化及金属腐蚀的速度。由于硫化氢在金属表面沉积相对地增加阴极涵盖面积，有利于氢的还原，也加速了金属的局部腐蚀。

地下水中金属井管微生物腐蚀的形态可以是严重的均匀腐蚀，也可以是缝隙腐蚀和应力腐蚀，从现象上来看主要为点蚀。

(二)好氧腐蚀

好氧腐蚀为铁氧化菌、硫化菌和铁细菌等，通过硫细菌产生硫酸而产生的腐蚀。硫酸是通过各种无机硫化物的氧化而产生。这些细菌可在硫酸浓度10%～12%时尚能存活，这些条件下铁和低碳钢可遭受严重腐蚀。

另一种原因是在好氧条件下，金属表面细菌繁衍而形成一个高低不平不规则的生物膜(微生物黏泥、固体颗粒、腐蚀产物及微生物代谢产物所组成)并逐渐长大结瘤。由于微生物的活动使生物膜内的环境发生了变化，如氧浓度、pH值、酸碱度等，使金属表面形成阴极区和阳极区，导致点蚀和局部腐蚀。

铁细菌是好氧菌，它包括嘉氏铁杆菌(Gallionella)、球衣细菌(Sphaerotilus)、鞘铁细菌(Siderocapsa)和泉发菌(Crenothrix)。其中的一些细菌可以将二价铁氧化成三价铁，使之以鞘的形式沉淀下来，同时还产生大量的黏液，构成“锈瘤”而阻碍氧的扩散，“锈瘤”下面的金属表面常处于缺氧状态，从而构成氧浓差电池引起金属的腐蚀。

第六章　地热(深部)钻井工程

第一节　钻井(探)工程基本知识

一、探矿工程

探矿工程有时也称勘探技术,一般泛指地质勘探工作中有关的工程技术。除钻探和坑探两个主要方面外,凡为了完成地质勘探工作而必须进行的其他工程,如交通运输、修配业务、动力供配等,也都属探矿工程的范畴。其中钻探工程又分为地质勘探钻进和工程技术钻进两种。前者根据地质设计,在预定地点,利用钻探设备钻穿岩层,取得岩样、水样、土样等实物资料,并通过钻孔进行地下物理测量或地下水动态观测等,在地质勘探中应用最广。随着生产技术的发展,工程钻进的应用不断扩大,如水坝或其他工程建筑基础的灌浆和固结处理、矿山竖井建设中冻结孔的钻凿,以及地下坑道的通风孔、电缆孔等的钻进,都属钻探工程的范畴。坑探工程是指勘探巷道的气掘进,即按地质设计在岩层内凿出一个可供人员及设备进入的通道,从中直接采集所需的实物样品,并在其中进行观察、描述等,从而为地质和矿产情况提供资料。根据业务工作的内容,探矿工程还分为机械设备及工艺技术两个方面。

二、钻探工程

在地质勘探和建筑基础勘查中,用钻机按一定设计角度和方向施工钻孔,通过钻孔采取岩心(或矿心)、岩屑或在孔内下入测试仪器,以探查地下岩层、矿体、油气和地热等的工程,简称钻探。是探矿工程的重要组成部分。在钻进中,主要应用机械的方法破碎岩石,其他物理的或化学的破碎岩石方法尚处于试验研究阶段。按破碎岩石的外力作用方式可分为冲击钻进、回转钻进、冲击回转钻进、振动钻进和喷射钻进等;按钻进时是否取岩心(或矿心),可分为取心钻进和不取心钻进;按破碎岩石所使用的磨料,又分为硬质合金钻进、钻粒钻进和金刚石钻进等。钻探是地质勘探的一种重要技术手段,广泛应用于寻找和勘探各种矿产、油气藏、地下水、地热,以及为水利建设、工程建筑和交通设施等提供地质资料。

三、超深孔地质钻探

为研究地壳深部和上地幔地质与矿藏等情况而进行的钻探工程,又称科学钻探。超深孔的深度定义,随钻探工程技术的发展而变化。目前,用旋转钻机施工深 6 000 m 以上,用岩心钻机施工深 3 000 m 以上的钻孔,统称为超深孔。

其目的主要有以下 7 个:①研究深部地质学、实施“国际岩石圈计划”(ILP)的主要手段之一;②探察地壳和上地幔的结构,研究其物质组分和矿产分布规律,研究新的成矿理论;③验证深层地球物探探测资料;④探索地震预报新途径;⑤在火山岩区勘探和开发“干热岩”地热能源;⑥作为地壳深部长期观测孔站,装置仪器长期观测地磁、地电、地应力、地热变化,掌握地壳活动规律,研究岩矿成因、变质作用、物相转化、合成矿物的条件等;⑦作为地壳深部核废料处理场。

超深孔钻探与一般的钻探相比,有其特殊性。主要特点:①孔位应选在地壳尽可能裸露的结晶岩地区。②要尽量取出全套地层的地下地质实物资料,如岩心、岩屑侧壁岩样、液态和气态样;进行地球物理测井和采集信息资料。③为减轻钻探设备的总重量、节约功率总消耗,使用高强度轻合金钻杆;为保持长钻杆柱(3 000～15 000 m)的高度稳定性、预防钻孔弯曲,大量削减起下钻次数,降低非生产时间和劳动强度,要采用与孔底动力机(涡轮钻、螺杆钻、冲击回转钻)结合的绳索取心和孔底换钻头等新技术。④结晶岩坚硬,要研制全新式长寿命金刚石钻头。⑤由于钻探工作是在高温(150～400 ℃)、高压(100～150 MPa)状态下进行的,各类孔底动力机、钻头、测井仪器、电缆等都要提高耐高温、高压的能力,还必须采用抗高温的钻井液材料和处理剂。

各国超深孔及其成果简介(主要介绍苏联、美国、德国、中国等的情况)如下:

(1)苏联。20 世纪 60 年代初,地质学家 H. A. 别利亚耶夫斯基等根据深部地球物理资料提出,为获得整个地壳剖面,至少要在 6 个地区打超深孔。苏联国家科委为统一协调超深孔钻探规划,组建了“地球地下资源研究与超深孔钻探部门科学委员会”,由 E. A. 科兹洛夫斯基任主席,有 95 个生产和科研单位参加。设计施工超深孔约 18 口。其中 CГ－1井设计深度 12 000 m(乌拉尔的马格尼托哥尔斯克复背斜);CГ －2井设计深度 15 000 m(阿塞拜疆的萨阿特雷);CГ －3井设计深度 15 000 m(科拉半岛)。其他 15 口为 6 000 m 左右的卫星井。CГ －3井到 1986 年 3 月已达 12 300 m,居世界领先地位。

超深钻探中意外发现,在 7 000～8 000 m 深的岩层中,有矿化水和大量温度达 150 ℃的二氧化碳、氦、氢和碳氢化合物气体;在岩石中还有 20 亿年前的生物化石;火成岩比预估的要厚得多;预计在 4 500 m 左右遇到岩层,实际上在 6 800 m 才遇到;过去认为地震波传播速度突变处就是康拉德面(即地壳花岗岩与深部玄武岩的交界处),物探探测为 7 000 m,而 11 000 m 还未遇到。这使水热矿床和油气形成的传统理论遇到挑战。苏联科学家认为,在 4 700 m 以下,用折射波识别地震波折射和多种岩石结构的单道地震速率来划分层位是错误的。

(2)美国。1961 年,美国开始实施莫霍计划 (Mohole Project),在加利福尼亚湾外试钻,此后在墨西哥西海岸外钻到玄武岩,因多种原因而中途终止计划的执行。1965 年,美国组建了“海洋地球深部取样联合机构”(JOIDES),由苏、英、日、德等参加商定进行“深海钻探计划”。

1968～1983 年正式执行“深海钻探计划”,用“格洛玛挑战者”号钻探船航遍各大洋,在 96 个航次中共航行 60 万 km,在 624 个工作点上钻了 1 092 个钻孔,取岩心近 9.8 万 m,最大工作水深 6 247 m,水下最大钻进深度 1 412 m,钻入玄武岩最深 583 m,编成的《深海钻探计划初步报告》至 1985 年已达 40 多卷,对地球科学、海洋科学做出了巨大贡献。

1974年,美国在俄克拉荷马州钻成了罗杰斯1号超深孔,深9 583 m。1984年3月,在美国国家科学基金会领导下,由23所大学参加组建了地壳深部观测与取样组织(ECDOSO)。1985年一些科学家提出33份有关科学钻探的建议,分设“大洋钻探计划”(ODP)及“大陆科学钻探计划”(CSDP),这两个计划是相辅相成的,美国大陆共选定井位29处,1986年在索尔顿海的以研究地热为主的第一口深孔于3月完工,井底温度高达365 ℃。

(3)德国。1985年,联邦德国成立了“大陆深孔钻探”(KTB)组织,在联邦德国科技部(BMFT)领导下,选定两个深孔孔位,代号分别为ENV和ZTT。ENV先导孔于1987年9月18日开钻,孔深达到4 000.1 m,于1988年4月完成。主孔设计深度为12 000 m,已于1990年9月正式开钻。

(4)中国。中国开展深部地质学研究已有多年,取得了一些成果,并参加了“国际岩石圈计划”。1978年为石油勘探钻成一口深7 175 m的超深井,1988年起已筹办超深孔地质钻探,目前已结束全部钻探工作,井深5 500 m。

(5)其他国家。法国、意大利、罗马尼亚等分别钻了多口超深孔。日本、澳大利亚等国参加了“深海钻探计划”和“大洋钻探计划”。

四、中国大陆科学钻探工程

中国大陆科学钻探工程是国家重大科学工程之一,是目前国际上正在实施的最深的科学钻井,受到国内外地学界的高度关注。中国大陆科学钻探工程的孔址位于苏鲁超高压变质带南部的东海县,其穿过的岩石是曾位于板块会聚边界的地幔深处,是研究大陆深俯冲及地幔动力学的最佳选址。中国大陆科学钻探的科学目标旨在通过对钻孔中获取的全部连续岩心、液态和气态样品及原位测井数据进行的全方位测量与综合研究,建立5 km孔深的各类多学科精细剖面,再造北中国板块与扬子板块会聚边界深部三维物质的组成和分布及三维结构构造;阐明板块会聚边缘的深部流体作用、壳-幔相互作用及地幔中物质循环和流变学;寻找超深地幔条件下形成的特征矿物,揭示超高压变质成矿机理;建立结晶岩地区地球物理理论模型和解释标尺;揭示超高压变质岩石的形成与折返模型及板块会聚边界的深部动力学机制。通过5 km深孔营造的特殊地下空间,研究现代地壳的物理、化学及生物作用,并将建立亚洲第一个大陆科学钻探深孔长期观察实验站。中国大陆科学钻探工程运用先进的钻探和测井技术,首次在高难度的硬岩中钻进3 636 m深度,钻井斜度平均5度左右,取心率80%以上。通过初步研究,已建立了中国大陆钻探工程主孔3 000 m的构造学、岩石学、地球化学、岩石物理、矿化、地球物理VSP、测井及微生物剖面,并进行了岩心的深度和方位准确归位。初步揭示了超高压变质带三维物质组成、结构及研究了大陆深俯冲的动力学机制,发现了来自地下深部的特殊气体异常和地下极端条件下的微生物,扩大了金红石矿床的规模,取得了重要的理论与应用性研究成果。

(1)揭示主孔2 000 m榴辉岩的厚度超过1 000 m,在原定的金红石矿体下又发现了400 m厚的达工业品位的新的金红石矿体,主孔和卫星孔岩心中揭示地幔岩厚620 m。

(2)揭示了主孔2 000 m深度的各类岩石中均含有超高压矿物柯石英,在主孔附近的榴辉岩薄片中发现金刚石,结合区域大面积范围内普遍发现柯石英,证明了巨量物质深俯冲的重要论点。通过SHRIMP测年在同一锆石不同微区中准确确定超高压峰期240~

220 Ma 及退变质事件 220～200 Ma 的年龄。

(3)在片麻岩和退变榴辉岩中发现与柯石英共存于同一变质增生锆石微区中的 CO_2 气—H_2O 液两相流体包裹体,提供了超高压峰期变质阶段处于“湿体系”环境的有利证据。

(4)以钻孔附近榴辉岩为实验材料,通过高温高压的实验和研究,发现榴辉岩结构水析出引起不稳定性和致裂作用,是一种新的断裂机制,它成功地解释了俯冲过程中发生的高温地震成因,同时也为地幔转换带的深源地震机制提供了新的启示。本文已在《自然》Nature 杂志上(2004 年,428 卷)刊登。

(5)氧同位素研究表明,巨量超高压变质岩具有异常低的氧同位素值,平面面积达 5 000 m^2,深度达 1 600 m,表明超高压变质岩的原岩在近地表与大气降水发生交换,花岗岩体的侵入为其提供热源,为晚元古代全球性雪球事件提供重要证据。

(6)在卫星孔 CCSD—PP1 东海芝麻坊地幔岩的单斜辉石包体中发现钛斜硅镁石和钛粒硅镁石出溶体;在石榴石中发现罕见的超高压 10A 矿物相;橄榄石优选方位的 EBSD 组构与阿尔卑斯阿拉米地幔岩相同,说明备受国内外地学界关注的芝麻坊地幔岩可能经过了超高压变质作用,俯冲深度可能超过 250 km。

(7)划分了构造岩片单元,确定了其边界的韧性剪切带性质,并发现早期超高压变质岩石的流变学信息。

(8)建立的随岩性变化的弹性波速度和热导率连续剖面,对地震反射和热结构提供了岩石物性的制约;建立了钻孔的 VSP 地震剖面。通过钻孔验证了孔区深部为向南东缓倾的构造岩片结构,以及强地震反射层和大型韧性剪切带有关。地震反射资料还揭示地幔中层状结构,地震层析资料揭示了郯庐断裂和响水断裂均为超岩石圈大于 250 km 断裂。

(9)从 400 多 m 深度开始,发现了甲烷、乙烷、丙烷和丁烷等烃类气体、氦气、二氧化碳、一氧化碳气体及氮气/氩气的异常,建立了地下流体系列异常剖面,发现气体异常随深度越来越频繁出现,并且与裂隙有关。初步研究表明,一部分地下流体的来源可能是多样的,有一部分可能来自深部地幔。

(10)中美合作开展对 2 000 m 岩心的地下微生物研究,通过及时对岩心的低温冷储及 DNA 分析,首次在 476 m 深度的榴辉岩中发现太古菌及细菌,继后又对 6 个不同的深度、4 种不同岩性的固体样品及流体样品进行 DNA 分析,发现了大量极端条件下形成的微生物:有嗜酸菌、嗜铁菌、嗜甲烷菌等,并完成了嗜热微生物的分离培养及鉴定的试验性工作。设计了一系列培养基,已经分离得到两株高温菌株。另外,在卫星孔 CCSD—PP1 地幔岩中发现古菌,为地下生物圈及生命起源的研究提供了重要信息。

(摘自“科学与中国”院士专家巡讲团学术报告,作者为中科院许志琴院士)

五、钻井液

钻探过程中,孔内使用的循环冲洗介质又称钻孔冲洗液。钻井液按组成成分可分为清水、泥浆、无黏土相冲洗液、乳状液、泡沫和压缩空气等。清水是使用最早的钻井液,无需处理,使用方便,适用于完整岩层和水源充足的地区。泥浆是广泛使用的钻井液,主要适用于松散、裂隙发育、易坍塌掉块、遇水膨胀剥落等孔壁不稳定岩层。钻井液主要功用是：①冷却钻头、清净孔底、带出岩屑；②润滑钻具；③停钻时悬浮岩屑，保护孔壁防止坍塌，平衡地层压力、压住高压油气水层；④输送岩心，为孔底动力机传递破碎孔底岩石需要的动力等。

六、钻井

在地质工作中，利用钻探设备向地下钻成的直径较小、深度较大的柱状圆孔，又称钻孔。钻井直径和深度大小，取决于钻井用途及矿产埋藏深度等。钻探石油、天然气以及地下水的钻井直径都较大。主要功用为：①获取地下实物资料，即从钻井中采取岩心、矿心、岩屑、液态样、气态样等；②作为地球物理测井通道，获取岩矿层各种地球物理场的资料；③作为人工通道观测地下水层水文地质动态情况；④用做探、采结合，开发地下水、油气、地热等的钻井。

钻井通常按用途分为地质普查或勘探钻井、水文地质钻井、水井或工程地质钻井、地热钻井、石油钻井等。

按岩石破碎方式和所用工具类型，又可分为顿钻和旋转钻。①顿钻，又称冲击钻。用钢丝绳把顿钻钻头送到井底，由动力驱动游梁机构，使游梁一端上下运动，并带动钢丝绳和钻头产生上下冲击作用，使岩石破碎。顿钻钻速慢，效率低，不能适应井深日益增加和复杂地层的钻探要求，逐渐被旋转钻代替。但它有设备简单、成本低、不污染油层等优点，可用于一些浅的低压油气井、漏失井等。②旋转钻。利用钻头旋转时产生的切削或研磨作用破碎岩石，是当前最通用的钻井方法。比顿钻钻速快，并易于处理井塌、井喷等复杂情况。按动力传递方式，旋转钻又可分为转盘钻和井下动力钻两种。转盘钻在钻台的井口处装置转盘，转盘中心部分有方孔，钻柱上端的方钻杆穿过该方孔，方钻杆下接钻柱和钻头，动力驱动转盘时带动钻柱和钻头一起旋转，破碎岩石。井下动力钻是利用井下动力钻具带动钻头破碎岩石，钻进时钻柱不转动，磨损小、使用寿命长，特别适于打定向井。井下动力钻有涡轮钻、螺杆钻和电动钻等。

钻井设备按功能分为旋转系统、提升系统、泥浆循环系统、动力与传动系统和控制系统等。

七、地球物理勘探

解决土木工程勘察中工程地质、水文地质问题的一种物理勘探方法，简称工程物探。它是以研究地下物理场（如重力场、电场等）为基础的。不同的地质体在物理性质上的差异，直接影响地下物理场的分布规律。通过观测、分析和研究这些物理场，并结合有关地质资料，可判断与工程勘察有关的地质构造问题。

早在17世纪人们便尝试用罗盘寻找磁铁矿，20世纪初，各种物探方法才广泛地用于找矿勘探与工程勘察。60年代以来，由于物理学、数学特别是电子技术、计算机技术的发展，大大促进了各种物探方法以及仪器设备的发展与改革。例如，50年代工程物探常用的光点地震仪已被信号增强型地震仪以及轻便的数字磁带地震仪所替代。地球物理场的观测空间已从地面发展到地下（如地下物探）、水域（如海洋物探）、低空（如航空物探）以至空间的遥感技术等。

工程物探具有“透视性”、效率高、成本低以及可以在现场进行原位岩土物理力学性质测试等优点，在工程勘察中日益得到重视和发展。但是各种物探方法都具有条件性和局限性，多数方法还存在多解性，因此正确选择和运用各种物探方法进行综合物探，并与现有的地质、钻探资料作对比，才能获得好的地质效果。

(1)电法勘探：通过对人工或天然电场（或电磁场）的研究，获得岩石不同电学特性的资料，以判断有关水文地质及工程地质问题。目前，最常用的是直流电法勘探，主要研究岩石的电阻率和电化学活动性，可分为电阻率法、自然电场法和激发极化法等。

(2)电阻率法：自然界中各种岩石的导电性能不同。一般情况下，岩浆岩、变质岩和沉积岩中的致密灰岩的电阻率都很高，超过 10 Ω·m，只有当它受风化、构造破碎时，由于含泥量增多、水分增加时，其电阻率值才降到 10 Ω·m 级或更小。含泥质沉积物或含高矿化度地下水的砂砾石层，其电阻率较低（5～10 Ω·m 级）。电阻率法常用于探测风化壳的厚度，覆盖层下新鲜基岩面的起伏、盆地结构形态、储水构造，追索古河道，圈定岩溶发育带，确定断层位置等。电阻率法的工作原理如图 6-1 所示，通过 A、B 两个电极向地下供入电流（I_{AB}），并通过 M、N 两个电极测量供电所形成的电位差（ΔU_{MN}）。代入 $\rho = KU/I$ 式，便可计算出电阻率 ρ。式中 K 为装置系数，由各电极间的相互距离确定。一般地下并非单一均匀地层，由上式计算的电阻率并不代表某一地层的真电阻率，故称为视电阻率 ρ_s。电极排列方式（装置）不同，其探测效果亦不同。例如，固定装置，沿剖面测线逐点测量视电阻率值，可获得沿剖面线的视电阻率曲线，它反映岩性沿剖面线变化的情况，称为电剖面法（图 6-2 为利用四极对称电剖面法探查古河道示意图）。若固定测点，不断扩大供电电极 A、B 的距离，使电流在地下分布空间不断扩大，相应的勘探深度则越来越深。其相应于不断增加的电极距（AB/2）的视电阻率曲线（电测深曲线），反映了电阻率随深度变化的情况，即为电测深法。用量板或计算机程序对曲线作解释，可划分出不同深度、具有不同电阻率的地层。

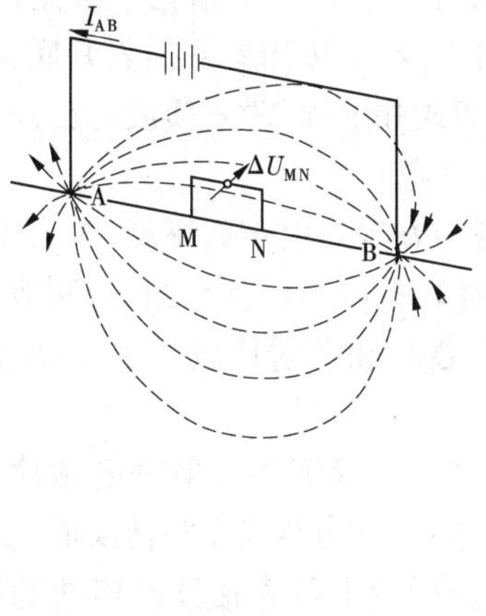

A、B—供电电极；M、N—测量电极；

I_{AB}—供电电流；

ΔU_{MN}—M、N 间的电位差

图 6-1　电阻率法工作原理示意图

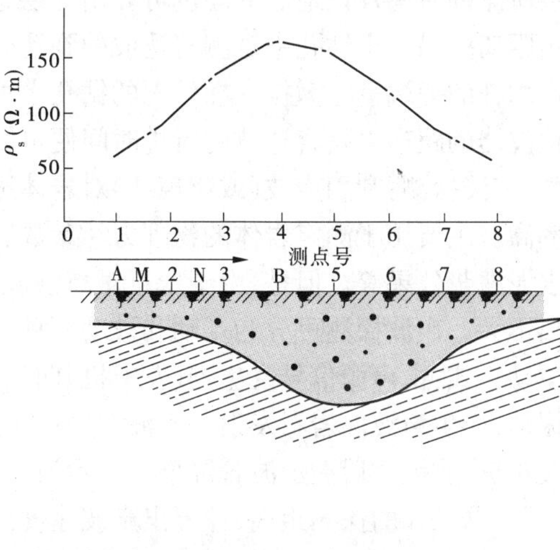

图 6-2　利用四极对称电剖面法探查古河道示意图

(3)自然电场法:当地下水在孔隙地层中流动时,毛细孔壁产生选择性吸附负离子的作用,使正离子相对向水流下游移动,形成过滤电位。因此作面积性的自然电位测量,可判断潜水的流向。在水库的漏水地段可出现自然电位的负异常,而在隐伏上升泉处则可获得自然电位的正异常。

(4)充电法:在井孔的含水层段注入盐水,并对其充电形成随地下水流动而运移的带电盐水体。在地表观测到的等电位线形状与带电盐水体的分布形态有关。根据不同时间观测的等电位线可以判断地下水的流向并估算其实际流速。充电法还可以用做岩溶区地下暗河的连通性试验或探查地下埋设的金属管道等。

(5)激发极化法:实验室研究表明,含水砂层在充电以后,断电的瞬间可以观测到由于充电所激发的二次电位,该二次电位衰减的速度随含水量的增加而变缓。在实践中利用这种方法圈定地下水富集带和确定井位已有不少成功的实例。但它在理论和观测技术方面还有待改进。

(6)地震勘探:通过研究人工激发的弹性波在地壳内的传播规律来勘探地质构造的方法。由锤击或爆炸引起的弹性波,从激发点向外传播,遇到不同弹性介质的分界面,将产生反射和折射,利用检波器将反射波和折射波到达地面所引起的微弱振动变成电信号,送入地震仪经滤波、放大后记录在相纸或磁带中,经整理、分析、解释就能推算出不同地层分界面的埋藏深度、产状、构造等。常用于探测覆盖层或风化壳的厚度,确定断层破碎带,在现场研究岩土的动力学特性等。可分为折射波法和反射波法两种。

(7)钻孔地震波测速法:在钻孔中利用直达波测定地层波速的方法,有单孔法和跨孔法两种。单孔测速法是在孔口附近激振,在钻孔内的不同深度上安置探头测定直达波的初至时间。探头是由两个互为正交的水平检波器和一个垂直检波器组成。利用气压附壁装置,可使探头紧贴井壁。测定纵波速度(p)时,须作垂直激振。测定横波速度(s)时,须作水平激振,通常是在压有重物的厚木板两端作水平振击以激发横波。根据直达波穿过某地层所需的时间及该地层的厚度可算出地层速度。跨孔法是在一个钻孔中激振,在相隔一定距离的另一个钻孔中观测直达波的到达时间。对于浅孔,可用木杆插入井底,在地面敲击木杆的一端进行激振。在较深的钻孔中可用“附壁式井下锤”激发横波。已知激振点到检波器的距离以及直达波的行进时间便可算出地层波速。

(8)声波探测:利用声波(或超声波)对岩体进行探测的方法。由于频率高、波长短,其分辨率高。主要用于测定岩体的物理力学参数、确定洞室岩石应力松弛范围、探测溶穴及检查水泥灌浆效果等。但是,由于岩石对高频波的吸收、衰减和散射比较严重,因而探测的距离不大。声波探测可分为主动和被动两种方式。

主动方式:由声源信号发生器(发射机)向压电材料制成的换能器发射一电脉冲激励晶片振动,产生声波向岩石发射。声波在岩体中传播,经接收换能器接收并转换成电信号送至接收机,放大之后在示波管屏幕上显示波形图。从波形图上可直接读出声波的初至时间,再根据已知的探测距离,计算出声波速度。

被动方式:观测岩体由于受力变形过程中所释放出来的应变能引起的声波。可用以了解岩体内部应力状态等。

(9)地球物理测井:地球物理方法在钻井中的应用。工程物探中常用的有视电阻率测井、自然电位测井、天然放射性测井、声波测井等,综合分析几条测井曲线可划分钻孔地层岩性剖面。用中子–伽玛测井或声波测井方法可以测定地层的孔隙度,自然电位测井方法还可以在泥浆钻孔中分层测定地下水的矿化度,利用井液电阻率测井或井中流速仪可以研究钻井中地下水的运动。井中摄影和井中光学电视可以获得钻井剖面的实际图像,而超声电视测井则可以在泥浆中获得清晰的孔壁图像,可区分岩性、查明裂隙、溶穴、套管的裂缝等,甚至可以确定岩层的产状。不同测井方法的井下探测器各有其特点,但是所测量的参数均将转换成电讯号,通过电缆传输到地面测井仪中并记录在相纸、纸带或磁带上。

(10)井中无线电波透视法:无线电波是指频率在几十万赫至几十兆赫电磁波。当它在地下介质中传播遇到低阻的地质体时常被强烈吸收而大大衰减。在岩溶地区,用它探测溶洞效果甚好。工作时,将发射机和接收机分别置于相隔一定距离的两个钻孔内,若两孔之间都是均质的高阻灰岩,沿井轴各点接收到的无线电波信号较强,如果在透视剖面上有低阻的充水溶洞等存在,则在低阻体的背面形成一个无线电波信号被强烈衰减的阴影。运用“交会法”即可圈定被测异常体的位置和轮廓。

(11)磁法勘探:根据岩石的磁性差异所形成的局部磁性异常来判断地质构造的方法。在工程勘察中,主要用于圈定岩浆岩体,特别是磁性较强的基性岩浆岩体,寻找有岩浆岩活动的断裂接触带,追索第四纪沉积物覆盖下的岩性界线等。大面积航空磁测资料可提供有关区域性的断裂构造、结晶基底的起伏等,为评价区域稳定性及寻找有利的储水构造提供依据。

(12)重力勘探:根据岩体密度差异所形成的局部重力异常来判断地质构造的方法。常用以探测盆地基底的起伏和断层构造等。采用高精度重力探测仪有可能探测一些埋深不大并且具有一定体积的地下空洞。

(13)放射性勘探:不同岩石所含放射性元素的含量不同,因此通过探测由放射性元素在蜕变过程中产生的γ射线强度,可以区分岩性。近年来利用天然放射性测量探测基岩裂隙地下水(如用测量γ强度、能谱、α径迹法等找水)获得成功。此外,放射性同位素常用做研究地下水及其溶质运动的示踪剂。

(14)遥感技术:根据电磁波辐射(发射、吸收、反射)的理论,应用各种光学、电子学探测器对远距离目标进行探测和识别的综合技术。航空摄影地质是最早的一种遥感地质方法,至今仍然是遥感地质中一个重要的组成部分。20世纪60年代以来,在运载工具、传感器及图像处理、解释方法上都有了迅速发展。除可见光波段摄影黑白相片和彩色相片外,还发展了红外线、多波段、雷达、激光等技术。利用地物反射人工发射的电磁波进行遥感的称为主动遥感;利用地物反射太阳辐射的或由地物自身发射的电磁波进行遥感的称为被动遥感。遥感技术可以提供有关地貌、岩性、地层、褶皱、断层、构造、岩浆岩以及隐伏构造和深部构造的资料。红外遥感技术在水文地质勘察中具有特别重要的意义。遥感技术不仅能克服地面点、线调查的局限性及视野的阻隔,使人们能从整体上宏观地进行地质研究,而且还能提供各种电磁波的地质信息,其中微波能穿透植被和第四纪地层,提供一定深度范围的地质信息。此外,还可以对一个地区反复成像,以取得最新的、精确的地质动态资料。

八、水文地质钻探

在水文地质各勘察阶段所进行的钻探工作，其目的是了解地层岩性、地质构造、地下水的赋存条件和运动规律，水质、水量、水温的变化，为正确评价地下水资源，合理开发利用与保护地下水提供资料。

（一）钻孔分类

一般分勘探孔、试验孔、观测孔和探采孔四种。

（1）勘探孔：用于水文地质普查。主要获取地层的岩性、地质构造和含水层的埋藏深度、厚度、性质及富水性等资料。钻探要求满足岩心采取率、校正孔深、测量孔斜、简易水文地质观测、原始记录和封孔等六项指标。

（2）试验孔：用于初勘阶段。在初步掌握地层岩性、地质构造等资料的基础上，着重了解地下水的水量、水位、水质、水温等资料。要求进行分层观测、分层抽水，单孔或群孔抽水等。

（3）观测孔：用于研究地下水动态变化规律和为测定与抽水孔水位变化关系，以及了解不同含水层的水位、水温、水质变化而布置的钻孔。

（4）探采孔：用于已定水源地的详勘阶段。在已取得水文地质资料的基础上，结合工农业生产开采水源的需要布置钻孔。通过钻探进一步取得水文地质资料后，即可作为开采井使用。钻探既要满足获得有关水文地质资料，又要满足开采生产井对水质、水量、卫生防护等的要求。

（二）钻孔布置

在水文地质测绘和工程地球物理勘探的基础上进行钻孔布置，其目的是能查明勘察区的水文地质条件，取得水文地质参数和评价地下水资源所需的资料。在松散沉积物地区，须根据地质、地貌及水文地质条件布置勘探线网，勘探线间距与孔距按勘察阶段和不同类型松散沉积物地区的水文地质条件复杂程度而定。在碎屑岩地区，勘探线的布置应能控制勘察区不同水文地质单元和地质构造、地貌条件，并且须垂直构造线或沿地层水文地质条件变化最大的方向布置。在岩溶地区，除按碎屑岩地区布置勘探线网外，还应考虑布置在沿地表水系和断层附近、岩溶裂隙发育带和岩溶微地貌发育处。

（三）钻孔结构设计

钻孔结构设计内容包括开孔直径、终孔直径、钻孔深度、换径的层次结构和深度、过滤器类型、止水方法等。

（1）孔径。随钻孔的勘探目的不同而异。勘探孔孔径一般在 200 mm 以下。试验孔和探采孔孔径一般都比较大，通常松散层孔径在 400 mm 以上，基岩层孔径在 200 mm 以上。观测孔孔径比较小，通常松散层孔径在 200 mm 以下，基岩层孔径在 150 mm 以下。

（2）孔深。要求钻穿有供水意义的主要含水层（组）或含水构造带（岩溶发育带、断裂破碎带、裂隙发育带等）。

（3）孔的垂直度。要求以保证井壁管、过滤器顺利安装和抽水设备正常工作为准。

（4）冲洗液。应适于含水层的情况和钻探的要求。基岩中的勘探钻孔，常采用清水作为冲洗液，松散层中的勘探钻孔，根据含水层情况和勘探的要求，一般采用清水水压钻进或用泥浆作冲洗液。采用泥浆钻进时,宜选用利于护孔、不污染含水层、易于洗井的优质泥浆。

(5)止水、封孔。勘探钻孔须分别查明各含水层(带)的水位、水质、水温、透水性,或对某含水层进行隔离时,须进行止水工作。勘探钻孔获取资料后,如没有其他用途,都要进行封孔。封孔是为了避免含水层中的水互相串通,使地下水受到污染,或使承压水遭到破坏。在主要含水层的顶底板封闭要超过 5 m。一般压力的含水层可采用黏土封闭,如果是高压含水层或下部有开采的矿床则要用水泥封闭。对可能受到地表水污染的钻孔,孔口要用水泥封闭。

(四)钻探设备

常和水井钻探设备通用,和其他钻探设备相比,具有扭矩大、适应性强、运移性好、种类多等特点,中国当前常用的水文地质钻探设备有冲击式钻机、回转式钻机和复合式钻机。

(五)钻探方法

水文地质钻探大多是在第四纪松散的卵石层、砾石层以及砂、黏土、砂土等地层中进行,这类地层的特点是胶结差,易坍塌、漏失,取心困难。部分钻探是在基岩中进行,含水岩层多有裂隙、溶洞。不同地层采用不同的钻进方法,常用的钻探方法按钻进方式分为冲击钻进法、回转钻进法、冲击回转钻进法。

(1)冲击钻进法:又分为钻杆冲击钻进和钢丝绳冲击钻进。常用的钢丝绳冲击钻进是借助于一定重量的钻头,在一定的高度内周期地冲击井底,使地层破碎而得进尺。在每次冲击之后,钻头或抽筒在钢丝绳带动下回转一定的角度,从而使钻孔得到规则的圆形断面。用该法钻进卵石、砾石层、致密的基岩层效果较好。在第四纪地层中钻进,多使用工字形钻头和抽筒式钻头,在基岩层中多使用十字形钻头和圆形钻头。

(2)回转钻进法:又分为正循环钻进法和反循环钻进法。正循环钻进法是由转盘或动力头驱动钻杆回转,钻头切削地层而获得进尺。冲洗液由泥浆泵送出,经过提引水龙头和钻杆流至孔底冷却钻头后,经由钻杆与孔壁之间的环状间隙返出井口,同时将孔底的岩屑带出,用这种方法钻进砂土、黏土、砂等地层时效率较高。在第四纪地层中全面钻进,多使用鱼尾钻头、三翼刮刀钻头和牙轮钻头。在基岩层取心钻进,多使用岩心管取心合金钻头和钢粒钻头,全面钻进多使用牙轮钻头。反循环钻进法适于在卵石、砾石、砂、土等地层钻进大直径钻孔,具有钻进效率高、成本低等优点。有三种反循环方式:①泵吸反循环,利用离心泵(砂石泵)的抽吸作用,井孔内的冲洗液自上向下流动,经过井底与被切削扰动的岩屑一起进入钻杆,再经吸水软管进入离心泵而排入沉淀池,沉淀后的冲洗液再流回井孔,形成循环。离心泵的抽吸效率,在孔深 50 m 以内效率较高,随着孔深的增加其效率逐渐降低。②喷射反循环,利用水泵或空气压缩机所产生的高压流,经装在喷射腔内的喷嘴将水或空气高速喷射出去,在喷嘴外部形成负压区,其负压可达 0.08～0.09 MPa,此负压区可使钻杆内的冲洗液流动,并排出孔外,以此造成冲洗液不断循环。喷射反循环的功率损失较大、利用率低,并随着孔深的加深效率迅速下降,一般在 50 m 以内孔段使用,在深孔常和气举反循环钻进法配合使用。③气举反循环(压气反循环),利用压缩空气与钻杆内的冲洗液混合后形成低比重的混合物,以高速向上流动,从而将孔底岩屑带出孔外。其效率主要取决于压缩空气的压力和排量，以及输气管沉没在水中的深度和混合室的结构等。此法不能用于 10 m 以内的孔段。在孔深 50 m 以内效率低于泵吸反循环和喷射反循环，但随着钻孔的加深，其效率逐渐提高。这种方法常与泵吸反循环或喷射反循环配合使用，以便充分发挥各自的特点，取得更加经济合理的效果。

(3)冲击回转钻进法：分为液动冲击回转钻进法和气动冲击回转钻进法(即潜孔锤钻进法)。常用的潜孔锤钻进法是以转盘或动力头驱动钻杆和潜孔锤回转，并以高压大风量的压缩空气驱动潜孔锤的活塞，以高频率冲击钻头破碎岩石，通过钻头排出的压缩空气将岩屑带出孔外。其效率约为空气冲洗牙轮钻头回转钻进效率的数倍，钻进坚硬岩层效果更为显著。这种钻进方法是以压缩空气为冲洗介质，因受空气压缩机压力限制，在水位高、富水性强的岩层中使用，其钻进深度不能很大。

(六)钻探编录和成果

钻探过程中要保证采取土样、岩样的质量。试验用土样的取样质量、岩心采取率、土的分类、定名以及土样和岩样(岩心)的描述均需按一定要求进行。并对水位、水温、冲洗液消耗量、漏水位置、自流水的水头和自流量、孔壁坍塌、涌砂和气体逸出情况，岩层变换深度、含水层构造和溶洞的起止深度等进行观测和记录，钻探结束后，应对所揭露的地层进行准确分层。水文地质钻探应提交达到设计要求的钻孔，按一定要求采取岩土样、水样，字迹清晰的钻探编录，以及钻孔综合地质柱状图等成果。

九、地质年表

地质年表表示地史时期的相对时代和同位素年代值的表格，又称地质年代表、地质时代表。地质年表以地层学和地质年代学的研究为基础，沉积岩中的化石代表不同的地质年代，研究沉积中的化石就成为对比岩层和建立标准地质年表的主要手段。同位素年代测定法对岩层年龄值的测定，使地质年表更趋准确。地质年表包括地质年代单位及其始讫年龄值。地质时代的基本单位是纪，由纪组合成更大的单位代，纪的下属单位为世。

表 6-1 为地质年表。

十、地质构造

地质构造是地壳或岩石圈各个组成部分的形态及其相互结合的方式和面貌特征的总称，简称构造。任何构造都是岩石或岩层受了内力或外力作用下产生的原始位态或面貌，如层理、粒序层、波痕等各种原生构造，以及各种原始位态或面貌的改变，即变形与变位，如各种次生的褶皱、节理、断层、裂谷、俯冲带、转换断层等。

(1)构造尺度：按构造空间范围大小所划分的级别，一般分为大、小、微等尺度级别。大尺度构造是远远超出露头范围的区域性构造和板块构造，小尺度构造是在露头范围或手标本上能窥其整体形态的小型构造，微尺度构造是在光学显微镜下才能认识的矿物之间或矿物晶粒变形表现出的显微构造和在电镜下才能观察到的超微构造，如晶格位错。

(2)构造层次：地壳内部不同深度处的变形性质和变形机制有明显差异的构造分层性。

表 6-1　地质年表

相对年代				相对年龄(亿年)		开始繁殖的生物	
宙(宇)	代(界)	纪 (系)	世 (统)	距今年龄	时间间隔	植物	动物
显生宙	新生代 K_z	第四纪 Q	全新世 更新世	0.03 0.25	0.03		古人类
		第三纪 R：新第三纪 N	上新世 中新世	0.70	0.22		哺乳动物
		第三纪 R：老第三纪 E	渐新世 始新世 古新世	1.37	0.55	被子植物	
	中生代 M_z	白垩纪 K	晚、早 白垩世	1.95	0.67		
		侏罗纪 J	晚、中、早 侏罗世	2.30	0.58	裸子植物	爬行动物
		三叠纪 T	晚、中、早 三叠世	2.85	0.35		两栖动物
	古生代 P_z：上古生代	二叠纪 P	晚、早 二叠世	3.50	0.45		鱼类
		石炭纪 C	晚、中、早 石炭世	4.00	0.65	孢子植物	
		泥盆纪 D	晚、中、早 泥盆世	4.40	0.50		无脊椎动物
	古生代 P_z：下古生代	志留纪 S	晚、中、早 志留世	5.00	0.40		
		奥陶纪 O	晚、中、早 奥陶世	6.00	0.60		
		寒武纪 ∈	晚、中、早 寒武世	8.00	1.00		
隐生宙	元古代 Pt	震旦纪 Z		25.00	19.0		
	太古代 Ar			45.00	20.0	菌藻类 ……?…………	
	地球初期发展阶段						

根据造山带中构造变形随深度而变化的规律,可将由地表至深处地壳的变形分为 3 个构造层次。①上部构造层次(又称表构造层次)。位于地壳浅表部分,主要变形性质为脆性变形,主导变形机制是脆性剪切作用,是断层分布区。②中间构造层次(又称浅构造层次)。其深度介于 4 km 至 10～15 km,主要发生弹塑性变形,主导变形机制是弯曲作用,是等厚褶皱的分布区。③下部构造层次(又称深构造层次)。其深度在 10～15 km 以下,主要发生塑性变形,主导变形机制是剪切作用和压扁作用,是相似褶皱并伴有广泛发育的劈理分布区;这个层次的下部物质韧性大大提高并接近熔融流变状态,发育韧性剪切带和不规则的柔流褶皱。

(3)构造类型:各种构造均可按形态和成因的不同而分类。各种构造又可从不同角度进行归并分类,如按构造形成时间归并为原生构造和次生构造两类。原生构造指成岩过程中形成的构造,岩浆岩的原生构造有流面、流线和原生破裂构造。沉积岩的原生构造有层理、波痕、粒序层、斜层理、泥裂、原生褶皱(包括同沉积背斜)和原生断层(包括生长断层)等。次生构造指岩石形成以后受构造运动作用产生的构造,有褶皱、节理、断层、劈理、线理等。又按几何要素可将构造归并为面状构造和线状构造两类。面状构造是以几何意义的面来表征的构造,如褶皱(轴面)、节理(面)、断层(面)、劈理(面)等。线状构造是以几何意义的线所表征的构造,如褶皱的枢纽、断层的擦痕、非等轴状矿物的定向排列或二构造面交线所构成的小型线理、窗棂构造及大型杆状构造的定向排列所构成的大型线理等。又按面状或线状构造在地质体中的分布特点归并为透入性构造和非透入性构造两类。透入性构造指在地质体一定尺度上连续、均匀且按一定格式弥漫分布的面状或线状构造,为劈理、片理、片麻理及小型线理。非透入性构造指非均匀、不连续且多以分隔性方式产出于地质体中的面状或线状构造,如节理面、断层面和大型线理。

(4)构造组合:在统一的构造运动过程中所产生的多个密切联系的构造集合体。一个构造组合中的各成员构造可以是同类型的构造,如地堑是由两条(或两组)走向相同、倾向相反的正(或逆)断层组合而成,共轭节理是由两组不同方位的剪节理交叉组合而成;也可以是不同类型的构造,如滑脱构造是由盖层的褶皱和盖层与基底之间的顺层滑动的断层组合而成。不论哪一种组合,其各成员构造必须是在同一时期由同一种性质的区域应力作用所产生的有成因联系的构造。任何一种构造组合均有其形态上的总体几何特征或总的风格,这就是构造样式。一定的构造样式常常是在一定的构造作用和地质背景下形成的。因此,根据构造组合及其构造样式可以分析其形成条件。

十一、岩石破碎

指采掘作业中使部分岩体脱离母体并破碎成岩块的工艺和理论。有爆炸破碎、机械破碎、水射流破碎和热力破碎等四种。研究岩石破碎的主要任务是:揭示破碎岩石的能耗和破碎效果间的联系,探求破碎载荷和岩石坚固性及破碎参数间的关系,研制安全、经济、高效采掘机具和器材,寻求新的破碎方法。中国于公元前 11 世纪之前(殷商时期),已用铜锛、铜斧破碎岩石。公元前 5 世纪起(战国时期),采用铁斧、铁锤、铁钎,这是破碎岩石工具的一大进步。公元 10 世纪后(北宋)出现利用热力破碎岩石的方法。

17 世纪匈牙利有利用黑火药采矿的记载。19 世纪下半叶制成了凿岩机,发明了硝化甘油炸药。20 世纪上半叶使用了钎头和深孔爆破,使岩石破碎技术达到一个新的水平。19 世纪末开始采用机械破岩方法,相继出现了钻井机、采煤机、巷道联合掘进机、斗轮挖掘机等,使软弱矿岩的采掘工艺发生了显著变化。20 世纪 50 年代以来,研究了热、电、磁、光、声、核射线等物理方法破碎岩石,但除热力方法外均未达到实用阶段。

(1)爆炸破碎:利用炸药或其他爆炸物瞬间释放的巨大能量破碎岩石,目前应用最广也最有效。

(2)机械破碎:分切削、冲凿、碾压、研磨四种方式(见图 6-3)。破岩时,破岩工具进入岩石,在工具移动前方的岩体内出现密实核,在密实核周围产生较大块的崩碎体。机械破碎在硬岩中应用不广的主要原因是工具磨损严重。其磨损程度主要取决于岩石内硬矿物(主要是石英)的含量和颗粒大小。

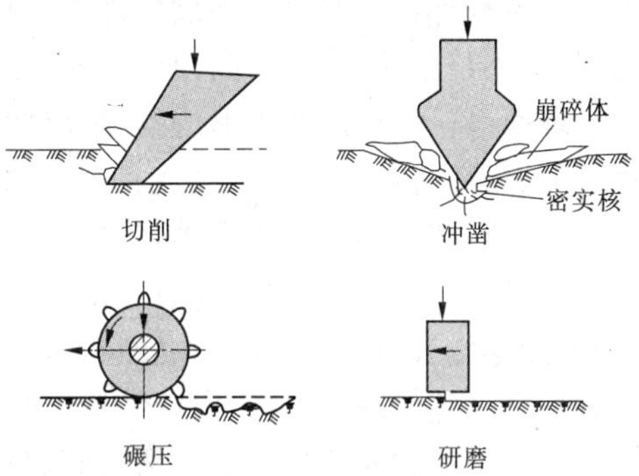

图 6-3　机械破碎方法示意图

(3)水射流破碎:分低压大流量和高压小流量两种。前者多用于水力采矿或采煤;后者压力可达几亿帕(Pa)以上,用来切割岩石。此外还研制出脉冲式射流技术,可有效地破碎坚固岩石而无需很大功率。目前,最高的瞬间压力已达 5.6 GPa。

高压水射流破碎岩石的能耗高,机械构造较复杂,目前多作为掘进机和露天牙轮钻机破碎岩石的辅助手段。

(4)热力破碎:在岩体内形成高的温度梯度,并利用岩石各组分的热胀系数不同,形成热应力,使岩体剥落或酥碎。含石英较多的岩石使用此法效果较好。现代加热方法有铝热剂、火焰喷射、等离子焰、微波、红外线照射、高能电子束、强大的击穿电流、激光等。但除火焰喷射法(火钻)外,其他均处于试验阶段。

为选用合理的岩石破碎方法,将岩石按破碎难易程度分级。分级指标有普氏坚固性系数 f、可钻性、可爆性、侵入硬度和凿岩比功等。20 世纪 50 年代以来,中国矿山曾普遍应用普氏坚固性系数 f 作为分级指标。近年来正在研究更完善的分级方法。

十二、岩石和岩体

岩石是由单体矿物或碎屑在一定的地质作用下,按一定的规律组合成具有某种联结作用的集合体,是岩体的组成部分。岩石按成因可分为沉积岩、变质岩和岩浆岩,常见的岩石类型见表 6-2。

表 6-2　常见的岩石类型

沉积岩	砾岩、砂岩、页岩、黏土岩、石灰岩、白云岩
变质岩	片麻岩、片岩、千枚岩、板岩、大理岩、石英岩
岩浆岩	花岗岩、闪长岩、橄榄岩、正长斑岩、辉绿岩、安山岩、正长岩、辉长岩、花岗斑岩、粉岩、流纹岩、玄武岩

在岩土工程界,常按工程性质将岩石分为极坚硬的、坚硬的、中等坚硬的和软弱的四种类型。在工程地质中,把工程作用范围内具有一定的岩石成分、结构特征及赋存于某种地质环境中的地质体称为岩体。岩体是在内部的联结力较弱的层理、片理和节理、断层等切割下,具有明显的不连续性。这是岩体的重要特点,使岩体强度远远低于岩石强度,岩体变形远远大于岩石本身,岩体的渗透性远远大于岩石的渗透性。

(1)岩体结构:直到20世纪50年代,节理面、断层面等这些不连续面对岩体工程性质的重要影响才日益受到重视。60年代初,奥地利的L·米勒和中国的谷德振等分别提出了岩体结构的概念。谷德振将岩体内存在的弱联结的层面、片理面、节理面、断层面、层间错动面及各种不整合面等不连续面称为结构面,按成因分为三种类型:①原生的,沉积岩内的层面、不整合面;岩浆岩内流纹理面、原生节理面、与围岩接触面;变质岩内的片理面和片麻理面等。②构造作用形成的,断层面、层间错动面、节理面、劈理面等。③次生的,风化裂隙面、卸荷裂隙面等。结构面将岩体切割成大小不等、形状各异的岩块称为结构体。结构面和结构体在岩体内排列组合的形式称为岩体结构。一定地区内存在的岩体在结构上具有一定的特征。L·米勒根据节理切割程度,将岩体按其结构特征分为完整岩体、局部破碎化岩体、碎裂岩体、强烈碎裂岩体。谷德振根据结构面对岩体切割特征和程度将其划分为整体块状结构、层状结构、碎裂结构和散体结构。

结构面长度和充填物厚度是结构面规模的基本标志。结构面的规模不同,对岩体力学作用影响大不一样。当岩体内有断层面或层间错动面存在时,在外力作用下岩体运动的主要方式为结构体沿结构面滑动;当岩体内存在的结构面为不连续的节理时,岩体内产生应力集中,强度降低,但其力学作用仍具有连续介质特征。据此,在对岩体进行工程地质勘察研究时,可把结构面划分为若干级序。此级序划分是研究结构面和岩体结构地质规律及其工程地质特性的主要基础和方法。

(2)结构面的力学性质:与结构面的起伏状况和充填状况密切有关。结构面内未充填软弱物质时,结构面壁愈粗糙,起伏度愈大,强度愈高,称为硬性结构面。结构面内充填软弱物质时,强度显著降低,称为软弱结构面。结构面内夹的软弱物质较厚时,构成一种独立的工程地质作用单元,称为软弱夹层,这是在工程地质勘察中应该特别重视的不良工程地质因素之一。

环境因素对岩体的工程地质作用亦有重要影响。在工程地质勘察中,需对工程岩体的环境因素——地应力、地温及大气物理等进行研究。其中,地应力具有特殊的作用,它可以提高岩体强度,使岩体力学介质特征转化,使岩体结构的力学效应减弱和消失。

把岩体作为工程研究对象时,应在岩体成分、结构特征及其赋存条件分析的基础上,进行岩体工程性质测试和岩体稳定性分析工作。岩体工程地质的研究与评价目前多半还局限在定性阶段,正在向定量方向发展。

十三、岩石变形

指岩石在外力或其他物理因素(如温度、湿度)作用下发生形状或体积的变化。不仅小的岩块,就是整个地壳岩体在力的作用下也会不断变形,地壳具有一定的蠕变速率,西藏高原和喜马拉雅山以每年几厘米的速率上升。地壳变形急剧的地方会产生断层、褶皱等。工程岩体往往因为变形过大,导致失稳,因此岩石变形特性是研究的重要内容之一。研究的重点是岩石的应力－应变－时间关系。中国学者在岩石变形,尤其是岩石流变研究方面起步较早,在学术上占有重要地位。

(1)岩石的流变和扩容:在应力作用下,岩石中的微观和宏观结构的滑移、位错、形变都遵循随时间而变化的规律,因此岩石是一种流变体。岩石流变主要包括两个内容,即蠕变和松弛。在恒定的应力作用下,岩石的变形随时间不断增长的现象称为蠕变。在恒定的应变条件下,岩石中的应力随时间而减少的现象称为松弛。在外力超过一定的强度(即长期强度)以后,岩体会丧失稳定性,因此工程上必须研究建筑物的长期稳定性。目前,国内外非常重视对岩石的流变研究。

岩石扩容是指在偏应力作用下,当应力达到某一定值时,岩石的体积不但不缩小反而增大的一种力学现象。例如在地震前,震中附近地壳表面的岩体发生膨胀,就是一种扩容现象。另外,在膨胀岩中开挖地下工程时,围岩向内移动和产生破坏就是由于岩石的吸水膨胀及在偏应力作用下产生扩容的综合作用造成的。近年来,扩容已成为岩石力学研究的主要课题。

(2)弹性变形和塑性变形:一般认为,在外力除去以后,岩石恢复到受力前的体积和形状的变形叫岩石的弹性变形,不能恢复的叫塑性变形(又称永久变形或残余变形)。岩石的总变形应视为弹性变形和塑性变形之和。试验表明,大多数岩石在加载过程中,应力－应变呈非线性关系,在卸载(即使是荷重很小的卸载)过程中,也会出现不可逆的塑性变形。

(3)岩块的变形性质:通常是将岩块置于单轴压缩条件下进行试验,以获得它的变形性质。

天然岩体常处于三向应力状态,因此也常在室内用三轴试验来研究周围压力对岩石变形的影响。试验表明,在围压较低的情况下,岩石往往呈脆性破坏,变形较小。围压超过一定程度以后,岩石表现出塑性流动性质,变形较大。

一般岩块由于包含的裂隙少,在同样受力条件下,所得变形远较裂隙岩块的变形小。对于工程设计,一般应用野外岩体试验所得的变形参量。

(4)岩体的变形性质:现场岩体的变形主要受岩体中包含的各种地质界面即结构面的控制,另外岩体中的应力也对变形有重要影响。当岩体承载时,变形的大部分表现为结构面的闭合和沿结构面的滑动,坚硬岩块本身的变形仅占次要地位。因此,岩体的应力－应变关系曲线也远较岩块复杂。

岩体的卸载变形主要表现在开挖地下洞室时围岩的回弹和松动。在岩体中挖洞时,由于原来岩体的受力状态发生变化,巷道周围的岩体即围岩会产生回弹区(围岩应力释放所涉及的范围)和松动区(围岩松动所涉及的范围)(见图 6-4)。当其他条件相同时,地下工程的侧墙往往会形成塑性楔体,首先向内变形或破坏,进而危及整个围岩的稳定性。岩体在卸载作用下的变形规律目前仍研究得不够深透。对于地下工程,常在现场布置仪器观测围岩变形与时间的关系。

(5)湿度、温度等对岩石变形的影响:岩石变形除有时间效应外,湿度、温度等对岩石的变形也有影响。湿度的影响一方面表现在随含水量的增加,强度降低,变形加大,更重

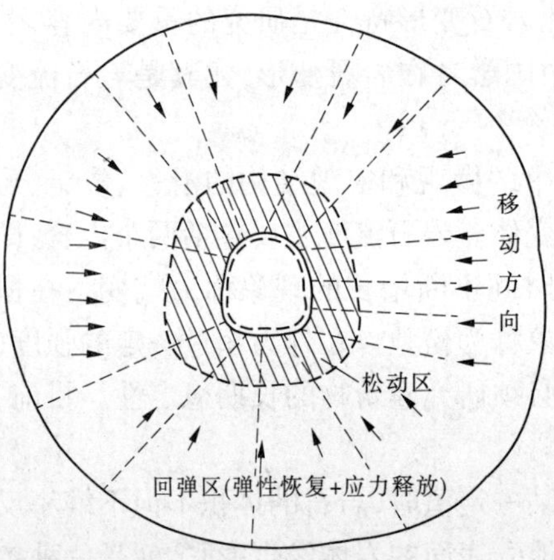

图 6-4　巷道开挖后围岩的回弹区和松动区

要的是某些含亲水性矿物的岩石遇水后会产生膨胀变形和膨胀压力，给工程带来危害。温度的影响主要表现在高温条件下，岩石可产生很大的塑性变形。此外，应力施加速率、载荷性质（如动载荷或静载荷）等也对岩石的变形有影响。

(5)试验研究：可在室内和野外进行试验和监测。室内试验一般用单向压缩或三向压缩的方法进行，往往与岩石强度试验一起进行。野外试验有多种方法，如承压板法、水压法、钻孔膨胀计法等。各种方法的实质都是：在不同条件下，向岩石加载，然后测定相应的变形和变形随时间的变化，即可获得应力－应变关系或应力－应变－时间关系曲线以及相应的变形参量。无论在室内或野外，还可以用动力法，即通过测定地震波或声波在岩石中的传播速度来换算弹性常数。对于各向异性岩体和破碎岩体可用声波法探测其结构。

对于工程岩体，通常在建筑物地基、地下工程围岩以及边坡内埋置各类仪器，对岩石的变形进行长期观测和监控。对于地壳岩体可用遥感和大地测量的方法，研究其变形规律。

十四、岩石物理性质

岩石的密度、弹性波传播速度、磁化率、电阻率、热导率、放射性等，是形成各种地球物理场的基础。

(一)磁性

常用的岩石磁性参数是磁化率、磁化强度、剩余磁化强度矢量，以及剩余磁化强度同感应磁化强度的比值 Q。

矿物按其磁性的不同可分为 3 类：①反磁性矿物，如石英、磷灰石、闪锌矿、方铅矿等。磁化率为恒量，负值，且较小。②顺磁性矿物，大多数纯净矿物都属于此类。磁化率为恒量，正值，也比较小。③铁磁性矿物，如磁铁矿等含铁、钴、镍元素的矿物。磁化率不是恒量，为正值，且相当大。也可认为这是顺磁性矿物中的一种特殊类型。

岩石的磁性主要决定于组成岩石的矿物的磁性，并受成岩后地质作用过程的影响。一般来说，橄榄石、辉长石、玄武岩等基性、超基性岩浆岩的磁性最强；变质岩次之；沉积岩最弱。

(1)岩浆岩的磁性取决于岩石中铁磁性矿物的含量。结构构造相同的岩石，铁磁性矿物含量愈高，磁化率值愈大。铁磁性侵入岩的天然剩余磁化强度，按酸性、中性、基性、超基性的顺序逐渐变大。铁磁性侵入岩的特点是 Q 值一般小于 1。由接触交代作用而形成的岩石，Q 值可达 1～3，甚至更大。

(2)沉积岩的磁性主要也是由铁磁性矿物的含量决定的。分布最广的沉积岩造岩矿物,如石英、方解石、长石、石膏等,为反磁性或弱顺磁性矿物。菱铁矿、钛铁矿、黑云母等矿物之纯净者是顺磁性矿物;含铁磁性矿物杂质者具有强顺磁性。沉积岩的磁化率和天然剩余磁化强度值都比较小。

(3)变质岩的磁性是由其原始成分和变质过程决定的。原岩为沉积岩的变质岩,磁性一般比较弱;原岩为岩浆岩的变质岩在变质作用相同时,其磁性一般比原岩为沉积岩的变质岩强。大理岩和结晶灰岩为反磁性变质岩。岩石变质后,磁性也发生变化。蛇纹石化的岩石磁性比原岩强;云英岩化、黏土化、绢云母化和绿泥石化的岩石,磁性比原岩减弱。

岩石磁性的各向异性是岩石的层状结构造成的。磁化率高、变质程度深的岩石,磁各向异性很明显。褶皱区沉积岩的磁各向异性一般要比地台区的大。

岩石和矿物的磁性与温度、压力有关系。顺磁性矿物的磁化率与温度的关系遵循居里定律。铁磁性矿物的居里温度一般为 300～700 ℃,其磁化率一般随温度升高而增大(可达 50%),至居里温度附近则迅速下降。铁磁性矿物的磁化率与温度的关系有两种类型:一为可逆型,即在矿物加热和冷却过程中温度相同时磁化率值相同,如纯磁铁矿、钛铁矿;另一种为不可逆型,即矿物加热和冷却过程中温度相同时磁化率值不同,如对升温不稳定的铁磁性矿物。岩石加热时,磁化率也逐步升高,至 200～400 ℃迅速下降。岩石的磁化率和磁化强度值都随压力的增大而减小。

(二)密度和孔隙度

矿物的密度是由构成该矿物各元素的原子量和矿物的分子结构决定的。大多数造岩矿物如长石、石英、辉石等具有离子型或共价型结晶键,密度为 2.2～3.5 g/cm^3(极少数达 4.5 g/cm^3)。结晶键为离子－金属型或共价－金属型的矿物,如铬铁矿、黄铁矿、磁铁矿等密度较大,为 3.5～7.5 g/cm^3,天然金属的密度最大。

石油的密度是由其成分决定的,年代老的石油一般有较小的密度。地层水的密度决定于水中溶解的物质。

岩石的密度取决于它的矿物组成、结构构造、孔隙度和它所处的外部条件。

影响岩浆岩的因素对于侵入岩和喷出岩来说是不同的。侵入岩的孔隙度很小,其密度主要由化学成分决定。从酸性到超基性,随着二氧化硅含量的减少和铁镁氧化物含量的增加,侵入岩的密度逐渐增大。在金属矿区,岩石中金属矿物的含量增高,岩石的密度就增大。矿区花岗岩的密度有的就高达 2.7 g/cm^3 以上。随着从酸性到超基性的过渡,由于硅铝含量减小,铁镁含量增大,喷出岩的密度也逐渐增大。但喷出岩的孔隙度比侵入岩大,其密度也就比相应的侵入岩的密度小。

沉积岩的密度是由组成沉积岩的矿物密度、孔隙度、填充孔隙气体和液体的密度决定的。沉积岩的孔隙度变化较大,一般为 2%～35%,也有高达 50%以上的。石灰岩、白云岩、石膏等的孔隙度较小。沉积岩在压力作用下孔隙度变小,其密度常随埋深和成岩作用的加深而增大。

变质岩的密度主要决定于其矿物组成。变质岩的孔隙度很小,一般为 0.1%～3%,很少有达 5%的。岩石变质后密度的变化取决于变质作用的性质。在区域变质性质中,绿片岩相岩石的密度一般比原岩小,其他深变质相岩石的密度比原岩大。在动力变质中,如构造应力较小,则变质岩的密度小于原岩;如果应力较大因而引起再结晶,则变质岩的密度等于或大于原岩。

孔隙度较大的岩石即使矿物成分相同，由于其孔隙中所含物质的成分不同，密度可以相差较大。潜水面下水饱和的岩石密度就比干燥的岩石密度大。岩石风化后密度变小。岩石的密度一般是随压力的增大而增大。侵入岩在压力作用下密度变化最大的是花岗岩，超基性岩最小。当压力为 20×10 Pa 时，花岗岩的密度变化为 2%～5%，辉长岩为 2%～3%，超基性岩小于 2%。

（三）弹性波传播速度

纵波和横波在岩石和矿物中传播的速度 ĭ P 和 ĭ S 是地球物理勘探中常用的两个参数。

天然金属如金的波速最低，ĭ P 为 2.00 km/s，ĭ S 为 1.18 km/s；硅铝矿物和无铁氧化矿物如黄玉、尖晶石、刚玉的 ĭ P 一般为 9～11 km/s；金刚石中 ĭ P 达 18.3 km/s。大多数造岩矿物的 ĭ P 为 5.50～7.50 km/s。

矿物中波的传播速度与矿物的密度有关，对于主要造岩矿物，如长石、石英等，波速一般随密度的增加而升高；对于金属矿物和天然金属，波速一般随密度的增加而下降。

云母、石墨等矿物弹性波速度的各向异性非常显著。酸性岩石的造岩矿物如正长石、石英等，ĭ P 一般为 5.70～6.25 km/s；其暗色矿物如黑云母中的波速较低。基性岩石的造岩矿物如角闪石、辉石，ĭ P 大于 7.0 km/s。超基性岩中的造岩矿物例如橄榄石，ĭ P 达 8.0 km/s 以上。石油的超声波速度随密度和压力的增大而增大，随温度的升高而减小。地层水的 ĭ P 随压力和矿化度的升高而增大；它也随温度的升高而增大，但当温度超过 80～100 ℃以后又随温度升高而减小。

岩石中的波速取决于其矿物成分和孔隙充填物的弹性。

岩浆岩和变质岩的弹性波速度与岩石密度的关系接近于线性关系，密度越大，速度越高。岩浆岩和变质岩的含水饱和度增大时，ĭ P 变大，ĭ S 也变大，但不如 ĭ P 的变化那样显著。气饱和岩石的 ĭ P 比相应的水饱和岩石的 ĭ P 小。片麻岩等片理发育的岩石，沿片理面测量的波速大于垂直片理面测量的波速，有时相差一倍以上。

沉积岩中的弹性波速度受孔隙度的影响很大，变化范围很宽。地面疏松土壤和黄土的 ĭ P 最小，砂岩、页岩次之，碳酸盐类岩石的 ĭ P 最大。孔隙为油、水所饱和的岩石的波速比干燥岩石的波速大。同一类沉积岩，年龄较老或埋深较大的，其波速也较大。

压力增大时，岩石中的波速增大。

（四）电性

地球物理勘探中常用的岩石电性参数有电导率 z′ 或电阻率 ρ、电容率 ε 和极化率 η。

在外电场恒定时，岩石和矿物的电导率 z′ 一般为常数，其倒数即为电阻率 ρ。外电场为交变场时，电导率为频率的函数。在高频时，由于位移电流比较明显，在低频和超低频时，由于某些岩石和矿石的激发极化电流比较明显，使场与电流之间出现相位差，此时的电导率用复数表示，而电阻率不再为电导率的倒数。大多数岩石和矿石的电导率在欧姆定律关系式中是一常系数，这类岩石和矿石称为欧姆导体。在一些各向异性的晶体和等离子体中，外电场和电流的方向不一致，此时物体的导电特性不能用欧姆定律来描述。

按导电特性不同，矿物可分为导体、半导体和介电体。一些金属（如自然金、自然铜等)和石墨等属于导体。多数金属硫化物和金属氧化物属于半导体。绝大多数造岩矿物(石英、长石、云母等)属于介电体。不同岩石和矿石的矿物组成、结构构造、孔隙液含量和液体的性质都不相同,因此它们的电阻率值常相差很大,有时可以相差 20 个数量级。同类岩石的电阻率值也常因孔隙液含量和液体含盐浓度的增加或减小而明显降低或升高。这种变动能达 2～4 个数量级。

岩石和矿石的电阻率值随温度和压力的变化规律与矿物组分和结构构造有关。电阻率一般随温度升高而下降;随压力的变化趋势常因岩石种类而异。拉长形矿物呈定向排列的岩石、矿石和层状岩层,其电阻率值常显现各向异性。电流平行于矿物的拉长方向或岩层的层面时所测定的电阻率值 ρ_t,常小于电流垂直于矿物的拉长方向或岩层层面时所测定的电阻率值 ρ_n。几种岩石电阻率各向异性系数的 λ 值见表 2。

表 6-3　几种岩石电阻率各向异性系数的 λ 值

岩石种类	λ
层状砂岩	1.1～1.6
泥质页岩	1.4～12.25
碳质页岩	2.0～2.8

(五)热学性质

在地球物理工作中常用的热学参数是热导率。矿物的热导率以金属矿物为最高。喷出岩造岩矿物的热导率低于副矿物的热导率。变质岩的造岩矿物如红柱石、蓝晶石的热导率高于侵入岩造岩矿物的热导率。大多数矿物的热导率都显示各向异性。

岩石的热导率取决于组成岩石的矿物和固体颗粒间的介质如空气、水、石油等的绝热性质。27 ℃时空气的热导率为 0.03 W/(m·℃);0 ℃时的水为 0.56 W/(m·℃);冰为 2.23 W/(m·℃);石油为 0.14 W/(m·℃)。孔隙度增高时热导率下降。当温度和压力升高时,空气的热导率显著增大。

岩浆岩和变质岩的热导率相对于沉积岩来说变化范围不大,数值较高。侵入岩中,超基性岩的热导率较高,花岗岩次之,中间成分的侵入岩又次之。喷出岩的热导率比相应的侵入岩小,火山熔岩的热导率最小。变质岩的热导率一般在 2.0 W/(m·℃)以上,石英岩高达 7.6 W/(m·℃)。沉积岩的热导率变化范围大是热导率较低的孔隙充填物造成的,沉积岩中热导率最低的是疏松饱水深海沉积。大陆沉积中的可燃性有机岩如泥煤、褐煤、炭质油页岩等,热导率较低。陆源泥质沉积的热导率也比较低,且随沉积的固结程度而变。致密或结晶的碳酸盐岩类和石英质岩类的热导率较高。砾石 - 砾岩 - 粉砂岩 - 泥岩系列中,组成岩石的颗粒越小,热导率越低。

岩石和矿物的热导率与温度、压力有关系。一般说来,温度升高,热导率降低,特别是温度升至 473～700 K 时,热导率降低很快。在室温下,压力升高,沉积岩的热导率增大,最大的增值可达 0.44 W/(m·℃)。当压力从零升至 100 个大气压时,热导率变化最大。压力再升高,则热导率变化不大,或趋于一常数。

(六)放射性

天然放射性勘探方法所依据的是岩石和矿石中放射性元素成分及含量的差别。放射性矿物如铀矿等的放射性元素含量最高,锆石等稀有副矿物和磁铁矿等金属矿物次之,绝大多数造岩矿物的放射性元素含量都比较低。岩石的放射性元素含量以岩浆岩和变质岩为最高,沉积岩次之。岩浆岩中,按超基性、基性、中性、酸性的顺序,放射性元素含量逐渐增加。

人工放射性勘探方法中最重要的参数是元素的热中子俘获截面。氢、锂等元素的热中子俘获截面较小,镉、钆等元素的热中子俘获截面较大,钍、铀等元素的热中子俘获截面次之。

十五、岩石的机械性质

(1)岩石的强度:岩石的强度是指抵抗外力破坏的能力。

(2)硬度:岩石的硬度是指岩石抗压入的极限强度。

(3)岩石的塑性:在外力作用下,岩石破碎前呈现永久变形的性质叫岩石的塑性。

(4)岩石的研磨性:钻头破碎岩石的同时,其本身也受到岩石磨损,这种岩石磨损钻头的能力称为岩石的研磨性。

(5)岩石的可钻性:是指在一定条件下钻进岩石的难易程度,也可理解为钻进过程中岩石抗破碎强度的大小。

十六、岩石性质对钻井的影响

影响钻进速度与钻头进尺:使钻进过程中出现井漏、井喷、卡钻等。

复杂情况:钻井液受到污染,性能变坏,井径不规则,进而影响到测井、固井等。

(1)黏土岩层。泥岩和页岩一般较软,钻速快,但容易产生钻头泥包。这种地层极易吸收钻井液中的自由水而膨胀,导致井径缩小。随着浸泡时间的延长,井壁会产生垮塌现象,井径扩大。

(2)砂岩层。砂岩一般来说是较好的渗透层,在井壁上易形成较厚的滤饼,易引起泥饼黏附卡钻。另外,滤饼对测井也有影响,所以必须使用优质钻井液。

(3)砾岩层。在砾岩层中钻进易发生跳钻、蹩钻和井壁垮塌。

(4)在当地层软硬交错时,易发生井斜,地层倾角较大者也易发生井斜。

(5)当岩层中含有可溶性盐类,即钻到石膏层、盐岩层时,要注意对钻井液性能的影响。

十七、钻井中地质录井工作

(1)钻时录井:是通过计时器把实钻一个规定的单位进尺的时间反映并记录下来的过程,一般用"min/m"表示。

井深计算:

$$井深=钻具总长+方入$$

$$钻具总长=钻头长度+接头长度+钻铤长度+钻杆长度$$

方入的计算:

到底方入＝井深－钻具总长

整米方入＝新钻杆到底方入＋前一根单根打完时的井深与其紧邻的整米井深之差值

记录方法:就是将钻时、接单根、停钻、停泵、变泵等一些情况详细记录在钻时记录表上。钻时的变化能反映地层的坚硬或松散程度。根据钻时的大小可以粗略地判断岩性和进行地层对比。根据钻时记录绘制钻时曲线,并结合有关地质资料,对地层、岩性、含油气等情况进行综合分析。

(2)岩屑录井:在井深不断加深过程中,按照一定的取样间距和迟到时间,将岩屑连续收集起来,进行观察、分析,并综合运用各种录井资料进行岩屑归位,以恢复地下原始剖面的过程。

(3)岩心录井:利用取心工具,将井下一定深度地层的岩石以柱状形式取上来,并对其进行分析、研究而取得各项资料的过程。

(4)荧光录井:石油中的油质、沥青等在紫外光的照射下,能发出一种特殊光亮,就是荧光。根据荧光显示的亮度及颜色的差别,测定出石油的含量和组成成分,对油气层进行定性和定量解释,就是荧光录井。荧光录井的方法有岩屑干照法和点滴分析法。

(5)气测录井:用气测仪器通过直接测定钻井液中气体含量,从而判断油气层的过程叫做气测录井。

十八、冲积平原

冲积平原指河流挟带的泥沙进入低地堆积而成的平原。冲积平原是人类重要的栖息地,是每个国家工业、农业、商业、交通运输业和文化的重地,对它的研究已愈来愈受到重视。

(一)形成条件

冲积平原是河流受构造运动(上升转为下降)、地形(从山地到低平谷地)和人为因素(筑堤、修水库)等影响,水流流速减缓,导致泥沙大量堆积而成。它的形成条件有3个:①在地质构造上须是相对下沉或相对稳定的地区,在相对下沉区形成巨厚冲积平原,在相对稳定区形成厚度不大的冲积平原;②在地形上须有相当宽的谷地或平地;③须有足够的泥沙来源。

(二)类型

根据形成部位分为:①山前平原,位于山前地带,为洪积－冲积型平原。河流出山口入平原,河流比降急剧减小,发生大量堆积,形成冲积或洪积扇,几条河流的冲积扇或洪积扇联结即成洪积－冲积平原(如黄河出孟津后和邻近其他河流在山麓带共同形成的平原)。②中部平原,冲积平原的主体,沉积物主要是冲积物,常夹有湖积物、风积物甚至海相堆积物。中部平原坡度较缓,河流分汊,水流流速小,沉积的物质较细。洪水时期,大量悬浮物随洪水溢出,在河槽两侧堆积成天然堤和天然堤外的泛滥平原。天然堤若被洪水冲溃,河流便沿决口处改道。中部平原上的河流经常改道留下许多,并保留一些沙堤、沙坝、迂回扇、决口扇和洼地等地貌和沉积物。③滨海平原,为冲积－海积型平原,其沉积物很细,湖沼面积大。因有周期性的海潮入侵,形成海积层和冲积层的相互交错现象,还常见海岸沙堤或贝壳堤、湖等地貌。

根据形状分为:①冲积扇平原,大量泥沙堆积在山地河流出山口处所成扇形的平原。②泛滥平原,沿河搬运的泥沙在洪水期经常泛滥、堆积在河床两侧的河漫滩上,沿河呈带状分布的大型平原。③三角洲平原,河口区的泥沙所成的,进一步发展而成的平原。

(三)特征和分布

冲积平原是一片比较广大而平坦的陆地,其主要特征是地势低平,起伏和缓,海拔大部分在 200 *m* 以下,相对高度一般不超过 50 m,有的仅 10～20 m;坡度一般在 5°以下,有的不到 1°或 0.5°。

冲积平原分布于不同高度、纬度和河流的不同部位(上、中、下游)。以中国为例,位于第一地形台阶青藏高原面上的有雅鲁藏布江上游的马泉河串珠状宽谷冲积平原,海拔在 4 550 m 以上;位于第二地形台阶高原面上的有黄河中游河套冲积平原、关中渭河冲积平原,海拔 1 300～300 m;但更多的是分布于东部最低一级地形台阶上的河流中下游的平原,如东北平原、黄淮海平原、长江中下游平原(见图 6-5)、珠江三角洲平原等,海拔多在 200 m 以下。

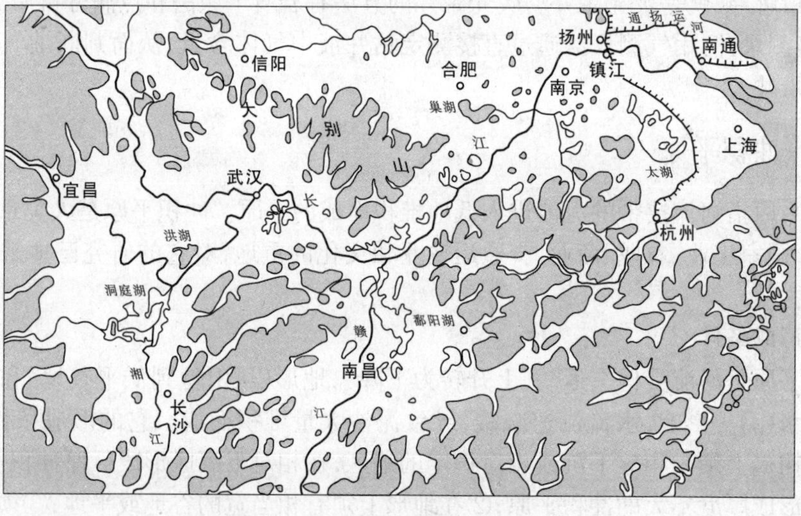

图 6-5　长江中下游平原示意图

冲积平原随所处的纬度不同,其物质组成地貌形态等亦有不同。例如位于北纬 42°以北的俄罗斯平原(即东欧平原),北部受冰川、冰缘等作用影响,平原面布有冰碛、冰砾阜地形,组成的物质较粗,磨圆度不好;南部不受冰川、冰缘作用的影响,物质组成较细,分选和磨圆度较好。地处寒温带的中国松嫩平原,山区森林覆盖面积较广,水流较弱,限制了河流的下切作用和流水的下渗能力,因此在平原面上多湿地、沼泽、湖泊,平原的物质组成较细。位于赤道附近的南美洲亚马孙河平原,全年高温多雨,无论是河网密度、流域面积和水量均居世界首位,平原面上有大片湿地、沼泽。

十九、地质仪器

地质工作中使用的收集、存储、识别、处理地质信息,解释和推断地质现象的器具。地质信息涉及的范围极为广泛。宏观方面包括大地构造、地形、地貌、地层、地球物理场的各种物性参数,土壤和水域中化学元素的含量与分布情况等;微观方面包括岩石、矿物的光片和薄片在显微镜下呈现的物质组成、结构和演变特征,元素的裂变径迹等。地质信号的波谱窗口,从 γ 射线开始,经 X 射线、可见光、红外辐射、雷达波,到甚低频波,遍及各波段。地质信号往往十分微弱,被淹没在强大的噪声与干扰背景之中。电信号有时只有百分之几微伏,元素含量有时只有十亿分之几。因此,提取和处理这些地质信息的仪器要有极高的灵敏度、分辨能力和抗干扰能力。

地质仪器种类繁多,其工作原理几乎涉及物理和化学的各学科,同时又是地球科学知识与电子技术、微弱信号检测技术、通信技术、自动化技术、计算机技术、光技术、航空与航天技术等多种高科技相结合的产物。

(一)地质仪器的发展简史

最早的地质仪器大多是光学仪器或机械仪器。中国古代四大发明之一的罗盘的应用,导致了地磁偏角的发现。它同长期以来使用的铁锤和放大镜,一直是野外地质工作的基本工具。东汉张衡发明的地动仪就是一种机械式地震仪。机械式磁力仪差不多使用了400 年之久。常规化学分析方法(如重量法、滴定法等)的仪器,使用历史也很久,有的沿用至今。

1906 年制造成功的三极管使人类步入电子时代,地质仪器也由此迅速发展。仪器的测读系统经历了电子管和晶体管两代。早期采用反馈技术来提高稳定性和输入阻抗等技术指标,利用电磁屏蔽及各种模拟滤波器来抗干扰和作原始的数据处理。第二次世界大战以后,离散时间信号处理理论和统计通信处理理论逐渐成熟;60 年代集成电路出现,使这些理论的应用成为可能,地质仪器向数字技术方向发展,并开始使用相关接收、匹配滤波、多次平均等技术解决强干扰背景中微弱信号的检测和估值问题。

60 年代后期,计算机技术开始引入地质研究,被用于地质数据采集、处理、运算,地质图件绘制,地质资料的推断解释等多方面。野外或室内采集的原始数据,先记录在数字磁带或磁盘等媒介中,经过校正、偏移、滤波、延拓、微分等处理,提取有用信息,用以建立数据库,或作进一步的分析和运算。计算或处理的结果,可用于绘制各种地质图件。在推断解释方面,利用人机联作方式,采用图像综合技术,与多元统计或模糊数学结合,据以划分矿带、古生物带、岩性岩相带、判别矿与非矿等。人工智能在发展地质专家系统方面也取得了显著进展。

70 年代后期,使用了微型计算机,野外或室内仪器由简单的数据采集系统,发展到具有操作管理、故障自检、现场或实时处理、成图等功能,并能进行一定的解释推断。

地质仪器的另一个方面的重要发展与遥感技术的应用有关。地质遥感技术是找矿、找水、找油(气)和地热勘查等地质工作的先进手段。有些(如铜、铅、锌、煤等)有特殊的热异常,可以通过红外遥感发现;利用雾状异常和构造圈闭可寻找;利用色调异常可以找水;利用人造卫星上不同波段的遥感装置测得地壳、地幔和地核的重力、磁力异常,可以研究地球内部构造。遥感技术包括 3 个系统。第一个系统是遥感信息收集系统,其仪器装备包括传感器和运载工具。传感器有:①能以摄影方式同步取得同一目标物反射多波段信息的多光谱照相机;②采取扫描方式获取目标物本身发射中远红外信息的红外扫描仪;③用扫描方式同步取得同一目标物反射或发射多波段信息的多光谱扫描仪;④通过扫描取得目标物本身发射微波信息的微波扫描仪;⑤通过扫描取得目标物散射雷达脉冲回波信息的微波雷达等。运载工具有遥感汽车和遥感高塔等,属地面遥感运载工具;飞机和气球,属航空运载工具;资源火箭、卫星、宇宙飞船和航天飞机,属航天运载工具,主要是使用飞机和卫星作为运载工具。第二个系统是遥感信息接收和预处理系统,即地面系统,包括遥感信息的接收、记录、预处理和储存用的仪器装备。第三个系统是遥感资料的分析解释系统。

遥感技术发展很快。卫星类型将向高质量、长寿命、能往返和专业化发展;世界各国将各自建立多功能、综合性的地面接收系统,遥感信息的获取、传送和接收技术将更加实时和快速;专业化的卫星(如陆地卫星-D)的发射将能提供更丰富的地质信息。

可以说,离开地质仪器就没有地质科学的深入发展。例如,显微镜在地质学中的应用结束了历史上关于岩石成因的水成说与火成说之争。又如根据下地壳地震波速特征,地质学家们曾长期认为,地壳岩石相当于辉长石,然而高温高压实验表明,稳定的岩石应更接近于和石榴子石变粒岩。地质科学与地质仪器的发展常常是相辅相成的。例如,30年代晶体化学在地学中的应用,使分析测试仪器进入地学仪器的行列。电子显微镜、电子探针等高精度仪器的出现,使微矿物学、微观结构及微区分析技术迅速发展,成为地质学新的分支学科。

地质仪器正朝着多功能、多参数、多信息、具有综合处理功能的智能化系统的方向发展。

(二)地质仪器的分类

按照研究内容,地质仪器大体上可分为以下3类:

(1)用于研究地球组成物质的仪器。在样品化学特征(成分与分配等)研究方面,除常规的重量法、容量法、比色法所用设备外,常用实验室精密仪器有各种原子吸收光谱仪、原子荧光光谱仪等。这类仪器能测定60~70种微、痕量元素,检出限可达到ppb(10^{-8})级。

在岩石矿物的鉴定与结构研究等方面,双目显微镜、偏光显微镜、干涉显微镜等仍是快速初步鉴定,进行宏观描述以至研究显微构造的基本工具。由电视摄像机、微型计算机等组成的全自动图像分析仪,是对岩矿薄片或光片图像几何要素进行定量测定的工具。它可以提供如粒度、形态、基质和孔隙度等方面的数据,还可对岩石的矿物组成作模式分析,以及研究卫星图片等。

(2)用于研究地球构造的仪器。随着地质学和地质工作的发展,越来越多地涉及地球深部及掩盖地区(包括海底),使用遥感技术取得地表构造的大片直观影像和深部资料。

地震勘探仪器是记录地面振动的仪器。根据地震勘探仪器记录到的弹性波在地下的传播特性,可探明地质构造,区分地层,推断地球内部物理性质以及监测地震活动。地震勘探仪器分天然地震仪和人工地震仪两类。天然地震仪主要用于地震监测和地球物理研究。人工地震仪用于记录人工爆炸或其他可控震源激发的震波,在水文地质、工程地质等领域使用,以获得包括岩石类型等在内的区域和局部构造的详细资料。按照不同用途分为石油勘探地震仪、工程浅层地震仪,以及用在地震工程中的强震仪等。

磁法勘探仪器是测量磁场强度和磁性参数的仪器。根据磁测数据,可以划分岩性,发现和追踪断裂构造,研究基底构造,居里点深度界面以上磁性变化及其结构形态等。

重力勘探仪器是测定重力加速度的仪器。它以地下岩(矿)石密度差为依据,提供大地测量、地球物理及地质勘探和空间技术所需的重力资料。

电法勘探仪器是利用自然电场、大地电磁场或人工电流场,测量地壳中岩石、矿石的电磁学性质的时间域或者频率域响应的仪器。测取频域特性的有各种电阻率仪、频率测深仪等。时间域仪器测取大地的自由响应特性,各种瞬变电磁仪以此为依据。地质雷达及无线电波透视仪也可用来研究地质情况;地电化学探测仪是将电法与化探相结合的仪器。

核法勘探仪器是测量地壳内放射性元素辐射的或通过人工激发由非放射性元素辐射的射线的仪器。可以用来查找放射性矿床及其共生的金属矿床,寻找油气圈闭构造、基岩裂隙水,以及在工程中探查隐伏断裂等。常用仪器有 ϕ^2 和 γ 辐射仪、能谱仪、射气仪、X 射线荧光分析仪、热释光剂量仪、径迹扫描仪以及室内样品分析用的各种放射性测量仪器。

钻探机是在掩盖地区(包括水下)为取得实物,必须使用钻机,钻机按深度、钻孔口径、钻进方法、冲洗液种类等划分有多种类型。

勘探地球物理测井仪器是运用物理学原理和方法,沿(钻井)剖面测量岩石的物性参数的仪器。按所利用的岩石物理性质不同,分为电法测井仪器、磁法测井仪器、声波测井仪器、放射性测井仪器、热测井仪器和重力测井仪器等。根据所测各种地质参数,可划分钻井剖面的岩性,评价(油)气、水层,发现矿藏,确定矿层含量、品位,研究地质构造、沉积环境以及检查井下技术状况等。

(3)用于研究地球演变过程或地质事件年龄的仪器。根据放射性同位素衰变原理而建立的同位素地质年代测定法,以及通过测定稳定同位素的比例来确定岩石或矿石中某些成分的来源的方法。所使用的仪器有各种超高真空、高精度的质谱仪和离子探针,以及制备样品所需设备。用于地质年龄测定的还有裂变径迹法和热释光剂量法所用的仪器,包括显微镜、自动图像仪、热释光剂量仪等。

测定岩石的天然剩余磁性,分析它们的磁化历史,可以研究大陆漂移、海底扩张,确定岩石年龄,研究岩石地质史等。测量岩石剩余磁性的仪器有无定向磁力仪、旋转磁力仪、超导磁力仪及相应的退磁设备等。

高温高压实验设备的起源及演化理论模式等问题提供科学实验数据的重要工具,用来进行地壳和地幔中岩浆岩类及其矿床成因模式的实验研究,地球深部物性、相变和相互关系的实验研究,及交代作用的实验研究等。常用的高温高压设备如热液反应装置,可在 500 ℃以下,0.1 GPa 压力下工作;冷封口式高温高压水热设备,可在 1 050 ℃、1 GPa 压力的状况下工作。

除以上几方面外,地质工作所需的仪器还包括:海洋地质调查需用的导航、定位、测深设备;观察地球自转、极运动等用的甚长基线射电干涉仪;进行各种模拟实验的仪器设备以及水文地质工程地质需用的静力触探仪、测检仪、地下管道探测仪等。

二十、许用应力

机械设计中允许零件或构件承受的最大应力值。要判定零件或构件受载后的工作应力过高或过低,需要预先确定一个衡量的标准,这个标准就是许用应力。凡是零件或构件中的工作应力不超过许用应力时,这个零件或构件在运转中是安全的,否则就是不安全的。许用应力是机械设计中的基本数据。在实际应用中,许用应力值一般由国家工程主管部门根据安全和经济的原则,按材料的强度、载荷、环境情况、加工质量、计算精确度和零件或构件的重要性等加以规定。许用应力等于考虑各种影响因素后经适当修正的材料的失效应力(静强度设计中用屈服极限或强度极限,疲劳强度设计中用疲劳极限)除以安全系数。塑性材料(大多数结构钢和铝合金)以屈服极限为基准,除以安全系数后得许用应力;脆性材料(铸铁和高强钢)以强度极限为基准,除以安全系数后得许用应力。塑性材料和脆性材料并没有严格的绝对界限,所以有时很难预先确定用屈服极限还是用强度极限为基准来确定许用应力。例如低碳钢的屈服极限与强度极限的比值(称为屈强比)小于1,所以以屈服极限为基准的许用应力总是小于以强度极限为基准的许用应力。随着高强钢的采用,材料的屈强比不断提高,就可能出现相反的情况。考虑到确定许用应力有这两种可能性,在室温静载荷下工作的零件或构件的设计中,应同时求得两种情况下的许用应力,加以比较,取其较小值。在疲劳强度设计中,一般应用安全系数表示的强度判据进行疲劳强度的验算。

二十一、钻杆使用注意事项

(1)新钻杆初次使用时应将钻杆丝扣上的保护脂擦抹干净,用水或空气清洗钻杆内壁,然后往钻杆内外扣上涂抹丝扣油。钻杆应避免长期露天存放,存放前应将钻杆擦拭干净并在其外壁及丝扣部分涂抹防锈油脂。

(2)每次连接钻杆时要切记向钻杆丝扣涂抹丝扣油,并对钻杆施加额定扭矩80%以上的上扣扭矩,然后再送钻井液正常钻进。

(3)钻杆使用过程中始终不要使其承受超过额定扭矩和额定拉力。

(4)应使钻杆所承受的曲率半径始终大于允许最小曲率半径,否则钻杆容易因承受过大的弯曲力而断裂或产生隐形疲劳裂纹。这种情况特别容易发生在与扩孔钻头连接的第一根钻杆靠近扩孔钻头的0.3~0.8 m处,且在未断裂时不会被人注意。这根钻杆在以后的使用中随时都可能断裂,造成重大损失!这就是进口钻机配置加强钻杆(或称起始杆)的重要原因。因此,为了提高钻杆的使用寿命,更为了避免重大损失,建议在普通钻杆与扩孔钻头(尤其是大直径扩孔钻头)间连接加强钻杆。

(5)定期检查钻杆接头和杆体的磨损情况,视磨损程度适当减小钻杆所承受的拉力和扭矩,磨损严重的应及时更换。

二十二、水井

主要用于开采地下水的工程构筑物。它可以是竖向的、斜向的和不同方向组合的,但一般以竖向为主,可用于取水、排水,也可用于注水。

水井对于人类文明的发展有着重大意义。水井出现之前,人类逐水而居,只能生活于有地表水或泉的地方。水井的发明使人类活动范围扩大。中国是世界上开发利用地下水最早的国家之一。中国已发现最早的水井是浙江余姚河姆渡古文化遗址水井,其年代为距今约5 700年。这是一口相当精巧的方形木结构井,井深1.35 m,边长为2 m。由此推断,原始形态的井的出现还要早得多。

根据地下水的埋藏分布、含水层岩性结构,人类创造了多种多样的井型。

中国民间长期习用的是圆形筒井。直径多为 1～2 m,深度一般为数米到 20～30 m,施工时人可直接下入井筒中挖掘土石。这种井只宜于开采浅层地下水。

为了开采深部地下水,发展了口径较小(几厘米到几十厘米)而深度相当大(几十米至几百米)的管井。打管井需要专门的打井机械和采用比较复杂的工艺。早在公元前 250 年,在中国现今的四川省,就在坚硬岩石中大量开凿深达数十米乃至百米以上的井,开采地下卤水煮盐。打井揭露存有卤水的承压含水层后,地下水往往从井中自行流出,这种井便是自流井。中国四川省自流井(今自贡市)的地名即由此而得。现代世界各国主要用管井开采地下水,用动力钻机打井,以各种水泵作为提水工具。中国在 1949 年以前,只有少数城市有少量管井,用动力提水的井也为数不多;1980 年,全国动力提水的井发展到 220 万口,广泛用于工矿城镇供水、农业灌溉及其他目的。

为适应不同的地层条件,发展了斜井和水平的井。为了增大井的出水量,后来又出现了将水平的滤水管与竖向井筒结合起来的辐射井。这种井的主井筒直径可达数米,水平滤水管长数十米到一百多米,宜于开采埋藏浅、厚度小的松散或半胶结的含水层,也可用于截取河岸及河床下的潜流。砂砾层中的辐射井,出水量最大可达 1 m^3/s。中国西北部黄土中打的辐射井,出水量往往比同等直径的筒井增加十余倍至数十倍。

中国的坎儿井,巧妙地适应了干旱地区山前地带的自然条件,既能减少水分蒸发,又便于取水、输水。它包括地下廊道和一系列竖井。地下廊道底部低于地下水位的部分用以截取地下潜流;高于潜水位部分用于输水。竖井在开挖地下廊道时用于出土、通风;成井后作为取水及维修的通道。地下廊道出口处,往往还建有储水池。单条坎儿井的长度有达几十公里的。中国新疆至今仍有 2 000 条坎儿井在使用。

第二节　地热(深部)钻井设备

目前,国内用于超深层地热钻探的设备主要有石油钻机、水源钻机两种。石油钻机具有配置马力大、效率高等特点。但其价格昂贵,并且采用柴油机组作为动力,在城市范围内噪音大、污染严重等。水源钻机具有搬迁安装方便、配置动力较小、价格便宜等特点,突出的问题是钻探效率低、钻探深度小。

为此在钻机配置和选型时采用了石油和水源相结合的原则。当井深在 1 300 m 以内选择石家庄煤矿机械厂生产的 TSJ－1000 型;当井深在 1 300～1 500 m 之间时选择石家庄煤矿机械厂生产的 TSJ－2000 型;当钻井深度在 2 000～2 500 m 时选择石家庄煤矿机械厂生产的 GZ－3000 型;当钻井深度超过 3 000 m 时则考虑选择石油钻机。目前,在郑州或大部分地区地热钻井多在 3 000 m 以内,故仅介绍常用钻探设备。

一、常用钻机型号与性能

(一)GZ－3000 型钻机

石家庄煤矿机械厂生产。采用机械传动,部分气控操作,块装式结构,配双电动机或柴油机两种动力装置,绞车采用带式刹车,并配有水刹车,其性能指标见表6-4。

表6-4 GZ－3000型水源钻机主要技术参数

技术参数		GZ－3000(ZJ30)钻机
钻进深度(m)	Φ89钻杆	3 000
	Φ127钻杆	2 300
转盘通径(mm)		Φ445
转盘转速(正反)(r/min)		43 72 97 163
转盘扭矩(kN·m)		35
卷扬机单绳慢速提升能力(kN)		110
可配备动力	电动机 (kW)	110×2
	柴油机 (hp)	300
外形尺寸($L\times W\times H$)(mm)		9 353×4 800×2 290
主机重量(t)(不含动力部分)		26.2

(二)TSJ－2000E型水源钻机

石家庄煤矿机械厂生产。机械传动、转盘式。主要特点是:重心低、传动平稳、密封性能良好、机械拧卸钻具并备有搓扣油缸,另外还配备水刹车装置,辅助抱闸机构,可降低卷筒、闸带的损耗。适用于深井钻进、中深层石油、盐井矿、地热等开采,性能指标见表6-5。

表6-5 TSJ－2000E型钻机主要技术参数

技术参数		TSJ－2000E钻机
钻进深度(m)	Φ89钻杆	1 350
	Φ73钻杆	2 000
转盘通径(mm)		Φ660
转盘转速(正反)(r/min)		37 52 84 145
转盘扭矩(kN·m)		21
卷扬机单绳慢速提升能力(kN)		80
可配备动力	电动机(kW)	110
	柴油机(hp)	150
外形尺寸($L\times W\times H$)(mm)		4 340×2 372×1 290
主机重量(t)(不含动力部分)		6.98

(三)RPS3000型水井钻机

张家口探矿机械总厂生产。机械传动,气动控制的转盘式钻机,主要用于2 500～3 000 m地热资源和地下水的开发,以及石油、天然气的开发普查。主要特点是:钻进能力大,设备能力储备系数大,两台动力并车,动力匹配合理,操作灵活方便,安全可靠,表6-6为RPS3000型水井钻机主要技术参数。

表 6-6　RPS3000 型钻机主要技术参数

技术参数		RPS3000 型钻机
钻进深度(m)	Φ89 钻杆	2 600
	Φ73 钻杆	3 500
转盘通径(mm)		Φ445
转盘转速(正反)(r/min)		33.35　58.34　75.21　131.56
转盘扭矩(kN·m)		40
卷扬机单绳慢速提升能力(kN)		100
可配备动力	电动机(kW)	2×110
	柴油机(hp)	300
外形尺寸($L\times W\times H$)(mm)		
主机重量(t)(不含动力部分)		18

(四)ZJ50DB 钻机

BIG EASY(ZJ50DB)钻机是江汉油田与美国 LOADMASTER 公司合作开发的新一代交流变频电驱动概念钻机,采用独特的块装结构,具有拖装移运方便、安装简便快捷等特点,是目前国际先进钻机的形式,见图 6-6。

图 6-6　ZJ50DB 钻机

主要特点如下:

(1)绞车、底座、支撑座、井架、动力撬等部件全部为拖装式模块,现场拼接组装;

(2)底座为平行四边形结构,运输时为折叠片装结构,占用空间很小;

(3)井架为三节井架,液压油缸起升井架,井架基础节为栓销连接,中节和上节为机械式伸缩。

主要技术指标见表 6-7。

表 6-7 ZJ50DB 钻机主要技术指标

钻井深度	5 000 m(4-1/2″DP)	最大钩载(t)	350
游系结构	6×7	钢丝绳直径(mm)	Φ35
动力方式	AC－SCR－DC	绞车功率(hp)	1 500
井架高度(m)	41.5	转盘型号	27-1/2″

(五)ZJ40/2250L 钻机

1. 特点

(1)以 114 mm dia(4-1/2″)钻杆可达钻深为 2 500～4 000 m,最大钩载 2 250 kN,柴油机组经整体链条箱并车提供动力,分别驱动绞车、泥浆泵组等,绞车动力通过万向轴动力爬台,经链条变速箱驱动转盘,块装式底座、前开口“K”型井架的链条并车传动钻机。

(2)钻机动力采用“柴油机＋变矩器”的联动形式。

(3)采用整体链条箱并车,密封性好,安装方便。

(4)绞车滚筒开槽,气换挡。主刹车采用液压盘式刹车,辅刹车采用电磁涡流刹车。

(5)钻机的主要机械部件符合 API 规范,可以使用 API 会标。

2. 技术参数

名义钻深范围:Φ114 mm 钻杆 2 500～4 000 m,Φ127 mm 钻杆 2 000～3 200 m

最大钩载:2 250 kN

最大快绳拉力:275 kN

最大钻柱重量:130 t

绞车额定输入功率:735 kW

提升系统绳系:5×6(顺穿)

钢丝绳直径:Φ32 mm(1-1/4″)

游动系统滑轮外径:1 120 mm

水龙头最大静负荷:2 250 kN

中心管通径:75 mm(3″)

泥浆泵功率及台数:2 台 1 300 hp

泥浆泵最大工作压力:35 MPa

转盘开口名义直径:698.5 mm(27-1/2″)

井架型式及有效高度:K 型 42.5 m

钻台型式及高度块装式 7.5 m 净空高度 6.3 m 后台高度 1.07 m

辅助柴油发电机组(台数×功率):1×400 kW

柴油机型号:Volvo HDL－TDA1630GE

柴油机组

柴油机型号:G12V190PZL－3/0

数量及功率:3×810 kW

偶合器型号:YOZJ750－19.5ZhLsh

泥浆循环系统总容量:320 m

(六)ZJ40/2250D 钻机

1.特点

(1)ZJ40/2250D 直流电驱动钻机适用于,以 127 mm 钻杆钻深 2 000～3 200 m,以 114 mm 钻杆钻深 2 500～4 000 m 的石油天然气勘探开发井。

(2)电传动系统采用 AC－SCR－DC 传动方式。绞车、转盘、泥浆泵可实现无级调速,从而获得良好的钻井特性。

(3)绞车滚筒开槽,气换挡,主刹车采用液压盘式刹车,辅刹车采用涡流刹车或伊顿刹车。

(4)转盘采用独立驱动方式。

(5)平行四边形底座,可实现台面设备和井架低位安装,依靠绞车动力整体升起。

(6)钻机的主要机械部件符合 API 规范,打 API 会标。

2.钻机基本技术参数

名义钻深范围:Φ127 mm 钻杆 2 000～3 200 m,Φ114 mm 钻杆 2 500～4 000 m

最大钩载:2 250 kN

绞车额定功率:735 kW

主刹车:液压盘式刹车

辅助刹车:DS40 涡流刹车/236WCB

提升系统绳系:5×6 顺穿

钻井钢丝绳直径:Φ32 mm(1-1/4″)

水龙头中心管通径:Φ75 mm

泥浆泵型号及台数:F1300　2 台

转盘开口名义直径:Φ698.5 mm(27-1/2″)

井架型式及有效高度:K 型　43 m

钻台高度:7.5 m

转盘梁净空高度:6.3 m

传动方式:AC－SCR－DC

柴油机

　　柴油机发电机组台数及功率:2×1 200 kW

　　柴油机型号:CAT 3512B DITA

　　柴油机转速:1 500 r/min

　　发电机频率、电压:三相、50 Hz、600 V

辅助发电机:1×400 kW

　　柴油机型号:VOLVO

　　柴油机转速:1 500 r/min

　　发电机频率、电压:三相、50 Hz、400 V

气源压力:1 MPa

泥浆高压管汇(单立管):4″×35 MPa

泥浆循环系统总容量:280 m

图 6-7　ZJ50/3150D 钻机

(七)ZJ50/3150D 钻机(见图 6-7)

1. 特点

(1)ZJ50/3150DZ 直流电驱动钻机适用于,以 127 mm 钻杆钻深 2 800～4 500 m,以 114 mm 钻杆钻深 3 500～5 000 m 的石油天然气勘探开发井。

(2)电传动系统采用 AC－SCR－DC 传动方式。绞车、转盘、泥浆泵可实现无级调速,从而获得良好的钻井特性。

(3)绞车滚筒开槽,气换挡,主刹车采用液压盘式刹车,辅刹车采用涡流刹车或伊顿刹车。

(4)转盘采用独立驱动方式或复合驱动方式。

(5)平行四边形底座,可实现台面设备和井架低位安装,依靠绞车动力整体升起。

(6)钻机的主要机械部件符合 API 规范,打 API 会标。

2. 基本参数

名义钻深范围:114 mm 钻杆 3 000～5 000 m,127 mm 钻杆 2 800～4 500 m

最大钩载:3 150 kN

最大钻柱重量:160 t

绞车最大输入功率:100 kW(1 500 hp)

绞车挡数:4 挡,直流电机驱动

提升系统最大绳数(顺穿):12

钻井钢丝绳直径:Φ35 mm(1-3/8″)

游动系统滑轮外径:1 270 mm

水龙头最大静负荷:4 500 kN(500 st)

中心管通径:75 mm(3″)

泥浆泵(台数×功率):2 台×1 176 kW

转盘开口名义直径:952.5 mm(37-1/2″)

转盘挡数:2 挡 DC 电机独立驱动

井架型式及有效高度:K 型　45 m

钻台高度:9 m

面积(长×宽):12 m×10.31 m

净空高度:7.617 m

传动方式:AC－SCR－DC

动力及电传动系统

　主发电机组台数及输出有功功率:3×1 000 kW

　柴油机型号:CAT　3512B　DITA

柴油机功率:1 245 kW

柴油发电机组型号:SR－4

柴油发电机组转数:1 500 r/min

发电机频率、电压:三相 50 Hz、600 V

发电机容量:1 778 kVA

功率因数:0.7

辅助柴油发电机组台数及功率:1×300 kW

柴油机型号:VOLVO HDL－TAD1232GZ

发电机组型号:505F

转速:1 500 r/min

发电频率及电压:三相 50Hz、400V

直流电动机台数及功率:7×800 kW

电动机型号:YZ08(YZ08A)（串激）

电动机额定转速:970 r/min

电动机电压:750 V

SCR 传动柜:4 套(可切换驱动顶驱)

输入电压:600 V、AC

输出电压:0～750 V、DC、可调

输出电流:1 850 A (长期)、2 200 A(短时)、DC

泥浆罐有效容积:320 m^3

双立管高压管汇:4″×35 MPa

供气系统最高工作压力:1 MPa

(八)ZJ70/4500D 钻机(见图 6-8)

1. 特点

(1)ZJ70/4500D 直流电驱动钻机适用于,以 127 mm 钻杆钻深 4 000～6 000 m,以 114 mm 钻杆钻深 4 500～7 000 m 的石油天然气勘探开发井。

图 6-8　ZJ70/4500D 钻机

(2)电传动系统采用 AC－SCR－DC 传动方式,全数字或模拟控制。绞车、转盘、泥浆泵可实现无级调速,从而获得良好的钻井特性。

(3)绞车滚筒开槽,气换挡,主刹车采用液压盘式刹车,辅刹车采用涡流刹车或伊顿刹车。

(4)转盘采用独立驱动方式。

(5)平行四边形底座,可实现台面设备和井架低位安装,依靠绞车动力整体升起。

(6)钻机的主要机械部件符合 API 规范,打 API 会标。

2. 钻机技术参数

名义钻深范围:Φ127 mm 钻杆 4 000～6 000 m,Φ114 mm 钻杆 4 500～7 000 m

最大钩载:4 500 kN

绞车额定功率:1 470 kW

绞车挡数:4+4R

主刹车:液压盘式刹车

辅助刹车:DS70 涡流刹车 CB 刹车

提升系统绳系:6×7

钻井钢丝绳直径:Φ38 mm(1-1/2″)

水龙头中心管通径:Φ75 mm

泥浆泵型号及台数:F-600,2 台

转盘开口名义直径:Φ952.5 mm(37-1/2″)

转盘挡数:2+2R(或独立驱动)

井架型式及有效高度:K 型　45 m

钻台高度:9 m

转盘梁净空高:7.62 m

传动方式:AC-SCR-DC

柴油机

柴油机发电机组台数及功率:4×1 330 kW

柴油发电机组:cat3512B+SR4B

柴油机转速:1 500 r/min

柴油机功率:1 305 kW

发电机容量、频率、电压:1 900 kVA、50 Hz、600 V

SCR 柜:4 套

控制方式:一对二,全数字

气源压力:1 MPa

泥浆高压管汇(单立管):4″×35 MPa

泥浆循环系统总容量:400 m

二、常用泥浆泵型号与性能

目前常用的主要是石油系列和水文水井系列。

(一)BW1200 泥浆泵(水文水井系列)

该泵采用更换不同直径的缸套、活塞来改变泵的排量与压力。更换皮带轮的直径可改变泵的冲次,从而也可达到改变泵的排量与压力。表 6-8 为 BW1200 泥浆泵主要技术参数。

该型号泥浆泵主要用于在 1 500 m 以内钻井。适应最佳钻井深度是在 1 000 m 以内,超过 1 000 m 时钻井效率将会逐渐降低。

表 6-8　BW1200 泥浆泵主要技术参数(张家口探矿机械厂产品为例)

技术参数	单位	BW 1200 泥浆泵
活塞行程	mm	250
冲　次	min^{-1}	71
缸套直径	mm	150　130　110　85
理论排量	L/min	1 200　900　630　360
排出压力(75 kW)	MPa	3.2　4.4　6.2　11
排出压力(90 kW)	MPa	4　5.5　7.5　13
外形尺寸(长×宽×高)	mm	2 845×1 300×2 100
质　量	kg	4 000

(二)QZ3NB－350 **型泥浆泵**(石油系列)

青州石油机械厂生产的 QZ3NB－350 型泥浆泵,目前在 2 500 m 以内最为常用。此泵采用更换不同直径的缸套、活塞来改变泵的排量与压力。更换皮带轮的直径可改变泵的冲次,从而也可达到改变泵的排量与压力,其性能指标见表 6-9。

表 6-9　QZ3NB－350 泥浆泵性能指标

泵速(spm)	115						
缸筒直径(mm)	100	110	120	130	140	150	160
理论排量(L/min)	486	588	702	822	954	1 092	1 248
最高排出压力(MPa)	20	18	15	13	11	9.5	8.4
动力配备	电机型号 Y355L1－6　185～260 kW　985 r/min　气控						

该型号泥浆泵主要用于在 2 500 m 以内钻井。适应最佳钻井深度是在 1 000～2 000 m 之间,超过 2 000 m 时钻井效率将会逐渐降低。

(三)3NB－800 **型泥浆泵**(石油系列)

兰州石油机械厂生产,主要用于 4 000 m 地热、石油钻探,或用于 500～2 500 m 水平定向井螺杆钻。其性能指标见表 6-10。

表 6-10　兰石 3NB—800 泥浆泵排量

柴油机转速(r/min)	冲次(min^{-1})	活塞最大瞬时加速度	输入功率(hp)	缸套内径(mm)					
				110	120	130	140	150	160
1 400	160	30.319	800	16.42	19.56	22.93	26.59	30.53	34.73
1 300	149	26.29	745	15.29	18.22	21.35	24.77	28.43	32.34
1 200	137	22.23	685	14.06	16.75	19.63	22.77	26.15	29.74
1 100	126	18.80	630	12.93	15.40	18.06	20.94	24.05	27.35
1 000	114	15.39	570	11.70	13.94	16.31	18.95	21.76	24.75
900	102	12.32	510	10.47	12.47	14.62	16.95	19.47	22.14
相应缸套最大工作压力(kg/m^2)				329	276	236	203	177	156

图 6-9　石油系列泥浆泵

(四)其他石油系列泥浆泵

江汉油田泥浆泵(见图 6-9)系列产品主要有 SL3NB - 1600A、SL3NB - 1300A、SL3NB-1000 三种规格产品。该系列产品均为三缸单作用活塞泵,其设计特点是优选了参数,适当增长冲程,合理地降低冲次,以改善泵吸入性能。

动力端泵壳为钢板焊接结构,并经静力有限元法验证其强刚度。曲轴为直轴加偏心轮的组合式结构和弹性波纹管式的介杆密封装置,获得国家专利证书。传动齿轮为中硬齿面齿轮,以提高其承载能力。液力端阀箱为整体锻造直立式结构,余隙容积最小。K1:6 阀箱锥面经滚压处理,大大提高了与阀座的配合精度。上水阀体用定位板加扦板结构定位,方便可靠。阀箱阀座孔符合 API 标准。该系列产品按中国石油工业部 SY5138 标准生产,并按标准进行出厂试验。其型号和性能指标见表 6-11。

表 6-11　其他系列泥浆泵性能指标(石油系列)

型号	SL3NB-1600A	SL3NB-1300A	SL3NB-1000
型式	三缸单作用活塞式		
额定功率(kW (hp))	1 176 (1 600)	956 (1 300)	735 (1 000)
额定冲次(min^{-1})	120	120	110
冲程(mm(in))	305 (12)	305 (12)	273 (10-3/4)
齿轮传动比	3.657/4.206	3.657	3.482
额定转速(r/min)	438	438	383
吸入管直径(in)	12	12	10
排出管直径(in)	4	4	4
外形尺寸:长×宽×高(m)	4.72×2.82×2.66	4.30×2.05×2.45	3.75×2.16×2.05
质量(t)	27.1	20.8	15.8

第三节　钻井工具

一、水龙头

图 6-10　水龙头

江苏省高邮市华兴石油机械制造有限公司的产品见图 6-10。

(一)设计特点

(1)配 API 标准提环和双公扣短节。

(2)冲管盘根总成为盒式结构,可在钻台上迅速更换,不须拆下水龙带和鹅颈管。

(3)鹅颈管顶部的通孔为测井钢丝绳提供通道,配 4″API 水龙带接头。

(4)水龙头符合 API Spec 8C PSL1 规范,允许使用 API 会标。

(二)型号及参数。

各种型号及参数见表 6-12。

表 6-12　水龙头型号及技术参数

型号		SL135	SL160	SL170	SL225	SL450	LB140	CH125
最大静负荷(kN)		1 350	1 600	1 700	2 250	4 500	1 245	1 250
最高转数(r/min)		300	300	300	300	300	300	300
最高工作压力(MPa)		27.5	35	35	35	35	27.5	21
中心管通径(mm)		60	57	70	75	75	60	68
鹅颈管入口与垂线的夹角(°)		15	15	15	15	15	15	15
接头螺纹	接中心管	4-1/2 FH LH	4-1/2 REG LH	4-1/2 REG LH	6-5/8 REG－LH	6-5/8 REG LH	4-1/2 FH LH	4-1/2 FH LH
	接方钻杆	6-5/8 REG LH	6-5/8 REG LH	6-5/8 REG LH	6-5/8 REG LH	7-5/8 REG LH	6-5/8 REG LH	6-5/8 REG LH
外形尺寸:长×宽×高(mm)		2 291×638×648	2 267×781×660	2 169×638×648	2 980×1 060×860	3 034×1 096×1 110	2 291×638×648	620×660×2 099
质量(kg)		777	1 750	1 500	2 500	3 060	777	625

二、游车大钩

江苏省高邮市华兴石油机械制造有限公司产品如图 6-11 所示。游车与大钩连体，缩小了游车与大钩的长度，更好地满足顶部驱动钻井的工艺要求。游车大钩符合 API Spec 8C PSL1 规范，允许使用 API 会标。各种型号及参数见表 6-13。

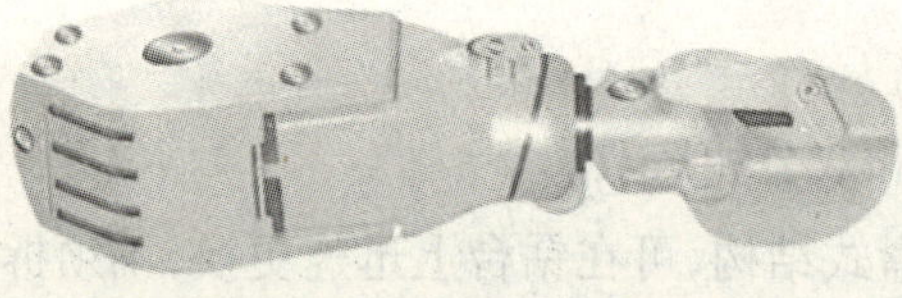

图 6-11 游车大钩

表 6-13 游车大钩型号及技术参数

型号	YG135	YG170	YG225	YC225	DG225
最大钩载(kN)	1 350	1 700	2 250	2 250	2 250
滑轮外径(mm(in))	760(30)	915(36)	1 120(44)	1 120(44)	—
滑轮数	4	5	5	5	—
钢丝绳直径(mm(in))	29(1-1/8)	29(1-1/8)	32(1-1/4)	32(1-1/4)	—
主钩口开口尺寸(mm)	150	180	190	—	190
弹簧工作行程(mm)	170	140	180	—	180
外形尺寸:长×宽×高(mm)	2 946×836×652	3 402×950×640	3 450×970×660	2 294×1 190×630	2 545×780×750
质量(kg)	3 126	4 594	4 732	3 713	2 180

三、旋扣器

方钻杆旋扣器是在钻井过程中利用液压或气压做动力，驱动方钻杆旋转，与小鼠洞卡钳配合使用，因而自动完成接单根的一种专用装置。其特点是安全、高效、减轻工人劳动强度。除快速接单根外，还可用在打捞作业、找寻方向或需要慢转的钻井工具上，以及钻大小鼠洞用。

XFK－77Y(Q)型方钻杆旋扣器是根据美国先进样机，结合国内情况研制的，这种旋扣器具有结构紧凑、使用灵便、安全可靠等特点。

XFK－77Y(Q)型方钻杆旋扣器主要由液压或气动马达、壳体、驱动轴、减速齿轮、主齿圈、棘轮牙嵌、轴承、密封件、制动圈和制动弹簧等部分组成。其技术参数见表 6-14(江苏省高邮市华兴石油机械制造有限公司产品)。

表 6-14 旋扣器技术参数

气动旋扣器参数		液压旋扣器参数	
型号	XFK－77Q 型	型号	XFK－77Y 型
最大输出扭矩	980 N·m(100 kgf·m)	最大输出扭矩	2 412 N·m(246 kgf·m)
最大输出转速	109 r/min	最大输出转速	78 r/min
总传动比	22.98:1	总传动比	22.98:1
夹持外径	196.85 mm(7-3/4″)	夹持外径	196.85 mm(7-3/4″)
外形尺寸	797 mm×635 mm×741 mm	外形尺寸	797 mm×635 mm×741 mm
质量	325 kg	质量	295 kg
气动马达参数		液压马达参数	
气动马达型号	TM×15A	液压马达型号	CMN－80
额定功率	14.7 kW(20 hp)	进口压力	16 MPa
转速	3 000 r/min	额定扭矩	18 N·m
耗气量	300 L/s	排量	80 mL/r
进气压力	0.5 MPa	进油口螺纹	ZG 1″
接气口螺纹	G 1-1/4″	回油口螺纹	ZG 1″

四、气动离合器

江苏省高邮市华兴石油机械制造有限公司产品如图 6-12 所示。

图 6-12 气动离合器

气动离合器是以压缩空气为操纵动力源的摩擦离合器。一般用于需要传递大转矩和以较快速度变换回转方向的设备上，如石油钻井机械、船舶、大型机械压力机、挖掘机、球磨机、橡塑机械等。

气动离合器传递转矩大，接合平稳，便于安装，吸振，能补偿少量主、从动轴角向和径向相对偏移，从动部分惯性小，使用寿命长，结构紧凑，密封性好。气胎变形阻力大，气胎材料时会降低气胎寿命,低于 -20 ℃时易使气胎变脆。气动离合器接合元件主要采用摩擦片、摩擦块等。

胎式离合器依据其结构形式的不同又可分为普通型与通风型两种。

(1)普通型:靠气胎传递扭矩,结构简单,制造、安装技术要求低,散热条件不如通风型,气胎容积较大,充气、放气时间较长,容易打滑。

(2)通风型:针对普通型不足之处而发展起来的一种气动离合器,在结构上增加了一套散热传能装置。

普通型、通风型的型号及技术参数见表 6-15、表 6-16。

表 6-15 普通型气胎离合器

型号		LT300/100	LT500/125T	LT600/125T	LT700/200	LT700/135CBC	LT800/135
图号		115.101.00	115.102.00	115.105.00	115.103.00	115.107.00	T14.013.00
转速 n (r/min)	极限	2 332~2 667	1 642~1 877	1 352~1 547	1 315~1 504	1 198~1 450	1 099~1 328
	额定	1 348~1 542	949~1 085	781~894	760~869	687~881	635~768
扭矩 m (N·m)	极限	3 080~4 030	10 455~13 670	14 810~19 360	33 080~43 270	22 350~32 660	28 850~42 160
	额定	2 025~2 686	6 790~9 114	9 875~12 908	22 060~28 850	14 900~21 775	19 230~28 080
工作压力 (MPa)		0.7~0.9	0.7~0.9	0.7~0.9	0.7~0.9	0.7~1.0	0.7~1.0
气胎容积 (L)		1.3	5.5	5.5	17	2~4	2.4~5
摩擦轮直径 (mm)		Φ296	Φ497	Φ597	Φ695	Φ696	Φ796
连接尺寸	轮缘直径	Φ450	Φ720	Φ820	Φ1 000	Φ900	Φ1 015
	轮缘宽度	115	154	154	246	176	176
	定位直径	Φ45h11	Φ720h11	Φ820h11	Φ1 000h11	Φ900h11	Φ1 015H11
	螺孔数量及直径	12-Φ13H12	12-Φ17H12	16-Φ17H12	12-Φ27H12 4-Φ25H8	20-Φ17H12	18-Φ17H12 6-Φ17+0.043
	螺栓孔分布直径	Φ430	Φ690	Φ790	Φ950	Φ870	Φ975
进气管螺纹		M20×1.5	M20×1.5	M20×1.5	M33×1.5	2-M20×1.5	2-M20×1.5

表 6-16　通风型气胎离合器

型号		AVB500/200	LT500/250T	AVB600/125	LT700/250T	LT700/135DY	LT800/250T
图号		G301.21.00	T14.014.00	G301.22.00	AF24001.02.01.00A	115.31.00	115.28.00
转速 n (r/min)	极限	1 312～1 578	1 586～1 701	1 281～1 544		1 569～1 890	1 016～1 224
	额定	758～912	916～983	740～892		907～1 092	587～707
扭矩 m (N·m)	极限	17 110～24 970	23 390～26 900	32 200～46 710		24 560～35 630	54 240～78 660
	额定	11 406～16 646	15 590～17 930	21 466～31 140	32 100～47 300	16 170～23 750	36 160～52 440
工作压力 (MPa)		0.7～1.0	0.7～0.8	0.7～1.0	0.7～1.0	0.7～1.0	0.7～1.0
气胎容积 (L)		13×2	3～5	2×2	2.28×2	24	2.66×2
摩擦轮直径 (mm)		Φ496	Φ496	Φ596	Φ696	Φ696	Φ796
连接尺寸	轮缘直径	Φ780	Φ750	Φ890	Φ1 010	Φ935	Φ1 115
	轮缘宽度	234	288	284	292	200	300
	定位直径	Φ300H8 40H8×80	Φ750f9	Φ340H8 40H8×100	Φ240+0.072	Φ360H10	Φ1 105f9
	螺孔数量及直径	10-Φ18H10	12-Φ18H10	12-Φ23H10	8-Φ32H10	16-Φ22H10	16-Φ22H10
	螺栓孔分布直径	Φ360	Φ720	Φ420	Φ300	Φ400	Φ1 070

型号		LT800/250T	LT900/250T	LT1070/200T	AVB1120/300	LT1170/250T	AVB1250/300
图号		115.29.00	ZB1.05.00	115.01.00	G301.25.00	115.02.00	G301.26.00
转速 n (r/mim)	极限	1 016～1 224	903～1 087	932～1 123		765～820	
	额定	587～707	522～628	539～668		442～474	
扭矩 m (N·m)	极限	54 240～78 660	68 000～98 930	84 600～122 670		117 740～134 130	
	额定	36 160～52 440	45 467～65 953	56 400～81 790	123 000～175 500	78 490～89 420	153 000～218 000
工作压力 (MPa)		0.7～1.0	0.7～1.0	0.7～1.0	0.7～1.0	0.7～0.8	0.7～1.0
气胎容积 (L)		2.66×2	3×2	30	3.96×2	5.7	44×2
摩擦轮直径 (mm)		Φ796	Φ897	Φ1 065	Φ1 116	Φ1 166	Φ1 246
连接尺寸	轮缘直径	Φ1 115	Φ1 230	Φ1 400	Φ1 450	Φ1 500	Φ1 580
	轮缘宽度	300	292	260	357	302	357
	定位直径	Φ350H8 40H8×100	Φ1 220～0.42	Φ1 400h11	Φ840H8 60H8×100	Φ1 500h10	Φ1050H8 60H8×90
	螺孔数量及直径	12-Φ22H10	16-Φ22H10	12-Φ27H10 4-Φ25H8	20-Φ23H10	12-Φ27H10	16-Φ25H10
	螺栓孔分布直径	Φ420H8	Φ1 184	Φ1350	Φ890	Φ1445	Φ1110
进气管螺纹		2-G1/2″	2-G1/2″	2-M33×1.5	2-G1/2″	2-M33×1.2	2-G1/2″

五、钻具

钻杆推荐使用石油系列 3-1/2 in(88.9 mm)和 5 in(127 mm),钢级 E。最小屈服强度 515 MPa,最大屈服强度 725 MPa,最小抗拉强度 690 MPa。钻铤分别使用 7 in(177.8 mm)和 6-1/4 in(158.8 mm),其强度分别为:屈服强度≥758 MPa,抗拉强度≥965 MPa;屈服强度≥689 MPa,抗拉强度≥930 MPa。

六、泥浆净化系统

超深层地热钻井深度大,对泥浆性能的要求特别高,所以必须配置净化系统。实际中根据场地情况采用长距离的泥浆槽和 2～3 个沉淀池及必要的除砂设备(振动筛和旋流器),泥浆首先经过振动筛将大颗粒岩屑或泥皮除去,然后再通过旋流器,利用离心力原理将小颗粒岩屑除去,达到泥浆净化目的。

七、拧管机(液压动力钳)

液压动力钳(见图 6-13)是用来安装在钻井平台上,对钻杆或套管实施上卸管柱螺纹作业的液压动力机械。ZQ－260/100 型液压动力钳由主钳和背钳组成,钳头开口大,低速大扭矩油马达输入动力、直齿圆柱齿轮传动,四挡变速,悬吊安装,气动进退。主钳及背钳钳头为双鄂板内曲面滚子爬坡式卡紧机构,以更换牙座方式适应不同管径上卸螺纹,牙板通用,主钳及背钳开口处设有气动安全门,还可配备扭矩调控系统,能有效地控制和显示上扣扭矩,是目前国内性能最好的液动大钳之一。

图 6-13　ZQ－260/100 型液压动力钳

ZQ－260/100 型液压动力钳技术参数如下:

(1)适应范围　主钳　140～244.5 mm
　　　　　　　背钳　156～270 mm

(2)高挡额定扭矩:5.8 kN·m
　　高挡最高转速:51 r/min

(3)次高挡额定扭矩:15.3 kN·m
　　次高挡最高转速:19.6 r/min

(4)次低挡额定扭矩:40.2 kN·m
　　次低挡最高转速:7.5 r/min

(5)低挡额定扭矩:100 kN·m
　　低挡最高转速:2.8 r/min

兰州石油机械研究所和无锡机器制造有限公司联合生产的 ZQ100 液气大钳,其液压系统工作压力 16.6 MPa,气压系统工作压力 0.5～1.0 MPa,最大扭矩 100 kN·m,额定流量 114 L/min,适用管径 $3\frac{1}{2}$～8 in,电驱动时电机功率 40 kW,移送气缸最大行程 1.5 m,大钳总重 3 500 kg。

八、SJ 型双向减震器

SJ 型双向减震器安装在紧靠钻头的钻柱上,在钻井过程中,它能同时减缓或吸收钻柱纵向和周向振动,从而减少钻头、钻具及地面设备的振动破坏,实现钻压和转速的最佳配合,降低钻井成本,提高钻井效率。其技术参数见表 6-17。

表 6-17　SJ 型双向减震器主要技术参数

型号	外径(mm)	内径(mm)	最大工作行程(mm)	最大活塞行程(mm)	环境温度(℃)	工作扭矩(kN·m)	最大钻压(kN)	允许上提拉力(MN)	总长度(mm)	接头螺纹 API	平均刚度(kN/cm)
SJ121	121	38	100	203	－40～150	10	300	1.2	4 208	NC35	35
SJ159 Ⅲ	159	47	120	203	－40～150	15	340	1.5	5 510	NC46	35
SJ178 Ⅲ	178	57	120	203	－40～150	15	340	1.9	6 210	NC50	39
SJ203 Ⅱ	203	65	120	220	－40～150	20	440	1.96	5 641	6-5/8 REG	39
SJ229 Ⅱ	229	71.4	120	230	－40～150	20	540	2.16	5 902	7-5/8 REG	35

九、YJ 型液压减震器

YJ 型液压减震器安装在紧靠钻头的钻柱上,它能很好地吸收或减缓轴向振动和冲击载荷,对延长钻头的使用寿命、保护钻具和地面设备具有良好的效果。其技术参数见表 6-18。

表 6-18　YJ 型液压减震器主要技术参数

型号	外径(mm)	内径(mm)	最大工作行程(mm)	最大活塞行程(mm)	环境温度(℃)	工作扭矩(kN·m)	最大钻压(kN)	允许上提拉力(MN)	总长度(mm)	接头螺纹 API	平均刚度(kN/cm)
YJ121	121	38	100	203	－40～150	10	260	980	4 116	3-1/2 REG	35
YJ178 ⅡA	178	57	125	203	－40～150	14.7	390	1 470	3 745	NC50	47
YJ203 Ⅱ	203	68	120	140	－40～150	19.6	490	1 960	3 945	6-5/8 REG	43
YJ229 Ⅱ	229	70	120	140	－40～150	19.6	540	1 960	3 885	7-5/8 REG	47

十、WL 型整体螺旋稳定器

WL 型整体螺旋稳定器按安放位置分为钻柱型和井底型。该产品在螺旋带上镶装硬质合金柱,具有硬度高、韧性好、耐磨性强、使用寿命长等特点。其技术参数见表 6-19。

表 6-19 WL 型整体螺旋稳定器主要技术参数

稳定器两端外径(mm(in))	工作外径(mm)	适用钻头直径(mm(in))	井底型接头螺纹		钻柱型接头螺纹	
			上端	下端	上端	下端
121(4-3/4)	158、158.7、157	158.7(6-1/4)	NC35	3-1/2 REG	NC35	NC35
159(6-1/4)	190.5、190、189	190.5(7-1/2)	NC44	4-1/2 REG	NC44	NC44
	215.9、215、214	215.9(8-1/2)	NC46		NC46	NC46
178(7)	190.5、190、189	190.5(7-1/2)	NC50	4-1/2 REG	NC50	NC50
	215.9、215、214	215.9(8-1/2)				
	244.5、244、243	244.5(9-5/8)				
203(8)	311.1、310、309	311.1(12-1/4)	C56	6-5/8 REG	NC56	NC56
	444.5、443、441	444.5(17-1/2)				
229(9)	444.5、443、441	444.5(17-1/2)	NC61	7-5/8 REG	NC61	NC61
	660.4、658、655	660.4(26)				

十一、SJQ 型水力加压器

SJQ 型水力加压器是一种在钻井过程中利用循环钻井液的液力给钻头施加钻压的井下工具,主要用于定向井、大位移井、水平井和小井眼井的加压与减震,也适用于普通直井的加压和减震。它具有双行程动作,即一段行程为大钻压工作,另一段行程为小钻压工作。因此,除了通过变排量来改变钻压之外,还可以通过改变行程来改变钻压。其技术参数见表 6-20。

表 6-20 SJQ 型水力加压器主要技术参数

型号	外径(mm)	上端螺纹 API	下端螺纹 API	闭合总长(mm)	活塞级数	工作行程(m)		最大抗拉负荷(kN)
						大钻压	小钻压	
SJQ89	89	NC26	NC26	5 580	5	0~0.3	0.3~0.5	500
SJQ121	121	NC38	NC38	5 580	5	0~0.3	0.3~0.5	1 000
SJQ165	165	NC50	NC50	5 500	4	0~0.4	0.4~0.7	2 000
SJQ229	229	7-5/8 REG	6-5/8 REG	5 100	3	0~0.5	0.5~0.8	4 000

十二、XFQ 型悬浮器

XFQ 型悬浮器安装在钻柱中和点附近使用,其特殊结构能使常规钻井时中和点以上钻柱在变化的旋转离心力作用下产生的轴向伸缩传递不到钻头上,因而消除了常规钻井时钻头上受到的巨大峰值钻压影响,使钻进平稳,有效地提高机械钻速,保护钻具。其技术参数见表 6-21。

表 6-21　XFQ 型悬浮器主要技术参数

型号	外径(mm)	内径(mm)	拉开行程(mm)	闭合总长(mm)	接头螺纹 API	最大抗拉负荷(MN)	工作扭矩(kN·m)	工作温度(℃)	适用井深(m)
XFQ159 Ⅰ	159	70	342～348	4 930	NC50	2	15	<150	0～1 500
XFQ159 Ⅱ	159	70	342～348	4 950	NC50	2	15	<150	1 500～2 500
XFQ 159C	159	70	342～346	4 494	NC50	2	15	<250	4 000～6 000
XFQ159D	159	65	342～346	3 581	NC46	1.6	15	<150	1 500～3 500
XFQ178	178	70	342～346	4 359	NC50	2.3	15	<150	1 500～3 000
XFQ203	203	71.4	366～370	4 765	6-5/8 REG	2.3	15	<150	3 500～4 500

十三、三牙轮钻头(以江钻油用牙轮钻头为例)

钻头直径代号:用数字(整数或分数)表示,其数字表示钻头直径英寸数。

钻头系列代号:对于三牙轮钻头,按其轴承及密封结构主要特征,分为 9 个标准系列和一个“王者之风”E 系列钻头新产品。除轴承和密封外,钻头结构上比较大的改进作为特殊结构,标准系列与特殊结构或特殊结构的组合组成特殊系列。对于单牙轮钻头,钻头系列代号以“Y×”表示,“Y”指一个牙轮,“×”为设计编号,代表不同的钻头设计特征。见表 6-22。

钻头分类号:分类号采用 SPE/IADC 23937 的规定,由三位数字组成,首位数为切削结构类别及地层系列号,第二位为地层分级号,末位数为钻头结构特征代号。

钻头附加结构特征代号:为了满足钻井及地层的某些特殊需要,钻头需改进或加强时,则在分类号后加附加结构特征,采用 1 个或多个字母表示。钻头附加结构特征代号见表 6-23。

表 6-22 油用钻头系列

序号	轴承及密封主要结构特征	标准系列	特殊系列	
			T(特别保径)	S(大井底覆盖)
1	滑动轴承橡胶密封	HA	HAT	HAS
2	滑动轴承金属密封	HJ	HJT	HJS
3	滚动轴承橡胶密封	GA	GAT	GAS
4	滚动轴承金属密封	GJ	GJT	GJS
5	浮动轴承橡胶密封	FA	FAT	FAS
6	浮动轴承金属密封	FJ	FJT	FJS
7	(王者之风)	E		
8	滑动轴承橡胶密封单牙轮钻头	YA		
9	滑动轴承橡胶密封强化型单牙轮钻头	YC		
10	非密封滚动轴承	W		

表 6-23 钻头附加结构特征代号

代号	附加结构特征
C	中心喷嘴
H	金刚石保径
G	掌背强化
L	掌背扶正块
Y	圆锥形齿

示例:8-1/2HJT537GL 钻头

8-1/2:钻头直径为 8.5 in(即 215.9 mm);

HJT:滑动轴承金属密封、特别保径;

537:低抗压强度,软至中地层镶齿钻头;

G:掌背强化;

L:掌背扶正块。

(一)油用浅井牙轮钻头

油用浅井牙轮钻头由上海江钻生产,钻头品种齐全 ,现有从 8-1/2″～26″的 3 个标准系列的近 200 个品种,其中 8-1/2″～12-1/4″适用于 2 000 m 以上浅部地层,13-5/8″～26″可适用于极软到极硬的各类不同地层。

钻头直径代号:用数字(整数或分数)表示,其数字表示钻头直径英寸数。

钻头系列代号:对于三牙轮钻头,按其轴承及密封结构主要特征,分为 3 个标准系列。除轴承和密封外,钻头结构上比较大的改进作为特殊结构,标准系列与特殊结构或特殊结构的组合组成特殊系列。见表 6-24 和图 6-14。

表 6-24　油用浅井牙轮钻头系列

序号	轴承及密封主要结构特征	标准系列	特殊系列
1	滑动轴承橡胶密封	SKH	SKHT
2	滚动轴承橡胶密封	SKG	SKGT
3	非密封滚动轴承	SKW	

图 6-14　浅井牙轮钻头

(二)HA 系列油用三牙轮钻头

其结构特点如下：

(1)采用滑动轴承形式，牙掌轴承表面堆焊硬合金层，牙轮轴承镶焊减磨合金后镀银，提高了承载能力和抗咬合能力。

(2)轴承 O 形密封圈采用耐磨、耐高温的高饱和丁腈橡胶，加大的密封圈截面减少了密封压力，精心设计的密封外端凸台提高了密封的可靠性。

(3)采用钢球或卡簧锁紧牙轮方式。卡簧锁紧能承受高钻压，钢球锁紧则可适应高转速。

(4)采用可限制压差并防止钻井液进入润滑系统的全橡胶储油囊，为轴承系统提供了良好的润滑保证。

(5)采用可耐 250 ℃高温、抗磨损的新型润滑脂。

(6)镶齿钻头采用高强度、高韧性硬质合金齿，优化设计的齿排数、齿数、露齿高度和独特的合金齿外形，充分发挥了镶齿钻头高耐磨性和优异的切削能力。钢齿钻头齿面敷焊新型耐磨材料，在保持钢齿钻头高机械钻速的同时，提高了钻头切削齿寿命。

产品优势：HA 系列钻头为 O 形橡胶密封滑动轴承钻头，在常规转速下使用可承受较高的钻压，配合不同的切削结构，可以适应极软到极硬地层。

可选型号：HA116、HA117、HA126、HA127、HA136、HA137、HA216、HA217、HA417、HA437、HA447G、HA517G、HA527G、HA537G、HA617G、HA637G 等。

(三)HJ 系列油用三牙轮钻头

其结构特点如下：

(1)轴承采用高精度配合的径向滑动、两道止推轴承；牙掌轴承表面堆焊硬合金层，牙轮轴承镶焊减磨合金后镀银，提高了承载能力和抗咬合能力。

(2)采用高精度的金属密封。金属密封由一副精心设计加工的金属密封环作为轴承轴向动密封，两个高弹性的橡胶供能圈分别位于牙掌和牙轮密封区域内作为静密封，优化的密封压缩量确保了两个金属环密封表面始终保持良好接触。

(3)钢球锁紧牙轮，适应高转速。

(4)采用可限制压差并防止钻井液进入润滑系统的全橡胶储油囊，为轴承系统提供了良好的润滑保证。

(5)采用可耐 250 ℃高温、抗磨损的新型润滑脂。

(6)镶齿钻头采用高强度、高韧性硬质合金齿，优化设计的齿排数、齿数、露齿高度和独特的合金齿外形，充分发挥了镶齿钻头高耐磨性和优异的切削能力。钢齿钻头齿面敷焊新型耐磨材料，在保持钢齿钻头高机械钻速的同时，提高了钻头切削齿寿命。

图 6-15 HJ 系列三牙轮钻头

产品优势：HJ 系列钻头采用了目前世界上最先进的密封技术之一——金属面密封，能够稳定地在高转速下钻进，是定向井、水平井钻井的理想工具。与常规橡胶圈密封钻头相比，在钻井参数相同情况下，其平均寿命(纯钻时间)可增加 35%。

可选型号：HJ117、HJ127、HJ137、HJ417、HJ437、HJ447G、HJ517G、HJ527G、HJ537G、HJ547G、HJ617G、HJ627G、HJ637G、HJ737G 等。如图 6-15 所示。

(四)GA 系列油用三牙轮钻头

其结构特点如下：

(1)滚动密封轴承结构，圆柱滚动体置于牙轮体凹槽内，加大了轴颈尺寸。

(2)止推轴承副表面分别进行减磨处理及硬化处理。

(3)采用可限制压差并防止钻井液进入润滑系统的全橡胶储油囊，为轴承系统提供了良好的润滑保证。

(4)钢球锁紧牙轮，适应高转速。

(5)采用可耐 250 ℃高温、抗磨损的新型润滑脂。

产品优势：GA 系列钻头为 O 形橡胶密封滚动轴承钻头，对于中低钻压的高转速钻井，它是理想而又经济的工具。

可选型号：GA114、GA115、GA124、GA125、GA134、GA135、GA214、GA215、GA415、GA435、GA515G、GA535G 等。

(五)GJ 系列油用三牙轮钻头

其结构特点如下：

(1)采用高精度的金属密封。金属密封由一副精心设计加工的金属密封环作为轴承轴向动密封，两个高弹性的橡胶供能圈分别位于牙掌和牙轮密封区域内作为静密封，优化的密封压缩量确保了两个金属环密封表面始终保持良好接触。

(2)将圆柱滚动体置于牙轮体凹槽内，加大了轴颈及滚动体尺寸。

(3)采用可限制压差并防止钻井液进入润滑系统的全橡胶储油囊，为轴承系统提供了良好的润滑保证。

(4)采用可耐 250 ℃高温、抗磨损的新型润滑脂。

(5)掌尖和掌背敷焊硬材料强化钻头保径，大尺寸钻头配有中心水眼。

产品优势：GJ 系列钻头为金属密封滚动轴承钻头。它采用了目前世界上最先进的密封技术之一——金属面密封，能够稳定地在中低钻压、高转速下钻进，是井下动力钻具和高转速转盘钻井的理想工具。

可选型号：GJ115、GJ135、GJ415、GJ435、GJ515G、GJ535G 等。如图 6-16 所示。

(六)FA 系列油用三牙轮钻头

其结构特点如下：

(1)采用浮动轴承结构，浮动元件由高强度、高弹性、高耐温性、高耐磨性特点的新材料制成，表面经固体润滑剂处理。在降低轴承副相对线速度的同时，减少摩擦面温升，能有效提高高钻压、高转速钻井工艺条件下的轴承寿命和轴承可靠性。

(2)轴承 O 形密封圈采用耐磨、耐高温的高饱和丁腈橡胶，加大的密封圈截面减少了密封压力，精心设计的密封外端凸台提高了密封的可靠性。

图 6-16　GJ 系列三牙轮钻头

(3)钢球锁紧牙轮，适应高转速。

(4)采用可限制压差并防止钻井液进入润滑系统的全橡胶储油囊，为轴承系统提供了良好的润滑保证。

(5)采用可耐 250 ℃高温、抗磨损的新型润滑脂。

(6)镶齿钻头采用高强度、高韧性硬质合金齿，优化设计的齿排数、齿数、露齿高度和独特的合金齿外形，充分发挥了镶齿钻头高耐磨性和优异的切削能力。钢齿钻头齿面敷焊新型耐磨材料，在保持钢齿钻头高机械钻速的同时，提高了钻头切削齿寿命。

产品优势：FA 系列钻头为 O 形橡胶密封浮动轴承钻头，适合中高转速及高钻压钻井作业，配合不同的切削结构，可以适应极软到极硬地层。

可选型号：FAT127、FA437、FA447G、FA5117G、FA537G、FAT617G、FAT637G、FAT737G 等。

(七)FJ 系列油用三牙轮钻头

其结构特点如下：

(1)采用浮动轴承结构，浮动元件由高强度、高弹性、高耐温性、高耐磨性特点的新材料制成，表面经固体润滑剂处理。在降低轴承副相对线速度的同时，减少摩擦面温升，能有效提高在高钻压或高转速钻井工艺条件下的轴承寿命和轴承可靠性。

(2)采用高精度的金属密封。金属密封由一副精心设计加工的金属密封环作为轴承轴向动密封，两个高弹性的橡胶供能圈分别位于牙掌和牙轮密封区域内作为静密封，优化的密封压缩量确保了两个金属环密封表面始终保持良好接触。

(3)钢球锁紧牙轮，适应高转速。

(4)采用可限制压差并防止钻井液进入润滑系统的全橡胶储油囊，为轴承系统提供了良好的润滑保证。

(5)采用可耐 250 ℃高温、抗磨损的新型润滑脂。

(6)镶齿钻头采用高强度、高韧性硬质合金齿，优化设计的齿排数、齿数、露齿高度和独特的合金齿外形，充分发挥了镶齿钻头高耐磨性和优异的切削能力。钢齿钻头齿面敷焊新型耐磨材料，在保持钢齿钻头高机械钻速的同时，提高了钻头切削齿寿命。

产品优势：FJ 系列钻头集合了 HJ 和 FA 系列钻头的优势，适合高转速和高钻压钻井作业。该系列钻头除常规地层外，还适合在夹层多、冲击震动较大的非均质地层中钻进。

可选型号:FJ117、FJT127、FJ437、FJ447G、FJ517G、FJ537G、FJ617G、FJ637G、FJ737G等。

(八)E 系列油用三牙轮钻头

它具有高钻速、长寿命的特点。适应高转速、高钻压钻井,是定向井、水平井、高温深井钻井的理想工具。

其结构特点如下:

(1)采用浮动轴承结构,浮动元件由高强度、高弹性、高耐温性、高耐磨性特点的新材料制成,表面经固体润滑剂处理。在降低轴承副相对线速度的同时,减少摩擦面温升,能有效提高高钻压或高转速钻井工艺条件下的轴承寿命和轴承可靠性。

(2)采用高精度的金属密封。金属密封由一副精心设计加工的金属密封环作为轴承轴向动密封,两个高弹性的橡胶供能圈分别位于牙掌和牙轮密封区域内作为静密封,优化的密封压缩量确保了两个金属环密封表面始终保持良好接触。

(3)钢球锁紧牙轮,适应高转速。

(4)采用可限制压差并防止钻井液进入润滑系统的全橡胶储油囊,为轴承系统提供了良好的润滑保证。

(5)采用可耐 250 ℃高温、抗磨损的新型润滑脂。

(6)采用先进的副齿布齿技术(即 S 特殊结构),解决了传统镶齿钻头井底覆盖系数低的问题,使钻头切削效率和牙轮壳体抗磨损能力显著提高。

(7)牙轮背锥齿出露一定高度,减小了钻头工作时牙轮背锥基体所受到的井壁摩擦力和摩擦热,有利于提高钻头轴承密封圈的寿命。

(8)采用不等距布齿,在齿排数、齿数、露高等方面都进行了优化,软地层镶偏顶勺型齿。

(9)牙掌侧面镶装有一定出露高度的切削齿,牙轮镶修边齿(即 T 特殊结构),使钻头的侧切能力显著加强,并确保完美的井身质量。

可选型号:E517G、E537G 等。

"王者之风"E 系列钻头是在新产品 FJ 系列钻头的基础上,集合 T、S 特殊结构和掌背主动保径侧切技术而开发的新型钻头系列,如图 6-17 所示。

图 6-17 E 系列三牙轮钻头

(九)YA 系列油用单牙轮钻头

其结构特点如下:

(1)采用牙轮和钻头体两级保径,钻头体上镶装主动切削保径齿和被动抗磨保径齿,钻头有较好的保径作用和倒划眼功能。

(2)牙轮的布齿采用交错布齿,牙轮形状、齿排数、齿数、露高等都进行了优选。

(3)水力系统采用主、副两水眼式结构,使用射流和扩散清洗两种类型的喷嘴,优化喷嘴组合。

(4)钻头轴承大、小轴密封采用先进的高饱和丁腈橡胶圈,优化的密封压缩量和特殊的保径结构设计,确保了轴承密封的高可靠性。

(5)牙掌轴承表面堆焊硬金属层,牙轮内孔镶焊减磨合金,提高了轴承工作能力。

(6)采用钢球锁紧牙轮,可适应高转速。

产品优势:应用领域比较广,不但适用于侧钻井施工,而且可在中深度井中使用。工作扭矩比 PDC 钻头在相同钻压和地层的条件下更低,可减少小尺寸钻具胀扣问题,避免井下事故。单牙轮钻头兼有三牙轮钻头和 PDC 钻头的优点,又分别弥补了二者的不足,比三牙轮钻头更适用于强度和塑性都大的地层,同时也能适用于 PDC 钻头难以对付的硬夹层和其他复杂地层。结构简单,轴承空间大,使用安全可靠,钻头尺寸容易小型化。

图 6-18　YA 系列单牙轮钻头

可选型号:YA437、YA517、YA537 等。如图 6-18 所示。

(十)YC 系列强化型油用单牙轮钻头

其结构特点如下:

(1)牙轮设计采用先进的阶梯牙轮结构,实现单牙轮钻头永久接触区与轮换接触区牙齿的等磨损性。

(2)在牙轮布齿面上,适应于单牙轮钻头牙轮上不同区域牙齿运动切削方式不同的特点,永久接触区布置锥球齿,轮换接触区布置楔形齿,提高牙齿破碎岩石的效率。

(3)在牙轮上牙齿磨损最严重的永久接触区,布置有金刚石复合齿,增强牙齿的耐磨性。

(4)牙轮顶平面上镶装有保护牙轮基体的硬质合金齿,防止牙轮基体磨蚀。

(5)钻头切削结构采用先进的单牙轮钻头运动学计算软件和井底轨迹仿真软件进行计算验证与模拟仿真,提高了钻头对井底的覆盖系数。

(6)优化设计的新型水力结构提高了水力系统的清洗能力,提高了机械钻速。

(7)小角度下水眼流道设计,增加掌背厚度,能有效防止流道冲蚀。

(8)牙掌保径块上镶装主动切削保径锥球齿,使钻头具有良好的保径作用和倒划眼功能。

产品优势:应用领域比较广,不但适用于侧钻井施工,而且可在中深井中使用。工作扭矩比 PDC 钻头在相同钻压和地层的条件下更低,可减少小尺寸钻具胀扣问题,避免井下事故。单牙轮钻头兼有三牙轮钻头和 PDC 钻头的优点,又分别弥补了二者的不足,比三牙轮钻头更适用于强度和塑性都大的地层,同时也能适用于 PDC 钻头难以对付的硬夹层和其他复杂地层。结构简单,轴承空间大,使用安全可靠,钻头尺寸容易小型化。钻头镶金刚石复合齿,使用寿命长。

图 6-19　YC 系列强化单牙轮钻头

可选型号:YC437、YC517、YC537 等。如图 6-19 所示。

第四节　钻井事故处理工具

一、LT－T 型可退式卡瓦打捞筒

LT－T 型可退式卡瓦打捞筒是抓捞井内光滑外径落鱼最有效的工具，能高泵压循环，也可以在井内释放落鱼。根据用途的不同配有加长节、壁钩、加大引鞋等附件。其外形及技术参数如图 6-20 和表 6-25 所示。

图 6-20　LT－T 型可退式卡瓦打捞筒

表 6-25　LT－T 型可退式卡瓦打捞筒主要技术参数

型号	外径 (mm(in))	螺旋卡瓦最大打捞尺寸 (mm(in))	篮状卡瓦最大打捞尺寸 (mm(in))	接头螺纹 API
LT－T89	89(3-1/2)	60(2-3/8)	47.5(1-7/8)	NC26
LT－T92	92(3-5/8)	63.5(2-1/2)	50.8(2)	NC26
LT－T102	102(4)	73(2-7/8)	60.3(2-3/8)	NC26
LT－T105	105(4-1/8)	82.5(3-1/4)	70.5(2-3/4)	NC31
LT－T111	111(4-3/8)	85.7(3-3/8)	57.2(2-1/4)	NC26
LT－T117	117(4-5/8)	89(3-1/2)	76(3)	NC31
LT－T127	127(5)	95(3-3/4)	79.5(3-1/8)	NC38
LT－T133	133(5-1/4)	104.7(4-1/8)	95(3-3/4)	NC38
LT－T140	140(5-1/2)	117.5(4-5/8)	105(4-1/8)	NC38
LT－T143	143(5-5/8)	121(4-3/4)	95(3-3/4)	NC38
LT－T152	152(6)	121(4-3/4)	105(4-1/8)	NC38
LT－T162	162(6-3/8)	133.5(5-1/4)	117.5(4-5/8)	NC46
LT－T168	168(6-5/8)	127(5)	114(4-1/2)	NC46
LT－T178	178(7)	123.8(4-7/8)	114.3(4-1/2)	NC46
LT－T187	187(7-3/8)	146(5-3/4)	127(5)	NC50
LT－T194	194(7-5/8)	159(6-1/4)	141(5-9/16)	NC50
LT－T200	200(7-7/8)	159(6-1/4)	127(5)	NC50
LT－T206	206(8-1/8)	178(7)	159(6-1/4)	NC50
LT－T213	231(8-3/8)	178(7)	159(6-1/4)	NC50
LT－T219	219(8-5/8)	178(7)	159(6-1/4)	NC50
LT－T225	225(8-7/8)	197(7-3/4)	184(7-1/4)	NC50

续表 6-25

型号	外径 (mm(in))	螺旋卡瓦最大打捞尺寸 (mm(in))	篮状卡瓦最大打捞尺寸 (mm(in))	接头螺纹 API
LT-T232	232(9-1/8)	203(8)	187(7-3/8)	NC50
LT-T238	238(9-3/8)	197(7-3/4)	178(7)	NC50
LT-T241	241(9-1/2)	213(8-3/8)	197(7-3/4)	NC50
LT-T245	245(9-5/8)	203(8)	190.5(7-1/2)	6-5/8 REG
LT-T254	254(10)	200(7-7/8)	190.5(7-1/2)	6-5/8 REG
LT-T260	260(10-1/4)	219(8-5/8)	200(7-7/8)	7-5/8 REG
LT-T270	270(10-5/8)	228.6(9)	209.5(8-1/4)	6-5/8 REG
LT-T273	273(10-3/4)	228.6(9)	203(8)	6-5/8 REG
LT-T279	279(11)	219(8-5/8)	193.5(7-5/8)	6-5/8 REG
LT-T286	286(11-1/4)	245(9-5/8)	225.5(8-7/8)	6-5/8 REG
LT-T302	302(11-7/8)	254(10)	235(9-1/4)	6-5/8 REG
LT-T340	340(13-3/8)	279(11)	228.6(9)	7-5/8 REG

二、DLT-T 型可退式倒扣捞筒

该工具是集打捞筒、母锥等工具之优点于一体的一种新型打捞工具。它的特点是倒扣、打捞,需要的话又可释放落鱼,还能进行洗井液的循环。它是倒扣器的配套工具之一,目前广泛应用于修井作业中(见表 6-26)。

表 6-26 DLT-T 型可退式倒扣捞筒主要技术参数

型号	外径 (mm)	接头螺纹 API	落鱼外径 (mm)	许用提拉负荷 (kN)	许用倒扣拉力 (kN)	许用倒扣扭矩 (N·m)
DLT-T48	95	2-7/8REG	47～49.3	250	117.7	3.1
DLT-T60	105	NC31	59.7～61.3	350	147.1	5.7
DLT-T73	114	NC31	72～74.5	420	176.5	7.8
DLT-T89	134	NC38	88～91	500	176.5	10.2
DLT-T95	140	NC38	94～96	710	198	11.5
DLT-T102	145	NC38	101～104	700	196	11.0
DLT-T114	160	4-1/2REG	113～115	890	196	12.2
DLT-T127	185	NC50	126～129	1 200	235	13.5
DLT-T140	200	NC50	139～142	1 500	235	15.3

三、ZDM 型钻具倒扣捞矛

该工具矛体上部一般为反扣钻杆接头螺纹,胀扣套为正扣钻杆接头螺纹,下部的引导锥能方便该工具的胀扣套与落鱼接头螺纹顺利对扣,上提钻具,胀扣套即可牢牢撑住落鱼,然后进行倒扣作业。其型号及技术参数见表 6-27。

表 6-27　ZDM 型钻具倒扣捞矛主要技术参数

型号	外径 (mm)	内径 (mm)	接头螺纹 API	打捞螺纹 API	适用倒扣钻具	最大提拉负荷 (kN)
ZDM40	152	28	NC46LH	NC46	4～4-1/2″钻杆 6-1/4～6-3/4″钻铤	350
ZDM46	121	12	NC38LH	NC38	3-1/2″钻杆 5″钻铤	350
ZDM46S	121	12	NC38	NC38	1/2″钻杆	350
ZDM62	159	28	NC50LH	NC50	4-1/2～5″钻杆 7″钻铤	500
ZDM62S	159	28	NC50	NC50	4-1/2～5″钻杆 7″钻铤	500
ZDM64	165	28	NC50LH	NC50	4-1/2～5″钻杆 7″钻铤	500
ZDM70	178	32	5-1/2FHLH	5-1/2FH	5-1/2″钻杆	700
ZDM70S	178	32	5-1/2FH	5-1/2FH	5-1/2″钻杆	700
ZDM80	203	32	NC50LH	6-5/8REG	8″钻铤	800
ZDM90	229	32	NC50LH	7-5/8REG	9″钻铤	800

四、TLM(LM)型可退式卡瓦打捞矛

TLM(LM)型可退式卡瓦打捞矛是一种结构简单、强度高、从落鱼内径进行打捞的工具。它主要用于打捞钻杆、油管、套管等,可与内割刀、震击器等工具配合使用,使切割、打捞一次完成。其型号及参数见表 6-28。

表 6-28　TLM(LM)型可退式卡瓦打捞矛主要技术参数

型号	卡瓦代号	打捞落鱼尺寸 (mm(in))	引锥直径 (mm(in))	抗拉载荷 (kN)	接头螺纹 API
TLM48	TLM48－2A	40.3(1-19/32)	37 (1-29/64)	200	NC26
	TLM48－2B	44.5(1-3/4)			
TLM60	TLM60－2C	46.1(1-13/16)	44 (1-3/4)	270	NC26
	TLM60－2A	47.4(1-7/8)			
	TLM60－2B	50.6(2),51.8(2)			
TLM73	TLM73－2C	54.6(2-5/32)	52 (2-3/64)	380	2-7/8REG
	TLM73－2D	55.5(2-3/16)			
	TLM73－2A	57.4(2-1/4)			
	TLM73－2B	62(2-7/16)			
TLM73A (TLM73B)	TLM73－2C	54.6(2-5/32)	52 (2-3/64)	280	NC31 (NC26)
	TLM73－2A	57.4(2-1/4)			
	TLM73－2B	62(2-7/16)			
TLM73C	TLM73C－2A	60.3(2-3/8)	55 (2-5/32)	430	NC26
	TLM73C－2B	69.9(2-3/4)			
	TLM73C－2C	73(2-7/8)			

续表 6-28

型号	卡瓦代号	打捞落鱼尺寸(mm(in))	引锥直径(mm(in))	抗拉载荷(kN)	接头螺纹API
TLM89A(TLM89)	TLM89A－2A	66.1(2-17/32)	61(2-13/32)	800	NC38(27/8REG)
TLM102A(TLM102)	TLM102－2A	84.8(3-21/64)	75(2-61/64)	1 000	NC38(NC31)
	TLM102A－2B	90.1(3-35/64)			
	TLM102A－2C	99.1(3-57/64)			
TLM102B	TLM102B－2A	73(2-7/8)	70(2-3/4)	1 000	NC38
	TLM102B－2B	76(3)			
	TLM102B－2C	88.9(3-1/2)			
TLM114A(TLM114)	TLM114A－2A	92.5(3-41/64)	82(3-7/32)	1 000	NC38(NC31)
	TLM114A－2B	100.5(3-61/64)			
	TLM114A－2C	102.3(4-1/32)			
TLM127A(TLM127)	TLM127A－2A	101.6(4)	95(3-3/4)	1 500	NC38(NC31)
	TLM127A－2B	108.6(4-17/64)			
	TLM127A－2C	115(4-1/2)			
TLM140A(TLM140)	LM54－1A	177.7(7)	102(4)	1 500	NC38(NC31)
	LM54－1C	124.3(4-57/64)			
	LM54－1E	127.7(5)			
TLM140B	TLM54－1E	127(5)	102(4)	1 500	NC46
	TLM140B－2	139.7(5-1/2)			
TLM168A(TLM168)	TLM168A－2A	140.3(5-1/2)	135(5-5/16)	2 200	NC50(NC38)
	TLM168A－2B	150.4(5-59/64)			
	TLM168A－2C	155.3(6-7/64)			
TLM178A(TLM178)	TLM70－2A	150.4(5-59/64)	144(5-21/32)	2 200	NC50(NC38)
	TLM70－2E	159.4(6-17/64)			
	TLM70－2G	163.98(6-29/64)			
TLM194A(TLM194)	TLM194A－2A	168.3(6-5/8)	160(6-19/64)	2 300	NC50(NC38)
	TLM194A－2B	174.6(6-7/8)			
	TLM194A－2C	179.7(7-5/64)			
TLM219	TLM219－2A	190.8(7-1/2)	180(7-5/64)	2 300	NC50
LM23	LM23－2A	46.6～48.4	46.5	340	23/8TBG
	LM23－2B	49.7～51.5			
	LM23－2C	51.4～53.2			
LM24	LM24－1	62	59	490	2-7/8REG
LM34	LM34－2A	61.97	59	588	NC38
	LM34－2B	66.09			
	LM34－2C	68.26			
	LM34－2D	70.9			
	LM34－2E	73.5			
	LM34－2F	77			

续表 6-28

型号	卡瓦代号	打捞落鱼尺寸(mm(in))	引锥直径(mm(in))	抗拉载荷(kN)	接头螺纹API
LM44	LM44－2A	79.37	78	980	NC50
	LM44－2B	82.55			
	LM44－2C	85.73			
	LM44－2D	90			
	LM44－2E	93.7			
	LM44－2F	96.5			
	LM44－2G	98.5			
	LM44－2H	101			
LM50	LM50－2A	108.6	102	1 470	NC50
	LM50－2B	112.0			
	LM50－2C	114.1			
	LM50－2D	115.8			
LM54	LM54－1A	118.6	102	1 470	NC50
	LM54－1B	121.4			
	LM54－1C	124.3			
	LM54－1D	125.7			
	LM54－1E	127.3			
LM70	LM70－2A	150.37	144	2 450	5-1/2FH
	LM70－2B	152.5			
	LM70－2C	154.79			
	LM70－2D	157.07			
	LM70－2E	159.41			
	LM70－2F	161.7			
	LM70－2G	163.98			
	LM70－2H	166.09			
LM85	LM85－2A	8-5/8CSG 190.8～198.8	185	5 880	6-5/8REG
	LM85－2B	8-5/8CSG 197.5～203.6			
		9CSG 198.4～204.01			
	LM85－2C	8-5/8CSG 197.5～205.7			
	LM85－2D	9CSG 204.01～210.57			
LM95	LM95－2A	216.8	205	6 200	7-5/8REG
	LM95－2B	220.5～222.4			
	LM95－2C	224.3～226.8			
	LM95－2D	228.6			
	LM95－2AB	222.3			
	LM95－2AC	226.7			

续表 6-28

型号	卡瓦代号	打捞落鱼尺寸(mm(in))	引锥直径(mm(in))	抗拉载荷(kN)	接头螺纹API
LM/T273	LM/T273－2A	258.9	225	7 000	7-5/8REG
	LM/T273－2B	255.3			
	LM/T273－2C	252.7			
	LM/T273－2D	250.2			
	LM/T273－2E	247.9			
	LM/T273－2F	245.4			
	LM/T273－2G	242.8			
LM133	LM133－4A	313.6	208	7 360	6-5/8REG
	LM133－4B	315.3			
	LM133－4C	317.9			
	LM133－4D	320.4			
	LM133－4E	322.9			

五、DLM－T 型可退式倒扣捞矛

该工具是用来打捞、倒出井下钻杆、油管等管状落鱼的。它的特点是从落鱼的内径进行打捞倒扣，捞住的落鱼需要的话可以释放掉，并能进行洗井液的循环。表 6-29 为 DLM－T型可退式倒扣捞矛型号和技术参数。

表 6-29　DLM－T 型可退式倒扣捞矛主要技术参数

型号	直径×长度(mm)	水眼(mm)	引锥直径(mm)	接头螺纹API	落鱼内径(mm)	许用提拉负荷(kN)	许用倒扣拉力(kN)	许用倒扣扭矩(kN·m)
DLM－T48	95×801	9	39	NC26	39.7～41.9	250.6	117.7	3.3
DLM－T60	100×801	12	49	2-7/8REG	49.7～51.9	329.3	147.1	5.8
DLM－T73	114×670	20	61	NC31	61.5～77.0	600	166.7	7.7
DLM－T89	138×750	25	75	NC38	75.4～91.0	711.9	166.7	15
DLM－T102	145×800	30	88	NC38	88.2～102.8	833.6	196	17
DLM－T114	160×820	35	99	NC50	99.8～102.8	902.2	196	18
DLM－T140	160×820	40	10	NC50	107～134	931.6	196	21
DLM－T178	175×870	50	146	NC50	146.3～161.2	2 157.5	294.2	23
DLM－T219	220×950	60	195	5-1/2FH	195.1～203.1	2 451.7	343.2	30
DLM－T245	250×170	70	216	5-1/2FH	216.8～228.7	2 936.1	343.2	37
DLM－T273	280×1 400	80	247	5-1/2FH	247.9～258.8	3 040.1	392.3	39
DLM－T340	345×1 650	100	301 313	6-5/8REG	301～307 313.6～333	3 334.3	392.3	41

六、LM－DST 型滑块打捞矛

滑块打捞矛是一种结构简单、强度高、卡瓦面积大，适用于打捞钻杆、油管、套管、套铣管、衬管、封隔器、配水器等具有内孔的落物所用的打捞矛。表 6-30 为 LM－DST 型滑块打捞矛型号和技术参数。

表 6-30 LM－DST 型滑块打捞矛型号和技术参数

型号	最大外径（mm）	接头螺纹 API	被打捞管柱内径（mm）	许用提升负荷（kN）
LM－D(S、T)48	73	NC23	38～42	250
LM－D(S、T)60	86	NC26	42～54	450
LM－D(S、T)73	105	NC31	52～65	730
LM－D(S、T)89	105	NC31	64～80	1 008
LM－D(S、T)102	105	NC31	77～92	1 107
LM－D(S、T)114	121	NC38	90～103	2 205
LM－D(S、T)127	121	NC38	103～118	2 700
LM－D(S、T)140	135	NC38	115～128	3 820
LM－D(S、T)168	165	NC38	138～158	5 350
LM－D(S、T)178	175	NC38	147～168	5 900

七、BLM 型修井用分瓣式打捞矛

修井用分瓣式打捞矛用于油气田修井过程中，打捞带有油管内螺纹落物的打捞矛。主要用于捞取油管接箍。其外形及技术参数如图 6-21 和表 6-31 所示。

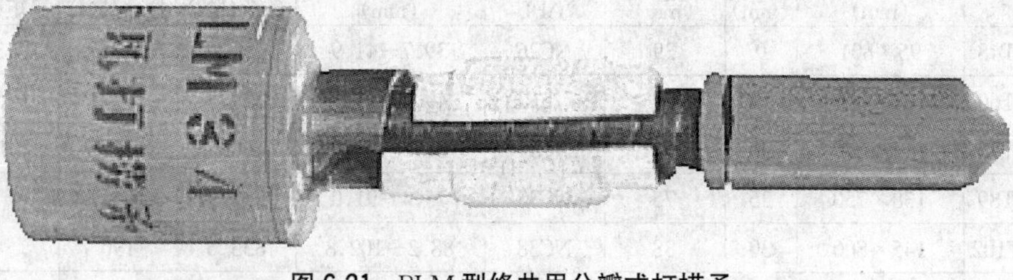

图 6-21 BLM 型修井用分瓣式打捞矛

表 6-31 BLM 型修井用分瓣式打捞矛主要技术参数

型号	最大外径（mm）	被打捞油管的公称直径（mm）	接头螺纹代号 API	许用载荷（kN）
BLM48	80	48	2-3／8 TBG	300
BLM60	85	60	2-3／8 TBG	320
BLM73	92	73	2-7／8 TBG	410
BLM89	95	89	2-7／8 TBG	630
BLM102	108	102	NC 31(2-7／8 IF)	650
BLM114	120	114	NC 31(2-7／8 IF)	805

八、DLM 型多用套管打捞矛

DLM 型多用套管打捞矛是一种新型打捞工具,具有操作简单、强度高、卡瓦面积大、打捞范围广等特点。可单独使用,也可与内割刀等工具配合使用,使切割、打捞一次完成。如果打捞不成功,工具可很方便地退出落鱼。其主要技术参数见表 6-32。

表 6-32　DLM 型多用套管打捞矛主要技术参数

型号	最大外径(mm)	水眼(mm)	落鱼内径(mm)	引锥直径(mm)	最大提拉负荷(kN)	接头螺纹API
DLM178	180	40	154.8~190.1	144	2 450	NC38

九、LL 型反循环打捞篮

LL 型反循环打捞篮是捞取井底较小落物的打捞工具,如钻头牙轮、牙片、手工工具及碎铁等。钻井液可在井底造成局部反循环,因而易于打捞。另外,该工具还可以作为特殊的取心工具使用。其技术参数见表 6-33。

表 6-33　LL 型反循环打捞篮技术参数

型号	外径(mm(in))	最大落物外径(mm(in))	钢球直径(mm(in))	接头螺纹API
LL51	130(5-1/8)	96.5(3-23/32)	40(1-37/64)	NC31
LL56	146(5-3/4)	112(4-13/32)	40(1-37/64)	NC38
LL62	159(6-1/4)	121(4-3/4)	45(1-25/32)	NC40
LL70	178(7)	132(5-3/16)	45(1-25/32)	4-1/2 REG
LL77	200(7-7/8)	146(5-3/4)	45(1-25/32)	NC46
LL81	206(8-7/64)	156(6-1/8)	50(1-31/32)	NC50
LL85	219(8-5/8)	166(6-1/2)	50(1-31/32)	NC50
LL95	245(9-5/8)	192(7-9/16)	50(1-31/32)	NC50
LL101	257(10-1/8)	195.5(7-11/16)	45(1-25/32)	NC56
LL112	286(1-11/4)	228(8)	45(1-25/32)	5-1/2 FH
LL112	286(1-11/4)	228(8)	45(1-25/32)	5-1/2 FH

十、BZ 型液压一把抓

它是一种主要用于打捞井底牙轮的打捞工具。主要技术参数见表 6-34。

表 6-34　BZ 型液压一把抓主要技术参数

型号	外径(mm)	适用井眼直径(mm(in))	接头螺纹API
BZ213	213	222.2~250.8(8-3/4~9-7/8)	NC50

十一、LB 型打捞杯

它是用来捞取钻井过程中正常的泥浆循环无法带出井眼的较重钻屑或金属碎屑的一种实用有效的随钻工具。技术参数见表 6-35。

表 6-35　LB 型打捞杯主要技术参数

型号	适用井径(mm)	最大外径(mm(in))	水眼(mm(in))	接头螺纹 API	总长(mm(in)) 标准型(S 型)	长型(L 型)	超长型(EX 型)
LB94S.L.EX.	108～117.5	94(3-11/16)	19(3/4)	2-3/8 REG	737(29-1/64)	1 092(43)	1 359(53-1/2)
LB102S.L.EX.	117.5～124	102(4)	32(1-1/4)	2-7/8 REG	749(29-1/2)	1 118(44)	1 327(52-1/4)
LB114S.L.EX.	130～149	114(4-1/2)	38(1-1/2)	3-1/2 REG	775(30-1/2)	1 143(45)	1 397(55)
LB127S.L.EX.	152.4～162	127(5)	38(1-1/2)	3-1/2 REG	775(30-1/2)	1 143(45)	1 397(55)
LB140S.L.EX.	165～190.5	140(5-1/2)	38(1-1/2)	3-1/2 REG	775(30-1/2)	1 143(45)	1 397(55)
LB168S.L.EX.	190.5～216	168(6-5/8)	57(2-1/4)	4-1/2 REG	800(31-1/2)	1 168(46)	1 422(56)
LB178S.L.EX.	219～244.5	178(7)	57(2-1/4)	4-1/2 REG	800(31-1/2)	1 168(46)	1 422(56)
LB190S.L.EX.	229～273	190(7-1/2)	57(2-1/4)	4-1/2 REG	838(33)	1 168(46)	1 422(56)
LB197S.L.EX.	235～279.5	197(7-3/4)	70(2-3/4)	5-1/2 REG	838(33)	1 168(46)	1 422(56)
LB219S.L.EX.	244.5～295	219(8-5/8)	89(3-1/2)	6-5/8 REG	838(33)	1 219(48)	1 473(58)
LB229S.L.EX.	254～305	229(9)	70(2-3/4)	6-5/8 REG	838(33)	1 219(48)	1 473(58)
LB245S.L.EX.	292～330	245(10)	89(3-1/2)	6-5/8 REG	838(33)	1 219(48)	1 473(58)
LB280S.L.EX.	327～375	280(11)	89(3-1/2)	7-5/8 REG	914(36)	1 270(50)	1 524(60)
LB286S.L.EX.	333～381	286(11-1/4)	89(3-1/2)	7-5/8 REG	914(36)	1 270(50)	1 524(60)
LB304S.L.EX.	352～421	304(12)	89(3-1/2)	6-5/8 REG	914(36)	1 270(50)	1 524(60)
LB327S.L.EX.	375～444.5	327(12-7/8)	102(4)	7-5/8 REG	914(36)	1 270(50)	1 524(60)
LB340S.L.EX.	386～456	340(13-3/8)	102(4)	7-5/8 REG	914(36)	1 270(50)	1 524(60)

十二、DLQ 型多功能打捞器

它是集打捞杯、强磁打捞器和“一把抓”三种功能为一体的新型打捞工具。既可打捞粒状金属落物,又可抓捞牙轮、钳牙等大块落物,是目前清洁井底的理想工具。技术参数见表 6-36。

表 6-36　DLQ 型多功能打捞器主要技术参数

型号	外径(mm)	铣鞋外径(mm)	接头螺纹 API	总长度(mm)	磁体吸力(kg)	适用井径(mm(in))
DLQ135	135	137	NC38	1 058	600	152.4(6)
DLQ190	190	193	NC50	1 251	800	215.9(8-1/2)

十三、FCL 型反循环强磁打捞器

它采用反循环钻井液增强永久磁铁的打捞能力，有效地净化井底。可打捞钻头、轴承、牙轮、巴掌、大钳牙、卡瓦和硬质合金块等落物。主要技术参数见表 6-37。

表 6-37　FCL 型反循环强磁打捞器主要技术参数

型号	外径 (mm)	接头螺纹 API	单位吸重 (kg/cm^2)	适用井径 (mm)
FCL86	86	NC23	7.7	95～110
FCL100	100	NC23	9.5	110～135
FCL125	125	NC38	9.8	135～165
FCL140	140	NC38	7.8	150～175
FCL146	146	NC38	8.5	160～185
FCL150	150	NC50	8.5	160～185
FCL175	175	NC50	7.9	185～210
FCL178	178	NC50	7.8	185～210
FCL190	190	NC50	7.8	200～225
FCL200	200	NC50	7.6	210～235
FCL203	203	6-5/8REG	7.6	215～245
FCL225	225	6-5/8REG	7.5	235～270
FCL254	254	6-5/8REG	7.0	265～311
FCL265	265	6-5/8REG	6.9	275～330
FCL292	292	6-5/8REG	6.9	300～442

十四、NG 型机械式内割刀

该工具从被切割的管柱内径下放到预定深度，机械锚定，加压旋转切割管柱。它适合石油、地质部门切割各种类型的套管、油管和钻杆。如配接打捞矛，切割、打捞一次完成。其外形技术参数见表 6-38 和图 6-22。

表 6-38　NG 型机械式内割刀主要技术参数

型号	内割刀外径 (mm)	接头螺纹 API	水眼 (mm)	切割管外径 (mm(in))
NG60	46	CYG22 rod thread	12	60.3(2-3/8)Tubing
NG73	57	1.900TBG	14	73(2-7/8)Tubing
NG89	67	2-3/8 TBG,1.900TBG	14	88.9(3-1/2)Tubing
NG102	83	2-3/8 TBG	14	101.6(4)Tubing
NG114	85	NC26	16	114.3(4-1/2)Casing
				114.3(4-1/2)Tubing
				114.3(4-1/2)Drillpipe
				127.0(5)Drillpipe
NG127	102	2-7/8 REG	16	127.0(5)Casing
				127.0(5)Drillpipe
NG140	112	2-7/8 REG	16	139.75(5-1/2)Casing

续表 6-38

型号	内割刀外径 (mm)	接头螺纹 API	水眼 (mm)	切割管外径 (mm(in))
NG168	127	NC38	20	168.3(6-5/8)Casing
NG168	138	NC38	20	168.3(6-5/8)Casing
NG178	145	3-1/2 REG	40	177.8(7)Casing
NG219	185	5-1/2 FH	50	219.1(8-5/8)Casing
NG245	210	6-5/8 REG	55	244.5(9-5/8)Casing
NG298	260	6-5/8 REG	80	298.4(11-3/4)Casing
NG340	295	6-5/8 REG	80	339.7(13-3/8)Casing
NG406	370	6-5/8 REG	125	406.4(16)Casing
NG508	475	6-5/8 REG	125	508(20)Casing

图 6-22　NG 型机械式内割刀

十五、ND－S 型水力式内割刀

它是一种利用循环钻井液的液力来推动割刀进行管内切割的工具。它较机械式内割刀操作更简单，切割更平稳。其技术参数见表 6-39。

表 6-39　ND－S 型水力式内割刀主要技术参数

型号	内割刀外径 (mm)	接头螺纹 API	切割管内径 (mm(in))
ND－S140	95	2-7/8 REG	139.7(5-1/2)套管 Casing
ND－S178	120	NC31	177.8(7)套管 Casing
ND－S245	180	NC38	244.5(9-5/8)套管 Casing
ND－S340	270	NC50	339.7(13-3/8)套管 Casing

十六、WD－J 型机械式外割刀

它常与套铣管连接，能快速有效地从管子外面割断和取出切下的管子。适用于从管外切割的套管、油管和钻杆等，它具有弹簧自动进给的特点，可避免拉力过大而毁坏刀具事故的发生。其外形及技术参数见图 6-23 和表 6-40。

图 6-23　WD－J 型机械式外割刀

表 6-40　WD－J 型机械式外割刀主要技术参数

型号	外径 (mm(in))	内径 (mm(in))	最小井径 (mm(in))	最大落鱼外径 (mm(in))	切割管径 (mm(in))	剪销剪断力 (kN)
WD－J58	58(2-5/16)	41(1-5/8)	62(2-7/16)	39.4(1-9/16)	33.4(1-5/16)	9
WD－J98	98(3-7/8)	79(3-1/8)	105(4-1/8)	78(3-1/16)	60(2-3/8)	9
WD－J114	114(4-1/2)	82(3-1/4)	120.6(4-3/4)	79(3-1/8)	60(2-3/8)	9
WD－J119	119(4-11/16)	98(3-7/8)	125.4(4-15/16)	95(3-3/4)	73(2-7/8)	11
WD－J143	143(5-5/8)	111(4-3/8)	146.2(5-7/8)	108(4-1/4)	52(2-1/16) 89(3-1/2)	11
WD－J149	149(5-7/8)	117(4-5/8)	155.6(6-1/8)	114(4-1/2)	60(2-3/8) 89(3-1/2)	11
WD－J154	154(6-1/16)	124(4-7/8)	158.8(6-1/4)	120(4-3/4)	60(2-3/8) 101(4)	14
WD－J194	194(7-5/8)	162(6-3/8)	209.5(8-1/4)	159(6-1/4)	89(3-1/2) 101(4) 114(4-1/2) 127(5)	14
WD－J206	206(8-1/8)	168(6-5/8)	219(8-5/8)	165(6-1/2)	101(4) 146(5-3/4)	14
WD－J208	208(8-3/16)	167(6-9/16)	219(8-5/8)	164(6-1/2)	127(5) 114(4-1/2)	14
WD－J214	214(8-27/64)	174(6-27/32)	225.5(8-7/8)	170(6-11/16)	127(5) 114(4-1/2)	14

十七、WD－S 型水力式外割刀

WD－S 型水力式外割刀是一种利用循环钻井液的液力来推动割刀从管子外面割断管子的工具。它常与套铣管连接,可在落鱼的任意段切割。它较机械式外割刀操作更简单,切割更快速。其主要技术参数见表 6-41。

表 6-41　WD－S 型水力式外割刀主要技术参数

型号	外径 (mm)	内径 (mm)	最小井径 (mm)	切割管径 (mm)	剪销剪断力 (kN)
WD－S95	95	73	111.13	33.34～52.39	9
WD－S103	103	81	120.65	33.34～60.33	9
WD－S113	113	92	130.18	49.21～73.03	9
WD－S119	119	98	136.53	49.21～73.03	11
WD－S143	143	109.5	158.75	52.39～101.60	11
WD－S154	154	124	168.28	60.33～101.60	14
WD－S204	204	165	215	88.90～127	14
WD－S210	210	171	219	88.90～127	14

十八、XG型套铣管

套铣管是套铣工艺中,用于井下打捞作业,用来套铣被卡钻具以解除井下卡钻事故的一种专用工具。该新型的专用套铣管采用双级短梯形螺纹连接,不仅强度高,而且容易对扣,密封可靠。其主要技术参数见表6-42。

表6-42 XG型套铣管主要技术参数

型号	外径(mm)	水眼(mm)	接头螺纹API
XG75	203	95	NC50
XG81	215	95	NC50

十九、DXQ型段铣器

DXQ型段铣器是井下切割和磨铣作业最理想的工具。它可为侧钻磨铣掉一段套管;可磨铣掉油管中的射孔段;在旧套管磨铣一个截面,以便新的较小的套管与地层之间的水泥浇注;还可铣掉管端松动的接头。其主要技术参数见表6-43。

表6-43 DXQ型段铣器主要技术参数

型号	外径(mm)	水眼(mm)	刀片张开最大直径(mm)	总长(mm)	接头螺纹API	切削排量(L/min)		转速(r/min)		钻压(kN)	
						启动	正常	启动	正常	启动	正常
DXQ 178	140	25	215	1 769	NC38	300~470	946~1 230	50~60	100~125	0	15~36

二十、SQJ型钻具水力切割接头

SQJ型钻具水力切割接头,是解除被卡钻柱的一种有力的手段,处理速度快,时间短,通常1~2小时就可以把水力切割本体切断,使事故的进一步处理更加容易。其主要技术参数见表6-44。

表6-44 SQJ型钻具水力切割接头主要技术参数

型号	总长(mm)	外径(mm)	水眼(mm)	接头螺纹API
SQJ171	800	171.5	57	NC50

二十一、MX型磨鞋

MX型磨鞋按其结构形式可分为平底(或凹底)磨鞋、引子磨鞋和锥形磨鞋等三种。其磨削表面堆焊有自砺作用的颗粒状硬质合金,用来磨碎诸如牙轮、卡瓦牙、深井泵配件等落物。该型磨鞋耐冲击,有较长使用寿命。其主要技术参数见表6-45。

表 6-45 MX 型磨鞋主要技术参数

型号	外径(mm(in))	接头螺纹 API	总长(mm)
PMX152A	152(6)	NC38	330(13)
PMX155A	155(6-1/8)	NC38	330(13)
PMX178A	178(7)	NC44	410(16-1/8)
PMX190A	190(7-1/2)	4-1/2 REG	400(15-3/4)
PMX200A	200(8-9/32)	4-1/2 REG	400(15-3/4)
PMX210A	210(8-9/32)	4-1/2 REG	400(15-3/4)
PMX216A	216(8-1/2)	NC50	350(13-3/4)
PMX245A	245(9-5/8)	NC50	430(17)

二十二、SZZ 型双作用套管整形器

它是用于井下套管的修复和整形的工具,具有上下进行冲击旋转挤胀的双作用功能。其工作安全、方便、可靠、快捷,效果显著。主要技术参数见表 6-46。

表 6-46 SZZ 型双作用套管整形器主要技术参数

型号	总长(mm)	外径(mm)	水眼(mm)	接头螺纹 API	推荐套管(in)
SZZ140×106	1 210～1 260	106.5	51	NC31	5-1/2
SZZ140×110		110.5			
SZZ140×112		112.5			
SZZ140×114		114.5			
SZZ140×116		116.5			
SZZ140×118		118.5			
SZZ140×120		120.5			
SZZ178×142	1 225～1 289	142.5	51	NC38	7
SZZ178×146		146.5			
SZZ178×150		150.5			
SZZ178×154		154.5			
SZZ245×214	1 212～1 262	214.5	56	NC50	9-5/8
SZZ245×216		216.5			
SZZ245×218		218.5			
SZZ245×220		220.5			
SZZ245×222		222.5			
SZZ245×224		224.5			

第五节　钻井工程常用单位换算

一、长度

1 千米(km) = 0.621 英里(mile)

1 米(m) = 3.281 英尺(ft) = 1.094 码(yd)

1 厘米(cm) = 0.394 英寸(in)

1 埃 = 10^{-10} 米(m)

1 英里(mile) = 1.609 千米(km)

1 英寻(fa) = 1.829 米(m)

1 英尺(ft) = 0.304 8 米(m)

1 英寸(in) = 2.54 厘米(cm)

1 海里(nmile) = 1.852 千米(km)

1 链 = 66 英尺(ft) = 20.116 8 米(m)

1 码(yd) = 0.914 4 米(m)

1 密耳(mil) = 0.025 4 毫米(mm)

1 英尺(ft) = 12 英寸(in)

1 码(yd) = 3 英尺(ft)

1 杆(rad) = 16.5 英尺(ft)

1 英里(mile) = 5 280 英尺(ft)

1 海里(nmile) = 1.151 6 英里(mile)

二、面积

1 平方公里(km^2) = 100 公顷(hm^2) = 247.1 英亩(acre) = 0.386 平方英里($mile^2$)

1 平方米(m^2) = 10.764 平方英尺(ft^2)

1 公亩(are) = 100 平方米(m^2)

1 公顷(hm^2) = 10 000 平方米(m^2) = 2.471 英亩(acre)

1 平方英里($mile^2$) = 2.590 平方公里(km^2)

1 英亩(acre) = 0.404 7 公顷(hm^2) = 4.047×10^{-3} 平方公里(km^2) = 4 047 平方米(m^2)

1 平方英尺(ft^2) = 0.093 平方米(m^2)

1 平方英寸(in^2) = 6.452 平方厘米(cm^2)

1 平方码(yd^2) = 0.836 1 平方米(m^2)

三、体积

1 立方米(m^3) = 1 000 升(L) = 35.315 立方英尺(ft^3) = 6.29 桶(bbl)

1 立方英尺(ft^3)=0.028 3 立方米(m^3)=28.317 升(L)
1 千立方英尺(mcf)=28.317 立方米(m^3)
1 百万立方英尺(MMcf)=2.831 7 万立方米(m^3)
1 0 亿立方英尺(bcf)=2 831.7 万立方米(m^3)
1 万亿立方英尺(tcf)=283.17 亿立方米(m^3)
1 立方英寸(in^3)=16.387 1 立方厘米(cm^3)
1 英亩·英尺(acre·ft)=1 234 立方米(m^3)
1 桶(bbl)=0.159 立方米(m^3)=42 美加仑(gal)
1 美加仑(gal)=3.785 升(L)
1 美夸脱(qt)=0.946 升(L)
1 美品脱(pt)=0.473 升(L)
1 美吉耳(gi)=0.118 升(L)
1 英加仑(gal)=4.546 升(L)

四、质量

1 吨(t)=1 000 千克(kg)=2 205 磅(lb)=1.102 短吨(sh.ton)=0.984 长吨(long ton)
1 千克(kg)=2.205 磅(lb)
1 短吨(sh.ton)=0.907 吨(t)=2 000 磅(lb)
1 长吨(long ton)=1.016 吨(t)
1 磅(lb)=0.454 千克(kg)[常衡]
1 盎司(oz)=28.350 克(g)

五、密度

1 千克/米^3(kg/m^3)=0.001 克/厘米^3(g/cm^3)=0.062 4 磅/英尺^3(lb/ft^3)
1 磅/英尺^3(lb/ft^3)=16.02 千克/米^3(kg/m^3)
1 磅/英寸^3(lb/in^3)=27 679.9 千克/米^3(kg/m^3)
1 磅/美加仑(lb/gal)=119.826 千克/米^3(kg/m^3)
1 磅/英加仑(lb/gal)=99.776 千克/米^3(kg/m^3)
1 磅/(石油)桶(lb/bbl)=2.853 千克/米^3(kg/m^3)
1 波美密度(B)=140/15.5 ℃时的比重-130API 度=141.5/15.5 ℃时的比重-131.5API 度

六、运动黏度

1 英尺^2/秒(ft^2/s)=9.290 30×10^{-2}米^2/秒(m^2/s)
1 斯(St)=10^{-4}米^2/秒(m^2/s)=1 厘米^2/秒(cm^2/s)
1 厘斯(cSt)=10^{-6}米^2/秒(m^2/s)=1 毫米^2/秒(mm^2/s)

七、动力黏度

1 泊(P)=0.1 帕·秒(Pa·s)

1 厘泊(cP) = 10^{-3}帕·秒(Pa·s)

1 千克力秒/米^2($kgf·s/m^2$) = 9.806 65 帕·秒(Pa·s)

1 磅力秒/英尺^2($lbf·s/ft^2$) = 47.880 3 帕·秒(Pa·s)

八、力

1 牛顿(N) = 0.225 磅力(lbf) = 0.102 千克力(kgf)

1 千克力(kgf) = 9.81 牛(N)

1 磅力(lbf) = 4.45 牛(N)

1 达因(dyn) = 10^{-5}牛(N)

九、压力

1 巴(bar) = 10^5 帕(Pa)

1 千帕(kPa) = 0.145 磅力/英寸^2(psi) = 0.010 2 千克力/厘米^2(kgf/cm^2) = 0.009 8 大气压(atm)

1 磅力/英寸^2(psi) = 6.895 千帕(kPa) = 0.070 3 千克力/厘米^2(kgf/cm^2) = 0.068 9 巴(bar) = 0.068 大气压(atm)

1 物理大气压(atm) = 101.325 千帕(kPa) = 14.696 磅/英寸^2(psi) = 1.033 3 巴(bar)

1 工程大气压 = 98.066 5 千帕(kPa)

1 毫米水柱(mmH_2O) = 9.806 65 帕(Pa)

1 毫米汞柱(mmHg) = 133.322 帕(Pa)

1 托(Torr) = 133.322 帕(Pa)

1 达因/厘米^2(dyn/cm^2) = 0.1 帕(Pa)

十、温度

K = 5/9(°F + 459.67)

K = ℃ + 273.15 °F

十一、传热系数

1 千卡/(米^2·时·℃)〔kcal/(m^2·h·℃)〕= 1.162 79 瓦/(米^2·开尔文)〔W/(m^2·K)〕

1 英热单位/(英尺^2·时·°F)〔Btu/(ft^2·h·°F)〕= 5.678 26 瓦/(米^2·开尔文)〔(W/m^2·K)〕

1 米^2·时·℃/千卡(m^2·h·℃/kcal) = 0.860 00 米^2·开尔文/瓦(m^2·K/W)

1 千卡/米^2·时〔(kcal/m^2·h)〕= 1.162 79 瓦/米^2(W/m^2)

十二、热导率

1 千卡(米·时·℃)〔kcal/(m·h·℃)〕= 1.162 79 瓦/(米·开尔文)〔W/(m·K)〕

1 英热单位/(英尺·时·°F)〔But/(ft·h·°F)〕= 1.730 3 瓦/(米·开尔文)〔W/(m·K)〕

十三、比容热

1 千卡/(千克·℃)〔kcal/(kg·℃)〕= 1 英热单位/(磅·°F)〔Btu/(lb·°F)〕= 4 186.8 焦耳/(千克·开尔文)〔J/(kg·K)〕

十四、热功

1 焦耳(J) = 0.102 04 千克·米(kg·m) = 2.778×10^{-7} 千瓦·小时(kW·h) = 3.777×10^{-7} 公制马力小时 = 3.723×10^{-7} 英制马力小时 = 2.389×10^{-4} 千卡(kcal) = 9.48×10^{-4} 英热单位(Btu)

1 卡(cal) = 4.186 8 焦耳(J)

1 英热单位(Btu) = 1 055.06 焦耳(J)

1 千克力米(kgf·m) = 9.806 65 焦耳(J)

1 英尺磅力(ft·lbf) = 1.355 82 焦耳(J)

1 米制马力小时(hp·h) = $2.647\ 79\times10^{6}$ 焦耳(J)

1 英制马力小时(UKhp·h) = $2.684\ 52\times10^{6}$ 焦耳(J)

1 千瓦小时(kW·h) = 3.6×10^{6} 焦耳(J)

1 大卡 = 4 186.75 焦耳(J)

十五、功率

1 千克力·米/秒(kgf·m/s) = 9.806 65 瓦(W)

1 米制马力(hp) = 735.499 瓦(W)

1 卡/秒(cal/s) = 4.186 8 瓦(W)

1 英热单位/时(Btu/h) = 0.293 071 瓦(W)

十六、速度

1 英尺/秒(ft/s) = 0.304 8 米/秒(m/s)

1 英里/时(mile/h) = 0.447 04 米/秒(m/s)

十七、渗透率

1 达西(D) = 1 000 毫达西(mD)

1 平方厘米(cm^2) = 9.81×10^{7} 达西(D)

十八、地温梯度

1 °F/100 英尺 = 1.8 ℃/100 米(℃/m)

1 ℃/公里 = 2.9 °F/英里(°F/mile) = 0.055 °F/100 英尺(°F/ft)

十九、油气产量

1 桶(bbl) = 0.14 吨(t)(原油,全球平均)

1 吨(t)=7.3 桶(bbl)(原油,全球平均)

1 桶/日(bpd)=50 吨/年(t/a)(原油,全球平均)

1 千立方英尺/日(Mcfd)=28.32 立方米/日(m^3/d)=1.033 6 万立方米/年(m^3/a)

1 百万立方英尺/日(MMcfd)=2.832 万立方米/日(m^3/d)=1 033.55 万立方米/年(m^3/a)

10 亿立方英尺/日(bcfd)=0.283 2 亿立方米/日(m^3/d)=103.36 亿立方米/年(m^3/a)

1 万亿立方英尺/日(tcfd)=283.2 亿立方米/日(m^3/d)=10.336 万亿立方米/年(m^3/a)

二十、气油比

1 立方英尺/桶(cuft/bbl)=0.206 7 立方米/吨(m^3/t)

二十一、热值

1 桶原油=5.8×10^6 英热单位(Btu)

1 立方米湿气=3.909×10^4 英热单位(Btu)

1 立方米干气=3.577×10^4 英热单位(Btu)

1 吨煤=2.406×10^7 英热单位(Btu)

1 千瓦小时水电=$1.023\ 5\times10^4$ 英热(Btu)

(以上为 1990 年美国平均热值)　　(资料来源:美国国家标准局)

二十二、热当量

1 桶原油=5 800 立方英尺天然气(按平均热值计算)

1 千克原油=1.428 6 千克标准煤

1 立方米天然气=1.330 0 千克标准煤

其中,比较实用和重要的单位及其换算关系有:

纽约原油期货计价单位:美元/桶

伦敦布伦特原油期货计价单位:美元/桶

纽约燃料油计价单位:美分/(美)加仑

1 桶(bbl)=0.14 吨(t)(原油,全球平均)

1 吨(t)=7.3 桶(bbl)(原油,全球平均)

1 吨(t)=1 000 千克(kg)=2 205 磅(lb)

1 美加仑(gal)=3.785 升(L)

1 桶(bbl)=0.159 立方米(m^3)=42 美加仑(gal)

第六节　钻井(探)常用材料密度

钻井(探)常用材料密度见表 6-47。

表 6-47　钻井(探)常用材料密度

材料名称	密度(g/cm³)	材料名称	密度(g/cm³)
水	1.00	海水	1.026
石油	0.85～0.89	汽油	0.70～0.75
柴油	0.86～0.87	机油	0.90～0.91
硫酸(100%)	1.89	盐酸(40%)	1.20
重晶石	4～4.5	单宁	1.69
烧碱	3.40～3.90	纯碱	2.53
芒硝	1.4～1.5	氯化钙	2.50
氯化钠	2.16	黏土	2.50～2.70
石灰岩	2.60～2.80	生石灰	1.15～1.25
水泥	3.15	木材	0.4～1.05
橡胶	1.3～1.8	干砂	1.4～1.6
泥岩	1.5～2.0	页岩	1.9～2.6
砂岩	2.0～2.7	砾石	1.75
干黏土	1.8	卵石	1.8～2.0
钢	7.85	铸铁	7.15
石墨	1.8～2.35	高岭土	2.20
混凝土	1.8～2.5	水玻璃	2.0～2.4

第七节　水文水井钻探管材技术参数

水文水井钻探管材的技术参数见表 6-48～表 6-53。

表 6-48　钻杆基本参数与尺寸

公称外径(mm(in))	名义质量(kg/m)	管体			接头			定尺长度(mm)
		外径 *D* (mm)	壁厚 *t* (mm)	计算质量(kg/m)	螺纹代号	外径 *D* (mm)	内径 *D* (mm)	
60(2-3/8)	11.6	60.3	7.1	9.33	NC26	86	44	6 000
73(2-7/8)	18.3	73.0	9.2	14.46	MC31	105	54	
							51	
89(3-1/2)	23.5	88.9	9.4	18.34	NC38	121	68	
						127	65	
114(4-1/2)	32.1	114.3	8.6	22.32	NC50	162	95	

表 6-49 钻铤基本参数与尺寸

公称外径 (mm(in))	名义质量 (kg/m)	管体计算质量 (kg/m)	外径 D (mm)	内径 d (mm)	螺纹代号	定尺长度 (mm)
89(3-1/2)	39.5	39.78	88.9	38.1	NC26	6 000
105(4-1/2)	51.4	51.67	104.8	50.8	NC31	
121(4-3/4)	73.5	73.83	120.7		NC35	
127(5)	78.9	79.27	127.0	57.2	NC38	
159(6-1/4)	123.0	123.65	158.8	71.4	NC46	
178(7)	162.5	163.35	177.8		NC50	

表 6-50 圆顶三角锥螺纹套管及接箍基本参数及尺寸

公称外径 (mm(in))	名义质量 (kg/m)	套管			接箍外径 D_g (mm)	螺纹代号	定尺长度 (mm)
		外径 D (mm)	壁厚 t (mm)	管体计算质量(kg/m)			
114(4-1/2)	15.5	114.3	5.7	15.24	124	CSG114	6 000
140(5-1/2)	20.7	139.7	6.2	20.14	150	CSG140	
168(6-5/8)	29.4	168.3	7.3	29.03	180	CSG168	
194(7-5/8)	35.2	193.7	7.6	34.96	208	CSG194	
219(8-5/8)	40.7	219.1	7.7	40.25	233	CSG219	
245(9-5/8)	52.8	244.5	8.9	51.92	260	CSG245	
273(10-3/4)	59.6	273.0		57.91	290	CSG273	
298(11-3/4)	69.1	298.4	9.5	67.86	316	CSG298	
340(13-3/8)	80.4	339.7	9.7	78.56	358	CSG340	
406(16)	110.9	406.4	11.1	108.32	426	CSG406	
473(18-5/8)	127.7	473.1		125.88	495	CSG473	
508(20)	139.3	508.0	11.1	136.16	528	CSG508	

表 6-51 特殊梯形螺纹套管基本参数及尺寸

公称外径 (mm(in))	名义质量 (kg/m)	管体计算质量(kg/m)	外径 D (mm)	壁厚 t (mm)	螺纹代号	定尺长度 (mm)
114(4-1/2)	15.2	15.24	114.3	5.7	TT110	6 000
140(5-1/2)	20.4	20.41	139.7	6.2	TT135	
168(6-5/8)	29.0	29.03	168.3	7.3	TT162	
194(7-5/8)	34.9	34.09	193.7	7.6	TT187	
219(8-5/8)	40.2	40.25	219.1	7.7	TT212	
245(9-5/8)	51.9	51.92	244.5	8.9	TT237	
273(10-3/4)	57.9	57.91	273.0		TT266	
298(11-3/4)	67.8	67.86	298.4	9.5	TT291	

表 6-52　岩心管与接头基本参数及尺寸

公称外径 (mm(in))	名义质量 (kg/m)	岩心管			接头		螺纹代号	定尺长度 (mm)
		外径 D (mm)	壁厚 t (mm)	管体计算质量(kg/m)	外径 D_g (mm)	内径 d_g (mm)		
89(3-1/2)	12.2	89.0	6.0	12.28	89.0	73	TT82	
114(4-1/2)	16.7	114.3	6.4	16.91	114.3	98	TT107	
140(5-1/2)	24.9	139.7	7.7	25.13	139.7	120	TT131	
168(6-5/8)	34.8	168.3	8.9	35.12	168.3	145	TT158	
194(7-5/8)	37.8	193.7	8.3	38.07	193.7	170	TT183	6 000
219(8-5/8)	45.9	219.1		46.32	219.1	195	TT208	
245(9-5/8)	51.5	244.5	8.9	51.92	244.5	220	TT233	
273(10-3/4)	57.4	273.0		57.91	273.0	250	TT262	
298(11-3/4)	67.3	298.4	9.5	67.86	298.4	275	TT287	

表 6-53　取粉管基本参数及尺寸

公称外径 (mm(in))	名义质量 (kg/m)	管体计算质 (kg/m)	外径 D (mm)	壁厚 t (mm)	螺纹代号	定尺长度 (mm)
89(3-1/2)	12.1	12.28	89.0	6.0	TT82 左	
114(4-1/2)	15.1	15.24	114.3	5.7	TT107 左	
1405(5-1/2)	20.2	20.41	139.7	6.2	TT131 左	
168(6-5/8)	28.7	29.03	168.3	7.3	TT158 左	
194(7-5/8)	34.6	34.96	193.7	7.6	TT183 左	6 000
219(8-5/8)	39.8	40.25	219.1	7.7	TT208 左	
245(9-5/8)	50.7	51.92	244.5	8.9	TT233	
273(10-3/4)	56.9	57.91	273.0		TT262	
298(11-3/4)	66.7	67.86	298.4	9.5	TT287 左	

第八节　API 套管规范及强度

API 套管规范及强度见表 6-54。

表 6-54　API 套管规范及强度

规格 (mm(in))	质量 (kg/m)	钢级	外径 (mm)	壁厚 (mm)	内径 (mm)	挤毁压力 (MPa)	管体屈服强度(kN)
	14.14	H－40	114.3	5.21	103.89	19	494
	14.14	J－55	114.3	5.21	103.89	22.8	676
	15.63	J－55	114.3	5.69	102.92	27.6	734
114.3 (4-1/2)	17.26	J－55	114.3	6.35	101.6	34.2	819
	14.14	K－55	114.3	5.21	103.89	22.8	676
	15.63	K－55	114.3	5.69	102.92	27.6	734
	17.26	K－55	114.3	6.35	101.6	34.2	819
	17.26	C－75	114.3	6.35	101.6	42.1	1 112

续表 6-54

规格（mm(in)）	质量（kg/m）	钢级	外径（mm）	壁厚（mm）	内径（mm）	挤毁压力（MPa）	管体屈服强度（kN）
114.3 (4-1/2)	20.09	C-75	114.3	7.37	99.57	56.1	1 281
	17.26	L-80	114.3	6.35	101.6	43.8	1 188
	20.09	L-80	114.3	7.37	99.57	58.9	1 366
	17.26	N-80	114.3	6.35	101.6	43.8	1 157
	20.09	N-80	114.3	7.37	99.57	58.9	1 366
	17.26	C-90	114.3	6.35	101.6	47	1 335
	20.09	C-90	114.3	7.37	99.57	64.1	1 535
	17.26	C-95	114.3	6.35	101.6	48.5	1 410
	20.09	C-95	114.3	7.37	99.57	66.6	1 620
	17.26	P-110	114.3	6.35	101.6	52.3	1 633
	20.09	P-110	114.3	7.37	99.57	73.6	1 878
	22.47	P-110	114.3	8.56	97.18	98.9	2 518
	22.47	Q-125	114.3	8.56	97.18	109.2	2 452
127 (5)	17.11	J-55	127	5.59	115.82	21.1	810
	19.35	J-55	127	6.43	114.15	28.5	925
	22.32	J-55	127	7.52	111.96	38.3	1 072
	17.11	K-55	127	5.59	115.82	21.1	810
	19.35	K-55	127	6.43	114.15	28.5	925
	22.32	K-55	127	7.52	111.96	38.3	1 072
	22.32	C-75	127	7.52	111.96	47.9	1 459
	26.79	C-75	127	9.19	108.61	68.7	1 762
	31.85	C-75	127	11.1	104.8	82.5	2 091
	34.53	C-75	127	12.14	102.72	89.4	2 265
	35.87	C-75	127	12.7	101.6	93.1	2 358
	22.32	L-80	127	7.52	111.96	50	1 557
	26.79	L-80	127	9.19	108.61	72.4	1 878
	31.85	L-80	127	11.1	104.8	88	2 229
	34.53	L-80	127	12.14	102.72	95.4	2 416
	35.87	L-80	127	12.7	101.6	99.3	2 518
127 (5)	22.32	N-80	127	7.52	111.96	50	1 557
	26.79	N-80	127	9.19	108.61	72.4	1 878
	31.85	N-80	127	11.1	104.8	88	2 229
	34.53	N-80	127	12.14	102.72	95.4	2 416
	35.87	N-80	127	12.7	101.6	99.3	2 518
	22.32	C-90	127	7.52	111.96	54.1	1 753
	26.79	C-90	127	9.19	108.61	79.5	2 113
	31.85	C-90	127	11.1	104.8	99	2 509
	34.53	C-90	127	12.14	102.72	107.3	2 718

续表 6-54

规格(mm(in))	质量(kg/m)	钢级	外径(mm)	壁厚(mm)	内径(mm)	挤毁压力(MPa)	管体屈服强度(kN)
127(5)	35.87	C-90	127	12.7	101.6	111.7	2 830
	22.32	C-95	127	7.52	111.96	55.9	1 851
	26.79	C-95	127	9.19	108.61	82.9	2 229
	31.85	C-95	127	11.1	104.8	104.5	2 647
	34.53	C-95	127	12.14	102.72	113.3	2 870
	35.87	C-95	127	12.7	101.6	117.9	2 990
	22.32	P-110	127	7.52	111.96	61	2 140
	26.79	P-110	127	9.19	108.61	92.9	2 581
	31.85	P-110	127	11.1	104.8	121	3 065
	34.53	P-110	127	12.14	102.72	131.1	3 324
	35.87	P-110	127	12.7	101.6	136.5	3 461
	26.79	Q-125	127	9.19	108.61	102.3	2 932
	31.85	Q-125	127	11.1	104.8	137.5	3 484
	34.53	Q-125	127	12.14	102.7	149.1	3 777
	35.87	Q-125	127	12.7	101.6	155.1	3 933
139.7(5-1/2)	20.83	H-40	139.7	6.2	127.3	18.1	716
	20.83	J-55	139.7	6.2	127.3	21.5	988
	23.07	J-55	139.7	6.99	125.7	27.9	1 103
	17.86	J-55	139.7	7.72	124.3	33.9	1 215
	20.83	K-55	139.7	6.2	127.3	21.5	988
	23.07	K-55	139.7	6.99	125.7	27.9	1 103
	25.30	K-55	139.7	7.72	124.3	33.9	1 215
	25.30	C-75	139.7	7.72	124.3	41.6	1 655
	29.76	C-75	139.7	9.17	121.4	58	1 944
	34.23	C-75	139.7	10.54	118.6	72.2	2 211
	25.30	L-80	139.7	7.72	124.3	43.3	1 766
	29.76	L-80	139.7	9.17	121.4	60.9	2 073
	34.23	L-80	139.7	10.54	118.6	76.9	2 358
	25.30	N-80	139.7	7.72	124.3	43.3	1 766
139.7(5-1/2)	29.76	N-80	139.7	9.17	121.4	60.9	2 073
	34.23	N-80	139.7	10.54	118.6	76.9	2 358
	25.30	C-90	139.7	7.72	124.3	46.5	1 989
	29.76	C-90	139.7	9.17	121.4	66.4	2 336
	34.23	C-90	139.7	10.54	118.6	85.4	2 656
	38.69	C-90	139.7	12.09	115.5	98.2	3 008
	52.09	C-90	139.7	16.51	106.7	129.4	3 964
	25.30	C-95	139.7	7.72	124.3	47.9	2 096
	29.76	C-95	139.7	9.17	121.4	69	2 465

续表 6-54

规格(mm(in))	质量(kg/m)	钢级	外径(mm)	壁厚(mm)	内径(mm)	挤毁压力(MPa)	管体屈服强度(kN)
139.7(5-1/2)	34.23	C-95	139.7	10.54	118.6	89.2	2 803
	25.30	P-110	139.7	7.72	124.3	51.6	2 429
	29.76	P-110	139.7	9.17	121.4	76.5	2 852
	34.23	P-110	139.7	10.54	118.6	100.3	3 243
	34.23	Q-125	139.7	10.54	118.6	110.8	3 688
168.3(6-5/8)	29.76	H-40	168.3	7.32	153.6	17.4	1 019
	29.76	J-55	168.3	7.32	153.6	20.5	1 401
	35.72	J-55	168.3	8.94	150.4	31.4	1 700
	29.76	K-55	168.3	7.32	153.6	20.5	1 401
	35.72	K-55	168.3	8.94	150.4	31.4	1 700
	35.72	C-75	168.3	8.94	150.4	38.3	2 314
	41.67	C-75	168.3	10.59	147.1	53.7	2 714
	47.62	C-75	168.3	12.07	144.2	67.6	3 061
	35.72	L-80	168.3	8.94	150.4	39.7	2 469
	41.67	L-80	168.3	10.59	147.1	56.3	2 896
	47.62	L-80	168.3	12.07	144.2	71.2	3 266
	35.72	N-80	168.3	8.94	150.4	39.7	2 469
	41.67	N-80	168.3	10.59	147.1	56.3	2 896
	47.62	N-80	168.3	12.07	144.2	71.2	3 266
	35.72	C-90	168.3	8.94	150.4	42.3	2 776
	41.67	C-90	168.3	10.59	147.1	61.2	3 257
	47.62	C-90	168.3	12.07	144.2	78.1	3 675
	35.72	C-95	168.3	8.94	150.4	43.5	2 932
	41.67	C-95	168.3	10.59	147.1	63.6	3 439
	47.62	C-95	168.3	12.07	144.2	81.4	3 880
	35.72	P-110	168.3	8.94	150.4	46.4	3 395
	41.67	P-110	168.3	10.59	147.1	70.1	3 982
	47.62	P-110	168.3	12.07	144.2	91.2	4 489
	47.62	Q-125	168.3	12.07	144.2	100.2	5 103
177.8(7)	25.30	H-40	177.8	5.87	166.1	9.8	872
	29.76	H-40	177.8	6.91	164	13.6	1 023
	29.76	J-55	177.8	6.91	164	15.7	1 406
	34.23	J-55	177.8	8.05	161.7	22.5	1 628
	38.69	K-55	177.8	9.19	159.4	29.8	1 846
	29.76	K-55	177.8	6.91	164	15.7	1 406
	34.23	K-55	177.8	8.05	161.7	22.5	1 628
	38.69	K-55	177.8	9.19	159.4	29.8	1 846
	34.23	C-75	177.8	8.05	161.7	25.9	220

续表 6-54

规格(mm(in))	质量(kg/m)	钢级	外径(mm)	壁厚(mm)	内径(mm)	挤毁压力(MPa)	管体屈服强度(kN)
177.8(7)	38.69	C－75	177.8	9.19	159.4	36	2 518
	43.16	C－75	177.8	10.36	157.1	46.4	2 821
	47.62	C－75	177.8	11.51	154.8	56.5	3 110
	52.09	C－75	177.8	12.65	152.5	66.7	3 395
	56.55	C－75	177.8	13.72	150.4	73.6	3 657
	34.23	L－80	177.8	8.05	161.7	26.4	2 367
	38.69	L－80	177.8	9.19	159.4	37.3	2 687
	43.16	L－80	177.8	10.36	157.1	48.4	3 008
	47.62	L－80	177.8	11.51	154.8	59.4	3 315
	52.09	L－80	177.8	12.65	152.5	70.2	3 622
	56.55	L－80	177.8	13.72	150.4	78.5	3 902
	34.23	N－80	177.8	8.05	161.7	26.4	2 367
	38.69	N－80	177.8	9.19	159.4	37.3	2 687
	43.16	N－80	177.8	10.36	157.1	48.4	3 008
	47.62	N－80	177.8	11.51	154.8	59.4	3 315
	52.09	N－80	177.8	12.65	152.5	70.3	3 622
	56.55	N－80	177.8	13.72	150.4	78.5	3 902
	34.23	C－90	177.8	8.05	161.7	27.8	2 665
	38.69	C－90	177.8	9.19	159.4	39.6	3 021
	43.16	C－90	177.8	10.36	157.1	52.3	3 381
	47.62	C－90	177.8	11.51	154.8	64.7	3 733
	52.09	C－90	177.8	12.65	152.5	77	4 071
	56.55	C－90	177.8	13.72	150.4	88.4	4 387
	34.23	C－95	177.8	8.05	161.7	28.5	2 812
	38.69	C－95	177.8	9.19	159.4	40.5	3 190
	43.16	C－95	177.8	10.36	157.1	54	3 575
	47.62	C－95	177.8	11.51	154.8	67.2	3 938
	52.09	C－95	177.8	12.65	152.5	80.3	4 298
	56.55	C－95	177.8	13.72	150.4	92.7	4 632
	34.23	C－95	177.8	8.05	161.7	28.5	2 812
	38.69	C－95	177.8	9.19	159.4	40.5	3 190
	43.16	C－95	177.8	10.36	157.1	54	3 575
	47.62	C－95	177.8	11.51	154.8	67.2	3 938
	52.09	C－95	177.8	12.65	152.5	80.3	4 298
	56.55	C－95	177.8	13.72	150.4	92.7	4 632
	38.69	P－110	177.8	9.19	159.4	43	3 693

续表 6-54

规格 (mm(in))	质量 (kg/m)	钢级	外径 (mm)	壁厚 (mm)	内径 (mm)	挤毁压力 (MPa)	管体屈服强度(kN)
177.8 (7)	43.16	P-110	177.8	10.36	157.1	58.8	4 133
	47.62	P-110	177.8	11.51	155	74.3	4 560
	52.09	P-110	177.8	12.65	152.5	89.8	4 979
	56.55	P-110	177.8	13.72	150.4	104.4	5 361
	52.09	Q-125	177.8	12.65	152.5	98.7	5 659
	56.55	Q-125	177.8	13.72	150.4	115.5	6 095
193.7 (7-5/8)	35.72	H-40	193.7	7.62	178.4	14	1 228
	39.29	J-55	193.7	8.33	177	19.9	1 842
	39.29	K-55	193.7	8.33	177	19.9	1 842
	39.29	C-75	193.7	8.33	177	22.6	2 509
	44.20	C-75	193.7	9.53	174.6	32.1	2 852
	50.15	C-75	193.7	10.92	171.8	43.4	3 243
	58.04	C-75	193.7	12.7	168.3	57.9	3 733
	63.69	C-75	193.7	14.27	165.1	70.6	4 160
	67.41	C-75	193.7	15.11	163.5	74.4	4 387
	70.09	C-75	193.7	15.88	161.9	77.8	4 587
	39.29	L-80	193.7	8.33	177	23.4	2 678
	44.20	L-80	193.7	9.53	174.6	33	3 039
	50.15	L-80	193.7	10.92	171.8	45.2	3 461
	58.04	L-80	193.7	12.7	168.3	60.8	3 982
	63.69	L-80	193.7	14.27	165.1	74.5	4 440
	67.41	L-80	193.7	15.11	163.5	79.4	4 676
	70.39	L-80	193.7	15.88	161.9	83	4 894
	39.29	N-80	193.7	8.33	177	23.4	2 678
	44.20	N-80	193.7	9.53	174.6	33	3 039
	50.15	N-80	193.7	10.92	171.8	45.2	3 461
	58.04	N-80	193.7	12.7	168.3	60.8	3 982
	63.69	N-80	193.7	14.27	165.1	74.5	4 440
	67.41	N-80	193.7	15.11	163.5	79.4	4 676
	70.09	N-80	193.7	15.88	161.9	83	4 894
	39.29	C-90	193.7	8.33	177	24.9	3 012
	44.20	C-90	193.7	9.53	174.6	34.8	3 421
	50.15	C-90	193.7	10.92	171.8	48.6	3 893
	58.04	C-90	193.7	12.7	168.3	66.3	4 480
	63.69	C-90	193.7	14.27	165.1	82	4 992
	67.41	C-90	193.7	15.11	163.5	89.3	5 263
	70.09	C-90	193.7	15.88	161.9	93.4	5 504
	39.29	C-95	193.7	8.33	177	25.6	3 177

续表 6-54

规格(mm(in))	质量(kg/m)	钢级	外径(mm)	壁厚(mm)	内径(mm)	挤毁压力(MPa)	管体屈服强度(kN)
193.7(7-5/8)	44.20	C-95	193.7	9.53	174.6	35.4	3 608
	50.15	C-95	193.7	10.92	171.8	50.2	4 107
	58.04	C-95	193.7	12.7	168.3	69	4 729
	63.69	C-95	193.7	14.27	165.1	85.6	5 272
	67.41	C-95	193.7	15.11	163.5	94.2	5 553
	70.09	C-95	193.7	15.88	161.9	98.6	5 811
	44.20	P-110	193.7	9.53	174.6	36.9	4 182
	50.15	P-110	193.7	10.92	171.8	54.3	4 756
	58.04	P-110	193.7	12.7	168.3	76.4	5 477
	63.69	P-110	193.7	14.27	165.1	96	6 104
	67.41	P-110	193.7	15.11	163.5	106.4	6 434
	70.09	P-110	193.7	15.88	161.9	114.1	6 727
	58.04	Q-125	193.7	12.7	168.3	83.2	6 224
	63.69	Q-125	193.7	14.27	165.1	105.8	6 936
	67.41	Q-125	193.7	15.11	163.5	117.8	7 310
	70.09	Q-125	193.7	15.88	161.9	128.9	7 644
219.1(8-5/8)	41.67	H-40	219.1	7.72	203.6	11.1	1 415
	47.62	H-40	219.1	8.94	201.2	15.2	1 628
	35.72	J-55	219.1	6.71	205.7	9.4	1 695
	47.62	J-55	219.1	8.94	201.2	17.4	2 238
	53.57	J-55	219.1	10.16	198.8	23.8	2 527
	35.72	K-55	219.1	6.71	205.7	9.4	1 695
	47.62	K-55	219.1	8.94	201.2	17.4	2 238
	53.57	K-55	219.1	10.16	198.8	23.8	2 527
	53.57	C-75	219.1	10.16	198.8	27.6	3 448
	59.53	C-75	219.1	11.43	196.2	36.8	3 857
	65.48	C-75	219.1	12.7	193.7	45.9	4 258
	72.92	C-75	219.1	14.15	190.8	56.4	4 712
	53.57	L-80	219.1	10.16	198.8	28.3	3 679
	59.53	L-80	219.1	11.43	196.2	38.1	4 116
	65.48	L-80	219.1	12.7	193.7	47.9	4 543
	72.92	L-80	219.1	14.15	190.8	59.2	5 023
	53.57	N-80	219.1	10.16	198.8	28.3	3 679
	59.53	N-80	219.1	11.43	196.2	38.1	4 116
	65.48	N-80	219.1	12.7	193.7	47.9	4 543
	72.92	N-80	219.1	14.15	190.8	59.2	5 023
	53.57	C-90	219.1	10.16	198.8	29.3	4 138
	59.53	C-90	219.1	11.43	196.2	40.5	4 627

续表 6-54

规格 (mm(in))	质量 (kg/m)	钢级	外径 (mm)	壁厚 (mm)	内径 (mm)	挤毁压力 (MPa)	管体屈服强度(kN)
219.1 (8-5/8)	65.48	C-90	219.1	12.7	193.7	51.6	5 112
	72.92	C-90	219.1	14.15	190.8	64.4	5 655
	53.57	C-95	219.1	10.16	198.8	30	4 369
	59.53	C-95	219.1	11.43	196.2	41.5	4 885
	65.48	C-95	219.1	12.7	193.7	53.4	5 392
	72.92	C-95	219.1	14.15	190.8	67	5 966
	59.53	P-110	219.1	11.43	196.2	44.1	5 565
	65.48	P-110	219.1	12.7	193.7	58.1	6 247
	72.92	P-110	219.1	14.15	190.8	74.1	6 910
	72.92	Q-125	219.1	14.15	190.8	80.4	7 853
244.5 (9-5/8)	48.07	H-40	244.5	7.92	228.6	9.4	1 624
	53.57	H-40	244.5	8.94	226.6	11.9	1 824
	53.57	J-55	244.5	8.94	226.6	13.9	2 509
	59.53	J-55	244.5	10.43	224.4	17.7	2 803
	53.57	K-55	244.5	8.94	226.6	13.9	2 509
	59.53	K-55	244.5	10.03	224.4	17.7	2 803
	59.53	C-75	244.5	10.03	224.4	20.6	3 822
	64.74	C-75	244.5	11.05	222.4	25.7	4 181
	69.94	C-75	244.5	11.95	220.5	31.8	4 529
	79.62	C-75	244.5	13.84	216.8	42.8	5 188
	59.53	L-80	244.5	10.03	224.4	21.3	4 075
	64.74	L-80	244.5	11.05	222.4	26.3	4 471
	69.94	L-80	244.5	11.95	220.5	32.8	4 832
	79.62	L-80	244.5	13.84	216.8	45.6	5 535
	59.53	N-80	244.5	10.03	224.4	21.3	4 075
	64.74	N-80	244.5	11.05	222.4	26.3	4 471
	69.94	N-80	244.5	11.95	220.5	32.8	4 832
	79.62	N-80	244.5	13.84	216.8	45.6	5 535
	59.53	C-90	244.5	10.03	224.4	22.4	4 587
	64.74	C-90	244.5	11.05	222.4	27.6	5 028
	69.94	C-90	244.5	11.95	220.5	34.05	5 432
	79.62	C-90	244.5	13.84	216.8	49.1	6 224
	59.53	C-95	244.5	10.03	224.4	22.9	4 841
	64.74	C-95	244.5	11.05	224.4	28.4	5 308
	69.94	C-95	244.5	11.99	220.5	35.1	5 735
	79.62	C-95	244.5	13.84	216.8	50.6	6 571
	64.74	P-110	244.5	11.05	222.4	30.5	6 144

续表 6-54

规格 (mm(in))	质量 (kg/m)	钢级	外径 (mm)	壁厚 (mm)	内径 (mm)	挤毁压力 (MPa)	管体屈服强度(kN)
244.5 (9-5/8)	64.74	P-110	244.5	11.99	220.5	36.5	6 643
	64.74	P-110	244.5	13.84	216.8	54.8	7 608
	69.94	Q-125	244.5	11.99	220.5	38.9	7 550
	79.62	Q-125	244.5	13.84	216.8	58.2	8 648
273.1 (10-3/4)	48.74	H-40	273.1	7.09	258.9	5.8	1 633
	60.27	H-40	273.1	8.89	255.3	9.6	2 033
	60.27	J-55	273.1	8.89	255.3	10.9	2 799
	67.71	J-55	273.1	10.16	252.7	14.4	3 181
	75.90	J-35	273.1	11.43	250.2	18.6	3 564
	60.27	K-55	273.1	8.89	255.3	10.9	2 799
	67.71	K-55	273.1	10.16	252.7	14.4	3 181
	75.90	K-55	273.1	11.43	250.2	18.6	3 564
	75.90	C-75	273.1	11.43	250.2	21.4	4 859
	82.59	C-75	273.1	12.57	247.9	27	5 321
	75.90	L-80	273.1	11.43	250.2	22.2	5 183
	82.59	L-80	273.1	12.57	247.9	27.7	5 677
	75.90	N-80	273.1	11.43	250.2	22.2	5 183
	82.59	N-80	273.1	12.57	247.9	27.7	5 677
	75.90	C-90	273.1	11.43	250.2	23.4	5 828
	82.59	C-90	273.1	12.57	247.9	28.7	6 385
	75.90	C-95	273.1	11.43	250.2	24	6 153
	82.59	C-95	273.1	12.57	247.9	29.6	6 741
	75.90	P-110	273.1	11.43	250.2	25.2	7 128
	82.59	P-110	273.1	12.57	247.9	31.8	7 804
	90.33	P-110	273.1	13.84	245.4	40.5	8 551
	97.77	P-110	273.1	15.11	242.8	51.7	9 290
	90.33	Q-125	273.1	13.84	245.4	41.9	9 717
	97.77	Q-125	273.1	15.11	242.8	34.6	10 558
298.5 (11-3/4)	62.50	H-40	298.5	8.46	281.5	7.2	2 127
	69.94	J-55	298.5	9.53	279.5	10.4	3 279
	80.36	J-55	298.5	11.05	276.4	14.3	3 782
	89.29	J-55	298.5	12.42	273.6	18.3	4 236
	69.94	K-55	298.5	9.53	279.4	10.4	3 279
	80.36	K-55	298.5	11.05	276.4	14.3	3 782
	89.29	K-55	298.5	12.42	273.6	18.3	4 236
	89.29	C-75	298.5	12.42	273.6	21.2	5 775
	89.29	L-80	298.5	12.42	273.6	21.9	6 158

续表 6-54

规格 (mm(in))	质量 (kg/m)	钢级	外径 (mm)	壁厚 (mm)	内径 (mm)	挤毁压力 (MPa)	管体屈服强度(kN)
298.5 (11-3/4)	89.29	N-80	298.5	12.42	273.6	21.9	6 158
	89.29	C-90	298.5	12.42	273.6	23.2	6 927
	89.29	C-95	298.5	12.42	273.6	23.7	7 314
	89.29	P-120	298.5	12.42	273.6	24.9	8 467
	89.29	Q-125	298.5	12.42	273.6	25.4	9 619
339.7 (13-3/8)	71.43	H-40	339.7	8.39	323	5.1	2 407
	81.11	J-55	339.7	9.65	320.4	7.8	3 795
	90.78	J-55	339.7	10.92	317.9	10.6	4 280
	101.20	J-55	339.7	12.19	315.3	13.4	4 756
	81.11	K-55	339.7	9.65	320.4	7.8	3 795
	90.78	K-55	339.7	10.92	317.9	10.6	4 280
	101.20	K-55	339.7	12.19	315.3	13.4	4 756
	101.20	C-75	339.7	10.92	315.3	15.3	6 487
	107.15	C-75	339.7	12.19	313.6	17.9	6 932
	101.20	L-80	339.7	10.92	315.3	15.6	6 932
	107.15	L-80	339.7	12.19	313.6	18.4	7 390
346.1 (13-5/8)	101.20	N-80	339.7	12.19	315.3	15.6	6 923
	107.15	N-80	339.7	13.06	313.6	18.4	7 390
	101.20	C-90	339.7	12.19	315.3	16.0	7 786
	107.15	C-90	339.7	13.06	313.6	19.2	8 316
	101.20	C-95	339.7	12.19	315.3	16.1	8 218
	107.15	C-95	339.7	13.06	313.6	19.4	8 778
	101.20	P-110	339.7	12.19	315.3	16.1	9 517
	107.15	P-110	339.7	13.06	313.6	19.9	10 162
	107.15	Q-125	339.7	13.06	313.6	19.9	11 550
406.4 (16)	96.73	H-40	406.4	9.53	387.4	4.3	3 275
	111.61	J-55	406.4	11.13	384.2	7.0	5 241
	125.01	J-55	406.4	12.57	381.3	9.7	5 900
	111.61	K-55	406.4	11.13	384.2	7.0	5 241
	125.01	K-55	406.4	12.57	381.3	9.7	5 900
473.1 (18-5/8)	130.22	H-40	473.1	11.05	451	4.3[③]	4 423
	130.22	J-55	473.1	11.05	451	4.3[③]	6 082
	130.22	K-55	473.1	11.05	451	4.3[③]	6 082
508 (20)	139.89	H-40	508	11.13	485.8	3.6[③]	4 792
	139.89	J-55	508	11.13	485.8	3.6[③]	6 585
	158.49	J-55	508	12.7	482.6	5.3[③]	7 497
	197.93	J-55	508	16.13	475.7	10.3[③]	9 455
	139.89	K-55	508	11.13	485.8	3.6[③]	6 585
	158.49	K-55	508	12.7	482.6	5.3[③]	7 497
	197.93	K-55	508	16.13	475.7	10.3[③]	9 455

第九节　硬聚氯乙烯(PVC－U)给水用管

一、PVC－U 给水管道的基本常识

PVC－U 管道是以卫生级聚氯乙烯(PVC)树脂为主要原料,加入适量的稳定剂、润滑剂、填充剂、增色剂等经塑料挤出机挤出成型和注塑机注塑成型,通过冷却、固化、定型、检验、包装等工序生产的管材、管件。PVC－U 管道和传统的管道相比,具有重量轻、耐腐蚀、水流阻力小、节约能源、安装迅捷、造价低等优点,得到大力推广应用,效益显著。我国从 20 世纪 80 年代开始,在市政工程及建筑工程中试点应用 PVC－U 管道,经过 10 多年的推广,PVC－U 管道得到长足发展,但人均消费量仍不足美、日、西欧等发达国家和地区的 1/15。随着国家建设部等五部门联合发出“大力发展化学建材”的通知,加大了对 PVC－U 塑料管道的推广应用步伐,卫生、环保型 PVC－U 给水管道已不断取代高能耗、高污染、高造价、低卫生指标的传统管道。广泛应用于城镇自来水输水供水工程、建筑内外供水工程、工矿企业供水工程、地埋消防供水工程、农田水利输水灌溉工程、园林园艺绿化供水工程、水产养殖业供水排水工程等,并取得良好的经济效益和社会效益。

二、PVC－U 给水管道的标准

PVC－U 给水管道的生产标准有英标、美标、日标、ISO 国际标准、国家标准(GB)等,国内生产厂家基本上都采用国标组织生产,即管材标准号:GB/T 10002.1—1996,管件标准号:GB 10002.2—1998。我们建议用户采用国标产品,国标产品符合国情,质量更有保证,也便于与其他管道(传统管道和其他牌号 PVC－U 管道)配套使用。

(一)管道的压力规定

(1)PVC－U 给水管道所示的压力均表示为公称压力,用 MPa 表示,1 MPa≈10 kgf/cm^2,即管材在 20 ℃条件下,输送介质的工作压力。但随着介质温度的升高(不得输送>50 ℃的介质)工作压力随之减小,这从客观上要求选择给水管道须考虑足够的压力安全系数。

(2)给水管材的公称压力规定为 0.6、0.8、1.0、1.25、1.6 MPa 等 5 种。

(3)同等规格管材的公称压力的大小一般以管材的壁厚来划分。

(4)每个压力区的最小口径的管材规定为:0.6 MPa 管材的最小口径为 63 mm,0.8 MPa 管材的最小口径为 50 mm,1.0 MPa 管材的最小口径为 40 mm,1.25 MPa 管材的最小口径为 32 mm,1.6 MPa 管材的最小口径为 20 mm 和 25 mm。

(5)给水管材的公称压力一般为 1.6 MPa,且与各种压力的管材相配套。

(二)管道的规格规定

(1)国家标准规定的 PVC－U 给水管道的规格尺寸均为公称外径,管件为公称内径,用“Φ”表示。

(2)PVC－U 给水管道的规格尺寸依次为:Φ20、Φ25、Φ32、Φ40、Φ50、Φ63、Φ75、Φ90、Φ110、Φ125、Φ140、Φ160、Φ180、Φ200、Φ225 等,国内企业基本不生产 Φ125、Φ140、Φ180、

Φ225 等几种规格的管道，因此在工程设计、采用上尽量避免选择这几种管道。

(3)目前国内管道的最大规格为河北宝硕管材分公司生产的 Φ800 的管材，融林塑胶公司可生产 Φ710 的管材，建议在 PVC-U 管道设计上避免设计 Φ800 以上的管道，以 Φ630 以下为宜。

(4)国标 PVC-U 管道与传统的国标管道一般都可以相配套，国标 PVC-U 管道与传统的国标管道公称直径之间的对应关系为：Φ20-DN15，Φ25-DN20，Φ32-DN25，Φ40-DN32，Φ50-DN40，Φ63-DN50，Φ75-DN65，Φ90-DN80，Φ110-DN100，Φ160-DN150 等。

（三）管道的接口方式规定

(1)给水管材的接口一般有三种方式：①橡胶圈接口方式，是在管材的一端通过自动扩口机扩成带凹道的承口，放上柔性橡胶密封圈，另外一根管材未扩口的一端插进装好密封围的承口里完成连接。②胶水粘接口方式，是在管材的一端扩成平滑的承口，另外一根未扩口的管材的一端的外表和扩好承口的里表涂抹上专用胶水，然后相承插完成连接。③法兰连接口方式，是管材与传统管道、蝶阀、闸阀、流量计等连接时，管材被连接的一端与 PVC-U 法兰接好后再与其通过螺丝紧固连接的方式。

(2)给水管件的连接一般有两种方式：①胶水粘接口方式，即管件的承口注塑成平滑的承口，与管材一并涂抹专用胶水通过承插完成连接。②柔性接口方式，即管件法塑成带凹道的承口，另配注迫紧螺盖，放上迫紧橡胶密封圈，当承插上相应管材后，拧紧迫紧螺盖完成连接。

第十节　常用管材分类与用途

一、管材的分类

（一）按生产方法分类

(1)无缝管包括热轧管、冷轧管、冷拔管、挤压管、顶管。

(2)焊管：

①按工艺分——电弧焊管、电阻焊管(高频、低频)、气焊管、炉焊管；

②按焊缝分——直缝焊管、螺旋焊管。

（二）按断面形状分类

(1)简单断面钢管——圆形钢管、方形钢管、椭圆形钢管、三角形钢管、六角形钢管、菱形钢管、八角形钢管、半圆形钢管、其他。

(2)复杂断面钢管——不等边六角形钢管、五瓣梅花形钢管、双凸形钢管、双凹形钢管、瓜子形钢管、圆锥形钢管、波纹形钢管、表壳钢管、其他。

（三）按壁厚分类

按壁厚分为薄壁钢管、厚壁钢管。

（四）按用途分类

按用途分为管道用钢管、热工设备用钢管、机械工业用钢管、石油和地质钻探用钢管、容器钢管、化学工业用钢管、特殊用途钢管、其他。

二、无缝钢管

无缝钢管是一种具有中空截面、周边没有接缝的长条钢材。钢管具有中空截面，大量用做输送流体的管道，如输送石油、天然气、煤气、水及某些固体物料的管道等。钢管与圆钢等实心钢材相比，在抗弯抗扭强度相同时，重量较轻，是一种经济截面钢材，广泛用于制造结构件和机械零件，如石油钻杆、汽车传动轴、自行车架以及建筑施工中用的钢脚手架等。用钢管制造环形零件，可提高材料利用率，简化制造工序，节约材料和加工工时，如滚动轴承套圈、千斤顶套等，目前已广泛用钢管来制造。钢管还是各种常规武器不可缺少的材料，枪管、炮筒等都要用钢管来制造。钢管按横截面积形状的不同可分为圆管和异型管。由于在周长相等的条件下圆面积最大，用圆形管可以输送更多的流体。此外，圆环截面在承受内部或外部径向压力时受力较均匀，因此绝大多数钢管是圆管。

但是，圆管也有一定的局限性，如在受平面弯曲的条件下，圆管就不如方形、矩形管抗弯强度大，一些农机具骨架、钢木家具等就常用方形、矩形管。根据不同用途还需有其他截面形状的异型钢管。

(1)结构用无缝钢管(GB/T 8162—1999)是用于一般结构和机械结构的无缝钢管。

(2)流体输送用无缝钢管(GB/T 8163—1999)是用于输送水、油、气等流体的一般无缝钢管。

(3)低中压锅炉用无缝钢管(GB 3087—1999)是用于制造各种结构低中压锅炉过热蒸汽管、沸水管及机车锅炉用过热蒸汽管、大烟管、小烟管和拱砖管用的优质碳素结构钢热轧和冷拔(轧)无缝钢管。

(4)高压锅炉用无缝钢管(GB 5310—1995)是用于制造高压及其以上压力的水管锅炉受热面用的优质碳素钢、合金钢和不锈耐热钢无缝钢管。

(5)化肥设备用高压无缝钢管(GB 6479—86)是适用于工作温度为 -40～400 ℃、工作压力为 10～30 MPa 的化工设备和管道的优质碳素结构钢与合金钢无缝钢管。

(6)石油裂化用无缝钢管(GB 9948—88)是适用于石油精炼厂的炉管、热交换器和管道无缝钢管。

(7)地质钻探用钢管(YB 235—70)是供地质部门进行岩心钻探使用的钢管，按用途可分为钻杆、钻铤、岩心管、套管和沉淀管等。

(8)金刚石岩心钻探用无缝钢管(GB 3423—82)是用于金刚石岩心钻探的钻杆、岩心杆、套管的无缝钢管。

(9)石油钻探管(YB 528—65)是用于石油钻探两端内加厚或外加厚的无缝钢管。钢管分车丝和不车丝两种，车丝管用接头联结，不车丝管用对焊的方法与工具接头联结。

(10)船舶用碳钢无缝钢管(GB 5213—85)是制造船舶Ⅰ级耐压管系、Ⅱ级耐压管系、锅炉及过热器用的碳素钢无缝钢管。碳素钢无缝钢管管壁工作温度不超过 450 ℃，合金钢无缝钢管管壁工作温度超过 450 ℃。

(11)汽车半轴套管用无缝钢管(GB 3088—82)是制造汽车半轴套管及驱动桥桥壳轴管用的优质碳素结构钢和合金结构钢热轧无缝钢管。

(12)柴油机用高压油管(GB 3093—86)是制造柴油机喷射系统高压管用的冷拔无缝钢管。

(13)液压和气动缸筒用精密内径无缝钢管(GB 8713—88)是制造液压和气动缸筒用的具有精密内径尺寸的冷拔或冷轧精密无缝钢管。

(14)冷拔或冷轧精密无缝钢管(GB 3639—83)是用于机械结构、液压设备的尺寸精度高和表面光洁度好的冷拔或冷轧精密无缝钢管。

选用精密无缝钢管制造机械结构或液压设备等,可以大大节约机械加工工时,提高材料利用率,同时有利于提高产品质量。

(15)结构用不锈钢无缝钢管(GB/T 14975—1994)是广泛用于化工、石油、轻纺、医疗、食品、机械等工业的耐腐蚀管道和结构件及零件的不锈钢制成的热轧(挤、扩)和冷拔(轧)无缝钢管。

(16)流体输送用不锈钢无缝钢管(GB/T 14976—1994)是用于输送流体的不锈钢制成的热轧(挤、扩)和冷拔(轧)无缝钢管。

(17)异型无缝钢管是除了圆管以外的其他截面形状的无缝钢管的总称。按钢管截面形状尺寸的不同又可分为等壁厚异型无缝钢管(代号为 D)、不等壁厚异型无缝钢管(代号为 BD)、变直径异型无缝钢管(代号为 BJ)。异型无缝钢管广泛用于各种结构件、工具和机械零部件。和圆管相比,异型管一般都有较大的惯性矩和截面模数,有较大的抗弯抗扭能力,可以大大减轻结构重量,节约钢材。

三、焊接钢管

焊接钢管也称焊管,是用钢板或钢带经过卷曲成型后焊接制成的钢管。焊接钢管生产工艺简单,生产效率高,品种规格多,设备投资少,但一般强度低于无缝钢管。20 世纪 30 年代以来,随着优质带钢连轧生产的迅速发展以及焊接和检验技术的进步,焊缝质量不断提高,焊接钢管的品种规格日益增多,并在越来越多的领域代替了无缝钢管。焊接钢管按焊缝的形式分为直缝焊管和螺旋焊管。

直缝焊管生产工艺简单,生产效率高,成本低,发展较快。螺旋焊管的强度一般比直缝焊管高,能用较窄的坯料生产管径较大的焊管,还可以用同样宽度的坯料生产管径不同的焊管。但是与相同长度的直缝管相比,焊缝长度增加 30%～100%,而且生产速度较低。

因此,较小口径的焊管大都采用直缝焊,大口径焊管则大多采用螺旋焊。

(1)低压流体输送用焊接钢管(GB/T 3092—1993)也称一般焊管,俗称黑管。是用于输送水、煤气、空气、油和取暖蒸汽等一般较低压力流体及其他用途的焊接钢管。钢管按壁厚分为普通钢管和加厚钢管;接管端形式分为不带螺纹钢管(光管)和带螺纹钢管。钢管的规格用公称口径(mm)表示,公称口径是内径的近似值。习惯上常用英寸表示,如 1-1/2等。低压流体输送用焊接钢管除直接用于输送流体外,还大量用做低压流体输送用镀锌焊接钢管的原管。

(2)低压流体输送用镀锌焊接钢管(GB/T 3091—1993)也称镀锌电焊钢管,俗称白管。是用于输送水、煤气、空气、油及取暖蒸汽、暖水等一般较低压力流体或其他用途的热浸镀锌焊接(炉焊或电焊)钢管。钢管按壁厚分为普通镀锌钢管和加厚镀锌钢管;按管端形式分为不带螺纹镀锌钢管和带螺纹镀锌钢管。钢管的规格用公称口径(mm)表示,公称口径是内径的近似值。习惯上常用英寸表示,如 1-1/2 等。

(3)普通碳素钢电线套管(GB 3640—88)是工业与民用建筑、安装机器设备等电气安装工程中用于保护电线的钢管。

(4)直缝电焊钢管(YB 242—63)是焊缝与钢管纵向平行的钢管。通常分为公制电焊钢管、电焊薄壁管、变压器冷却油管等。

(5)承压流体输送用螺旋缝埋弧焊钢管(SY 5036—83)是以热轧钢带卷作管坯,经常温螺旋成型,用双面埋弧焊法焊接,用于承压流体输送的螺旋缝钢管。钢管承压能力强,焊接性能好,经过各种严格的科学检验和测试,使用安全可靠。钢管口径大,输送效率高,并可节约铺设管线的投资。主要用于输送石油、天然气的管线。

(6)承压流体输送用螺旋缝高频焊钢管(SY 5038—83)是以热轧钢带卷作管坯,经常温螺旋成型,采用高频搭接焊法焊接的,用于承压流体输送的螺旋缝高频焊钢管。钢管承压能力强,塑性好,便于焊接和加工成型;经过各种严格和科学检验和测试,使用安全可靠,钢管口径大,输送效率高,并可节省铺设管线的投资。主要用于铺设输送石油、天然气等的管线。

(7)一般低压流体输送用螺旋缝埋弧焊钢管(SY 5037—83)是以热轧钢带卷作管坯,经常温螺旋成型,采用双面自动埋弧焊或单面焊法制成,用于水、煤气、空气和蒸汽等一般低压流体的输送。

(8)一般低压流体输送用螺旋缝高频焊钢管(SY 5039—83)是以热轧钢带卷作管坯,经常温螺旋成型,采用高频搭接焊法焊接,用于一般低压流体的输送。

(9)桩用螺旋焊缝钢管(SY 5040—83)是以热轧钢带卷作管坯,经常温螺旋成型,采用双面埋弧焊接或高频焊接制成的,用于土木建筑结构、码头、桥梁等基础桩用钢管。

四、钢塑复合管、大口径涂敷钢管

钢塑复合管以热浸镀锌钢管作基体,经粉末熔融喷涂技术在内壁(需要时外壁亦可)涂敷塑料而成,性能优异。与镀锌管相比,具有抗腐蚀、不生锈、不积垢、光滑流畅、清洁无毒、使用寿命长等优点。据测试,钢塑复合管的使用寿命为镀锌管的 3 倍以上。与塑料管相比,具有机械强度高,耐压、耐热性好等优点。由于基体是钢管,所以不存在脆化、老化问题。可广泛应用于自来水、煤气、化工产品等流体输送及取暖工程,是镀锌管的升级换代产品。由于其安装使用方法与传统的镀锌管基本相同,管件形式也完全相同,而且能代替铝塑复合管在大口径自来水输送上发挥作用,深受用户欢迎,已成为管道市场最具竞争力的新产品之一。

涂敷钢管是在大口径螺旋焊管和高频焊管基础上涂敷塑料而成,最大管口直径达 1 200 mm,可根据不同的需要涂敷聚氯乙烯(PVC)、聚乙烯(PE)、环氧树脂(EPOZY)等各种不同性能的塑料涂层,附着力好,抗腐蚀性强,可耐强酸、强碱及其他化学腐蚀,无毒、不锈蚀、耐磨、耐冲击、耐渗透性强,管道表面光滑,不黏附任何物质,能降低输送时的阻力,提高流量及输送效率,减少输送压力损失。涂层中无溶剂,无可渗出物质,因而不会污染所输送的介质,从而保证流体的纯洁度和卫生性,在 -40～80 ℃范围内可冷热循环交替使用,不老化、不龟裂,因而可以在寒冷地带等苛刻的环境下使用。

大口径涂敷钢管广泛应用于自来水、天然气、石油、化工、医药、通信、电力、海洋等工程领域。

附件1　地质钻探安全生产操作规程

（福建省地矿局）

前　言

为了贯彻落实《中华人民共和国安全生产法》，规范安全生产管理，结合我局实际，现制定本《安全生产操作规程》。

本规程由福建地矿局安保处、福建岩土工程勘察研究院、福建勘察基础工程公司、中国冶金地质勘查总局第二地勘院有关人员参考相关资料收集整理汇总而成。

本规程中同国家(行业)规范、标准、规章制度等不一致时，以国家(行业)规范、标准、规章制度为准。

第一章　钻探设备的安装与拆迁

一、修筑地基

1. 机场地基必须平整、坚固，钻塔底部填方部分不得超过塔基面积四分之一，填方部分还必须采取加固措施，防止塌陷和溜方。

2. 在山坡修筑地基时，地基靠山坡一边的坡度要适当。在地层岩石坚硬、稳固时，坡度不得大于80度；地层特别松软，坡度不得大于45度，并除掉坡上滑石。

3. 修筑地基需要进行爆破作业时，必须遵守国家有关爆破规定。

二、设备安装与拆卸

1. 根据设备类型、钻孔设计深度和具体条件选定基座的结构形式。(一般用机台木、槽钢和工字钢等)都必须保证安装稳固、周正、水平。

2. 基台木长度应比钻塔底座长出200～500 mm，连接机台木的螺丝杆直径不得小于16 mm，并在靠机台木上下加垫片，保证机台牢固。

三、钻塔安装与拆卸

1. 安拆钻塔工作应在安装队长、机长的统一指挥下进行，安装人员必须戴安全帽，在塔上工作时必须系牢安全带和穿平底胶鞋，不得在台板上放任何物件，必要的工具、螺丝放进工具袋，不得在安拆钻塔同时进行塔下工作。

2. 塔架不得安装在输电线下，塔架立起或放倒时，其外侧边缘与输电线路线的边线之间必须保持一定安全距离，最小安全距离应不小于表列数值：

电压(kV)	<1	1～10	35～110	150～220	350～550
最小安全距离(m)	4	6	8	10	15

3. 钻塔应安装稳固、周正。安拆钻塔前，对钻塔构件及所用工具、绳索、挑杆和起落杆等，要严格进行检查。

4. 安装钻塔时，台板必须架设牢固，各部螺拴与构件的规格要符合要求，并装全装牢。钻塔安装完毕后，要从下向上认真进行检查、调整，直到符合要求。

5. 拆卸钻塔时，应从上向下逐层逐件拆卸，禁止先拆下层构件，或同时拆卸上下层构件。严禁从塔上往下抛扔钻塔构件、螺丝、工具等。

6. 夜间或刮五级以上大风,以及雷雨天气时,禁止安拆钻塔。

7. 安装机电设备:

(1)安装机电设备必须周正、水平。各相应的传动轮,必须对线、连接线座与机台木的螺杆下端加防松螺帽和垫圈。

(2)钻机立轴中心线、天车中心线与孔中心必须在同一条直线上。

(3)电器设备必须安装在干燥、清洁的地方,严防油、水及杂物侵入,电器设备及启动、调整装置的外壳应有良好的接地接零保护装置。

(4)拆卸各种机电设备时,禁止用大锤猛力敲打或盲目乱拆,机电设备上拆下的小部件,应专人妥善保管。

(5)严禁从高处往下滚放器材、设备。

8. 电机场防护设施:

(1)应根据现场气候条件选择场房,冬春季节能防寒防雨、夏秋季节能防暑降温。

(2)基台必须稳固、平整,地板厚度要大于 30～40 mm。

(3)座式天车要安装安全档板、吊式天车要安装天车保险绳。

(4)铁塔必须安装绷绳,绷绳的直径不得小于 12.5 mm,绳头必须有两个绳卡,绷绳与水平角度不得大于 45 度。

(5)雷雨季节施工时,塔上必须安装避雷针,并要求与钻塔绝缘,避雷针的接地电阻不得大于 15 Ω。

四、设备搬运

1. 两人以上抬运器材时,上肩的方向要一致,抬运的重物不宜过高,一般物件距地面 200～300 mm 为宜。

2. 多人抬运大件重物时,要统一指挥,步调一致,互相联系,互相关照。抬重物的同志手要抓住杠子,防止杠子掉下,以防发生事故。

3. 搬运大齿轮、皮带轮或其他圆形重物时,要捆扎牢固。停放休息时,要放稳后方可离开。

4. 一切器材、工具、零件等严禁从山上向下抛掷或滚放。

5. 在搬运之前,应对搬运物件和搬运用的大小杠子及绳索等进行一次详细检查。搬运的物体如有突出的棱角、钉子、扒钉等,应设法清除。

6. 用汽车搬运时要放稳、绑牢。使用的跳板要稳固适用。严禁超载、超高、超宽、超长运输。

7. 一切器材、设备严禁从汽车上向下抛扔和滚放。

8. 用船只或木排搬运时,应由有经验的人员指挥,装运的器材要放在船只的中部,不得超载。

第二章　钻进与升降钻具

一、钻进

1. 在正常钻进中,不许对设备进行拆卸、修理工作及天车加油。

2. 皮带运转时,严禁从皮带上跨。禁止用木棒压皮带,不准用带钩的工具卸掉皮带。

3. 用人力松紧卡盘时,要有专人掌握离合器或皮带开关,并相互配合好。

4. 开孔钻进前,要进行安装验收工作,符合安装要求后方可开钻。

5. 钻机水龙头高压胶管必须设有胶管防缠及水龙头防坠装置,钻进时不得利用人扶持水龙头胶管。修理水龙头必须停车,并指定专人看管离合器。

6. 扩孔、扫孔、扫脱落岩心或钻进不正常时,必须由班长或熟练技术工人操作。

7. 经常检查皮带扣的连接是否牢靠,必要时更换新皮带以防止人身和机械事故。

二、升降钻具

1. 提引器提引钩必须牢固可靠,使用蘑菇头必须上紧,起下钻时,要经常看是否松动。

2. 升降钻具前,必须对提引工具进行检查,不合安全要求者应及时更换与修理。

3. 操作过程中,应明确分工,互相配合、步调一致,操作拧管时,就由一人单独操作,以免配合不好发生事故。

4. 下降钻具时,如因孔内水柱(或泥浆柱)的浮力,钻具下降速度缓慢时,提引器随蘑菇头慢慢下降,不得让钻具自动下降,而提引器提前下来。

5. 立轴箱打开后,须盖上齿轮防护罩,防止脏物进入及避免意外事故。

6. 升降钻具时,塔上不得进行修理工作。

7. 岩心管提出孔口时,不得用手伸到岩心管内探摸岩心。

8. 上塔人员必须系安全带,井口人员应站在钻具起落范围以外。

9. 发生跑钻时,严禁抢插垫叉。

三、活动工作台

1. 活动工作台必须安有防坠器和手动定位器以及行程限制器,活动工作台其导向绳上必须距天梁 0.3 m 和距地面 2.5 m 处或第一层台板上。

2. 使用前要检查平衡装置是否合适,防坠装置、制动装置和挂绳等是否安全可靠。

3. 活动工作台每次只准一人乘坐,上升前要锁好门。携带工具(钳子、板手等)时要放置妥当,严防掉下伤人。离台前要锁紧制动装置。在最低位置时,还须挂好安全钩。

4. 不准用活动工作台运载重物上塔,卸掉平衡重绳以后,严禁乘坐。

5. 工作台的主要物件如底盘、立柱、栏杆都必须连接成一体,并焊接牢固。工作人员进入之后,要将门关好再进行工作。

6. 工作台的平衡重砣的外面严禁吊挂任何重物,重砣应用导向滑轮导引至钻塔塔角或机台场外人员活动较少的一侧,重砣与地面之间的距离不得低于 2.5 m。

7. 工作台上部安装导向滑轮的悬臂横梁须牢固可靠,发现有问题或弯曲较大时,应及时修理更换。

8. 所有钢丝绳接头处均须两副以上同径绳卡卡牢。

9. 工作台装有专用手拉绳,严禁用导向绳代替手拉绳,或用升降机导引工作人员手抓提引器上升。在操作地点停留时,必须先锁紧手动定位器,然后再进行操作。

10. 活动工作台要定期检查修理,及时对润滑部位注油,保证安全使用。

第三章　一般安全规定

一、个人和工作场内的安全防护

1. 从事岩心钻探工作的人员,必须接受安全教育,经考核合格后方准进入岗位,新工人必须在班长或老工人指导下进行操作。

2. 上班前和上班时都不准喝酒,进工场工作,必须穿戴整齐合体的工作服和安全帽,不得赤脚或穿拖鞋。

3. 在塔上工作时,必须系牢安全带。

二、防风防洪

1. 听到大风紧急警报后,必须做好以下工作:

(1)将塔布卸下,并妥善保管。

(2)将钻杆立轴下到孔内安全位置,用提引器吊住钻杆,卡上冲击手把或叉上垫叉。

(3)根据预报的大风级别,采取压顶、支护、绳索拦护等方法加固场房。

(4)切断电源,盖好机电设备,将现场报表、易损零件、小件工具等装箱保存好。

(5)检查钻塔绷绳质量和牢固程度,必要时应更换与加固。

(6)严禁封盖孔口。

2. 暴雨和洪水季节,严禁在易滑坡、易坍塌和泥石流发育的地方施工。如果在洪水期非施工不可,必须挖好排水沟和修筑堤坝。

三、防火

预防火灾必须做好以下工作:

(1)根据施工场地情况适当配备消防器材和灭火用具。

(2)要除净场房周围杂草,防火道宽应大于 5 m。在林区草地施工时,应执行当地有关防火规定,采取预防措施。

(3)场内严禁用明火照明或取暖。

(4)内燃机的排气管和取暖火炉要避开易燃物。

(5)在塔上工作时禁止吸烟,场内不准乱丢烟蒂。

(6)场内油料和其他易燃物,必须妥善保存,严禁烟火靠近。

(7)预热机油要用文火,并离开场房 5 m 以外。严禁用明火直接烘烤柴油机底壳。

(8)电器着火时,首先切断电源,然后才扑救。

(9)钻进有天然气的钻孔时,机场内要清除一切可能引起火灾的火种。

四、处理事故

1. 打吊锤时,要有专人指挥,吊锤下部钻杆必须安装冲击把手。打箍上部应连接钻杆,挂牢提引器并拉紧钻杆。

2. 使用千斤顶时,要垫实地梁,绑牢千斤顶及帽子。打紧卡瓦时,必须用铁锤垫打,卡瓦上部要用冲击把手贴紧卡死并绑牢。孔口要围好,提引器要绑牢。顶拔时要缓慢,不能过猛,要有一定的间歇时间。回杆时,禁止用升降机提吊被顶起的事故钻具。

3. 反钻具时,应使用钢丝绳反管或棘轮反管等方法,不得使用钳子。换杠及用升降机提拉时,应统一行动。

4. 进行孔内爆破作业时,必须由专职的爆破手进行操作。下人爆破筒前,应用相当于爆破长度、直径木棒试探深度。采用并联、电雷管起爆。多余爆破器材应由专人负责归库。

5. 采用上述各种方法处理孔内事故时,除直接操作人员外,其他人员要离开危险区域,非工作人员不得进入场房,处理事故前、后都必须对现场安全设施进行全面检查。

第四章　安全用电

一、一般规定

1. 各类用电人员必须遵守以下规定:

(1)掌握安全用电基本知识和所用设备的性能,熟悉开关电器的正确操作方法。

(2)使用电气设备前,必须佩戴好相应的劳动保护用品,认真检查电气装置是否完好,严禁设备带病运转。

(3)暂停使用电气设备,必须切断电源,锁好开关箱。

(4)负责保护所用设备的负荷线,保护零线和开关箱,发现问题及时报告整改,没整改前,禁止使用。

2. 凡在架空输电线附近作业时,各种勘察设备、机械应与架空输电线保持一定安全距离。其距离必须不小于各级架空输电线路应延伸距离再加上勘察设备、机械的高度。

3. 作业现场的机动车道与架空输电线路交叉时,从架空输电线路下通过的运输机械及其载物顶端与架空输电线路最低点之间的垂直距离必须不小于相关安全距离。

4. 用电设备及电气安全防护用品的质量必须符合现行国家标准。

5. 搬迁和移动用电线路、电动设备,必须先切断电源,不得带电作业。

6. 线路跳闸后,必须先查明原因,排除故障后,方可送电,严禁强行送电。

7. 雷雨时,不得进行户外用电设备的安装、维修和拆除作业。

8. 地质钻探现场的线路、电气设备及附近输电线路,在未确认其是否带电以前,必须按带电情况处理。勘察现场严禁有带电的裸露导体。

二、地质钻探现场临时用电

1. 勘察现场的动力线路,必须采用橡套电缆。在三相五线制系统中,不宜采用3芯、4芯电缆另加单芯电缆或导线做中性线。

2. 电缆线路应根据实际架空或悬挂敷设。对经常移动的电缆,应敷设在不被车辆碾压、人踩、器具碰擦及介质腐蚀的地方,否则必须加设保护套。

3. 电缆接头应牢固可靠,并应做绝缘包扎,保持绝缘强度,不得承受张力。

4. 临时用房内的用电线路必须采用橡皮电线,并设独立的开关、漏电保护器。严禁缠绕在金属架上或用金属裸线作绑扎线。

5. 动力配电箱与照明配电箱宜分别设置,如合置于同一配电箱内,动力和照明线路应分路设置。

6. 每一机台应设置一个配电箱,距用电机工作区的水平距离不宜大于3 m。

7. 机台应实行“一机一闸一保险”制,开关箱应设置在机台及用电设备便于操作的部位。严禁用同一个开关电器直接控制两台及两台以上用电设备(含插座)。

8. 移动式的配电箱、开关箱应装设在坚固的支架上。应有防水措施,其下底与地面的垂直距离为0.6～1.5 m。

9. 配电箱、开关箱内的电器(含插座)应按其规定的位置坚固在电器安装板上,不得松动和歪斜。箱内的连接应用绝缘导线,接头不得松动,带电部位不得外露。

10. 各种开关的额定值与其控制的用电设备额定值相匹配。

11. 所有用电设备必须在设备负荷线的首端处(电源隔离开关的负荷侧)设置防溅型的漏电保护装置。

12. 配电箱、开关箱导线的进、出线口应设在箱体的下底面,严禁设在箱体的其他位置,导线不得与进出箱体口直接接触。

13. 配电箱、开关箱的电源线,严禁用插销连接。

14. 各电气设备的外壳及配电箱、开关箱金属底座、外壳等必须作保护接零。

15. 配电箱、开关箱内不得放置任何杂物。

16. 当地质钻探现场与外电线路共用同一供电系统时,电气设备应根据当地的要求作保护接零,或作保护接地，不得一部分设备作保护接零，另一部分设备作保护接地。

17. 保护接零单独设置并专用，不得装设开关或熔断器，重复接地线应与保护零线连接。

18. 用电线路中严禁利用大地作为相线或零线。

19. 在探井等潮湿或有特殊要求的地质钻探现场，电气设备必须采用保护接零。

20. 照明灯具及电缆的设置不得妨碍交通和施工作业。灯具必须与支架绝缘，应使用防水式灯口。

21. 行灯的电源电压不得超过 36 V，在潮湿的井坑内照明，应采用 12 V 以下的电源。

三、电动设备

1. 电动设备要定期检查、维修和保养，不得带病运转和超负荷作业。

2. 电机、电焊机等设备，除应做好保护接零外，必须做重复接地。

3. 电动设备的负荷线必须按其容量先用无接头的多股铜芯橡套软电缆。

4. 手持式电动工具的外壳、手柄、负荷线、插头、开关等必须完好无损，使用前必须作空载检查，运转正常方可使用。

5. 潜水泵的负荷线必须采用 YHS 防水型橡套电缆，不得承受压力。

6. 电焊机应放在通风良好、干燥、防雨的地方，远离易燃物品，电焊机进、出线必须设安全防护罩。

附件2　水文地质钻探规程

(DZ/T 0148—1994)

(中华人民共和国地质矿产部,1995-01-27发布,1995-12-01实施,)

1　主题内容与适用范围

1.1　主题内容

本规程规定了水文地质钻探与水井钻探各项生产活动的技术工作要求及有关工艺操作规定。

1.2　适用范围

本规程适用于水文地质普查、水文地质初步勘探与详细勘探以及水井(含矿泉水井及低温地热井)钻探工程,是进行钻探设计、施工、管理等各项工作的基本依据和准则。

本规程不适用于高温地下热水和地热能开发钻井工程。

2　引用标准

2.1　直接引用标准

GBJ 202　地基与基础工程施工及验收规范
GB 9808　水文水井钻探管材系列
GB 9809　水文水井钻探用套管、岩心管、取粉管螺纹
GB 9810　水文水井钻探用钻杆
BG 9811　水文水井钻探用钻铤
BG 9812　水文水井钻探用钻杆接头
DZ 1.3　硬质合金岩心钻探管材螺纹
DZ/T 0008　水文水井钻探用钻柱特种接头
DZ/T 0017　工程地质钻探规程
DZ/T 0055　水文水井钻探用硬质合金钻头
DZ/T 0056　水文水井钻探用三牙轮钻头
DZ/T 0057　水文水井钻探用钻粒钻头

2.2　配合使用的标准

GBJ 27　供水水文地质勘察规范
水文地质普查、勘探规范
岩心钻探规程

3　总则

3.1　目的、任务

水文地质钻探是水文地质普查、勘探工作中取得地下水文地质资料的主要技术方法,也是开发利用深层地下水进行钻井工程的唯一技术手段。它的基本任务是在水文地质测绘、水文地质物探的基础上,进一步查明含水层的岩性、层次、构造、厚度、埋深分布及水量、水质、水温等水文地质条件、特征和参数,解决和验证水文地质测绘和物探遥感工作中难以解决的水文地质问题,为评价和合理开发利用地下水

资源提供可靠的水文地质资料和依据。同时,在“以探为主、探采结合”成井或专门打井后开采地下水,为工农业生产、国防建设和城镇居民及干旱地区人民提供生产生活用水或矿泉水饮料,直接为国民经济建设和人民生活服务。

3.2 钻探工作必须遵循的准则

3.2.1 水文地质钻探工作必须贯彻执行先水文地质测绘与物探,后钻探施工以及坚持“先踏勘、后设计”和“先设计、后施工”的工作程序,即必须在水文地质测绘和物探工作的基础上布置水文地质钻孔,以及坚持没有地质、施工设计,不准施工开钻的原则。

3.2.2 对于探采结合钻孔,应本着“以探为主,探采结合”的原则进行,即应满足以“探”为主,在获取准确可靠的水文地质资料的同时结合成井。

3.2.3 水井钻探工程应在有充分水文地质资料的地区进行,并在钻探过程中采取必要措施收集和论证水文地质资料,严格按照成井工艺规程要求成井。

3.3 钻探工作的基本要求

3.3.1 水文地质钻探是以获取准确可靠的水文地质资料,满足地质设计要求,达到地质设计目的进行的,因此要本着需要与可能的精神,在进行钻探设计和施工中采取切实可行的最优方法与工艺,满足地质设计要求。同时,要努力提高地质、施工设计的准确程度,以便最大限度地减少因设计不当而造成的损失。

3.3.2 在钻探工程施工的全过程中,都要始终贯彻“优质、高效、低耗、安全”和“质量第一”的原则,推广应用钻探新设备、新方法、新工艺,提高经济效益。同时,在加强全面质量管理的活动中,既要反对单纯追求进尺,忽视工程质量的倾向,也要反对忽视安全和不注重经济效益,片面追求脱离实际可能或超越规程规范的技术要求。

3.3.3 要搞好钻孔各项原始资料的记录与整理工作。提交的资料必须真实、准确、可靠,对伪造钻孔原始资料数据者,必须严肃处理。

3.3.4 从事水文地质及水井钻探的全体人员,必须认真学习和严格遵守本规程。但本规程中有些条款只是一般性和原则性的规定要求,在贯彻执行时允许施工单位依据具体情况制订实施细则或补充规定。此外,有关现场管理制度,可参照DZ/T 0017和岩心钻探规程有关规定要求,结合各自的实际情况制订实施细则或补充规定。

4 钻孔类型、结构与施工设计

4.1 钻孔类型

4.1.1 地质孔

通常只在小、中比例尺的区域水文地质普查中布置,一般要通过钻探取心进行地层描述和进行简易水文地质观测,但不进行抽水试验。

4.1.2 水文地质孔

在各种比例尺的水文地质普查与勘探中布置,一般要进行单孔稳定流抽水试验,必要时要进行多(群)孔非稳定流抽水试验,以获取不同要求的水文地质参数,评价与计算地下水资源。

4.1.3 探采结合孔

在各种比例尺的水文地质普查与勘探中均会遇到。

4.1.4 观测孔

有抽水试验观测孔和长期观测孔(简称长观孔)两种,通常只在大、中比例尺的水文地质勘探中布置。

4.2 钻孔(井)结构

4.2.1 钻孔(井)结构,包括孔径、孔段和孔深,除地质孔外,井身结构应包括:

a. 井管:包括井壁管、过滤管、沉淀管的直径、孔段和深度。

b. 填砾、止水与固井位置及深度。

4.2.2　钻孔结构的确定:是根据钻孔类型、水文地质条件、终孔直径及深度、钻进工艺方法、抽水方法及钻探设备等因素综合确定。进行抽水试验的钻孔,其松散地层的钻孔直径要能满足根据预计出水量选用的过滤管直径和填砾间隙的要求;基岩钻孔直径则一般以满足根据预计出水量能下入之抽水设备口径要求或过滤管直径要求为依据确定。在条件具备与可能时,要采用一径成井工艺;在松散、破碎、严重漏失等复杂地层应采用既护壁性能好又易于破壁解淤的优质泥浆钻进,争取少下或不下套管,以简化钻孔结构。

4.2.3　典型钻孔(井)结构型式

4.2.3.1　一径成孔(井)

除孔口管外,一径到底的钻孔,即一种口径、一道管柱的钻孔。这类钻孔通常是较稳定的第四纪松散地层或基岩为主的水文地质钻孔、探采结合孔或观测孔。有下井管、过滤管并填砾或不填砾及没有井管、过滤管的基岩裸孔等几种。下井管、过滤管并填砾孔之孔径一般应比管子直径大 150~200 mm。

4.2.3.2　多径成孔(井)

具有两个或两个以上变径孔段的钻孔,即多次变径,并用一套或多套管柱的钻孔。通常是上部为第四纪松散层、下部为基岩或具有两个以上主要含水层的水文地质钻孔、探采结合孔及地质孔。通常只在第四纪地层中下井管、过滤管并填砾或不填砾;基岩除破碎带、强烈风化带需下管外,一般为裸孔。

4.3　钻探施工设计

4.3.1　编制依据

水文地质钻探施工设计的编制是根据项目的水文地质设计书或项目委托计划任务书或合同的要求,在现场踏勘的基础上,按照现有的生产定额、材料消耗定额、人员和设备配备与费用定额等资料为依据进行编制,根据需要与可能,选用设备和选择最优施工方法与工艺,以确保工程质量和获取量佳的技术经济效益。

4.3.2　主要内容

4.3.2.1　施工项目的基本情况和设计依据

a. 工区的地理位置、交通条件、地形地貌、气候和生活条件。

b. 地质条件:包括地层划分和岩石可钻性级别、地质构造和水文地质条件,着重说明影响钻探施工的主要地质因素。

c. 施工目的与要求:包括钻孔布置与工作量、工程质量指标、水文地质试验与观测要求等。

4.3.2.2　钻探技术设计:包括钻孔结构、冲洗介质、成井工艺及保证质量与安全的技术措施,并附典型钻孔结构设计图。

4.3.2.3　供水、供电设计:根据现场踏勘了解的当地水源条件,选择供水方法和设备;采用电力驱动时提出供电方法与要求。

4.3.2.4　施工期限与费用预算:根据项目要求,编制施工进度计划。包括选择设备,确定施工组织形式、开动钻机台数、钻孔施工顺序调度安排及工期要求,进行技术经济指标测算并编制项目费用预算等。

4.3.3　编制与审批

4.3.3.1　根据设计要求,在施工单位总工程师的主持下,由地质、钻探技术人员共同编制。

4.3.3.2　根据地质项目管理权限上报审批,即局(或下达任务的主管单位)管地质项目的施工设计,由施工单位审查后报上级审批;施工单位自管地质项目或承包工程项目的施工设计,由施工单位审批后报上级备案。

4.3.3.3　在钻探施工中,如发现设计与实际情况不符时,应及时进行修订或补充,部局管项目凡关系到工作量与经费数量较大的修订要报上级批准。

4.3.4　钻孔施工与设计

无论是预算内或预算外的地质项目,均应编制单孔施工设计。单孔设计应包括地层理想柱状图、岩性及可钻性等级、钻孔结构、钻进工艺、成井工艺、工程质量指标及安全生产措施等。

5　设备、仪器仪表的选择和设备的安装、拆卸与搬迁

5.1　钻探设备选择

水文水井钻探设备的选择,主要根据水文地质条件、钻孔类型、钻孔结构、钻探方法等因素,结合现有设备状况,进行选择和配套。目前用于施工的水文水井钻机主要机型及性能见表1(略)。

5.2　泵类设备的选择

泵类设备的选择主要根据钻进方法、钻孔结构、地下水位及出水量等条件合理选择。钻探施工用工作泵(不含钻机的配套泵)型号及性能见表2。抽水用泵型号及性能见表3。

表2　常用工作泵

类型	型号	流量 (m^3/h)	扬程 (m)	转速 (r/min)	出水口直径 (mm)	额定功率 (kW)	生产厂家
砂浆泵	6BS	180		730	150	30	上海探矿机制厂
	6英寸	280	16.3	630～680	147		乾安机械厂
射流	6SPS正反两用泵	正180	9.5			37～45	中国地质大学(北京)
		反225～100	60				
	Φ76/87正反循环两用泵	正108				22	
		反80					
砂石泵	2PN	30～58	22～17	1 450		11	石家庄水泵厂
	3PN	54～151	26～15			22	自贡水泵厂

表3　常用抽水泵

类型	型号	级数	流量 (m^3/h)	扬程 (m)	转速 (r/mm)	出水口直径 (mm)	额定功率 (kW)	机组径向最大尺寸 (mm)	适用井管 (mm)	泵管连接方式	生产厂家
潜水电泵	100Q15	4～0.5	3.5～6	13.5～115	2 850	40	0.55～8	96	120	法兰盘连接	沈阳水泵厂
	100Q14～6	14～27	4～6	58～145			1.5～4	98			广东惠东水泵厂
	136QJ10.5	6～15	10.5	44～110		50	5.7～13	131	150		
	150QJ(R)25	1～23	17.5～30.5	1～190.8	2 900	80	1.2～15	145			沈阳水泵厂
	200QJ50	2～15	50	26～195	2 850		7.5～45	184	200		石家庄水泵厂
	200QJ80	2～11	80	22～121		100	7.5～45				
	250QJ80	1～15		20～300	2 870		7.5～110	223	250		
	250QJ125	1～12	125～140	16～192		125	9.2～110				
	300QJ200	2～7	200	40～140	2 900	150	37～130	278	300		
	400QJ500	1～5	350～600	11～95	1 450		30～160	377	405		沈阳水泵厂

续表 3

类型	型号	级数	流量(m^3/h)	扬程(m)	转速(r/mm)	出水口直径(mm)	额定功率(kW)	机组径向最大尺寸(mm)	适用井管(mm)	泵管连接方式	生产厂家
多级深井泵	JD~16	3~24	10~490	25~92	1 460~2 900		5.8~73	92~390		螺纹连接	上海水泵厂
	100~200JC	2~40	10~80	25~234	2 940		5.5~34				北京密云水泵厂
	250~400JC	2~15	80~550	21~156	1 460		11~132			法兰盘连接	
	SD8~14	2~26	35~180	24~130			10~100				沈阳水泵厂

5.3　空压机选择

空压机的选择主要根据所需风量及风压来合理选择。钻探施工及洗井用空压机的主要规格、性能见表 4。

表 4　常用空气压缩机规格性能

设备类型	排气压力(MPa)	排气量(m^3/min)	动力机	压缩型式	冷却方式	装载型式	动力机功率(hp)	机组重量(t)	主要用途	备注
VY-6/7	0.7	6	柴油	二级压缩	风冷	移动式	80	2.4	洗井	柳州
VY-9/7		9					120	2.8		
3WY2-5/40	4.0	5		三级压缩		车装	108	5.5	气举反循环钻进	蚌埠
2VY(Ⅱ)6/15	1.5	6		活塞螺杆		移动式				上海
W-10/60	6.0	10		三级压缩	风冷	车装	220	6.6		蚌埠
LGⅡ20-10/7	0.7	10		回转螺杆	水冷	移动式	120	2.0		郑州
VHP 400	1.2	11.5			风冷		180	3.0		上海
LGY20-14/0.5	1.05	14		单级螺杆		移动式	132	5.0		湘潭
VHP 700	1.2	20		回转螺杆			286	4.1	气动潜孔锤钻进	上海
3W3.5-20/40	4.0	20		三级压缩	水冷	车装	350			蚌埠压缩机总厂
3WY3.5~25/7-25	进气:7.0 排气:25.0	25			风冷		170	7(不含汽车)		
LGY25/16~20/15	2.5 1.6	20 25		两级螺杆		移动式	380	7.5		上海

5.4　钻探仪器、仪表选择

5.4.1　测斜仪器的选择应根据钻孔类型、结构、精度要求及钻孔有否磁性干扰等因素进行选择。仪器名称及性能见表 5。

5.4.2　钻进参数仪表的选择见表 6。

5.5　设备安装、拆卸与搬迁

5.5.1　设备安装与拆卸

表 5　常用测斜仪器的选择

仪器名称	适用条件	测量范围				工作机构		备注
		顶角		方位角		电源	时钟	
		范围	误差	范围	误差			
JXY－2 型罗盘测斜仪	用于无磁性干扰，孔径大于 75 mm 以上的钻孔，耐液压 7 MPa	0～30°	≤±1°	0～360°	4°～60°时，≤±4°		定时钟量长 120 min，最短 15 min	
		30°～60°	≤±2°					
JJX－3 测斜仪	用于无磁性干扰，直径为 65 mm 以上的钻孔，井温不高于 100 ℃，耐液压 50 MPa	0～50°	≤±30′	4°～360°	顶角 2°～50°时，≤±4°	直流 90V		上海地质仪器厂
JDL－1 型陀螺测斜仪	用于磁性干扰孔，耐压 20 MPa	0～30°	≤±30°		顶角≤±2°时，≤±5°			
CQ－1 型磁性定向测斜仪	用于孔深 2 000 m 以内，孔径在 46 mm 以上的非磁性钻孔	0～90°	≤±1°	0～360°	≤±2°		工作时间最长 110 min，最短 10 min，时差≤2 min	成都工艺所

表 6　常用钻进参数仪表的选择

仪表名称	型号	用途	测量范围	误差	厂家
钻压表	LLB－8	测井底压力	0～8 t		阜新仪器厂
	LLB－12		0～12 t		
	YC－2B		0～60 t	<20 t 时，±10 kg，≥20 t 时，100 kg	河南水文一队
泵压表	YK－100	测水泵压力	10 MPa		宝鸡仪表厂
五参仪	SZY－3 型	可随钻测得：钻压、转速、扭矩、泵量、泵压五参数，掌握钻进情况，预防事故的发生	钻压：0～5 t，0～10 t 转速：0～600 r/min 扭矩：0～15 kN·m 泵量：600～2 000 L/min 泵压：2～10 MPa	钻压 3% 转速 1% 泵量、泵压 5%	七〇四研究所等单位

5.5.1.1　基座安装必须稳固、水平、周正，并能承受全部负荷。基座形式，应根据设备类型、钻孔结构及地基条件确定。

5.5.1.2　钻塔底座安装采用水平尺找平。钻塔安好后必须拉紧绦绳。绷绳位置要对称，与地面夹角不得大于 45°。钻塔各部位的连接要牢固，螺栓要拧紧。

5.5.1.3　钻机安装时，采用单绳升降钻具者必须保证天车前缘切点（双绳升降钻具时为天车轴中心）、回转器（或转盘）中心、钻孔中心在同一条直线上。

5.5.1.4　钻机、泥浆泵、动力机的机座与枕木或地梁要用螺栓连接牢固，各传动轴线必须平行对正，相互距离要适宜。电机底座应设置调整皮带松紧的装置。

5.5.1.5　车装钻机安装时,前后底梁的千斤顶支座必须支承在硬地或基枕木上,垫实加固,必要时浇注水泥墩加固。轮胎要离开地面,不承载,并垫好不转动。

5.5.1.6　电器设备必须安装在干燥、清洁的地方,严防油、水及杂物侵入,且固定牢靠,减少震动。电器设备外壳应按技术要求,接好地线保护。设备的动力线和照明线必须绝缘良好。

5.5.1.7　安装和拆卸各类钻塔应遵循下列规定:

a. 所有安、拆塔工作必须在专人统一指挥下,有秩序地进行。所有现场人员必须戴安全帽,上塔时系安全带。拆卸钻塔时,安全带严禁系在被拆卸的钻塔附件上。螺栓和工具要放入工具袋中。

b. 建塔要从下到上分层安装,拆塔要从上到下逐层拆卸,不得上下两层同时作业。严禁从塔上抛扔物件。

c. 各类钻塔安装应按安装说明书的要求进行。钻塔构件不准任意打眼、调换、少装、改装及焊接。

d. 用机械或液压油缸起落钻架时,应首先检查好卷扬机制动装置或液压系统是否灵活可靠,井架起落要平稳,严禁猛起猛落。起立到位后,要锁好固定卡销。

5.5.2　设备的搬迁

5.5.2.1　设备运输过程中,严禁人货混装。

5.5.2.2　装卸过程中,要指定有经验的人员负责指挥,并采用必要的安全措施,以防设备翻倒毁物伤人。

5.5.2.3　车装钻机和拖挂设备搬迁时,钻塔端部要固定在支架上。拖挂设备的挂钩要挂牢,并检查挂钩的保险装置是否可靠,用保险绳固定牢靠。必须按被拖挂设备说明书规定的时速运行。

6　钻进方法选择、施工准备与开孔

6.1　钻进方法与工艺选择

6.1.1　应根据岩石的机械物理性质、可钻性,以及孔径、深度和施工条件,分别选择相适应的钻进方法,可参照表7选用。

表7　钻进方法选择

选用方法名称	适用范围		优点
	可钻性(级)	岩性及其他条件	
牙轮钻进	1～10	第四纪松软地层及完整、破碎、致密、研磨性岩石及卵砾石层均适用,常用于不取心钻	适用范围广、效率高,尤其在卵砾石及破碎地层钻进较其他回转钻进效果更好
硬质合金钻进	常规口径 1～6	适用于第四纪松软地层及较致密、完整基岩钻进,不适用卵砾石层及破碎地层钻进	钻头加工容易,成本较低
	大口径 1～4		
钻粒钻进	常规口径 7～10	适用于基岩、漂砾、卵砾石层,尤其适用于大口径取心钻进。大裂隙、大漏失地层不宜使用	钻头加工容易,成本低,在漂砾卵石层用大岩心管取心钻进有良好效果
	大口径 5～9		
合金钻粒混合钻进	4～8	适用漂、卵砾石层及软硬交错地层钻进	钻进中具有合金和钻粒两种方法的特点
射流反循环钻进		适用于第四纪松软地层钻进,孔深超过50 m效率明显下降,可与气举反循环进行配套使用于浅孔段中钻进	设备简单,洗孔彻底,钻进安全、效率高

续表 7

选用方法名称	适用范围		优点
	可钻性(级)	岩性及其他条件	
泵吸反循环钻进		适用于第四纪地层浅孔、大口径孔钻进,孔深在 100 m 内效果较好,须保证充足的施工用水,地下水位浅于 3 m 时,不易护孔,砾径超过钻杆内径的卵石层不宜使用此方法钻进	冲洗液上返速度快、洗孔彻底、钻效高,钻进安全,成本低,成井后易于洗井,出水量大
气举反循环钻进		适于第四纪砂土、砂粒层以及硬度不大的基岩大口径孔钻进,孔深大于 10 m 开始使用,超过 50 m 后方能发挥其高效特性,须保证充足施工用水,地下水位浅于 3 m 时不易护壁。黏土层不宜使用	冲洗液上返速度快、洗孔彻底、孔内干净,钻进效率高,安全,成井后洗井容易,出水量大
气动潜孔锤正循环钻进	5~12	适用于硬基岩及第四纪胶结、半胶结地层和卵、砾石层钻进,孔径不大于 310 mm,常用于不取心钻进。尤其适用于缺水或供水困难地区钻进用	具有冲击和回转双重破岩作用,孔底岩石受压小,钻效高,成本低,且不污染含水层,成井后洗井容易,出水量大
气动潜孔锤反循环钻进		适用于坚硬基岩及第四纪胶结、半胶结地层和卵、砾石层钻进,钻孔直径不大于 250 mm,常用于不取心钻进。尤其适于水或供水困难地区钻进用	具有正循环潜孔锤钻进全部优点;在不稳定地层中钻进护孔效果优于正循环钻进
液动冲击回转钻进	5~11	适用于坚硬基岩钻进,目前只在常规口径钻孔中使用,正在大口径中试验应用	具有冲击和回转重破岩作用;可以使用泥浆作洗液护孔,不受水位限制,能在深孔钻进
钢绳冲击钻进	1~5	适用于第四纪砂土、漂砾、卵砾石层及风化破碎基岩、大口径、浅孔、中深孔钻进,钻孔深度一般不超过 200 m	设备、钻具简单,成本低,在砂土、卵砾石层浅孔钻进有良好效果
满眼钻进		适于大口径深孔钻进;粗钻钻具处须安装扶正器,钻压应选用大于两次弯曲临界值或小于一次弯曲临界值	钻进中能使钻具保持稳定,能有效防止孔斜,钻进效率高
辐射井钻进		适于第四纪浅部含水层,大口径竖井中钻进	能沿含水层走向,按集水竖井四周不同方位、水平方向安设多组过滤管,扩大单井取水范围,提高单井供水能力
同步跟管钻进		适用于漂砾、流砂层、卵砾石层、冲积层等非稳定性覆盖层钻进,并须配备专用设备和工具	在极不稳定的地层中钻进,能有效地防止塌孔,保证安全钻进

注:①浅孔:指钻孔深度小于或等于 100 m 的钻孔。

②中、深孔:指钻孔深度大于 100 m 到 300 m 的钻孔。

③深孔:指钻孔深度大于 300 m 的钻孔。

6.1.2　基岩地层应尽可能采用一次钻进成井工艺施工;第四纪地层,要求全部取心的钻孔,可采用常规口径(指公称口径等于或小于 Φ174 mm 的钻孔直径)钻进取心,大口径(指公称口径大于 Φ174 mm 的钻孔直径)扩孔成井工艺;只要求定深取样的钻孔,可采用不取心钻进工艺钻进,定深取样,一次钻进成井;不要求取心的钻孔,应采用不取心钻进工艺施工,一次钻进成井。

6.2　施工准备

6.2.1　确定孔位

6.2.1.1　根据地质设计要求,由地质(物探)、钻探技术人员到现场确定孔位,若条件允许时,可与当地建设规划与需要相结合确定,尽可能不占或少占耕地,并考虑施工方便。

6.2.1.2　应了解施工现场地下电缆、管道以及地面高压电线分布情况,钻孔距地下埋设物的安全距离应大于 5～10 m。

6.2.1.3　施工现场应保证"三通一平"(水、电、路通,地基平),并要求在钻塔起落范围内不得有障碍物。

6.2.2　修建地基

6.2.2.1　修建时必须考虑到地形、风向、雨季洪水的影响,并采取相应的安全措施。

6.2.2.2　地基必须平整、坚实、适用,须采用填土修建时,必须进行打桩、夯实;塔基处填方面积不得大于塔基的 1/4;深孔或在沼泽地区施工时,塔角和钻机底座地基宜采用水泥墩加固。

6.2.3　制订钻孔生产计划措施

开钻前由地质和钻探部门共同下达钻孔设计书,机台应按照设计书要求,订出完成任务的计划和措施,并对泥浆材料、砾料、井管、钻具、油料等做相应准备。

6.2.4　对现场的安全措施和设备安装以及测量仪表等要进行检查、试车,符合安全要求后才准开钻。

6.3　开孔

6.3.1　回转钻进开孔:应采用短钻具和轻压慢转的方法钻进,遇松散层可用优质泥浆护孔,对水龙头和高压胶管要用绳牵引或用导向装置将其扶正,钻进过程中要用升降机将主动钻杆吊直,防止主动钻杆倾斜、摆动。

6.3.2　冲击钻进开孔:首先将钻具吊起对位,找正钻孔中心,开挖孔口坑,然后将钻具下放到孔口坑内,用短冲程、单冲次冲击钻进,放绳要准确、适量,保持钻具垂直冲击钻进,防止钻具摆动伤人和导致孔斜。

6.3.3　开孔钻进必须加强护孔和防斜措施,防止孔口塌陷和确保钻孔垂直。在易塌的表土层开孔,可以用黏土投入孔内护壁,待钻穿易塌表土层后,应下入孔口管,其底部和四周用黏土围填、捣实,不得有渗漏。

6.3.4　开孔钻进深度,一般应超过正常钻进所用粗径钻具长度后,才准改用正常的工艺钻进。

7　正循环回转钻进

7.1　基本要求

7.1.1　根据钻孔直径和深度选择合理的钻具级配,钻具的规格、质量和技术要求应符合 GB 9808—9812 和 DZ/T 0008 标准。

7.1.2　钻进时钻杆在孔内位置应定期倒换,浅孔可抽上换下,深孔宜用抽中间换两头的方法交替使用。钻孔换径时,应使用异径导向钻具钻进,导向钻具长 3～5 m。

7.1.3　钻进拟作抽水试验或观测的含水层时,不准往孔内投入黏土代替泥浆护壁。

7.1.4　钻进中一般宜采用钻铤加压,并应使用钻压表,合理控制钻压。

7.1.5　每回次钻进,在钻头到达孔底前,应先开泵冲孔,待孔口返水后,用慢速回转钻具,无蹩车蹩泵时,方可将钻具下放到孔底钻进;钻进中临时停车,钻具未提离孔底,不得开车、开泵。

7.1.6　钻进过程中,应保持钻压均匀,加减压应连续均匀地进行,不得采用跳跃式忽高忽低地加压、给进。无故不得随意改变钻进技术参数。

7.1.7　钻进过程中要定期冲孔排渣，保持孔内干净，孔底岩粉超过 0.3～0.5 m 时，要专程捞渣。

7.1.8　大口径钻进，若泵量不能使孔内冲洗液上返速度达到 0.1 m/s 时，宜在钻具组合中增加取粉管，回次钻进结束时要冲孔捞渣。

7.1.9　在松散地层钻进，不宜长时间冲孔，提下钻速度不宜过快，提钻中或提钻后应向孔内回灌冲洗液，防止塌孔。

7.1.10　钻进过程中要随时注意孔内情况变化，若出现回转阻力增大，负荷突变，泥浆压力不足或蹩泵，孔口返浆减少或不返浆、岩心堵塞以及钻速突然降低等异状时，要立即采取措施，经处理无效时要及时提钻检查。

7.1.11　每回次钻进结束后，应认真检查钻头磨损和变形情况，分析原因，有针对性地调整下一回次钻进技术参数和改进操作。

7.1.12　提钻遇卡时，不准硬拉，要上下活动钻具，解卡后再提升。

7.1.13　停钻时，钻具不准在孔底停放，必须将钻具提至孔外或安全孔段。

7.2　**牙轮钻进**

7.2.1　钻头选择和使用

7.2.1.1　应根据地层岩性合理选用钻头类型，钻头结构类型见表 8；钻头的规格、质量和技术要求应符合 DZ/T 0056 标准的有关规定。

7.2.1.2　钻头在使用前应认真检查，符合下列规定时才准入孔使用：

a. 钻头的型号和尺寸应与所钻地层、孔径相适应。

b. 牙轮转动灵活，三个牙轮在转动时不得发生相互咬死现象。

c. 水眼畅通、牙齿完好、焊缝无裂缝及缺陷。

7.2.2　钻进技术参数选择

7.2.2.1　钻压：宜达到所钻岩石的破碎强度值，并结合设备能力和钻具强度等安全因素合理选择。按钻头直径单位长度所需压力计算：在中硬以上较硬岩层中钻进宜采用 3～4 kN/cm，在中硬以下较软地层中钻进可采用 1～3 kN/cm。

7.2.2.2　转速：线速度以 0.8～1.5 m/s 为宜，遇卵砾石层或严重破碎地层可降低到 0.6 m/s；地层完整、硬度较低、钻孔较浅时，可采用快速，用常规口径钻进的转速为 70～200 r/min，大口径为 30～60 r/min。

7.2.2.3　泵量：以满足冲洗液上返速度 0.1～0.5 m/s 为宜，有条件时应选大值。

7.2.3　钻进工艺和操作要求

7.2.3.1　钻头在孔底钻进时，转动应平稳，三个牙轮要同时接触孔底并能自转，回转时不得有较大的冲击现象，在下钻、加压、给进操作时，不准猛刹车、猛放绳、猛墩钻具。

7.2.3.2　钻头用后应涮洗干净，必要时可从油眼处挤入黄油或泡在机油中润滑保养。

7.2.3.3　每次提钻时，要把钻具的丝扣涮洗干净，下钻时要涂丝扣油，丝扣要上满拧紧。

7.2.3.4　在容易发生孔斜的地层中钻进时，应避免使用第一次临界钻压与第二次临界钻压之间的钻压值，并在最下部一根钻铤上加设 2～3 道扶正器。

7.2.3.5　在软硬交错的地层中钻进，要掌握和处理好交界面钻进操作，钻到由软变硬的地层交界面时，要将钻头提离孔底，减压 1/3～1/2，用较快的转速扫孔到底，使三个牙轮全部接触硬地层，并在硬层面钻进超过钻头长度后，才准改用正常参数钻进。钻到由硬变软的地层交界面时，为防止钻头往软地层方向偏斜和孔内形成台肩，不宜刹车，不用减压，应顺其自然地钻下去。

表 8 三牙轮钻头型号选择

钻头类型	适用地层			钻头结构特征和代号						
	系列	岩性	分级	普通滚动轴承 1	空气冷却滚动轴承 2	滚动轴承保径 3	密封滚动轴承 4	密封滚动保径 5	密封滑动轴承 6	密封滑动保径 7
铣齿钻头	1	低抗压强度,高可钻性的软地层	1	111/111P		113/113P	114P	115P	116P	117P
			2	121/121P		123/123P	124P	125P	126P	127P
			3	131/131P		133/133P	134P	135P	136P	137P
			4							
	2	高抗压强度的中到中硬地层	1	211/211P		213/213P	214P	215P	216P	217P
			2							
			3							
			4	241/241P		243/243P	244P	245P	246P	247P
	3	半研磨性或研磨性地层	1							
			2	321/321P		323/323P	324P	325P	326P	327P
			3							
			4							
镶齿钻头	4	低抗压强度,高可钻性的极软地层	1							
			2							
			3					435P		437P
			4							
	5	低抗压强度的软到中硬地层	1					515P		517P
			2							
			3					535P		537P
			4							
	6	高抗压强度的中硬地层	1					615P		617P
			2							
			3					635P		637P
			4							
	7	半研磨性或研磨性硬地层	1							
			2							
			3					735P		737P
			4							
	8	高研磨性的极硬地层	1							
			2							
			3					835P		837P
			4							

7.2.4 牙轮空气正循环钻进应遵守以下规定:

7.2.4.1 孔口必须安装除尘装置,其排渣管口应远离现场并顺风放置。

7.2.4.2 送风管道上要安有压力表、风量表和温度计等监测仪表,并和钻压表、转速表配合使用。钻进时要随时注意仪表指数的变化,以判断孔内情况,在软岩层钻进时,要根据风压来判断和掌握钻速。

7.2.4.3 牙轮空气钻进，管路中应有稳定器或减震器，钻头的风道要比冲洗液钻进所用钻头的水道大2～4倍，并要求装有逆止阀或挡砂管。

7.2.4.4 每回次钻进，应钻具下放至距孔底2～3 m处开始送风吹孔，边回转边下放钻具；提钻前，应先停止钻头回转，继续送风排渣，直至孔底干净后再提钻。

7.2.4.5 钻进所需风量应根据上返风速要求计算确定，正常钻进上返风速为15～25 m/s；孔内有水，岩屑密度大时，风速应相应增大，但最大不能超过36 m/s。如风速低于15 m/s时，应采用泡沫剂。

7.2.4.6 遇孔内涌水量增大、排渣困难时，需加入泡沫剂辅助冲孔排渣。

7.2.4.7 为适应风速和排渣的要求，应选用直径较大的钻杆钻进，孔径为150～220 mm时，选用Φ89～140 mm钻杆；孔径为250～310 mm时，选用Φ114～273 mm钻杆。

7.3 硬质合金钻进

7.3.1 钻头选择和使用

7.3.1.1 钻头体应使用DZ40、DZ50和DZ75无缝钢管制造，钻头的结构、规格、机械性能以及技术要求，应符合行业标准DZ/T0055的有关规定，钻头类型应根据地层岩性和可钻性，参照表9选择。

表9 水文水井钻探硬质合金钻头类型选择

钻头类型	适用地层	
	可钻性(级)	岩性
肋骨钻头	1～4	松散、软塑、膨胀地层
正前角斜镶钻头		较完整、均质、致密、研磨性较小地层
直镶钻头	5～6	中等研磨性、微破碎、微裂隙地层
密集式钻头		研磨性强、非均质、较破碎、较坚硬地层
负前角斜镶钻头		非均质、破碎、裂隙、研磨性强地层
针状合金钻头	5～7	中等研磨性、较完整、坚硬、小裂隙地层
刮刀钻头	1～4	松软地层、不取心钻进用

7.3.1.2 针状合金钻头的胎块，其弧度应与钻头弧度一致，厚度与钻头壁厚相适应，钻头内外出刃各为1～1.5 mm，底出刃不得大于胎块长度的1/2，一般为10～12 mm；钻镶焊胎块数：常规口径6～8块，大口径钻头应适当增加；胎块的镶焊间距为40～50 mm。

7.3.1.3 硬质合金取心钻头的水口总面积不得小于钻头体与孔壁间的环空面积，钻进软、塑、膨胀性地层时，钻头壁上应开有水槽，水槽深度一般为1.5～2 mm。

7.3.1.4 钻头上的合金，镶焊要牢固，各部出刃要一致；钻头经使用后，出现水口减小，切削具被磨钝或有崩刃时，应进行修磨，使符合要求后，才能继续使用。

7.3.1.5 钻头上扣卸扣时，应使用自由钳，细心操作，不准用大锤敲打，防止损坏合金，夹扁钻头。

7.3.1.6 孔内残留岩心超过0.5 m或有脱落岩心时，应使用旧钻头将孔内岩心取出后才准下入新钻头钻进。

7.3.1.7 大口径钻头与岩心管可用丝扣连接或焊接，也允许将合金块直接焊在厚壁岩心管底端，使钻头和岩心管合为一体使用，当钻头部分被磨损后，可将其割掉，重新镶焊合金、开水口后继续使用。

7.3.2 钻进技术参数选择

7.3.2.1 钻压：应根据岩性，取心钻头按每颗合金所需压力计算确定，不取心钻头按钻头直径单位长度所需压力计算确定,可参照表10选用。

表10 硬质合金钻进钻压选择 (单位:kN/颗)

钻头类型	可钻性(级)		
	1~4级岩石	5~7级岩石	卵砾石、破碎地层
硬质合金取心钻头	0.5~0.7	0.8~1.2	0.7~0.8
针状合金取心钻头		1.5~2	1.2~1.5
刮刀钻头(kN/cm)	0.5~1.2	1.2~1.5	

注:刮刀钻头的钻压按钻头直径单位长度计算。

7.3.2.2 转速:线速度以1~2.5 m/s为宜,对于卵砾石、破碎地层可降低至0.6 m/s,其相应转数:常规口径为150~300 r/min,大口径为40~100 r/min。硬度低、研磨性小、完整、致密的岩石选用较大值,反之选用较小值。

7.3.2.3 泵量:应满足冲洗液上返速度要求,常规口径钻进为0.2~0.6 m/s,大口径钻进0.1~0.4 m/s为宜,其相应泵量根据孔径和上返速度计算确定。

7.3.3 钻进工艺操作要求:

7.3.3.1 正常钻进时,不得无故提动钻具和改变钻进技术参数。

7.3.3.2 钻进硬和研磨性大的岩石时,在钻压不足的条件下,不得单纯采用高转速钻进,防止切削具过快磨损。

7.3.3.3 钻头入孔钻进一定时间后,应根据切削具被磨钝程度,适当增加钻压保持合理钻速钻进,至切削具被严重磨钝钻速明显下降时,则不宜再增加钻压继续钻进,应掌握合理提钻时机,及时提钻、修磨钻头。

7.3.3.4 在松、软、黏、塑、膨胀性地层中使用肋骨钻头或刮刀钻头钻进时,应定期扫(修)孔,消除钻孔缩径和孔壁的螺旋、键槽结构,确保钻孔圆直。

7.3.3.5 钻粒换合金钻进时,应先将孔内残留钻粒捞净后,才准下入硬质合金钻头钻进。

7.4 **钻粒钻进**

7.4.1 钻头和钻粒要求

7.4.1.1 钻粒钻头:应采用DZ40、DZ50、DZ55无缝钢管制作,硬度以HRC28~30为宜,钻头内壁上部应加工成1∶100锥度面,钻头的规格、质量和技术要求应符合DZ/T 0057的规定。

7.4.1.2 钻粒:应采用70号、Y7、Y8等钢材制成,硬度应大于HRC50。其规格、质量和技术要求应符合有关规定要求。

7.4.2 钻进技术参数选择

7.4.2.1 钻压:应根据地层岩性、钻粒质量、设备能力和钻具强度等因素选择,按钻头底唇面积计算,单位压力为0.3~0.4 kN/cm^2,在坚硬地层中采用优质钻粒钻进时可增大至0.5~0.6 kN/cm^2。

7.4.2.2 转速:钻头线速度以1~2 m/s为宜,其相应转速,在卵砾石层或破碎层可降低到0.6 m/s;常规口径时为120~259 r/min,大口径为40~80 r/min,硬度低、研磨性小、较完整、致密的岩石选用较大值,反之选用较小值。

7.4.2.3 泵量:根据钻头直径和投粒方法选择,泵量(L/min)一般为钻头直径(cm)的2~4倍。

7.4.2.4 投粒方法和投粒量:一般可采用一次投粒法,若地层很硬,钻头直径较大时宜使用结合投粒法。一次投粒法的回次钻进投粒量,在常规口径钻进时为1~5 kg/回次,大口径钻进时为6~12 kg/回次,卵砾石层或孔径很大时,宜适当增加;用结合投粒时宜适当减少。

7.4.3 钻进工艺操作要求

7.4.3.1 回次钻进开始前,应先将钻头提离孔底,调整泵量至规定要求后,才准将钻具下放到孔底钻进。

7.4.3.2 钻进过程中应定时提动钻具,使钻粒能及时往钻头唇面底下补充,以保证钻进所需钻粒。

7.4.3.3 回次钻进一定时间后,应随着孔内钻粒量减少和钻头水口变小,要适当减少泵量,在调节泵量时,操作要小心准确,防止泵量突然增大而造成钻粒卡钻。

7.4.3.4 回次钻进终止时,应将钻具提离孔底 0.2 m 左右,并用大泵量冲孔捞渣,然后投卡石取心,卡石投入后要继续开泵冲孔,将卡石送到钻头下部时,才能开车卡断岩心。

7.4.3.5 每回次钻进结束后,都应将钻头底唇面修理平整、水口加大至符合要求时,才能继续入孔使用。要根据岩心、取粉管内的岩粉、钻头壁上的钻粒刻痕、钻头磨损等情况,判断钻进参数和操作是否正确,并有针对性地改进下一回次的钻进技术参数和操作。

7.4.3.6 合金换钻粒钻进时,第一回次钻进不宜使用新钻头,泵量和投粒量也应比正常钻进时所用参数略小。

7.5 合金钻粒混合钻进

7.5.1 钻头选择:一般用合金肋骨钻头。

7.5.2 投粒方法:应选用结合投粒法,首次投粒在回次钻进约 30 min 时进行,投粒量为回次钻进投粒量的 60%～70%,投粒后钻进至感觉到孔底缺乏钻粒时再进行补投。

7.5.3 钻进技术参数及工艺操作:在回次钻进开始阶段,宜参照硬质合金钻进要求钻进;投入钻粒后钻进应参照钻粒钻进方法执行。

7.5.4 钻进过程中要加强护壁措施,尤其是钻穿大块漂砾后,要防止砾石扭动错位而造成探头石卡钻。

7.6 扩孔钻进

7.6.1 钻头选择:扩孔钻头应具有超前导向结构,在第四纪松软地层扩孔,宜选用螺旋翼片钻头;在卵砾石层和基岩中应选用牙轮钻头。

7.6.2 扩孔技术参数选择:

7.6.2.1 钻压:应根据岩性,按扩孔有效直径单位长度所需压力计算确定,在第四纪砂土地层为 0.25～0.5 kN/cm,黏土层为 0.3～0.6 kN/cm,卵砾石层和基岩为 0.8～1.5 kN/cm。

7.6.2.2 转速:应根据岩性、钻头直径计算确定。线速度选择:黏土层为 1.5～2.5 m/s,砂土层为1.5～2 m/s,卵砾石、破碎地层为 0.6～1 m/s。

7.6.2.3 泵量:应尽量采用大泵量扩孔,冲洗液上返速度不应小于 0.1 m/s。

7.6.3 扩孔工艺操作要求:

7.6.3.1 扩孔钻具应带有扶正器,钻具连接要牢固,防止钻具脱扣;扩孔期间,在正常情况下,每小班应提钻一次,认真检查钻具,发现不合要求时要进行修理或更换。

7.6.3.2 应根据设备和钻具的负荷能力及地层性质和复杂程度合理选择扩孔直径级差,在设备和钻具条件允许时,应增大扩孔直径级差,减少扩孔级数。

7.6.3.3 扩孔时要保持孔壁圆直和下部小孔畅通,下钻不顺要扫孔,发现下部小孔堵塞要进行通孔。扩孔速度不宜过快,要与地层、转速相适应。

7.6.3.4 扩孔过程中要定期冲孔和清理循环系统内岩粉,加强泥浆净化,确保孔内干净。

7.6.3.5 扩孔时,在维持孔壁不塌的原则下,尽可能降低泥浆的黏度和密度,尤其是最后一级扩孔,要降到最低限度。

7.6.3.6 扩孔要连续进行,停扩期间,要把钻具提出孔外,并注意孔内水位变化,若有下降,应及时注满。

8　反循环回转钻进

8.1　施工条件与基本要求

8.1.1　反循环钻进应具备的施工条件是:

a. 应具有反循环钻进专用机具、专用钻头及其必要的附属设备。

b. 地下水位应大于 3 m。

c. 应有充足的施工用水。

d. 卵砾石地层粒径不超过钻杆的内径。

8.1.2　反循环钻进应遵守下列基本要求

8.1.2.1　一般采用“水压”钻进,即自开孔至完孔的全过程中,要保持水源池与孔内连通,注满孔内液体。在地下水位小于 3 m 的松散易坍塌地层钻进时,必须采取可靠措施进行护壁。

8.1.2.2　要求循环管路中,内壁光滑没有变径和凹凸台面,避免岩屑堵塞管路。

8.1.2.3　要求所用钻头适合于反循环钻进,其钻头的水口应利于岩屑吸入。

8.1.2.4　下钻时,不能将钻具直接下到孔底,应在距孔底 0.3~0.5 m 处开始循环,待排渣口出水后,边回转边下钻。钻进中要随时观察排渣情况,并及时调整钻进速度,必要时提动钻具,停止进尺,待排渣正常后再继续钻进。

8.1.2.5　要挖设专用供水池,以防孔内突然漏水能及时补充。其供水池容积为钻孔体积的 3~5 倍。

8.2　射流反循环钻进

8.2.1　设备、钻具选择

8.2.1.1　射流泵

一般采用环形喷射射流泵,其规格应根据钻杆内径、引射流量进行选择。

8.2.1.2　工作泵

射流用工作泵,一般采用高扬程离心泵,亦可用往复式泥浆泵。其泵压和泵量由射流泵配套要求确定。

8.2.1.3　钻杆、钻铤

射流反循环钻进用钻杆、钻铤,可采用 GB 9808 标准中 89、114 mm 钻杆;127、159、178 mm 钻铤。根据地层、钻孔直径等进行选择。

8.2.2　钻具组装要求

8.2.2.1　射流泵一般安装在水龙头后面,但条件具备时最好紧接主动钻杆下端安装。

8.2.2.2　当射流泵安装在水龙头后面时,排渣管、水龙头及主动钻杆的连接要牢固可靠,密封性能好,不得漏气影响效率。

8.2.2.3　循环管路布置,应有在需要时能迅速由反循环改为正循环的装置。

8.2.3　钻进技术参数

8.2.3.1　钻杆内流体上返速度

钻杆内流体上返速度一般控制在 3~4 m/s。

8.2.3.2　岩屑含量

钻杆内岩屑含量一般不得超过 8%~10%,孔浅时取大值,孔深时取小值。

8.2.3.3　钻杆内径

钻杆内径应根据钻孔直径的大小来选择,一般钻杆内径不得小于钻孔直径的 1/10,且不宜小于 70 mm。

8.2.3.4　射流泵引射流流量(抽吸流量)

钻孔直径愈大,所需流量相应增加,钻孔直径为 300～500 mm 时,其泵量为:120～150 m^3/h。

8.2.3.5　转速、钻压

一般采用低钻压慢转速钻进。转速为 15～40 r/min,钻压根据地层和钻头直径来合理确定,一般钻头直径单位长度压力为 0.6 kN/cm。

8.2.4　钻进注意事项

8.2.4.1　为避免发生气蚀现象,主动钻杆露出地面的高度应不大于 3 m。

8.2.4.2　在钻进中,应随时注意观察钻孔水位和排渣岩屑含量的变化情况。孔内水位应满止孔口,岩屑过多或无岩屑时,均应采取技术措施处理,正常后方能继续钻进。

8.2.4.3　工作泵吸水龙头应放在经沉淀净化的泥浆池中,并应经常注意使工作泵处于正常工作状态。

8.3　泵吸反循环钻进

8.3.1　设备钻具选择与组装要求

8.3.1.1　砂石泵

一般采用二个叶片的砂石泵。有效真空度不能低于 7～8 m 水柱,泵量根据钻孔直径和钻杆内径选定。一般为 120～240 m^3/h。要求砂石泵的自由通道与钻杆内径一致,叶片有较高的耐磨性。

8.3.1.2　钻杆、钻铤

泵吸反循环钻进用钻杆,可采用 DZ 1.3 标准中 127.5、146.5 mm 的岩心管加工成钻杆使用;钻铤可采用 GB 9811 标准中 159、178 mm 两种。

8.3.1.3　真空泵、注水泵

启动砂石泵用的真空泵其真空度要求在 8 m 水柱以上,可供选用的有 SZB－8、SZB－2型真空泵。启动砂石泵用的注水泵的泵量要求不低于 10 m^3/h,可供选用的有 2PN－15/40、3PN 型离心泵。3PN 型离心泵的泵量大,可兼作正循环使用。

8.3.1.4　砂石泵、真空泵、排渣管、水龙头的连接要牢固可靠,密封性能好。

8.3.2　钻进技术参数

8.3.2.1　钻杆内流体上返速度、岩屑含量、钻杆内径

泵吸反循环钻进,孔内和钻杆内液体流动形式与射流反循环钻进基本相同,因此以上参数可参照射流反循环有关规定执行。

8.3.2.2　泵量

应根据钻杆内流体上返速度和钻杆内径的大小来确定。一般为 120～240 m^3/h。

8.3.2.3　转速、钻压钻进回转转速,一般为 30～80 r/min;钻压应根据地层和钻头形式确定,一般钻头直径单位长度压力为 0.6 kN/cm。

8.3.3　钻进操作应遵守下列事项

8.3.3.1　应尽量缩短主动钻杆露出液面高度,以利于抽吸与循环。主动钻杆长度可略大于 3 m,并备用一节 1.5 m 的短钻杆。

8.3.3.2　应根据地层情况和泵量掌握钻进速度。

8.3.3.3　应经常注意检查砂石泵轴封和水龙头芯套的磨损情况,发现问题及时更换。

8.4　气举反循环钻进

8.4.1　气举反循环钻进,除配备其专用设备和工具外,并应配备开孔 0～10 m 井段钻进用机具,如泥浆泵、砂石泵、射流泵或冲抓锥等;并应配备地面气液分离装置或岩样接收分离装置,处理岩屑。

8.4.2　钻具选择与组装要求

8.4.2.1　气举反循环钻杆

按结构型式有同心式(双壁管)和并列式两种。双壁管目前国内可供选用的有 SHB 型 114/76、

127/87、140/100;国产并列式有 114/76。应根据孔径合理选择。

8.4.2.2　气水混合器应安装于双壁(或并列式)钻杆末端,其上应装有单向阀。混合器下面可与单壁钻杆或钻铤连接使用。

8.4.2.3　空压机应根据孔深、孔径、地下水位和使用的双壁(或并开式)钻杆规格来选用。一般要求风压应在 0.70～1.5 MPa,风量应在 3～6 m^3/min 之间。

8.4.2.4　钻进钻具组装,可以采用上部为双壁(或并列式)钻杆、下部为单壁钻杆;也可全部为双壁(或并列式)钻杆。但连接必须牢固可靠,密封性能良好。

8.4.3　钻进技术参数

8.4.3.1　沉没比气举反循环钻进,其沉没比应在大于 0.5 的情况下使用。

8.4.3.2　风压、风量

a. 钻进风压与气水混合器沉没深度、管道阻力损失等有关。一般为 0.5～1.5 MPa。

混合器沉没最大深度与风压的关系见表 11。

表 11　混合器沉没最大深度与风压的关系

风压(MPa)	0.6	0.8	1.0	1.2	2.0
混合器最大沉没深度(m)	51	72	90	108	192

b. 风量应考虑气水混合比(一般为 1.4～1.7),主要是根据钻杆内流体上返速度、钻杆内径来确定,可按式(1)计算:

$$Q = (120 \sim 144) d^2 V \tag{1}$$

式中　Q——空压机送风量,m^3/min;

d——钻杆内径,m;

V——钻杆内流体上返速度,m/s。

8.4.3.3　钻杆内流体上返速度、钻杆内径

流体上返速度一般应达到 3～4 m/s,它与压风机风量及钻杆内径、钻孔直径有关。应选用合适的钻杆内径来取得合理的上返速度,但钻杆内径应与钻孔直径匹配(钻杆内径一般不小于 76 mm),双壁钻杆与钻孔直径的关系,可按表 12 选用。

表 12　双壁钻杆与钻孔直径关系　(单位:mm)

钻孔直径	50～400	200～500	300～800	500～1 000
双壁钻杆	114/76	127/87	140/100	168/127

8.4.3.4　尾管长度

尾管(混合器以下单壁管)长度受空压机压力和混合器沉没深度的限制,一般为混合器沉没深度的 2～3 倍,不应大于 4 倍。

8.4.3.5　钻压与转速

钻压与钻头直径、地层硬度有关,一般钻头直径单位有效长度的压力为 600～1 200 N/cm;其转速一般为 40～80 r/min。

8.4.4　钻进注意事项

8.4.4.1　提钻后或下钻前应检查钻杆密封圈磨损情况,一旦有破损,须及时更换。

8.4.4.2　钻进中突然停风时，应及时将钻具提离孔底。

8.4.4.3　钻进中情况判断：压力突然增高是管路堵塞；突然降低是管路漏气；孔内冒泡是外管漏气；压力下降很多、进尺很慢是内管损坏。

9　冲击回转钻进

9.1　气动潜孔锤正循环钻进

9.1.1　应具备条件与设备、钻具选择

9.1.1.1　气动潜孔钻进应具备下列条件：

a. 应具备气动潜孔锤钻进的专用设备和工具。

b. 应具备必要的孔口防尘装置或防尘技术措施。

c. 在破碎、易坍塌地层和含水层中钻进应有相应的技术措施。

9.1.1.2　设备、钻具选择

a. 潜孔锤(冲击器)

通常用冲击功、冲击频率及耗风量来表明潜孔锤性能，用所配钻头直径来表示其规格，常用气动潜孔锤规格见表 13。

表 13　常用国产风动潜孔冲出器(不取心)性能表

型号	钻头直径(mm)	冲击器外径(mm)	活塞结构行程(mm)	活塞直径(mm)	单次冲击能(J)	冲击频率(Hz)	耗风量(m^3/min)	风压(MPa)	产地
J-80		76			70	8.3	6	0.5	嘉兴
J-150	155,160,165	136	120	92	206	15	11		
J-150B			140	104	330				
J-170	175,180,185	154	120	105	255				
J-170B		156	140	118	370				
J-200	205,210,215	188	120	126	392				
J-200B				130	450				
J-250B	255,260,265	215	125	155	686	12	30		
W-150*	150,155,160	142	127	110	190	15	8		嘉兴、通化
W-170*	170,175	159	130		340	16	12		通化
W-200*	205,210,215	185		130	470	13.3	20		嘉兴、通化
JG-150*	155,165	137	140	108	608	20	26.6	2.46	嘉兴
JW-150*	155-250	140	—	—	245	14.6	9	0.59	嘉兴
					509	19	19	1.47	
CZ-120	120	92	140	65	140	13.3	7	0.5	宣化
CZ-150	150	136	125	90	260	14.3	12		
CZ-170	170	146		100	280	15.5	15		
CZ-250 J-250	250	215		155	700	10.8	30		

注：有 * 号者为无阀式。

选择依据:a. 钻孔类型;b. 地层岩性;c. 钻孔深度和直径;d. 含水情况和水位;e. 压风机风量和风压。一般无阀式用于深孔和水位以下孔段,有阀式用于浅孔和浅水段。

b. 钻头

按镶嵌硬合金形状分为柱齿型和刀片型两种;按钻头底部形状又分为十字型、X 型、圆锥型、平顶型等。按用途又分为取心、不取心和扩孔钻头。应根据钻孔直径、岩石硬度合理选择钻头。一般坚硬岩层采用柱齿型,中硬以内地层采用刀片型。

c. 钻杆、钻铤

要求钻杆接头外径和钻杆外径基本相同,并且要求具有良好的密封性能。目前没有空气潜孔锤钻进用钻杆、钻铤统一标准。可暂采用 GB 9808 标准中 73、89、114 mm 钻杆,89、105、127、159 mm 钻铤。

应根据钻孔直径和深度及钻机提升能力来选择钻杆、钻铤的规格。钻孔直径愈大,其规格相应增大,在条件允许的情况下应尽量采用大直径钻杆。

d. 空压机

应根据孔深、孔径、地下水位和使用的双壁(或并列式)钻杆规格来选用。空压机规格型式较多,选用时主要考虑其风量和风压这两个参数。风量不够时可采用两台或多台空压机并联。风压不够时可采用空压机与增压机串联的办法。常用空压机性能规格见表 4。

9.1.2 潜孔锤正循环全面钻进

9.1.2.1 潜孔锤全面钻进采用不取心冲击器钻进。

9.1.2.2 钻进技术参数

a. 风量

排渣通道上的上返速度不应低于 16 m/s,一般潜孔锤钻进所需风量要比其潜孔锤额定风量大 20% 左右。

确定风量上大小应考虑的因素是:钻孔直径、钻杆外径和排渣通道上的上返风速(15~25 m/s)等。可按式(2)计算确定:

$$Q = 47.1K_1K_2(D^2 - d^2)V \tag{2}$$

式中 Q——送风量,m^3/min;

K_1——孔深修正系数,$K_1 = 1 \sim 1.1$;

K_2——孔内涌水系数,$K_2 = 1 \sim 1.5$;

D——钻孔直径,m;

d——钻杆外径,m;

V——排渣通道上返风速,m/s。

b. 风压

为保证潜孔锤在孔内正常工作,其送风压力不低于孔内最大水柱高度时的启动风压与潜孔锤工作风压之和。一般为 0.7~2.5 MPa。

c. 钻压

应根据地层硬度、钻头类型和规格尺寸来合理选择。应使钻头与孔底岩石紧密接触,压力不能过大,并禁止钻头在孔底空转(无冲击作用)。一般直径 200 mm 的潜孔锤,其钻压为 16~18 kN。其他规格潜孔锤参照比值来增加或减少。

d. 转速

一般以 18~30 r/min 为宜,但可在钻进中根据具体情况适当调整,以钻机转动平稳为好。转速的确定应考虑的因素是:钻头直径、岩性和冲击频率。可按式(3)计算确定:

$$n = Kdf/\pi D \tag{3}$$

式中 n——钻机转速,r/min;

K——岩石破碎系数,一般为0.8;

d——合金柱齿直径,mm;

f——冲击频率,次/min;

D——钻头直径,mm。

9.1.2.3 钻进注意事项

a. 开钻前应检查送风管路连接是否牢固可靠,螺纹是否上满上紧,不得漏风。检查管路仪表(风压、风量等)运转是否正常灵敏,其位置应便于操作者观察。

b. 孔口必须安装除尘装置,或采取防尘措施。

c. 下钻前,应在地表做潜孔锤启动试验,检查潜孔锤是否冲击、卡钎套是否牢固等,待各部运转正常后方可下孔使用。

d. 钻具级配时,机上余尺不宜过大,并应使潜孔锤距孔底有0.5~1.0 m的距离。

e. 加接钻杆时,应注意检查被加钻杆内有无堵塞物,并向钻杆内加注润滑油。

f. 下钻时,不能将钻具直接下到孔底,应在距孔底0.5~1.5 m处开始送风吹孔,边回转边下放钻具。提钻前,应先停止回转仍继续送风排渣,直至孔底干净后再提钻。如上、下钻中途遇阻时,不得强提硬拉钻具,应送风缓慢转动钻具或上下活动钻具,排除阻力后再起下钻。

g. 要配备泡沫灌注设备和泡沫材料,以便遇到地层潮湿和含水层时使用。

h. 在钻进中遇到少量涌水量时,孔口会出现停止排粉、又无水排出现象。此时要特别注意"泥领"糊钻、卡钻事故,应及时上下活动钻具或向孔内注清水、泡沫剂冲开"泥领"。

i. 遇到地层破碎坍塌掉块时,应采取有效的护壁技术措施或加接取粉管,浅层可采用跟管钻进;深部非主要含水层可采用水泥等灌注固结,然后透孔钻进,或下套管再变径钻进。

j. 在钻进中应随时注意观察风压变化情况。压力突然增加,是由于孔内坍塌掉块或岩粉过多,应立即停止钻进,上下活动钻具,大风量吹孔排粉,直至孔内岩粉排净后才能开始钻进。压力突然下降,是钻杆折断或接头漏风,应及时提出钻具进行检查修理。

k. 潜孔锤下到孔底送风不工作时,是活塞被卡(阀式可能是阀片损坏)。应旋转或轻墩钻具,震动活塞,也可采用停风、送风反复进行的办法,用气体交替激荡冲开活塞。处理无效时应提钻检修潜孔锤。

l. 潜孔锤下到孔底送风不通,压力持续上升,判断为潜孔锤被堵被埋或气路堵塞,此时必须打开空压机放气阀门,待风压稳定后,应迅速提升钻具,使潜孔锤脱离岩粉埋没井段,观察风压是否下降,若处理无效时,必须提钻消除堵塞物。

m. 潜孔锤应定期检查维修。停用的潜孔锤,应拆洗干净组装后涂油保护,要特别注意进气孔端避免异物进入。

9.1.3 潜孔锤取心钻进

9.1.3.1 潜孔锤取心钻进可采用贯通式冲击器或不取心冲击器下部连接取心钻具两种方式。

9.1.3.2 钻进技术参数

a. 风量、风压

取心钻进所用风量和风压较不取心潜孔锤钻进要低。一般风量为6~15 m^3/min;风压为0.7~1.5 MPa。

b. 钻压、转速

钻压不要太高,一般为8~12 kN,转速与普通潜孔锤钻进相同。

9.1.3.3 钻进注意事项

a. 钻具应按组装要求配备,采用冲击器下部连接取心钻具时,回次进尺不得超过岩心管长度。

b. 提钻前应将钻具稍提离孔底(15~20 cm),吹扫孔底较大岩屑,然后提钻。

c. 提钻时,应尽量减少钻具的碰撞,钻具提出孔外后,卸下钻头逐块取出岩心,并按顺序整理装箱存放。其他事项参照9.1.2.3条执行。

9.1.4　潜孔锤扩孔钻进

9.1.4.1　潜孔锤扩孔钻进系采用不取心冲击器,下接扩孔钻头的方式进行。扩孔钻头应具有导正部分和足够的排气、排渣通道。

9.1.4.2　钻进技术参数

a. 风量、风压

潜孔锤扩孔钻进,其钻具与孔壁的环空间隙较大,应增加送风量。钻孔直径为220～310 mm时,其送风量应为25～55 m^3/min。风压不低于0.6 MPa。

b. 钻压、转速

其钻压可低于常规潜孔锤钻进,一般钻压为10～12 kN。一般转速为18～25 r/min。

9.1.4.3　钻进注意事项

a. 扩孔钻头与冲击器直径相差较大,容易造成钻孔偏斜,因此应加扶正器或采取其他防斜措施。

b. 应根据地层性质和复杂程度合理确定扩孔级数,一般不宜大于2个孔径级差。

c. 扩孔钻进时,应确保孔壁圆直和下部小孔畅通。发现下钻不顺和小孔堵塞时,要及时扫孔和灌孔。

d. 扩孔钻进时,要注意防止钻头和潜孔锤连接处因积存较大颗粒岩屑造成卡钻事故的发生。应经常将钻具提起一段,让积存的岩屑落到孔底,再继续钻进。

c. 要根据地层情况合理选择钻压,并且要均匀加压,不得忽大忽小。其他事项参照7.6条和9.1.2.3条执行。

9.1.5　潜孔锤空气泡沫钻进

9.1.5.1　潜孔锤空气泡沫钻进适用于含水地层,应配备泡沫灌注设备和泡沫材料。若在局部孔段使用时,亦可采用直接向钻杆内加注泡沫剂溶液的方式进行。

a. 应根据水质情况合理选择泡沫剂,要求泡沫剂发泡能力强、稳定性能好、污染少、腐蚀少、成本低。

b. 灌注设备要有足够的压力和一定的容量并能调节灌注量大小,工作可靠,操作维护简便。

9.1.5.2　钻进技术参数

a. 溶液浓度

应根据泡沫性质、孔内涌水量合理确定溶液配制浓度。十二烷基苯一般浓度为0.6%～1.0%,若孔内涌水量大时,溶剂易被稀释,可加大其浓度。

b. 灌注量与气液比

应根据孔内涌水量、钻进速度、岩屑颗粒大小和送风量等因素,合理确定泡沫溶液灌注量。其量应不小于孔内涌水量,一般灌注量为4～6 L/min。灌注量与风量之比即为液气比,一般为1/100～1/300。

c. 风量与风压

气液上返速度为常规潜孔锤钻进的1/15～1/20就可排渣,所以空气泡沫钻进风量、风压均低于常规潜孔锤钻进,一般风量2～3 m^3/min,风压为0.6 MPa即可。

d. 钻压与转速

钻压低于常规潜孔锤钻进,一般为8～12 kN,转速可略高于常规潜孔锤钻进,一般为20～40 r/min。

9.1.5.3　钻进注意事项

a. 孔口应安装导尘管和引风机排渣。

b. 加接钻杆时,应先冲孔排粉,待孔内干净后再加接钻杆。

c. 在钻进中,应随时注意观察泡沫上返情况,并根据泡沫中岩粉多少,随时加减泡沫液灌注量。

d. 在易坍塌掉块地层中钻进时,应增加泡沫液浓度以提高携带岩粉能力。

e. 在干燥地层中钻进时,要备足配置泡沫液用水。

f. 其他事项参照9.1.2.3条款执行。

9.2 **气动潜孔锤反循环钻进**

9.2.1 潜孔锤反循环钻进采用贯通式潜孔锤或在普通冲击器上部加接封隔器(转换接头)的方式进行。贯通式潜孔锤所配用的钻头底部型式(水口)应适用于反循环钻进。

9.2.2 钻进技术参数

a. 风量、风压

风量可小于潜孔锤正循环钻进;风压应大于潜孔锤正循环钻进。一般风量为正循环钻进的60%~90%(上返风速不低于3 m/s);风压较正循环钻进大0.05~0.1 MPa。

b. 钻压与转速

钻压与转速应根据地层软硬、钻头类型和钻头直径参照潜孔锤正循环用钻压与转速合理选择。一般钻压为8~12 kN,转速为20~40 r/min。并可根据具体情况适当调整,以钻机转动平稳为宜。

9.2.3 钻进注意事项

a. 应安装好孔口管,并周围捣实,管口高出地面0.3 m。

b. 提下钻时,速度不要太快。

c. 加接钻杆时,要检查钻杆密封圈是否完好无损,钻杆内有无泥砂、杂物,钻杆加接好后,应先送风试验后再下钻。

d. 双壁钻杆的拆卸和停放,应注意其螺纹和密封圈的保护,并防止杂物进入管内。

e. 在松软地层中钻进,钻速不能太快,并应采用轻提钻具强吹孔的方式钻进。

f. 其他事项参照9.1.2.3条款执行。

9.3 **液动冲击回转钻进**

9.3.1 基本要求

a. 采用硬质合金钻头进行冲击回转钻进时,钻机应有低速挡(20~30 r/min),并应使用专用合金钻头。

b. 所配泥浆泵泵量应满足液动冲击器正常工作及携带钻屑的需要,泵压宜大于4 MPa。

c. 应配备泥浆净化设备。

d. 泵压表应具有抗震特性。

e. 应使用耐压8 MPa以上钢丝编织的(两层或三层)铠装式高压胶管。

f. 泥浆泵输出管与高压胶管间应安装稳压罐,其耐压力应在10 MPa以上,容积应大于0.5 m^3;可采用直径146 mm或更大的无缝钢管制作。

g. 钻杆接头螺纹处应采取密封措施(如用缠棉纱、垫密封圈、涂抹丝扣油等)。

h. 在坚硬地层钻进时,应安装孔底反射器(储能器),安装在冲击器上部约6~12 m处。

9.3.2 应根据孔深、孔径、岩石级别、岩石破碎程度以及动力介质类型合理选择液动冲击器,参照表14选择。

表14 液动冲击器性能参数表

型号	冲击器直径(mm)	钻孔直径(mm)	压力降(MPa)	工作泵量(L/min)	冲击频率(Hz)	冲击功(J)	生产单位
YS-108	108	110~130	0.5~2.5	80~200	15~25	20~120	地矿部勘探技术研究所
YS-130	130	130~152	0.5~3.0	90~400		30~140	
YQ-150	146	158~216	1.0~3.0	250~600	10~20	150~320	
YS-219	219	245~300	1.5~3.0	400~850		200~500	
SSC-140	140	152	1.5~2.0	200~300	15~26	40~78	长春地质学院

9.3.3　钻进技术参数的选择

采用硬质合金钻头进行冲击回转钻进，钻进技术参数可按下列原则进行选择：

a. 钻压应保证钻头切削具与岩石紧密地接触。钻进硬岩和研磨性强的岩石时应降低钻压，钻进5～6级岩石时钻压可适当提高。

b. 钻头转速应根据冲击器频率、钻头直径、钻头上切削数目及地层情况合理选择，一般在15～60 r/min。

c. 泵量应根据钻孔直径、钻具、冲击器性能、地层情况选择。

以上参数可参考表15选择。

表15　硬质合金液动冲击回转钻进技术参数

技术参数	孔径(mm)		
	110	150	250
钻压(kN)	7～10	8～12	12～21
转速(r/min)	30～50	15～30	15～20
泵量(L/min)	70～160	100～250	400～600

注：表列参数适用的岩石级别为5～7级。

9.3.4　液动冲击器使用注意事项

a. 使用液动冲击器前，应按说明书给定的尺寸及方法组装和调试。

b. 冲击器在首次下孔之前，必须清洗和调试，正常工作时间不少于5 min，冲击器各运动部件应保持灵活，不得有卡阻现象。

c. 冲击器使用一段时间后，由于磨损程度大，其冲击频率和单次冲击功下降，应及时调试，不得凑合使用。

d. 装拆冲击器时，要记住各调试垫的位置和数量，不得遗失和漏装，各丝扣部分要涂油润滑，并拧紧。

e. 不得使用管钳拧卸冲击器，而应使用多触点式自由钳，钳口应咬在“使用说明书”给定的位置。

f. 冲击器停用后，各运动部件应加注润滑油，暂不使用的液动冲击器要及时擦洗涂油，装箱保存。

9.3.5　钻进注意事项

a. 在钻具下入孔内前，要认真检查其各处螺纹连接情况，以及外管磨损情况，发现螺纹松动或外管出现裂纹等情况，应及时更换，不得下入孔内。

b. 下钻时不宜直接下到孔底，当钻具离孔底0.5 m时，即开始送水，水量稍小于冲击器所需要泵量的规定值，待水畅通后，方可慢速回转并下降钻具，当钻头接触孔底后，冲击器应立即启动冲击，如不冲击，可上下窜动钻具并调整水量，可通过观察泵压表或高压胶管的脉动情况进行判断，确认冲击器工作正常后，再将钻进参数调整至正常值进行钻进。

c. 正常钻进时，必须经常观察泵量和泵压变化，并可观察高压胶管，判断冲击器工作的脉冲反应。

d. 钻进时，不应提动钻具，发现蹩泵、冲击器停止冲击，经上下窜动钻具、调整泵量无效时，应立即提钻检查。

e. 钻进时发现泵压猛增，多系泵量过大或液流通道堵塞，应查明原因及时排除。

f. 钻进中泵压突然下降，多系钻具折断或脱扣，应及时提钻检查处理。

10 机械冲击钻进

10.1 基本要求

10.1.1 应根据钻孔深度、直径和层岩性合理选择钻进机具和工艺。

10.1.2 钻具连接必须牢固,钢丝绳不得超负荷使用。

10.1.3 钻具提升和下降时,操作人员不准用手扶摸钢丝绳。

10.1.4 钻具提出孔后,不准悬空久置,应落地放倒或停靠桅杆。

10.1.5 要采用三班连续作业,以减少裸孔时间,防止塌孔。

10.1.6 操作人员精力要集中,随时注意观察孔内情况变化。

10.2 钢丝绳机械冲击钻进

10.2.1 钢丝绳机械冲击钻进,可采用冲击钻杆连接钻头或肋骨抽筒两种方式进行钻进。在地层条件允许的情况下应优先选用清水“水压”护孔钻进;一般用泥浆“水压”护孔;在特殊情况下采用套管护孔。在黏土及粒径小的砂卵砾石层选用肋骨抽筒钻进;在粒径大的砂卵砾石层及漂石风化基岩用冲击钻头配合抽筒钻进。具体选用见表16。

表16 抽筒、钻头选用表

地层	钻具型式
黏土或半胶结地层	底出刃菱形或圆圈梯形肋骨抽筒
砂、砾、砂卵半胶结地层	圆钢条肋骨抽筒
松散砂砾卵石地层	梯形肋骨抽筒(可采用密集双层)
砂、卵砾地层	圆形加焊冲击钻头
卵砾石、漂石、风化基岩	带付刃十字形冲击钻头

10.2.2 钻具选择

10.2.2.1 钻头

按钻头刃部形状分为一字形、工字形、十字形和圆形,可根据地层情况合理选用。目前常用带付刃十字形和圆形加焊两种。钻头外径规格为:305、350、400、450、508、550、610 mm。

10.2.2.2 肋骨抽筒

按镶焊肋骨片形状分为菱形、梯形和圆条形。按镶焊肋骨片分布为单层、双层和密集式。肋骨片的规格和数量应根据地层情况及抽筒直径合理确定。肋骨抽筒外径规格为219、273、340、406、473、508 mm。

10.2.2.3 钻杆

按连接形式有螺纹、法兰盘两种,外径规格为112、140、165、188、220 mm。

10.2.2.4 钢丝绳接头

钢丝绳接头上部有穿钢丝绳的圆孔(或滑轮),下部有连接钻杆的螺纹(或法兰盘)。按结构形式分为固定式、活芯式、活轴式三种。钢丝绳接头外径规格为:112、140、165、188、220 mm。

10.2.3 钻具组装要求

10.2.3.1 钻杆与钻头或肋骨抽筒的连接:用螺纹连接时,螺纹扣应上满上紧。用法兰盘连接时,应将定位凹凸面清洗干净,对正吻合后拧紧连接螺栓,并加防松螺母。

10.2.3.2 钢丝绳与钢丝绳接头的连接:用活芯接头时,先将钢丝绳穿过接头顶部圆孔(或滑轮),后用钢丝绳卡固定,绳卡数量不得少于三个,相邻的卡子应相对错开卡住。

10.2.3.3　钻具应系保护绳,并应注意穿绳方向,要与钢丝绳接头螺纹旋转方向一致。

10.2.4　钻进技术参数

一般地层越硬,钻头底刃单位长度所需重量愈大,冲击高度愈高。冲击高度增高,冲击次数相应减少。其钻进参数按表17规定选择。

表17　冲击钻进技术参数选择表

参数	地层	肋骨抽筒	钻头
冲击高度(mm)	黏土、砂地层	500～750	750～1 000
	砾、卵石层	750～1 000	
冲击次数(次/min)	黏土、砂地层	45～50	40～45
	砾、卵地层	40～45	
回次进尺(m)	砾、卵石层	0.5～0.6	0.2～0.4
	砾、卵石层	0.4～0.5	
钻具重量(kg)		150～200	200～300

10.2.5　钻进操作注意事项

10.2.5.1　下钻前,应对钻具连接、磨损、抽筒活门等情况进行检查。

10.2.5.2　下钻时,应将钻具吊稳导正缓慢下入孔内,不得全松刹车高速下钻。

10.2.5.3　钻具下到孔底后应将井口板盖好,钢丝绳位于两块井口板中间孔中。

10.2.5.4　钻进时,应根据进尺快慢均匀松绳,做到勤松少放,始终保持钻具处于垂直状态。遇孔内钢丝绳摆动太大时,停止冲击,调整后方可继续钻进。

10.2.5.5　孔内液柱应保持满至孔口,最低不得超过孔口管以下。如发现孔内液柱突然下降时,应将钻具及时提出孔口。

10.2.5.6　停钻时,应将钻具提出孔口或安全孔段,不得停放在孔底。如突然停电或动力机故障而暂时停钻时,也要设法将钻具提离孔底2 m以上。

10.2.5.7　在黏土层中钻进,应在抽筒底部加焊刀刃,并采用常修孔、慢进尺的钻进方法。

10.2.5.8　在松散、砂砾石层中钻进,回次进尺不得超过肋骨抽筒长度的1/3。

10.2.5.9　在大卵石漂石层中钻进,应先用冲击钻头破碎,后用抽筒捞渣,并注意修整孔壁。如发现孔底不平,应减少冲次,少许提高冲击高度;或提出钻具,往孔内填碎石块重新钻进,使孔底平整为止。

10.2.5.10　在基岩地层中钻进,采用勤提钻、勤捞渣方法钻进。回次时间不宜过长,一般为半个小时左右。

10.2.5.11　回次终了提钻时,应缓慢进行。提离孔底未遇到阻力后,再按正常速度提升。如提升发现有阻力时,不得强拉硬提,应将钻具下放使其旋转一个角度后再提钻。

10.3　冲抓锥钻进

10.3.1　按操纵锥瓣开合方式分单绳冲抓锥和双绳冲抓锥,应优先采用双绳冲抓锥钻进,一般采用干孔作业法。

10.3.2　冲抓锥选择冲抓锥直径(锥瓣开张的最大直径)规格为:550、650、750、950、1 050、1 300、1 500 mm,应根据孔深、直径和地层情况合理选择。

10.3.3　钻具组装要求

10.3.3.1　冲抓锥机具安装,必须按产品说明书的要求进行。

10.3.3.2　安装自动挂卸器时，应使挂卸器中心、天车滑轮与孔口管中心成一条直线。位置应离地面3.2～3.5 m范围内。

10.3.3.3　接绳器与钢丝绳连接必须牢固可靠，不得有松动。

10.3.3.4　安装后，应进行试车。将锥提起，检查锥的中心位置有无偏移、冲抓锥各部分动作是否灵活可靠。

10.3.4　钻进技术参数

钻进地层愈硬，其冲击力应越大。冲击力的大小，则由冲击高度和配重块质量来调整。钻进技术参数可按照表18规定选择。

表18　冲抓锥钻进技术参数

地层	冲击高度(m)	钻头及配块重量(kN)
松散土层	0.5～1.0	10～28
黏砂土层	1.0～2.0	
卵砾石地层	1.0～3.0	

10.3.5　钻进操作注意事项

10.3.5.1　冲抓锥下钻时，应将冲抓锥锥瓣张开并吊稳，缓慢下入孔内至距孔底冲程高度位置，再快速下放冲击。

10.3.5.2　使用双绳冲抓锥时应防止两根主绳互相缠绕，冲抓时，应将内套钢丝绳松下比冲程高度多1～2 m的长度，不宜过多。

10.3.5.3　合拢锥瓣时，速度应放慢，以免抓空，对双绳冲抓锥，外套绳应放松。

10.3.5.4　在不密实的黏土层中冲抓时，冲程不宜太高。在坚硬致密黏土层中冲抓时，宜适当加大冲程。若用双绳冲抓锥，可用外套绳提锥连续冲击几次，将土冲松，再收回内套绳合拢锥瓣抓土。

10.3.5.5　在砂卵砾石层中冲抓时，应用抗冲击耐磨损的锥瓣。较松散的砂卵石层，宜采用中冲程，密实砂卵石层可采用大冲程，落锥要猛、要快。

10.3.5.6　冲抓小漂石时宜用低冲程，用双绳冲抓锥，可用外套绳提住锥头连续冲击为好，收内套时，收一下松一下，以便抓起漂石。

10.3.5.7　遇大漂砾、大卵石或探头石冲抓失效或冲抓困难时，应改换冲击钻头钻进或其他钻进方法，不得继续使用冲抓锥施工。

10.3.5.8　在含水层或易坍塌地层钻进时，应提高泥浆黏度(不低于22～28 s)，并要求保持泥浆满至孔口，必要时应下套管护壁。

10.3.5.9　提升冲抓锥至孔口后，速度应放慢，以免碰撞天车滑轮或碰坏自动挂卸器。

10.3.5.10　应注意冲抓锥的维护保养，不用时妥善保管。

11　特殊钻进技术与特种工艺

11.1　冻土地层钻进要求

参照DT/T 0017有关规定要求执行。

11.2　岩溶地层钻进

参照DZ/T 0017有关规定要求执行。

11.3　同步跟管钻进

11.3.1　基本要求

11.3.1.1 应配有能进行同步跟管作业的钻机,一般选用动力头钻机。

11.3.1.2 套管使用要求

a. 根据终孔或成井后是否收回来确定套管的类型。需要收回的套管可采用无缝钢管制作,采用左旋螺纹连接,不需收回的套管可采用焊接套管连接形式进行焊接。

b. 第一节套管的长度应根据所用钻机的机高、夹持器高度及所配短钻杆长度来确定,以方便夹持和拧卸操作为宜。

c. 套管与导向装置之间的单边间隙不得小于 3 mm。

d. 套管外径与扩孔器形成的孔壁之间的单边间隙不得小于 4 mm。

e. 套管的壁厚应满足抗挤压、拉伸强度的要求。

f. 采用焊接连接的套管,每节下端应在焊接前加工成倒角,或两端都加工成倒角。

g. 焊接宜用手工金属电弧焊,并应使用碱性标准焊条。

h. 焊接时,应采用专门的夹具使套管固定就位,以保证套管柱的垂直度;焊接区和热影响区不得出现脆裂和气孔。

i. 管内焊缝凸出高度不得超过 0.5 mm,焊缝不应高出管外表面 2 mm。外侧焊接凸出部分应磨掉,磨削应沿平行于套管轴线方向进行,磨至表面光滑为止。

11.3.2 跟管钻进注意事项

a. 开孔前必须检查组合钻具。螺纹连接必须紧密,偏心扩孔器用手转动应灵活;套管应无裂纹或变形,丝扣良好,如有问题不得勉强使用。

b. 组合钻具进入套管内时,必须缓慢进行。应使套管和组合钻具基本同轴;扩孔器必须完全退回;不得旋转套管,以免扩孔器楔入管内,严禁使用冲击器使钻具强行通过套管鞋。

c. 开始钻进前,超前钻头必须紧固在导向装置上,每个连接处必须紧固牢靠。

d. 第一根套管的安放必须保证不偏斜,偏斜度控制在 2‰以内。

e. 开始钻进时,以低速、低压进行。

f. 当钻入地层 5~10 cm 后,可按正常转速、钻压钻进。

g. 钻进中应频繁地窜动钻具,以便冲洗钻屑,尽可能使套管柱在孔内松动。

h. 钻进参数参照气动潜孔锤钻进参数进行选择。钻压应根据地层情况而定,钻速不宜过快。

i. 在停止钻进和重新开始钻进前,必须彻底冲洗钻孔。

j. 提钻前应将套管固定住,提出偏心扩孔器时,应小心操作,可将钻杆柱缓慢提升至扩孔器接触套管鞋下侧,然后下放钻杆柱约 10 mm,缓慢反转钻柱 1~2 转,提出扩孔器及钻头,禁止过量反转。如果扩孔器仍无法提出,可连续强力冲洗钻孔几分钟,正转几圈,再重复上述操作,提出钻具。

k. 若提钻后套管下沉,在下钻前,应将套管上提 200~300 mm。

l. 终孔后,需要起拔的套管应及时起拔。为减少起拔套管困难,在钻进中可在套管与孔壁的间隙内灌注润滑剂。

11.4 满眼钻进

11.4.1 钻进前应进行钻柱(钻头、钻铤、钻杆及扶正器)的设计和计算。

11.4.2 扶正器应用强度大、刚性好的材料制作,表面应作强化处理,焊接应对称,其轴线应与钻杆柱轴线重合,扶正器外径可比钻头直径小 3~5 mm。主要扶正器应设有两道,即上扶正器和下扶正器,其安装位置可根据钻具结构、钻压等参数由下列各公式计算确定。

a. 上扶正器位置计算公式:

$$h_s = 1.4397(J/P)^{1/2} \tag{4}$$

式中 h_s——上扶正器离钻头的距离,m;

P——钻压,一般采用大于二次临界压力的值,可参照表 19 采用。

表 19　常用钻铤的弯曲临界钻压值

钻铤名义直径（英寸）	直径(mm)		重量(kg/m)	第一次弯曲临界钻压(t)	第二次弯曲临界钻压(t)
	外径	内径			
8	203	100	192	7.2	14.3
		75	219.3	8.0	15.8
	197	90	189	6.9	13.6
7	177.8	80	156	5.2	10.3
		75	164.3	5.5	10.9
		70	166		11.00
6-1/4	158.8	57.2	135.1	4.1	8.2
5-3/4	146.05	75	97	2.9	5.8
		70	111.2	3.2	6.4
4-3/4	120.7	50.8	69.5	1.8	3.7
4-1/4	108	38	63	1.5	3.0
3-3/4	95	32	49	1.1	2.10
3-1/2	88.9	44.5	39.6	0.83	1.65

J——钻铤横断面的轴惯性距,cm^4,由下式确定:

$$J = \frac{\pi}{64}(D^4 - d^4)$$

式中　*D*——钻铤外径,cm;

d——钻铤内径,cm。

b. 下扶正器的位置可按式(5)确定:

$$h_x < h_s/2 \tag{5}$$

式中　h_x——下扶正器离钻头的距离,m。

11.4.3　钻进参数应以岩性、钻头及防斜等因素为依据合理选择。

a. 钻压必须小于一次弯曲临界钻压值或大于二次弯曲临界钻压值,不得在一、二次弯曲临界钻压值之间。可参照表 19 选择。

b. 转速:根据地层岩性及孔径和深度可在 60～200 r/min 之间选用。

c. 泵量:宜采用大泵量,根据钻压、转速大小及岩屑的多少,可在 600～1 000 L/min 之间选用。

11.4.4　钻进操作必须遵守以下规定

a. 开孔时应保持孔身圆直,钻进中应经常检查孔径,并测定孔斜,超过标准及时纠正。

b. 钻进应连续进行,换接钻杆时间尽量缩短。在检查设备时,应开小泵量循环,并将钻具提高到适宜高度,使泵冲部位不在钻进时扶正器的位置。

c. 钻头接触孔底时,不得猛墩猛蹩,钻进中单位时间切削岩石量不宜过大。钻到软硬岩层交界面或变硬层蹩钻时,可采用减压办法,但钻压不能小于合理加压范围的下限。

d. 钻进中如遇有泵压升高、悬重降低、返出的泥浆减少,停泵上提钻具像拔活塞、泥浆大量外溢、岩屑冲不出来等现象时,应控制钻速,并使泵量由小到大,待畅通后转动无憋劲,再进行钻进。

11.5　**辐射井钻进**

11.5.1　基本要求

11.5.1.1　集水井可采用大口径钻进法或沉井法施工。采用大口径钻进施工集水井时,应按有关大口径钻孔施工规程执行,成井后井壁应用钢筋混凝土加固,并设供人上下梯子;采用沉井法施工时,可参照 GBJ 202 的有关规定执行。

11.5.1.2　集水井封底

a. 集水井施工至设计深度后,应进行井底封闭。

b. 井底为含水层时应将井底清除干净后填砾,填砾高度为 300 mm 左右,然后用钢筋混凝土浇筑,并应设集水坑,留出取水口,并加阀门。

11.5.2　辐射孔钻进设备的选择

a. 钻机:应选用具有体积小、重量轻、转向灵活、就位方便准确、能适应水平方向任意方位钻进,有良好的防水防潮性能的钻机。

b. 动力机:应选用密封型防水电动机,不宜使用内燃机。

c. 排水设备:应根据计算的最大涌水量、集水井深度来选择合适的排水泵,并应准备好备用动力(内燃发电机组或内燃机驱动排水泵)。

11.5.3　井下钻探设备的安装注意事项

a. 应在作业平台建好并超过混凝土养护时间后,方可进行安装。

b. 吊装钻探设备前,集水井内人员必须撤出。

c. 吊装设备时,应有专人指挥,负责观察设备在井内下放情况,下降速度应缓慢。

d. 钻进的给进力和起拔力必须通过支撑作用在集水壁上,为防挤坏井壁,支撑面应加大。

11.5.4　水平辐射孔钻进

a. 应根据地层情况、辐射井直径、深度等选择合适的钻进方法。可参考表 20 合理选择。

表 20　水平辐射孔钻进方法选择表

钻进方法		适用范围及特点
压入式		适用于松散砂层及较均匀小砾石地层。利用液压顶进机构压入超前套管,然后过滤管从超前套管内压入,拔出超前套管成井。适用于小口径、深度不大(＜50 m)的辐射井
钻进式	双回转	适用于砂土层、小卵砾石层、黏土层。外套管回转,螺旋钻具在套管内超前钻进,螺旋排渣
	跟管钻进	适用于卵砾地层及黏土层。a. 气动潜孔锤跟管钻进;b. 超径牙轮钻进,套管跟进,螺旋钻杆排渣。取出钻具滤水管从套管内顶入,拔出套管成井

b. 钻进过程中应随时清理孔口积土,并及时排干集水抗内积水。

c. 辐射井钻进应连续进行,不得中断。

d. 水平辐射井填砾用过滤管应根据含水层结构、成井工艺要求合理选择,宜使用贴砾滤水管或桥式滤水管。

e. 从内管下入滤水管前,应将孔底端堵住,并将钻屑冲洗干净,下入滤水管时,应小心操作,不得损坏滤水管。

f. 起拔套管时，应将滤水管外端支撑住，以防滤水管带出。

g. 施工完每一辐射孔后，应将孔口封盖。

11.6 孔内爆破工艺

11.6.1 爆破器的选用

11.6.1.1 在钻进过程中，在处理卡钻事故、起拔套管、清除裂隙充填物或扩展裂隙以增加水量、提高难钻地层的钻进效率、取样及纠斜等作业中，如需使用爆破方法时，应先做出爆破设计。

11.6.1.2 爆破器应根据爆破的部位、方向、深度和需要的爆破能量，按下列规定设计爆破器和选择爆破器材。

11.6.1.2.1 爆破器：一般采用白铁皮或薄钢板卷制，深孔宜用无缝钢管焊制，也可使用玻璃瓶、塑料瓶作爆破器。式样和尺寸应根据爆破对象，按下列要求确定：

a. 穿过困难地层及起拔套管选用纵向爆破器；处理卡钻事故、清除裂隙充填物或扩展裂隙及扩大井孔直径等可选用侧向爆破器。

b. 爆破器的直径为其长度的三分之一，但不大于井孔直径的五分之四(特殊情况除外)。

c. 聚能爆破器及平底爆破器的长度，通过计算后确定。

d. 炸药：一般应用敏感性低、携带安全的硝酸铵炸药或 TNT 炸药。炸药用量通过计算后，结合爆破目的确定，或按经验数值在 0.5～2 kg 之间酌情选用。

e. 雷管：一般采用 6 号或 8 号电雷管。

f. 其他器材：通电导线应采用双芯电缆或防水性能较好的军用电话线。引爆电源可用 12 V 蓄电瓶或 220 V 交流电源。

11.6.1.2.2 装填和密封爆破器时，应遵循下列原则：

a. 装填爆破器时，必须小心细致，动作轻微，不得粗枝大叶。

b. 装填炸药前，应检查爆破器的严密性，不得漏气漏水。

c. 装填和捣实炸药时，必须使用木制工具，并应轻轻捣实。

d. 在装填并分层捣实炸药至雷管安放位置时，应在中心立放一根与雷管大小相同的木棒，待炸药装填捣实达到雷管安装所需高度时，将木棒取出放入雷管，然后再补填所需炸药，并将雷管的两极导线拧在一起短路，引出并固定在爆破器口外。

e. 为了起爆可靠和爆破安全，爆破器一般应以并联方法放置两个型号相同的电雷管。

f. 安放雷管的深度一般可等于全长的三分之一。当使用无聚能穴的爆破器(如玻璃或塑料瓶)时，雷管安设的位置，应视爆破的对象而定。

g. 密封爆破器上口时，应先在炸药上面用数层硬纸或油毡垫好，然后浇注沥青或石蜡(注意熔化的温度不得过高，一般用木棒一沾能拉起丝即可)密封，或用环氧树脂密封，也可用揉和好的优质黏土密封。

h. 所用导线应先检查其绝缘性能及防水情况，并应检查线路，证实其通电良好后，方可投入使用。

11.6.2 爆破器的安装与爆破作业

11.6.2.1 爆破器下入孔内前，必须做好以下准备工作：

a. 清孔至预爆深度以下。

b. 如有必要，应以与爆破器外形尺寸相当的管材试孔，要求能顺利下到预定位置。

c. 备好必要数量的泥浆或清水，以便爆破后，及时向井孔内补充，以防塌孔。

11.6.2.2 安放爆破器应注意下列事项：

a. 安放爆破器时，先将导线下端拴在爆破器的提环上，并与雷管引线连接，接口用绝缘胶布包严；另用细钢丝绳或专用绳索作升降主绳，下端也拴在提环上，然后将爆破器稳妥地下送至预定位置。

b. 下送过程中，全部负荷必须由主绳承担，导线不得受力。

11.6.2.3 爆破作业应遵守下列规定：

a. 起爆前,一切人员应远离井孔口,离开距离:爆破深度超过 100 m 时为 30 m;100 m 以内为 50 m。深度小于 20 m 的浅孔爆破时,还应将井孔口近旁的工具物件搬开至安全距离以外。

b. 起爆应由专人负责。一般应使用 12 V 蓄电瓶起爆器起爆,当使用 220 V 交流电源起爆时,下送爆破器和安设连接导线前,必须先将总开关及其他电源开关拉开断电。待爆破器下放妥当,一切人员均离开危险区后,指挥者再发令将电线接上,先合总开关,再合起爆开关。

c. 起爆前、起爆时和爆破结束后均应发出信号。

d. 在没有得到爆破结束信号之前,人员不得靠近井孔,必须等待爆破产生的气体从井孔中全部逸出后,方可观察井孔中情况。

e. 爆破器下入井孔通电后而不起爆时,应先检查电源、开关及导线有无问题。经检查证明一切良好,确属爆破器问题后,将电源切断并交专人看管,然后将爆破器慢慢提出孔口,将其捆绑在一小型爆破器上,下入孔内预爆处,再行爆破,不得在孔外拆毁。

f. 如爆破器脱落孔底,应另下入一小型爆破器将其炸毁。

g. 爆破后应立即向孔内补充泥浆或清水。

12　钻进冲洗介质

12.1　冲洗介质的选择

根据地层性质、水源条件、施工要求、钻进方法、设备条件等正确选择空气、泡沫、清水或清水基冲洗液作为钻探冲洗介质。

12.1.1　钻进致密、稳定地层,应选用清水或无黏土相冲洗液。

12.1.2　钻进水敏性地层或砂层应选用低失水量的冲洗液。

12.1.3　钻进水头高出地表的承压含水层、松软和卵砾石地层,应选用高密度优质冲洗液。

12.1.4　钻进微裂隙或孔隙性取水含水层孔段,应选用渗透恢复率大于 80% 的冲洗液。

12.1.5　钻进漏失地层,选用添加循环桥堵材料的冲洗液;但对于主要含水层和取水层的漏失地段,一般不得使用堵漏材料。

12.1.6　缺水地区、渗漏地层钻进,采用空气或低密度冲洗液(包括雾化、泡沫、雾化或充气冲洗液)。

12.1.7　根据钻进地层的岩性、稳定状况及含水层的水头压力等条件,合理选择冲洗液类型及性能,可参考表 21 选择。

12.2　测试仪器与测试方法

12.2.1　测试仪器

常用冲洗液测试仪器见表 22。

12.2.2　测试方法

12.2.2.1　渗透恢复率

a. 测试前检查仪器和高压气瓶。

b. 将岩心试样装入渗透恢复率测定仪容器内,组装好。

c. 接通气源,检查是否有漏气现象。

d. 上充液室注满清水,打开气源阀,调整调压器,使之达到(400 ± 35) kPa。

e. 打开联动开关,压水流经岩样,记录水的流出体积及相应的时间,得流量 Q_1,关闭气源阀和联动开关。

f. 将冲洗液注满下充液室,打开气源阀和联动开关,气体压冲洗液进入岩心试样进行淤塞,维持 15～30 min,关闭气源阀和联动开关。

g. 重复 e 项的试验,记录水的流出体积及相应时间,得流量 Q_2。

h. 每个试样要进行 3～4 次重复试验，取其平均值，渗透恢复率为 Q_2 与 Q_1 的比值的百分数。

12.2.2.2 黏度、密度、含砂量、失水量、固相含量等的测试方法，可参照有关规程执行。

表 21 钻进不同岩层适用的冲洗液类型与性能指标表

岩层性质	冲洗液类型	冲洗液性能指标					
		黏度（s）	失水量（L/30 min）	密度（g/cm³）	胶体率（%）	pH 值	含砂量（%）
非含水层（黏性土层）	无黏土相或低固相冲洗液	18～25	＜20	1.00～1.08	＞98	8.5～10.5	＜4
遇水膨胀岩层	低失水量的冲洗液	25～30	＜15	1.08～1.20			
含砂土层、粉、细、中砂层	优质冲洗液	22～35	＜20	1.04～1.10		8.5～11	
粗砂、砾石层		25～50	＜18	1.08～1.30			
卵石、漂石层	加重冲洗液	30～60		＞1.1			
松软、流砂或坍塌掉块岩层		35～80	＜15	＞1.2	100	8.5～10	
承压自流含水层		25～40	＜20	1.10～1.80		8.5～11	
一般基岩层	空气、低密度冲洗液 清水、低固相冲洗液	15～22		＜1 1.00～1.08		7～10.5	
裂隙、溶洞地层	空气、泡沫冲洗液循环桥堵冲洗液	18～25	＜20	＜1 1.03～1.08		8.5～11	

表 22 常用冲洗液性能测试仪器与型号表

仪器名称	型号	所测冲洗液性能参数
渗透恢复率测定仪	SHY－1 型	渗透恢复率
漏斗黏度测定仪	1006 型	漏斗黏度
六速旋转黏度计	ZNN 型	表观黏度，塑性黏度，动切力，静切力
失水量测定仪	ZNS 型	失水量
密度计	1002 型	密度
含砂量计	ZNH 型	含砂量
酸度计	25 型	pH 值
固相含量测定仪	ZNG－1 型	固相含量

12.3 冲洗液的配制与管理

12.3.1 冲洗液的配制

12.3.1.1 根据岩层性质和施工条件进行室内小样试验，确定最优冲洗液配方。

12.3.1.2 根据钻探施工设计要求确定造浆材料的种类与用量。不得使用有毒的化学处理剂，常用化学处理剂的分类见表 23。

12.3.1.3 选用的膨润土其造浆率不得低于 12 m³/t。优先选用钠质土或人工钠土（NV－1），不得使用劣质土。

12.3.1.4　通常用淡水配浆,有特殊要求时可用盐水或海水,不得使用具有腐蚀性或受污染的水。

12.3.1.5　配浆程序:加水→加土→加分散剂→加化学处理剂。

表 23　冲洗液处理剂选择表

<table>
<tr><td>分散剂</td><td colspan="5">碱类:碳酸钠(Na_2CO_3)、碳酸氢钠($NaHCO_3$)、烧碱(NaOH)
磷酸盐类:六偏磷酸钠($Na_5P_6O_{18}$)、三聚磷酸钠($Na_3P_3O_{10}$)、焦磷酸钠</td></tr>
<tr><td>稀释剂</td><td colspan="5">木质素磺酸盐类:铁硼木质素磺酸钠
丹宁、栲胶类:丹宁碱液(NaT)、栲胶碱液(NaK)、褐煤
腐植酸类:腐植酸钠(NaHm)、腐植酸钾(KHm)、磺化褐煤</td></tr>
<tr><td>降失剂</td><td colspan="5">纤维素类:低黏度 CMC、中黏度 CMC
聚丙烯类:水解聚丙烯酰胺(HPAM)、水解聚丙烯腈(HPAN)
野生植物胶类:香叶粉、雷公高叶粉、植物胶、田菁粉
褐煤腐植酸类:腐植酸钠、腐植酸钾</td></tr>
<tr><td>增黏剂</td><td colspan="5">纤维素类:高黏度 CMC、羟乙基纤维素(HEC)
生物聚合物(XC)、(KP)共聚物</td></tr>
<tr><td>絮凝剂(结构剂)</td><td colspan="5">无机:石灰、石膏、氯化钙、食盐、铝酸钠等
有机:聚丙烯酰胺(PAM)、聚丙烯腈(PAN)醋酸乙烯、酯－顺丁、烯酸酐共聚物(BENAX)</td></tr>
<tr><td>发泡剂</td><td colspan="5">AND－1、DN－1、CDT－813</td></tr>
<tr><td>无黏土相冲洗液材料</td><td colspan="5">精粉(AR)胶、田菁粉、PW 植物胶、SM 植物胶</td></tr>
<tr><td rowspan="2">加重材料</td><td>名称</td><td>白垩或方解石粉</td><td>重晶石粉</td><td>磁铁矿粉</td><td>方铅矿粉</td></tr>
<tr><td>密度(g/cm^3)</td><td>2.7</td><td>4.2～4.5</td><td>4.9～5.2</td><td>7.4～7.6</td></tr>
<tr><td>堵漏材料</td><td colspan="5">棉花籽壳粉、蛭石粉、核桃皮粉、珍珠岩粉、纤维蛇纹石粉、黏土、锯末、稻壳碎末、水泥</td></tr>
</table>

12.3.1.6　用钙质膨润土配浆时应加碳酸钠或碳酸氢钠进行离子交换,预水化时间不少于 12 h。

12.3.1.7　各种化学处理剂必须经溶解或水解后使用。

12.3.1.8　冲洗液应用搅拌机或喷射设备配制,不得直接向钻孔内倒膨润土粉或其他化学处理剂。

12.3.1.9　配制高密度冲洗液,基浆要有足够的悬浮能力,使制得的冲洗液密度略高于地层的压力梯度。

12.3.1.10　钻进漏失地层,根据冲洗液漏失量的大小选择堵漏材料的种类及加入的浓度。对严重漏失地层可将大粒径的和不同形状的堵漏材料混合使用。

12.3.2　冲洗液的管理

12.3.2.1　大队级单位应设泥浆实验室,建立三级管理机构,并配备相应人员和装备;机台应配备漏斗黏度计、失水量测试仪、密度计、含砂量测试杯和 pH 试纸等野外冲洗液性能测试工具,并设专人负责保管。

12.3.2.2　施工期间每个机台应设专人负责检测冲洗液性能,每钻进 20 m 或 4 h 检测一次。

12.3.2.3　根据钻孔的直径和深度,设置合理的冲洗液循环系统——循环槽、沉淀池、配浆池。每班应设专人负责清理循环系统内的沉渣。

12.3.2.4　钻进过程中冲洗液因受浸污染而导致性能变坏时,应及时调整冲洗液性能。

12.3.2.5　深孔、大口径钻孔应配备泥浆净化除砂设备。采用振动筛、旋流除砂器等净化设备进行净化时,应注意如下事项:

a. 净化设备安装固定要平稳。

b. 开机前应空车运转，观察是否与方向标同向。砂浆泵在沉淀液池内要保持与液面垂直。

c. 旋流除砂器运转正常后要调节其排砂嘴的口径，至正常为止。

d. 净化设备在运转一定时间后，要检查各运动部件，发现部件损坏或严重磨损应及时更换。

12.3.2.6 应防止雨水和地面水浸入冲洗液，更不得随意加入清水。

12.3.2.7 造浆用的膨润土、化学处理剂及其他材料必须采取防雨、防潮措施，不得受潮结块影响使用质量。

13 成井工艺

13.1 井管

13.1.1 成井管柱结构：管柱应由井壁管、过滤管和沉淀管等三部分组成，相互组合和要求应符合以下各条规定。

13.1.1.1 井壁管内径应满足抽水设备的安装和正常抽水要求，若采用深井泵抽水时，安装泵管的井管内径应大于泵管外径约 50 mm。

13.1.1.2 过滤管安装长度：一般与含水层厚度大体一致，厚度超过 30 m 时，可选用 20～30 m 安装在主要含水层处；若含水层透水性很差时，可适当加长。观测孔采用 2～3 m 即可。

13.1.1.3 沉淀管：应与相连的过滤管同径，安装长度一般为 4～6 m，底部应封闭，顶部在 0.5 m 范围内应加工成过滤管结构，顶端内壁处加工成阻流座的内台阶，能使冲孔阻流塞坐落在此台阶上。若阻流座在底部时，沉淀管上部则不必加工成过滤管结构。

13.1.1.4 井管采用丝扣或电焊连接，若使用其他方法连接时，应保证接头不错动或渗漏。井管连接成管柱后，轴心线应一致。

13.1.1.5 管柱底端和过滤管部位应装设扶正器，确保管柱处在井孔中心位置。

13.1.2 井管性能基本要求

a. 具有良好的强度，能承受地层和静水侧压力以及管柱自重产生的拉压力。

b. 能抵抗井水腐蚀，有较好的防腐蚀性能。

c. 无毒、无味，对井水不污染，能溶于水中的有害物质含量低于国家规定指标。

d. 管身圆直，端口平整，连接牢固，密封良好，无渗漏、无残缺、无裂纹。

13.1.3 井管类型选择：应根据地层、钻孔类型、孔深、孔径、设备能力、水质和经济性等参照表 24 选用。

表 24 井壁管类型选择

井管类型	井管特性	适用条件	
		孔深	水质
铸铁井管	抗压、抗侧压强度较高，耐冲击、抗拉强度较低，有一定防腐蚀性能	中深孔、浅孔	适于一般水质的水井中使用
钢质井管	抗拉、抗压、抗侧压抗弯强度高，有一定的抗腐蚀性能，成本较高	深孔、中深孔	
玻璃钢井管	耐腐蚀性能良好，质量轻，有较高的强度，但成本较高	中深孔、深孔	适于一般水质的水井和腐蚀性较大的水井中
聚氯乙烯井管 (PVC)	耐腐蚀性良好，质量轻，价格低，强度较低	浅孔、中深孔	

13.1.4 过滤管类型选择:应根据含水层类型、水质和孔深,参照表25选用。

表25 过滤管类型选择

过滤管类型	过滤管特性	适用条件
缠丝过滤管	易于制造,适应性广,可根据水质选择缠丝的材料和断面形状,具有一定的防腐蚀能力和较好的挡砂透水性能	与管外填砾配合,适用于第四纪和基岩含水层,若能按水质选择骨架管和缠丝材料,可用于各种水质水井中
桥式过滤管	滤缝为桥式结构,不易堵塞,透水性好,应根据水质选择骨架材料,有较好的防腐蚀性能	与管外填砾配合,适用于第四纪含水层和基岩含水层,若能按水质选择骨架管,可用于各种水质水井中
聚氯乙烯(PVC)过滤管	滤缝直接开在骨架管上,呈外窄内宽结构,不易堵塞,透水性好,有良好的防腐蚀性能,成本较低	与管外填砾配合,适用于第四纪和基岩含水层,尤其适用于腐蚀性较大的水井中
玻璃钢过滤管	用玻璃纤维交织缠绕成表面呈网状结构的过滤管,有良好的防腐蚀性能,质量轻,强度较大	
贴砾过滤管	砾石和过滤管合为一体,具有良好的挡砂、透水性能,应根据含水层颗粒大小,选择相应的贴砾规格的过滤管	应根据水质选择骨架管,可适用于各种水质的水井中,尤其适用于填砾困难的细粉砂含水层水井中
笼状过滤管	填砾和过滤管合为一体,具有良好的挡沙和透水性能	适用于粉细砂含水层和填砾困难的井中
包网过滤管	滤网孔眼容易堵塞,透水性能差	用于不能填砾的中细粉砂含水层中
裸眼过滤管	透水性能好,挡砂作用差	只适用于粗颗粒含水层和不含细粒的隙含水层水井中

13.1.5 过滤管技术参数选择

13.1.5.1 骨架孔隙率:根据骨架材质不同,一般要求为:铸铁管为18%~25%;无缝钢管为20%~30%;钢筋骨架40%~50%。

13.1.5.2 滤缝宽度:按管外填砾和管外不填砾两种类型,分别根据管外填砾的规格或含水层颗粒筛分数据确定,管外填砾的过滤管滤缝宽度(δ)等于填砾试样在筛分时能通过筛眼的颗粒,其累计重量占试样重量10%时的最大颗粒直径或筛眼直径;管外不填砾的过滤管滤缝宽度可参照表26选用。

表26 管外不填砾的过滤管滤缝宽度

过滤管类型	均匀的中粗砂	非均匀的	
		中砂	粗砂
包网过滤管	$\delta=(1.5\sim2)d_{50}$	$\delta=d_{40}\sim d_{50}$	$\delta=d_{30}\sim d_{40}$
缠丝过滤管或其他缝式滤管	$\delta=(1\sim1.5)d_{50}$		

注:表中δ为滤缝宽度;d_{30}、d_{40}、d_{50}为含水层试样,在筛分时能通过筛眼的颗粒,其累计重量占试样全重分别为30%、40%、50%时的最大颗粒直径或筛眼直径。

13.1.6 过滤管使用要求

13.1.6.1 各种类型过滤管，其质量必须达到国标和行标的定型产品质量指标要求。

13.1.6.2 使用贴砾过滤管时，必须按 13.4.1.2 款规定，选用贴砾规格，使其与含水层的粒度相适应。

13.1.6.3 缠丝过滤管的缠丝必须焊牢，不得有错动；管的两端紧靠缠丝处必须焊有挡圈。

13.1.6.4 笼状过滤管的笼内砾石，其规格必须符合 13.4.1.2 款规定；每节骨架管的上端，必须留有一定长度不开进水眼的实管。

13.2 成孔后冲孔、排渣、换浆与探孔

13.2.1 下管前的冲孔、排渣、换浆与探孔要求

a. 应将冲孔钻杆下放到孔底，用大泵量冲孔排渣，待孔内岩渣排净后，将孔内冲洗液的黏度降低至 18～20 s；密度降低到 1.1～1.15 g/cm^3。

b. 若含水层护壁泥皮过厚时，可先用环状钢丝刷在含水层孔壁处上下提拉破坏孔壁泥皮后，再按上述要求进行冲孔、排渣、换浆。

c. 冲孔、排渣、换浆结束后，在下管前应进行探孔，所用探孔器直径比孔径小 50～80 mm，长度为 1.5～2.5 m。经探孔确认钻孔圆直、畅通无阻后，才可下管。

13.2.2 下管后填砾前的冲孔排渣换浆：应采用管底外返水冲洗的方法进行，冲孔钻杆下端应带阻流塞，并使其坐落在沉淀管内的阻流座上，使冲孔液在过滤管以下流出管外冲洗钻孔，岩粉排净后，将孔内泥浆黏度降低至 16～18 s，密度调至 1.03～1.1 g/cm^3。

13.3 下管

13.3.1 下管准备和基本要求

13.3.1.1 下管前应校正孔深，确定下管深度、过滤管长度和安装位置，按下管先后次序将井管逐根丈量、排列、编号、试扣，确保下管深度和过滤管安装位置准确无误。

13.3.1.2 对井管逐根检查，不符合质量要求者不得下入孔内，过滤管的缠绕丝有错动者应进行修理使符合要求。

13.3.1.3 对下管设备和工具进行检查，不符合安全要求者不准使用。

13.3.1.4 下管作业应统一指挥，互相配合，操作要稳要准，井管下放速度不宜太快，中途遇阻时不准猛墩硬提，可适当地上下提动和缓慢地转动井管，仍下不去时，应将井管提出，扫除孔内障碍后再下。

13.3.1.5 下管期间应保持孔内液面到达孔口，若有下降应及时灌满。

13.3.1.6 井管下完后，要用升降机将管柱吊直，并在孔口将其扶正、固定。

13.3.2 下管方法选择

应根据下管深度、设备能力以及井管强度和连接方式等条件确定，可参照表 27 选用。

13.3.3 下管工艺和操作要求

13.3.3.1 螺纹连接的井管，丝扣要涂油，连接螺纹要上满拧紧，若螺纹配合不好，丝扣上歪或丝扣损坏时，不得勉强紧扣，要卸开重上或更换。

13.3.3.2 电焊连接的井管，其两端应车平，并将一端倒角，焊接时，管口内外壁要对平、焊正、焊牢，必要时应采用拉力筋加固。

13.3.3.3 浮力塞下管要求：

a. 浮力塞的安装位置要进行计算确定，必须保证管柱在孔内经浮力减重后的余重小于下管设备的安全负荷和井管的抗拉强度。

b. 浮力塞在使用前必须进行密封性能试验，8 h 内无渗漏者才准入孔使用。

c. 浮力塞的解脱结构，在入孔使用前必须进行检验，确保下管后能安全解脱。

d. 井管下到底后，要在浮力塞以上的井管内注满清水，才准将浮力塞解脱，井管未下到底，不准解

脱浮力塞。

表 27　下管方法选择

下管方法	适用条件	
	井管连接方式	井管总重量
悬吊下管法	丝扣或电焊连接管	小于下管设备的安全负荷和小于井管的抗拉强度时采用
浮力下管法	丝扣或电焊连接管	大于下管设备的安全负荷或大于井管的抗拉强度时采用
兜底下管法	非丝扣或电焊连接的井管	小于下管设备的安全负荷和井管的抗压强度及大于井管的抗拉强度时采用
二次或多次下管法	非丝扣或电焊连接管或丝扣连接管	大于下管设备的安全负荷时;或采用浮力塞后有效重量大于井管抗拉强度时

13.3.3.4　兜底下管要求:

a. 下管所用的钻杆(包括二次或多次下管法)、钢丝绳的解脱机构必须安全可靠,使用前要进行检查,确保下管后能安全解脱。

b. 下管所用底托盘(包括二次或多次下管法),必须设计有外返水冲孔结构,保证下管后冲孔时,能使冲洗液从底托盘处返出井管外冲洗钻孔。

c. 使用钢丝绳下管时,各主绳的放绳速度应一致,脱钩绳的放绳速度比主绳快一些,不得让脱钩绳拉紧。

d. 使用钻杆兜底下管(包括二次或多次下管法)时,钻杆丝扣要上满上紧,下管过程中不得反向转动钻杆。

e. 井管下完后要先填砾后解脱,未填砾不准将钻杆或钢丝绳解脱。

13.3.3.5　二次或多次下管法下管要求:

a. 两级管柱在孔内对接处,应选择在地层完整、孔壁稳定的孔段,以保证管柱在孔内顺利对接。

b. 第一级下管长度要比第二级下管长度至少长 10 m,确保第二级下管时底部仍留在第一级管柱内,作为两级井管在孔内对接时导向。

c. 第一级管柱顶端管口处,必须带防砾罩,罩高为 0.3～0.5 m,在罩以上 0.1～0.2 m 处的钻杆上,应固定限位夹板。

d. 距第一级管柱顶端 1～2 m 处应装有扶正器,便于第二级管柱与其对接。

e. 第一级管柱下完后,应在该井段内先冲孔、填砾;填砾时要将管柱吊直,使井管处于井孔中心,而后进行第二级下管。

f. 第二级管柱下至接近第一级管柱管口处时,要慢下轻放,小心套接。

13.4　填砾

13.4.1　砾料质量和填砾参数选择

13.4.1.1　砾料应选择质地坚硬、密度大、浑圆度好的石英砾为宜,易溶于盐酸和含铁、锰的砾石以及片状或多棱角碎石,不宜用做砾料。

13.4.1.2　砾料的砾径,应根据含水层颗粒筛分数据确定,可参照表 28 选用。

13.4.1.3　填砾的厚度,应根据含水层颗粒大小和钻孔类型确定,可参照表 29 选用。

13.4.1.4　填砾的高度:不小于含水层厚度的 120%～130%,若隔水层较薄且距含水层较近时,可填至隔水层顶板处。

表 28　填砾的砾径选择

含水层类型	砂土类含水层	碎石土类含水层	
	$\eta_1<10$	$d_{20}<2$ mm	$d_{20}\geqslant 2$ mm
砾径(D)的尺寸	$D_{50}=(6\sim 8)d_{50}$ mm	$D_{50}=(6\sim 8)d_{20}$ mm	$D=10\sim 20$ mm
砾料的 η_2 要求	$\eta_2<10$		

注:①表中 η_1、η_2 为含水层和为砾料的不均匀系数。即:$\eta_1=d_{60}/d_{10}$;$\eta_2=D_{60}/D_{10}$。

②d_{10}、d_{20}、d_{50}、d_{60}和 D_{10}、D_{50}、D_{60}分别为含水层试样和砾料试样,各在筛分中能通过筛眼的颗粒,其累计重量占筛样全重分别为10%、20%、50%、60%时的筛眼直径。

表 29　填砾厚度要求

含水层类型	粗砂、砾石含水层		中、细、粉砂含水层	
钻孔类型	勘探孔	供水孔	勘探孔	供水孔
填砾厚度(mm)	50～75	75～100	75～100	100～150

13.4.2　填砾准备和基本要求

13.4.2.1　认真检查砾料的质量和规格,不符合要求的砾料不准填入孔内,含泥土杂质较多的砾料,要用水冲洗干净后才准使用。

13.4.2.2　丈量现场储备的砾料,计算数量是否够用,备料必须充足。

13.4.2.3　填砾应从孔口井管四周均匀填入,不得只从单一的方位填入。

13.4.2.4　填砾中要定时探测孔内填砾面位置,若发现堵塞时,要采取措施消除后再填。

13.4.2.5　砾料填至预定位置后,在进行止水或管外封闭前,应再次测定填砾面位置,若有下沉,应补填至预定位置。

13.4.3　各种填砾方法要求

13.4.3.1　采用开泵正循环冲洗填砾法填砾时,应始终保持正循环冲洗,不得间断,不准停泵。

13.4.3.2　采用无泵填砾法填砾时,孔内液体应始终保持从管口溢出,若溢流中断,是填砾中途堵塞的征兆,应采取措施,使管口恢复溢流后再填。

13.4.3.3　采用空压机反循环冲洗填砾法填砾时,孔口应与水源连通,始终保持冲洗液满孔循环,不得间断。此法能防止砾石中途堵塞和孔内分选,但又适用于孔壁稳定的钻孔,不适用于松散易塌地层。

13.5　**止水和封闭**

13.5.1　止水材料选择

13.5.1.1　止水材料必须具备隔水性好、无毒、无嗅、无污染水质等条件。

13.5.1.2　永久性止水材料,可选用:

a. 黏土:应制成黏土球,球径 20～40 mm,用前制好晾干,达到表面稍干,内部湿润柔软为宜。

b. 水泥:一般选用 325 号以上普通硅酸盐水泥或硫铝酸盐地勘水泥。

13.5.1.3　临时性止水材料,可选用:

a. 海带:用前浸湿晾干,编成辫带状缠绕在止水管上,下入钻孔变径处止水(也可在海带上部辅以黏土球止水)。止水时,海带止水物在孔内被压缩后的有效高度不得小于 0.3～0.5 m。

b. 橡胶:用前制成胶球、胶圈、胶囊等装在各种止水器具上,配合充水、充气压缩,使橡胶止水物径向膨胀止水。

13.5.2　止水要求

13.5.2.1　勘探抽水试验孔和观测孔,要求对非试验含水层(组)进行临时性止水。供水井和探采结合孔,要求对不良含水层、不开采的含水层和地表水进行永久性止水。

13.5.2.2　止水部位:应选择在良好隔水层处,隔水层厚度不应小于5～10 m,并要根据岩心和电测井资料,准确掌握隔水层的位置、厚度,有条件时宜测定止水部位的孔径。

13.5.2.3　止水部位以上的井管,不得有渗漏,否则在止水位置以上孔段,应全部采用黏土或水泥浆围填、封闭。

13.5.2.4　永久性止水:应采用优质黏土球或水泥浆进行管外隔离式或封闭式止水。若采用分段隔离止水时,在各分隔段部位的止水物厚度不得小10 m,若采用封闭含水层止水时,止水物应超过被封闭的含水层顶、底板各5 m。

13.5.2.5　采用黏土球止水时,黏土球应从孔口井管四周均匀缓慢地投入孔内,不准只从单一的方位投入,每投1～2 m要测探一次,其土止水厚度要求:在永久性止水时不得小于10 m,在临时性止水时不得小于5 m。

13.5.2.6　采用支撑式、提拉式或胶囊式充气、充水式止水器止水时,用前应对其密封和止水性能进行检验,确认其性能可靠后方可入孔使用。

13.5.2.7　下止水器前,应先进行探孔,确认无障碍时才可下入,中途遇阻时,不准强行下入,应提出止水器,排除孔内障碍后再下。

13.5.3　封闭要求

13.5.3.1　供水井和探采结合孔,在孔口管周围,应采用黏土球或水泥浆进行围填、封闭,厚度为5～10 m。

13.5.3.2　填砾孔在非含水层和不要求填砾的孔段,应采用稍大规格的砾石或亚黏土围填封固。

13.5.3.3　高承压水井,要求在高压含水层上部不透水层处的井管外壁上焊圆形托盘,并在托盘上绑扎棕头2～3道,然后在上面投入黏土球或灌入水泥浆,进行永久性封闭,封闭厚度不小于10 m。

13.5.4　止水效果检验:钻孔止水后,应进行止水效果检验,可采用下列方法进行。

13.5.4.1　水位压差法检验:测定止水后井管内外的水位,采用注水或抽水的方法造成井管内、外的水位差,并使其差值达到10 m或抽水试验时的最大降深值时,稳定半小时,若水位波动幅度不超过0.1 m者,则止水有效。

13.5.4.2　泵压法检验:将止水管口密封,用水泵往管内送水,使水泵压力达到止水段在试验期内可能受到的最大压力值时,稳定半小时,若耗水量不超过1.5 L者,则止水有效。

13.5.4.3　食盐扩散法检验:先测定井水的电阻率,再用浓度为5%的食盐溶液倒入止水管与钻孔之间的环状间隙内,2 h后测定止水管内液体的电阻率,若与未倒入食盐溶液前测得的井水电阻率基本相同时,则止水有效。

13.6　洗井

13.6.1　洗井方法选择:应根据含水层类型确定洗井方法,在同一钻孔中,宜采用多种方法联合洗井,可参照表30选用。

13.6.2　活塞洗井工艺操作要求

13.6.2.1　活塞胶皮外径应与井管内径一致或稍大,洗井过程中要定时检查,已磨损的胶皮外径小于井管内径4 mm者,应及时更换。

13.6.2.2　使用外包胶皮的木制活塞时,木制体在使用前必须在水中浸泡24 h以上才准入井使用,木制体入井时外径应比井管内径小20～30 mm;使用钢板法兰盘夹胶皮活塞时,法兰盘外径应比井管内径小30～50 mm。

13.6.2.3　可以用钻杆连接活塞,开泵水冲拉洗或用空压机送风抽水提拉活塞洗井,也可以采用钢丝绳连接活塞,大行程干拉洗井,提拉时速度应适当,一般以0.5～1 m/s为宜。

13.6.2.4　洗井过程中,活塞不得在孔内停入,不准将活塞下放到沉淀管中。

表 30　洗井方法选择

含水层类型	洗井方法
第四纪含水层	a. 焦磷酸钠(或其他磷酸盐)洗井 b. 活塞洗井(或液态二氧化碳洗井) c. 空压机洗井、排渣
基岩下管含水层	a. 活塞洗井 b. 液态二氧化碳洗井 c. 空压机震荡,大降深连续抽水洗井、排渣
碳酸盐基岩含水层	a. 盐酸洗井 b. 液态二氧化碳压酸洗井 c. 空压机洗井、排渣
基岩裸井含水层	a. 爆破扩裂洗井 b. 液态二氧化碳洗井 c. 空压机震荡,大降深连续抽水洗井、排渣

13.6.2.5　低强度、连接不牢的井管,不宜使用活塞洗井。

13.6.3　焦磷酸钠(含其他磷酸盐)洗井工艺操作要求

13.6.3.1　焦磷酸钠洗井液配制参数选择:

a. 焦磷酸钠洗井液重量浓度:0.6%~0.8%。

b. 孔内泥浆 pH 值:6~7。

c. 洗井液注入孔内后静待反应时间:4~8 h。

13.6.3.2　洗井液灌注方法:洗井液应在填砾末期灌入,当砾料填至最上部含水层顶部位置时,即可将泥浆泵的吸水管改放入已配制好的焦磷酸钠洗井液池内,利用填砾时冲孔的全套设备和方法,将洗井液通过钻杆,从沉淀管顶部过滤管结构处返出井管外,注入含水层填砾孔段内,按计算将管外需灌量全部灌完,将钻杆上提 0.3~0.5 m,使阻流塞离开底座,洗井液即可直接灌入井管内,待灌完后,改用清水将钻杆柱内的洗井液顶出,即可关泵,再用升降机将钻杆上下串动,将井内洗井液搅拌均匀并使其渗入含水层中,即可静待反应。

13.6.4　盐酸洗井工艺操作要求

13.6.4.1　洗井液用量应根据含水层厚度、孔隙度、钻孔直径和酸化处理半径等因素计算确定,配置时应符合下列规定:

a. 洗井液酸浓度(重量百分数)为 10%~31%。

b. 添加剂用量(盐酸重量百分数):

防腐剂(一般用甲醛)为 0.5%;

稳定剂:用醋酸时为 2%,柠檬酸为 0.2%;

表面活性剂(一般用松节油、酒精)为 0.2%~3%。

c. 配制操作程序:应先将各种添加剂放入浓盐酸中,然后再将浓盐酸倒入配制需用的清水中,严禁将清水倒入浓盐酸中。

13.6.4.2　洗井液注入井内后静待反应时间为 4~24 h,酸液浓度小时用大值,浓度大时用小值。

13.6.4.3　洗井液灌注方法和操作要求

a. 将灌酸钻杆下至含水层底部,并要求在钻杆外壁上相当于含水层顶板处,用阻酸塞将钻杆与孔壁(或管壁)间的环空间隙封闭,以阻止酸液上行,迫使其注入含水层孔隙内,待洗井液全部灌完后,用清水将钻杆柱内的酸液顶出,即可停泵,保持灌酸压力至反应时间结束。填砾孔的灌酸方法与焦磷酸钠洗井液灌注方法相同。

b. 采用液态二氧化碳配合压酸洗井时,当盐酸洗井液灌完后,即可灌入液态二氧化碳,灌入部位宜在含水层顶板 1～5 m 处,第一次灌入量不宜太多,不能让其造成井喷,待配化反应时间结束后,再灌入足够的二氧化碳,造成井喷。

c. 洗井结束后,应立即用清水将泥浆泵和钻杆等灌酸设备和工具清洗干净。

13.6.5　液态二氧化碳洗井工艺操作要求

13.6.5.1　洗井器具安装要求:

a. 液瓶、输液管汇和管道、控制阀、安全阀、压力表等,要求密封性能良好,不得泄漏;耐压强度不得小于 10 MPa。

b. 液瓶应安设在距井口 20～30 m 处,洗井时,液瓶应倒放并将瓶的底端垫高,使瓶身倾斜 20°～30°。

13.6.5.2　二氧化碳用量:一般浅孔用 10～20 瓶,中深孔用 20～30 瓶,深孔用 30～40 瓶,允许根据孔径和含水层被堵塞程度适当增减。

13.6.5.3　洗井工艺、操作要求:

a. 输液管应下至含水层中部,洗井时,应先将输液管道和管汇的阀门打开,然后再开瓶阀,待井喷后即可将瓶阀关闭,至井口停喷并待孔内水位上升一定高度时,再将瓶阀打开,再次造成井喷,连续数次,直至洗好为止。

b. 洗井结束或洗井过程中管道堵塞,要拆除洗井设备时,应先将瓶阀关闭,并把管汇和管道的泄气阀打开,将管道内的余气放尽后,才可拆除设备。

13.6.6　空压机洗井工艺操作要求

13.6.6.1　采用震荡法洗井时,风管混合器应直接下入至过滤管中部,并专人控制送风阀门,将风压憋至设备额定最高值时,突然开放送风阀门,使压缩空气以最大的速度和压力在过滤管部位进行有效的震荡洗井,每隔一定时间憋压一次,至洗好为止。

13.6.6.2　用空压机排渣洗井时,出水管应下至过滤管的下部,出水管的外径与井管内径差一般不应小于 29～40 mm,风管沉没比不小于 50%,并以最大的降深和最大的水量抽水洗井。

13.6.6.3　井内水位过深时,可下入两套不同深度的风管,用两台空压机进行接力洗井法洗井。

13.6.7　孔内爆破扩裂洗井工艺要求

13.6.7.1　爆破孔段应选择在主要含水层部位,每个爆破器材的爆破影响范围,可按爆破器边界上、下各延伸 6 个爆破半径计算,孔内安装爆破器的间距:大爆破器 3～15 m,中爆破器 7～10 m,小爆破器 3～5 m;爆破器距最下一节井管至少 15 m。

13.6.7.2　爆破器的选择等可按 11.6 条的规定执行。

13.7　抽水试验

13.7.1　基本要求

13.7.1.1　抽水试验应在洗井质量达到要求后进行,抽水时,抽水落程安排、抽水稳定时间、抽水观察资料等,应根据钻孔类型,分别按各类水文地质规范执行。

13.7.1.2　水量观测器具选择和要求:

a. 水量小于 0.2 L/s 者可用量桶测量,大于 0.2 L/s 者应采用堰箱或孔板流量计测量,高压自流水用喷水管喷发高度测量法测量。

b. 三角堰箱结构要求:三角堰口应开成 60°,堰口旁设垂直刻度标尺,其零点应与堰口最低点对正,堰板刃口厚度不得超过 1 mm,刃口坡面应位于水流跌落的方向;堰箱内要设挡水板;抽水时,堰口最低点距溢水跌落面的距离应大于 20 mm。

13.7.1.3　抽水时,排水渠道应畅通无阻,不得渗漏。

13.7.1.4　在抽水时,试验稳定时间内,不得任意改变抽水设备的转速、风压、风量。

13.7.1.5　抽水试验期间,出现水位、水量突然变化,水质变浑时,要立即查明原因和详细记录,并采取措施使其恢复正常后再继续抽水。

13.7.1.6　在抽水期间内,沉淀物不得淤至过滤管内,探采孔和供水孔抽水结束后,要将井管内的沉淀物排净。

13.7.1.7　抽水试验时,应在现场及时绘制钻孔涌水量(Q)和水位降深(S)关系曲线,以鉴别抽水试验曲线是否正确。

13.7.2　空压机抽水试验工艺要求

13.7.2.1　孔内管材安装结构选择:在常规钻孔中,宜采用同心式安装结构,在大口径孔中可采用并列式或同心式结构安装。

13.7.2.2　采用同心式结构时,抽水管材级配和下入深度要求:

a. 出水管:管径应与出水量适应,并要求与井管保持一定的直径差,在常规口径钻孔中,其直径差不小于 29 mm,在大口径孔中不小于 40 mm;下入深度应超过混合器 3～5 m;

b. 测水位管:管径应满足下入测量器具要求,下入深度应超过混合器 5 m;岩溶裂隙地区,应超过出水管 8～10 m 为宜;

c. 风管:风管底端应带混合器,管径应与井管直径、风量大小相适应,在常规口径钻孔中为 Φ20～Φ30 mm,在大口径孔中为 Φ30～Φ75 mm,下入深度应满足混合器沉没比达到 50%～60% 的要求,可按式(6)计算确定:

$$a = (H - h)/H \tag{6}$$

式中　a——混合器沉没比(50%～60%);

H——混合器距出水口距离,m;

h——动水位距出水口距离,m。

d. 混合器结构要求:混合器全长为 1.5～2 m,底端封闭,四周开喷气孔,气孔直径为 4～5 mm,沿轴向按上稀下密,沿径向均匀分布,气孔总面积为风管截面积的 2～4 倍。

13.7.2.3　抽水时,出水管顶端应装有气水分离器。

13.7.2.4　下风管、测水位管、出水管时,丝扣连接处缠棉线涂铅油,丝扣要上满上紧,不得漏气、漏水。

14　工程质量

14.1　工程质量基本要求

14.1.1　钻孔直径

以满足水文地质试验和供水井抽水要求为原则,根据钻孔类型、水文地质条件、预计水量、钻进方法与工艺、含水层岩性、填砾要求、过滤管类型及孔深等因素综合确定。须填砾的钻孔,必须满足填砾厚度和下入过滤管口径的要求。不填砾的钻孔,一般以下入过滤管口径为准;但在易缩径地层施工的勘探孔口径,还应考虑过滤管起拔等因素。

浅孔及小于 200 m 的孔,钻孔直径或过滤管直径一般可按表 31 确定。大于 200 m 的孔或特大水量及有特殊要求的抽水试验钻孔,则根据单孔设计的要求确定。

14.1.2　岩土心(样)采取率

a. 水文地质普查、勘探孔(含探采结合孔):

采用回转正循环钻进法取心时,黏性土和完整基岩平均采取率应大于 70%,单层不少于 60%;砂性土、疏松砂砾岩、基岩强烈风化带、破碎带平均采取率应大于 40%,单层不少于 30%。无岩心间隔,一般不超过 3 m。对取心特别困难的巨厚(大于 30 m)卵砾石层、流砂层、溶洞充填物和基岩强烈风化带、破碎带,无岩心间隔,一般不超过 5 m,个别不超过 8 m。当采用物探测井验证时,采取率可以放宽。采取率的计算应以实际钻进岩层为准,无充填的溶洞、废矿坑及允许不取心孔段的进尺,不准参与计算;凡从取粉管内捞取的岩粉,不得放入岩心内计算。

表 31　钻孔直径或过滤管直径表　(单位:mm)

岩层,孔深 / 钻孔类型	松散层(过滤管直径)			基岩(孔径)	
	≤50	50～100	100～200	≤100	>100
水文地质普查、勘探孔	≥140(146)		114(127)	≥140(150)	≥120(130)
探采结合孔、供水井	≥168		≥140(146)	≥140(150)	
观测孔、地质孔	≥89			≥91	

注:①松散层系指第四纪地层和新三纪疏松砂砾岩及基岩强烈风化带、破碎带;基岩系指完整岩体(含构造裂隙带、岩溶地层)。

②括号内数值为 GB 9808—88 水文水井钻探管材系列颁布前的规格数值。

③本表所列口径为一般规定。水文地质普查、勘探孔当单孔出水量小于 0.2 L/s 和采用提桶作简易抽水试验之钻孔口径,允许比表列孔径或管径小一级;探采结合孔、供水井直径,主要根据水量、抽水设备类型规格及过滤管径来确定。

采用反循环钻进连续取心法钻进时,要及时对地面接收的岩土样进行地层描述与编录,按钻孔设计要求留取缩样,并按要求进行测井。

当采用气、液动冲击器钻进时,可按钻孔设计要求定层定深进行取样、取心钻进。

当采用机械冲击钻进时,对于含水层,每 2～3 m 取样一个;非含水层,每 3～5 m 取样一个;样品数量应满足颗粒分析和鉴别地层的要求。

b. 供水井和观测孔:岩心采取要根据已掌握的水文地质资料及所采用的钻进方法而定。一般应配合物探测井进行无岩心钻进,特殊情况按照钻孔设计要求进行。

14.1.3　孔深与孔斜

14.1.3.1　钻孔深度以钻孔地质设计为准,对于地质设计依据不足或地质条件变化需加深或提前终孔者,必须持有钻孔任务变更通知书。

校正孔深:每钻进 100 m,换径、终孔及下管前,均需用钢卷尺测量校正孔深,允许误差为 2‰,超差者应以校正测量数据为准更正。

14.1.3.2　水文地质普查、勘探孔,每钻进 100 m,换径、终孔,应测量顶角弯曲度。探采结合孔和供水井,每钻进 50 m,换径、终孔或扩孔结束,应测量顶角弯曲度。钻孔顶角允许弯曲度,每 100 m 不得超过 2°,并按照孔深递增计算。采用深井水泵抽水之供水井,下入泵管段每 100 m 不得大于 1.5°。

14.1.4　简易水文地质观测

水文地质孔、深采结合孔、地质孔在钻进过程中应进行简易水文地质观测,供水孔、观测孔及采用泥浆钻进、反循环钻进的水文地质孔应减免进行观测。简易水文地质观测项目有:

a. 初见静止水位、静止水位或恢复水位:一般应在开孔后钻进中观测地下水初见水位,但当地下水位埋深较大或采取泥浆钻进时,可在终孔洗孔后测定静止水位以及抽水试验后按要求观测恢复水位。

b. 观测钻进中孔内水位变化:在钻进到地下水位后,每个回次下钻前提钻后各测一次水位。如停钻时间较长,在 24 h 内每 4 h 观测一次,超过 24 h 每 8 h 观测一次。采用泥浆钻进的钻孔可不观测孔内水位变化。

c. 测定冲洗液消耗量及其漏水(<50%的消耗量)、严重漏水(50%～75%的消耗量)及全漏水的位置。

d. 记录钻进中发生的钻具陷落、孔壁坍塌及严重掉块、涌砂、气体逸出和水色变化等异常现象;如遇承压自流水、地下热水,则应按有关规定要求观测和采水样。

14.1.5 成井工艺

14.1.5.1 冲孔换浆与下管:采用冲洗液进行正循环钻进的钻孔,完孔后应进行冲孔换浆,方可下过滤管;泥浆正、反循环钻进之钻孔,应进行彻底的冲孔换浆;并按地质或物探测井要求进行配管与下管。

14.1.5.2 填砾与止水

凡第四纪细颗粒松散含水层之水文地质普查钻孔、观测孔及第四纪含水层或第三纪疏松砂砾岩含水层之大比例尺水文地质勘探孔、探采结合孔、供水井均须填砾或下贴砾过滤管。进行分层抽水试验的钻孔应进行临时性的管内或管外止水。管外止水部位应选择在隔水性好、能准确分层、孔径规整部位或换径部位。止水后进行止水效果检查,并在抽水试验过程中仍应继续观测管外水位变化值,以校验止水效果是否稳定。否则,应采取补救措施或重新止水,直到符合要求为止。

14.1.5.3 洗孔与试抽

无论采用清水还是泥浆作冲洗液,凡正循环回转钻进之抽水试验钻孔或泥浆钻进之观测孔,均须进行彻底洗孔,泥浆护壁之反循环钻孔亦应进行洗孔。用活塞洗孔时,活塞的提拉,一般自下而上进行,每段提拉时间根据含水层岩性与水文地质条件而定,一般不小于 0.5 h。

凡泥浆钻进之抽水孔,在对区域水文地质条件不了解时,应进行洗孔试抽对比,即洗孔试抽两次,每次试抽时间应不少于 2 h,在同一降深时,前后两次单位出水量变化不超过 10%;且在试抽结束时,用含砂量计测定泥浆沉淀物≤0.1‰,即可认为洗孔合格,否则,应重新洗孔和捞砂。在区域水文地质条件清楚的地区,当进行洗孔试抽之后出水量达到预计出水量要求或与附近水井出水量相一致时,可不进行洗孔试抽之对比。

采用提筒简易抽水试验的钻孔,应先将孔内液体全部排除后再灌注清水,采用活塞和提筒联合洗孔,洗孔时间应延长一倍以上。凡经洗孔发现无水的干孔,应在清除孔内液体后,至少观测孔内水位 24 h 仍无水者,方可定为干孔,否则应观测静止水位与采取水样。

14.1.6 抽水试验

单孔或群孔抽水试验的降次、降深、稳定时间与水位、水量稳定标准以及观测项目、采取水样要求除按地质规范或设计要求进行外,补充规定如下:

a. 当单位出水量小于 0.01 L/(s·m)和含水层厚度小于 2 m 以及特大出水量(指钻孔口径、抽水方法和结构安装合理时,出水量超出出水管最大出水量)的钻孔,可只作一次最大降深,稳定时间不少于 8 h(提筒简易抽水稳定时间为 4 h)。

b. 静止水位与恢复水位的测定,对于补给条件差的钻孔,当 4 h 内水位变化不超过 5 cm 时即认为稳定;如超过 48 h 的仍超过 5 cm 的要求时,亦可停止观测。

c. 抽水结束后,孔内沉淀物一般不得回填到含水层,对巨厚含水层,回填亦不得超过含水层厚度的 10%。

14.1.7 固井与封孔

探采结合孔、供水井、长观孔,在下管填砾后即进行永久性的管外固井,也就是采用与封孔相同的办法对管外非含水层或非采水层全部进行回填封固。

钻孔验收后,水文地质钻孔一般应进行封孔。对于下列情况应用优质黏土回填捣实,必要时用水泥浆进行封孔:

a. 有咸、淡水或水质不同的潜水、承压水钻孔。

b. 穿过工业矿体及在开采矿区内施工的钻孔。

c. 位于江、河、湖、海防护堤附近的钻孔,位于重要建筑物地基附近的钻孔。

d. 对土地耕作及道路安全有影响的钻孔。

e. 非探采结合的承压自流水孔、热水孔、矿泉水孔。

14.1.8　原始记录与技术档案

水文地质钻孔统一按水文地质钻孔技术档案要求认真填写与归档。钻探班报表、钻孔各项原始记录及技术档案,应用钢笔填写,不得任意涂改或追记,做到及时、真实、准确、整洁、齐全。

14.2　保证与提高工程质量的措施

14.2.1　保证与提高岩心采取率质量的措施

14.2.1.1　正循环回转钻进,回次进尺长度不得超过岩心管长度,即禁止超管钻进。当钻进取心困难的地层,除严格控制回次进尺长度和钻进时间外,还应控制钻进技术参数,必要时,还应用专用取心工具取心或配合物探测井。

14.2.1.2　取心与编录应遵循下列规定:

a. 提钻取心时,要慢提轻放、细致小心;从岩心管内敲取岩心时,不得猛敲猛打。

b. 取出的岩心,应按上下顺序排入,不得颠倒,并即时填写回次标签或在岩心上标明编号,及时编录、取样或装箱。

c. 钻孔未经验收,岩心不得处理;所留缩样应保留至地质报告验收后,再作统一处理,特殊情况按地质设计要求办理。

14.2.2　保证与提高简易水文地质观测质量的措施

要根据地层岩性,合理采用冲洗液。对基岩钻孔,应采用清水钻进;对松散地层,可采用泥浆钻进;上部为松散层、下部为基岩的钻孔,如仅在松散层中进行抽水试验,则可全孔进行泥浆钻进;如需在基岩中进行抽水试验时,则在钻穿松散层、下管止水后,改用清水钻进。

14.2.3　预防钻孔弯曲的措施

14.2.3.1　钻塔、钻机安装,要求周正、水平、稳固,保证天车、回转器、钻孔中心三点一线。

14.2.3.2　根据地质条件选择正常的钻进方法,确定不同岩层的钻进技术参数,在条件相同时,各项钻进技术参数应一致。

14.2.3.3　根据钻孔结构合理选择钻具结构。三牙轮钻头钻进要采用钻铤加压;用筒状钻具钻进要选择长、直筒状钻具。

14.2.3.4　钻进软硬互层的易孔斜地层、卵石层及破碎带地层,要求给进均匀,采取轻压慢转,同时要适当控制泵量。

14.2.3.5　回转器或转盘旷动和部件严重磨损的钻机不得使用,液压钻机的锁紧机构在给进中不得松动。

14.2.4　保证与提高成井工艺质量的措施

a. 群孔和重要的水文地质钻孔,下管前一般应用物探测井,以指导过滤管的配置与下管,细颗粒松散地层除观测孔外一般不应下包网过滤管,以免影响出水量。除岩溶特别发育的地层外,禁止在同一含水层或试段中变径和下入异径过滤管。

b. 填砾用的砾料,必须按本规程要求保证质量,填砾方法可根据地层岩性、孔壁稳定及冲孔换浆情况而定,一般以采用管外返水之开泵填砾法为好。

c. 分层抽水必须在含水层组(段)准确划分的基础上进行,分层抽水的止水方法应根据止水部位的岩性和孔壁规整情况来选用。为确保止水效果,必要时应采用综合止水法。采用水压差法进行止水效果检查时,一般以采用提水降低管内水位进行止水效果检查为宜,以防止反向压力差的作用破坏止水效果。

d. 应根据钻进冲洗液类型、地层岩性、水文地质条件及井管、过滤管的材质强度等确定洗井方法与洗井时间。泥浆钻进钻孔,当管材强度允许时,应采用活塞强力洗井法,根据钻孔性质与地层还可配合采用液态二氧化碳、焦磷酸钠等物理、化学洗井剂联合洗井法。但要注意在细颗粒松散地层采用活塞强力洗井的时间应短些,同时,液态二氧化碳洗井法一般不适用于这类地层。

e. 洗井质量标准应以洗井试抽对比的单位出水量变化作为主要考核标准。凡在水文地质条件不清楚的地区采用泥浆钻进钻孔，必须进行试抽对比来检查洗井是否合格。

14.2.5 保证与提高抽水试验质量的措施

a. 根据钻孔性质与类型、静止水位、口径、试抽水量及水文地质条件等合理选择抽水设备和采用不同抽水方法与结构安装。凡大比例尺的水文地质勘探孔、供水井，应采用离心泵、深井泵或潜水泵抽水，一般不宜采用空压机抽水；出水量大于 0.2 L/s 的钻孔，不得采用提筒进行简易抽水。

b. 抽水试验的降深顺序，松散层应从小到大，基岩宜从大到小，承压水最大降深应尽可能降到含水层顶板。

c. 抽水试验中应做好排水工作，对于潜水地层抽水孔，应将抽出的水排至抽水降落漏斗范围以外。

14.3 工程质量验收及评定

14.3.1 工程质量验收标准

14.3.1.1 优良孔

a. 钻孔结构满足设计要求。

b. 岩心采取率或连续取心取样达到设计要求，无岩心间隔未超出要求；或取心困难的流沙层及巨厚卵砾石层经物探测井补救未影响地层岩性与层位的划分者。

c. 成井工艺质量满足设计要求，即过滤管下置合理、应填砾已填砾，止水和洗井满足规定要求。

d. 抽水试验之抽水量(Q 或 q)与动水位(S)关系曲线正常。

e. 达到地质设计目的层和深度，按规定要求校正了孔深和测量了钻孔弯曲度且满足规定要求。

f. 按规定要求进行了简易水文地质观测工作。

g. 按规定要求进行了固井或封孔。

h. 原始记录与钻孔技术档案整洁、真实、准确、齐全。

14.3.1.2 合格孔

凡未达到优良孔要求，但满足下述要求者，可评定为合格孔。

a. 岩心采取率基本达到要求，含水层与非含水层的岩性、层位基本查清；咸淡水层的分界面划分准确；按设计要求采取了各种样品。

b. 进行了抽水试验并基本取得了符合质量要求的水量、水位、水质资料者。

14.3.1.3 不合格孔：凡未达到合格要求的钻孔为不合格孔，应根据缺什么补什么的原则返工，如果返工后仍达不到设计要求者，可根据取得的资料多少和使用价值，予以部分报废(即报废部分孔段工作量)或全部报废。

14.3.2 工程质量评定

钻孔完工后，对单孔或群孔进行全面质量检查验收，根据上述工程质量标准，逐项进行检查与评定质量等级，并填写钻孔质量验收报告书。

探采结合孔和供水井的钻孔质量，可按合同要求或参照上述规定要求进行质量检查验收与评定。

15 施工安全的基本要求

15.1 安全防护规定

有关机台人员一般安全防护要求、机台安全防护和机台防火措施，可参照 DZ/T 0017 和岩心钻探规程及安全操作规程有关规定执行。

15.2 自然灾害防护

有关防风、防洪、防寒、防雷电以及高压线附近施工安全要求，可参照 DZ/T 0017 有关规定执行。

15.3 特殊地形施工安全要求

有关高山陡坡施工和滑坡、泥石流地区施工安全要求，可参照 DZ/T 0017 有关规定执行。

15.4 特殊作业安全规定

15.4.1 爆破作业安全规定

15.4.1.1 井下爆破作业须由受过爆破和安全训练,并取得合格证书的人员担任,非爆破人员不得随便接触或使用爆破器材。使用时严格遵守爆破作业安全操作规程。

15.4.1.2 爆破器材必须在即将使用之前,严格按使用数量,从专用仓库领出。炸药、雷管等危险器材必须由专人负责,分开运送及保管。

15.4.1.3 临时存放处应是防潮、防冻、防晒、防震、防电、防火等安全可靠的地方,并做好明显标志。

15.4.2 酸化洗井安全规定

15.4.2.1 进行酸化洗井的工作人员,必须佩戴好防护用具。

15.4.2.2 灌酸容器应采用密封(严密)的酸罐。

15.4.2.3 压酸采用泥浆泵压注,压酸前应认真检修好泥浆泵和管路。

15.4.2.4 压酸前应先压入 2~3 m^3 清水,检验水泵运转、上水情况及管路、钻具的通水是否正常。

15.4.2.5 压酸前应将钻机及钻机周围怕腐蚀的器具盖好或搬走。

15.4.2.6 向孔内送水正常后,可将水泵吸水管接在酸罐上,向孔内压酸,要连续一次将酸压完,然后送入清水,将泥浆泵、高压管路及钻杆内的酸液全部压出。

15.4.2.7 酸液中须加入防腐剂(甲醛),其加量为洗井液总重量的约 0.5%。

15.5 机台、电、气焊工作安全规定

15.5.1 电焊工作安全规定

15.5.1.1 电焊设备的安装应符合下列要求:

a. 设备应放在干燥、通风并有遮蔽的场所。外壳必须有可靠的接地保护;周围不得放置易燃、易爆等危险物品。裸露带电部分应装有安全保护罩,并设有单独的电源控制装置。

b. 应检查电焊导线、焊钳是否绝缘良好。

c. 电焊设备的安装、检查和修理工作必须在切断电源后进行。

15.5.1.2 电焊工作必须遵守下列规定:

a. 电焊工作应由经技术考核合格的人员担任。

b. 从事电焊工作时必须穿戴好劳动保护服装、鞋帽。

c. 焊接时,操作人员身体不得接触焊接金属物;焊接物和导线同时接触同一水体时,不得进行焊接。

d. 电焊和气焊不得同时在同一焊件上进行。

e. 严禁在带有压力或装有危险品的容器上进行焊接。

f. 焊机本身及其有关部件出现故障时,应及时排除、修理。

15.5.2 气焊工作安全规定

15.5.2.1 气焊工作应由经过专门训练、考核合格的人员担任,并应严格遵守有关安全操作规程。

15.5.2.2 装有氧气的氧气瓶,装卸时应轻抬慢放,不得抬瓶嘴。运输时防止碰撞。氧气瓶不得暴晒或接近高温,应远离火源和易燃物品。

15.5.2.3 用完与未用完的氧气瓶,应分开存放。每瓶氧气不应全部用完,应使留下的氧气保持 1~2 个大气压,氧气瓶不准用火烤。

15.5.2.4 电石应装在密封的容器内,严禁与水接触。开启时,不得用铁器猛击。

15.5.2.5 乙炔发生器(或乙炔气瓶)、氧气瓶及焊接物间的距离至少为 5 m。氧气管和乙炔管不得互用。管与接头必须连接牢靠。

15.5.2.6 开启氧气瓶总气阀时,必须将氧气表的减压调整气门松开,慢慢开启,人应站在侧面,防止气表脱落伤人。

15.5.2.7 焊接人员作业时,必须穿戴好防护用具。

15.5.2.8 焊接器或切断器点火时,必须先开氧气阀,后开乙炔气阀,然后再点火调整火焰,熄灭时与此相反。

15.5.2.9 乙炔发生器必须配有回火防止器。乙炔发生器内的水应经常更换,焊接中乙炔发生器的套筒浮起时,不得用手直接去摇动。

15.5.2.10 暂停烧焊工作时,必须关闭乙炔发生器的气阀和氧气瓶总气阀。停止使用时,应将乙炔发生器上盖打开,取出电石。

15.5.2.11 气焊工作完毕,应立即将桶内残存乙炔气放净,并将水倒掉。桶内水结冻时,不准用火烤。

16 孔内事故的预防与处理

16.1 孔内事故预防的基本要求

16.1.1 施工前,应掌握施工地区地层、岩性、构造、稳定状况以及以往钻孔发生事故的经验教训,针对施工具体情况,制定预防措施。

16.1.2 操作人员必须严格履行岗位职责和遵守劳动纪律,认真执行钻探规程,坚持“预防为主”的方针。

16.1.3 钻具、管材使用要求

16.1.3.1 钻杆直径单边磨损 2 mm、均匀磨损 3 mm,每米弯曲超过 3 mm;岩心管磨损超过壁厚 1/3,每米弯曲超过 2 mm、丝扣磨损严重的均不准下入孔内使用。

16.1.3.2 各种钻具、管材、接头、接箍的内径、外径、丝扣长度、锥度及钻杆加厚部分等技术要求均按 GB 9808～9812 的规定加工,并严格进行质量检验,不符合要求的不得使用。

16.1.4 钻进中的安全规定

16.1.4.1 钻进中遇有钻进回转吃力、动力机响声异常、泥浆泵泵压升高、孔口循环冲洗中断、钻具上提或下放遇阻、提钻后钻具有泥包现象等情况时应及时处理,不得凑合作业。

16.1.4.2 提下钻遇阻要进行扫孔,不准强拉、硬墩。钻进、扩孔、扫孔阻力过大时,不准强行开车。当发现卡钻、埋钻、烧钻等事故征兆时,应立即窜动或转动钻具,严禁关泵断水。

16.1.4.3 合金钻进不得使用钻粒卡取岩心。钻粒钻进换合金钻进时,要捞净孔内钻粒和岩粉;合金换钻粒钻进时,开始要用旧钻头、小钻粒,并减少投粒量和水量。

16.1.4.4 用三牙轮钻头钻进或扩孔,必须配备保径接头,要根据地层情况尽量满足钻头的钻进参数,合理控制回次钻进时间,防止钻头直径严重磨损或掉牙轮事故。提钻后必须测量钻头直径,磨损大于 3 mm,则下入新钻头时要注意下钻遇阻时扫孔。

16.1.4.5 中途停钻,必须将钻具上提和提钻后向孔内灌注冲洗液以及保持孔底清洁等要求,要按照本规程有关钻进操作要求中的规定,认真执行。

16.1.4.6 要随时盖好孔口,谨防小工具或其他物件掉入孔内。

16.1.5 井管事故的预防

16.1.5.1 下管前检查井架及升降系统的安全程度。下管时井管重量不得超过设备、工具的负荷能力及井管的抗拉强度。

16.1.5.2 下管前要严格检查井管丝扣质量、弯曲度及椭圆度。

16.1.5.3 下管操作要平稳,遇阻后不准猛墩,要分析查明原因,及时采取措施,下管要连续作业。

16.1.5.4 水文地质勘探孔如要求起拔井管,下管时要采取如下措施:

a. 下管时,在井管外壁涂以润滑剂。

b. 尽量减少填砾段、黏土止水段长度。

c. 止水以上孔段用泥浆保护好井壁。

16.1.6　钢丝绳质量要求

16.1.6.1　钢丝绳有断股必须更换。

16.1.6.2　凡钢丝绳一个扭矩(指一股对中心扭拧一圈时,前后两点之距离)断丝达到表 32 新列数值时,应更换钢丝绳。绳卡规格、用量见表 33。

表 32　钢丝绳断丝换新标准

强度安全系数	钢丝绳规格(股×mm)			
	6×19	6×37	6×61	18×19
≤6	12	22	36	
6～7	14	26	38	
≥7	16	30	40	

注:本表所示为钢丝与各股扭拧方向相反,若扭拧方向一致,则容许断丝数为表中之 50%。

表 33　钢丝绳卡规格及用量

型号	适用钢丝绳直径(mm)	使用绳卡数量(个)	绳卡之间最小距离(mm)
Y1－6	6	3	80
Y2－8	8		
Y3－10	10		
Y4－12	12		90
Y5－15	15		110
Y6－20	20	4	130
Y7－22	22		140
Y8－55	25	5	165

16.2　孔内事故处理的基本要求

16.2.1　机台应配备的专用处理事故工具有:公锥、母锥、卡瓦、打捞矛、打捞筒、打捞钩、打印器、磨鞋等。大队级单位应配有反丝公锥、母锥、钻杆、反循环打捞篮,磁力打捞器、提拉旋转器、上击器、下击器、测卡仪、爆炸松扣井下工具及套铣筒、钻头等。

16.2.2　孔内事故发生后,要分析发生原因、经过及准确深度,根据提出钻具的损坏状况,正确判断孔内情况,采取相应处理措施。

16.2.3　孔壁不稳定,要先护孔,后处理孔内事故。

16.2.4　事故处理要及时,处理措施要积极、稳妥,并留有余地,防止措施不当造成事故复杂化。

16.2.5　强力起拔孔内事故钻具或井管前,要对井架、钻机提引系统进行检查、固紧,并要安装灵敏、准确的拉力表(指重表),严防超过设备、工具等的起重负荷能力。操作人员要采取安全防护措施。

16.2.6　用千斤顶强力起拔钻具或套管时,要将工具绑牢,倒杆要用下卡瓦卡住钻杆,禁止用升降机提吊事故钻具倒杆松卡瓦。严禁用钳子扳事故钻具。

16.2.7　钻进中发生钻具折断或脱落事故,用捞锥或其他工具对好后要立即提出钻具,严禁继续钻进或卡取岩心。

16.2.8　孔内事故处理,必须在机长的指挥下进行。对入孔的钻具及打捞工具和出孔的事故钻具要求将规格、长度、数量详细、准确地记录在班报表上。

16.2.9　对一些复杂难以处理的孔内事故,必须经过经济与社会效益的周密论证后可停止处理,同时报上级批准。

16.2.10 事故排除后,由机长组织全体人员查明事故原因,总结经验,吸取教训,制订预防措施,并填写与报送事故报表。

16.3 孔内事故处理

16.3.1 埋钻事故处理

16.3.1.1 此类事故多发生在松散卵砾石层、第四纪或第三纪与基岩接触部位、溶洞裂隙地层等,钻进时突然发生漏失,造成上部孔段液面下降,地层失去平衡而发生坍孔埋钻事故。

16.3.1.2 钻进过程中,发现泥浆漏失要立即提钻,并且要边提钻边向孔内灌浆,保持钻孔泥浆柱压力。若提钻中途遇阻,要尽量送浆窜动钻具,力争将钻具提出孔外。

16.3.1.3 一旦发生埋钻事故,要开泵循环泥浆,并转动钻具,将坍塌物挤碎,冲出孔外。采取上扫方法慢慢上提,不得强拉。

16.3.1.4 若孔底漏失,从钻具内送浆又无效,可在坍塌物以上部位下入钻具冲孔,将坍塌物冲出孔外,提出钻具。

16.3.2 黏吸卡钻处理

通常采用油浴解卡,即在被卡钻具孔段内注入一定量的原油或柴油,浸泡 3~5 h 后,上提活动钻具,使其解卡。

16.3.3 卡钻事故处理

16.3.3.1 缩径卡钻多发生在遇水膨胀地层,此类事故一般都有预兆,如提下钻具在某一孔段遇阻,应立即采取如下措施:

a. 提高泥浆密度、降低泥浆失水量。

b. 用圆孔钻具在缩径孔段扫孔,可消除缩径卡钻事故。

c. 提钻时发生缩径卡钻,可采用上扫方法解卡,也可采用油浴解卡。

16.3.3.2 小井眼卡钻

三牙轮钻进较坚硬岩层,未配保径接头,钻进或扩孔时间较长,造成钻头严重磨损,孔径变小。下入新钻头时,下钻操作不当,不注意指重表的遇阻显示,从而造成夹钻事故。此类事故的处理方法是强力起拔或向上震击。

16.3.3.3 处理无效时,可采取爆炸松扣、套铣(套扫)打捞方法处理。

16.3.4 井管事故处理

16.3.4.1 钢制井管脱扣、跑管事故,可采用内卡方法打捞,即下入木塞或钢塞投入卡料卡住提起。必要时也可分段割断,采取套扫、卡取打捞。

16.3.4.2 铸铁井管折断、脱扣、跑管事故,可采用外卡接箍方法或管内用木塞卡取方法打捞。

16.3.4.3 如井管在已接近下完时发生折断、脱扣、跑管事故,可将断口以上井管起出。探试下部井管,如断口以下井管完好,又下到预计深度,可采取对接方法处理。

16.3.4.4 由于孔底沉淀,井管未能下到预计深度,造成过滤管与大部分含水层错位,则应立即将井管提出,重新扫孔下管。

16.3.5 填砾堵塞事故的处理

16.3.5.1 填砾时,发生砾料架桥堵塞,可将钻杆下到井管下部,把管口封住,用清水冲孔,使其在管外循环,促使堵塞砾料下沉。

16.3.5.2 采用空压机冲孔,降低管内液面深度,增大管内外压差,使堵塞砾料下沉。

16.3.5.3 材质允许时,可用活塞在井管内进行抽洗,使堵塞砾料下沉。

17　设备、仪器、仪表的使用与维护

17.1　一般要求

参照 DZ/T 0017 和岩心钻探规程有关规定执行。

17.2　钻机

参照 DZ/T 0017 和岩心钻探规程有关规定执行。

17.3　柴油机

参照 DZ/T 0017 和岩心钻探规程有关规定执行。

17.4　泵类机械

17.4.1　往复式泥浆泵

参照 DZ/T 0017 和岩心钻探规程有关规定执行。

17.4.2　卧式离心泵及砂石泵

17.4.2.1　开动前应做如下检查：

a. 吸水管路是否严密；塞线是否需要更换。

b. 叶轮转动是否有卡阻现象。

c. 工作轮的旋转方向是否正确。

17.4.2.2　运转中应注意声响，观察出水情况；检查盘根和轴的温度；如发现出水不正常或轴承温度过高等异常现象应立即停车检修。

17.4.2.3　停泵前应先关闭阀门。

17.4.3　深井泵

17.4.3.1　安装前应做如下检查：

a. 泵管、传动轴及叶轮是否变形，螺纹是否损坏。

b. 橡胶轴承是否损坏，其他附件是否齐全。

17.4.3.2　按使用说明书的要求连接泵管、泵轴及有关部件，并使泵管位于井管中心。

17.4.3.3　启动前的检查与维护

a. 检查电动机顶端传动部分，调整好叶轮轴向间隙，调节螺母的保险销安装是否妥当。

b. 检查转子转动情况是否过紧。

c. 电动机止逆盘是否良好，如不起作用，不得开动水泵。

d. 安装合格后，应用清水润滑橡胶轴承。

17.4.3.4　运转中的操作与维护

a. 适当旋紧填料压盖，使填料处有少量水喷出为宜。

b. 随时注意出水情况、运转情况，电气仪表是否正常，如发现异常应立即停车检修。

c. 如果水中泥砂量较大时，应稍加大叶轮与导水壳(泵壳)的轴向间隙。

17.4.3.5　停泵后再开泵，必须等泵管内的水流回孔内后进行。

17.4.4　潜水泵

17.4.4.1　安装和启动前应做如下检查维护：

a. 检查泵的放气孔、放水孔、放油孔和电缆接头处的封口塞是否松动，如有松动必须拧紧。

b. 电机绝缘电阻应不低于 0.5 MΩ，否则应打开放水孔和放气孔进行烘干或晒干。

c. 电缆破裂或折断，应妥善处理，不得漏电。

d. 检查电路和开关，然后在地面上空转 3～5 min，并检查电动机旋转方向是否正确，均无问题后可下入水中使用；必要时可在地面浅水池中试运转。

17.4.4.2 下泵时,不得使电缆受力。下入井中深度,应先进行计算,使其控制在淹没深度之内;下到预定深度后,应将潜水泵出水管用夹板夹牢固,置于井口上。

17.4.4.3 运转中应遵守下列规定:

a. 经常观测动水位变化,适时调整泵的位置。电动机不得露出水面,亦不得潜于淤泥中运转。

b. 电缆应悬空吊住,不得与井壁接触摩擦。

c. 经常观察出水量、电压、电流值和井中的声响,如发现水量减少或中断等异常现象时,应立即停泵检修处理。

17.4.4.4 新的或换过密封件的潜水泵,应检查其密封的可靠性,经使用 50 h 后,拧开放水塞检查,如泄漏量(包括油和水)不大于 5 mL,即认为密封正常,检查后从放油孔补加油,如检查后其泄漏量超过规定,则不得继续使用,应检修或更换新件。

17.4.4.5 泵长期搁置不用,应经检查清理后,置于干燥通风阴凉的室内妥善保管。

17.5 空压机

17.5.1 空压机的安装应符合下列要求

a. 基础必须牢固,空压机安装力求水平。

b. 空压机在现场工作时,应设有场房或临时工棚防雨遮阳。

17.5.2 启动前的检查与维护

a. 检查空气滤清器是否清洁,必要时应清洗或更换滤清器芯子。

b. 打开储气罐和中间冷却器泄水阀放出积水。

17.5.3 运转时操作与维护

a. 启动后,首先打开储气罐的放气阀,等动力机运转正常后,再关闭放气阀储气。

b. 注意各种仪表的指示是否正常,气压有无显著的增高或下降现象。

c. 随时注意排气温度,排气温度应在规定范围之内。

17.5.4 停车时,应逐渐打开储气罐上的放气阀和降低动力机的转速,然后分离离合器,再停动力机。对螺杆式空压机,停车时,关闭所有气阀,让机组空载运转几分钟以降低柴油机温度,再将开关置于"关"的位置。

17.6 仪器、仪表

17.6.1 钻进参数仪

a. 各种传感器应根据使用说明书的要求,安装在正确的位置上,并应避开磁场干扰,避免震动。

b. 传感器外面应加防护装置。

c. 二次仪表应安置在便于操作人员观察的部位,并采取防震、防雨、防潮措施。

d. 二次仪表与传感器之间的电缆连接应按说明书的要求进行,电缆应摆放好,并加护管保护。

17.6.2 测斜仪器

17.6.2.1 仪器使用前应在校验台上校验,并记录仪器本身的误差,以便修正仪器测量读数。

17.6.2.2 测斜时,应使仪器的轴心线与钻孔轴心线一致,必要时加非磁性导正外套予以导正,导正外套直径一般可较孔径小一级,长度以 2～3 m 为宜。

17.6.2.3 仪器下孔前,应按说明书的要求,先准备好悬吊工具。使用钻杆悬吊时,钻杆与仪器的提引头间,应用一段不短于 2 m 的钢丝绳连接好。

17.6.2.4 装仪器应压紧外壳密封件,密封件如有损坏应及时更换;仪器和电缆的连接处,应用高压胶布或用橡胶管扎紧。

17.6.2.5 下降和提升电缆或钢丝绳时,速度应均匀,不得过快,严禁忽快忽慢,猛下骤停。在接近孔底或不安全孔段时,下降和提升必须缓慢。

17.6.2.6 测量操作应按说明书的要求进行。

17.6.2.7 仪器使用完后,应清洗干净,装箱存放,妥善保管。

17.6.2.8 仪器在运输前要处于锁紧状态,并有避震措施,存放时保持干燥,避开强磁场。

17.6.3 氢氟酸测斜仪使用应符合下列要求

a. 所用玻璃管规格:厚度为 3 mm,直径 27～30 mm,长度为 200～250 mm;玻璃管不应有气泡和条痕,在使用前应将油污洗净。

b. 测斜时,上下钻操作要稳,动作要快,停放时间要充足;停放时间应根据孔深和氢氟酸的浓度确定。

18 施工技术报告与钻孔技术档案

18.1 施工技术报告

18.1.1 施工技术报告编制要求

a. 水文地质普查的重要图幅和水源地勘查的工区,由于推广采用新设备、新方法、新工艺或对选用的方法工艺有所改进、创新,提高了效率、质量或由于设计编制与准备工作好,完成任务的技术难度较大、勘探周期短、进度快或施工的钻孔质量优良,获得好的经济效益,对推动技术进步有明显作用的,应编写钻探施工技术报告或专门的技术总结。

b. 报告的编写应在大队长领导下,由钻探科技术人员按照编写提纲内容进行编写,报请大队总工或钻探技术负责人组织审查后打印上报。重要的报告,局应组织人员进行评审验收。

c. 报告在图幅或工区完成后三个月内提交,亦可和地质报告一并提交;报告要反映出从施工设计、准备、施工及完成的整个过程。编写的报告要实事求是,以数据为依据,内容简明扼要,重点突出,附表和附图要清晰齐全。

18.1.2 施工技术报告的编制提纲

a. 前言:说明项目的工作性质、目的任务、施工期限、工程质量要求与工作量等。

b. 概况:包括工区的施工条件、设备选择、准备、钻孔结构、钻进与成井工艺特点及完成钻孔情况表等。

c. 工作技术的难易程度:着重阐明对工作与技术难度采取的办法与措施及其实施情况,包括复杂地层取心取样,钻进工艺以及新方法、新工艺的推广应用情况。

d. 工程质量:八项质量标准及评定等级。

e. 安全生产:三大事故及停工待料情况。

f. 主要经验、贡献与经济效益:重点要突出,实事求是地阐述,并附整个工区的钻探技术经济指标统计分析及经济效益说明。

g. 结论:生产技术的主要经验和科研成果及存在的主要问题及教训,值得借鉴的结论性意见和建议。

18.2 钻孔技术档案

18.2.1 钻探班报表:是钻探施工最基本的原始记录,必须认真填写。班报表必须反映钻探施工生产技术活动的全过程,总台时的时间是连续的,即从安装开孔到完孔拆迁期间,不能出现时间的中断,同时,内容必须详细、齐全、清晰。

18.2.2 钻孔施工技术档案,包括下列表格及内容:

a. 钻孔施工设计书。

b. 钻孔施工设计变更通知书。

c. 钻探设备安装质量检查表。

d. 钻孔事故报告表。

e. 钻孔下管(套管、井管、过滤管)记录表。

f. 钻孔堵漏、止水、封孔记录表。

g. 钻孔成井实际结构图。

h. 钻探技术经济指标综合表。

i. 钻孔质量验收表。

j. 钻孔施工小结。

18.2.3　原始资料的存档

工区钻探工程全部结束后,应及时将施工技术档案和地层岩心描述,钻孔柱状图、简易水文地质观测记录、抽水试验综合图表等原始资料审核整理后立卷存档。

第七章　相关法律法规

1　中华人民共和国矿产资源法

（1986年3月19日第六届全国人民代表大会常务委员会第十五次会议通过，
根据1996年8月29日第八届全国人民代表大会常务委员会第二十一次会议
《关于修改〈中华人民共和国矿产资源法〉的决定》修正）

第一章　总　则

第一条　为了发展矿业，加强矿产资源的勘查、开发利用和保护工作，保障社会主义现代化建设的当前和长远的需要，根据中华人民共和国宪法，特制定本法。

第二条　在中华人民共和国领域及管辖海域勘查、开采矿产资源，必须遵守本法。

第三条　矿产资源属于国家所有，由国务院行使国家对矿产资源的所有权。地表或者地下的矿产资源的国家所有权，不因其所依附的土地的所有权或者使用权的不同而改变。

国家保障矿产资源的合理开发利用。禁止任何组织或个人用任何手段侵占或者破坏矿产资源。各级人民政府必须加强矿产资源的保护工作。

勘查、开采矿产资源，必须依法分别申请、经批准取得探矿权、采矿权，并办理登记；但是，已经依法申请取得采矿权的矿山企业在划定的矿区范围内为本企业的生产而进行的勘查除外。国家保护探矿权和采矿权不受侵犯，保障矿区和勘查作业区的生产秩序、工作秩序不受影响和破坏。

从事矿产资源勘查和开采的，必须符合规定的资质条件。

第四条　国家保障依法设立的矿山企业开采矿产资源的合法权益。

国有矿山企业是开采矿产资源的主体。国家保障国有矿业经济的巩固和发展。

第五条　国家实行探矿权、采矿权有偿取得的制度；但是，国家对探矿权、采矿权有偿取得的费用，可以根据不同情况规定予以减缴、免缴。具体办法和实施步骤由国务院规定。

开采矿产资源，必须按照国家有关规定缴纳资源税和资源补偿费。

第六条　除按下列规定可以转让外，探矿权、采矿权不得转让：

（一）探矿权人有权在划定的勘查作业区内进行规定的勘查作业，有权优先取得勘查作业区内矿产资源的采矿权。探矿权人在完成规定的最低勘查投入后，经依法批准，可以将探矿权转让他人。

（二）已取得采矿权的矿山企业，因企业合并、分立，与他人合资、合作经营，或者因企业资产出售以及有其他变更企业资产产权的情形而需要变更采矿权主体的，经依法批准可以将采矿权转让他人采矿。

前款规定的具体办法和实施步骤由国务院规定。

禁止将探矿权、采矿权倒卖牟利。

第七条　国家对矿产资源的勘查、开发实行统一规划、合理布局、综合勘查、合理开采和综合利用的方针。

第八条　国家鼓励矿产资源勘查、开发的科学技术研究，推广先进技术，提高矿产资源勘查、开发的科学技术水平。

第九条　在勘查、开发、保护矿产资源和进行科学技术研究等方面成绩显著的单位和个人，由各级人民政府给予奖励。

第十条　国家在民族自治地方开采矿产资源，应当照顾民族自治地方的利益，作出有利于民族自治地方经济建设的安排，照顾当地少数民族群众的生产和生活。

民族自治地方的自治机关根据法律规定和国家的统一规划，对可以由本地方开发的矿产资源，优先合理开发利用。

第十一条　国务院地质矿产主管部门主管全国矿产资源勘查、开采的监督管理工作。国务院有关主管部门协助国务院地质矿产主管部门进行矿产资源勘查、开采的监督管理工作。省、自治区、直辖市人民政府地质矿产主管部门主管本行政区域内矿产资源勘查、开采的监督管理工作。

省、自治区、直辖市人民政府有关主管部门协助同级地质矿产主管部门进行矿产资源勘查、开采的监督管理工作。

第二章　矿产资源勘查的登记和开采的审批

第十二条　国家对矿产资源勘查实行统一的区块登记管理制度。矿产资源勘查登记工作，由国务院地质矿产主管部门负责；特定矿种的矿产资源勘查登记工作，可以由国务院授权有关主管部门负责。矿产资源勘查区块登记管理办法由国务院制定。

第十三条　国务院矿产储量审批机构或者省、自治区、直辖市矿产储量审批机构负责审查批准供矿山建设设计使用的勘探报告，并在规定的期限内批复报送单位。勘探报告未经批准，不得作为矿山建设设计的依据。

第十四条　矿产资源勘查成果档案资料和各类矿产储量的统计资料，实行统一的管理制度，按照国务院规定汇交或者填报。

第十五条　设立矿山企业，必须符合国家规定的资质条件，并依照法律和国家有关规定，由审批机关对其矿区范围、矿山设计或者开采方案、生产技术条件、安全措施和环境保护措施等进行审查；审查合格的，方予批准。

第十六条　开采下列矿产资源的，由国务院地质矿产主管部门审批，并颁发采矿许可证：

（一）国家规划矿区和对国民经济具有重要价值的矿区内的矿产资源；

（二）前项规定区域以外可供开采的矿产储量规模在大型以上的矿产资源；

（三）国家规定实行保护性开采的特定矿种；

（四）领海及中国管辖的其他海域的矿产资源；

（五）国务院规定的其他矿产资源。

开采石油、天然气、放射性矿产等特定矿种的，可以由国务院授权的有关主管部门审批，并颁发采矿许可证。

开采第一款、第二款规定以外的矿产资源，其可供开采的矿产的储量规模为中型的，由省、自治区、直辖市人民政府地质矿产主管部门审批和颁发采矿许可证。

开采第一款、第二款和第三款规定以外的矿产资源的管理办法，由省、自治区、直辖市人民代表大会常务委员会依法制定。

依照第三款、第四款的规定审批和颁发采矿许可证的，由省、自治区、直辖市人民政府地质矿产主管部门汇总向国务院地质矿产主管部门备案。

矿产储量规模的大型、中型的划分标准，由国务院矿产储量审批机构规定。

第十七条　国家对国家规划矿区、对国民经济具有重要价值的矿区和国家规定实行保护性开采的特定矿种，实行有计划的开采；未经国务院有关主管部门批准，任何单位和个人不得开采。

第十八条 国家规划矿区的范围、对国民经济具有重要价值的矿区的范围、矿山企业矿区的范围依法划定后，由划定矿区范围的主管机关通知有关县级人民政府予以公告。

矿山企业变更矿区范围，必须报请原审批机关批准，并报请原颁发采矿许可证的机关重新核发采矿许可证。

第十九条 地方各级人民政府应当采取措施，维护本行政区域内的国有矿山企业和其他矿山企业矿区范围内的正常秩序。

禁止任何单位和个人进入他人依法设立的国有矿山企业和其他矿山企业矿区范围内采矿。

第二十条 非经国务院授权的有关主管部门同意，不得在下列地区开采矿产资源：

(一)港口、机场、国防工程设施圈定地区以内；

(二)重要工业区、大型水利工程设施、城镇市政工程设施附近一定距离以内；

(三)铁路、重要公路两侧一定距离以内；

(四)重要河流、堤坝两侧一定距离以内；

(五)国家划定的自然保护区、重要风景区，国家重点保护的不能移动的历史文物和名胜古迹所在地；

(六)国家规定不得开采矿产资源的其他地区。

第二十一条 关闭矿山，必须提出矿山闭坑报告及有关采掘工程、不安全隐患、土地复垦利用、环境保护的资料，并按照国家规定报请审查批准。

第二十二条 勘查、开采矿产资源时，发现具有重大科学文化价值的罕见地质现象以及文化古迹，应当加以保护并及时报告有关部门。

第三章 矿产资源的勘查

第二十三条 区域地质调查按照国家统一规划进行。区域地质调查的报告和图件按照国家规定验收，提供有关部门使用。

第二十四条 矿产资源普查在完成主要矿种普查任务的同时，应当对工作区内包括共生或者伴生矿产的成矿地质条件和矿床工业远景作出初步综合评价。

第二十五条 矿床勘探必须对矿区内具有工业价值的共生和伴生矿产进行综合评价，并计算其储量。未作综合评价的勘探报告不予批准。但是，国务院计划部门另有规定的矿床勘探项目除外。

第二十六条 普查、勘探易损坏的特种非金属矿产、流体矿产、易燃易爆易溶矿产和含有放射性元素的矿产，必须采用省级以上人民政府有关主管部门规定的普查、勘探方法，并有必要的技术装备和安全措施。

第二十七条 矿产资源勘查的原始地质编录和图件，岩矿心、测试样品和其他实物标本资料，各勘查标志，应当按照有关规定保护和保存。

第二十八条 矿床勘探报告及其他有价值的勘查资料，按照国务院规定实行有偿使用。

第四章 矿产资源的开采

第二十九条 开采矿产资源，必须采取合理的开采顺序、开采方法和选矿工艺。矿山企业的开采回采率、采矿贫化率和选矿回收率应当达到设计要求。

第三十条 在开采主要矿产的同时，对具有工业价值的共生和伴生矿产应当统一规划，综合开采，综合利用，防止浪费；对暂时不能综合开采或者必须同时采出而暂时还不能综合利用的矿产以及含有有用组分的尾矿，应当采取有效的保护措施，防止损失破坏。

第三十一条 开采矿产资源，必须遵守国家劳动安全卫生规定，具备保障安全生产的必要条件。

第三十二条 开采矿产资源，必须遵守有关环境保护的法律规定，防止污染环境。

开采矿产资源，应当节约用地。耕地、草原、林地因采矿受到破坏的，矿山企业应当因地制宜地采取复垦利用、植树种草或者其他利用措施。

开采矿产资源给他人生产、生活造成损失的，应当负责赔偿，并采取必要的补救措施。

第三十三条 在建设铁路、工厂、水库、输油管道、输电线路和各种大型建筑物或者建筑群之前，建设单位必须向所在省、自治区、直辖市地质矿产主管部门了解拟建工程所在地区的矿产资源分布和开采情况。非经国务院授权的部门批准，不得压覆重要矿床。

第三十四条 国务院规定由指定的单位统一收购的矿产品，任何其他单位或者个人不得收购；开采者不得向非指定单位销售。

第五章 乡镇集体矿山企业和个体采矿

第三十五条 国家对集体矿山企业和个体采矿实行积极扶持、合理规划、正确引导、加强管理的方针，鼓励集体矿山企业开采国家指定范围内的矿产资源，允许个人采挖零星分散资源和只能用做普通建筑材料的砂、石、黏土以及为生活自用采挖少量矿产。

矿产储量规模适宜由矿山企业开采的矿产资源、国家规定实行保护性开采的特定矿种和国家规定禁止个人开采的其他矿产资源，个人不得开采。

国家指导、帮助集体矿山企业和个体采矿不断提高技术水平、资源利用率和经济效益。

地质矿产主管部门、地质工作单位和国有矿山企业应当按照积极支持、有偿互惠的原则向集体矿山企业和个体采矿提供地质资料和技术服务。

第三十六条 国务院和国务院有关主管部门批准开办的矿山企业矿区范围内已有的集体矿山企业，应当关闭或者到指定的其他地点开采，由矿山建设单位给予合理的补偿，并妥善安置群众生活；也可以按照该矿山企业的统筹安排，实行联合经营。

第三十七条 集体矿山企业和个体采矿应当提高技术水平，提高矿产资源回收率。禁止乱挖滥采，破坏矿产资源。

集体矿山企业必须测绘井上、井下工程对照图。

第三十八条 县级以上人民政府应当指导、帮助集体矿山企业和个体采矿进行技术改造，改善经营管理，加强安全生产。

第六章 法律责任

第三十九条 违反本规定，未取得采矿许可证擅自采矿的，擅自进入国家规划矿区、对国民经济具有重要价值的矿区范围采矿的，擅自开采国家规定实行保护性开采的特定矿种的，责令停止开采、赔偿损失，没收采出的矿产品和违法所得，可以并处罚款；拒不停止开采，造成矿产资源破坏的，依照刑法第一百五十六条的规定对直接责任人员追究刑事责任。

单位和个人进入他人依法设立的国有矿山企业和其他矿山企业矿区范围内采矿的，依照前款规定处罚。

第四十条 超越批准的矿区范围采矿的，责令退回本矿区范围内开采、赔偿损失，没收越界开采的矿产品和违法所得，可以并处罚款；拒不退回本矿区范围内开采，造成矿产资源破坏的，吊销采矿许可证，依照《刑法》第一百五十六条的规定对直接责任人员追究刑事责任。

第四十一条 盗窃、抢夺矿山企业和勘查单位的矿产品和其他财物的，破坏采矿、勘查设施的，扰乱矿区和勘查作业区的生产秩序、工作秩序的，分别依照《刑法》有关规定追究刑事责任；情节显著轻微的，依照《治安管理处罚条例》有关规定予以处罚。

第四十二条　买卖、出租或者以其他形式转让矿产资源的，没收违法所得，处以罚款。违反本法第六条的规定将探矿权、采矿权倒卖牟利的，吊销勘查许可证、采矿许可证，没收违法所得，处以罚款。

第四十三条　违反本法规定收购和销售国家统一收购的矿产品的，没收矿产品和违法所得，可以并处罚款；情节严重的，依照《刑法》第一百一十七条、第一百一十八条的规定，追究刑事责任。

第四十四条　违反本法规定，采取破坏性的开采方法开采矿产资源的，处以罚款，可以吊销采矿许可证；造成矿产资源严重破坏的，依照刑法第一百五十六条的规定对直接责任人员追究刑事责任。

第四十五条　本法第三十九条、第四十条、第四十二条规定的行政处罚，由县级以上人民政府负责地质矿产管理工作的部门按照国务院地质矿产主管部门规定的权限决定。第四十三条规定的行政处罚，由县级以上人民政府工商行政管理部门决定。第四十四条规定的行政处罚，由省、自治区、直辖市人民政府地质矿产主管部门决定。给予吊销勘查许可证或者采矿许可证处罚的，须由原发证机关决定。

依照第三十九条、第四十条、第四十二条、第四十四条规定应当给予行政处罚而不给予行政处罚的，上级人民政府地质矿产主管部门有权责令改正或者直接给予行政处罚。

第四十六条　当事人对行政处罚决定不服的，可以依法申请复议，也可以依法直接向人民法院起诉。

当事人逾期不申请复议也不向人民法院起诉，又不履行处罚决定的，由作出处罚决定的机关申请人民法院强制执行。

第四十七条　负责矿产资源勘查、开采监督管理工作的国家工作人员和其他有关国家工作人员徇私舞弊、滥用职权或者玩忽职守，违反本法规定批准勘查、开采矿产资源和颁发勘查许可证、采矿许可证，或者对违法采矿行为不依法予以制止、处罚，构成犯罪的，依法追究刑事责任；不构成犯罪的，给予行政处分。违法颁发的勘查许可证、采矿许可证，上级人民政府地质矿产主管部门有权予以撤销。

第四十八条　以暴力、威胁方法阻碍从事矿产资源勘查、开采监督管理工作的国家工作人员依法执行职务的，依照《刑法》第一百五十七条的规定追究刑事责任；拒绝、阻碍从事矿产资源勘查、开采监督管理工作的国家工作人员依法执行职务未使用暴力、威胁方法的，由公安机关依照治安管理处罚条例的规定处罚。

第四十九条　矿山企业之间的矿区范围的争议，由当事人协商解决，协商不成的，由有关县级以上地方人民政府根据依法核定的矿区范围处理；跨省、自治区、直辖市的矿区范围的争议，由有关省、自治区、直辖市人民政府协商解决，协商不成的，由国务院处理。

第七章　附　则

第五十条　外商投资勘查、开采矿产资源，法律、行政法规另有规定的，从其规定。

第五十一条　本法施行以前，未办理批准手续、未划定矿区范围、未取得采矿许可证开采矿产资源的，应当依照本法有关规定申请补办手续。

第五十二条　本法实施细则由国务院制定。

第五十三条　本法自1986年10月1日起施行。

附:《刑法》有关条款

第一百一十七条　违反金融、外汇、金银、工商管理法规，投机倒把，情节严重的，处三年以下有期徒刑或者拘役，可以并处、单处罚金或者没收财产。

第一百一十八条　以走私、投机倒把为常业的，走私、投机倒把数额巨大的或者走私、投机倒把集团的首要分子，处三年以上十年以下有期徒刑，可以并处没收财产。

第一百五十六条　故意毁坏公私财物，情节严重的，处三年以下有期徒刑、拘役或者罚金。

第一百五十七条　以暴力、威胁方法阻碍国家工作人员依法执行职务的，或者拒不执行人民法院已经发生法律效力的判决、裁定的，处三年以下有期徒刑、拘役、罚金或者剥夺政治权利。

第一百五十八条 禁止任何人利用任何手段扰乱社会秩序。扰乱社会秩序情节严重，致使工作、生产、营业和教学、科研无法进行，国家和社会遭受严重损失的，对首要分子处五年以下有期徒刑、拘役、管制或者剥夺政治权利。

2 中华人民共和国环境影响评价法

（中华人民共和国主席令第77号）

《中华人民共和国环境影响评价法》已由中华人民共和国第九届全国人民代表大会常务委员会第三十次会议于2002年10月28日通过，现予公布，自2003年9月1日起施行。

中华人民共和国主席 江泽民

2002年10月28日

第一章 总 则

第一条 为了实施可持续发展战略，预防因规划和建设项目实施后对环境造成不良影响，促进经济、社会和环境的协调发展，制定本法。

第二条 本法所称环境影响评价，是指对规划和建设项目实施后可能造成的环境影响进行分析、预测和评估，提出预防或者减轻不良环境影响的对策和措施，进行跟踪监测的方法与制度。

第三条 编制本法第九条所规定的范围内的规划，在中华人民共和国领域和中华人民共和国管辖的其他海域内建设对环境有影响的项目，应当依照本法进行环境影响评价。

第四条 环境影响评价必须客观、公开、公正，综合考虑规划或者建设项目实施后对各种环境因素及其所构成的生态系统可能造成的影响，为决策提供科学依据。

第五条 国家鼓励有关单位、专家和公众以适当方式参与环境影响评价。

第六条 国家加强环境影响评价的基础数据库和评价指标体系建设，鼓励和支持对环境影响评价的方法、技术规范进行科学研究，建立必要的环境影响评价信息共享制度，提高环境影响评价的科学性。

国务院环境保护行政主管部门应当会同国务院有关部门，组织建立和完善环境影响评价的基础数据库和评价指标体系。

第二章 规划的环境影响评价

第七条 国务院有关部门、设区的市级以上地方人民政府及其有关部门，对其组织编制的土地利用的有关规划，区域、流域、海域的建设、开发利用规划，应当在规划编制过程中组织进行环境影响评价，编写该规划有关环境影响的篇章或者说明。

规划有关环境影响的篇章或者说明，应当对规划实施后可能造成的环境影响作出分析、预测和评估，提出预防或者减轻不良环境影响的对策和措施，作为规划草案的组成部分一并报送规划审批机关。

未编写有关环境影响的篇章或者说明的规划草案，审批机关不予审批。

第八条 国务院有关部门、设区的市级以上地方人民政府及其有关部门，对其组织编制的工业、农业、畜牧业、林业、能源、水利、交通、城市建设、旅游、自然资源开发的有关专项规划（以下简称专项规划），应当在该专项规划草案上报审批前，组织进行环境影响评价，并向审批该专项规划的机关提出环境影响报告书。

前款所列专项规划中的指导性规划，按照本法第七条的规定进行环境影响评价。

第九条　依照本法第七条、第八条的规定进行环境影响评价的规划的具体范围，由国务院环境保护行政主管部门会同国务院有关部门规定，报国务院批准。

第十条　专项规划的环境影响报告书应当包括下列内容：

（一）实施该规划对环境可能造成影响的分析、预测和评估；

（二）预防或者减轻不良环境影响的对策和措施；

（三）环境影响评价的结论。

第十一条　专项规划的编制机关对可能造成不良环境影响并直接涉及公众环境权益的规划，应当在该规划草案报送审批前，举行论证会、听证会，或者采取其他形式，征求有关单位、专家和公众对环境影响报告书草案的意见。但是，国家规定需要保密的情形除外。

编制机关应当认真考虑有关单位、专家和公众对环境影响报告书草案的意见，并应当在报送审查的环境影响报告书中附具对意见采纳或者不采纳的说明。

第十二条　专项规划的编制机关在报批规划草案时，应当将环境影响报告书一并附送审批机关审查；未附送环境影响报告书的，审批机关不予审批。

第十三条　设区的市级以上人民政府在审批专项规划草案，作出决策前，应当先由人民政府指定的环境保护行政主管部门或者其他部门召集有关部门代表和专家组成审查小组，对环境影响报告书进行审查。审查小组应当提出书面审查意见。

参加前款规定的审查小组的专家，应当从按照国务院环境保护行政主管部门的规定设立的专家库内的相关专业的专家名单中，以随机抽取的方式确定。

由省级以上人民政府有关部门负责审批的专项规划，其环境影响报告书的审查办法，由国务院环境保护行政主管部门会同国务院有关部门制定。

第十四条　设区的市级以上人民政府或者省级以上人民政府有关部门在审批专项规划草案时，应当将环境影响报告书结论以及审查意见作为决策的重要依据。

在审批中未采纳环境影响报告书结论以及审查意见的，应当作出说明，并存档备查。

第十五条　对环境有重大影响的规划实施后，编制机关应当及时组织环境影响的跟踪评价，并将评价结果报告审批机关；发现有明显不良环境影响的，应当及时提出改进措施。

第三章　建设项目的环境影响评价

第十六条　国家根据建设项目对环境的影响程度，对建设项目的环境影响评价实行分类管理。

建设单位应当按照下列规定组织编制环境影响报告书、环境影响报告表或者填报环境影响登记表（以下统称环境影响评价文件）：

（一）可能造成重大环境影响的，应当编制环境影响报告书，对产生的环境影响进行全面评价；

（二）可能造成轻度环境影响的，应当编制环境影响报告表，对产生的环境影响进行分析或者专项评价；

（三）对环境影响很小、不需要进行环境影响评价的，应当填报环境影响登记表。

建设项目的环境影响评价分类管理名录，由国务院环境保护行政主管部门制定并公布。

第十七条　建设项目的环境影响报告书应当包括下列内容：

（一）建设项目概况；

（二）建设项目周围环境现状；

（三）建设项目对环境可能造成影响的分析、预测和评估；

（四）建设项目环境保护措施及其技术、经济论证；

（五）建设项目对环境影响的经济损益分析；

(六)对建设项目实施环境监测的建议;

(七)环境影响评价的结论。

涉及水土保持的建设项目,还必须有经水行政主管部门审查同意的水土保持方案。

环境影响报告表和环境影响登记表的内容和格式,由国务院环境保护行政主管部门制定。

第十八条 建设项目的环境影响评价,应当避免与规划的环境影响评价相重复。

作为一项整体建设项目的规划,按照建设项目进行环境影响评价,不进行规划的环境影响评价。

已经进行了环境影响评价的规划所包含的具体建设项目,其环境影响评价内容建设单位可以简化。

第十九条 接受委托为建设项目环境影响评价提供技术服务的机构,应当经国务院环境保护行政主管部门考核审查合格后,颁发资质证书,按照资质证书规定的等级和评价范围,从事环境影响评价服务,并对评价结论负责。为建设项目环境影响评价提供技术服务的机构的资质条件和管理办法,由国务院环境保护行政主管部门制定。

国务院环境保护行政主管部门对已取得资质证书的为建设项目环境影响评价提供技术服务的机构的名单,应当予以公布。

为建设项目环境影响评价提供技术服务的机构,不得与负责审批建设项目环境影响评价文件的环境保护行政主管部门或者其他有关审批部门存在任何利益关系。

第二十条 环境影响评价文件中的环境影响报告书或者环境影响报告表,应当由具有相应环境影响评价资质的机构编制。

任何单位和个人不得为建设单位指定对其建设项目进行环境影响评价的机构。

第二十一条 除国家规定需要保密的情形外,对环境可能造成重大影响、应当编制环境影响报告书的建设项目,建设单位应当在报批建设项目环境影响报告书前,举行论证会、听证会,或者采取其他形式,征求有关单位、专家和公众的意见。

建设单位报批的环境影响报告书应当附具对有关单位、专家和公众的意见采纳或者不采纳的说明。

第二十二条 建设项目的环境影响评价文件,由建设单位按照国务院的规定报有审批权的环境保护行政主管部门审批;建设项目有行业主管部门的,其环境影响报告书或者环境影响报告表应当经行业主管部门预审后,报有审批权的环境保护行政主管部门审批。

海洋工程建设项目的海洋环境影响报告书的审批,依照《中华人民共和国海洋环境保护法》的规定办理。

审批部门应当自收到环境影响报告书之日起六十日内,收到环境影响报告表之日起三十日内,收到环境影响登记表之日起十五日内,分别作出审批决定并书面通知建设单位。

预审、审核、审批建设项目环境影响评价文件,不得收取任何费用。

第二十三条 国务院环境保护行政主管部门负责审批下列建设项目的环境影响评价文件:

(一)核设施、绝密工程等特殊性质的建设项目;

(二)跨省、自治区、直辖市行政区域的建设项目;

(三)由国务院审批的或者由国务院授权有关部门审批的建设项目。

前款规定以外的建设项目的环境影响评价文件的审批权限,由省、自治区、直辖市人民政府规定。

建设项目可能造成跨行政区域的不良环境影响,有关环境保护行政主管部门对该项目的环境影响评价结论有争议的,其环境影响评价文件由共同的上一级环境保护行政主管部门审批。

第二十四条 建设项目的环境影响评价文件经批准后,建设项目的性质、规模、地点、采用的生产工艺或者防治污染、防止生态破坏的措施发生重大变动的,建设单位应当重新报批建设项目的环境影响评价文件。

建设项目的环境影响评价文件自批准之日起超过五年,方决定该项目开工建设的,其环境影响评价文件应当报原审批部门重新审核;原审批部门应当自收到建设项目环境影响评价文件之日起十日内,将审核意见书面通知建设单位。

第二十五条　建设项目的环境影响评价文件未经法律规定的审批部门审查或者审查后未予批准的，该项目审批部门不得批准其建设，建设单位不得开工建设。

第二十六条　建设项目建设过程中，建设单位应当同时实施环境影响报告书、环境影响报告表以及环境影响评价文件审批部门审批意见中提出的环境保护对策措施。

第二十七条　在项目建设、运行过程中产生不符合经审批的环境影响评价文件的情形的，建设单位应当组织环境影响的后评价，采取改进措施，并报原环境影响评价文件审批部门和建设项目审批部门备案；原环境影响评价文件审批部门也可以责成建设单位进行环境影响的后评价，采取改进措施。

第二十八条　环境保护行政主管部门应当对建设项目投入生产或者使用后所产生的环境影响进行跟踪检查，对造成严重环境污染或者生态破坏的，应当查清原因、查明责任。对属于为建设项目环境影响评价提供技术服务的机构编制不实的环境影响评价文件的，依照本法第三十三条的规定追究其法律责任；属于审批部门工作人员失职、渎职，对依法不应批准的建设项目环境影响评价文件予以批准的，依照本法第三十五条的规定追究其法律责任。

第四章　法律责任

第二十九条　规划编制机关违反本法规定，组织环境影响评价时弄虚作假或者有失职行为，造成环境影响评价严重失实的，对直接负责的主管人员和其他直接责任人员，由上级机关或者监察机关依法给予行政处分。

第三十条　规划审批机关对依法应当编写有关环境影响的篇章或者说明而未编写的规划草案，依法应当附送环境影响报告书而未附送的专项规划草案，违法予以批准的，对直接负责的主管人员和其他直接责任人员，由上级机关或者监察机关依法给予行政处分。

第三十一条　建设单位未依法报批建设项目环境影响评价文件，或者未依照本法第二十四条的规定重新报批或者报请重新审核环境影响评价文件，擅自开工建设的，由有权审批该项目环境影响评价文件的环境保护行政主管部门责令停止建设，限期补办手续；逾期不补办手续的，可以处五万元以上二十万元以下的罚款，对建设单位直接负责的主管人员和其他直接责任人员，依法给予行政处分。

建设项目环境影响评价文件未经批准或者未经原审批部门重新审核同意，建设单位擅自开工建设的，由有权审批该项目环境影响评价文件的环境保护行政主管部门责令停止建设，可以处五万元以上二十万元以下的罚款，对建设单位直接负责的主管人员和其他直接责任人员，依法给予行政处分。

海洋工程建设项目的建设单位有前两款所列违法行为的，依照《中华人民共和国海洋环境保护法》的规定处罚。

第三十二条　建设项目依法应当进行环境影响评价而未评价，或者环境影响评价文件未经依法批准，审批部门擅自批准该项目建设的，对直接负责的主管人员和其他直接责任人员，由上级机关或者监察机关依法给予行政处分；构成犯罪的，依法追究刑事责任。

第三十三条　接受委托为建设项目环境影响评价提供技术服务的机构在环境影响评价工作中不负责任或者弄虚作假，致使环境影响评价文件失实的，由授予环境影响评价资质的环境保护行政主管部门降低其资质等级或者吊销其资质证书，并处所收费用一倍以上三倍以下的罚款；构成犯罪的，依法追究刑事责任。

第三十四条　负责预审、审核、审批建设项目环境影响评价文件的部门在审批中收取费用的，由其上级机关或者监察机关责令退还；情节严重的，对直接负责的主管人员和其他直接责任人员依法给予行政处分。

第三十五条　环境保护行政主管部门或者其他部门的工作人员徇私舞弊，滥用职权，玩忽职守，违法批准建设项目环境影响评价文件的,依法给予行政处分;构成犯罪的,依法追究刑事责任。

第五章 附 则

第三十六条 省、自治区、直辖市人民政府可以根据本地的实际情况,要求对本辖区的县级人民政府编制的规划进行环境影响评价。具体办法由省、自治区、直辖市参照本法第二章的规定制定。

第三十七条 军事设施建设项目的环境影响评价办法,由中央军事委员会依照本法的原则制定。

第三十八条 本法自2003年9月1日起施行。

3 取水许可制度实施办法

(1993年6月11日国务院第五次常务会议通过,1993年8月1日国务院令第119号发布)

第一条 为加强水资源管理,节约用水,促进水资源合理开发利用,根据《中华人民共和国水法》,制定本办法。

第二条 本办法所称取水,是指利用水工程或者机械提水设施直接从江河、湖泊或者地下取水。一切取水单位和个人,除本办法第三条、第四条规定的情形外,都应当依照本办法申请取水许可证,并依照规定取水。

前款所称水工程包括闸(不含船闸)、坝、跨河流的引水式水电站、渠道、人工河道、虹吸管等取水、引水工程。取用自来水厂等供水工程的水,不适用本办法。

第三条 下列少量取水不需要申请取水许可证:

(一)为家庭生活、畜禽饮用取水的;

(二)为农业灌溉少量取水的;

(三)用人力、畜力或者其他方法少量取水的。少量取水的限额由省级人民政府规定。

第四条 下列取水免予申请取水许可证:

(一)为农业抗旱应急必须取水的;

(二)为保障矿井等地下工程施工安全和生产安全必须取水的;

(三)为防御和消除对公共安全或者公共利益的危害必须取水的。

第五条 取水许可应当首先保证城乡居民生活用水,统筹兼顾农业、工业用水和航运、环境保护需要。省级人民政府在指定的水域或者区域可以根据实际情况规定具体的取水顺序。

第六条 取水许可必须符合江河流域的综合规划、全国和地方的水长期供求计划,遵守经批准的水量分配方案或者协议。

第七条 地下水取水许可不得超过本行政区域地下水年度计划可采总量,并应当符合井点总体布局和取水层位的要求。

地下水年度计划可采总量、井点总体布局和取水层位,由县级以上地方人民政府水行政主管部门会同地质矿产行政主管部门确定;对城市规划区地下水年度计划可采总量、井点总体布局和取水层位,还应当会同城市建设行政主管部门确定。

第八条 在地下水超采区,应当严格控制开采地下水,不得扩大取水。禁止在没有回灌措施的地下水严重超采区取水。

地下水超采区和禁止取水区,由省级以上人民政府水行政主管部门会同地质矿产行政主管部门划定,报同级人民政府批准;涉及城市规划区和城市供水水源的,由省级以上人民政府水行政主管部门会同同级人民政府地质矿产行政主管部门和城市建设行政主管部门划定,报同级人民政府批准。

第九条　国务院水行政主管部门负责全国取水许可制度的组织实施和监督管理。

第十条　新建、改建、扩建的建设项目，需要申请或者重新申请取水许可的，建设单位应当在报送建设项目设计任务书前，向县级以上人民政府水行政主管部门提出取水许可预申请；需要取用城市规划区内地下水的，在向水行政主管部门提出取水许可预申请前，须经城市建设行政主管部门审核同意并签署意见。

水行政主管部门收到建设单位提出的取水许可预申请后，应当会同有关部门审议，提出书面意见。

建设单位在报送建设项目设计任务书时，应当附具水行政主管部门的书面意见。

第十一条　建设项目经批准后，建设单位应当持设计任务书等有关批准文件向县级以上人民政府水行政主管部门提出取水许可申请；需要取用城市规划区内地下水的，应当经城市建设行政主管部门审核同意并签署意见后由水行政主管部门审批，水行政主管部门可以授权城市建设行政主管部门或者其他有关部门审批，具体办法由省、自治区、直辖市人民政府规定。

第十二条　国家、集体、个人兴办水工程或者机械提水设施的，由其主办者提出取水许可申请；联合兴办的，由其协商推举的代表提出取水许可申请。

申请的取水量不得超过已批准的水工程、机械提水设施设计所规定的取水量。

第十三条　申请取水许可应当提交下列文件：

（一）取水许可申请书；

（二）取水许可申请所依据的有关文件；

（三）取水许可申请与第三者有利害关系时，第三者的承诺书或者其他文件。

第十四条　取水许可申请书应当包括下列事项：

（一）提出取水许可申请的单位或者个人（以下简称申请人）的名称、姓名、地址；

（二）取水起始时间及期限；

（三）取水目的、取水量、年内各月的用水量、保证率等；

（四）申请理由；

（五）水源及取水地点；

（六）取水方式；

（七）节水措施；

（八）退水地点和退水中所含主要污染物以及污水处理措施；

（九）应当具备的其他事项。

第十五条　水行政主管部门在审批大中型建设项目的地下水取水许可申请、供水水源地的地下水取水许可申请时，须经地质矿产行政主管部门审核同意并签署意见后方可审批；水行政主管部门对上述地下水的取水许可申请可以授权地质矿产行政主管部门、城市建设行政主管部门或者其他有关部门审批。

第十六条　水行政主管部门或者其授权发放取水许可证的部门应当自收到取水许可申请之日起60日内决定批准或者不批准；对急需取水的，应当在30日内决定批准或者不批准。

需要先经地质矿产行政主管部门、城市建设行政主管部门审核的，地质矿产行政主管部门、城市建设行政主管部门应当自收到取水许可申请之日起30日内送出审核意见；对急需取水的，应当在15日内送出审核意见。

取水许可申请引起争议或者诉讼，应当书面通知申请人待争议或者诉讼终止后，重新提出取水许可申请。

第十七条　地下水取水许可申请经水行政主管部门或者其授权的有关部门批准后，取水单位方可凿井，井成后经过测定，核定取水量，由水行政主管部门或者其授权的地质矿产行政主管部门、城市建设行政主管部门或者其他有关部门发给取水许可证。

第十八条 取水许可申请经审查批准并取得取水许可证的，载入取水许可登记簿，定期公告。

第十九条 下列取水由国务院水行政主管部门或者其授权的流域管理机构审批取水许可申请、发放取水许可证：

(一)长江、黄河、淮河、海河、滦河、珠江、松花江、辽河、金沙江、汉江的干流，国际河流，国境边界河流以及其他跨省、自治区、直辖市河流等指定河段限额以上的取水；

(二)省际边界河流、湖泊限额以上的取水；

(三)跨省、自治区、直辖市行政区域限额以上的取水；

(四)由国务院批准的大型建设项目的取水，但国务院水行政主管部门已经授权其他有关部门负责审批取水许可申请、发放取水许可证的除外。

前款所称的指定河段和限额，由国务院水行政主管部门规定。

第二十条 对取水许可申请不予批准时，申请人认为取水许可申请符合法定条件的，可以依法申请复议或者向人民法院起诉。

第二十一条 有下列情形之一的，水行政主管部门或者其授权发放取水许可证的部门根据本部门的权限，经县级以上人民政府批准，可以对取水许可证持有人(以下简称持证人)的取水量予以核减或者限制：

(一)由于自然原因等使水源不能满足本地区正常供水的；

(二)地下水严重超采或者因地下水开采引起地面沉降等地质灾害的；

(三)社会总取水量增加而又无法另得水源的；

(四)产品、产量或者生产工艺发生变化使取水量发生变化的；

(五)出现需要核减或者限制取水量的其他特殊情况的。

第二十二条 因自然原因等需要更改取水地点的，须经原批准机关批准。

第二十三条 对水耗超过规定标准的取水单位，水行政主管部门应当会同有关部门责令其限期改进或者改正。期满无正当理由仍未达到规定要求的，经县级以上人民政府批准，可以根据规定的用水标准核减其取水量。《城市节约用水管理规定》另有规定的，按照该规定办理。

第二十四条 连续停止取水满一年的，由水行政主管部门或者其授权发放取水许可证的行政主管部门核查后，报县级以上人民政府批准，吊销其取水许可证。但是，由于不可抗力或者进行重大技术改造等造成连续停止取水满一年的，经县级以上人民政府批准，不予吊销取水许可证。

第二十五条 依照本办法规定由国务院水行政主管部门或者其授权的流域管理机构批准发放取水许可证的，其取水量的核减、限制，由原批准发放取水许可证的机关批准，需吊销取水许可证的，必须经国务院水行政主管部门批准。

第二十六条 取水许可证不得转让。取水期满，取水许可证自行失效。需要延长取水期限的，应当在距期满 90 日前向原批准发放取水许可证的机关提出申请。原批准发放取水许可证的机关应当在接到申请之日起 30 日内决定批准或者不批准。

第二十七条 持证人应当依照取水许可证的规定取水。持证人应当在开始取水前向水行政主管部门报送本年度用水计划，并在下一年度的第一个月份报送用水总结；取用地下水的，应当将年度用水计划和总结抄报地质矿产行政主管部门；在城市规划区内取水的，应当将年度用水计划和总结同时抄报城市建设行政主管部门。

持证人应当装置计量设施，按照规定填报取水报表。

水行政主管部门或者其授权发放取水许可证的部门检查取水情况时，持证人应当予以协助，如实提供取水量测定数据等有关资料。

第二十八条 有下列情形之一的，由水行政主管部门或者其授权发放取水许可证的部门责令限期纠正违法行为，情节严重的，报县级以上人民政府批准，吊销其取水许可证。

(一)未依照规定取水的;

(二)未在规定期限内装置计量设施的;

(三)拒绝提供取水量测定数据等有关资料或者提供假资料的;

(四)拒不执行水行政主管部门或者其授权发放取水许可证的部门作出的取水量核减或者限制决定的;

(五)将依照取水许可证取得的水,非法转售的。

第二十九条　未经批准擅自取水的,由水行政主管部门或者其授权发放取水许可证的部门责令停止取水。

第三十条　转让取水许可证的,由水行政主管部门或者其授权发放取水许可证的部门吊销取水许可证、没收非法所得。

第三十一条　违反本办法的规定取水,给他人造成妨碍或者损失的,应当停止侵害、排除妨碍、赔偿损失。

第三十二条　当事人对行政处罚决定不服的,可以依照《中华人民共和国行政诉讼法》和《行政复议条例》的规定,申请复议或者提起诉讼。当事人逾期不申请复议或者不向人民法院起诉、又不履行处罚决定的,作出处罚决定的机关可以申请人民法院强制执行,或者依法强制执行。

第三十三条　本办法施行前已经取水的单位和个人,除本办法第三条、第四条规定的情形外,应当向县级以上人民政府水行政主管部门办理取水登记,领取取水许可证;在城市规划区内的,取水登记工作应当由县级以上人民政府水行政主管部门会同城市建设行政主管部门进行。取水登记规则分别由省级人民政府和国务院水行政主管部门或者其授权的流域管理机构制定。

第三十四条　取水许可证及取水许可申请书的格式,由国务院水行政主管部门统一制作。发放取水许可证,只准收取工本费。

第三十五条　水资源丰沛的地区,省级人民政府征得国务院水行政主管部门同意,可以划定暂不实行取水许可制度的范围。

第三十六条　省、自治区、直辖市人民政府可以根据本办法制定实施细则。

第三十七条　本办法由国务院水行政主管部门负责解释。

第三十八条　本办法自 1993 年 9 月 1 日起施行。

4　中华人民共和国水法

(2002 年 8 月 29 日第九届全国人民代表大会常务委员会第二十九次会议通过)

第一章　总　则

第一条　为了合理开发、利用、节约和保护水资源,防治水害,实现水资源的可持续利用,适应国民经济和社会发展的需要,制定本法。

第二条　在中华人民共和国领域内开发、利用、节约、保护、管理水资源,防治水害,适用本法。

本法所称水资源,包括地表水和地下水。

第三条　水资源属于国家所有。水资源的所有权由国务院代表国家行使。农村集体经济组织的水塘和由农村集体经济组织修建管理的水库中的水,归各该农村集体经济组织使用。

第四条　开发、利用、节约、保护水资源和防治水害,应当全面规划、统筹兼顾、标本兼治、综合利用、讲求效益,发挥水资源的多种功能,协调好生活、生产经营和生态环境用水。

第五条　县级以上人民政府应当加强水利基础设施建设,并将其纳入本级国民经济和社会发展计划。

第六条 国家鼓励单位和个人依法开发、利用水资源,并保护其合法权益。开发、利用水资源的单位和个人有依法保护水资源的义务。

第七条 国家对水资源依法实行取水许可制度和有偿使用制度。但是,农村集体经济组织及其成员使用本集体经济组织的水塘、水库中的水的除外。国务院水行政主管部门负责全国取水许可制度和水资源有偿使用制度的组织实施。

第八条 国家厉行节约用水,大力推行节约用水措施,推广节约用水新技术、新工艺,发展节水型工业、农业和服务业,建立节水型社会。

各级人民政府应当采取措施,加强对节约用水的管理,建立节约用水技术开发推广体系,培育和发展节约用水产业。

单位和个人有节约用水的义务。

第九条 国家保护水资源,采取有效措施,保护植被,植树种草,涵养水源,防治水土流失和水体污染,改善生态环境。

第十条 国家鼓励和支持开发、利用、节约、保护、管理水资源和防治水害的先进科学技术的研究、推广和应用。

第十一条 在开发、利用、节约、保护、管理水资源和防治水害等方面成绩显著的单位和个人,由人民政府给予奖励。

第十二条 国家对水资源实行流域管理与行政区域管理相结合的管理体制。

国务院水行政主管部门负责全国水资源的统一管理和监督工作。

国务院水行政主管部门在国家确定的重要江河、湖泊设立的流域管理机构(以下简称流域管理机构),在所管辖的范围内行使法律、行政法规规定的和国务院水行政主管部门授予的水资源管理和监督职责。

县级以上地方人民政府水行政主管部门按照规定的权限,负责本行政区域内水资源的统一管理和监督工作。

第十三条 国务院有关部门按照职责分工,负责水资源开发、利用、节约和保护的有关工作。

县级以上地方人民政府有关部门按照职责分工,负责本行政区域内水资源开发、利用、节约和保护的有关工作。

第二章 水资源规划

第十四条 国家制定全国水资源战略规划。

开发、利用、节约、保护水资源和防治水害,应当按照流域、区域统一制定规划。规划分为流域规划和区域规划。流域规划包括流域综合规划和流域专业规划;区域规划包括区域综合规划和区域专业规划。

前款所称综合规划,是指根据经济社会发展需要和水资源开发利用现状编制的开发、利用、节约、保护水资源和防治水害的总体部署。前款所称专业规划,是指防洪、治涝、灌溉、航运、供水、水力发电、竹木流放、渔业、水资源保护、水土保持、防沙治沙、节约用水等规划。

第十五条 流域范围内的区域规划应当服从流域规划,专业规划应当服从综合规划。

流域综合规划和区域综合规划以及与土地利用关系密切的专业规划,应当与国民经济和社会发展规划以及土地利用总体规划、城市总体规划和环境保护规划相协调,兼顾各地区、各行业的需要。

第十六条 制定规划,必须进行水资源综合科学考察和调查评价。水资源综合科学考察和调查评价,由县级以上人民政府水行政主管部门会同同级有关部门组织进行。

县级以上人民政府应当加强水文、水资源信息系统建设。县级以上人民政府水行政主管部门和流域管理机构应当加强对水资源的动态监测。

基本水文资料应当按照国家有关规定予以公开。

第十七条　国家确定的重要江河、湖泊的流域综合规划，由国务院水行政主管部门会同国务院有关部门和有关省、自治区、直辖市人民政府编制，报国务院批准。跨省、自治区、直辖市的其他江河、湖泊的流域综合规划和区域综合规划，由有关流域管理机构会同江河、湖泊所在地的省、自治区、直辖市人民政府水行政主管部门和有关部门编制，分别经有关省、自治区、直辖市人民政府审查提出意见后，报国务院水行政主管部门审核；国务院水行政主管部门征求国务院有关部门意见后，报国务院或者其授权的部门批准。

前款规定以外的其他江河、湖泊的流域综合规划和区域综合规划，由县级以上地方人民政府水行政主管部门会同同级有关部门和有关地方人民政府编制，报本级人民政府或者其授权的部门批准，并报上一级水行政主管部门备案。

专业规划由县级以上人民政府有关部门编制，征求同级其他有关部门意见后，报本级人民政府批准。其中，防洪规划、水土保持规划的编制、批准，依照防洪法、水土保持法的有关规定执行。

第十八条　规划一经批准，必须严格执行。

经批准的规划需要修改时，必须按照规划编制程序经原批准机关批准。

第十九条　建设水工程，必须符合流域综合规划。在国家确定的重要江河、湖泊和跨省、自治区、直辖市的江河、湖泊上建设水工程，其工程可行性研究报告报请批准前，有关流域管理机构应当对水工程的建设是否符合流域综合规划进行审查并签署意见；在其他江河、湖泊上建设水工程，其工程可行性研究报告报请批准前，县级以上地方人民政府水行政主管部门应当按照管理权限对水工程的建设是否符合流域综合规划进行审查并签署意见。水工程建设涉及防洪的，依照防洪法的有关规定执行；涉及其他地区和行业的，建设单位应当事先征求有关地区和部门的意见。

第三章　水资源开发利用

第二十条　开发、利用水资源，应当坚持兴利与除害相结合，兼顾上下游、左右岸和有关地区之间的利益，充分发挥水资源的综合效益，并服从防洪的总体安排。

第二十一条　开发、利用水资源，应当首先满足城乡居民生活用水，并兼顾农业、工业、生态环境用水以及航运等需要。

在干旱和半干旱地区开发、利用水资源，应当充分考虑生态环境用水需要。

第二十二条　跨流域调水，应当进行全面规划和科学论证，统筹兼顾调出和调入流域的用水需要，防止对生态环境造成破坏。

第二十三条　地方各级人民政府应当结合本地区水资源的实际情况，按照地表水与地下水统一调度开发、开源与节流相结合、节流优先和污水处理再利用的原则，合理组织开发、综合利用水资源。

国民经济和社会发展规划以及城市总体规划的编制、重大建设项目的布局，应当与当地水资源条件和防洪要求相适应，并进行科学论证；在水资源不足的地区，应当对城市规模和建设耗水量大的工业、农业和服务业项目加以限制。

第二十四条　在水资源短缺的地区，国家鼓励对雨水和微咸水的收集、开发、利用和对海水的利用、淡化。

第二十五条　地方各级人民政府应当加强对灌溉、排涝、水土保持工作的领导，促进农业生产发展；在容易发生盐碱化和渍害的地区，应当采取措施，控制和降低地下水的水位。

农村集体经济组织或者其成员依法在本集体经济组织所有的集体土地或者承包土地上投资兴建水

工程设施的，按照谁投资建设谁管理和谁受益的原则，对水工程设施及其蓄水进行管理和合理使用。

农村集体经济组织修建水库应当经县级以上地方人民政府水行政主管部门批准。

第二十六条 国家鼓励开发、利用水能资源。在水能丰富的河流，应当有计划地进行多目标梯级开发。

建设水力发电站，应当保护生态环境，兼顾防洪、供水、灌溉、航运、竹木流放和渔业等方面的需要。

第二十七条 国家鼓励开发、利用水运资源。在水生生物洄游通道、通航或者竹木流放的河流上修建永久性拦河闸坝，建设单位应当同时修建过鱼、过船、过木设施，或者经国务院授权的部门批准采取其他补救措施，并妥善安排施工和蓄水期间的水生生物保护、航运和竹木流放，所需费用由建设单位承担。

在不通航的河流或者人工水道上修建闸坝后可以通航的，闸坝建设单位应当同时修建过船设施或者预留过船设施位置。

第二十八条 任何单位和个人引水、截(蓄)水、排水，不得损害公共利益和他人的合法权益。

第二十九条 国家对水工程建设移民实行开发性移民的方针，按照前期补偿、补助与后期扶持相结合的原则，妥善安排移民的生产和生活，保护移民的合法权益。

移民安置应当与工程建设同步进行。建设单位应当根据安置地区的环境容量和可持续发展的原则，因地制宜，编制移民安置规划，经依法批准后，由有关地方人民政府组织实施。所需移民经费列入工程建设投资计划。

第四章 水资源、水域和水工程的保护

第三十条 县级以上人民政府水行政主管部门、流域管理机构以及其他有关部门在制定水资源开发、利用规划和调度水资源时，应当注意维持江河的合理流量和湖泊、水库以及地下水的合理水位，维护水体的自然净化能力。

第三十一条 从事水资源开发、利用、节约、保护和防治水害等水事活动，应当遵守经批准的规划；因违反规划造成江河和湖泊水域使用功能降低、地下水超采、地面沉降、水体污染的，应当承担治理责任。

开采矿藏或者建设地下工程，因疏干排水导致地下水水位下降、水源枯竭或者地面塌陷，采矿单位或者建设单位应当采取补救措施；对他人生活和生产造成损失的，依法给予补偿。

第三十二条 国务院水行政主管部门会同国务院环境保护行政主管部门、有关部门和有关省、自治区、直辖市人民政府，按照流域综合规划、水资源保护规划和经济社会发展要求，拟定国家确定的重要江河、湖泊的水功能区划，报国务院批准。跨省、自治区、直辖市的其他江河、湖泊的水功能区划，由有关流域管理机构会同江河、湖泊所在地的省、自治区、直辖市人民政府水行政主管部门、环境保护行政主管部门和其他有关部门拟定，分别经有关省、自治区、直辖市人民政府审查提出意见后，由国务院水行政主管部门会同国务院环境保护行政主管部门审核，报国务院或者其授权的部门批准。

前款规定以外的其他江河、湖泊的水功能区划，由县级以上地方人民政府水行政主管部门会同同级人民政府环境保护行政主管部门和有关部门拟定，报同级人民政府或者其授权的部门批准，并报上一级水行政主管部门和环境保护行政主管部门备案。

县级以上人民政府水行政主管部门或者流域管理机构应当按照水功能区对水质的要求和水体的自然净化能力，核定该水域的纳污能力，向环境保护行政主管部门提出该水域的限制排污总量意见。

县级以上地方人民政府水行政主管部门和流域管理机构应当对水功能区的水质状况进行监测，发现重点污染物排放总量超过控制指标的，或者水功能区的水质未达到水域使用功能对水质的要求的，应当及时报告有关人民政府采取治理措施，并向环境保护行政主管部门通报。

第三十三条 国家建立饮用水水源保护区制度。省、自治区、直辖市人民政府应当划定饮用水水源

保护区,并采取措施,防止水源枯竭和水体污染,保证城乡居民饮用水安全。

第三十四条　禁止在饮用水水源保护区内设置排污口。

在江河、湖泊新建、改建或者扩大排污口,应当经过有管辖权的水行政主管部门或者流域管理机构同意,由环境保护行政主管部门负责对该建设项目的环境影响报告书进行审批。

第三十五条　从事工程建设,占用农业灌溉水源、灌排工程设施,或者对原有灌溉用水、供水水源有不利影响的,建设单位应当采取相应的补救措施;造成损失的,依法给予补偿。

第三十六条　在地下水超采地区,县级以上地方人民政府应当采取措施,严格控制开采地下水。在地下水严重超采地区,经省、自治区、直辖市人民政府批准,可以划定地下水禁止开采或者限制开采区。在沿海地区开采地下水,应当经过科学论证,并采取措施,防止地面沉降和海水入侵。

第三十七条　禁止在江河、湖泊、水库、运河、渠道内弃置、堆放阻碍行洪的物体和种植阻碍行洪的林木及高秆作物。

禁止在河道管理范围内建设妨碍行洪的建筑物、构筑物以及从事影响河势稳定、危害河岸堤防安全和其他妨碍河道行洪的活动。

第三十八条　在河道管理范围内建设桥梁、码头和其他拦河、跨河、临河建筑物、构筑物,铺设跨河管道、电缆,应当符合国家规定的防洪标准和其他有关的技术要求,工程建设方案应当依照防洪法的有关规定报经有关水行政主管部门审查同意。

因建设前款工程设施,需要扩建、改建、拆除或者损坏原有水工程设施的,建设单位应当负担扩建、改建的费用和损失补偿。但是,原有工程设施属于违法工程的除外。

第三十九条　国家实行河道采砂许可制度。河道采砂许可制度实施办法,由国务院规定。

在河道管理范围内采砂,影响河势稳定或者危及堤防安全的,有关县级以上人民政府水行政主管部门应当划定禁采区和规定禁采期,并予以公告。

第四十条　禁止围湖造地。已经围垦的,应当按照国家规定的防洪标准有计划地退地还湖。

禁止围垦河道。确需围垦的,应当经过科学论证,经省、自治区、直辖市人民政府水行政主管部门或者国务院水行政主管部门同意后,报本级人民政府批准。

第四十一条　单位和个人有保护水工程的义务,不得侵占、毁坏堤防、护岸、防汛、水文监测、水文地质监测等工程设施。

第四十二条　县级以上地方人民政府应当采取措施,保障本行政区域内水工程,特别是水坝和堤防的安全,限期消除险情。水行政主管部门应当加强对水工程安全的监督管理。

第四十三条　国家对水工程实施保护。国家所有的水工程应当按照国务院的规定划定工程管理和保护范围。

国务院水行政主管部门或者流域管理机构管理的水工程,由主管部门或者流域管理机构商有关省、自治区、直辖市人民政府划定工程管理和保护范围。

前款规定以外的其他水工程,应当按照省、自治区、直辖市人民政府的规定,划定工程保护范围和保护职责。

在水工程保护范围内,禁止从事影响水工程运行和危害水工程安全的爆破、打井、采石、取土等活动。

第五章　水资源配置和节约使用

第四十四条　国务院发展计划主管部门和国务院水行政主管部门负责全国水资源的宏观调配。全国的和跨省、自治区、直辖市的水中长期供求规划,由国务院水行政主管部门会同有关部门制订,经国务院发展计划主管部门审查批准后执行。地方的水中长期供求规划,由县级以上地方人民政府水行政主管部门会同同级有关部门依据上一级水中长期供求规划和本地区的实际情况制订，经本级人民政府发展计划主管部门审查批准后执行。

水中长期供求规划应当依据水的供求现状、国民经济和社会发展规划、流域规划、区域规划，按照水资源供需协调、综合平衡、保护生态、厉行节约、合理开源的原则制定。

第四十五条 调蓄径流和分配水量，应当依据流域规划和水中长期供求规划，以流域为单元制定水量分配方案。

跨省、自治区、直辖市的水量分配方案和旱情紧急情况下的水量调度预案，由流域管理机构商有关省、自治区、直辖市人民政府制订，报国务院或者其授权的部门批准后执行。其他跨行政区域的水量分配方案和旱情紧急情况下的水量调度预案，由共同的上一级人民政府水行政主管部门商有关地方人民政府制订，报本级人民政府批准后执行。

水量分配方案和旱情紧急情况下的水量调度预案经批准后，有关地方人民政府必须执行。

在不同行政区域之间的边界河流上建设水资源开发、利用项目，应当符合该流域经批准的水量分配方案，由有关县级以上地方人民政府报共同的上一级人民政府水行政主管部门或者有关流域管理机构批准。

第四十六条 县级以上地方人民政府水行政主管部门或者流域管理机构应当根据批准的水量分配方案和年度预测来水量，制定年度水量分配方案和调度计划，实施水量统一调度；有关地方人民政府必须服从。

国家确定的重要江河、湖泊的年度水量分配方案，应当纳入国家的国民经济和社会发展年度计划。

第四十七条 国家对用水实行总量控制和定额管理相结合的制度。

省、自治区、直辖市人民政府有关行业主管部门应当制订本行政区域内行业用水定额，报同级水行政主管部门和质量监督检验行政主管部门审核同意后，由省、自治区、直辖市人民政府公布，并报国务院水行政主管部门和国务院质量监督检验行政主管部门备案。

县级以上地方人民政府发展计划主管部门会同同级水行政主管部门，根据用水定额、经济技术条件以及水量分配方案确定的可供本行政区域使用的水量，制定年度用水计划，对本行政区域内的年度用水实行总量控制。

第四十八条 直接从江河、湖泊或者地下取用水资源的单位和个人，应当按照国家取水许可制度和水资源有偿使用制度的规定，向水行政主管部门或者流域管理机构申请领取取水许可证，并缴纳水资源费，取得取水权。但是，家庭生活和零星散养、圈养畜禽饮用等少量取水的除外。

实施取水许可制度和征收管理水资源费的具体办法，由国务院规定。

第四十九条 用水应当计量，并按照批准的用水计划用水。

用水实行计量收费和超定额累进加价制度。

第五十条 各级人民政府应当推行节水灌溉方式和节水技术，对农业蓄水、输水工程采取必要的防渗漏措施，提高农业用水效率。

第五十一条 工业用水应当采用先进技术、工艺和设备，增加循环用水次数，提高水的重复利用率。

国家逐步淘汰落后的、耗水量高的工艺、设备和产品，具体名录由国务院经济综合主管部门会同国务院水行政主管部门和有关部门制定并公布。生产者、销售者或者生产经营中的使用者应当在规定的时间内停止生产、销售或者使用列入名录的工艺、设备和产品。

第五十二条 城市人民政府应当因地制宜采取有效措施，推广节水型生活用水器具，降低城市供水管网漏失率，提高生活用水效率；加强城市污水集中处理，鼓励使用再生水，提高污水再生利用率。

第五十三条 新建、扩建、改建建设项目，应当制订节水措施方案，配套建设节水设施。节水设施应当与主体工程同时设计、同时施工、同时投产。

供水企业和自建供水设施的单位应当加强供水设施的维护管理，减少水的漏失。

第五十四条　各级人民政府应当积极采取措施，改善城乡居民的饮用水条件。

第五十五条　使用水工程供应的水，应当按照国家规定向供水单位缴纳水费。供水价格应当按照补偿成本、合理收益、优质优价、公平负担的原则确定。具体办法由省级以上人民政府价格主管部门会同同级水行政主管部门或者其他供水行政主管部门依据职权制定。

第六章　水事纠纷处理与执法监督检查

第五十六条　不同行政区域之间发生水事纠纷的，应当协商处理；协商不成的，由上一级人民政府裁决，有关各方必须遵照执行。在水事纠纷解决前，未经各方达成协议或者共同的上一级人民政府批准，在行政区域交界线两侧一定范围内，任何一方不得修建排水、阻水、取水和截（蓄）水工程，不得单方面改变水的现状。

第五十七条　单位之间、个人之间、单位与个人之间发生的水事纠纷，应当协商解决；当事人不愿协商或者协商不成的，可以申请县级以上地方人民政府或者其授权的部门调解，也可以直接向人民法院提起民事诉讼。县级以上地方人民政府或者其授权的部门调解不成的，当事人可以向人民法院提起民事诉讼。

在水事纠纷解决前，当事人不得单方面改变现状。

第五十八条　县级以上人民政府或者其授权的部门在处理水事纠纷时，有权采取临时处置措施，有关各方或者当事人必须服从。

第五十九条　县级以上人民政府水行政主管部门和流域管理机构应当对违反本法的行为加强监督检查并依法进行查处。

水政监督检查人员应当忠于职守，秉公执法。

第六十条　县级以上人民政府水行政主管部门、流域管理机构及其水政监督检查人员履行本法规定的监督检查职责时，有权采取下列措施：

（一）要求被检查单位提供有关文件、证照、资料；

（二）要求被检查单位就执行本法的有关问题作出说明；

（三）进入被检查单位的生产场所进行调查；

（四）责令被检查单位停止违反本法的行为，履行法定义务。

第六十一条　有关单位或者个人对水政监督检查人员的监督检查工作应当给予配合，不得拒绝或者阻碍水政监督检查人员依法执行职务。

第六十二条　水政监督检查人员在履行监督检查职责时，应当向被检查单位或者个人出示执法证件。

第六十三条　县级以上人民政府或者上级水行政主管部门发现本级或者下级水行政主管部门在监督检查工作中有违法或者失职行为的，应当责令其限期改正。

第七章　法律责任

第六十四条　水行政主管部门或者其他有关部门以及水工程管理单位及其工作人员，利用职务上的便利收取他人财物、其他好处或者玩忽职守，对不符合法定条件的单位或者个人核发许可证、签署审查同意意见，不按照水量分配方案分配水量，不按照国家有关规定收取水资源费，不履行监督职责，或者发现违法行为不予查处，造成严重后果，构成犯罪的，对负有责任的主管人员和其他直接责任人员依照刑法的有关规定追究刑事责任；尚不够刑事处罚的，依法给予行政处分。

第六十五条　在河道管理范围内建设妨碍行洪的建筑物、构筑物，或者从事影响河势稳定、危害河岸堤防安全和其他妨碍河道行洪的活动的，由县级以上人民政府水行政主管部门或者流域管理机构依据职权，责令停止违法行为，限期拆除违法建筑物、构筑物，恢复原状；逾期不拆除、不恢复原状的，强行拆除，所需费用由违法单位或者个人负担，并处一万元以上十万元以下的罚款。

未经水行政主管部门或者流域管理机构同意，擅自修建水工程，或者建设桥梁、码头和其他拦河、跨河、临河建筑物、构筑物，铺设跨河管道、电缆，且防洪法未作规定的，由县级以上人民政府水行政主管部门或者流域管理机构依据职权，责令停止违法行为，限期补办有关手续；逾期不补办或者补办未被批准的，责令限期拆除违法建筑物、构筑物；逾期不拆除的，强行拆除，所需费用由违法单位或者个人负担，并处一万元以上十万元以下的罚款。

虽经水行政主管部门或者流域管理机构同意，但未按照要求修建前款所列工程设施的，由县级以上人民政府水行政主管部门或者流域管理机构依据职权，责令限期改正，按照情节轻重，处一万元以上十万元以下的罚款。

第六十六条　有下列行为之一，且防洪法未作规定的，由县级以上人民政府水行政主管部门或者流域管理机构依据职权，责令停止违法行为，限期清除障碍或者采取其他补救措施，处一万元以上五万元以下的罚款：

(一)在江河、湖泊、水库、运河、渠道内弃置、堆放阻碍行洪的物体和种植阻碍行洪的林木及高秆作物的；

(二)围湖造地或者未经批准围垦河道的。

第六十七条　在饮用水水源保护区内设置排污口的，由县级以上地方人民政府责令限期拆除、恢复原状；逾期不拆除、不恢复原状的，强行拆除、恢复原状，并处五万元以上十万元以下的罚款。

未经水行政主管部门或者流域管理机构审查同意，擅自在江河、湖泊新建、改建或者扩大排污口的，由县级以上人民政府水行政主管部门或者流域管理机构依据职权，责令停止违法行为，限期恢复原状，处五万元以上十万元以下的罚款。

第六十八条　生产、销售或者在生产经营中使用国家明令淘汰的落后的、耗水量高的工艺、设备和产品的，由县级以上地方人民政府经济综合主管部门责令停止生产、销售或者使用，处二万元以上十万元以下的罚款。

第六十九条　有下列行为之一的，由县级以上人民政府水行政主管部门或者流域管理机构依据职权，责令停止违法行为，限期采取补救措施，处二万元以上十万元以下的罚款；情节严重的，吊销其取水许可证：

(一)未经批准擅自取水的；

(二)未依照批准的取水许可规定条件取水的。

第七十条　拒不缴纳、拖延缴纳或者拖欠水资源费的，由县级以上人民政府水行政主管部门或者流域管理机构依据职权，责令限期缴纳；逾期不缴纳的，从滞纳之日起按日加收滞纳部分千分之二的滞纳金，并处应缴或者补缴水资源费一倍以上五倍以下的罚款。

第七十一条　建设项目的节水设施没有建成或者没有达到国家规定的要求，擅自投入使用的，由县级以上人民政府有关部门或者流域管理机构依据职权，责令停止使用，限期改正，处五万元以上十万元以下的罚款。

第七十二条　有下列行为之一，构成犯罪的，依照刑法的有关规定追究刑事责任；尚不够刑事处罚，且防洪法未作规定的，由县级以上地方人民政府水行政主管部门或者流域管理机构依据职权，责令停止违法行为，采取补救措施，处一万元以上五万元以下的罚款；违反治安管理处罚条例的，由公安机关依法给予治安管理处罚；给他人造成损失的，依法承担赔偿责任：

(一)侵占、毁坏水工程及堤防、护岸等有关设施，毁坏防汛、水文监测、水文地质监测设施的；

(二)在水工程保护范围内，从事影响水工程运行和危害水工程安全的爆破、打井、采石、取土等活动的。

第七十三条　侵占、盗窃或者抢夺防汛物资，防洪排涝、农田水利、水文监测和测量以及其他水工程设备和器材，贪污或者挪用国家救灾、抢险、防汛、移民安置和补偿及其他水利建设款物，构成犯罪的，依照刑法的有关规定追究刑事责任。

第七十四条　在水事纠纷发生及其处理过程中煽动闹事、结伙斗殴、抢夺或者损坏公私财物、非法限制他人人身自由，构成犯罪的，依照刑法的有关规定追究刑事责任；尚不够刑事处罚的，由公安机关依法给予治安管理处罚。

第七十五条　不同行政区域之间发生水事纠纷，有下列行为之一的，对负有责任的主管人员和其他直接责任人员依法给予行政处分：

（一）拒不执行水量分配方案和水量调度预案的；

（二）拒不服从水量统一调度的；

（三）拒不执行上一级人民政府的裁决的；

（四）在水事纠纷解决前，未经各方达成协议或者上一级人民政府批准，单方面违反本法规定改变水的现状的。

第七十六条　引水、截（蓄）水、排水，损害公共利益或者他人合法权益的，依法承担民事责任。

第七十七条　对违反本法第三十九条有关河道采砂许可制度规定的行政处罚，由国务院规定。

第八章　附　则

第七十八条　中华人民共和国缔结或者参加的与国际或者国境边界河流、湖泊有关的国际条约、协定与中华人民共和国法律有不同规定的，适用国际条约、协定的规定。但是，中华人民共和国声明保留的条款除外。

第七十九条　本法所称水工程，是指在江河、湖泊和地下水源上开发、利用、控制、调配和保护水资源的各类工程。

第八十条　海水的开发、利用、保护和管理，依照有关法律的规定执行。

第八十一条　从事防洪活动，依照防洪法的规定执行。

水污染防治，依照水污染防治法的规定执行。

第八十二条　本法自2002年10月1日起施行。

5　矿产资源勘查区块登记管理办法

（中华人民共和国国务院令第240号）

第一条　为了加强对矿产资源勘查的管理，保护探矿权人的合法权益，维护矿产资源勘查秩序，促进矿业发展，根据《中华人民共和国矿产资源法》制定本办法。

第二条　在中华人民共和国领域及管辖的其他海域勘查矿产资源，必须遵守本办法。

第三条　国家对矿产资源勘查实行统一的区块登记管理制度。矿产资源勘查工作区范围以经纬度1′×1′划分的区块为基本单位区块。每个勘查项目允许登记的最大范围：

（一）矿泉水为10个基本单位区块；

（二）金属矿产、非金属矿产、放射性矿产为40个基本单位区块；

（三）地热、煤、水气矿产为200个基本单位区块；

（四）石油、天然气矿产为2 500个基本单位区块。

第四条　勘查下列矿产资源，由国务院地质矿产主管部门审批登记，颁发勘查许可证：

(一)跨省、自治区、直辖市的矿产资源;

(二)领海及中国管辖的其他海域的矿产资源;

(三)外商投资勘查的矿产资源;

(四)本办法附录所列的矿产资源。

勘查石油、天然气矿产的,经国务院指定的机关审查同意后,由国务院地质矿产主管部门登记,颁发勘查许可证。

勘查下列矿产资源,由省、自治区、直辖市人民政府地质矿产主管部门审批登记,颁发勘查许可证,并应当自发证之日起10日内,向国务院地质矿产主管部门备案:

(一)本条第一款、第二款规定以外的矿产资源;

(二)国务院地质矿产主管部门授权省、自治区、直辖市人民政府地质矿产主管部门审批登记的矿产资源。

第五条 勘查出资人为探矿权申请人;但是,国家出资勘查的,国家委托勘查的单位为探矿权申请人。

第六条 探矿权申请人申请探矿权时,应当向登记管理机关提交下列资料:

(一)申请登记书和申请的区块范围图;

(二)勘查单位的资格证书复印件;

(三)勘查工作计划、勘查合同或者委托勘查的证明文件;

(四)勘查实施方案及附件;

(五)勘查项目资金来源证明;

(六)国务院地质矿产主管部门规定提交的其他资料。

申请勘查石油、天然气的,还应当提交国务院批准设立石油公司或者同意进行石油、天然气勘查的批准文件以及勘查单位法人资格证明。

第七条 申请石油、天然气滚动勘探开发的,应当向登记管理机关提交下列资料,经批准,办理登记手续,领取滚动勘探开发的采矿许可证:

(一)申请登记书和滚动勘探开发矿区范围图;

(二)国务院计划主管部门批准的项目建议书;

(三)需要进行滚动勘探开发的论证材料;

(四)经国务院矿产储量审批机构批准进行石油、天然气滚动勘探开发的储量报告;

(五)滚动勘探开发利用方案。

第八条 登记管理机关应当自收到申请之日起40日内,按照申请在先的原则作出准予登记或者不予登记的决定,并通知探矿权申请人。对申请勘查石油、天然气的,登记管理机关还应当在收到申请后及时予以公告或者提供查询。

登记管理机关应当保证国家地质勘查计划一类项目的登记,具体办法由国务院地质矿产主管部门会同国务院计划主管部门制定。

需要探矿权申请人修改或者补充本办法第六条规定的资料的,登记管理机关应当通知探矿权申请人限期修改或者补充。

准予登记的,探矿权申请人应当自收到通知之日起30日内,依照本办法第十二条的规定缴纳探矿权使用费,并依照本办法第十三条的规定缴纳国家出资勘查形成的探矿权价款,办理登记手续,领取勘查许可证,成为探矿权人。不予登记的,登记管理机关应当向探矿权申请人说明理由。

第九条 禁止任何单位和个人进入他人依法设定探矿权的勘查作业区内进行勘查或者采矿活动。

探矿权人与采矿权人对勘查作业区范围和矿区范围发生争议的,由当事人协商解决;协商不成的,由有关的登记管理机关中级别高的登记管理机关裁决。

第十条 勘查许可证有效期最长为3年;但是,石油、天然气勘查许可证有效期最长为7年。需要延长勘查工作时间的,探矿权人应当在勘查许可证有效期届满的30日前,到登记管理机关办理延续登记手续,每次延续时间不得超过2年。

探矿权人逾期不办理延续登记手续的,勘查许可证自行废止。

石油、天然气滚动勘探开发的采矿许可证有效期最长为15年;但是,探明储量的区块,应当申请办理采矿许可证。

第十一条 登记管理机关应当自颁发勘查许可证之日起10日内,将登记发证项目的名称、探矿权人、区块范围和勘查许可证期限等事项,通知勘查项目所在地的县级人民政府负责地质矿产管理工作的部门。

登记管理机关对勘查区块登记发证情况,应当定期予以公告。

第十二条 国家实行探矿权有偿取得的制度。探矿权使用费以勘查年度计算,逐年缴纳。

探矿权使用费标准为:第一个勘查年度至第三个勘查年度,每平方公里每年缴纳100元;从第四个勘查年度起,每平方公里每年增加100元,但是最高不得超过每平方公里每年500元。

第十三条 申请国家出资勘查并已经探明矿产地的区块的探矿权的,探矿权申请人除依照本办法第十二条的规定缴纳探矿权使用费外,还应当缴纳经评估确认的国家出资勘查形成的探矿权价款;探矿权价款按照国家有关规定,可以一次缴纳,也可以分期缴纳。

国家出资勘查形成的探矿权价款,由国务院地质矿产主管部门会同国务院国有资产管理部门认定的评估机构进行评估;评估结果由国务院地质矿产主管部门确认。

第十四条 探矿权使用费和国家出资勘查形成的探矿权价款,由登记管理机关收取,全部纳入国家预算管理。具体管理、使用办法,由国务院地质矿产主管部门会同国务院财政部门、计划主管部门制定。

第十五条 有下列情形之一的,由探矿权人提出申请,经登记管理机关按照国务院地质矿产主管部门会同国务院财政部门制定的探矿权使用费和探矿权价款的减免办法审查批准,可以减缴、免缴探矿权使用费和探矿权价款:

(一)国家鼓励勘查的矿种;

(二)国家鼓励勘查的区域;

(三)国务院地质矿产主管部门会同国务院财政部门规定的其他情形。

第十六条 探矿权可以通过招标投标的方式有偿取得。

登记管理机关按照本办法第四条规定的权限确定招标区块、发布招标公告、提出投标要求和截止日期;但是,对境外招标的区块由国务院地质矿产主管部门确定。

登记管理机关组织评标,采取择优原则确定中标人。中标人缴纳本办法第十二条、第十三条规定的费用后,办理登记手续,领取勘查许可证,成为探矿权人,并履行标书中承诺的义务。

第十七条 探矿权人应当自领取勘查许可证之日起,按照下列规定完成最低勘查投入:

(一)第一个勘查年度,每平方公里2 000元;

(二)第二个勘查年度,每平方公里5 000元;

(三)从第三个勘查年度起,每个勘查年度每平方公里10 000元。

探矿权人当年度的勘查投入高于最低勘查投入标准的,高于的部分可以计入下一个勘查年度的勘查投入。

因自然灾害等不可抗力的原因,致使勘查工作不能正常进行的,探矿权人应当自恢复正常勘查工作之日起30日内,向登记管理机关提交申请核减相应的最低勘查投入的报告;登记管理机关应当自收到报告之日起30日内予以批复。

第十八条 探矿权人应当自领取勘查许可证之日起6个月内开始施工;在开始勘查工作时,应当向勘查项目所在地的县级人民政府负责地质矿产管理工作的部门报告,并向登记管理机关报告开工情况。

第十九条　探矿权人在勘查许可证有效期内进行勘查时，发现符合国家边探边采规定要求的复杂类型矿床的，可以申请开采，经登记管理机关批准，办理采矿登记手续。

第二十条　探矿权人在勘查石油、天然气等流体矿产期间，需要试采的，应当向登记管理机关提交试采申请，经批准后可以试采1年。需要延长试采时间的，必须办理登记手续。

第二十一条　探矿权人在勘查许可证有效期内探明可供开采的矿体后，经登记管理机关批准，可以停止相应区块的最低勘查投入，并可以在勘查许可证有效期届满的30日前，申请保留探矿权。但是，国家为了公共利益或者因技术条件暂时难以利用等情况，需要延期开采的除外。

保留探矿权的期限，最长不得超过2年，需要延长保留期的，可以申请延长2次，每次不得超过2年；保留探矿权的范围为可供开采的矿体范围。

在停止最低勘查投入期间或者探矿权保留期间，探矿权人应当依照本办法的规定，缴纳探矿权使用费。

探矿权保留期届满，勘查许可证应当予以注销。

第二十二条　有下列情形之一的，探矿权人应当在勘查许可证有效期内，向登记管理机关申请变更登记：

(一)扩大或者缩小勘查区块范围的；

(二)改变勘查工作对象的；

(三)经依法批准转让探矿权的；

(四)探矿权人改变名称或者地址的。

第二十三条　探矿权延续登记和变更登记，其勘查年度、探矿权使用费和最低勘查投入连续计算。

第二十四条　有下列情形之一的，探矿权人应当在勘查许可证有效期内，向登记管理机关递交勘查项目完成报告或者勘查项目终止报告，报送资金投入情况报表和有关证明文件，由登记管理机关核定其实际勘查投入后，办理勘查许可证注销登记手续：

(一)勘查许可证有效期届满，不办理延续登记或者不申请保留探矿权的；

(二)申请采矿权的；

(三)因故需要撤销勘查项目的。

自勘查许可证注销之日起90日内，原探矿权人不得申请已经注销的区块范围内的探矿权。

第二十五条　登记管理机关需要调查勘查投入、勘查工作进展情况，探矿权人应当如实报告并提供有关资料，不得虚报、瞒报，不得拒绝检查。

对探矿权人要求保密的申请登记资料、勘查工作成果资料和财务报表，登记管理机关应当予以保密。

第二十六条　违反本办法规定，未取得勘查许可证擅自进行勘查工作或者超越批准的勘查区块范围进行勘查工作的，由县级以上人民政府负责地质矿产管理工作的部门按照国务院地质矿产主管部门规定的权限，责令停止违法行为，予以警告，可以并处10万元以下的罚款。

第二十七条　违反本办法规定，未经批准，擅自进行滚动勘探开发、边探边采或者试采的，由县级以上人民政府负责地质矿产管理工作的部门按照国务院地质矿产主管部门规定的权限，责令停止违法行为，予以警告，没收违法所得，可以并处10万元以下的罚款。

第二十八条　违反本办法规定，擅自印制或者伪造、冒用勘查许可证的，由县级以上人民政府负责地质矿产管理工作的部门按照国务院地质矿产主管部门规定的权限，没收违法所得，可以并处10万元以下的罚款；构成犯罪的，依法追究刑事责任。

第二十九条　违反本办法规定，有下列行为之一的，由县级以上人民政府负责地质矿产管理工作的部门按照国务院地质矿产主管部门规定的权限，责令限期改正；逾期不改正的，处5万元以下的罚款；情节严重的，原发证机关吊销勘查许可证：

(一)不按照本办法的规定备案、报告有关情况、拒绝接受监督检查或者弄虚作假的；

(二)未完成最低勘查投入的；

(三)已经领取勘查许可证的勘查项目，满6个月未开始施工，或者施工后无故停止勘查工作满6个月的。

第三十条　违反本办法规定，不办理勘查许可证变更登记或者注销登记手续的，由登记管理机关责令限期改正；逾期不改正的，由原发证机关吊销勘查许可证。

第三十一条　违反本办法规定，不按期缴纳本办法规定应当缴纳的费用的，由登记管理机关责令限期缴纳，并从滞纳之日起每日加收千分之二的滞纳金；逾期仍不缴纳的，由原发证机关吊销勘查许可证。

第三十二条　违反本办法规定勘查石油、天然气矿产的，由国务院地质矿产主管部门按照本办法的有关规定给予行政处罚。

第三十三条　探矿权人被吊销勘查许可证的，自勘查许可证被吊销之日起6个月内，不得再申请探矿权。

第三十四条　登记管理机关工作人员徇私舞弊、滥用职权、玩忽职守，构成犯罪的，依法追究刑事责任；尚不构成犯罪的，依法给予行政处分。

第三十五条　勘查许可证由国务院地质矿产主管部门统一印制。申请登记书、变更申请登记书、探矿权保留申请登记书和注销申请登记书的格式，由国务院地质矿产主管部门统一制定。

第三十六条　办理勘查登记手续，应当按照规定缴纳登记费。收费标准和管理使用办法，由国务院物价主管部门会同国务院地质矿产主管部门、财政部门规定。

第三十七条　外商投资勘查矿产资源的，依照本办法的规定办理；法律、行政法规另有特别规定的，从其规定。

第三十八条　中外合作勘查矿产资源的，中方合作者应当在签订合同前，将合作的勘查区块、矿种等有关文件资料报原发证机关复核并签署意见，在签订合同后，向原发证机关备案。

第三十九条　本办法施行前已经取得勘查许可证的，由国务院地质矿产主管部门统一组织换领新的勘查许可证。探矿权使用费、最低勘查投入按照重新登记后的第一个勘查年度计算，并可以依照本办法的规定申请减缴、免缴。

第四十条　从事区域地质调查、区域矿产调查、区域地球物理调查、区域地球化学调查、航空遥感地质调查和区域水文地质调查、区域工程地质调查、区域环境地质调查和海洋地质调查等地质调查工作的，应当向登记管理机关备案。

第四十一条　本办法附录的修改，由国务院地质矿产主管部门报国务院批准后公布。

第四十二条　本办法自发布之日起施行。1987年4月29日国务院发布的《矿产资源勘查登记管理暂行办法》和1987年12月16日国务院批准、石油工业部发布的《石油及天然气勘查、开采登记管理暂行办法》同时废止。

6　矿产资源勘查登记、开采登记有关规定

6.1　矿产资源勘查登记有关规定

一、矿产资源勘查登记有关问题的说明

(一)申请登记资料要求

1.申请登记书及区块范围图

申请登记书应使用国务院地质矿产主管部门统一制定的格式，并按照填表要求填写。申请登记书填报一式三份，若申请登记范围跨省(区、市)的，则按所跨省(区、市)数增加相应份数，申请登记书其他附件一式一份。

探矿权申请应附探矿权申请登记区块范围图,并标明拐点经纬度坐标。附图基础图件样式由登记管理机关提供。

2.勘查单位的资格证书

提交的地质勘查单位资格证书应当是国务院地质矿产主管部门或各省(区、市)地质矿产主管部门颁发的地质勘查单位资格证书。勘查资格证书的业务范围应与本次探矿权申请业务范围相符。

3.勘查计划、合同或委托及资金的证明文件

(1)国家出资勘查的,提交国家下达的具有资金保证的地质勘查工作计划任务书;其他勘查工作计划需附具有资金保证的证明文件;

(2)探矿权申请人与地质勘查实施单位不是同一主体的,需提交勘查合同,同时附银行出据的资金证明;

(3)委托他人申请探矿权的,应提交出资人的勘查委托书和银行出据的资金证明;

(4)用自有资金下达的地质勘查工作计划,需附银行出据的资金证明。

4.勘查工作实施方案及其附件

指与完成勘查工作任务相符的勘查工作任务设计书及其工程布置图等附件。

5.申请登记所必需的其他文件资料

(1)申请国家出资勘查并已探明矿产地的探矿权,或转让由国家出资勘查的探矿权,应提交由国务院地质矿产主管部门对探矿权评估结果确认的文件,以及对探矿权价款处置方式的批准文件;

(2)外商投资企业(包括三资企业)申请勘查,是独资、合资企业的,应提交企业法人营业执照;合作勘查的,应提交合作合同;

(3)交通位置图。

(二)勘查申请应审查的主要内容

登记管理机关审查时,应重点审查以下几方面内容:

1.申请范围内是否有其他申请人先递交了申请书;

2.申请登记书的填写是否符合填表说明要求,附件是否齐全,提交的申请登记资料是否符合要求;

3.申请登记的区块范围是否超出允许登记的最大范围,且为连续区块范围;

4.申请登记区块范围是否设置探矿权或采矿权;

5.申请国家出资勘查并已形成矿产地探矿权的,是否对探矿权价款进行了评估,评估结果是否已经国务院地质矿产主管部门确认,探矿权价款的处置方式是否已经有关部门批准;

6.申请人在提交申请之日前9日内,是否注销过申请区块范围内的探矿权;

7.申请人,在提交申请之日前6个月内,是否受到被吊销勘查许可证的处罚。

(三)审批表中审查人意见的填写

1.填写申请登记项目的基本事项

(1)申请登记资料是否符合要求;

(2)申请区块范围的大小及是否已设置其他矿业权;

(3)勘查单位是否具备勘查资格;

(4)应缴纳的探矿权使用费及说明;

(5)探矿权价款处置方式说明。

2.填写拟批准勘查许可证的内容

(1)探矿权人;

(2)探矿权人地址;

(3)勘查项目名称;

(4)地理位置;

(5)图幅号;

(6)批准范围内基本区块数、勘查面积;

(7)有效期;

(8)勘查单位。

第(1)、(2)、(3)、(4)、(8)项内容的填写,可按探矿权申请登记书上相应的栏目填写。

第(5)项图幅号应填写拟批准的勘查区块范围所处1/5万地形图的国家标准图幅号。

第(6)项批准范围内基本单位区块数,应填写拟批准的基本单位区块数,不足一个基本单位区块的,折算为基本单位区块,保留小数点后两位。勘查面积应以平方公里为单位,保留小数点后一位。

第(7)项只填写拟批准的年限。许可证上的有效期起始日期以签发日期为准。

3.不同意登记的,应说明理由。

(四)备案要求

各登记管理机关自发证之日起10日内,完成下列工作。

1.国务院地质矿产主管部门发放勘查许可证后,向勘查项目所在地的有关省(区、市)登记管理机关发:

(1)探矿权申请登记书一份(不含附件);

(2)颁发矿产资源勘查许可证通知。

省(区、市)登记管理机关向勘查项目所在地的有关地(市)、县级人民政府负责地质矿产管理工作的部门转发颁发矿产资源勘查许可证通知。

2.省(区、市)登记管理机关发放勘查许可证后,向国务院地质矿产主管部门及勘查项目所在地的有关地(市)、县级人民政府负责地质矿产管理工作的部门发:

颁发矿产资源勘查许可证通知。

3.以下资料留发证机关存档:

(1)探矿权申请登记书一份;

(2)探矿权申请登记书全套附件一份;

(3)矿产资源勘查许可证备案卡片。

(五)变更、延续、保留探矿权登记程序

探矿权变更、延续、保留登记程序比照勘查登记程序执行。在颁发新的勘查许可证的同时,收回原勘查许可证。

(六)登记范围的核定

在勘查、采矿登记管理信息系统全国联网运行前,各登记管理机关在审查发证时,基层地质矿产管理机关应协助登记机关审查探矿权申请范围是否已设立其他矿业权。

(七)地质调查项目登记规定

申请地质调查的应填写地质调查申请登记书,并附地质调查项目申请登记区块范围图。调查项目的区块范围是领海及中国管辖的其他海域、跨省(区、市)的,应向国务院地质矿产主管部门申请,并办理地质调查项目审核备案登记,申请其他地质调查项目到项目所在地的省级登记管理机关审核备案登记,领取地质调查证。地质调查证工作面积不限,不具排他性,无须缴纳探矿权使用费。持证人不享受探矿权人的权利。

(八)勘查许可证、地质调查证、申请登记书及印章

自《矿产资源勘查区块登记管理办法》颁布之日起,全国统一使用国务院地质矿产主管部门印制的矿产资源勘查许可证、地质调查证及由国务院地质矿产主管部门制定格式的探矿权申请登记书、探矿权变更、延续、保留申请登记书、地质调查申请登记书;

矿产资源勘查登记专用章在新印章启用前暂用原章代。

(九)勘查登记手续费

勘查登记手续费收费标准暂按地发(1987)289号文执行,新规定出台后,从其规定。

二、矿产资源勘查登记程序

(一)申请

申请人按照《矿产资源勘查区块登记管理办法》规定的审批登记权限,及国务院地质矿产主管部门对各省(区、市)地矿主管部门勘查审批登记授权的权限规定,向有管辖权的登记管理机关递交勘查登记申请资料。

(二)受理

登记管理机关经办人清点申请登记资料,资料齐全,予以受理。收取勘查登记手续费。填写探矿权申请登记一览表,并在有关栏目内记录收到申请时间及收到申请顺序号并由申请人签字;

申请资料不齐全的退回申请,不予受理。

(三)审查

审查人按照收到申请的先后顺序进行审查,提出审查人意见,填写探矿权申请审批表;

需要修改或补充资料的,登记管理机关应向申请人发出探矿权申请补报资料通知,申请人在规定期限内未能补报资料的,视为自动放弃申请。

(四)报批

审查人将审批表及申请登记资料报送主管领导审批签发。

(五)通知

准予登记的,登记管理机关自领导签发之日向申请人发出领取矿产资源勘查许可证通知,通知探矿权申请人缴纳探矿权使用费,办理领取勘查许可证手续;不予登记的,登记管理机关向申请人发出矿产资源勘查申请不予登记通知。

(六)领证

申请人自收到领证通知之日起30日内,向指定机构缴纳有关费用后,凭领证通知及缴费证明,领取勘查许可证。

逾期不办理手续的,视为自动放弃。

(七)发证

申请人领取勘查许可证后,发证登记管理机关应将所发放勘查许可证的内容分别填入矿产资源勘查许可证发证一览表和矿产资源勘查登记项目年检情况一览表。

(八)通报与公告

国务院地质矿产主管部门颁发、注销、吊销勘查许可证之日起10日内,通知有关省(区、市)地质矿产主管部门。有关省(区、市)地质矿产主管部门收到通知后,转发给项目所在地的地(市)、县级人民政府负责地质矿产管理工作的部门;

省级勘查登记管理机关颁发、注销、吊销勘查许可证之日起10日内,通知国务院地质矿产主管部门和项目所在地的地(市)、县级人民政府负责地质矿产管理工作的部门;

省级勘查登记管理机关应在每季度的第一旬内向国务院地质矿产主管部门报送上一季度的矿产资源勘查登记项目通报表。

各级登记管理机关对其登记发证情况定期予以公告。

6.2 矿产资源开采登记有关规定

一、矿区范围的申请和审批

(一)矿区范围的申请

采矿权申请人应按《矿产资源开采登记管理办法》规定的审批、发证权限和地矿部对省(区、市)地质矿产主管部门采矿权审批、发证的授权,将矿区范围申请资料报采矿登记管理机关进行审查。

（二）应提交的申请资料

1. 划定矿区范围的申请报告，包括以下内容：

(1)办矿理由及简要论证；

(2)地质工作概况；

(3)矿产资源开发利用初步方案，包括以下内容：

拟申请开采矿产资源范围、矿种、位置；拟申请开采矿产资源储量、质量及其可靠程度；拟建矿山生产规模、服务年限、矿产资源综合开发利用方案；当申请范围为整体矿床中的一部分时，应说明与整体矿床的关系以及与矿区总体开发的衔接；并附申请开采的矿区范围图（以地质地形图或地质图为底图，以国家直角坐标标定）；

(4)矿山建设投资安排及资金来源；

(5)其他需要说明的问题。

2. 与矿山建设相适应的地质报告。

矿山企业应提交有资格的地勘单位编制的地质报告。开采零星分散矿产资源或只能用做普通建筑材料的砖瓦砂石、黏土的，应提交相应的地质资料。

3. 探矿权人申请办矿的，应出具该区域的勘查许可证影印件；探矿权经转让取得的，还应出具转让审批的有关文件。

（三）划定矿区范围

采矿登记管理机关在收到申请人报送的申请资料后，应组织对申请的矿区范围内是否存在矿业权交叉重复情况以及矿产资源开发利用初步方案等进行审查。下一级地质矿产主管部门应协助登记管理机关对上述情况进行调查，并出具书面调查意见。经登记管理机关审查，同意开采的，划定矿区范围并下发审批意见；不同意开采的，说明理由，将申请资料退回。

审批机关在划定矿区范围时，应依据以下原则确定：

1. 对矿产资源开发实行统一规划，合理布局、合理开采和综合利用；

2. 矿山建设规模、服务年限要与申请开采的储量相适应；

3. 矿山建设体现规模生产、集约化经营的方针；

4. 保护已有探矿权、采矿权人利益。申请人申请划定的矿区范围，其地面投影或地表塌陷区与已设立探矿权、采矿权的区块范围、矿区范围重叠或有其他影响的，采矿登记管理机关在审批矿区范围时应以不影响已有的探矿权人或采矿权人权益为原则。采矿权申请人应与已有的探矿权人或采矿权人就可能造成对探矿权或采矿权影响的诸方面签有协议。探矿权人或采矿权人同意开采的，采矿登记管理机关可划定矿区范围；探矿权人或采矿权人认为有影响且出具充分证明的，采矿登记管理机关可以组织技术论证。论证结果确有影响且无法进行技术处理的，不予划定矿区范围。

审批意见应包括下列主要内容：

1. 同意开采的矿种、储量及矿区地理位置；

2. 以国家标准坐标标定的矿区范围（标明坐标的拐点数及开采深度）；

3. 对矿产资源综合开发利用的意见和要求（包括矿山建设规模，矿山预计服务年限、矿产资源开发综合利用、综合回收等方面的要求）；

4. 矿区范围预留期限；

5. 其他需要说明的问题。

审批意见须及时送申请人，抄送有关地质矿产主管部门、地方人民政府、其他有关主管部门等。

（四）矿区范围预留期限

矿区范围划定后各级采矿登记管理机关在该区域不再受理新的采矿权申请。矿区范围预留期：大型矿山不得超过3年，中型矿山不得超过2年，小型矿山不得超过1年。

二、矿区范围划定后,申请人应做的主要工作

矿区范围划定后,申请人应在矿区范围预留期内办理矿山建设项目的立项和企业设立手续;并编制矿产资源开发利用方案。

申请由国家出资探明矿产地的采矿权的,须由合法的评估机构对采矿权价款进行评估,评估结果由国务院地质矿产主管部门确认。但勘查单位与申请开采的国有矿山企业隶属于共同上级(部门、企业、单位)的,可以根据其共同上级的意见,决定是否评估。但是该项矿业权价款应按国家关于资产转移的有关规定进行处置。

矿区范围划定后,采矿权申请人,应每半年向采矿登记管理机关通报矿山建设项目和企业设立的有关进展情况。采矿权申请人逾期不办理采矿登记手续、未领取采矿许可证的,视为自动放弃采矿权申请,矿区范围不予保留,采矿登记管理机关可以在该矿区范围内受理其他采矿权的申请。

三、采矿登记

(一)采矿权的申请

采矿权申请人应按《矿产资源开采登记管理办法》规定的审批、发证权限和地矿部对省(区、市)地质矿产主管部门审批、发证的授权,将采矿登记申请资料报采矿登记管理机关进行审查。

(二)应提交的申请资料

1. 采矿权申请登记书。

2. 以地质地形图或地质图为底图的矿区范围图(以拐点标定,并附国家直角坐标和矿区面积)。

3. 有设计资格的单位编制的矿产资源开发利用方案。

包括以下内容:矿山位置、地形、地貌,储量、质量及其可靠程度等;矿区范围、开采矿种、设计利用储量、矿山生产规模、服务年限、开采方式、开采方法、综合开发、综合利用等方面的技术、经济论证及确定的方案。

4. 法人营业执照或个体营业执照。

5. 具有与矿山建设规模相适应的资金、技术和设备条件的证明材料。

6. 申请由国家出资探明矿产地的采矿权的,还应报采矿权评估、确认的有关资料。

7. 环境影响报告及环保部门的审批意见。

(三)审批

采矿登记管理机关在收到采矿权申请人报送的采矿登记申请资料和下一级登记管理机关的调查意见后,应对下列内容进行审查:

1. 申请范围和面积与登记管理机关批准划定的矿区范围和面积是否相一致;

2. 矿山生产规模是否有变化、是否与设计利用储量相适应;

3. 矿山设计服务年限是否合理;

4. 矿产资源综合开发、综合利用、综合回收是否合理;

5. 采矿权申请人是否具备必要的资质条件;

6. 其他需要审查的内容。

采矿登记管理机关应自收到登记资料40日内(资料不全或需进行补充和修改的时间除外),作出是否同意办理采矿登记的决定。同意登记的,采矿登记管理机关通知采矿权申请人缴纳有关费用后,颁发采矿许可证;不同意登记的,说明理由,将申请登记资料退回。

四、通知和公告

采矿登记管理机关在颁发采矿许可证后,应通知矿区范围所在地的县级人民政府对矿区范围予以公告。县级人民政府应当自收到通知之日起90日内予以公告,并可根据采矿权人的申请,组织埋设界桩或者设置地面标志。

7　地热矿泉水资源开发利用具体规定

7.1　地热资源开发利用规定

地热资源开发利用监督管理工作主要是:对施工单位资质审核、地热井可行性报告评审、地热井施工技术质量监督等制度的完善和健全;严把采矿许可证审批关,避免新增地热井对原有地热井的影响,保护已开发单位的合法权益;对新建地热井的布局、开发方案与回灌、地热年度开采指标进行严格论证。防止过量开采而破坏地热、破坏环境。由于地热的形成和分布完全受地质条件控制,必须按其形成演化资源保护措施规律,以科学手段确定其开采量和开采方式,以行政手段实施科学管理。1998 年 1 月 19 日,国务院法制办《关于勘查、开采矿泉水、地下热水行政管理适用法律有关问题的复函》第 2 条明确指出,对地热、矿泉水的勘查、开发、利用、保护和管理适用《中华人民共和国矿产资源法》、《中华人民共和国矿产资源法实施细则》等法律、法规。1998 年 12 月 16 日,中央机构编制委员会发出的《关于矿泉水地热水管理职责分工问题的通知》规定:开采矿泉水地热水用于商业经营的,凭取水许可证办理采矿许可证,办取水许可证只收取工本费。开采单位缴纳采矿权使用费和矿产资源补偿费。

7.2　饮用天然矿泉水开采具体规定和要求

根据《中华人民共和国矿产资源法》等有关法律、法规和规范性文件,饮用天然矿泉水开采,有以下具体规定和要求:

(1)申请从事饮用天然矿泉水开采的单位和个人,必须持饮用天然矿泉水勘查评价报告、技术鉴定证书、勘查许可证、技术鉴定审批文件和取水许可证等材料,依法向省(区、市)国土资源厅(局)办理采矿许可证,按规定缴纳矿产资源补偿费。

(2)凭技术鉴定证书及审批文件、采矿许可证等材料,分别向卫生、工商行政主管部门办理卫生许可和企业登记手续。

(3)凡跨省和出口销售的饮用天然矿泉水,均需经国家级饮用天然矿泉水技术评审鉴定委员会鉴定,凭国土资源部颁发的技术鉴定证书和国土资源部地质环境司审批文件方可发给卫生许可证。

(4)开采矿泉水资源,应当按照国家《饮用天然矿泉水标准》设立卫生防护区,并在防护区界设置固定的保护标志。

(5)矿泉水资源开采单位必须按规定进行矿泉水的水质、水量、水温、水位变化动态监测,按要求定期将监测结果报送所在地国土资源(行政)主管部门。

(6)国土资源主管部门按规定对已开采的矿泉水资源定期进行复检,如发现矿泉水的水质改变,不符合国家《饮用天然矿泉水》标准的,要及时注销技术鉴定证书和采矿许可证。

(7)开采矿泉水资源必须严格按批准的开采点和开采量进行。需扩大开采量或变更开采点的,必须报原技术鉴定部门和采矿审批机构办理变更或重新登记手续。

7.3　进行饮用天然矿泉水勘查评价具体规定和要求

根据《中华人民共和国矿产资源法》等有关法律、法规、规范性文件和标准,饮用天然矿泉水有以下具体规定和要求:

(1)饮用天然矿泉水的勘查任务必须由具有相应资格的勘查单位承担。

(2)从事饮用天然矿泉水勘查的单位必须依法向省(区、市)级以上国土资源行政主管部门申请,取得勘查许可证后才能进行勘查工作。

(3)饮用天然矿泉水勘查评价,必须严格执行《饮用天然矿泉水》(GB 8537—1995)。有关水源评价、水质评价(包括界限指标、水质的限量指标、污染物指标、微生物指标等)必须符合标准所规定的技术要求。

(4)勘查单位对饮用天然矿泉水水样的采集、保存、送检和测试,应当按照国家饮用天然矿泉水检验方法进行。对矿泉水水质的检测必须由两个以上国家计量认证合格的测试单位承担。

(5)饮用天然矿泉水水源勘查评价报告资料要求如下:

①水源地位置、坐标、交通状况和自然地理条件,附交通位置图;

②区域地质特征,附区域地质图;

③矿泉水赋存地质—水文地质条件,附综合水文地质图和水源地全景照片;

④水源动态特征,附动态监测数据和图表;

⑤水质评价,附水质检验报告;

⑥允许开采量论证,附枯水期抽水试验图表。

7.4 申报饮用天然矿泉水技术鉴定具体规定和要求

饮用天然矿泉水技术鉴定分为国家级鉴定和省级鉴定。申报技术鉴定有以下具体规定和要求:

(1)勘查单位完成勘查评价报告后,可向省(区、市)国土资源主管部门申请矿泉水省级技术鉴定,并报送下列材料:

①矿泉水资源技术鉴定申请报告、勘查资格证书及勘查许可证;

②勘查评价报告;

③水质分析、动态观测和抽水试验等原始资料。

(2)申报国家级技术鉴定应当由省(区、市)国土资源主管部门依据省级技术鉴定结果负责推荐。

(3)凡推荐国家级饮用天然矿泉水技术鉴定,必须提交以下材料:

①承担矿泉水勘查评价工作的单位勘查资格和法人资格证明复印件;

②省级饮用天然矿泉水技术鉴定证书和省(区、市)国土资源厅(局)的批准意见;

③省国土资源厅(局)的推荐信;

④15份盖有编写报告单位公章的饮用天然矿泉水勘查评价报告。报告中应附检测化验的原始报告。

(4)省级技术鉴定由省(区、市)国土资源厅(局)组织矿泉水技术评审鉴定委员会进行技术鉴定;国家级技术鉴定由国土资源部地质环境司组织矿泉水技术评审鉴定委员会进行技术鉴定。

(5)省级技术鉴定合格的,由省(区、市)国土资源厅(局)颁发技术鉴定证书和批准文件;国家级技术鉴定合格的,颁发国土资源部技术鉴定证书和国土资源部地质环境司的审批文件。

参 考 文 献

[1] 蔡义汉.地热直接利用[M].天津:天津大学出版社,2004.
[2] 石油工业常用材料手册编写组.石油工业常用材料手册[M].北京:石油化学工业出版社,1978.
[3] 钻探管材手册编写组.钻探管材手册[M].北京:地质出版社,1975.
[4] 李明朗,等.中国地热资源规划[R].国土资源部环境司,天津地质矿产局,2000.
[5] 周本省.工业水处理技术[M].北京:化学工业出版社,1996.
[6] 油气田腐蚀与防护技术手册编委会.油气田腐蚀与防护技术手册[M].北京:石油工业出版社,1999.
[7] 卢予北,等.地热资源开发与问题研究[M].郑州:黄河水利出版社,2005.